제3판 INDUSTRIAL RELATIONS

노사관계론

정재훈

북넷

3판 머리말

2008년에 미국 월가를 중심으로 시작된 글로벌 금융위기의 여파가 각국 정부로 하여금 역사적인 초저금리 정책을 지속하게 하는 가운데 세계 각국 정부는 일자리 창출의 주역을 자임하고 있는 기업활동을 지원하기 위한 친기업적인 정책의 도입과 그 활성화에 온갖 노력을 다 기울이고 있다. 이런 상황 속에서 정부의 노사관계 정책이나 노사관계에 대한 사회적 시각도 중립적 시각을 유지하기 보다는 보다 친기업적인 시각으로 기울어져 있는 것이 사실이다. 특히 한국의 경우 지난 정권에 이어 새로 들어선 정권도 보수정당 쪽이어서 노동정책에서의 우경화를 걱정하는 목소리가 적지않은 실정이다. 새 정부의 경제민주화 정책이 과연 이러한 우려를 불식하고 건강하고 중립적인 노동정책을 추진할 수 있을지 지켜볼 대목이다.

이런 가운데 이번에 출간되는 제3판은 다소 의례적인 측면이 없지 않으나 2판의 내용 중 법제도의 변경이나 신설 등으로 현실감이 떨어지는 부분, 너무 오래된 통계수치나 시의성이 떨어지는 부분에 대한 수정과 보완이 주를 이룬다. 따라서 이 책의 기본 프레임인 노사관계 시스템론에 기초한 편제에는 특별한 변화가 없다. 일국의 노사관계라는 사회적 현상을 이해함에 있어 단편적인 사실과 지식의 집합에 그칠 것이 아니라 설득력 있는 모델에 기초한 논의의 전개가 필요하다는 생각에 변함이 없다는 얘기이다. 특히 한국과 같이 자본주의 경제시스템의 운영 경험이 일천하고, 합리적인 여론 형성의 기반을 제공해 줄 수 있는 일반교육과정에서의 노사관계에 대한 교육이 전무한 상황에서 독과점적 지위를 유지하고 있는 일부 보수언론의 편향된 시각과 보도 내용이 노사관계에 관한 정보의 거의 전부인 사정 등을 감안해 볼 때, 일반 사회의 노사관계에 대한 공정하고 중립적인 인식의 틀을 형성하는 것이 합리적인 여론 형성에 있어 긴요한 전제가 되고 있으며 이런 측면에서 노사관계시스템론만큼 유용한 틀이 없다는 것이 저자의 생각이다.

모쪼록 이러한 노사관계시스템에 대한 이해를 바탕으로 한국 노사관계의 특성과 그 장단점을 파악하고 나아가 다른 선진 자본주의 제국의 노사관계시스템의 특성과 트렌드에 대한 이해와 비교를 통해 한국 노사관계시스템의 바람직한 전개방향을 모색하는데 이 책이 일조할 수 있길 기대해 본다.

끝으로 이 개정판을 내는데 전문성과 열정을 바탕으로 헌신적인 기여를 해준 인하대학교 박사과정의 박대영 노무사에게 진심으로 감사의 뜻을 전하면서 앞으로 실무적으로나 학문적인 측면에서 높은 성취를 이루어내길 바라마지 않는다. 그리고 여러 가지 어려운 여건 속에서 개정판을 만들기 위해 애써주신 도서출판 북넷의 유재식 사장을 비롯한 모든 관계직원들에게도 심심한 감사의 뜻을 전하는 바이다.

2013년 11월

안식년을 보내는 토굴에서

저 자

2판 머리말

1995년 노사관계론이란 이름으로 책을 펴낸 뒤 1999년 재판을 냈다. 그리고 2006년에는 전면 개정판을 출간하였고 2009년에는 그 개정판을 내면서 신노사관계론이란 이름을 붙인 바 있다. 이 모든 책의 기본적인 프레임은 노사관계시스템론이었다. 이제 2009년 연말에 개정된 유급 근로시간면제(time-off)제도와 기업수준에서의 복수노조제도 도입 및 교섭창구 단일화라는 노사관계 제도 상의 커다란 변화를 반영하여 2009년 펴낸 책의 개정판을 저술함에 있어 그 기본 프레임은 여전히 노사관계시스템론으로 변화가 없다. 다만 개정판의 제목을 다시 처음과 같은 노사관계론으로 한 것은 향후 이 책의 기본 프레임을 그대로 유지하면서 판수를 거듭하여 개정해 가는 가운데 내용의 질적 개선과 발전을 지속적으로 도모할 수 있을 것이라는 생각에서이다.

이번 개정판에서는 전술한 바와 같이 그 동안 우리 노사관계의 가장 큰 쟁점이었던 노조전임자 급여지급 문제와 기업수준에서의 복수노조 금지 문제에 대한 법제도가 정비됨에 따라 그와 관련하여 수정이나 보완이 필요한 부분을 중심으로 재집필하였다.

주지하다싶이 1997년 「노동조합 및 노동관계조정법」 제정 시 사업 또는 사업장 단위에서 노동조합의 설립의 자유를 보장하고 사용자가 노동조합 전임자에 대한 급여를 지급하는 것을 금지하는 내용을 규정하여 2002년 1월 1일부터 시행하기로 하였으나 그 후 산업현장의 준비 미비를 이유로 「노동조합 및 노동관계조정법」을 두 차례 더 개정(2001.3.28, 2006.12.30)하여 시행시기를 다시 정함에 따라 2010년 1월 1일부터 관련 제도가 시행될 예정이었다. 그러나 입법적인 보완 없이 2010년 1월 1일부터 바로 시행될 경우 사업 또는 사업장 단위에서 근로조건 통일을 위한 교섭창구 단일화 절차에 대한 효력이 문제되고, 노동조합 전임자에 대한 급여지원을 금지함으로써 중소규모 노동조합의 활동이 위축될 우려가 제기되었다. 이에 사업 또는 사업장 단위의 노동조합 설립 규제를 철폐하면서 교섭창구를 단일화하도록 하여 근로조건의 통일성 확보 및 교섭이 효율적으로 이루어질 수 있도록 하고, 노동조합의 전임자로 하여금 급여의 사용자 지급 금지 원칙하에 예외적으로 임금의 손실 없이 사용자와의 협의·교섭, 고충처리, 산업안전 활동 등과 건전한 노사관계 발전을 위한 노동조합의 유지·관리업무를 할 수 있도록 하기 위해 근로시간면제제도와 복수노조제도의 도입을 중심으로 하는 노동조합 및 노동관계조정법이 2010. 1. 1.부로 개정되기에 이르렀다.

이런 변화를 반영하여 이번 개정판에서는 10장의 단체교섭, 12장의 단체행동, 13장의 단체협약과 14장의 노사관련 법제도를 중심으로 수정과 보완이 이루어졌다. 이 외에도 7장 노동조합의 이해에서 노조의 조직현황을 최근의 것으로 업데이트 하였고 각 장의 도입부에 삽입한 삽화 중 시의성이 떨어지는 것들을 부분적으로 교체하였다. 이번 개정판을 집필함에 있어 특히 새로운 법제도의 내용과 의미에 대해 지원을 아끼지 않은 박대영 노무사에게 이 자리를 빌어 깊은 감사를 드린다. 아울러 더운 날씨에도 불구하고 세밀하게 교정을 보고 색인 작업을 해주신 북넷의 류재식 사장과 직원들에게도 깊은 감사의 말씀을 드린다.

2011. 8월

용현도 연구실에서

저 자

머리말

1997년 외환위기 이후 10년여를 지나면서 한국 경제는 지구적 경제체제(global economic system)에 거의 완전히 편입되다시피 되었으며 이에 따라 한국 노사관계시스템을 규율하는 각종 법과 제도도 소위 글로벌 스탠다드에 맞춘다는 명분하에 많은 손질이 가해졌다. 기업 · 사업장 수준의 복수노조제도 도입과 노조 전임자 급여지급과 관련된 문제를 제외하면 3금(노조의 정치활동 금지, 제3자 개입금지, 복수노조 금지)의 해제와 3제(정리해고제, 변형근로제, 파견근로제)의 도입을 비롯한 비정규직보호법의 시행과 직권중재제도의 폐지 등 많은 부분에서 법 제도상의 변화가 있었다.

혁명적인 정보통신기술의 발달을 축으로 하는 경제운영시스템의 혁신 또한 노사관계시스템의 운영주체들의 전략형성과 행태에 많은 변화를 야기시키고 있다. 인터넷 상거래의 증가로 인한 기업 간의 가격경쟁격화와 산업구조의 서비스화는 기업의 경쟁력의 원천을 과거의 물적 자본으로부터 인적 자본으로 전화시키고 있으며 이에 따라 노사 간의 교섭력의 크기와 교섭전략, 교섭행태가 크게 달라지고 있다.

이번 신노사관계론은 이런 변화들을 반영하는데 중점을 두어 기본체계는 기존의 노사관계시스템론에 기초하되 내용의 상당부분을 가감하거나 변경하였다. 제1장부터 14장까지의 모든 장들이 부분적으로, 혹은 전면적으로 새로 손질되었으며, 특히 제14장 노사관련 법제도는 그동안 많은 변화가 도입되었던 부분이라 가장 많은 변화가 도입된 부분이라 하겠다. 그 외 7장 노동조합의 목적과 구조, 10장 단체교섭의 구조, 그리고 제13장 단체협약에서는 산업현장에서의 산별 교섭체제로의 변화를 반영하여 교섭구조상의 변화를 새롭게 추가하였고 이에 따른 산별 단체협약의 내용을 보완하였다. 제14장 노사관련 법제도의 집필에 있어 지난번처럼 법제도에 대한 저자의 부족한 지식을 메꾸느라 애써주신 박대영노무사에게 진심으로 감사드린다.

2008년 2월 새로운 정부가 들어서면서 노사관계의 기조가 기존에 비해 대폭 보수적인 방향으로 기울고 있는 것으로 평가되고 있다. 법과 원칙은 과거 어느 때보다 더 강조되고 있고 사회적 대화를 상징하던 노사정위원회의 위상은 그 폐지가 요구될 정도로 초라해지고 있다. 그런 가운데 자본주의 역사상 초유의 미국발 금융공황으로 인해 세계 경제가 급속히 냉각되고 있는 가운데 신자유주의 시장경제체제의 유용성이 시험대에 올라있다. 이런 분위기 속에 기존의 노동운동에 대한 새로운 방향 정립을 주장하는 목소리가 보수와 진보의 양 측에서 터져나오고 있다. 이번 신노사관계가 어려운 경제여건 속에서 한국적인 합리적 노사관계를 형성하는데 일조할 수 있기를 간절히 기대한다.

끝으로 이 책이 나오기까지 편집과 교정에 힘써주신 도서출판 북넷의 식구들에게 진심으로 감사드리면서 아울러 북넷의 발전을 기원해마지 않는다.

2009년 1월

용현동 연구실에서 저자

차 례

제 1 부 노사관계론의 기초

제 12 장 단체행동과 분쟁의 조정

제 5 부 규칙의 산출

제 13 장 단체협약

제 14 장 노사관련 법제도

제1부 노사관계론의 기초

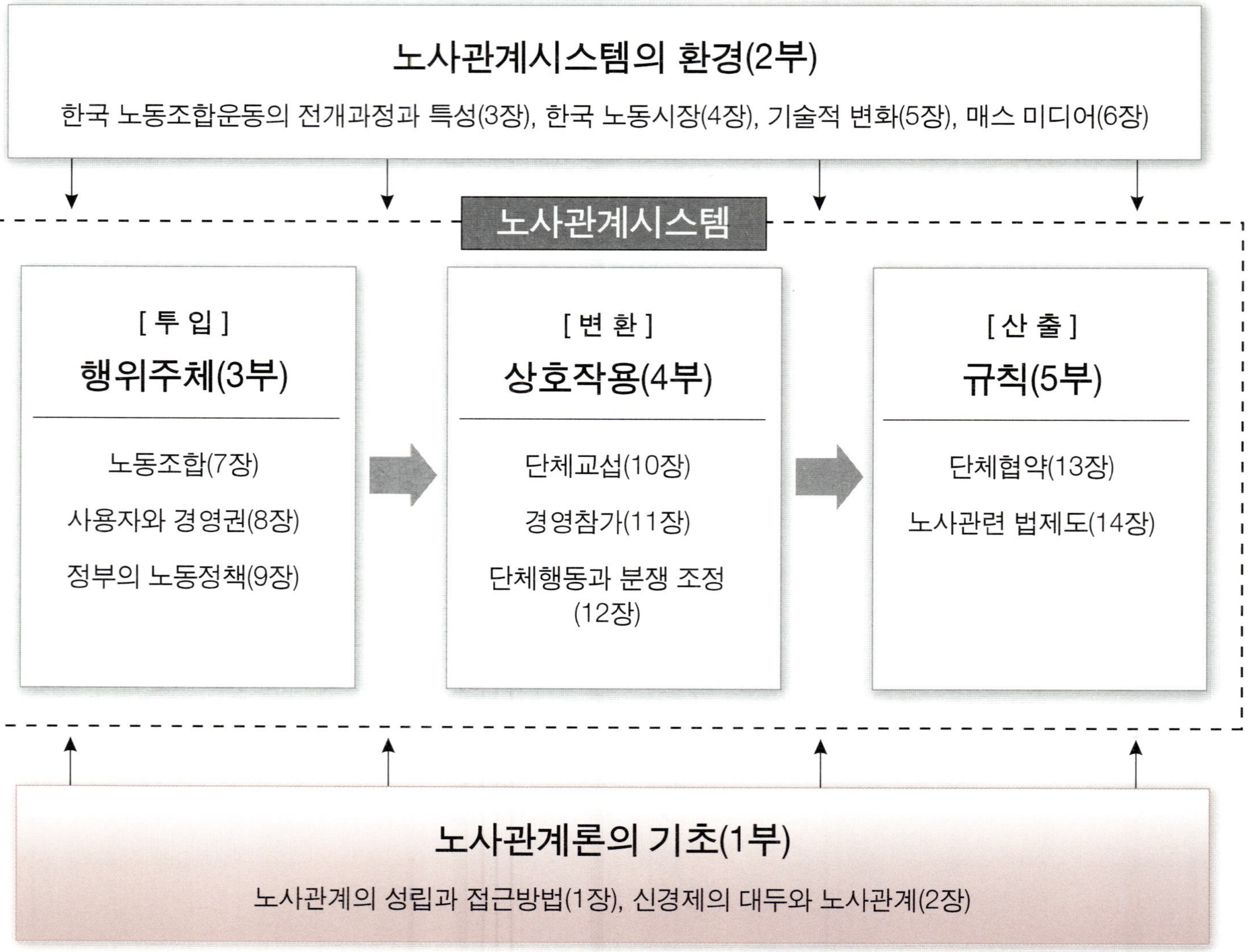
노사관계시스템의 환경(2부)
한국 노동조합운동의 전개과정과 특성(3장), 한국 노동시장(4장), 기술적 변화(5장), 매스 미디어(6장)
노사관계시스템
[투 입]
행위주체(3부)
노동조합(7장)
사용자와 경영권(8장)
정부의 노동정책(9장)
[변 환]
상호작용(4부)
단체교섭(10장)
경영참가(11장)
단체행동과 분쟁 조정 (12장)
[산 출]
규칙(5부)
단체협약(13장)
노사관련 법제도(14장)
노사관계론의 기초(1부)
노사관계의 성립과 접근방법(1장), 신경제의 대두와 노사관계(2장)

제1장 노사관계의 성립과 접근방법

01 노사문제의 기원
02 노사관계 개념의 역사적 형성배경
03 노사관계의 정의와 본질 및 노사관계론의 성립
04 고용조직에 대한 시각과 노사관계의 접근방법

[국회 시간제 노동 국제심포지엄]

불안정 일자리로 고용률 70% 달성, 바보짓

양질의 시간제 모델 네덜란드, 정부 시간제 일자리 정책 비판 …
"현실 외면한 시간제 반대는 교조적" 노조에도 충고

"네덜란드가 시간제의 파라다이스는 아닙니다."

16일 오후 '네덜란드 · 독일의 시간제 노동 실태 · 문제점과 노조의 대응전략'을 주제로 국회 도서관에서 열린 국제심포지엄에서 발제를 맡은 카텔레네 파쉬어 네덜란드노총(FNV) 부위원장은 단호했다. 인구 1천 670만명에 노동시장 참여율(고용률) 77%, 높은 생산성과 비교적 낮은 실업률, 높은 시간제 일자리 비중(37.2%).

고용률 70%를 국정 최우선 과제로 내세운 박근혜 정부로서는 이런 고용지표를 가진 네덜란드는 그야말로 파라다이스다. 시간제 일자리와 관련해서는 특히 그렇다. 최근 발표된 고용률 70% 로드맵에 따르면 2017년까지 창출하겠다는 일자리 238만개 중 39%가 시간제 일자리다.

파쉬어 부위원장에 따르면 네덜란드의 시간제 일자리는 93년 노사정 협약을 통해 완성됐다. 협약에 따라 △시간제 노동자와 전일제 노동자의 동일임금 동등대우 보장 △사회보장과 수당에 대한 동등한 권리 △시간제에서 전일제로, 전일제에서 시간제로 전환할 권리가 법률에 담겼다.

단체협약에도 동일임금이나 시간제에서 전일제로 전환하는 제도가 보장됐다. 네덜란드는 단체협약 적용률이 80%나 된다. 파쉬어 부위원장이 "시간제를 정규직으로 분류하고, 노동자들의 만족도가 높다"고 말하는 근거다.

▶ 민주노총과 한정애 민주당 의원실 주최로 16일 국회에서 열린 시간제 일자리 국제 심포지움에서 카텔레네 파쉬어 네덜란드 노총 부위원장이 발표하고 있다.

정기훈 기자

"네덜란드 시간제, 한국서는 불가능"

정부는 양질의 시간선택제 일자리를 만들겠다고 벼르고 있다. 상용직이면서 시간당 최저임금보다 많은 임금과 상여금을 받는 시간선택제 일자리를 양질로 정의했다. 다분히 상용직 시간제가 많은 네덜란드 모델을 본보기로 삼겠다는 것이다.

파쉬어 부위원장은 이에 대해 "네덜란드의 모델이나 시스템을 한국에 이식하는 것은 불가능하다"며 "일찌감치 포기하라"고 충고했다. 그는 "불안정한 일자리를 창출해서 해결할 수 있다고 하는 것은 바보 같은 짓"이라며 "문제를 한꺼번에 해결하는 만병통치약은 없다"고 비판했다. 예를 들어 여성 고용률을 높이려면 보육시설 같은 인프라를 확충하는 등 다양한 사정을 고려해 종합적인 해법을 찾아야 한다는 것이다.

실제로 2004년 이후 급증하기 시작해 노동자의 10% 수준으로 올라온 한국의 시간제 노동자들은 거의 대부분이 임시일용직이다. 금재호 한국노동연구원 선임연구위원의 '시간선택제 일자리의 현황과 과제' 보고서에 따르면 우리나라의 시간제 노동자 규모는 지난해 8월 기준으로 전체 노동자의 10.3%인 182만 6천명이다. 금 연구위원은 "시간선택제 중 상용직은 7.7%에 불과하며, 임시직(59.9%)과 일용직(32.4%)이 대부분을 차지한다"며 "다른 비정규직 형태와 비교해도 시간선택제는 상용직의 비중이 크게 낮다"고 지적했다. 해당 보고서는 지난 11일 경제사회발전 노사정위원회의 의제별위원회인 일 · 가정양립 일자리위원회 워크숍에서 발표됐다.

"시간제 나쁘다고 현실 외면하는 것은 교조주의"

이날 심포지엄에 참석한 노동계의 걱정은 컸다. 과연 네덜란드처럼 양질의 시간제가 한국에서 가능할지, 경제위기 때 전일제 노동시간단축이 아닌 질 좋은 시간제 일자리 만들기를 택한 네덜란드 노동운동의 선택을 옳았는지 등의 질문이 이어졌다.

공성식 공공운수노조 · 연맹 정책실장이 "좋은 일자리라고 하는 네덜란드의 그 많은 시간제가 어디서 왔느냐"며 "정규직 전일제 일자리가 80~90년대 붕괴하면서 하나의 전일제 일자리가 두 개의 시간제로 전환된 것일 텐데 시간제가 좋다고 지향해야 하는지 의문"이라고 비판한 것이 대표적이다.

이에 대해 파쉬어 부위원장은 93년 양질의 시간제 도입과 관련한 노사정 협약을 설명하면서 "80년대에는 우리가 무엇을 하든 서비스부문에서 불안정한 시간제 일자리가 많이 나왔다"며 "이들의 삶을 조명하고 손을 내밀 필요가 있었다"고 강조했다. 그는 "엄연한 현실을 외면하고 시간제에 반대한다며 대응하지 않는 것은 교조적인 접근"이라며 "학자라면 모를까 현실에 대응하려면 시간제 실태를 파악하고 팩트에 기반해서 논의를 해야 한다"고 말했다.

한편 이날 국제심포지엄은 민주노총과 한정애 민주당 의원이 공동으로 주최했다.

■ 매일노동뉴스 2013. 10. 17. 한계희

학습목표

노사문제의 기원, 노사관계 개념의 형성배경, 경영자 지배, 노사관계의 정의, 노사관계론의 성립, 단원주의적 시각, 다원론적 시각, 급진적 시각, 투입-산출 모델, 노사관계시스템론, 사회적 행동접근법, 전략적 선택의 관점

01 노사문제의 기원

인류문명의 발전은 인간노동의 소산으로, 노동의 역사는 인류의 역사와 그 궤를 같이 한다. 그리고 인간은 노동을 통해 창조의 기쁨을 맛봄으로써 삶의 보람을 축적해 간다. 이러한 노동이 사회문제로 등장하게 된 것은 산업혁명을 기점으로 하는 자본주의의 본격적 성립과 노동자의 계급으로서의 성숙 및 그에 따른 자본가와 노동자 간의 대립이 점차 사회 전면에 부각됨으로써 비롯되었다.[1] 요약하면 노동문제는 자본주의경제제도의 소산이다.[2] 인류의 역사에서 직접적 생산자가 사회적으로 생산된 경제잉여로부터 소외된 것은 계급사회 생성 이래의 일반적 상황이었으나 그것이 곧 노동문제로 된 것은 아니었다. 직접적 생산자인 노예나 농노는 당시 사회에서 피억압자로서 경제적 관계에서가 아니라 경제 외적인 관계에 의해 노동의 성과로부터 소외되어 왔기 때문이다. 그러나 인간과 인간의 사회적 관계는 법률상으로 대등한 상호간의 사회적 관계의 성립과 함께 자유로운 경제적 관계로서 성립된다. 그런데 자본주의 사회의 자본-임노동관계는 노동자가 생산에 필요한 제수단을 소유하지 않았기 때문에 그가 가지고 있는 유일한 상품인 노동력을 구매자인 자본가에게 양도하여 자본의 밑에서 노동의 대가로서의 임금을 받아 그것으로 생활을 유지해 가는 행태를 낳고 있다. 그 결과, 자본은 잉여가치의 법칙에 의해 부불노동(不拂勞動)에 기초한 이윤의 실현을 꿈꾸게 되는 것이다.

자본주의사회에서 자본-임노동관계를 기초로 직접적 생산자의 문제가 노동문제로 되는 것은 다음과 같은 이유 때문이다.[3] ① 자본주의 사회에서의 임노동은 노예나 농노와는 달리, 그 노동력의 판매자인 노동자가 사회적으로 어디까지나 자유로운 주체이며, 자본은 그 노동력과 노동을 계약에 의해 지배한다. ② 임노동 자체는 형식적으로는 자유로운 존재임에도 불구하고, 이윤의 획득을 목적으로 하는 자본에게는 생산의 한 요소로서 이용되는 점에서 그 노동관계와 노동조건은 반드시 자유로운 주체의 자유로운 생활을 보장하는 것은 아니다. 그리고 이것은 상품으로서의 노동력의 특수성에 의해 규정된다. 이와 같은 노동자의 신

분적인 자유와 사회 · 경제적인 부자유, 빈궁이 노동문제를 중요한 사회문제로 만들고 있다. 이런 점에서 넓은 의미의 노동문제는 자본주의 사회에만 있는 것으로서 자본주의 사회의 성립에 따라 필연적으로 제기되는 것이라 하겠다. 이러한 자본주의 사회에서의 노동문제를 임노동의 재생산과정과 결부시켜보면 자본제 사회의 노동문제는 ① 노동시장에 있어서의 노동문제, ② 노동과정에 있어서의 노동문제, ③ 소비생활에 있어서의 노동문제의 세 가지로 정리가 가능하다.[4] 자본의 본원적 축적기인 초기 자본주의 단계(15세기-산업혁명 때까지)에서부터 이미 발견되고 있는 자본주의적 노동문제는 노동조합이 결성되어 그것이 노동문제의 주체적 해결자로 나서기 전까지는 노동시장을 중심으로 하는 경제학의 한 관심분야로서, 또는 사회정책의 한 관심분야로서 머물러 있을 수밖에 없었다.

노동자계급으로서의 계급의식이나 권리의식도 갖고 있지 않고 그것을 보장하는 조건도 마련되어 있지 않은 상태에서 노동자들이 노동문제에 대해서 할 수 있는 것이란 아무것도 없었다. 그 후 산업혁명기에 성립한 원생적 노동관계를[5] 경험하면서 노동자계급은 하나의 계급으로 성숙하게 되었고, 그 결과 본격적인 노동운동의 전개와 함께 노동조합운동의 성립을 보게 되었다.[6] 노동조합의 결성에 의해 비로소 노동자는 노동시장에서 필요한 노동력의 공급을 조정하는 것이 가능해지고, 자본과 대등한 입장에서 거래하는 것도 가능해진다. 노동조합은 노동시장에서는 고용조건에 대하여, 노동과정에서는 노동조건에 대하여, 소비과정에서는 경제활동을 통하여 임노동이 순조롭게 재생산될 수 있는 조건을 확보하는 역할을 한다. 이 때 임노동에 있어서는 노동조합이 노동문제의 해결자로서 전면에 등장하게 된다. 물론 근대적인 노동조합법이 만들어져 노동자의 단결권이 합법적으로 설정되기까지에는 많은 노동자들의 사회적 자각과 노동조합운동을 위한 헌신적 노력이 있었으며, 그 후 노동조합이 노동조건의 결정과정에서 영향력을 행사하는 중요한 사회적 세력으로서 사회내에 제도화됨에 따라 '노동문제'라는 용어 대신에 '노사관계문제'라는 용어가 일반화되었다.[7]

요컨대 우리는 자본주의사회에 필연적으로 수반하는 노동문제를 해결하기 위해 노동자의 집단인 노동조합이 자본가 내지 사용자와 대등한 입장에서 관계를 형성하는 것을 노사관계 성립의 계기로 보고 있다.[8] 따라서 이제부터 다루게 될 노사관계는 노사관계를 개별적인 것과 집단적인 것으로 구분할 경우 후자인 집단적 노사관계를 의미하게 되며, 사용자 대 개별 노동자관계를 의미하는 개별 노사관계는 주로 인사 · 노무관리에 맡기기로 한다. 이 중에서 특히 기업별 노동조합이 노조결성 형태의 주류를 이루고 있는 한국의 경우에는 기업수준의 노사관계가 중요하게 다루어져야 할 것이다.

02 노사관계개념의 역사적 형성배경[9)]

그러면 노사관계의 형성과정과 그 개념을 성립시키게 된 사회경제사적인 배경이 무엇인지 알아보기로 하자.

2.1 노동조합 운동의 발전

먼저 노동자 계급의 성숙과 산업민주제의 발전을 들 수 있다. 앞에서도 말한 바와 같이 산업혁명 이후 공업화의 진전에 따라 노동자 계급은 양적으로나 질적으로 모두 성장 · 발전했다. 이러한 노동자 계급의 성장을 가져온 것에 대해서는 국가의 노동 · 사회입법과 사회정책, 그리고 공공정책의 역할이 크지만, 그와 같은 입법이나 정책을 추진하게 한 것은 바로 노동운동이었다. 노동운동은 크게 나누어 노동조합운동, 협동조합운동, 노동자정당이 주도하는 정치활동 또는 사회주의운동 등의 제 요소가 포함되지만, 특히 노동자 대중운동으로서 각 선진 자본주의 국가에서 공통적으로 발전한 것은 노동조합운동이었다. 이들 제 요소의 결합방식이나 발전순서 등은 각 나라마다 다르더라도, 노동조합운동이 노동운동의 기초이자 노동자정당운동이나 사회주의운동의 기초였던 것은 사실이다. 노동자는 스스로 단결해서 노동조합을 만들어 사용자나 자본가와 단체교섭을 함으로써 고용 · 노동조건을 집단적으로 결정(계약)하고 계속해서 유지 · 개선시켜 왔다. 단체교섭에 의해 노동자 측의 주장이 받아들여지지 않을 경우에는 파업 등의 노동쟁의에 호소하기도 하였다. 노동조합은 우여곡절의 과정을 거치면서 점점 그 조직력을 확대하고 단체교섭의 관행을 보급하여 정치 · 경제에 대한 발언권을 증대시켜 갔다.

당초에는 노동조합운동을 탄압 · 제한하고 있던 각국의 노동입법이나 노동정책도 차츰 노동조합을 승인하고 또 그 권리를 적극적으로 보장하게 되었다. 그 결과 노동자는 노동조합을 조직함으로써 사용자나 자본가와 대등한 입장에 서서 단체교섭을 통해 고용 · 노동조건의 결정에 참가하고 규제를 가할 수 있게 되었다. 자본가나 사용자의 전제적 지배(industrial autocracy) 대신에 산업민주주의(industrial democracy)가 발전하고 그 내용도 점점 풍부해지게 되었다. 그 경향은 제2차 세계대전 이후 매우 현저하게 나타나 제도적으로도 정착되었다. 노사관계 개념의 보급과 노사관계론이라는 학문분야의 발전은 무엇보다도 노동조합운동과 단체교섭제도의 전개가 그 기초에 있다고 해도 과언이 아니다.

2.2 경영자 지배의 확립

둘째로 사용자 측의 지배체제로서, 종래의 자본가 개념으로는 다룰 수 없는 경영자라는 직업과 그 독자적인 직능의 발전을 들 수 있다. 즉 '소유와 경영의 분리' 또는 '경영자 혁명'이라는 말로 표현되는 것처럼 자본의 소유자에 대한 기업경영자의 우위 내지는 지배체제가 발전하였다. 그런 사태는 무엇보다도 주식회사제도에 의해 초래되었다. 주식회사제도는 자본을 무수한 주식으로 분할하고 자본소유자의 기능을 분산화하는 한편, 자본의 소유에서 상대적으로 독립한 경영(management)이라는 사회적 직능을 발전시켰다. 기업규모가 거대화되고 복잡한 시장경제구조 속에서 기업활동이 점점 다면적으로 되면 기업은 물자, 자본, 정보, 사람과 같은 제 자원의 확보와 적절한 분배를 위해 노력하게 된다. 이때 기업은 여러 가지 기능이나 전문적 지식, 그리고 기술을 가진 인간집단을 조직적으로 편성해서 이들 제 집단의 활동을 기업목적의 수행을 위해 지도·통제하고 통합해 가야만 한다. 이들 집단은 각각 인간적 욕구나 욕망을 가진 독자적인 이해의 주체이고, 그 이해는 때때로 기업의 이익에 대해서도 또는 같은 기업체의 구성원인 다른 집단의 이해와도 대립한다. 이러한 대립된 이해를 가진 개인이나 집단을 기업목적에 통합시켜 경쟁시장 속에서 또는 기업활동을 둘러싼 특정사회의 제약조건 속에서 기업의 존속과 발전을 도모해 가는 것은 단순한 자본소유자가 할 수 있는 일이 아니다. 바로 거기에 전문적 경영자가 등장할 필요성이 있고, 그들은 이제 자본가의 대리인이라고 할 수 없으며, 오히려 자본의 소유자(주주)에 대해 우월한 입장에 서서 기업경영상의 중요한 의사결정권을 집중적으로 장악하게 된다.

기업경영에 있어서 불가결하고, 더구나 희소한 가치를 지니게 된 것은 누구나 소유할 수 있는 자본이 아니라 경영의 노하우와 정보이고 재능이기 때문이다. 물론 이러한 소유와 경영의 분리는 대기업에서 실현되는 것이고, 중소기업에서는 여전히 자본의 소유자와 경영자가 분리되어 있지 않은, 이른바 소유경영자(owner-manager)가 지배적이다. 소기업이나 영세기업에서는 개인적 내지 동족적 소유의 성격이 강한 기업이 광범한 형태로 존재한다. 이러한 자본가를 겸한 사용자가 노사관계에 있어서 현실적으로 수행하고 있는 역할은 여전히 매우 중요하다는 것은 말할 나위도 없다. 다만 고도산업사회에서의 노사관계의 당사자로서 지도적 역할을 수행하는 것은 사용자 측에서는 자본가가 아니라 경영자이고 노동자 측에서는 개개의 노동자나 그 집단이 아니라 노동조합이라는 조직체인 것이다. 그것이 바로 현대의 노사관계가 우선 노동조합 대 경영관계(union-management relations)라고 일컬어지는 이유이다. 그리고 이러한 조합 대 경영관계를 통해서 만들어 가는 노사관계에 대한 규칙이나 관행은 노동조합이나 전문적 경영자가 존재하지 않는 산업이나 직무분야에도 여러 가지 형태로 파급되어 영향력을 미치고 있다.

2.3 정부역할의 증대

세 번째 요인은 이른바 혼합경제의 발전, 즉 국민경제 속에서의 정부역할의 현저한 증대라는 것이다. 여기서 정부라는 것은 단순히 중앙정부만을 지칭하는 것은 아니다. 지방자치체나 국유기업 내지 공공기업체나 공영기업, 그리고 중앙 · 지방정부의 입법 · 행정 · 재정에 의존하는 교육의료 · 사회복지 · 연구기관 등의 공적 서비스기관을 포함한다. 국민경제 속에서 정부와 공공기관이 수행하는 역할은 점점 증대하고, 전체경제 속에서의 공공부문의 비중이 확대되는 것과 병행해서 정부는 통치권자로서의 역할과 함께 거대기업, 독점기업, 공익기업의 경영자로서의 역할 및 공무원이나 지방공무원, 그리고 공공기업체와 공영기업, 그 밖의 기관에서 일하는 종업원들에 대한 사용자로서의 역할과 책임을 점점 더 많이 짊어지게 되었다.

그와 동시에 노동문제에 대한 정부의 관여나 개입의 정도는 전보다 훨씬 높아진다. 통치권자로서의 정부는 산업노동 및 주변의 사회관계에 대한 입법이나 행정을 통해서 널리 노사관계에 적용되는 제도적인 장치를 만들어 내고, 또한 국민경제의 운영이나 사회질서를 유지하는 입장에서 고용문제, 임금결정, 노동쟁의 등 일상적으로 발생하는 노동문제에 대해 정책적인 유도나 직접적인 압력 및 영향력을 행사한다. 그 때의 정부의 입장은 일방적으로 자본가적 이익, 특히 독점자본의 이익을 대표해서 노동자계급을 억압하는 단순한 것이 아니다. 노사관계의 당사자뿐만 아니라 농민 · 자영업주 등 다른 근로자계층이나 소비자 대중들의 이해조정, 당시의 정치정세 아래서의 각 정당이나 압력단체 등의 역학관계에 있어서의 균형유지, 복잡한 국제관계 속에서의 국민적 이해의 옹호와 신장 등의 제 가치가 정부행동의 동기가 된다. 물론 이때 정치목적의 설정이나 정책의 선택을 위한 제 결정에 있어서는 집권정당의 이데올로기나 가치관이 결정적이다. 그렇지만 자유기업과 시장경제제도의 유지를 목표로 하는 보수적 정부에서도 그 노동정책이 항상 반노동자적이라고 할 수는 없다. 적어도 취업인구의 70~90% 이상을 고용노동자가 차지하는 선진공업국에서는 그와 같은 반노동자적 정책을 장기적으로 실시할 수는 없다.

미국의 경우를 예로 들어 보더라도 노동당도 사회주의 정당도 사실상 존재하지 않는 사회지만 노동정책은 물론 무역이나 외교정책을 보아도 '노동자 본위의 국가'(laboristic state)라는 지적을 읽을 수 있다. 적어도 노동조합의 정부의 정책결정에 대한 영향력은 매우 강하다고 할 수 있다.

노사관계에 있어서 정부역할의 다른 측면은 사용자로서의 정부이다. 정부는 스스로 사용자 내지 경영자로서의 입장과 자격을 갖고 노사관계의 한 쪽 당사자가 되어 그 일상적 운영에 관여하며, 거기에서의 제도나 규칙, 시행령제정에 지도적인 역할을 수행한다. 이들 정부 제 기관이 실시하는 공공부문의 산업활동은 재화의 생산이든 서비스의 제공이든 자본가적 소유에 의거하는 영리활동이 아니다. 여기서 형성되는 노동자와 경영자의 관계는 노자관계라고는 할 수 없고 노사관계라고 부르는 것이 적합하다. 이러한 정부 제 기관의 노사관계는 민간이 하는 의료, 사회복지서비스 등의 비영리기업(nonprofit agencies)에 대해서도 마찬가지로 적용될 수 있다. 산업사회의 고도화나 국민생활의 요구의 다양화는 이들 비영리기업 내지 조직체의 양과 종류를 증대시켜 왔으며, 그런 점에서 노사관계에서 이 부문의 중요성과 비중을 증대시켰다.

2.4 사회제도와 노사관계

위에서 말한 민간의 영리 · 비영리기업과 정부 제 기관의 산업노동에 공통하는 인간관계는 집단적 · 조직적인 노동에 있어서의 사용자와 종업원과의 관계, 즉 관리자와 피관리자와의 관계이다. 그리고 구미에서는 노사관계(industrial relations)의 동의어로서 사용자-종업원관계(employer-employee relations, arbeitgeber-arbeitnehmer verhaltnisse)라든가, 관리자-피관리자관계(manager-manages relations), 노동관계(labor relations) 또는 노사관계(labor-management relations)라는 용어가 사용된다.

오늘날의 산업사회를 구성하는 사람들과 조직체 사이의 제 관계는 여러 가지 활동영역에서 점점 다원화 되어가는 사회계층이나 조직체 간의 제 관계이며, 그들 제 관계를 다루는 넓은 의미에서의 규칙의 제정이나 운영도 복잡한 제도적 기구 하에서 실시된다. 마르크스 경제학이 상정하고 추상화한 노사관계, 즉 생산수단의 소유와 비소유에 의거한 계급적 대립과 투쟁의 관계가 아니라 산업사회를 구성하는 기능적으로 분화된 제 이해집단(interests groups)간의 이해의 대립과 조정, 나아가 산업활동의 목적을 위한 통합과 협력의 제 관계로 발전한다.

이와 같이 본다면 이들 제 관계는 체제의 차이를 초월하는 것이다. 왜냐하면 생산수단의 소유가 더 이상 존재하지 않는 사회주의 사회에서도 산업활동에 있어서의 관리자와 피관리자의 관계나 제 이익집단 간의 긴장과 마찰, 조정과 타협의 과정은 항상 따르게 마련이기 때문이다. 사회주의제국이 선진적 자본주의의 노사관계제도에서 배우려고 하는 자세는 바로 이 때문이다. 따라서 노사관계란 체제의 차이를 뛰어 넘어 통용될 수 있는 사회과학적 개념이라고 해도 좋을 것이다.

2.5 노사관계의 개념규정

여기서 지금까지의 논의를 바탕으로 해서 노사관계의 개념을 규정해본다면 다음과 같다.

노사관계란 산업사회에서 고용의 직접 당사자인 노동 측(개별 노동자 또는 노동조합)과 사용자 측(자본가, 경영자 또는 그 단체), 그리고 이들 간의 제 관계에 사회적 노동정책을 통해 개입하는 정부 측(입법 · 행정 · 사법의 유관기관) 사이에서 고용을 중심으로 나타나는 행위주체들 간의 제 관계라고 규정할 수 있다. 여기서 행위주체들 간의 이해조정이 별다른 분쟁없이 잘 진행되면 안정적 내지 협력적 노사관계가 형성되게 되고, 그 과정에서 분쟁이 자주 발생하거나 분쟁양상이 격렬해지게 되면 대립적 노사관계가 형성된다. 그러나 기업수준의 노사관계든 산업수준 혹은 국가수준의 것이든 간에 정도의 차이는 있겠지만 때로 협력과 안정의 국면이 있는가 하면 대립과 긴장의 국면이 있게 마련이다. 특정 노사관계에 관여하는 행위주체들의 노사관계에 대한 시각과 목표실현방식의 성숙도에 따라서 나타나는 양상은 달라지게 된다.

03 노사관계의 정의와 본질 및 노사관계론의 성립

3.1 노사관계의 정의

(1) 노사관계의 다양한 측면

노사관계란 흔히 고용하는 자와 고용되는 자의 관계라고 말해진다. 노동력의 구입 · 이용(경영자)과 판매 · 재생산(노동자)을 위하여 노동력의 소유자인 노동자가 고용되는 것이 노사관계에 있어서 기본적인 의미를 갖는다고 할 수 있다. 그것을 노동력이 재생산되는 순환과정이라는 횡적인 흐름에서 보면 노사관계는 시장관계 및 생산관계를 중심으로 주로 노동력의 유통 · 거래과정인 노동시장과, 고용관계로 들어온 후의 노동력의 소비과정인 직장(기업 · 사업소 · 직장)이라고 하는 두 개의 과정에서 노동자 · 노동조합과 경영자 · 경영단체가 대응하는 관계라고 할 수 있다(그림 1-1 참조). 이러한 관계는 노동자(노동조합) · 경영자 관계와 종업

그림 1-1 노사관계의 구성

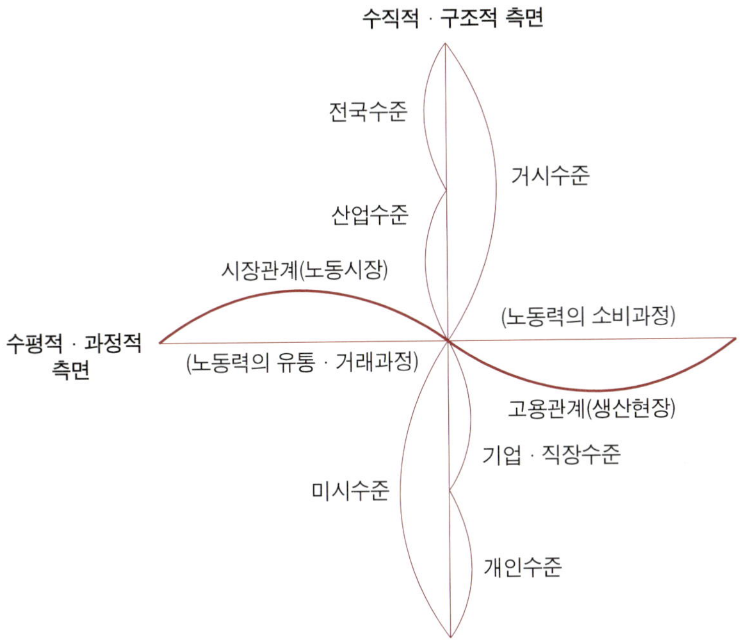

그림 1-2 노사관계의 이중적 측면

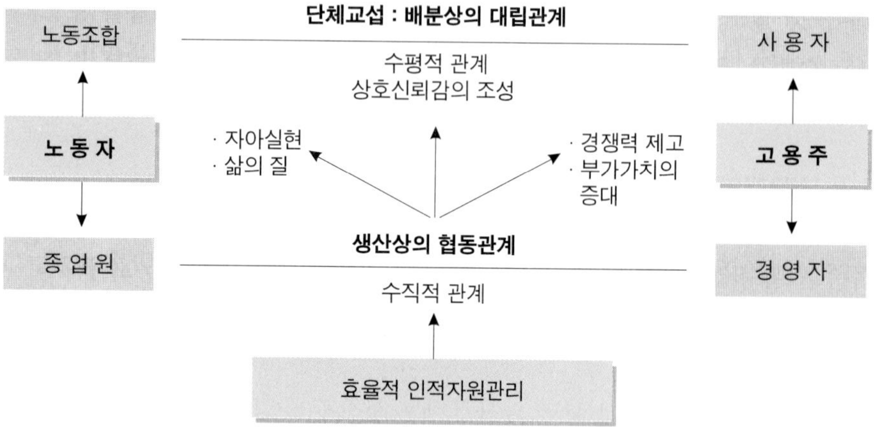

원 · 경영자 관계라는 이중관계로 이해되기도 한다(그림 1-2 참조).

다른 한편 노동시장이나 직장의 노사관계를 좀더 확대하여 종적 · 구조적인 수준에서 보면 전국수준, 산업수준, 기업수준, 직장수준 등 네 가지 수준으로 나누어 볼 수 있다. 전국수준을 국가수준과 지역수준으로 나누기도 하고 직장수준을 사업소 · 공장에서 말단의 현장(직장)에 이르는 수준까지 나누어 생각할 수도 있다. 이 중 전국수준과 산업수준이 노동시장, 특히 외부시장 및 국민경제 · 정치에 대응하는 거시경제적 · 정치적 · 사회적 측면과 서로 분리할 수 없는 활동영역이 되고, 기업수준 · 직장수준이 고용관계를 전제로 하기 때문에 미시적인 경영학, 인간적 측면과 분리될 수 없는 내부노동시장 및 직장에 있어서의 활동영역이 될 것이다.

이상과 같은 종적 · 횡적인 관계를 갖는 노사관계는 현상적으로는 자본가 · 경영자와 노동자의 자본주의적 질서와 신뢰관계 위에 성립하는 연결관계로서 나타나고 또 기본적으로는 노동력상품의 거래와 계약수행을 둘러싼 경제적 관계로서 이해될 수 있다.

노동력의 수요자인 경영자는 이윤의 확대를 목표로 하고 자본주의적 생산기구에 노동력을 순응시키기 위해서, 또 공급자인 노동자는 자기 노동력의 재생산을 목표로 하여, 보다 비싸게 노동력을 판매하기 위해서 쌍방이 서로 다른 목표를 전제로 노동력을 상품으로 거래하는 것이다.

이 거래는 양자 사이의 거래에 수반하는 경제적 이해를 둘러싼 대립을 개재시키기 때문에 거래 · 교섭을 둘러싼 정치적 관계를 불가피하게 발생시키게 된다. 더구나 임금노동자의 노동력상품이 갖는 특징(긴급성, 소진성, 투매성, 역수급성 등) 때문에 거래관계는 개인적 관계에서 집단적 관계로 이행되지 않을 수 없고, 결국 노사관계는 집단적 관계와 분리해서 생각할 수 없게 된다. 또 양자의 관계는 가령 경제적 측면을 중심에 두고 있다 해도 계약관계가 전제되어 있는 이상 사회적으로 권리 · 의무관계가 발생하는 근대적 인간관계에 기초하고 있다는 점에서 사회적 관계의 측면도 무시할 수 없다.

이처럼 노사관계는 경제적 관계를 중심축으로 하면서도 다양한 측면과 성격을 갖고 있다. 따라서 특정한 측면이나 국면에 한정해서 노사관계에 접근해 온 경제학, 사회학, 법학, 정치학, 심리학, 행동과학, 경영학 등에 비해서 그와 같은 다양성의 인식 아래 종합적인 이해와 체계화를 목표로 이론적 모색을 전개하고 있다는 점에서 노사관계론이 갖는 특징을 찾을 수 있다.

(2) 노사관계의 정의

노사관계 및 노사관계론을 명확히 이해하기 위해서, 우선 그 전제가 되는 몇 가지 측면을 살펴보았다. 그러면 다음으로 노사관계란 무엇인가를 보다 명확히 하기 위해 그 정의를 살펴보자.

"노사관계란 그 관계의 유지 · 기능화에 이해와 책임을 갖는 주된 당사자(주체)인 노사가 중심이 되고, 나아가 정책주체로서의 국가가 관여하며, 노사 상호의 권리 · 의무의 승인을 전제로 노동력의 거래, 고용, 이용, 육성을 통해서 그 가격이나 처우, 또 질서나 제도의 형성, 유지, 개선을 위해서 노동시장 및 직장을 매개로 해서 대등하게 맺어지는 관계를 말한다."

이 정의에서는 다음과 같은 여러 의미가 내포되어 있다.

① 노동시장과 직장(직장은 노동시장으로도 될 수 있다)을 주된 전개의 장으로 해서 노동력을 둘러싼 거래 · 교섭, 그리고 그 고용 · 처우 · 소비가 추구되는 관계라는 점
② 노사관계의 당사자(주체)는 복수이고 더구나 반드시 이해관계가 일치하는 것은 아니라는 점
③ 대립이나 항쟁뿐만 아니라 관심이나 이해를 공통으로 하고 있는 면도 있다는 점, 즉 이해의 대립과 이해의 공유가 동시에 존재하고 있다는 점
④ 당사자는 노사관계의 규칙이나 질서 제정, 즉 단체교섭의 유지, 쟁의행위의 실시와 대

처, 노동협약의 체결과 운용에 있어 책임과 의무를 다할 능력을 갖고 있다는 점

⑤ 그 범위는 고정적인 것은 아니지만 경영자의 경영권, 노동자의 노동기본권, 정부의 정책주체로서의 권한 등에 대해 각 당사자는 상호의 권력과 능력을 승인하는 것을 전제로 하고 있다는 점

⑥ 위의 ②항과 ④항으로부터 노동조합을 매개로 하는 집단적 노사관계가 부상하여 중요한 역할을 수행한다는 점

⑦ 생산이나 노동, 또 생활의 어느 것이나 일회적인 것이 아니라 영속적인 이상, 노사관계도 영속적이라는 점, 물론 눈앞의 문제, 단기적으로 결말이 나는 문제도 있지만 그것을 초월해서 '관계' 그 자체는 영속적이라는 점과 그런 점에서 오직 대결과 투쟁 노선을 강력히 주장하는 경우라 하더라도 관계 자체의 붕괴를 목표로 하지 않는 이상 획득된 성과의 확대나 제도화에 관심을 갖지 않을 수 없으며 그러기 위해서는 노사관계제도의 정착과 안정 및 영속화를 도모하지 않을 수 없다는 점

위의 정의에서 이해를 달리하는 당사자라는 표현의 의미는 각 당사자의 노사관계상의 목적의 차이를 가리키고 있다. 즉 경영자는 기업과 산업활동의 순조로운 유지와 확대 그리고 산업평화를 통한 이윤의 극대화를 목표로 하고 있는 데 반해서 노동자와 노동조합은 이념적으로 반체제적인 지향성을 가지고 있든 그렇지 않든 모두 경영과 독립한 노동자생활의 유지와 개선을 목표로 하고 있다. 또한 정부는 기본적으로는 자본의 논리를 추구하는 경영자를 옹호하지만 자본주의적 제도로서의 노사관계시스템을 유지해야 하는 책임도 있기 때문에 노동조합이 자본주의적 질서를 유지하는 한 일정한 보호정책도 활용함으로써 궁극적으로 자본주의 체제의 순조로운 유지와 성장을 도모하고자 한다.

이와 같이 서로 다른 목표를 가지고 있으면서 그러나 당장은 노사관계의 제도와 체제를 유지하는 데 공통의 이해관계를 가지고 있기 때문에 주요 당사자인 노사가 정부나 혹은 공적인 제3의 기관을 중심으로 노동시장에서 교섭·거래함으로써 공통의 목표에 도달하고자 하는 것이다. 그 공통의 이해와 그것의 발견에 필요한 당사자의 능력 여하는 원칙적으로 현재 내지는 장래의 고용관계를 전제로 하고 있기 때문에 좁은 의미에서 노사관계는 고용관계와 일치한다. 그러나 넓은 의미에서 노사관계는 특정의 고용관계나 혹은 일반적인 고용관계를 초월하는 것이다.

원래 노사관계는 자본주의의 여러 제도 속에서 기능하고 있는 것이지 다른 여러 제도나 정책과 분리되어 있는 것이 아니다. 또 개개의 고용관계가 다른 고용관계와 무관하게 독립

해서 전개되고 있는 것도 아니다. 따라서 노동시장에 들어오기는 했으나 아직 특정의 고용관계에 들어와 있지 않거나, 무엇인가의 이유로 특정의 고용관계가 단절된 채로 있는 경우에도 노사관계의 시야에서 배제시켜서는 안 된다.

여기서 노사관계의 연구 대상이 되는 문제를 다시 한번 구체적으로 열거해보면, ① 실태로서의 노사관계의 생성, 전개와 그 필연성, ② 각 당사자의 이념, 목표, 정책, 활동과 당사자간의 관계, ③ 노사관계의 형성방법, 기관, 제도, ④ 노사관계의 법제, ⑤ 노사관계의 성과와 역할, ⑥ 노사관계의 법칙과 이론, ⑦ 노사관계와 밀접하게 관련된 제도, 운동 등의 문제가 포함된다.

3.2 노사관계의 본질

다음으로 노사관계의 기본적 성격에 대해서 정리해보기로 하자.

노사관계의 성격에 대해서는 경제적 관계, 정치적 · 계급적 관계, 인간적 관계, 혹은 이윤내지 임금의 극대화, 분배와 처우의 공평성 확보, 경제적 목표보다 정치적 목적의 달성 등 어느 한 측면에 역점을 두어 파악하고자 하는 경향이 크다. 따라서 어떤 시각으로 보느냐에 따라 대립과 적대, 협조와 평화 혹은 대립 속의 타협 등 그 성격 부여가 달라지게 된다.

앞에서도 본 바와 같이 노사관계의 실질적 성립은 노동조합이 영속적으로 활동을 전개할 수 있게 된 이후이다. 나아가 그것에 대한 노사관계론적 시각의 성립은 노동조합이 법적으로 인정되고 노사 간의 대등성이 형식적으로나마 법적으로 확인되고 나서부터이다. 우리가 말하는 노사관계는 바로 이 대등한 노사관계의 성립 이후의 것에 초점을 두고 있다는 것은 두 말할 나위도 없다.

이 단계에서는 노사 어느 쪽도 시장의 법칙이나 실태 혹은 경험적으로나 법적으로 축적된 규칙을 무시하면서까지 자신의 목표와 요구만을 강변하면서 상대의 목표나 요구를 무시할 수는 없다. 만약 경영자가 처음부터 노무관리적 시점에서의 일방적 대응을 고집한다면 노동자와의 원활한 관계가 형성되지 않을 뿐더러 이윤증대 활동에도 문제가 생길 것이다. 또 노동자라고 해서 노동운동의 시각에서 일방적 주장과 대응만을 고집하고 노조운동을 사회주의적 운동의 일환으로 전개한다면 경영자와의 관계가 안정되지 않을뿐더러 노동조건이나 노동생활의 유지 · 개선에도 지장이 있을 수 밖에 없다. 따라서 이와 같은 인식 위에서 경영자는 노동조합을 자신이 근거한 체제 위에 성립하는 제도로서 인식하게 되고, 노동조합도 사회주의 운동과 일단 분리해서 자기 조직이 자본주의 질서를 무시할 수 없는 체제내적인 존재라는 인식을 하게 된다.

이런 입장에서 보면 노사는 대립과 적대시만이 노사관계의 본질이라거나 자신의 요구만을 일방적으로 주장하는 것이 별로 의미가 없다는 것을 알게 된다. 양자의 관계는 경제적으로나 사회적으로 대립적인 측면을 가지고 있으면서도 현실을 무시한다거나 대립을 돌이킬 수 없는 지경에 까지 몰고 간다거나 하지 않고 그것을 초월해서 공통의 기준을 찾아 냄으로써 조화와 균형을 발견하려는 노력에 의해 유지 · 발전된다. 그 결과 노사관계의 기구와 제도의 유지가 양자에게 있어서 불가피하게 되고 그 기능화와 안정화가 중요한 과제가 된다. 서로 다른 주장이나 목표를 초월한 노사관계의 기구와 제도의 유지와 안정이 노사 공통의 이해와 목표가 되는 것이다.

여기서 노사관계에 내재되어 있는 몇 가지 가치 내지 기준에 대해 정리해 둘 필요가 있다.

우선 현대 노사관계에 있어 경영자가 목표로 하는 점을 열거해 보면 노동력의 지속적이고 안정적인 확보, 노동비용의 적정수준으로의 억제, 노동력의 유효한 활용, 능률증진과 생산의 확충, 노동력의 질적 향상, 훈련, 생산과 노동질서의 확립, 경영권의 확보, 노사관계의 안정 등이 지적된다. 또한 노동자의 목표로는 노동력의 지속적이고 안정적인 판매(취업,고용보장), 노동력의 보다 유리하고 공정한 처리, 노동조건 및 생활조건의 유지와 개선, 단결권 등 노동기본권의 보장, 노동자의 사회적 지위향상, 노사관계의 안정 등이 지적된다. 이들 목표로부터 공통적으로 극대화(極大化), 공정성(公正性), 안정(安定) 등의 원칙이 유추될 수 있다.[10)]

극대란 경영자에게는 생산성 향상, 생산력의 확대, 이윤의 극대화 등을 들 수 있고 노동자에게는 임금이나 그 밖의 근로조건 혹은 생활조건의 개선, 노동기본권의 확대 등과 관련된 기준 내지 원칙이다. 노사관계 자체가 경제적 성격이 매우 강한 관계인 만큼 극대화라고 하는 주로 경제적 활동과 관련된 목표가 먼저 거론되는 것은 당연할 것이다.

공정 내지 공평이란 주로 노동자 측에 관심있는 기준 내지 원칙으로서 노동자에 대한 배분의 공정, 근로조건의 객관화, 재생산비에 충분한 근로조건 보장, 기회의 공평이나 참가의 실현과 같은 요구에서 보여지는 바와 같이 산업민주주의와 연관된 문제로 경제적 측면과 사회적, 정치적 측면의 양면을 지니고 있다. 경영자에게 있어 공정이란 경영자간의 경쟁상의 공정과 같은 자기 측과 관계가 있는 문제의 경우도 있지만 그 이상으로 노동자에 대한 공정원칙의 승인이라는 형태로 문제가 되는 경우가 보통이다.

오랜 경험으로부터 노사관계의 안정에는 공정 · 공평원칙이 불가결하다는 인식이 정착되기에 이르렀으며, 이는 산업이나 노사관계에 있어서의 민주주의 실현에도 중요한 과제라고 할 수 있다. 나아가 노동자가 경영자와 다르게 단결에 의존하지 않을 수 없는 것 자체, 그리고 노동운동이 노동자간의 공정을 출발점으로 하고 있다는 점을 고려할 때 어떤 의미에서는 공정 · 공평이야말로 노동자를 하나로 결집할 수 있는 기본원칙이라 할 것이다.

안정이란 질 · 양의 양면에서의 노동력의 수요와 공급의 균형과 시장의 기능화, 경영권과 노동기본권의 상호 승인, 노사관계의 규칙과 제도의 확립과 보장 등 경제적인 것에서부터 비경제적인 것에 이르기까지 널리 관계가 있다. 공정하지 않은 극대화가 특히 노동자에게는 납득되지 않는 것처럼 안정없는 극대화나 공정성도 의미가 없다 할 것이다.

이들 세 가지 기준이 서로 조화롭게 균형이 유지될 때 비로소 노사관계시스템의 원활한 운영이 가능해진다고 할 것이다. 만약 노사 쌍방이 공정이나 안정을 잊어버리고 경제적인 극대화만 추구한다면 노사관계는 불안정할뿐더러 영원히 대립과 갈등만 지속될 것이다. 노사관계는 기본적으로는 자본과 노동자라는 계급관계에 기초하면서도 자본의 논리가 직선적으로 작용하는 것은 아니다. 거기에는 자본가와는 달리 경영자가 개재되어 있으며 이들은 노동운동, 노동조합과의 균형을 생각하면서 자본의 논리를 노사관계의 유지 · 안정과 조화시키기 위해 노력한다. 대개 자본주의의 초기에는 노사의 대립을 잠재적으로 내포하고 있으면서도 자본가 내지 경영자의 일방적 · 전횡적 지배의 시대가 먼저 찾아온다. 그 후 노동자의 자각과 단결을 계기로 대립을 전제로 하면서도 적대에서 협력에 이르기까지의 넓은 스펙트럼 속에서 대응관계가 유지되게 된다. 이러한 대응관계에서 형성되는 일반적 목표는 극대 · 공정 · 안정이고 그것들이 조화를 이루는 가운데 노사관계가 유지되게 되는 것이다.

3.3 노사관계론의 성립

노동시장의 형성과 노동조합의 법적 인정이 일반적인 사실로 정착되게 되면 노사관계론의 형성기반이 갖추어졌다고 볼 수 있다. 이는 일반적으로 세계공황을 계기로 노사를 둘러싼 이념이나 제도가 변화하는 1930년대 중엽 이후라고 생각해도 될 것이다. 미국을 중심으로 노동시장론이나 노동경제론에 관계되는 연구나 관심이 증대하는 것은 이 시기 이후이다.

이 단계에서는 대공황이 심화되고 실업이 증대하는 가운데 그때까지 실업대책을 충분히 준비하고 있지 못했던 나라는 물론 영국 등과 같이 실업보험제도를 도입하고 있던 나라도 대응책이 없을 정도의 위기에 봉착하였다. 그 결과 고용문제 내지 노동시장 문제가 노사에 있어서뿐만 아니라 정부에 있어서도, 연구자에게 있어서도 최대 관심사의 하나가 되었다. 동시에 이 대공황 시기 및 그 이후 계속되는 시기에 스웨덴, 오스트레일리아, 뉴질랜드, 영국 등에서 노동자 계급의 이익을 대변하는 노동당이나 사회민주당이 집권하거나 혹은 노동자에게 호의적인 정권이 성립하기도 하였다. 또한 노동조합은 그 제도적 변경이나 권리의 보장으로 종래에 없었던 큰 변화가 있었다. 그것은 노동조합이 사회적으로도 자본주의 질서의 일탈자나 혼란을 부추키는 자라는 인식에서 벗어나 자본주의사회의 질서에 따라 일정한 사회적 역할을 수행하는 단체라는 평가를 받기에 이른 결과이기도 하였다. 노사관계론의 성립 조건은 이러한 과정을 통해서 점차 성숙되어왔다고 볼 수 있다. 즉 한편으로는 노동시장이나 노사관계에 대한 시각 정립의 필요가 전례없이 강조되고 다른 한편으로는 노동조합운동이 사회주의 운동과 밀접한 관계를 갖는 위치에 있다 하더라도 반드시 그것과 동일한 것은 아니라는 인식이 확산되면서 단결권 등 노동자의 권리에 대한 법적 인정도 확산되게 되었다. 이리하여 노사관계가 먼저 형식적으로 성립하고 이어서 노사관계가 실질적으로 정착 · 기능화하게 되면서 비로소 노사관계론이 성립하게 되는 것이다.

여기서 노사관계론의 성립이라고 해도 그것이 하나의 명확한 학문분야로서의 체계를 갖

그림 1-3 본서의 구성

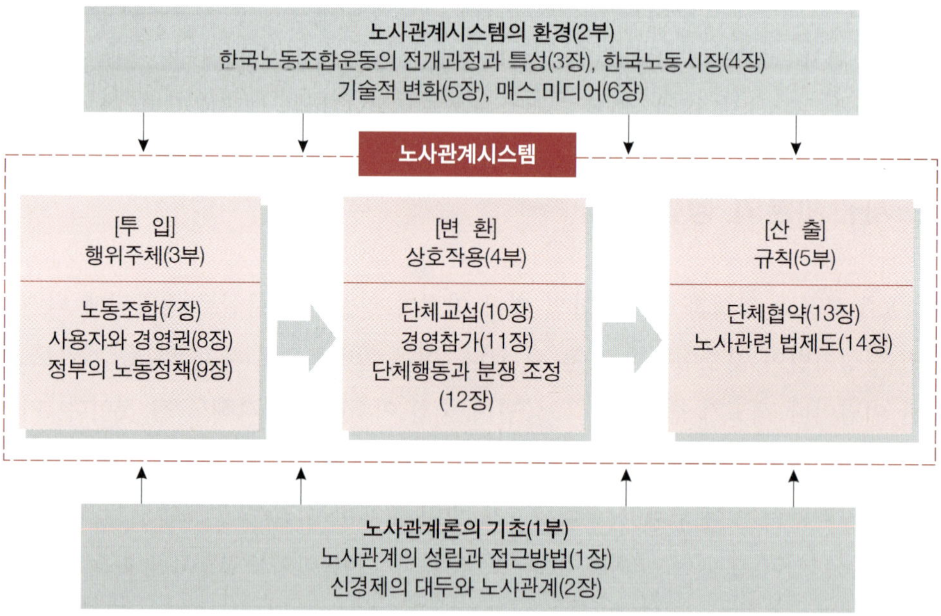

추었다고 말하기에는 아직 이르다 할 것이다. 그 정의나 이론뿐만 아니라 체계나 경계도 당분간은 불명확성이나 다양성을 남긴 채 전개되고 있지만 점차 정착 · 확립의 단계로 나아가고 있다고 봐야 할 것이다. 아마도 노사관계론의 학문적 성립에 가장 중요한 기초를 제공한 연구성과로서 던롭의 노사관계시스템론을 드는데 이의를 제기할 사람은 아무도 없을 것이다. 던롭의 노사관계시스템론에 대해서는 다음 노사관계의 접근방법에서 소개하고 있으므로 더 이상의 설명은 그치기로 하지만 본서의 구성도 던롭의 노사관계시스템론에 근거하고 있다는 점을 밝혀두고자 한다(그림 1-3 참조).

04 고용조직에 대한 시각과 노사관계의 접근방법

노사관계를 다루는 경우 고용조직의 성격을 어떻게 규정하느냐 하는 각자의 시각에 따라 노사관계상의 특정한 쟁점이나 상황에 대한 접근방법과 분석방법이 달라질 뿐만 아니라 조직내에서의 타인의 행동에 대한 자신의 기대, 그리고 그들의 실제행동에 대한 자신의 대응방식과 또한 타인의 행동에 영향을 미치고 그것을 수정하기 위해 자신이 취하는 각종 수단 등이 달라지게 된다. 이처럼 노사관계에 대한 각기 다른 시각을 검토함에 있어서는 고용조직(employment organization)의 일반적 성격 및 그들이 노사관계를 취급하는 여러 접근방법(approaches)간의 차이점을 살펴보는 것이 유용할 것이다(그림 1-4 참조).

이러한 여러 가지 접근방법을 살펴봄에 있어 우리는 다음과 같은 점을 염두에 두어야 한다.

① 이 접근방법들은 변수 간의 인과관계를 밝히는 이론이나 예측모델이라기보다는 주로 분석을 위한 범주화(analytical categorization) 작업이라는 점
② 이들 중의 어떤 것이 옳고 어떤 것이 그르다는 식이 아니라는 점

즉 각각의 접근방법은 나름대로 노사관계의 특정측면을 강조하고 있으며, 이들을 종합함으로써 노사관계가 지닌 복잡하고 다양한 성격을 분석하고 이해하는 데 보다 유익할 것이라는 점이다. 그러면 먼저 고용조직의 성격을 규정하는 시각에는 어떤 것이 있는지 살펴보도록 하자.

그림 1-4 노사관계론의 접근방법

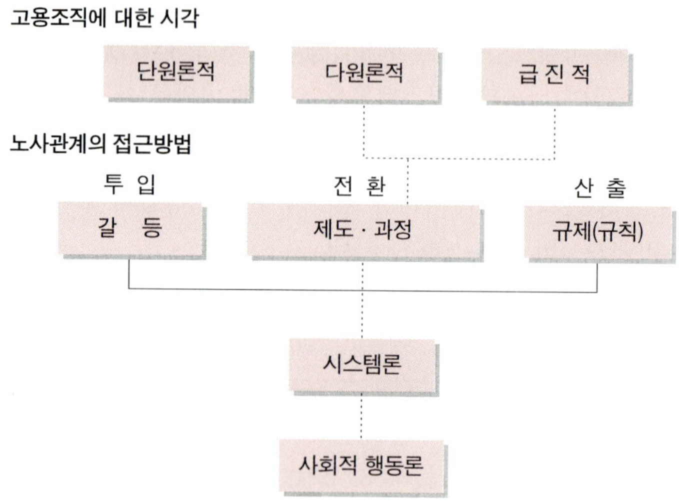

자료 : Salamon, M.(1987), *Industrial Relations: Theory and Practice*, Prentice-Hall, p.25에서 수정.

4.1 고용조직에 대한 시각

고용조직을 파악하는 시각에는 크게 다음의 세 가지가 있다.

- 단원론적 시각(unitary perspective)
- 다원론적 시각(pluralistic perspective)
- 급진적 시각(radical perspective)

(1) 단원론적 시각

단원론적 시각은, 조직이란 단 하나의 권위구조와 충성구조를 가지며 모든 구성원들에 의해 공유되는 일련의 공통의 가치와 이해를 바탕으로 공통의 목표를 가진 통합된 인간집단이라는 가정에 근거하고 있다. 이는 조직의 응집성을 강조하며 조직을 '공통의 목표에 의해 묶여진' 통합된 팀으로 간주한다.[11)]

조직경영권이나 의사결정권과 같은 경영전권(management prerogatives)은 합법적이고 합리적인 것으로 수용되며, 그것에 대한 어떠한 반대도 그것이 공식적인 것이든 비공식적인 것이든 간에 비합리적인 것으로 간주된다. 따라서 조직은 결코 '너희와 우리'라는 식으로 표현되지 않는다. 이를 두고 판함 등(D. Fahnham and J. Pimlott)은 "자본가와 경영자 그리고 노동자 간에는 아무런 이해상충이 없으며… 반면에 자본가와 노동자는 생산, 이윤, 그리고 임금에 관하여 공통의 목표를 가진 상호보완적 파트너이며 조직 내의 모든 성원이 각자의 역할을 가지고 있다"는 사고방식이라고 지적하고 있다.[12)]

이 관점의 중요한 가정은 조직시스템은 기본적으로 조화로운 것이며, 조직에서의 갈등은 예외적인 것이라는 점이다. 여기에는 다음과 같은 두 가지 중요한 시사점이 담겨 있다.

① 갈등(종업원의 불만족의 표출 또는 경영층과의 대립 등)은 비합리적인 것으로 인식된다.

이 시각에서는 경영규칙에 대한 어떠한 침해도 비순응적인 태도 이상으로 상궤를 벗어난 일탈로 간주된다.[13)] 판함 등은 이 경우 조직내의 파벌주의의 존재는 병적인 현상으로 간주되며, 단체교섭은 조직 내에 서로 상충하는 이해가 존재함을 전제로 하기 때문에 반사회적 메커니즘으로 간주된다는 것이다.[14)]

갈등의 표출은 주로 부문적인 것이지 구조적인 것은 아니며, 조직내 구성원들이 지닌 독특한 개성간의 부딪침이나 기업정책 또는 결정을 하부로 전달하는 데 있어서의 경영진의 능력부족, 조직전체의 이익을 위한 경영자의 결정에 대한 종업원들의 이해부족 등에 의해 야기되는 것으로 이해된다. 그러므로 이러한 갈등에 대한 경영자의 접근방법은 대개 권위주의적이거나 가부장적인 유형을 띤다. 강제력의 사용은 경영권의 합법적 행사로 간주된다. 경영전권이 지닌 합법성을 굳게 믿기 때문에 경영자는 협상과정을 통해 각종 의사결정이나 변화의 도입에 관해 종업원의 동의를 얻어내야 할 필요성을 전혀 느끼지 못하고 있다. 경영자의 이러한 태도는 노사관계에 있어서 법률의 역할에 대한 관점에도 그대로 반영된다.

이런 관점을 지닌 경영자는 인간의 행위를 직접적으로 규제하고 형벌을 통해 이를 규제할 수 있도록 하기 위해서는 법률적 개입을 증대시켜야 하는 것으로 믿고 있다고 폭스는 지적하고 있다.[15)] 또한 이런 시각을 가진 경영자들은 대인관계의 개선 및 적절한 커뮤니케이션 체계의 구축을 기본으로 하는 인간관계적 접근방법을 강조하며, '우리는 한 배를 탄 운명공동체이므로 함께 이 배를 끌어가야 한다'는 발상 아래 종업원의 충성심을 얻어내고자 한다.

② 노동조합은 외부에서 조직내부로 침입하여 종업원들의 충성심을 두고 경영자와 경쟁하는 존재로 간주된다.

많은 경영자들은 전근대적인 노사관계 하에서는 노동조합의 역할에 대해 일정한 의미를 부여할 수 있으나 오늘날의 경영자들은 의사결정과정에서 다른 많은 요소들과 함께 종업원의 이해를 충분히 고려하고 있으므로 노동조합이 종업원들의 이익을 보호하기 위해 달리 해야 할 역할이 없다고 생각하며, 따라서 노동조합이 경영의사결정과정에 개입하고자 하는 것을 시대착오적인 발상으로 간주한다.

노동시장적 측면에서는 경영자는 고용조건의 결정에 관해 노동조합의 존재를 인정할 수도 있으나, 조직내의 경영적 측면에서는 권한의 행사나 의사결정과정에 있어 노동조합의 역할을 거의 인정하려 하지 않는다. 후자의 경우 노동조합은 현존하는 합법적인 정치 · 경제 · 사회적 구조를 전도시키려는 도전적인 소수에 의해 행사되는 정치적 권력수단으로 간주된다. 그러므로 노동조합이나 단체교섭의 존재는 환영받기보다는 늘 기피되며 비난의 대상이 된다.

이러한 단원론적 시각은 주로 경영자들, 특히 라인계통의 경영자들 사이에서 많이 볼 수 있으며, 따라서 이 시각은 경영이데올로기로 간주되기도 한다. 폭스(Fox A)는 경영자들이 이러한 관점에 집착하는 이유를 다음과 같이 설명하고 있다.[16]

① 이 관점은 경영자와 종업원의 이해가 일치하는 것으로 간주함으로써, 그리고 전반적인 관점에서 경영자의 지배가 조직에 최대의 이익을 가져다 줄 수 있다는 점을 강조함으로써 경영자의 권한행사를 합법화시켜 주기 때문이다.

② 이 관점은 만약에 불만족과 같은 갈등요인이 존재한다면 그것은 경영자의 잘못이라기보다는 많은 부분이 종업원의 잘못에 기인하고 있다는 확신을 경영자에게 심어주기 때문이다.

③ 이 관점은 경영자의 결정과 행동은 정당하며 주위여건에 가장 적합한 것으로서, 이것에 대한 도전은 오히려 '일을 그르치거나 최악의 경우에는 파괴적일 뿐'이라는 사실을 외부 사람들에게 설득시키는 훌륭한 도구로 간주되기 때문이다.

우리는 이러한 시각이 현실에 맞지 않을 뿐만 아니라 분석적 목적에 비추어보아도 별다른 의미가 없다고 생각하고 있으나, 이러한 시각이 너무 도외시되어서는 안 된다고 믿고 있는 사람도 있다. 예를 들면, 메이트랜드(I. Maitland)는 종업원 태도에 관한 조사를 통해서 경영자와 종업원의 이해가 동일선상에 있음을 알 수 있다고 주장하고 있다. 그는 경영자와 종업원 간의 이러한 합의가 실패하는 원인을 산업조직 내 질서의 파괴나, 작업현장에서의 경영자와 노동자 대표 모두의 통제의 실패에서 찾고 있다. 그는 효과적인 통제 없이는 그러한 합의나 반항적인 소수집단에게 부과된 의무를 제대로 관리할 수 없다고 주장하고 있다.[17] 이 말을 뒤집어보면 노사가 언제나 합의에 도달할 수 있는 것은 아니라는 것을 보여주는 것이기도 하다.

어쨌든 단원론적 시각이 갖는 비현실성에도 불구하고 의식적으로 그것을 부정하는 경영자들에게 있어서조차도 이러한 시각은 잠재적이나마 그들이 교섭사항과 협의사항을 구분하는 데 있어 기초를 제공해 주고 있다.

(2) 다원론적 시각

다원론적 시각은 다양한 이익집단의 이해를 융합시켜주는 조직측면을 강조하며, 상이한 이해를 가진 분파적 집단 간의 관계가 국가의 노력으로 동태적인 균형(dynamic equilibrium)을 유지하고 있는 민주국가의 축소판으로 조직을 이해한다.[18] 이 시각은 한 사회 내에서의 권위와 권력의 광범위한 분산, 소유와 경영의 분리, 정치적 갈등과 산업상의 갈등의 분리, 그리고 갈등의 인정과 그것의 제도화 등으로 표현되는 후기자본주의체제의 사회관과 연계되어 있다.[19]

다원론적 관점에서, 조직은 각기 독특한 이해와 목표, 그리고 지도력을 지니고 있는 다양한 분파적 집단(그것이 공식적인 것이든 비공식적인 것이든 관계없이)과 관계하고 있는 사람들로 구성되어 있다는 가정에 기초하고 있다. 또한 조직은 집단형성의 방식, 리더십, 권위, 그리고 충성심 등에 있어 다구조적(multi-structured)이고 서로 경쟁적이며, 이에 따라 각자의 이해를 바탕으로 활력있는 협동적 구조가 유지될 수 있도록 하는 긴장과 경쟁적 요구를 촉발시킨다.[20] 이 시각의 중요한 가정은, 조직은 끊임없이 다양한 분파적 집단간의 고유한 이해갈등으로부터 야기되는 역동적 긴장 속에 있으며, 이의 해결을 위해 다양한 역할과 제도 및 갈등처리과정의 활용이 요구된다는 것이다. 이러한 관점은 갈등의 성격규정과 노조의 역할에 있어서 단원론적 시각과는 전혀 다른 시사점을 제시하고 있다.

① 경영자와 종업원 간의 갈등은 당연한 것이다.

콘하우저(A. Kornhauser) 등은 갈등을 단순히 산업분쟁으로 여기지 않고 오히려 자본가 또는 경영자와 노동자 내지는 노동조합 간의 서로 다른 지향과 반대의사를 표시하는 태도와 행위의 총체적 표현으로 규정한다.[21] 이러한 갈등은 합리적이고 필연적인 것으로 인식된다. 갈등은 개인이 가지고 있는 인적 요인에 의해서라기보다는 산업적 내지 조직적 요인에서 비롯되는 구조적인 것이다.

경영집단은 조직의 능률, 생산성, 그리고 이익에 대한 책임을 맡고 있으며, 이러한 목표를 달성하기 위해 많은 사람들의 활동을 조정해야만 한다. 그리고 이것을 통해 그들의 능력을 평가받는다. 이에 반해 종업원 집단이 갖는 유일한 공식적인 조직상의 책임은 '일하는 것'이며, 그들의 주된 관심사는 보다 개인적인 것으로서, 예를 들면 보다 높은 임금수준, 보다 나은 작업조건, 보다 높은 고용안정, 보다 보람있는 작업 등이다. 결국, 갈등적 행동은 특정한 상황과 일반적인 경영원칙(management principles)의 양 측면에서 비롯된다고 할 수 있다. 경영자의 입장에서 보면 과다한 비용이 소요되는 공장의 폐쇄조치는 그들이 지닌 고유한 권한의 당연한 행사로 간주되지만 이는 고용안정을 요구하는 종업원의 입장과는 정면으로 배치된다.

이와 같은 논리는 신기술의 도입 상황에도 그대로 적용될 수 있다. 즉, 신기술을 도입함으로써 경영자는 보다 높은 생산성과 수익성의 실현이라는 목표를 달성할 수 있는 반면 종업원에게는 숙련의 진부화, 일에 대한 보람의 감소, 그리고 고용안정의 위협을 초래할 수 있다. 이와 동시에 갈등은 일반 경영원칙에 대한 상치된 이해로부터도 야기될 수 있다. 예를 들면, 경영자는 가능하면 그들이 필요로 하는 노동력을 유지할 수 있는 수준에서 노무비를 최소화함으로써 경쟁력을 유지하고자 하는 반면, 종업원은 그들의 생활수준을 향상시키기 위해 언제나 임금(수입의 원천)을 극대화하고자 한다. 이와 마찬가지로 생산성향상 원칙은 경영집단에게는 집단목표가 될 수 있으나 종업원 집단에 있어서는 반드시 그렇지는 않다. 심지어 생산성과 관련된 보너스제도가 있는 곳에서도 종업원의 목표는 생산성 향상(이는 경영자의 목표라고 봄)이 아니라 임금인상에 있다. 또한 경영자는 조직활동을 통제하기 위해 최대한의 권력과 권위를 유지하고자 하는 반면에 종업원들은 경영자의 자의적인 결정에 대항하기 위한 안전장치를 마련해 두고자 한다.

이처럼 다원론적 관점 아래서는 산업조직 내에 존재할 수 있는 공통의 목표가 극히 제한적인 것임을 인정한다.[22] 각 분파적 집단은 그들이 속해 있는 전체사회의 생존과 관련하여 가질 수 있는 공통의 이해에 도달했을 때만 상호의존하게 되며, 그것도 장기적 관점에서만 가능하다.[23]

그러나 다원론적 관점은 산업조직에서의 갈등적 성격을 강조하면서도 다른 한편으로 각 분파간의 규범상의 차이점이 타협될 수 없을 만큼 근본적이거나 그 폭이 넓지는 않다고 본다.[24] 따라서 노사관계에 있어 경영자와 노조는 언제, 어디서나 궁극적으로는 포괄적이고 성문화된 규범체계를 만들 수 있다는 신념에 바탕을 둔 절차에 대한 합의(procedural consensus)가 존재한다고 보는 것이다.[25)]

이러한 노사 간의 합의는, 첫째 조직 내의 중요한 이해집단 간에는 힘의 균형이 반드시 존재해야 한다(노조가 경영진에 대해 그 힘을 상쇄시키는 대항력(countervalling power)을 구사하는 것)는 것을 시사하며, 둘째 각 집단은 그들간의 협력이 지속되도록 하는 데 있어 상대방이 충분히 견딜 수 있는 범위내에서 자신들의 요구와 열망을 기꺼이 억제해야 한다는 것을 시사한다.[26)] 그러므로 갈등의 해결은 협상을 통해서 협력을 도출해 낼 수 있는 납득할 만한 절차와 제도를 설정함으로써 가능하다. 다원론적 시각에서 보면 어떠한 결정도 최종적인 것이란 없으며 다만 끊임없는 협상이 있을 뿐이다.[27)] 그리고 경영자는 분파적 집단을 통합하려 하거나 그 존재를 제거하려 해서도 안 되며, 또한 기업의 존속이 최우선적인 과제라는 미명 하에 각 분파가 지닌 특별한 이해를 무시하려 해서도 안 된다. 대신 경영자는 조직내 각 집단의 활동을 균형있게 조정함으로써 각각의 목표가 조직전체 또는 사회일반의 이해와 조화될 수 있도록 그들에게 최대한의 결사와 표현의 자유를 제공해 주어야만 한다.[28)] 이런 점에서 경영자와 종업원 대표가 공동결정에 참여할 필요성이 대두되게 되는 것이다.

경영자의 역할에 대한 합법성은 경영권이라는 이름 하에 저절로 얻어지는 것이 아니라 동의에 의한 경영(management by consent)을 통해 경영자 자신들의 노력에 의해 추구되고 유지되어야 한다. 이 관점 아래서의 법의 역할에 대해서 폭스(Fox A)는 각 이익집단은 결사의 자유를 누릴 권리를 가지며, 법의 테두리 안에서 자기들의 요구와 열망을 주장할 권리가 있다고 주장한다.[29)] 법의 역할은 주로 사회적으로 수용될 수 있는 집단행동과 힘의 행사에 대한 범위를 규정하는 것에 있는 것으로 보아야 한다.

② 노동조합의 역할에 대한 긍정적 평가

다원론적 시각에서는 종업원들이 그들의 이익을 표방하고 경영자의 결정에 영향을 미침으로써 그들의 목표가 달성될 수 있도록 공식조직을 구축하는 것을 합법적인 것으로 인정한다. 이러한 합법성은 다중의 힘이나 경영자가 이를 수용함으로써 생기는 것이 아니라, 사람들이 자신의 운명과 관련하여 효과적인 주장을 해야 하며 이를 위해 이익집단을 형성할 수 있는 권리가 있다는 사회적 가치규범에서 나온 것이다.[30)]

이 시각은 또한 종업원이 다른 조직에 소속된 노동자들과 수평적인 연대관계를 가질 수 있으며, 그들 자신의 조직이 지니고 있는 권한구조에 복종할 의무를 가지며, 협의의 조직이익을 추구할 수 있을 뿐만 아니라 넓은 의미의 우애주의적인 이익도 추구할 수 있다는 점을 인정하고 있다.

노동조합과 그 간부들은 산업조직의 외부단체이면서, 동시에 조직 내부적 요소와 경영과정의 한 요소로서의 성격을 함께 가진다. 노동조합은 조직 내에서 아무런 이유없이 함부로 갈등을 야기시키지는 않으며, 다만 어떤 경우든 분파적 이익이 존재하는 경우 고도로 조직적이고 지속적인 형태로 이를 표출할 뿐이다. 그러므로 이런 경우 경영자가 자신의 직능을 잘못 수행했다는 죄책감을 갖는 것은 적절하지 못한 것이다.[31] 그러나 또 다른 논자들은 다원론적 관점을 중요시하는 후기자본주의적 관념은 잘못된 것이며, 산업조직과 노사관계의 성격 등의 내용은 보다 급진적인 시각에서 파악되어야만 마땅하다고 주장한다.

(3) 급진적 시각

흔히 마르크스적 시각으로 간주되는 급진적 관점은 조직을 둘러싼 그 사회 자체의 성격에 초점을 두고 있다. 이 시각은 조직을 그것이 처해 있는 사회의 축소판으로 이해한다. 이 시

그림 1-5 사회변화에 대한 마르크스주의 이론의 시각

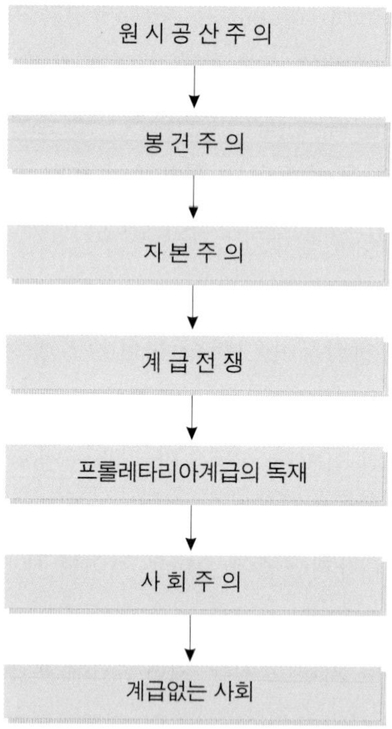

자료 : Farnham, D. and Pimlott, J.(1988), *Understanding Industrial Relations*(3rd ed.), Cassell, p.13.

각은 또한 자본주의사회에서는 생산체계가 사유화되어 있으며, 이익이 기업정책의 핵심적 관심사이고, 생산에 대한 통제는 소유주의 경영대리인에 의해 하향적으로 강제된다는 점을 강조한다.[32)]

사회에 관한 마르크스주의자의 일반이론은 다음과 같이 정의될 수 있다(그림 1-5 참조).

- 계급갈등은 사회변혁의 원천이며 계급갈등이 없는 사회는 정체된다.
- 계급갈등은 주로 그 사회 내의 자본을 소유한 자와 노동을 공급하는 자 간의 분배의 불평등과 경제력에의 접근상의 불평등으로부터 야기된다.

한 사회의 사회 · 정치적 제도의 성격은 경제적 불평등에 의해서 결정되며, 경제적 지배집단은 교육이나 정보매체, 정부나 기타 기관에의 고용 등에 있어 차별적인 경로를 통하게 함으로써 그들의 위치를 더욱 공고히 한다. 어떠한 형태의 것이든 간에 사회 · 정치적 갈등은 그 사회의 중요한 경제적 갈등을 표출시키는 데 불과한 것이다. 이 시각은 산업상의 갈등과 노동조합에 대해 다음과 같은 이해를 가진다.

① 산업상의 갈등에 대한 시각

산업상의 갈등은 단순한 조직상의 요구나 긴장에서 비롯될 뿐 아니라 보다 중요한 것으로서 자본주의적 경제 및 사회체제에 고유한 성격에서 야기된다는 점이다. 모든 갈등은 주로 생산수단을 소유 또는 관리하는 사람과 단지 자신의 노동력을 파는 것 이외에 달리 아무 것도 할 수없는 사람들 간의 분화에서 비롯되며, 자본주의체제 내에서의 이와 같은 갈등은 지속적이고 피할 수 없는 것으로 여겨지고 있다. 동시에 산업상의 갈등은 정치적 내지 사회적 갈등과 동일시되고 있다.

② 노동조합주의에 대한 시각

노동조합주의는 자본주의에 대한 노동자들의 필연적인 반응양식이다. 노동조합으로의 결속을 통해 노동자들은 개별 노동자들간의 경쟁을 축소시킴으로써 산업조직에서의 집단적 교섭력을 증대시킬 뿐만 아니라 노동자계급의 이익을 대변하고 보호하는 데 있어 집중력을 가지게 된다.

노동조합 내부에서 발전된 우애조합주의(fraternalism)는 곧 사회 · 정치적 체제 속에서의 계급의식으로 전화될 수 있다. 급진적 시각에서 보면 노동조합주의와 노사관계는 노동자계급의 발전과 관련된 정치적 활동으로 간주된다. 이러한 노동자계급의 발전은 경제 · 사회체제의 성격을 근본적으로 변화시켜 가는 전반적인 정치적 과정의 일환으로 이해된다. 그러므로 조합원들이 이러한 사실을 인식하지 못한 채 노동조합의 이기적 정책과 결정에 따라 맹목적으로 활동한다면 노동조합주의의 궁극적인 목표를 성취하지 못할 것이라고 주장한다.

급진적 시각의 신봉자들은 다원론자들이 다양한 이익집단 간에 존재하는 사회적 힘의 불균형의 실체를 간과한 채 그들 간에는 힘의 균형이 가능하다는 환상에 젖어 있다고 비난하고 있다. 이와 관련하여 마칭톤(M. Marchington)은 "노동조합은 힘의 균형을 회복시키는 것이 아니고 다만 불균형을 완화시킬 수 있을 뿐이다"라고 지적하고 있다.[33] 그래서 폭스는 "노동자와 노동조합은 영원한 야당일 뿐 결코 조직을 통제하는 경영권을 추구할 수도, 또는 그것을 대신할 수도 없기 때문에 고용조직은 진정한 연립정부와 같은 형태를 취할 수는 없다"고 주장한다. 그러므로 노사관계는 그 사회의 부의 분배나 통제와 같은 근본적인 문제를 다루기보다는 노동자 간의 상대적인 임금차별이나 제한된 조직 내 권한에 관한 쟁점 정도를 다룰 수 있을 뿐이라는 것이다.

급진적 시각은 조직 내에서의 공동규제(joint regulation) 과정이나 제도를 경영자의 입장을 약화시키는 것이 아니라 더욱 강화시켜 주는 것으로 인식한다. 경영자들은 다원론적 입장과 제도적 장치를 통해 조직유효성의 증대라는 그들의 목표를 쉽게 달성할 수 있으며, 다원론적 입장을 바탕으로 노동자들의 부분적인 욕구를 충족시켜 줌으로써 체제 자체의 합법성을 강화시켜 나간다고 보고 있다.[34]

이 관점에 의하면 단체교섭제도는 자본주의체제를 바탕으로 한 노동구조 또는 사회구조 내부의 내재적이고 근본적인 분화에 대해서는 극히 제한적이고 임시적인 조정과정에 지나지 않는다. 심지어 마칭톤(M. Marchinyton)은 경영자나 노동조합 및 노동자의 주된 관심은 절차상의 원칙이 실질적인 성과보다 더 높이 평가될 정도로 규제시스템의 유지에 집중되어 있다고 지적하고 있다.[35] 이는 노사관계의 이해당사자들 모두가 대립적인 이해나 목표의 양극화로 인한 체제자체의 붕괴보다는 협상을 통한 안정을 더 선호하고 있음을 의미한다. 그러므로 노동조합이나 단체교섭제도는 자본주의체제에 도전하는 것이라기보다는 자본주의 체제의 지원부분이자 체제화된 부분이 되고 있는 것으로 이해되고 있다. 그러나 이에 대해 클레그(H.A. Clegg)는, 교섭이라는 말은 이미 합의에 실패할 가능성을 내포하고 있다는 의미를 지니므로 다원주의 자체가 항상 수용 가능한 협상이 이루어진다는 것을 전제로 하지는 않는다고 주장한다.[36]

자본주의경제체제에 있어서 노사 간의 법적인 계약관계란 자유롭고 평등한 관계를 의미한다. 그러나 급진적 시각에서 볼 때는 자본주의경제체제에서의 경제 · 사회적 체계가 갖는 성격은 '자유'와 '평등'의 두 개념 모두에 적합하지 않은 것이다. 고용계약상의 법률적용은 불공평한 것으로 지각된다. 하이만(R. Hyman)은 이를 두고 "고용주에게 부과된 의무는 상대적으로 상세하고 구체적인데 반해 노동자에게 부과된 의무는 포괄적이고 신축적이다"라고 지적하고 있다.[37)]

임금, 노동시간, 휴가와 같은 계약상 사용자가 지불하는 보수와 적절한 작업조건의 유지에 대하여 노동자들은 정직하고 충실한 노동력을 제공해야 하고 모든 지시에 복종해야 하며 사용자의 이익에 해를 끼치는 어떠한 일도 해서는 안 되도록 강요받는다. 하이만(R. Hyman)은 "고용관계에서 법이 말하는 '평등'이란 사용자에게는 지시할 권리를 부여하는 반면 노동자에게는 복종해야 할 의무를 부과하는 것"이라고 지적한다.[38)]

그러므로 급진적 시각에서 볼 때 현실에서의 법은 서로 상충되는 이해관계를 공정하게 심판하기보다는 경영자의 이익과 지위를 지원하는 것으로밖에 여겨지지 않는다. 결국 급진적 시각은 산업조직 내의 직무규제적 측면보다는 정치 · 사회 · 경제적 측면에서 노사관계를 파악하고 분석하려 한다.

4.2 노사관계의 접근방법

노사관계를 분석하기 위한 모든 접근방법들은 조금씩 차이는 있지만 기본적으로 고용조직은 분파적 이익집단으로 구성되어 있으며 따라서 경영자와 종업원 간의 상치되는 이해를 조정할 필요가 있다는 입장에 기초하고 있다.

(1) 투입-산출모델

투입-산출모델(input-output model)은 노사관계를 "갈등을 규제로 전환시키는 과정"으로 간주한다. 노사관계는 갈등의 출현에서 비롯되었으며, 만약에 갈등이 없다면 규제도 비교적 단순했을 것이다. 많은 노사관계 문헌들이 갈등의 발생보다는 갈등의 해소 쪽에 더 많은 관심을 표하고 있으며,[39)] 실제로 갈등은 그것이 잠재적이든 현재(顯在)적이든 간에 노사관계의 핵심부분이다.[40)]

갈등의 생성에 대해서는 크게 두 가지 시각이 있다. 바바쉬(J. Barbach)는 갈등을 산업조직의 운영과정에서 필연적으로 생성되는 긴장으로부터 야기되는 조직 내적인 것으로 파악하고 있다. 즉, 산업조직은 지시와 복종, 경쟁, 착취와 수탈, 경제적 불안정 등의 긴장을 유발시키는 각종 요소들(기술적 측면, 능률, 불확실성, 조직의 규모와 특성 등)로 가득 차 있다는 것이다.[41] 반면에 폭스(Fox A)는 갈등의 생성을 조직 외부의 자본주의 사회체제에서 찾고 있다. 즉, 산업상의 갈등은 집단이익 간의 갈등에서 뿐만 아니라 가치관의 충돌에서도 촉발된다고 보고 있다.[42]

이러한 논의는 노사관계의 핵심부분인 집단이익 간의 갈등은 미시적 수준과 거시적 수준 양쪽에서 야기될 수 있음을 보여 주고 있다. 즉, 미시적 수준에서는 조직에서의 임금·작업조건 교섭과 같은 경제적 거래라든가, 권한이나 통제를 행사하는 경영시스템 등으로부터 갈등이 야기될 수 있다. 또한 거시적 수준에서는 전체사회에서의 근본적인 분화라든가 상충되는 가치관으로부터 갈등이 야기될 수 있다.

여기서 우리는 잠재적 갈등이 표면화하는 데는 여러 가지 상이한 형태가 있음에 유의해야 하며, 이는 노사관계의 중요한 구성부분이 되고 있음을 알아야 한다. 그 갈등의 현재화 과정은 크게 다음과 같은 세 가지로 구분할 수 있다.

① 갈등은 사기의 저하, 이직률과 결근율의 증가 등과 같이 상대적으로 은밀하고 비공식적이며 개별적인 방식으로 표출될 수 있다.
② 갈등은 고충처리제도(grievance procedure)나 단체교섭제도와 같은 기존의 제도나 절차를 통하여 공개적이고 구조적인 형태로 개인수준이나 집단수준에서 표출될 수 있다.
③ 갈등은 스트라이크나 기타 쟁의행위와 같은 집단압력의 형태로 표출될 수 있다.

위의 두 번째와 세 번째의 갈등표출방식은 집단의식을 가진 노동자들의 현상변화의지를 반영하고 있는 것으로 볼 수 있다.

쟁의행위를 포함한 갈등의 표출은 상충되는 이해를 조정함으로써 그 사회의 안정과 균형을 유지하기 위한 전주곡으로서 합법적이고 기능적인 것으로 간주될 수 있다. 그러나 갈등의 표출은 그 사회구조를 파괴하지 않는다 하더라도 불안정하게 함으로써 탈선적, 비정상적, 역기능적, 또는 병적인 것으로 발전할 수도 있다고 바바쉬(J. Barbach)는 주장한다.[43] 그는 갈등이 폭력이나 사회적 혼란, 또는 시민 저항이나 노사 어느 한쪽의 제거와 같은 양상을 수반하는 경우 그것은 분명히 역기능적인 것이라고 주장한다.

투입-산출모델의 장점은 갈등이 제대로 기능하기 위해서는 집단간 이해의 갈등은 어떤 형태의 과정이나 제도를 통해 조정되어야 한다는 점에 있다.[44]

이와 관련하여 라페르(K. Laffer)는 노사관계를 암시적이든 묵시적이든 노사 간의 교섭과 관련된 것, 그리고 그 교섭에 영향을 미치는 요인들과 관련된 것으로 간주한다.[45] 그래서 그는 노사관계를 이해하기 위한 간단한 교환협상모델(bargaining exchange model)–반드시 경제적 문제에만 국한된 것은 아닌–을 제시하였다. 이 모델은 다양한 이해당사자들의 상치되는 문화적 가치로부터 영향을 받을 수 있는 보다 추상적인 사회적 문제와 조직문제에도 적용될 수 있다. 이 모델에서 이해당사자 간의 관계는 단체교섭, 조정, 중재, 법률 등의 조정과정을 통해 조정되고 있다.

노사관계에 대한 이러한 관점은 집단이익 간의 갈등을 조직을 규제하는 규칙으로 변환시키는 전환과정을 중요시한다. 따라서 여기서는 전환과정에서 중요한 역할을 하는 상호작용의 성격과 다양성에 관심이 집중된다. 이 전환과정은 경영자의 일방적인 결정(취업규칙), 노동자의 일방적인 결정(제한적 노동관행), 또는 정부의 일방적 결정(법률, 소득정책)에서부터 노사협의제, 단체교섭제도, 종업원참가와 같은 경영자와 노동조합의 공동결정과정, 그리고 경영자, 노동조합, 정부가 모두 참가하는 삼자합동결정과정(최저임금)에 이르기까지 다양하다.

그러므로 단체교섭은 갈등해소와 규칙제정을 위한 여러 방법 중 하나에 불과하다. 그러나 이는 사용자의 힘과 균형을 이룰 수 있는 노동자의 집단적 힘이 노동조합을 통해 발휘될 수 있는 가장 보편적인 방법이다. 이에 관해 플란더즈(A. Flanders)는 노사 간의 교섭과정을 강제력의 외교적 사용에, 단체행동을 압력집단 활동에, 단체협약을 권력갈등의 협상을 통한 타결에 비유하고 있다.[46]

이런 점에서 종업원들이 대항력(countervailing power)을 구사할 수 있느냐 없느냐 하는 것은 교섭을 통한 교환을 함에 있어 매우 중요한 요소가 된다. 이 대항력의 중요성에 대해 룸리(R. Lumley)는 고용관계에서 일방적인 결정을 내리고자 하는 경영층의 외부에 조직적인 대항력을 행사할 수 있는 존재가 없다면 규칙제정과 그 해석에 관한 연구는 단순히 관리절차나 경영의사결정과정에 관한 연구에 그칠 뿐 노사관계에 관한 연구라고는 할 수 없다고 지적하고 있다.[47] 이는 노사관계란 노동자들이 집단적으로 조직되고 공동결정과정이 존재할 때 비로소 성립될 수 있음을 의미한다.

이러한 그의 주장은 다음과 같은 점에서 지나치게 경직된 것으로 볼 수 있다.

① 경영자나 노동자들에 의해 제시된 많은 일방적 규칙들이 지닌 집단적 의지와 그 적응성을 무시하고 있다.

② 어떤 상황이 노사관계의 영역에서 문제로 제기되기 전에 노동자의 수중에 일정수준의

권력이 쥐어져 있어야 한다는 것을 전제로 하고 있으나 현실적으로 권력은 상당한 신축성을 가진 요소이다.

실제로 노사관계를 연구함에 있어서 위의 두 가지 점이 합리적으로 고려되어야 할 것이다.

제도적인 측면에서 노사관계를 보면 플랜더즈는 노사관계론을 직무규제(Job regulation) 제도에 관한 연구로 규정하고 있다.[48] 그러나 상대적으로 좁고 정적인 이 접근방법은 조직 및 산업수준에서의 공식적, 제도적, 그리고 구조적인 관계를 지나치게 강조함으로써 노사의 실제적인 행동을 이해함에 있어 매우 중요한 요소인 비공식적이고 개인적인 또는 비구조화된 관계를 등한시하고 있다는 비판을 받고 있다. 각국의 노동조합과 단체교섭제도를 비교연구한 클레그는 각국의 단체교섭제도상의 구조적 차이가 노동조합의 행동을 좌우하는 가장 중요한 요소임을 지적하고 있다.[49]

그러나 이러한 구조적 요인의 강조에 대해서는 "직무규제와 관련된 모든 것은 그것이 공식적인 것이든 비공식적인 것이든, 또는 구조적인 것이든 비구조적인 것이든 간에 고용관계를 규제하는 규칙의 제정과 운영에 관련된 것이라면 모두 노사관계 연구에 포함되어야 한다"는 베인과 클레그(G.S. Bain and H. Clegg)의 주장이 보다 설득력이 있을 것이다.[50]

투입-산출 모델에서 규제적 결과(regulatory output)는 규칙으로 나타난다. 여기서는 노사간의 이해대립을 해소하기 위한 절차나 제도를 수립 · 유지하고, 이를 통해 어떤 결과(규칙)를 얻어 그것을 준수함으로써 노사관계시스템 자체를 유지하고자 하는 쌍방의 합의가 매우 중요시된다. 또한 여기서는 규칙제정제도에 의해 생성되는 안정성이 강조된다.

이처럼 규칙 그 자체를 지나치게 강조하는 것에 대해서 "규칙제정과정이 무시된 채 시스템의 결과(각종 규칙)만이 중시되고 있다"는 비판도 있다.[51] 그러나 이런 비판에 대해 굳맨(J.F.B. Goodman) 등은 사회조직은 구성원들 간에 공식화된 행동규범을 설정해 주어야 하기 때문에 규칙을 강조하는 것은 어쩔 수 없는 일이라고 대응한다.[52]

어쨌든 이 접근방법을 통해 우리는 노사관계상의 각종 규칙의 유형을 구조적으로 파악할 수 있다. 각 규칙의 차이점을 파악하는 기준으로는 다음과 같은 몇 가지가 있다.[53]

① 규칙제정자

규칙이 어떤 과정을 통해서 이루어지는가, 즉 그것이 경영자나 노동자의 어느 일방에 의한 것인지, 노사공동노력 또는 정부의 요구에 의한 것인지와 관련된 것이다.

② 실재적 규칙과 절차적 규칙

실재적 규칙(substantive rules)이 고용계약상의 노사 간의 권리와 의무를 규정한 것인 데 반해 절차적 규칙(procedural rules)은 고충처리나 취업규칙, 작업변경이나 노사협의회, 노조인정이나 단체교섭과 같은 특정한 문제를 다루기 위해 조직 내부에서 취해질 수 있는 방법을 규정한 것이다. 이들 규칙의 대부분은 주로 노사 양 집단의 규제에 관한 것이고 개인 간의 관계에 대한 규제는 간접적으로 규정되고 있다.

③ 규칙이 조직 내부에서 결정되는가 외부에서 결정되는가에 따른 구분

이 구분은 규칙변경의 구체성 및 용이성과 관련된 매우 중요한 것이다. 법률이나 전국수준의 협약과 같은 외부결정규칙은 적용범위가 여러 조직에 걸쳐 넓을 뿐 아니라 조직수준에서의 활동과 결정의 자유에 상당한 제약을 가하고 있다. 따라서 이러한 외부 결정규칙은 상당한 일반성을 보유하게 되며, 전국수준에서 다수의 경영자와 노동조합의 동의가 없이는 그 변경이 어렵다.

이와 반면에 조직 내부에서 결정된 규칙은 조직이 처해 있는 구체적인 상황이나 요구에 따라 보다 수월하게 제정될 수 있을 뿐더러 그 수정이나 폐기 또는 대체도 그때그때 노사양측의 요구에 따라 가능하다. 조직과 관련된 실재적 및 절차적 규칙은 조직의 외부와 내부에서 모두 만들어질 수 있으며, 이 둘은 서로 상충되는 문제를 야기시킬 수도 있다.

④ 규칙의 결정과 기록에 있어서 공식성의 차이

공식성이 가장 큰 경우로는 규칙이 공식적으로 기록된 협약으로 성문화되는 것이다. 이런 규칙은 물론 그때그때의 상황에 따라 어떻게 적용되어야 한다는 해석이 뒤따라야 되겠지만 어쨌든 상당히 폭넓게 적용될 수 있다.

공식성이 가장 낮은 경우는 그 규칙이 모호한 관례에 기초하고 있는 경우이다. 이 관례는 대개 노동자들이 일방적으로 적용하고 있는 비공식적인 작업관행을 경영자가 인정하거나 경영자의 독자적 결정을 노동자가 인정할 때 성립된다. 이 관례의 특징은 그때그때의 작업상황에 따라서 경영자나 노동자의 행동에 의해 만들어지는 비공식적이고 성문화되지 않은 것으로서 규칙에 의한 공식적 규제메커니즘과는 구분된다. 따라서 공식적 규칙제정과정과 비공식적 규칙제정 간에는 흔히 갈등이 야기되고 있다.

지금까지 우리는 투입-산출모델을 살펴보았다. 이 모델은 노사관계의 복잡성을 부분적으로 파악하는 데는 기여하고 있지만 노사관계를 형성하는 각 부분들의 혼합적인 성격을 이해하거나 그들 부분과 보다 큰 전체사회와의 관련성을 이해하는 데 요구되는 적절한 틀을 제공하는 데까지는 미치지 못하고 있다. 그러한 작업에는 다음에 언급되는 시스템적 접근방법이 보다 유용한 도구가 될 것이다.

(2) 노사관계시스템론[54)]

던롭(J.T. Dunlop)은 노사관계시스템을 통해 노사관계에 대한 기존의 부분적인 논의들 간의 관계를 정리하여 통합모델을 제시함으로써 노사관계를 하나의 독립된 학문영역으로 발전시키고자 하였다. 그는 노사관계에 대한 일반이론을 발전시킴으로써 노사관계와 관련된 광범위한 현상들을 분석하고 이해할 수 있는 도구를 제공하고자 하였으며, 특정한 노사관계시스템 하에서 왜 특정한 규칙이 만들어지며 그 규칙이 노사관계시스템에 영향을 미치는 사회시스템의 변화에 따라 어떻게, 왜 변화하는지를 설명하고자 하였다.[55)]

이 점에 대해 우드(S.T. Wood) 등은 던롭의 시스템론은 개념적 분류론으로서 실제로는 과거의 개념적 논의들로부터 크게 벗어나는 것은 아니며 과거의 많은 논의들이 던롭 자신의 체계에 따라 편의적으로 재구성되어 있다고 비판하고 있다.[56)]

이런 비판에도 불구하고 많은 사람들이 던롭의 시스템론을 활용하고 수정하고자 하였으며, 앞에서 우리가 논의한 투입-산출모델도 많은 부분을 던롭의 시스템이론에서 원용했다고 해도 과언이 아니다. 던롭은 노사관계를 전체 사회시스템의 한 하위시스템으로 간주하여 다른 경제적 하위시스템이나 정치적 하위시스템과 중복되는 부분도 없지 않지만 서로 구분하고자 하였다. 던롭이 제시한 노사관계시스템은 크게 네 가지의 서로 관련된 요소로 구분

그림 1-6 노사관계시스템의 개념도

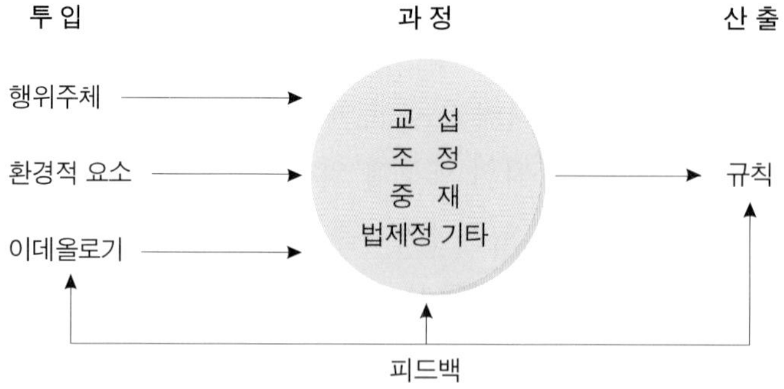

자료 : Farnham, D. and Pimlott, J., *op. cit.*, p.9.

할 수가 있다(그림 1-6 참조). 즉 행위주체들, 환경요소, 시스템을 결속시켜주는 이데올로기, 그리고 작업장에서의 행위주체들을 지배하는 일련의 규칙체계 등으로서 이를 좀 더 상세히 설명하면 다음과 같다.

① 행위주체(노사관계 당사자)

이는 다시 중요한 세 집단으로 구분할 수 있다. 즉 경영계층, 비경영계층과 그들의 대표자, 노사관계에 대한 정부 측 전문가들이 포함된다.

② 환경요소

행위주체들의 의사결정과 행동은 사회의 다른 부문에서 제기되는 환경적 요소에 의해 영향을 받는다. 그 중에서 특히 던롭은 세 가지 요소, 즉 조직의 기술적 특성, 조직에 영향을 미치는 시장이나 예산상의 제약, 전체사회에서의 권력의 소재와 배분 등을 들고 있다.

③ 이데올로기

각 행위주체들의 역할을 규정할 뿐만 아니라 각 행위주체들이 상대방의 역할을 이해하는 시각을 규정함으로써 시스템을 통합시키는 힘으로 작용하는 이데올로기(공통의 신념)를 상정하고 있다. 그리고 행위주체들이 가진 이 시각들이 서로 양립할 때 노사관계시스템은 안정되고 그렇지 못할 때는 시스템이 불안정해지는 것으로 보았다.

④ 규 칙

시스템에 의해 생성되는 규칙들은 다양한 상호작용의 과정을 거쳐 발전되며 여러 가지 형태로 제시된다. 던롭의 시스템론에는 많은 비판이 제기되어 왔는데 그 중에서 중요한 몇 가지를 간추리면 다음과 같다.[57]

㉠ 뱅크스(J.A. Banks)는 던롭이 제시한 경영계층에는 기업소유주의 중요한 역할이 무시되고 있다고 지적하고, 노사관계시스템의 운영에 미치는 이들의 영향력이 큰 만큼 반드시 행위주체의 일원으로 경영 측에 포함되어야 한다고 주장한다.[58]

㉡ 던롭은 구성원들 자체보다 집단의 역할을 더 강조하고 있어 결과적으로 잭슨(M. Jackson)이 지적한 바와 같이 개인의 동기분석, 지각과 태도 같은 개인의 행위변수를 무시하고 있다.[59] 따라서 노사관계가 구조적으로 결정되는 것처럼 보이게 함으로써 노사관계상의 각종 산출을 결정하는 데 있어 개인적 리더십이 갖는 영향력과 중요성을

과소평가하고 있다.

㉢ 시스템을 통합시켜 주는 공통의 이데올로기를 행위주체들이 공유할 수 있다는 믿음은 노사관계시스템이 원래 안정적이고 질서잡힌 것이어야 한다는 것을 상정하고 있다는 점에서 비판받고 있다. 이 점에 대해 하이만은 불화와 분쟁이 야기되는 과정보다는 갈등이 억제되고 통제되는 방식에 초점을 맞춤으로써 각종 제도나 절차가 조화롭게 잘 통합되며 대부분의 갈등이 자기수정(self-correcting) 되는 듯한 인상을 주고 있다고 비판하고 있다.[60] 질서를 중요시하는 노사관계시스템의 기능적 관점은 질서의 형성은 개인의 믿음이나 지각과 관련된 문제이며, 질서의 유무는 절대적인 것이 아니라 상대적

그림 1-7 우드(S. Wood)의 노사관계시스템의 수정모델

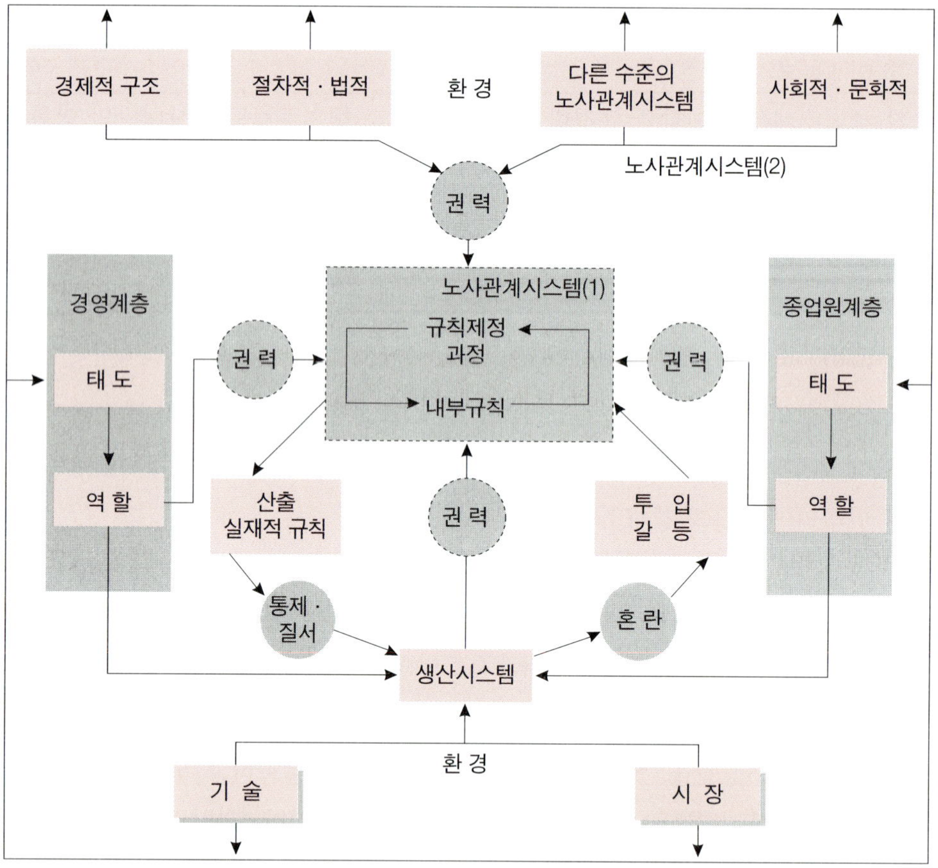

자료 : Salamon, M., *op.cit.*, p.40.

인 정도의 문제라는 점을 간과하고 있다. 따라서 대립적인 과정과 힘도 인정하고 나아가 노사관계시스템의 산출로서 안정과 함께 불안정도 똑같이 중요하게 다루어질 때만이 시스템적 접근방법이 가치를 가질 수 있으며,[61] 그렇게 될 때 안정의 문제를 중요시하는 시스템론 그 자체가 정당한 대접을 받게 될 것이다.[62] 이에 대해 엘드리지(J.F.T. Eldridge)도 노사관계 연구에서는 갈등과 협력, 질서와 안정이 똑같이 중요하게 다루어져야 함을 강조하고 있다.[63]

㉣ 위의 비판과 관련하여 시스템적 시각은 보다 큰 전체사회의 실제 성격을 제대로 반영하지 못하고 있다는 비판을 받고 있다. 급진적 시각에서 볼 때 시스템적 시각은 개인이나 집단이익의 다양성만을 상정함으로써 보다 큰 계급이익이나 계급구조를 파악하지 못했으며, 작업장수준이나 조직수준에서의 권력분석에 초점을 맞춤으로써 좀더 추상적인 사회적 권력의 영향을 파악하지 못했고, 노동자의 이해와 노동조합의 목적에 관한 제한적인 규정을 통해 단체교섭상의 제도와 절차에만 관심을 집중함으로써 전체사회에서의 권력의 배분과 보상체계를 파악하지 못하고 있다고 윈체스터(D. Winchester)는 주장하고 있다.[64] 우드는 던롭의 노사관계시스템론이 전체사회에 대한 분석은 이미 주어진 것으로 치부하여 그 작업은 사회과학의 다른 부문에 맡기고 있는 것 같다고 비판하면서 노사관계는 전체사회의 정치 · 경제 · 사회적 문제들과 상호연관되어 연구되어야 함을 강조한다.[65]

위와 같은 비판에도 불구하고 시스템적 접근방법은 노사관계 연구에서 여전히 중요한 위치를 차지하고 있으며, 오히려 이러한 비판을 바탕으로 시스템모델에 대한 수정작업이 활발히 진행되고 있는 것도 사실이다. 그 중에서도 위의 여러 비판들을 고려하여 다듬어진 가장 의미있는 수정모델로서 우드 등의 것을 지적할 수 있을 것이다(그림 1-7 참조).[66]

시스템적 접근방법은 개별적인 행위요인(individual behavioral factors)들을 수용하고는 있지만 이런 요소들을 충실하게 다루고 있지는 못하며, 이런 요인들은 좀더 독특한 접근방법인 사회적 행동이론(social action theory)에 의해 보다 잘 다루어지고 있다.

(3) 사회적 행동 접근방법

노사관계에 대한 사회적 행동 접근방법(social action approach)은 그 뿌리를 사회학에 두고 있다. 노사관계시스템론에서는 행동이 구조적 특징으로 설명되어지는 반면 사회적 행동이론은 주어진 상황에 대하여 경영자나 조합대표 등과 같은 사회적 행위주체들의 개인적 반응을 강조하고 있다.

사회적 행동이론은 막스 웨버(Max Weber)의 연구와 밀접한 관련을 맺고 있다. 웨버에 의하면 행동은 행동하는 개인이 그것에 부여한 주관적 의미에 따른 사회적 행위이며, 그것은 다른 사람의 행동을 고려하고 그에 따라 행동방향이 결정되는 것이다.[67] 사회적 행동은 그것이 갖는 객관적 타당성이 아니라 주관적 의미에 따라 해석되어져야 한다고 한다. 만일 눈에 보이는 가시적인 행동만을 연구한다면 개인행위자들이 자신의 행동에 부여하는 의미와 가치는 잘못 해석될 수 있다는 주장이다. 그러므로 사회적 행동은 개별행위자에게는 주관적 의미를 갖는 행동이며, 노사관계 상황에서는 단순히 관찰 가능한 명시적 노사관계행동에 초점을 맞추는 것이 아니라, 그 사회적 행동이론을 바탕으로 특정한 노사관계행동을 이해하는 데 초점을 두는 것을 의미한다. 이것은 행위주체들이 통제할 수 없는 시스템의 외부에 있는 비인격적 과정을 반영하는 것이 노사관계에서의 행동이라고 인식하는 시스템이론과 비교된다.

사회적 행동은 개인의 행동과 타인의 행동에 부여하는 개인적 의미로부터 얻어지며, 사회적 행위자들은 그 자신의 주관적인 사회적 실체의 구성방식에 의해 구속받는다고 사회적 행동이론가들은 주장하고 있다. 그것은 "한편으로는 사회가 사람을 만들고 다른 한편으로는 사람이 사회를 만든다"는 것을 의미한다.[68] 그러나 개인 행위자들은 똑같은 가치체계를 공유하지는 않으며 각 개인은 그들 간의 상호작용에 대해 서로 다른 의미를 부여한다.[69] 예를 들면, 경영자와 조합임원은 그들 간에 똑같은 가치체계나 목표를 소유해서가 아니라 최소한 일시적으로나마 그들 간의 서로 다른 목적이 동일한 수단에 의해 달성될 수 있기 때문에 협조하는 것이다.[70]

[그림 1-8]은 주어진 상황 속에서 개인의 선택과 사회적 행동에 영향을 미치는 중요 환경요소를 보여주고 있다. 여기서는 개인의 사회적 행동은 특별한 사회상황에 대하여 각 개인이 부여하는 의미와 환경요소에 의해 결정되며 그렇게 하여 자신들의 사회적 실체를 분명히 한다는 것이 기본요점이다. 자신의 역할을 이해하고 또 자신의 목적을 실현시키는 데 있어 행동의 선택기준을 가지고 있는 개인은 경영자와 조합간부, 라인 경영자와 인사관리자, 그리고 조합간부와 조합원 사이 등과 같은 각 행위자 간의 상호작용을 통하여 자신과 타인이 갖는 사회적 의미를 수정하고 변화시킨다.

노사관계의 행동을 연구함에 있어서 사회적 행동 접근방법과 시스템적 접근방법 간의 중

그림 1-8 개인의 사회적 행동에 대한 영향요소

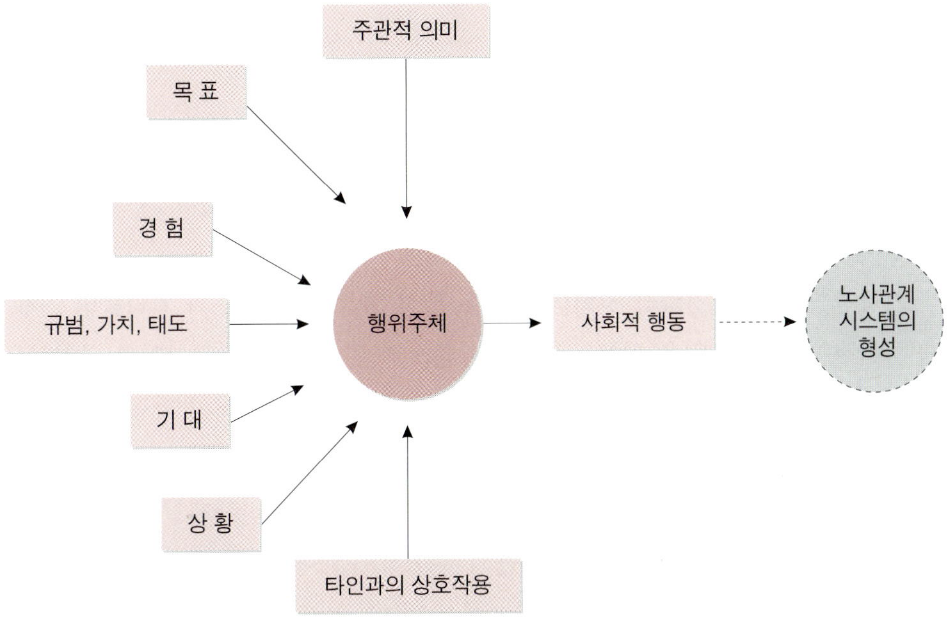

자료 : Farnham, D. and Pimlott, J., *op.cit.*, p.12에서 인용 수정.

요 차이점은 행동이론이 행동이 발생하는 현존하는 어떤 시스템을 가정함으로써 시스템의 본질을 설명하지 못한 데 반하여, 시스템이론은 행위자들의 행동에 따라 왜 특별한 행동이 나타나는가를 설명하지 못하고 있다[71]는 데에 있다. 전자는 노사관계시스템을 구성원의 행동의 결과로 보았으며, 후자는 전체로서의 시스템의 속성을 강조하는 입장에서 구성원의 행동을 설명하려 한다.

사회적 행동이론에도 역시 비판이 있다. 예를 들어, 마르크스주의자들의 주장에 의하면 행동이론의 틀을 지지하는 사람들은 행위자들이 의식하지 못하고 있는 구조상의 영향을 무시하고 있다는 것이다. 정치 · 경제적 구조에 대한 노사관계 행위자(당사자)들의 의식은 상당한 정도 자생적일 수 있음에도 불구하고 실제로는 제한되어 있다. 그 이유는 실체가 갖는 의미는 그 스스로 사회적으로 생성되고 유지되는 반면 자신의 목적을 달성하기 위한 인간의 능력은 각 개인이 처한 상황의 객관적인 특성에 따라 제약을 받기 때문이다.[72]

노사관계에 대한 사회적 행동이론의 가장 큰 특징은 아마도 개인은 어떤 사건에 영향을 미치는 최소한의 행동의 자유와 능력을 보유하고 있다는 점일 것이다. 노사관계시스템 구조가 행위자들의 행동에 영향을 미치지만 반대로 그들의 행동 또한 시스템과 시스템의 산출에 영향을 미치고 있다.

(4) 전략적 선택의 관점

노사관계에 있어 전략적 선택의 관점은 국제경쟁의 격화와 같은 기업경영환경의 변화에 직면한 경영자들의 기업성과 증대를 위한 전략적 선택의 중요성과 그 역할을 노사관계분야에 확장시켜 보고자 하는 학자들의 시도에 의해 제시되고 있다.

기업경영에 있어 전략적 선택의 관점은 특히 일본과 독일 등의 기업들의 거센 도전에 직면하여 새롭게 경쟁력을 회복 · 강화하지 않으면 안 되었던 미국기업의 경영자들에게 있어 인적자원(Human Resources)을 중심으로 하는 새로운 생산체제의 확립을 위한 종업원 참가의 촉진, 노조회피전략의 채택 등과 같은 전략적 선택에서 잘 예증되고 있다.

미국의 경우 특히 1980년대에 접어들면서 기존의 대량생산체제인 포드시스템을 대체하는 고능률 생산체제를 지향하는 경영자들의 주도적 노력에 의해 미국의 노사관계는 단체교섭을 중심으로 하는 기존의 뉴딜노사관계에서 벗어나 새로운 참여와 협력의 노사관계를 지향하고 있다. 주지하는 바와 같이 뉴딜노사관계에서는 단체교섭이 노사관계의 핵심을 이루고 있었으며 강력한 노동조합조직을 배경으로 노사가 교섭력에서 대등성을 확보한 가운데 사용자는 경영의사결정을 통해 기업경영을 하고 노동조합은 경영성과의 배분을 위해 조직력을 바탕으로 단체교섭을 행하는 것이다.[73)]

그러나 1980년대 이후 미국에서 새로이 전개되고 있는 신노사관계는 노사협력을 통한 경쟁력 지향, 단체교섭으로부터 작업현장 및 전략적 수준으로의 노사관계축의 이동, 종업원참여를 통한 노사협력 · 합작, 단체교섭의 분권화, 임금결정의 유연화 등을 지향하고 있다.[74)] 이러한 노사관계의 변화를 반영하여 기존의 노사관계시스템론에서 강조된 노사관계시스템 내 주체들 간의 공유된 이데올로기의 역할의 한계를 인정하고 오히려 각 주체들의 전략적 선택의 중요성을 강조하고자하는 관점이 소위 KKM(Kochan, Katz, McKersie)모형이다(그림 1-9 참조).

이 모형은 새로운 노사관계의 형성에 있어 특히 기업의 경쟁력을 제고하기 위한 경영자들의 가치와 사업전략의 입안과 같은 노사관계상의 경영자들의 주도적인 역할(전략적 선택)을 강조하고 있다. 이는 전통적 노사관계론이 경영자를 노조의 요구나 압력에 단순히 반응하는 피동적인 존재로 파악한 잘못을 지적하고 특히 미국 경영자들이 경쟁력개선을 위해 QWL,

그림 1-9 노사관계분석을 위한 일반모형

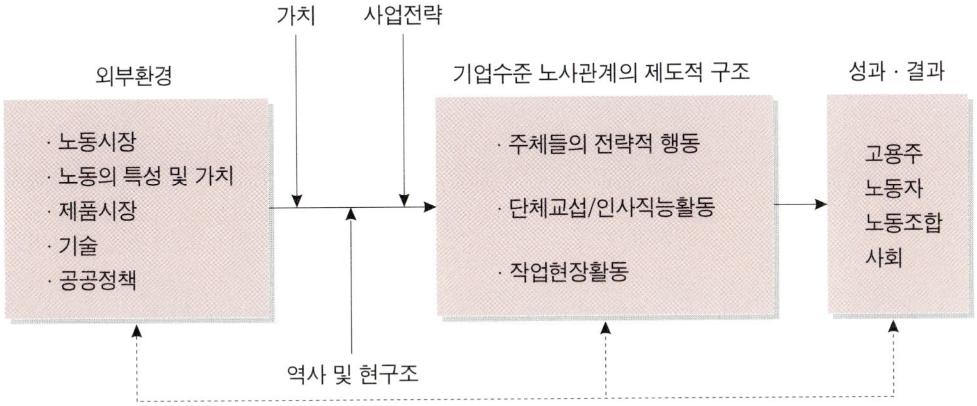

자료 : Kochan, T.A., Katz, H.C. and McKersie, R.B.(1986), *The Transformation of American Industrial Relations*, Basic Books, p.11.

HRM 등을 통해 부단히 노조회피전략을 추구해온 데 비해 노조의 경우 전통적 단체교섭에 집착하여 현장에서의 노동자들의 참가욕구의 반영이나, 노동자 조직과 대표를 위해 새로운 전략을 요구하는 기술이나 시장의 변화에 적응하려는 역할을 제대로 수행하지 못한 점, 정부의 경우 개별 노동자의 권리 즉 EEO, 안전과 건강, 연금 등의 규제는 있었으나 보다 근본적인 문제인 단체교섭제도나 노사관계를 규율하는 정책에서는 환경변화를 제대로 반영하지 못한 점 등을 지적하는 것에서 여실히 드러나고 있다.

어쨌든 위의 모형을 통해 KKM은 노사관계가 환경적 요인, 노 · 사 · 정의 전략적 선택 및 가치관의 영향을 받아 구체적 형태를 갖는 것으로 보고 있다. 여기에서 환경적 요인은 제도적 정합성에, 그리고 노 · 사 · 정의 전략적 선택 및 가치관은 주체적 정통성에 영향을 미치고 서로 상호작용하는 것으로 파악되고 있다.

나아가 이러한 노사관계상의 변화를 반영하여 KKM은 〈표 1-1〉에서 보는 바와 같이 각 행위수준별 노사관계 주체들 간의 상이한 관심사를 정리하고 전략적 선택의 관점에서 이들 간의 상호작용을 이해함으로써 노사관계를 새롭게 조망해야 한다고 주장하고 있다.[75] 즉 이러한 행위수준별, 주체별 관심과 행동을 분석함으로써, 노사관계시스템의 다양한 수준에서의 행위 간 상관관계를 인식할 수 있고, 시스템 내부 당사자 간의 다양한 전략을 이해할 수 있을 뿐만 아니라 각 당사자의 각각의 영역과 행위 역할에 관한 분석을 가능하게 한다는 것이다.

표 1-1 노사관계 행위의 세 수준

수 준	사용자	노동조합	정 부
장기전략 및 정책입안	· 사업전략 · 투자전략 · 인적자원전략	· 정치적 전략 · 대표권 전략 · 조직화 전략	· 거시경제정책 및 사회정책
단체교섭 및 인사정책	· 인사정책 · 협상전략	· 단체교섭 전략	· 노동법 및 노동행정
작업현장 및 개인/조직 관계	· 감독유형 · 노동자 참가 · 직무설계 및 작업조직	· 단체협약 관리 · 노동자 참가 · 직무설계 및 작업조직	· 근로기준 · 노동자 참가 · 노동자 개인의 권리

자료 : Kochan, T.A., Katz, H.C. and McKersie, R.B.(1986), *The Transformation of American Industrial Relations*, Basic Books, p.61.

(5) 방법론의 상호작용

지금까지 고용조직에 대한 여러 시각과 그를 바탕으로 한 노사관계의 각종 접근방법을 살펴보았다. 모든 시각과 접근방법이 나름대로 노사관계라는 사회적 현상을 분석하고 이해하고 설명하고자 노력하고 있지만 그 중에 어떤 것도 노사관계에 대한 완전한 이해나 설명을 해 줄 수 있는 것은 없었다. 그러면 도대체 노사관계란 무엇인가? 현재 한국의 노사관계를 유효적절하게 분석하고 설명할 수 있는 이론적 틀은 존재하는가?

우선 단원론은 갈등의 존재를 부정하고 공통의 목적과 가치만을 일방적으로 강조함으로써 경쟁과 대립이 일상적으로 전개되고 있는 우리사회의 노사관계를 설명하는 데는 전혀 적합하지 않다. 우리 사회의 노사 간에 분명히 존재하고 있는 수입, 지위, 힘의 불균형으로 인해 야기되는 각종 갈등을 단원론적 관점으로는 도저히 설명할 수 없다. 그럼에도 불구하고 단원론적 관점은 갈등 없는 노사관계라는 기본가정에 동의하고 있는 우리 사회의 많은 사용자나 정책입안자들로부터 신봉되고 있는 것도 사실이다.

다원론적 관점 또는 갈등론적 접근방법에서 우리는 노사관계에 대한 보다 현실적인 견해를 찾아볼 수 있다. 예컨대 협상과 타협을 통하여 자신의 이익을 추구하고 있는 여러 압력집단이 우리 사회에 존재하고 있음은 명백한 사실이며, 이런 상황 속에서 노사관계의 중요한 목적이 각 이해집단 간의 갈등을 해소하는 것에 있다는 것도 사실이다. 이 다원론적 관점은 갈등을 정상적인 것으로 수용하며 무질서한 노사관계를 병적인 현상이 아닌 정상적인 것으로 인정한다. 사실 다원주의에 대한 많은 비판에도 불구하고 이는 마르크스주의적 분석과 마찬가지로 사회적 행동과 노사관계 행동을 동태적인 개념으로 인식하는 유용한 방법인 것이다. 그리고 다원주의적 관점은 사회의 역학관계를 실용적으로 해석하려 하지만 그 관계들을 반드시 정당화 하지는 않는다. 이런 점에서 볼 때 다원론적 내지 갈등론적 관점이 지닌 가장 강하면서도 취약한 요소는 절대적인 도덕적 가치판단을 유보하는 점일 것이다. 적어도 가치적 판단에 있어서는 단원론과 급진론이 노사관계의 양 극단에서 의미를 가질 수 있다.

급진적 내지 마르크스주의적 접근방법의 가장 중요한 특징은 노사관계에 대한 동태적인 접근과 일관된 내적 논리로 사회적 변화를 설명하고자 한 점이다. 현실적으로 우리 사회의 노사관계를 설명하는 데 있어 마르크시즘이 활용될 수 있는 부분은 어떤 것일까? 생각컨대 하나의 중요한 요소로서 마르크스 이론이 강조하고 있는 자본주의체제에 고유한 계급갈등의 속성에 대한 관점을 들 수 있다.

마르크스 이론이 자본주의 경제체제에 고유한 계급속성에 초점을 맞추는 한도 내에서는 작업장이나 사회에서 경쟁하고 있는 계급이나 권력관계로부터 야기되는 노사관계상의 갈등을 이해함에 있어 유용한 도구를 제공해 줄 수 있을 것으로 생각된다. 그러나 이것은 계급갈등과 노사갈등이 반드시 일치한다는 말은 아니다. 그들은 분명히 중복되는 것이지만 언제나 같은 뜻은 아니다. 일찍이 영국의 경험으로부터 알 수 있는 사실은 사회의 계급갈등으로 인하여 발생하는 정치적 갈등과 노사갈등을 해결하기 위한 제도적 수단은 항상 그런 것은 아니지만 서로 분리되고 있다는 것이다. 더구나 계급을 자본가계급과 노동자계급으로 양분하는 것은 우리 사회의 계급구조를 설명하기에는 너무 단순하다. 하나로 통일된 자본가계급과 하나로 통합된 노동자계급은 없다. 우리가 그렇게 부르고 있는 자본가계급과 노동자계급은 결코 단일하거나 유일한 것이 아니다. 간단히 말해서 사회는 다양한 계층으로 구성되어 있는 것이다. 사회는 서로 상이한 임금, 부, 지위, 교육, 직업, 권력, 생활의 질, 그리고 사회적 가치를 갖는 여러 개인과 단체가 혼합되어 있는 것이다.

시스템적 접근방법 또한 노사관계 연구자들에게 중요한 사항을 제공하고 있다. 이 관점은 현존하는 각종 노사관계형태, 여러 규칙제정방법, 그 규칙이 적용되는 과정에 대한 연구를 통하여 노사관계의 이론화와 노사관계 관행을 이해하는 데 유익한 공헌을 한다. 시스템이론이 제공하는 가장 가치있는 통찰력 중의 하나는 다양한 노사관계 변수와 그들이 상호작용하는 복잡한 방식(과정)을 확인한 것이다.

분석도구로서 시스템이론의 주요 단점은 어떤 특정한 시점의 노사관계 구조상의 특징에 연구를 집중한다는 것이다. 다시 말하면 이 이론은 노사관계의 변화를 설명하기 어려운 정적 이론이다. 그러나 비록 시스템이론이 변화보다는 구조에 중점을 두었지만, 노사관계의 구조를 분석하고 설명하는 도구로 사용될 때 반드시 현존하는 사회질서를 정당화하지는 않는다고 생각된다.

사회적 행동이론은 노사관계에서 개인의 의도와 행동에 부여된 중요성을 강조하여 노사관계 연구에 공헌하였다. 노사관계의 당사자들이 자신의 노사관계 상황에 대해 내리는 스스로의 정의는 그들의 행동과 관계를 설명해 주는 척도가 된다. 즉, 노사관계 당사자들의 행동은 그들이 활동하고 있는 구조상의 범위에 따라 결정되지 않고 각 개인의 기대와 가치, 그리고 그들이 특별한 노사관계의 상황에 부여하는 의미에 따라 결정된다고 보는 것이다.

노사관계에 있어 전략적 선택의 관점은 기존의 노사관계시스템이 제도로서의 정합성과 시스템 내 각 주체들이 그 제도에 대해 부여하는 정통성 여부에 따라 새로운 형태로 변화하지 않으면 안 된다는 점을 시사하고 있다. 이런 관점에서 밀즈(D. Quinn Mills) 와 맥코믹(Janice McCormick) 은 노사관계를 주종관계(master-servant)단계, 사용자지배(management control)단계, 노사대등(union-management counterbalancing)단계 및 경쟁력 지향(competiveness orientation)단계의 네 단계로 구분하고 미국의 노사관계가 1980년대 들어와 노사대등단계로부터 경쟁력 지향단계로 발전하는 것으로 보고 있다[76](표 1-2 참조).

지금까지의 논의를 통해서 우리는 노사관계를 분석하고, 이해하고, 설명하는 데는 어느 한 가지 시각이나 접근방법으로는 부분적인 성과밖에 얻을 수 없음을 알았다. 여기서 우리는 노사관계의 실체를 전체적으로 파악할 수 있는 통합된 개념적 틀의 필요성을 느끼게 된다. 이런 필요성에 부응하는 하나의 개념적 틀을 시도함에 있어 판함과 핌롯(D. Fahaham and J. Pimlott) 의 방법론적 상호작용 접근방법(methodological interactive approach) 은 우리에게 많은 시사를 주고 있다. 이들은 주로 다원론적 내지 갈등론적 접근방법을 근간으로 하여

표 1-2 노사관계의 모형

	주종관계	사용자지배	노사대등	경쟁력지향
단체교섭의 역할	없음	없음	규칙설정	기업경쟁력 유지
			임금인상	직장보호
			근로자 권익보호	개선본보기 설정
노동조합 조직	약함	초기성장	강함	영향력 있는 소수
노동법의 역할	약함	사회자 권위보호	노조조직 지원	작업현장기준 설정

자료 : Mills, D. Quinn and McComick, Janice(1985), *Industrial Relations In Transition: Cases and Text*, John Wiley & Sons, p.11.

상황에 따라 적절하게 시스템론, 사회적 행동이론, 그리고 급진적 관점을 결합함으로써 노사관계 연구에 있어 보다 설득력 있는 개념적 틀을 제공할 수 있을 것이라고 주장하고 있다.77)

이러한 접근방법을 통해 제도적 이론, 구조적 이론, 행동이론 및 계급이론의 일관성 있는 통합을 시도함으로써 둘 이상의 접근방법이 때로는 서로 대립되는 현상을 설명하는 데 활용될 수 있다고 그들은 주장한다. 예를 들면, 갈등이론은 노사관계에서 명백히 양립할 수 없는 요소를 설명할 수 있다. 즉, 노사관계시스템에는 한편으로 질서와 안정과 도덕적 합법성이 존재하는 동시에 다른 한편으로는 변화를 향한 추진력, 강제력, 그리고 이념적 갈등이 존재한다. 요약하면 노사관계에는 합의와 균형이 갈등이나 불안정과 함께 공존하고 있는 것으로 보인다.

또한 조합과 경영자, 조합과 조합, 심지어는 조합과 조합원 간의 의견의 일치와 통합도 그들 사이에 존재하는 갈등과 불일치에 대한 하나의 보완적 과정일 뿐이다. 그러므로 노사관

그림 1-10 단체교섭에서의 갈등과 합의

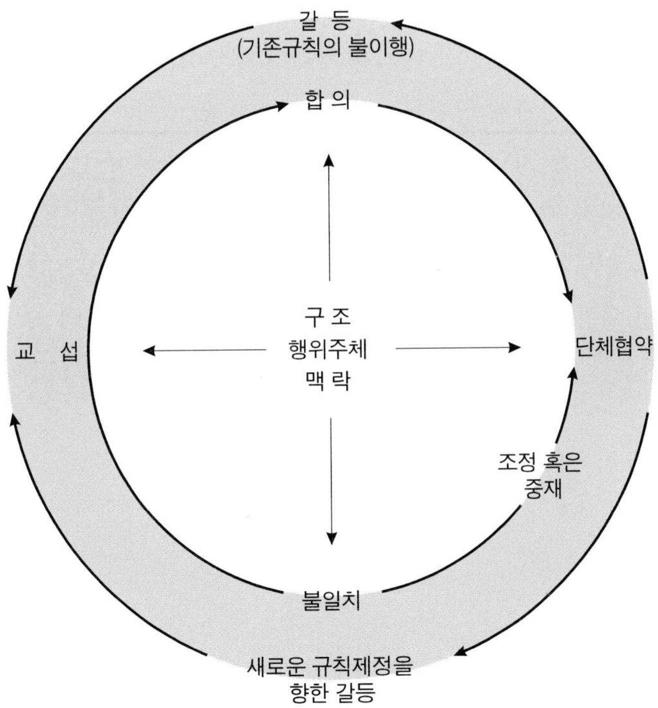

자료 : Farnham, D. and pimlott, J.(1988), *op.cit.*, p.18.

계에서 서로 경쟁하고 있는 집단과 그 대표들 간의 합의와 조정은 그들 사이에서 야기된 갈등으로부터 시작하여 협상과 타협의 과정을 통해 얻어질 수밖에 없다. 마찬가지로 합의에 실패할 경우 갈등이 가시화된다.

예를 들면 [그림 1-10]에서 볼 수 있는 바와 같이 노사 간의 단체협약과 같은 합의된 일련의 노사관계 규칙은 양 당사자 간의 동의에 의해서만 얻어질 수 있다. 이는 그들 간의 갈등을 일시적으로 해결한다. 그리고 이러한 합의는 어느 한 당사자가 그 규칙의 개정이나 새로운 규칙을 만들기 위해 그 규칙을 이행하지 않을 경우 그 효력을 상실한다.

이는 다시 노사갈등으로 나타나며 어느 한 당사자가 자신의 목표를 달성하기 위해 다른 당사자에 대하여 힘을 강요하는 결과를 낳는다. 새로운 합의는 오직 그들 사이에 일정기간의 교섭, 양보, 타협의 과정이 지난 후에야 체결될 수 있다. 만일 새로운 합의가 협상, 조정, 중재를 통해서도 출현하지 않는다면 당사자 간의 관계가 붕괴되거나 힘이 강한 당사자가 상대방에게 자신의 규칙을 강요하게 된다. 그리고 그러한 결정은 당사자들이 활동하고 있는 환경과 노사관계 구조의 영향을 받는다.

방법론적 상호작용 접근방법을 통하여 노사관계 연구자들은 노사관계에 있어서 갈등과 합의를 설명할 수 있을 뿐만 아니라 그 두 과정이 어떻게 동시에 행해지고 있는지를 보여줄 수 있을 것이다. 또한 그들은 시스템론과 사회적 행동이론, 그리고 급진적 이론이나 과정론적 요소들을 특별한 노사관계 상황에 적용시킬 수 있을 것이다.

그리고 우리는 사회가 지닐 수 있는 계급적 속성을 인정하면서도 노사갈등과 정치적 갈등을 동일시하는 급진적 시각의 주장에 반드시 동의할 필요는 없다. 그와 동시에 우리는 "다원주의와 평등주의적인 사회 · 경제정책의 추구 사이에는 선험적인 모순점은 없다. 그러나 다원주의적 윤리와 평등주의적 정책 간에 선험적 모순이 없다는 것이 곧 실제에 있어-만약 실험을 한다면-아무런 갈등도 없을 것이라는 것을 의미하지는 않는다"는 클레그의 지적에 유의해야 한다.[78]

IR in News

유럽의 사회적 합의주의는 무엇인가

강철구 역사학자, 전 이화여대 교수

한국에서는 낯선 용어인 '합의주의'

대부분의 독자들에게는 합의주의(코퍼라티즘, corporatism)라는 용어가 낯설겠으나 정치학이나 사회학, 역사학에서는 대학 교과서에도 나오는 상당히 일반적인 용어이다. 전에는 조합주의, 또는 담합주의로도 번역해 사용했으나 아주 적절한 역어는 아니다.

최근에는 합의주의로 부르는 사람도 있는데 사회계급 사이의 타협과 합의에 의한 체제를 의미하므로 그나마 의미에 가장 가까운 것으로 보인다. 코퍼라티즘은 20세기 산업사회에 들어와 많은 나라에서 노동과 자본의 대립과 분열이 극심하여 국가의 통합을 저해하고 사회를 혼란으로 몰아넣자 그것을 막기 위해 만든 사회적 합의체제를 뜻한다. 기본적으로는 국가가 가운데 서서 노동과 자본, 다른 집단들의 이해관계를 중재하는 모습을 취하고 있다.

파시즘과 국가코퍼라티즘

처음 나타난 것은 파시즘 국가들에서였다. 1920년대의 이탈리아가 원조이다. 1차 세계대전 뒤의 이탈리아에서는 경제난에다 러시아혁명의 여파로 사회주의운동이 맹위를 떨쳤다. 그러면서 노동과 자본의 대립과 갈등이 극심했다. 그럼에도 무능한 정부가 혼란을 수습하지 못하자 결국 무솔리니의 파시스트 독재가 등장했다.

무솔리니는 기본적으로 의회제도를 불신했고 직업 정치인들을 모리배 정도로 생각했다. 그래서 1922년에 각 직종별로 노동과 자본이 각각 6개씩의 조합을 구성하고 여기에 지식인 조합 하나를 합친 13개의 조합을 구성했고 그것을 코퍼라티즘부의 장관 밑에 두어 노·자 간의 이해관계를 조율하게 했다.

1928~9년에는 지역 대표인 국회의원으로 구성되는 의회 대신 정부대표, 각 조합대표, 여러 사회기구 대표 등으로 구성되는 코퍼라티즘 의회를 만들었다. 이것은 직업정치인들로 구성되는 의회보다 후자가 국민들의 이해관계를 더 잘 반영한다고 믿었기 때문이다.

물론 파시스트 이탈리아는 독재국가였으므로 여기에서 노·자 간의 협의는 자유스럽지 않았고 국가의 목표에 종속되었다. 노동과 자본을 국가가 목표로 하는 방향으로 강압적으로 끌고 갔다. 그럼에도 빈부차를 줄이고 정치, 사회적 혼란을 수습하는 데는 어느 정도 기여했다.

나치 독일도 이를 받아들였다. 노조들을 노동전선이라는 관제조직으로 개편하여 탈정치화했다. 대신 노동자들의 임금을 약간 올려주고 여가나 후생 면을 개선하여 불만을 달랬다. 자본가들의 조직도 약화시키고 국가목표에 종속시켰다.

이렇게 국가가 노동과 자본의 이해관계를 강제로 조정했으므로 국가의 의도와 목표가 가장 중요했다. 그래서 군비증강과 전쟁으로 끌려들어 갔다. 의회는 명목적으로는 존속했으나 나치당이 유일 합법정당이었으므로 별 의미가 없었다.

전간기의 다른 파시즘 국가들도 대개 비슷하다. 이렇게 국가가 나서서 계급 사이의 이해관계를 조정했기 때문에 이를 국가코퍼라티즘이라고 부른다. 이런 형태는 1930년대의 경제공황이라는 특수한 상황 속에서 나타난 것이다.

2차 세계대전 이후 대만, 싱가포르, 한국 같은 아시아의 몇몇 개발독재국가에서도 비슷한 형태를 볼 수 있다. 그러나 이는 민주주의 제도를 가진 나라들에서는 받아들이기 어렵다.

미국은 경제공황기에 뉴딜정책을 시작하며 이탈리아를 본따 코퍼라티즘적 제도화를 시도했다. 그러나 얼마 안 가 이탈리아가 제국주의적 침탈로 나아갔고, 또 미국이 이탈리아를 포함한 추축국들과 2차 세계대전을 벌였으므로 그 후 미국학자들은 코퍼라티즘을 독재와 관련되는 비윤리적인 단어로 매도하고 금기시했다.

그러나 1970년대 초에 필립 쉬미터라는 미국 정치학자가 이 단어를 복권시킴으로써 오늘날에는 중립적인 의미를 가진 학술적 용어로 사용되고 있다. 지금은 미국 역사학계에서 뉴딜정책과 파시즘의 유사성을 논의하는데 별다른 저항이 없다.

2차 대전 이후 서유럽의 사회적 합의주의

코퍼라티즘은 2차 대전 이후 자본주의체제를 가진 서유럽의 많은 나라에서도 나타나는데 물론 이들 나라는 정치적으로 민주주의국가들이었으므로 그 성격도 파시즘국가의 경우와는 상당히 달라졌다. 여기에서는 대개 노동과 자본이 자유롭게 협의하고 의견의 합치가 이루어지지 않는 경우에 국가가 중재하는 형태를 취했다.

대표적인 나라는 네덜란드, 덴마크, 핀란드, 오스트리아, 핀란드, 노르웨이, 스웨덴 같은 나라들이다. 그러나 독일, 이탈리아, 프랑스, 스페인, 포르투갈 등 대부분의 서유럽 국가들에서 강도는 낮으나 역시 비슷한 형태가 나타난다. 과거 공산권이었던 동유럽의 대부분의 나라들도 자본주의 도입과 함께 코퍼라티즘을 받아들였으나 아직은 형식에 그치고 있다.국가가 아닌 기업이나 지역 단위에서는 신자유주의 경제를 지향하는 영국이나 미국에서까지도 나타난다. 영국에서는 토니 블레어의 노동당이 지배하던 90년대 말에 기업 단위에서 이미 약 700개의 파트너십 협약이 체결되었고 미국에서는 경제가 침체에 빠진 위스콘신 주에서 1990년대에 만들어졌다.

이렇게 전후 서유럽 국가들의 코퍼라티즘은 국가가 아니라 사회집단들이 중심이 되므로 과거의 국가코퍼라티즘과 구별하여 사회(적)코퍼라티즘이라고 부른다. 물론 나라마다 형태나 강도도 다르고 시기에 따라서도 달라지므로 일괄적으로 이야기하기는 어렵다.

그러나 제대로 작동하는 경우 노동 · 자본 · 그 외 각 이해집단 · 국가의 대표가 참석하여 고용, 임금, 노동뿐 아니라 조세, 사회보장, 주택문제 등 제반 사회 · 경제적 문제들을 총괄적으로 협의하여 결정한다.

그리고 여기에서의 결정이 민주적으로, 쌍방 간 합의에 의해 이루어지므로 의회는 그 결정사항들을 존중하여 입법에 반영한다. 일부 국가의 경우는 그 결정이 거의 모두 입법화되기도 하는데 그것은 코퍼라티즘에 우호적인 정당들이 단독이든, 연립이든 집권하는 경우이다. 몇 나라의 경우를 살펴보자.

네덜란드는 1948년에 집권한 노동당 정부가 1950년에 사회경제평의회(SER)를 설립하면서 본격적으로 노사정의 3자 협의적 산업관계를 만들었다. 자본, 노동, 국가의 대표 각 11인으로 구성된 이 회의체의 주된 목적은 균형 잡히고 지속적인 경제성장, 완전고용 촉진, 공평한 소득분배이다.

여기에서는 국가의 중요한 사회 · 경제적 사안을 시간이 걸리더라도 만장일치로 결정하며 그것은 의회로 넘어가 거의 그대로 입법화된다. 지금은 조금 약화되었으나 내각도 1995년까지는 중요한 사회, 경제정책에 대해 의무적으로 그 조언을 들어야 했을 정도였다.

그 업적 가운데 대표적인 것이 바세나(Wassenar)협약이다. 이는 1970년대에 들어와 네덜란드의 경쟁력이 약화되고 또 오일쇼크로 인한 경제침체와 실업증가에 대응하기 위해 1982년에 맺어진 것이다. 여기에서 만들어진 정책모델을 폴더모델(폴더는 네덜란드의 간척지를 말하는 것으로 네덜란드 모델이라는 뜻이다)이라고 부른다.

네덜란드의 실업자 수는 1980년대에 들어와 크게 늘었다. 1984년에는 실업률 14%에, 실업자 수가 80만 명에 이를 정도로 심각했다. 이를 해결하기 위해 노 · 사가 노동시간을 단축하고 임금을 줄이는 대신 고용을 늘리기에 합의한 것이다. 그리하여 1996년까지 무려 120만 개의 일자리를 만들어낼 수 있었다.

그 후에도 1990년대의 여러 협약을 통해 네덜란드는 고용을 유연하게 하되 안정성을 높이는데 성공함으로써 일자리와 경제회생 문제를 함께 해결하는데 성공했다. 이는 사회민주주의 정당인 노동당과 보수적인 자유당의 연립정권 아래에서 이루어진 것이다. 여 · 야 정치인들이 모두 네덜란드가 위기라는 사실을 받아들였기 때문이다.

스웨덴의 경우는 사회민주당과 농민당이 1936년에 연립정권을 수립한 후 1938년에 노 · 사 사이에 합의한 살트쉐바덴 협약이 그 시초이다. 이때 스웨덴 노조와 고용주협회는 서로 노동조합의 존재와 기업가의 경영권을 인정하고 노동과 자본이 국가의 개입 없이 분쟁을 자율적으로 해결한다는 원칙에 합의했다. 경제공황을 극복하기 위해 계급 타협을 이룬 것이다.

2차 대전 이후에도 그 전통은 이어져 노사정위원회 같은 특별한 기구를 만들지는 않았으나 노 · 사 · 정이 각종, 각급의 정부위원회에서 긴밀히 협력하며 사회, 경제문제 해결에 나섰다. 그 과정에서 특히 중요한 것은 렌-마이드너 모델로 알려진 1959년의 연대임금 정책과, 적극적 노동시장 정책이다.

전체 노동자의 임금을 일정 범위 안에서 묶으려는 연대임금 정책은 경쟁적인 임금 인상으로 인한 인플레를 막고 각 직종 사이의 임금 불평등을 줄여 노동계급의 동질성을 높이고 사회적 평등을 달성하기 위한 것이었다. 그리고 연대임금 정책을 통해서 발생하는 실업에 대해서 국가가 개입하여 해결하려는 것이었다.

그 외에도 스웨덴 노 · 사는 복지정책, 조세정책, 주택정책, 산업정책 등 국가정책과 행정을 포괄하는 광범한 내용을 대상으로 서로 협력하였다. 이리하여 스웨덴은 합의주의체제를 통해 세계에서 가장 모범적인 복지국가를 건설할 수 있었다.

그러나 90년대의 신자유주의 시대로 들어서며 1992년에 고용주협회가 모든 정부위원회에서 철수하며 오랫동안 유지되던 계급 타협이 무너졌다. 그러므로 현재 스웨덴의 코퍼라티즘은 과거의 관성이 아직 강하게 작용하기는 하나 위기에 처해 있다고 할 수 있다.

노르웨이의 코포라티즘은 1935년에 산업평화협약이 이루어지고 노동당이 집권하며 시작되었다. 그러나 정확하게 말하면 2차 세계대전 이후 장기 집권을 한 사회민주주의 정당인 노동당의 산물이다.

노동당은 경제운용에 케인스주의를 적극 받아들였고 노사정 협의체제를 만들어 경제계획을 수립하고 집행하는 과정에서 국가와 사회집단들이 집합적으로 조정하는 방식을 확립했다. 노르웨이의 노사정위원회를 '경제조정협의회'라고 부르나 그 하부에 산업별 협의회가 있고 또 그 밑에 사업장 단위의 생산위원회가 있는 3단계 조직으로 되어 있다.

이 3단계 구조를 코퍼라티즘 피라미드라고 부른다. 경제조정협의회는 최고위 수준에서의 정책 결정을 하고 의회는 대체로 그 결정을 입법화하는 역할을 한다. 부문 협의회는 기존 기업의 확대나 구조조정, 새 기업 창출, 비생산적 기업의 폐쇄, 기업의 기술이나 조직합리화 등에서 해당 국가기구와 협력한다.

사업장 단위에서 구성된 생산협의회는 경영진 대표와 노동자 대표들이 사업장 단위의 사안들을 논의하고 처리한다. 부문협의회와 생산협의회는 각각 정부기구, 경영진과 접촉하나 결정권 없이 자문 역할만을 하게 되어 있다.

노르웨이는 이러한 합의주의 체제를 통해 시기에 따라 다르기는 하나 고용증대, 노동시장 유연화, 국제 경쟁력 확보 여러 목표를 잘 달성하여 유럽의 대표적인 복지국가의 하나를 건설했다. 지금까지도 코포라티즘이 세계에서 가장 잘 실현되고 있는 나라의 하나이다.오일쇼크로 타격을 입고 1980년대 중반에 최악의 경제위기를 겪던 아일랜드는 1987년에 피아나 페일 당이 집권하며 합의주의 체제를 도입했다. 그래서 기업가연합, 노조연합, 농업부문을 포함한 이익집단 대표, 정부대표로 이루어진 '국가경제사회위원회'를 결성하여 '국가 재건을 위한 프로그램'이라는 사회협약을 채택했다.

여기에서는 기업 경쟁력 유지를 위해 향후 3년 동안의 임금 인상률을 2.5% 이하로 제한하고 이에 대한 보상차원에서 소득세율을 인하했으며 반면 기업가들은 근로자의 경영참여를 일부 받아들였다. 그리고 재정 긴축을 위해 공무원 신규채용의 동결 및 조기퇴직제 도입, 사회간접자본 건설의 축소 및 연기를 결정했다.

또 구조조정 과정에서 발생할 수 있는 실업자를 포함한 취약계층을 보호하고 사회적 불평등을 완화하기 위해 사회복지 지출은 유지, 확대하기로 했다. 또 시간제 노동자의 보호와 평등한 고용기회 부여, 부당한 해고를 막기 위해 노동관계법의 개정을 단행했다.

이 사회협약은 2002년까지 다섯 차례 계속 맺어져 실행됨으로써 아일랜드 경제를 회생시키는데 크게 기여했다. 이렇게 합의주의 체제를 통해 사회경제적 목표에 대해 각 사회집단의 이해를 구함으로써 아일랜드는 노사관계의 안정과 산업평화를 달성했다.

그리하여 외자에 크게 의존하기는 했으나 1990년대 중반 이후 연평균 9.6%의 고성장을 달성했고 1987년에 17%에 달하던 실업률을 2001년에 4% 미만으로 떨어뜨리는데 성공했다.

코포라티즘 체제에서의 의회의 역할 약화

이렇게 코포라티즘 체제가 잘 확립된 나라들에서 자본과 노동, 또 다른 이해집단 조직들은 모든 정치,

행정적 의사결정에 관여할 합법적이고 제도화된 권리를 상당한 정도로 갖게 된다. 그래서 중요한 사회·경제적 의사결정이 주로 노사정위원회를 중심으로 이루어지고 의회는 그것을 존중하든가 추인하는 보조적 역할만을 하게 된다.

그러나 낮은 단계의 수준에서도 이 조직들은 행정부는 물론 사회·경제문제와 관련되는 각종 위원회나 이사회, 평의회 같은 데서 서로 일상적으로 접촉하며 의견을 조율한다.

노르웨이의 경우 1993년에 이러한 조직이 노동과 자본을 합해 372개, 기타 조직이 477개였다. 덴마크의 경우는 1992년에 노동과 자본 조직이 도합 420개, 기타 조직이 508개에 달했다. 이들 당사자가 직접 만나 이해관계를 조율하니 복잡한 현안들을 충분히 다룰 수 없는 의회는 그 권능이 제한되지 않을 수 없는 것이다.

그래서 특히 노르웨이와 덴마크와 같이 합의주의 체제가 잘 확립된 나라에서 의회는 공공 정책 결정에서 별로 중요한 역할을 하지 않는다. Hernes라는 한 노르웨이 정치학자는 노르웨이 정치에 대한 한 연구에서 '권력이 의회에서 행정과 이해관계 조직으로 옮겨졌다는데 권력 주체들이 동의하고 있다'는 결론을 내리고 있을 정도이다.

또 한 미국학자도 노르웨이 의회를 연구하며 '입법은 행정부에서 하고 의회에서는 통과만 시킨다'며 미국과 같은 로비스트가 존재하지 않는다는 사실에 놀라움을 표시하고 있다.

그러나 이것은 코포라티즘 체제가 잘 자리 잡은 모든 국가에서 다소간 다 나타나는 현상이다. 그뿐 아니라 중요한 현안들을 제대로 심의하지도 못한 채 의원들의 머릿수로 모든 것을 결정하는 현대 대의제 민주주의의 한계에 따른 '입법부의 쇠퇴'라는 전반적인 현상의 일부분이기도 하다.

◈ 연습문제

1. 노사관계의 개념을 정의하고 자본주의 사회에서 노사관계의 역사적 형성과정을 설명하시오.
2. 노사관계론의 연구대상을 설정해보시오.
3. 노사관계론의 접근방법에 대해 설명해보시오.
4. 노사관계에 내재되어 있는 협력과 대립의 속성을 설명하시오.
5. 고용조직에 대한 중요한 시각을 설명해보시오.
6. Dunlop 노사관계시스템론의 우수성과 문제점을 지적하고 Wood 등의 수정 모델의 장점을 설명해보시오.
7. Dunlop의 노사관계시스템론에 기초하여 한국 노사관계시스템의 구조적 특성과 행위주체들의 전략에 대해 논의해보시오.

제2장 신경제의 대두와 노사관계의 새로운 전개

01 포디즘적 생산양식의 붕괴와 신생산양식의 대두
02 미국의 신경제 대두와 그 특징
03 신경제(지식경제)하의 노사관계

지식노동자의 시대에서 영감노동자의 시대로…

다니엘 핑크는 그의 명저인 "새로운 미래가 온다(A Whole New Mind)"를 통해 20세기 정보시대의 주인공은 지식노동자였다고 말하면서, 새로운 미래인 개념시대(conceptual age)에는 창조와 공감을 중심으로 하는 새로운 시대의 주인공들이 등장할 것이라고 이야기한 바 있다.

오늘날 가장 각광받고 있는 "지식노동자"들의 가치가 이전만 못할 것이라는 예측은 다니엘 핑크만의 분석은 아닌 듯하다. 지식노동자라는 용어는 경영학의 구루로 불리는 피터 드러커가 1959년에 처음 사용했는데, 물리적인 노동을 바탕으로 하는 산업시대의 전형적인 공장노동자들과 대비되는 개념으로 이용되었다. 실제로 PC혁명과 인터넷 혁명을 거치면서 이러한 지식을 중심으로 하는 새로운 기업 및 개인의 경쟁력은 날이 갈수록 높게 평가를 받았고, 그런 기업 및 개인이 실제로도 성공을 하는 사례가 많아지면서 지식노동자들이 주도하는 "지식사회"가 현대 사회의 가장 중요한 용어로 자리잡았다.

그러나, IBM의 수퍼컴퓨터 Watson이 세계 최고의 퀴즈쇼인 제퍼디(Jeopardy)에서 역대 최고의 전설적인 상금왕 2명을 상대로 자연어를 바탕으로 한 대결에서 크게 승리하고, 그 여세를 몰아 실제로 미국의 민간의료보험 회사의 컨설팅을 인간처럼 돈을 받고 하고 있는 사례에서 보듯이 이제는 지식 자체를 많이 가지고 있고, 어디에 지식들이 있는지 찾는 정도로는 개인의 경쟁력을 논하기 어려운 시대가 올 것이다. 지식노동자들 특유의 경쟁력은 되려 스마트폰과 클라우드, 그리고 인간과 컴퓨터의 인터페이스 기술의 발달로 인해 가장 쉽게 자동화에 의해 대체가능한 것으로 전락할 가능성이 많다. 이런 점을 감안할 때, 이제는 지식노동자를 대체할 새로운 미래 시대의 노동자 또는 주인공의 모습을 고민해야 한다. 이를 바탕으로, 새로운 직업이나 삶의 모습, 그리고 미래의 주역이 될 우리 아이들에 대한 교육방식도 바뀌어야 할 것이다.

이와 관련하여 보스턴 컨설팅 그룹의 리치 레서(Rich Lesser)는 "Big Think"라는 인터뷰를 통해 새로운 미래의 노동자의 모습으로 "영감노동자(Insight Worker)"라는 개념을 제시하였다. 지식노동자의 주된 역할인 정보를 다루고, 찾아내며, 컴퓨터가 계산한 내용을 바탕으로 새로운 지식을 만들어내고 분석하는 일들도 새로운 기술들에 의해 가능해지는 미래에는 결국 판단과 비판적인 사고, 공감 등의 기계가 대체하기 어려운 새로운 기술들이 필요하게 된다. 지식노동자가 비즈니스를 어떻게 관리하고 운영하는지 알았다면, 영감노동자는 비즈니스가 어떻게, 그리고 왜 필요한지에 대한 근본적인 의문에 답을 할 수 있어야 한다. 또한, 지식노동자에게 전문가들을 중심으로 하는 자신들의 네트워크가 커다란 힘이 되었다면, 영감노동자들은 자신들의 동료들, 그리고 고객들까지 포함한 진정성있는 관계가 가장 커다란 힘이 될 것이다.

미래의 인재에게 필요한 것은 사회적인 가치를 알아보고, 실제 의미가 있는 문제해결방법을 만들어내는 능력과 사람들의 합의를 도출하고, 이들에게 영감을 불어넣는 공감의 능력이다. 이를 위해서는 자신의 전문영역에서의 지식이 풍부한 것 만으로는 부족하다. 우리가 함께 하는 사회에 대한 이해와 자신의 전문영역을 넘어설 수 있는 모험심과 새로운 관계를 받아들이고 과감한 협업을 시도할 수 있는 유연함을 길러야 한다.

■ 자료 : 정지훈, 2012.2.7, 스타트업 가이드

학습목표

포디즘적 생산양식, 조정이론, 축적체제, 고성과작업조직, 린생산방식, 리엔지니어링, 자율적 작업팀, 사람경쟁력, 학습조직, 지식경영, 인적자본, 사회적 자본, 내생적 성장론, 참여와 협력의 노사관계

지식경제(신경제)가 출현하면서 거기에 적합한 새로운 노사관계가 전개되고 있다는 점을 설명하기 위해서는 먼저 지식경제가 출현하게 된 배경에 대한 이해가 선행되어야 한다. 여기서는 먼저 지식경제 출현의 계기를 제공한 신생산양식의 대두 배경을 조정이론학파의 논거에 의거하여 살펴보고, 이어서 경영학과 경제학적 관점에서의 지식경제의 대두와 특징을 살펴보고자 한다.

01 포디즘적 생산양식의 붕괴와 신생산양식의 대두[1)]

조정이론학파의 이론적 출발점은 자본주의적 생산양식에 대한 의문에서 출발하고 있다. 부단한 발전과 위기, 성장과 정체 · 공황을 반복하면서도 그 생산양식을 유지해온 자본주의, 모순에 가득찬 자본주의가 그 체제를 유지 · 발전시켜왔던 논리를 어떻게 파악해야 하는가? 어떻게 전후 '영광의 30년'의 경제성장이 가능했는가? 조정이론가들의 문제의식은 바로 여기에 있다.

그들은 마르크스의 직관을 풍부히 하고 비판적으로 가공하여 이 과제에 도전하고 있다.[2)] 조정이론의 한 특징은 '포디즘'이나 '테일러리즘' 등의 용어를 사용해 생산시스템, 특히 임노동관계 · 노사관계를 그 기초로 하여 현대 자본주의의 구조를 분석하고자 하는 데 있다.[3)] 조정이론의 키 워드는 '축적체제(蓄積體制)' 및 이 학파의 명칭의 유래가 된 '조정양식(調整樣式)' (mode de regulation)이다.

여기서 '축적체제'라는 것은, 어느 특정의 자본주의사회에서 그 사회의 모순이나 불균형을 흡수하면서 상당한 장기간에 걸쳐 자본축적을 규칙적으로 '보증'하고 수행할 수 있도록 해주는 방식의 총체를 말한다.[4)] 그 방식은 노동편성양식과 노동자생활과정의 편성양식의 관계, 생산재 생산부분과 소비재 생산부분과의 관련, 생산성 상승의 정도 등에 따라 변화한다. 이것들이 균형 있게 실현되어 있으면, 그 특정의 축적체제는 자본축적을 계속할 수 있다. 그러나 그를 위해서는 개인, 집단, 계층, 계급 간의 모순이나 대립 · 항쟁을 흡수하여 축적체제의

전체적 원리에 적합하게 하도록 작용하는 질서와 규칙이 필요하다. 그 질서나 규칙의 총체를 '조정'이라 하고, 그 특정의 방식이 '조정양식'이라고 하는 개념으로 표현된다. 즉 어떤 특정의 축적체제는 그것에 적합한 기능을 하는 특정의 조정양식에 의해 비로소 안정적이며 변함없는 재생산이 가능하게 된다. 따라서 어떤 특정의 축적체제는 그것에 적합한 조정양식이 기능하는 한, 상대적으로 안정된 자본축적이 보장되지만, 조정양식이 부적합하거나 종래의 축적체제로서는 더 이상 생산성의 향상을 바랄 수 없게 되면 위기에 빠지고 쇠퇴하는 것으로 보고 있다.

먼저 조정이론에서 말하는 포디즘을 보면 20세기 자본주의, 그 중 제2차 세계대전 이후의 선진자본주의 국가의 '축적체제'를 의미하고 있다. 포드라는 이름이 쓰여지고는 있지만 단순히 포드가 실천한 경영관리방식이나 경영이념 그 자체가 아닌 사회총체로서의 독자적 체제를 가리키고 있는 것이다.

이를 좀 더 구체적으로 보면 주지하는 바와 같이 테일러의 '과학적 관리법'은 숙련의 해체를 통해 노동의 지적 측면과 육체적 측면을 분리해('계획'과 '실행'의 분리), 그것을 '과업관리'라고 하는 형태로 체계화하였고, 포드는 이 테일러원리의 기초 위에 전용기계나 컨베이어벨트를 도입하여 극히 높은 생산성을 갖는 대량생산방식을 실현하였다. 이 '테일러주의와 기계화와의 결합'을 단순화해 '포드주의적 노동편성'(ford system)이라 부른다.[5]

이 포드주의적 노동편성은 자동차뿐만 아니라 다른 산업에도 보급되었다. 그러나 대량생산체제는 대량소비가 없으면 불가능하다. 따라서 포드주의적 노동편성에 적합한 조정양식이 필요하다. 포드가 이 생산방식을 도입했을 즈음은 일부를 빼고 아직 대량소비체제가 사회적으로 정착해 있지 않았다. 대량소비 없는 대량생산은 공황을 불러 일으킨다.[6] 1929년 공황이 바로 이러한 경우이다. 이 '조정'은 공황으로부터의 탈출정책(즉, 뉴딜정책)에 의해 실현되었다. 즉, 노동조합의 공인, 단체교섭제도, 노동협약, 생산성의 상승에 맞는 임금상승, '복지국가'와 사회보장제도 확충, '고임금제도'의 정착이다. 이들을 포드주의적 조정양식 또는 '포드적 타협'이라 부른다.

이러한 타협을 통해 노동자와 노동조합은 테일러주의에 의한 통제를 수용하는 대신 합리화로부터 생기는 생산성 상승의 몫을 획득했던 것이다.[7] 이에 따라 생산성과 더불어 실질임금이 상승하여 소비를 끌어올리고 소비는 투자를 자극하기 때문에 결국 총수요를 환기시키고, 이렇게 해서 광대한 투자와 수요(생산)가 재차 생산성을 상승시켰다. 이렇게 함으로써 그 때까지는 볼 수 없었던 대량생산과 대량소비의 동시 달성을 실현해 전례없는 자본주의 경제

체제의 발전을 가져온 호순환(好循環)이 성립할 수 있었다는 것이다.[8)]

여기서 포디즘이라는 것은 단순히 노동편성이나 생산양식을 말하는 것이 아닌, 테일러시스템과 기계화 · 합리화에 근거한 노동편성을 단체교섭 및 '복지국가'에 기초한 고임금체제의 실현으로 노동자와 노동조합에 수용시킨다고 하는, 임노동관계에 매개된 대량생산/대량소비의 사회경제체제로 이해된다. 즉, 테일러원리와 기계화에 따른 대량생산체제 및 단체교섭과 노동협약에 기초한 고임금=대량소비체제를 내용으로 하는 축적체제인 것이다. 그런데 이러한 호순환과정은 1960년대 말부터 70년대 초두 오일쇼크 이후 장기에 걸쳐 위기에 봉착하였다. 조정이론학파는 이것을 포디즘의 구조적 위기라고 간주한다. 모든 조정이론가들의 주장이 통일된 것은 아니지만 적어도 이 점에 있어서만큼은 그 진단시각이 일치하고 있다.[9)]

포디즘이 위기에 봉착한 원인은 논자에 따라 차이가 있겠으나, '테일러적 원리 그 자체가 생산성 신장의 원천을 소진시켜 버렸다'고 보면서 '포드주의적 노동편성 모델의 내부에서' 그 원인을 구하고 있다.[10)] 즉 포드형의 규격화된 소품종 대량생산 · 대량소비형 상품이 시장을 일순하자, 품질과 서비스면에서 다양성을 가진 상품의 생산이 요구되었지만, '계획'과 '실행'의 분리를 핵으로 한 테일러=포드적 노동편성은 그것에 대응하지 못한 채, 오히려 부정적 요인으로 전화되었다. 더욱이 포드적 노동편성이 한층 더 진전함에 따라 비인간적 노동이 만연해 노동자의 저항이 증대되었다. 나아가 기업은 이런 생산성의 저하를 판매가격 인상으로 메꾸려 했으나, 포드적 조정양식의 원리하에서는 이 물가상승은 임금상승을 초래하고 그것이 또 물가상승에 되미치게 되어, 결국에는 대량생산과 대량소비의 호순환은 끊어지게 되었다는 것이다. 이리하여 조절이론 학파는 70년대 이후의 위기의 본질적 근원을 '포드적 타협'(조정양식)이 아니라 포드적 노동편성, 보다 명시적으로 말하면 테일러적 노동편성에 있다고 지적하고 있다.

여기에 더하여 주지하는 바와 같이 석유위기는 석유에너지 다소비형의 대량생산형 재생산구조를 붕괴시켰으며, 그것은 광공업생산의 감소, 실업률의 증가, 국가재정의 핍박과 함께 포드형 대량생산시스템을 배경으로 한 노동소외현상(무단결근, 작업의 질적 저하, 불법파업 등)에 기인한 '효율성'의 저하, 시장의 협소화와 경쟁의 격화 등, 선진자본주의 제국의 축적구조에 매우 커다란 충격을 주었다. 이는 나아가 제2차 세계대전 후의 노사관계상의 모순의 축적을 배경으로 한 사회정의의 문제(공해, 전쟁, 식민지주의 등에 대한 반대), 노동의 인간성(노동의 질, 노동시간, 노동조건 등의 개선)과 노동자의 권리의 향상을 요구하는 노동운동, 사회운동의 고양과 맞물려 일종의 체제적 위기감마저 노정하였다.

이러한 위기적 상황 하에서 재생산구조의 재편을 위해 다음과 같은 몇 가지의 과제가 제기되었다. 첫째는 시장의 창조였다. 그것은 종래의 표준화제품시장을 세분화하고 제품을 고부가가치화함으로써 소비자니즈의 다양화 · 고도화를 꾀하는 시장의 질적 창조 및 제품수출에 의한 국내시장으로부터 국제시장으로의 국제화, 즉 시장의 양적 창조를 의미하였다. 국제시장에의 진출을 위해서는 제품의 국제경쟁력의 강화가 필수적이었으며, 그것은 동시에 해당국가와의 경제마찰을 일으키는 원인이 되었다.

둘째로 이와 같은 시장창조에 대응가능한 생산기술기반의 재편성, 즉 재래형 생산시스템으로부터의 탈피가 주요한 과제가 되었으며, 거기에는 두 가지의 의미가 담겨 있다고 하겠다. 그 하나는 '중후장대형' 제품으로부터 '경박단소형' 제품으로의 제품구성의 전환, 즉 탈석유 · 생에너지형인 동시에 고부가가치제품을 생산할 수 있는 시스템으로의 전환이며, 다른 하나는 소품종 대량생산형으로부터 다품종 소량생산형으로의 제조시스템의 전환, 즉 세분화된 시장의 수요변동에 유연하게 대응 가능한 동시에 지금까지 보다 더욱 생산성을 향상시키고 코스트를 삭감시킬 수 있는 생산시스템으로의 전환이다.

세째로 효율적 생산체제에 대한 '저해요인'으로서의 노동자대책이었다. 그것은 적대적 노사관계로부터 협조적 노사관계에의 유도 · 유화정책의 전개 및 '인간의 노동화'에서 '노동의 인간화', 즉 노동자의 노동의욕 · 만족을 노동과정의 내부에서 구하는 시스템의 개발이었다.[11)]

이와 같은 절박한 과제에 직면하여 선진 자본주의 국가의 기업들은 제각기 포디즘을 대체할 수 있는 새로운 생산양식의 개발에 부심하게 되었으며, 일본(도요타)의 린생산방식이나 스웨덴의 사회기술적 생산방식, 미국의 고성과작업조직 등은 그 좋은 예라 할 것이다.

02 미국의 신경제 대두와 그 특징[12)]

대량생산체제의 유효성이 쇠퇴하고 그 뒤를 이을 새로운 생산양식이 모색되는 기간 동안 경제적 환경은 정보통신기술의 급속한 발달과 함께 산업사회에서 지식중심사회로 이동하게 되었고 그에 따라 기업 및 산업의 경쟁력을 좌우하는 중요한 토대가 물적자원으로부터 지식으로 무장한 인적자원으로 이동하게 되었다.

2.1 미국 경제의 장기 침체와 기업경영의 혁신노력

미국 경영학계에서는 1972년까지를 테일러주의와 포드주의에 의거한 미국 경제의 대약진 시기, 1973~87년 사이를 경쟁력 저하와 구조조정기, 1988년 이후 현재까지를 세계화와 지식사회경제의 시대로 구분하고 특히 1995년 이후의 대약진을 신경제라 부르고 있다.[13] 미국은 1973년 이후 정치, 군사, 외교적 측면에서는 최강국이었으나, 경제적 측면에서는 독일, 일본에 떨어지는 2등 국가로 전락했다는 사실을 학계, 경제계 그리고 정치권이 함께 인식하게 되었다. 특히 경영학계는 일본과의 비교 분석에서 미국 장기침체의 원인들을 밝혀내어 미국식의 새로운 경영철학들을 제시하게 된다.

1980년부터는 미국경제와 기업의 경쟁력을 높이기 위해 미국의 MIT대학을 중심으로 산 · 학 · 관 공동으로 참여한 연구 결과가 'Made in America'[14], 'The Machine that Changed the World'[15]라는 책으로 발간되기 시작하였다. 특히 일본식 생산방식에 대한 연구 결과로 제기된 미국의 경영 대혁신은 첫째, 1986년부터 린(lean) 생산방식으로 나타났고, 둘째로 1990년부터 보다 급진적 조직혁신을 주장하는 리엔지니어링(reengineering)으로 나타났다. 뿐만 아니라 1990년부터는 일본의 생산방식이 주는 영향도 있었지만, 미국에서 1972년 전후 독자적으로 시행해오던 각종 팀제도 등의 경험과 일본연구가 상승작용을 하면서 팀 생산방식이 크게 확산되었다. 이때 미국식 팀 생산방식과 관련한 고성과작업조직(high-performance work organization)이 나타났다. 이와 더불어 1988년을 기점으로 지식경영이라는 새로운 경영이 시작되고 있다.

미국은 1980년대부터 1990년대 중반까지 가히 경영혁신 시대를 맞이하게 되었다. 뒷 부분에 있는 〈표 2-2〉에서 보는 바와 같이 1995년 이후의 미국 경제대약진 및 신경제의 도래는 1972년 이후 1995년까지의 침체에 대한 경영학계의 분석을 토대로 이루어진 미국 기업의 경영혁신 노력의 결과라고 할 수 있다. 특히 기업조직 및 작업조직의 혁신은 미국경제로 하여금 다시 일본과 독일을 앞서가게 한 요인이 된다.

(1) 린 생산방식

린 생산방식은 일본 도요타 자동차 공장에서 2차 세계대전 후 정착된 제도로서, 미국의 대량생산방식을 지속적으로 개선한 일본인의 특징을 나타내는 제도이다.[16] 2차 세계대전 이후 일본의 대기업 사업장에서는 전통적인 테일러주의와 포드주의에 입각한 생산방식의 내재적 취약점을 보완하고 해소하기 위하여 일본 특유의 생산방식을 고안하였는데, 학자들은 이를 린생산방식이라고 불렀다.

일반적으로 대규모 흐름 생산방식에서는 생산과정에서 재료의 순조로운 흐름을 방해하는 여러 가지 장애요인이 발생하였다. 교체시간의 장시간화, 병목현상, 기계의 가동중단, 품질 결함의 발생 등의 장애요인으로 인해 생산의 지연과 불균형이 발생하게 되었다. 이와 같은 흐름 생산의 장애요인을 극복하기 위해 전통적인 테일러주의와 포드주의에 입각한 대량생산방식에서는 각 작업과정에서 대량의 완충용 재고를 유지하는 것이 일반적이다. 일본의 주요 기업에서는 이러한 장애요인을 부품 · 계열 기업들과의 협력적 관계정립을 통해 극복했는데 구체적으로 부품업계들이 모공장의 각 작업과정에서 필요한 부품을 적기(just-in-time)에 공급하게 함으로써 재고를 없애고, 이에 따라서 재고 보관시설 및 재고 관리인원이라는 낭비나 불필요한 요소를 제거하였다.

다른 한편, 과거 미국의 테일러주의에 입각한 경영방식은 자연히 일의 단조로움, 무의미함 때문에 근로자들의 통상적인 결근율, 이직률이 대단히 높기 마련이다.

이에 비해 일본의 주요 기업에서는 단순화 · 표준화 · 전문화라는 방식보다 노동자에게 다기능을 갖도록 훈련시키고, 조립과정에 품질분임조라는 팀을 만들어 사소한 고장 수리, 불량 발견 및 문제해결 등의 업무를 현장 생산직 노동자들이 수행함으로써, 일의 단조로움과 무의미함이라는 문제를 해결하였고, 동시에 즉시 문제해결로 인하여 고장 발생시 엔지니어가 문제해결 때까지 공정을 중단시킴으로써 오는 낭비를 제거하였을 뿐만 아니라 불량률을 크게 낮추었던 것이다.

일본 기업들은 제품 개발에서도 예컨대 디자이너, 엔지니어, 부품업자, 판매업자와 같은 여러 부서들의 전문가들로 팀을 조직하여 신속히 제품을 개발하고 높은 품질의 제품을 생산할 수 있었다(Sashimi method). 이와 같이 여러 기능을 망라하는 팀을 다기능 팀(multi-functional team)이라고 한다. 이는 소비자의 수요 변화에 대해 적기에 대응하기 위해 종전의 수많은 부서, 과로 세분화되어 운영되어온 비능률적 관료적 경영조직의 폐해를 줄이기 위한 것이다.

미국은 80년대부터 일본제도의 장점을 파악하여 이를 도입하기 시작하였는데, 이제는 린생산방식이 대부분의 기업에서 정착되어 있다. 물론 미국의 강점인 정보통신기술, 즉 온라인 데이터베이스의 설치 등을 이용하여 제조 기업뿐만 아니라 대형 도 · 소매업체에서도 재고를 크게 줄이는 전자 적기 공급제도가 확산되었다. 제품 개발에서도 제품 설계, 엔지니어링, 제조, 판매 등 각 부분이 참여하는 다기능팀은 네트워크화된 컴퓨터를 활용하는 '동시 엔지니어링'(concurrent engineering)에 의해 더욱 활성화 되었다. 린 생산방식은 제조업과 서비스업 전분야로 확대되었다.

(2) 리엔지니어링

리엔지니어링이란 기업의 작업과정을 전면적으로 개편하는 변화와 혁신을 통해서, 새로운 자동화투자나 시설투자 없이도 기업의 기존 컴퓨터망을 활용해서 비용, 시간, 소비자 만족이라는 기업 성과의 세 측면을 크게 제고하는 것을 의미한다.

리엔지니어링의 제창자 마이클 해머(Michael Hammer)는 미국 기업 조직의 비효율성을 다음과 같이 지적하고 있다. 일반적인 미국 대기업에서는 고객의 주문을 받아 이를 처리하여 제품이 배달되기까지 서로 다른 12개의 부서 및 단체를 거친다. 주문이 처리되기까지 경리부는 고객의 신용도를 체크하고, 판매부는 주문 가격을 확인한다. 재고관리부는 재고를 확인해 충분하지 않으면 생산부로 주문을 넘긴다. 재고 혹은 생산을 통해 제품이 나오면 창고운영부는 출하 일정을 세운다. 운송부는 출하 수단과 운송업자를 선정하여 제품을 해당 업자에게 넘겨주고 마침내 운송업자가 고객에게 제품을 전달하는 책임을 진다.[17] 이와 같이 테일러주의, 포드주의에 입각한 조립가공형의 기업조직은 부서별 · 과별 높은 벽을 쌓고 있고 신속한 공급과 서비스에 필요한 통합 기능을 갖고 있지 않다는 것이다.

리엔지니어링은 미국 대기업의 예에서 살펴본 바와 같이 관료조직에서 나타나는 비효율을 제거하기 위하여 기존의 업무프로세스를 개선하는 것에 그치지 않고, 오히려 업무프로세스를 원점에서부터 다시 설계한다. 리엔지니어링 과정에서 자연스레 여러 작업을 한 사람 또는 소수 인원으로 구성된 자율적 팀이 처리하게 하는 방안이 나타난다. 그렇게 함으로써 근로자가 여러 작업을 수행하며 자율적 권한과 책임을 갖게 되는데, 이는 종전의 세분화된 직무를 수평적으로 통합하는 한편, 관리직 · 감독직의 기능을 없앰으로써 조직을 수직적으로 납작하게 만드는 것이 된다.

해머(2004)는 리엔지니어링과 린 생산방식과의 차이점을 다음과 같이 주장하고 있다. "기업조직 혁신은 기업조직 개선이나 기업 작업조직의 탁월성과 혼동되어서는 안 된다. 이들 용어들은 기존 조직을 근본적으로 바꾸지 않고 기존의 작업조직을 활용하여 실수, 비용, 지연등을 줄여서 고성과를 성취하는 것을 지칭한다. 그러나 기업혁신은 고객 주문을 맞추어나

그림 2-1 기업조직의 변화

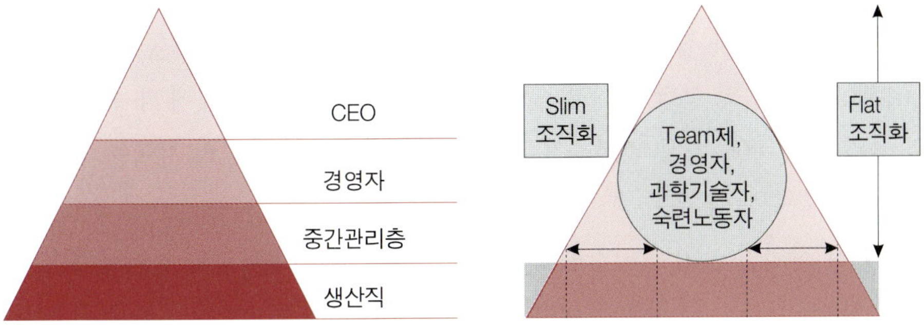

가고 제품을 개발하여 고객 서비스를 제공하는 전적으로 새로운 방식을 의미한다." 물론 여기서 작업조직 혁신은 리엔지니어링을 의미하며, 기업조직 개선은 린 생산방식을 지칭한다. 리엔지니어링은 특히 화이트칼라의 업무가 수평적 · 수직적으로 통합됨으로써 화이트칼라의 해고를 낳게 된다. 린 생산방식은 지속적 개선에 중점을 두는 일본인의 특징을 반영하고 있으나 리엔지니어링은 기술지식의 창조에 비교우위를 갖고 있는 미국인이 린 생산방식의 의미 내용을 논리적으로 연장하여 새로이 만들어낸 혁신적 개념이다.

린 생산방식, 리엔지니어링, 다운사이징, 아웃소싱의 과정을 거치면서 기업은 [그림 2-1]에 표시한 바와 같이 린(lean)한 조직, 그리고 평면적인(flat) 조직으로 진화되는데 이러한 경영혁신들이 1990년대 초 미국에서 전개되었다. 기업은 핵심 역량 관련 근로자만 보유하고 임시직과 계약직을 대거 고용하게 되었다. 미국에서는 임시직을 'just-in-time worker'라고 부를 정도로 'just-in-time' 철학이 고용관계에도 확산되었다.

린 생산방식과 리엔지니어링의 등장은 기업으로 하여금 인력팀과 비효율적 업무의 통폐합에 관심을 갖게 하였다. 그 결과 기업조직은 [그림 2-1]에서 보는 바와 같이 린(lean)한 조직, 평면적인 조직으로 진화하게 된다.

(3) 자율적 작업팀

조직의 직무가 과거와 같이 개인이 아니라 집단에 맞추어서 설계될 때 작업팀(work team)이 형성된다. 일반적으로 작업팀은 전통적 작업집단(traditional work group)과 반자율적 작업집단, 그리고 자율적 작업팀으로 구분된다. 전통적 작업집단에서는 집단의 구조라든가 수행 과업의 절차 등과 같은 전반적인 집단행위가 경영층의 계획과 지시에 의해서만 이루어진다. 반자율적 작업집단에서는 조직의 정책을 지속하기 위한 경영층의 지시를 제외한 나머지 집단행위는 근로자 집단에 의해서 계획되고 통제된다. 그리고 자율적 작업팀은 구성원이 직무수행 절차, 일의 분담, 새로운 구성원의 선발등과 같은 문제에 대해 결정할 수 있는 권한과 능력을 갖는다. 결국 반자율적 작업집단과 자율적 작업팀의 차이는 후자가 보다 많은 자율권을 갖는다는 데 있다.[18]

자율적 작업팀은 열린 시스템으로서 프로세스 중심의 다양한 능력을 지닌 소규모 시스템의 특성을 지닌다. 즉 자율적 작업팀은 직원들이 경영자로부터 권한과 자유 및 책임을 부여받아 팀의 공동목표를 위해 자유롭게 활동할 수 있고, 업무 프로세서의 단절 없이 완결성을 갖는 프로세스를 담당한다. 이를 통해 직원들은 여러 부문간의 차이를 이해하고 프로세스를 전체적으로 이해 · 통제할 수 있으며, 직원들 각자가 철저한 기술 개발과 정보 습득을 통해 다양한 능력을 확보함으로써 변화에 대한 대응력을 향상 시킬 수 있다.

자율적 작업팀의 특징은 다음과 같은 네 가지가 있다.[19]

첫째, 조직의 상부계층으로부터 많은 권한이 위양된다. 팀의 자율성은 팀에 일정한 재량권이 있을 때 가능한 것으로서, 이러한 재량권의 확보는 조직 상층부로부터 하위 위양을 통해 가능해 진다.

둘째, 자율적 작업팀은 타인이나 타 집단에 대한 지배나 권력 독점이 아닌 협력과 권력 공유를 지칭한다. 즉 자율적 작업팀과 그 구성원들은 자신의 지식이나 권한을 타인과 공유함으로써 자신의 영향력이 약화되는 것이 아니라 자신의 영향력뿐만 아니라 타인의 영향력도 강화된다.

셋째, 자율적 작업팀의 구성원들은 팀과 목표를 공유하고 각자 자신의 직무 및 팀에 관련된 의사결정에 열정적으로 참가하여 그 결과 자신의 직무를 보다 의미 있고 만족스러운 것으로 생각하게 된다. 따라서 자율적 작업팀은 집단과 개인의 성과를 크게 향상시킬 수 있다.

넷째, 자율적 작업팀은 팀을 기술적 체계뿐만 아니라 사회적 체계로서도 파악하여 팀 내외 구성원들을 효과적으로 통합할 수 있다. 기획에서 실행까지 자율적 작업팀 내에서 다 해야 하기 때문에 구성원들은 작은 기업조직에서 일하고 있는 느낌을 받게 되고, 부서 장벽을 허물 수 있기 때문에 그 결과 통합적 사고를 개발할 수 있게 된다.

(4) 고성과작업조직 : 사람중심기업

미국에서 가장 관심을 끌어온 팀은 자율적 작업팀 또는 고성과작업팀이다. 1993년 미국 노동부는 20명 이상의 학계인사들에 의한 연구 결과를 정리한 연구보고서 '고성과작업 관행과 기업 성과(High Performance Work Practices and Firm Performance)'를 발간하였는데 이에 의하면 고성과작업조직(High Performance Work Organization) 이란 자율적 작업팀(분권적 경영으로 현장 근로자들이 팀의 의사결정에 참여), 심화된 훈련, 팀 성과 및 기업 성과 연동 급여(예컨대 이윤 분배제(profit sharing) 또는 성과 배분 보너스제(gain sharing))라는 상호작용하는 체계적 경영조치(system of mutually reinforcing practices) 에 의해 혁신, 품질 개선 그리고 변화에 대한 신속한 반응을 이루어내는 기업조직이다. 이렇게 자율적 작업팀은 고성과작업조직의 핵심적 요인이다.

미국 스탠퍼드 대학의 경영대학 기업조직 전문가인 제프리 페퍼(Jeffrey Pfeffer)교수는 '사람을 통한 경쟁우위(Competitive Advantage Through People)'(1994), '인간적인 방정식 : 사람을 우선시하여 이윤을 창출하는 것(The Human Equation : Building Profits by Putting People First)'(1998), 오레일리(O'Reilly)와 공저인 '감추어져 있는 가치 : 위대한 기업은 보통 사람과 함께 탁월한 결과를 창출한다(Hidden Value : How Great Companies Achieve Extraordinary Results with Ordinary People)'(2000) 등 세권의 연속된 저서를 통해 고성과작업조직의 특징과 광범위한 기업 사례를 심층적으로 제시하고 있다. 고성과작업조직 운영을 사람중심 경영(people-centered management Practices, 2000)으로, 고성과작업기업은 사람중심기업(people-centered firm)으로 명명하였다. 고성과작업조직에서 인간의 창의성, 창조성, 헌신적 노력에 의거, 혁신, 품질 개선 등을 해나가는 전략을 사람중심전략(people-centered strategy, 1998)이라고 하였다. 사람중심기업의 철학과 몇가지 구성 원칙, 그리고 예측은 다음과 같다.

① 사람중심기업의 철학

자율적 작업팀은 테일러주의의 대안이다. 테일러에 의한 과학적 경영의 원칙은 다음과 같다. 첫째, 모든 가능한 두뇌 작업은 노동자로부터 제거되어 경영층에 집중되어야 한다(정신노동(=계획)과 육체노동(=실행)의 분리). 둘째, 모든 근로자의 작업은 경영층에 의해 완전히 계획된다. 그리고 모든 근로자는 경영층의 완전하고도 자세한 지시에 의해 작업을 수행한다(즉, 관리층에 의한 작업의 주도권 확보).

근로자는 단순화 · 표준화된 작업을 머리를 쓰지 않고 경영층의 완전한 지시에 의해 전문화된 작업을 수행하게 되어 있다. 이에 반해 자율적 작업팀은 테일러주의를 폐기하고 경영계획과 실행을 통합하는 것이다.

또한 경제학의 공리주의적 인간관, 즉 인간은 심리적 쾌감을 추구하고 일은 고통스럽고 불유쾌한 것으로 간주되며 인간은 일을 하더라도 눈속임 등으로 무사안일이라는 개인적 이익만 추구하게 된다는 인간관과는 달리 보통 인간은 일을 통해서 자기 성취나 만족감을 추구하며, 경영조직에서 집단적으로 공동의 목표를 위해서 노력하고 헌신하며 창조성을 발휘하기 때문에 경영조직에서 인간의 마음과 가슴에서 오는 힘이 기업경쟁력 우위의 핵심이 되며 기업 성공의 열쇠가 된다. 사람중심기업은 주주의 이익만을 위해서 운영되는 것이 아니라 근로자, 소비자 등 이해관계자 모두의 이익을 동시에 존중한다.

② 몇 가지 구성 원칙

미국 노동부의 연구조사 보고서에서 밝힌 구성 요소인 ㉠ 자율적 작업팀과 권한이양(empowerment), ㉡ 훈련과 기술 · 기능 개발, ㉢ 팀 성과 및 기업조직 성과 연동 급여뿐만 아니라 페퍼 교수는, ㉣ 신중한 인재 채용, ㉤ 고용안정성, ㉥ 기업 내 신분 격차의 완화, ㉦ 노사 간 원활한 정보 공유를 추가하여 7개의 기본 경영원칙을 사람중심기업의 경영원칙으로 삼고 있다.[20]

③ 예 측

사람중심경영을 하지 않는 경우에 일어나는 일을 예측해보자. 낮은 이윤, 높은 비용, 낮은 주식 가격이라는 문제를 갖고 있는 기업이 이윤을 높이고 비용을 낮추기 위해서 신속한 조취를 취한다고 하자. 보통 노동관련 비용을 가장 빨리 그리고 손쉽게 줄이려고 하므로, 훈련비를 줄이고 임금을 동결하며, 승진을 보류하고, 파트타임이나 임시직 고용을 늘린다. 근로자들은 해고되거나 또는 비정규직으로 전환이 강요된다. 이러한 조치들은 당연히 근로자 동기를 저하시키고 직장 불만족을 높이며 직장에 대한 충성도를 낮춘다. 기회만 있으면 직장을 옮기려 하고 직장에서도 온갖 악성 루머에 촉각을 곤두세우고 불평을 쉽게 하며 직장 일에 집중을 하지 않게 된다. 훈련비 삭감은 기술지식의 개발과 확산을 감소시킨다. 동요되는 직장 분위기와 산만함으로 직장에서 산업재해가 증대되고 고객들에게 제공되는 서비스는 형편없어진다. 이와 같은 불량한 고객 서비스, 산업재해의 증대, 빈번한 직장 이동과 일에 대한 헌신 결여, 그리고 그 결과로 나타나는 저생산성 문제는 판매, 이윤 그리고 비용에 아주 나쁜 영향을 미친다(그림 2-2 참조). 그래서 단기에 이윤을 높이고 비용을 낮추고자 하는 조치는 결과적으로 이윤을 더욱 낮추고 비용을 더욱 높이도록 작용하게 된다. 이러한 악순환이 계속되면서 기업은 장기적으로 회복 불능의 상태가 된다.

(5) 학습조직과 지식경영 및 인적자본

학습조직(Learning Organization)은 미국 MIT의 경영학자 센지(Senge) 교수가 1990년대 '제5경영(The Fifth Discipline)'[21]을 발간한 이후 경영혁신 방법의 하나로 주목받게 되었다. 그러나 이미 1960년 이후 경영학의 조직개발, 조직학습 그리고 인적자원개발론 등에서 학습에 대한 논의는 많이 있었다. 국내의 경우엔 1990년대 후반 미국 기업의 경영혁신 기법 도입 붐으로 관심을 갖게 되었고, 이 흐름은 1998년 이후 지식경영으로 발전하게 된다.

학습조직은 기업환경 변화속도와 같거나 빠르게 변해야만 살아남을 수 있다는 전제에서 출발한다. 기업이 지속 가능한 성장과 발전을 하려면 환경 변화에 신속하게 대응해야 하고 더 나아가 환경을 창조해 나가는 노력도 필요하다고 주장한다. 즉 학습조직이란 환경 변화

그림 2-2 기업조직의 잘못된 대응(Low-road strategy)

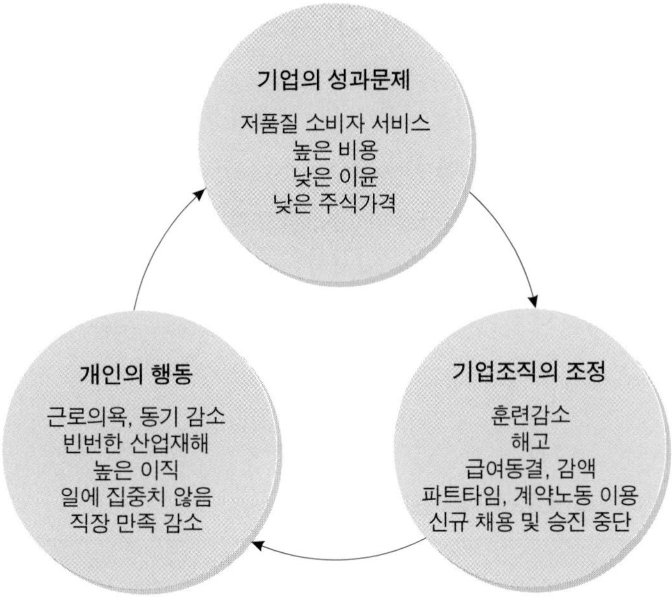

자료 : Pfeffer, J.(1998), *The buman Equation*에서 재구성함.

에 대한 기업차원의 혁신전략이다. 그러나 이전의 경영혁신과는 다르게 학습조직은 지속적이고 중장기적 전략을 수립한다. 조직의 핵심 역량과 직결되는 핵심 지식이나 역량을 조직구성원이 공유하게 되면 조직은 지속가능한 성장과 발전이 가능하게 된다는 논리이다.

학습조직에서 말하는 학습이란 단순히 공부한다는 의미는 아니다. 그보다는 조직이나 구성원이 환경에 적응하고 변화한다는 포괄적인 의미를 담고 있다. 학습이란 기업의 핵심 역량을 강화하고 지속적으로 경쟁우위를 확보하는 과정을 말한다. 그러나 단순히 기업이 생존차원에서 환경 변화에 대응하는 전략에만 머물러 있는 것은 아니다. 일상적인 업무 활동을 하면서 생기는 자생적이며 자율적인 조직 성장 매커니즘에 따라 조직이 보다 혁신적이며 창조적인 성과를 만들어가는 기반을 구축하는 전략을 의미한다. 학습은 일상적인 업무 활동과는 별도로 일어나는 독립적인 활동이 아니다. 다른 말로 하면, 학습조직에서 말하는 기업에서의 학습이란 것은 기업경영과 무관한 상태에서 책읽기와 같은 자기개발과 연관되는 활동만을 말하는 것은 아니다. 오히려 학습은 조직과 조직원의 변화 그 자체이다. 동시에 이러한 변화의 원동력을 창출해내는 근본적인 힘이 학습이다. 그렇기 때문에 현재와 같이 변화가 일상적이고 급격하게 일어나는 시대에는 과거 그 어느 때보다 조직의 학습 능력이 경쟁력의 중요한 원천이 된다.

2.2 신경제(지식경제)의 도래와 그 특성

신경제의 도래를 노동생산성 증가 및 경제성장의 원인규명을 통해 실증적으로 분석하는 작업은 경제학자들에 의해 이루어 졌다.

〈표 2-1〉은 미국의 노동생산성이 1995년까지 추세적으로 하락하다가 그 이후 반전 · 급등하고 있음을 보이고 있다. 미국의 연평균 노동생산성 증가율을 기간별로 보면 1959~73년에 2.95%, 1973~90년에 1.44%, 1990~95년 사이 1.37%로 계속 떨어졌다. 그러나 1995~2003년 사이 2.81%로 급등하였다.[22)]

표 2-1 미국의 노동생산성 증가 (단위 : %)

구 분	1959~73	1973~90	1990~95	1995~2002
노동생산성의 증가	2.95	1.44	1.37	2.81

자료 : Council of Economic Advisers(2003), *Economic Report of the President*.

실증분석의 문제의식은 다음 두 가지이다. 첫째, 1973~95년이라는 22년의 긴 세월 동안 미국의 성장이 정체된 이유가 무엇인가, 둘째, 1995년 이래 노동생산성이 급등한 원인은 무엇인가에 대한 것이다. 첫째 질문에 대한 답은 앞에서 본 것처럼 주로 경영학자들에 의해 설명되었다. 둘째 질문에 대한 대답은 주로 경제학자들이 제공하였다. 1995년 이후 노동생산성 향상으로 물가가 떨어지고 고용이 증가하고 있는데, 이를 신경제라고 한다. 신경제란 미국 경제학자들이 즐겨 사용하는 용어로서 앞에서 논의한 지식경제와 같은 개념이다. 미국 경제는 1995년 이후 지식경제로 변모한 것이다. 1995년 이후 나타난 미국 노동생산성의 급등의 원인, 즉 신경제의 원인 해명을 위하여 방대한 연구들이 이루어지고 있다.

경제성장(총산출물의 증가)은 노동시간의 증가와 노동생산성의 증가라는 두 가지 요인에 의해 결정된다. 노동생산성은 단위시간당 노동생산량이기 때문에, 각국의 생활수준의 지표가 되며 동시에 각국의 경쟁력을 평가하는 지표가 된다. 노동생산성에 의거하여 글로벌 경제, 지식경제에서 각국의 경쟁우위를 평가할 수 있기 때문에 그동안 경제학자들은 경제성장원천(sources of economic growth)인 노동생산성의 증가의 원인을 실증적으로 규명하여 왔다.

(1) 신고전학파 성장모형과 정보통신 자본

미국 경제학자인 솔로(Solow, R.M)[23]는 신고전학파 성장모형을 정립하였다. 그는 한 사회 경제의 총산출량(Y)을 자본투입(K), 노동투입(L) 그리고 기술 진보 등 기타 요인(F)의 세 요소로 설명할 수 있는 생산함수를 설정하였다.

$$Y = f(K, L, F) \qquad \text{2–1}$$

솔로는 〈식 2–1〉에 의존하여 총산출량의 증가분(즉 Y의 증가)을 세 가지 요인으로 나누었다. 즉 Y의 증가를 자본, 노동 및 기타 요인의 기여도의 합으로 분해하였다.

이상의 논의는 〈식 2–2〉로 정리된다.

$$\text{산출량(Y)의 변화율} = \text{자본(K)의 기여율} + \text{노동(L)의 기여율} + \text{기술요인(F)의 기여율} \qquad \text{2–2}$$

산출량의 변화율 중 자본과 노동의 기여율을 빼면 기술 진보에 의한 기여율이 나오는데, 이것을 솔로 잔차(Solow residual)라 부른다. 기타 요인에 의한 기여율은 흔히 총요소생산성(total factor productivity)이라고 불린다. 총요소생산성이란 요소 투입량 증대가 아닌 기술 진보에 의한 생산량 증가율을 말한다고 해석할 수 있다.[24] 따라서 총요소생산성은 혁신생산성으로 바꾸어 부를 수도 있다.

〈표 2-2〉는 미국의 경제성장 기여도 분석 결과이다. 산출물의 증가(Y)는 자본의 기여(K)와 노동의 기여(L) 그리고 기술 진보요인에 의한 기여 또는 총요소생산성의 기여(F)의 합과 같다. 그런데 노동의 기여도는 노동 투입시간과 노동의 질적 측면(교육, 훈련등의 인적자본 축적 결과 노동의 질이 달라지는 측면)을 모두 고려해야 하므로 다음과 같이 표현된다.

노동의 기여도 = 노동시간 기여도 + 노동의 질 기여도 ———— 2-3

또한 자본 기여도는 IT관련 자본 투입량(정보통신장비, 컴퓨터 하드웨어, 소프트웨어 등의 도입으로 인하여 자본 이용의 효율이 높아지는 측면)과 IT이외 자본 투입량으로 분해될 수 있으므로 다음과 같이 표현된다.

자본의 기여도 = IT 이외 자본 기여도 + IT 자본 기여도 ———— 2-4

최근 조르겐슨과 스티로(Jorgenson and Stiroh)[25] 그리고 스티로[26]는 〈식 2-2〉 〈식 2-3〉 〈식 2-4〉에 의거하여 〈표 2-2〉를 계산해냈다. 최근 40년 동안에 걸친 미국 경제성장요인 분석 결과가 〈표 2-2〉에 나와 있다. 1959~73년간은 기본적으로 자본 투입에 의해 경제성장

표 2-2 산출물 성장과 자본, 노동, 기술진보의 기여(1959~98년) (단위 : %)

구 분	1959~98	1959~73	1973~90	1990~95	1995~98
산출물 증가(Y)	3.64	4.33	3.13	2.74	4.73
자본의 기여율(K)	1.77	2.07	1.62	1.20	2.17
IT이외의 자본	1.45	1.89	1.27	0.80	1.42
IT관련 자본	0.32	0.18	0.35	0.40	0.75
컴퓨터 하드웨어	0.18	0.09	0.20	0.19	0.46
컴퓨터 소프트웨어	0.08	0.03	0.07	0.15	0.19
통신장비	0.07	0.06	0.08	0.06	0.10
노동의 기여율(L)	1.23	1.25	1.17	1.18	1.57
노동시간의 기여율	0.92	0.80	0.97	0.81	1.32
노동의 질의 기여율	0.32	0.45	0.20	0.37	0.25
총요소생산성의 기여 몫(F)	0.63	1.01	0.33	0.36	0.99

자료 : Jorgenson and Stiroh(2000), *Raising the Seed Limit*.

이 주도되었다. 연평균 성장률 4.33% 중 자본의 기여가 2.07%를 차지하였다.1973년 이후 1995년에 이르기까지 경제성장은 크게 둔화되었고, 자본의 기여 또한 크게 감소되었다. 특히 1990~95년간 연평균 경제성장률은 2.74%로 떨어졌고 자본의 기여분은 1.20%에 불과했다. 그러나 1995년 후에는 경제성장률이 연평균 4.73%로 크게 치솟는다. 무엇보다도 IT관련 투자가 경제학자들의 주목을 받게 되었다.

〈표 2-2〉에 의하면 IT관련 투자의 성장 기여도가 추세적으로 높아지고 있음을 알 수 있다. 기여 몫이 1959~73년에 0.18% 포인트에 불과했으나 1973~90년에 0.35% 포인트, 1990~95년에는 0.4% 포인트, 1995~98년 0.75% 포인트로 높아졌다. 1990~95년 경제 침체기에서도 자본 기여 몫 전체 1.20% 포인트의 1/3이 IT투자에 기인하였고, 경제호황인 1995~98년에도 자본의 기여 몫 전체 2.17% 포인트 중에서 1/3이 IT투자관련 자본이다. 1995년 이후 미국 경제의 고도성장은 1973년 이후 지속되어온 IT투자가 빛을 발휘하기 시작했기 때문이다.

솔로(solow)가 1950년에 제시한 신고전학파 성장모형은 첫째, 경제성장 및 노동생산성 향상에는 자본 투입이 가장 중요하다고 보았고, 둘째 기술 등은 외생적인 것으로 간주하였다. 즉 기술진보, 혁신 등은 기후와 날씨, 정치, 전쟁 등의 주제와 마찬가지로 정통 경제학자들의 분석세계가 아니며, 이들의 성장모델에는 내생화되지 않는 외생적인 변수로 간주되어 왔다. 마찬가지로 조르겐슨과 스티로(2000)도 미국의 경제성장의 가장 중요한 원천이 자본 투입에 있었으며, 1973년 이후 지속적인 IT분야 투자, 예컨대 컴퓨터 하드웨어, 소프트웨어 구입, 통신장비 등에 대한 지출이라는 형태의 자본 투입 증대로 노동생산성의 증대가 일어나고 이것이 경제성장을 이끌어냈다는 것이다. 구체적으로 IT산업에서의 생산성은 1956년 이후 1999년 까지 매년 20%씩 상승했고, 컴퓨터 가격은 매년 거의 같은 비율인 20%씩 하락했는데, 이 가격하락 때문에 IT가 주도하는 신경제가 대두되었다는 것이다.

(2) 내생적 성장론과 작업장 혁신의 중요성

그러나 미국의 경제성장이 IT투자 및 자본투자에 기인한다는 것은 사실의 절반에 지나지 않는다. 1995년 이후 총요소생산성이 급증했던 이유가 무엇인가는 전혀 해명되지 않았다. 구체적으로 1995~98년 동안의 총요소생산성은 1973~95년 동안의 약 3배만큼 늘어났다. 즉 경제성장 중 자본과 노동 투입 이외의 기술 진보 등 기타 요인으로 설명되는 기여분이 0.33%에서 1995~98년에 0.99%로 증가하였다. 과연 95~98년 기간 동안의 기술 진보의 요인은 무엇이었을까? 신고전학파 성장론자들의 논리, 즉 경제 전체의 IT 분야 투자 → 경제 전체의 생산성 향상 → 경제성장의 논리에서도, 경제 전체 IT 분야 투자가 증대된 것은 컴퓨터를 생산하는 IT 산업분야의 엄청난 생산성 증가 및 IT제품 가격 하락을 들고 있는데, 왜 IT 부문에서 엄청난 생산성 증가가 지속되어왔는가 하는 점을 설명하지 못하고 있다. 신고전학파는 앞서 말했듯이 기술진보를 주어진 것으로 보았기 때문에 95년부터 98년 사이의 급속한 기술진보를 설명할 수 없다. 로머(Romer) 등 내생적 성장론자들은 기술진보를 R&D 등 지식축적, 혹은 인적자본 축적의 산물로 본다.

로머(Romer.P)[27]는 기업의 지식축적, 즉 R&D 투자가 증대하여 기술진보가 일어나게 되었다고 보고, 루카스(Lucas)[28]는 인적자본 투자가 증대되어 인적자본량이 증대함에 따라 기술진보가 일어나게 되었다고 보았다. 지식 축적 또는 인적자본 축적이 전개됨에 따라 기술진보가 급속하게 일어난 결과, 경제성장 중 자본과 노동에 의해 설명되지 않는 부분 즉, 총요소생산성이 급증하게 되었다는 것이다. 동시에 이 논리는 IT산업 자체에서 지난 수 십년간 엄청난 생산성 증가가 나타났던 이유를 잘 설명하고 있다고 하겠다.

이와 같이 R&D(지식축적)또는 인적자본 축적이 기술진보를 결정하면, 기술진보는 더 이상 외생적이 아니라 내생적으로 결정된다. 이러한 성장모델을 내생적 경제성장론(endogenous economic growth)이라고 한다.

최근에 들어서 내생적 성장론은 혁신 및 작업장 혁신을 기술진보의 주요요인으로 분석하고 있다. 페럴드와 람나(Ferald and Ramnah)[29]는 미국에서 1995년 이후 총요소 생산성이 급등한 이유로 기업에 도입된 IT기술에 기인한 기업 내 조직혁신을 들고 있다. 예컨대 제조업체에서 월마트와 같은 대형 소매상으로 물품을 배송하려면 종전에는 대형 도매업자를 통하였으나 지금은 제조업자가 전자문서 교환시스템(electronic data interchange system: EDI)을 통하여 소매상에 직접 공급한다. 월마트는 소매상의 재고를 제품 판매 즉시 실시간으로 파악한다. 이를 통하여 매일매일 필요한 물품을 공급하게 됨으로써 서비스 분야인 소매업에서조차 비용이 감소하고 생산성이 크게 증가되었다는 것이다. 전자문서 교환 시스템의 도입은 자본투자나 기업의 납품 방식, 기업의 재고 관리 방식, 소비자의 다양한 수요에 부응하는 제품 판매 방식 등에 있어서 혁신을 낳고, 이 혁신이야말로 총요소 생산성 급등의 원인이라는 것이다.

또한 블랙과 린치(Black and Lynch)[30]는 제조업에 국한된 연구에서 작업장의 혁신, 예컨대 팀 작업, 다기능 훈련, 근로자의 의사결정 참여(예컨대 작업현장 문제해결에 직접 나서며 혁신과 성

표 2-3 제조업에 있어서 산출물 성장과 이에 대한 기여(1993~96년) (단위 : %)

구 분	BLS*	EQW-NES
산출물 증가	4.4	4.7
자본, 노동의 기여	2.9	3.2
총요소생산성의 기여	1.8	1.6
작업장 혁신의 기여	–	1.4
나머지 잔차	–	0.2

자료 : Black and Lynch(2004), "What's Driving the New Economy?: The Benefits of Workplace Information," *The Economic Journal*, 114, Feb.

* BLS는 미국 노동통계국(Bureau of Labor Statistics)이 작성, 분석한 통계 결과임.

장의 기회를 찾아내는 일에 참여하기 등), 근로자에 대한 동기 유발 보상제도 들이 제조업의 총요소생산성에 어느 정도 기여했는지 실증적으로 찾아내고 있다. 그들이 미국 통계청의 1994년과 1997년의 3,000개 사업체 조사자료(Educational Quality of the Workforce: EQW; National Employers Survey: NES) 를 이용하여, 이 중 제조업 사업체 1,831개 자료를 분석한 결과인 〈표 2-3〉에 의하면, 이 기간 총요소생산성 증가 1.6% 포인트 중 1.4% 포인트가 작업장 혁신에서 비롯되었음을 알 수 있다. 결국 신경제 또는 지식경제의 성장의 원천은 자본재, IT투자뿐만 아니라 이제는 혁신에 있음이 분명해지고 있다. 지식축적, 인적자원축적 그리고 이를 바탕으로 한 혁신의 시대가 열리고 있는 것이다.

03 신경제(지식경제)하의 노사관계

지금까지 우리는 지식사회, 경영혁신, 그리고 신경제의 논의에 초점을 맞추어 혁신의 중요성을 부각하였다. 이제 지식경제시대에 새롭게 요구되어지는 노사관계의 바람직한 모습에 대해 알아보기로 하자.

3.1 지식근로자와 유연기업조직

지식사회경제 그리고 사람경쟁력의 시대는 '자본'이 각 개인에게로 분산되어, 높은 교육수준의 기술지식 소유자 및 경영자, 훈련과 학습에 의해 고숙련을 갖춘 공장노동자, 창의 ·

혁신 역량가 등이 모두 자본가가 된다. 피터 드러커는 "지식근로자들은 새로운 자본가들"(Drucker, 2002)이라고 설파하고 있다.[31)]

지식근로자들은 대체로 컴퓨터를 이용하여 기호나 도형을 가지고 무엇인가를 설계하고, 분석하고, 계획하며 지속적 혁신과 창조를 이루어나가는 전문가들이다. 이들은 '종업원'이 아니라 기술지식, 인적자본의 소유자로서 기업의 소유자와 동반자 혹은 파트너로 스스로를 인식하고 있다.

20세기 후반 이후 인터넷을 통하여 빛의 속도로 정보를 교환하는 것이 가능해지고 상품 및 서비스의 전자적 전달(electronic delivery)이 가능하게 되면서 지식경제에서는 국가 간의 시간 · 공간 · 비용의 장벽이 낮아짐으로써 거래비용이 크게 감소되고 독립계약자들 또는 자율적 작업팀들이 전자 네트워크를 통해 결합하는 네트워크형 기업 등에 의해 과거 산업경제의 중앙집권적 의사결정을 특징으로 하는 위계적 · 관료적 · 대규모 기업조직이 대체되는 과정에서 기업의 구조조정 및 유연조직화가 크게 진전된다. 기업의 유연조직화는 [그림 2-1]에서 나타난 바와 같이 첫째는 피라미드형 위계를 갖는 거대조직이 슬림조직화되고, 둘째는 간소화된 기업조직은 팀제로 운영되는 플랫조직화라는 두 가지 특징을 지닌다.

이 유연기업조직에서 경영자, 과학기술자, 훈련과 학습에 의해 고숙련을 갖춘 노동자들은 팀으로 일을 한다. 경영자, 과학기술자, 고숙련을 갖춘 노동자들은 대체로 컴퓨터를 이용하여 기호나 도형을 가지고 무엇인가를 설계하고, 분석하며 지속적 혁신을 이루어나가는 전문가들(professional)이다. 이 전문가들이 소득수준이 높아진 소비자들의 다양한 수요, 즉 맛, 멋, 품질, 서비스 요구 등에 대응하여 예컨대 컴퓨터를 활용하여 설계 · 설비 · 제조 등의 프로세스를 통합하는 동시 엔지니어링(concurrent engineering)에 의거, 다양화된 높은 품질의 제품을 신속히 생산함으로써 생산성 증대 및 이윤 증대를 추구해나가는 것이 지식경제의 기본 특징이 된다.

이들은 '종업원'이 아니라 기술지식, 인적자본의 소유자로서 기업 소유자의 동반자 또는 파트너로 스스로를 인식하며, 그렇게 대우를 받지 않으면 다른 기업으로의 이동성이 높아 기업은 경쟁력에 치명적 타격을 받는다. 즉 지식경제에서는 기업은 주주의 이익뿐만 아니라 전문가의 이익을 중시하는 이해관계자 자본주의의 특징을 지니며, 사람경쟁력이 기업경쟁력의 본질이 된다.

3.2 거대기업의 변화

세계화된 지식경제에서 대기업집단(conglomerate)들은 독특한 형태의 독립기업집단이 될 것으로 보인다. 생산과 판매의 세계화로 인하여 세계 도처에 생산 · 판매업체를 갖고 있는 대기업집단은 과거에는 한 국가의 본부(head quarter)를 파리미드의 정점으로 하고 자회사(subsidiary)는 피라미드의 하부에 위치하는 피라미드형 위계구조 또는 본부를 중심으로 하고 자회사가 주변부가 되는 중심–주변부형 위계구조를 갖고 있었다. 여기에 세 가지 큰 변화가 일어난다. 첫째, 각 세계지역과 한 국가 내 여러 지역에 위치하는 자회사들이 종속된 거대기업에서 독립된 유연기업으로 바뀐다. 둘째, 본부는 하나에서 여러 곳으로 바뀐다. 셋째, 본부의 특징이 종전 통제와 권력 행사의 중심지라는 성격에서 자회사의 독립된 유연기업의 활동을 조정하는 곳으로 변화한다. 이러한 대기업집단의 조직형태는 세계화된 지식경제에서 나타나는 독특한 형식인데, 여러 곳에 본부를 가진 매트릭스(matrix)형 기업조직이라고 할 수 있다(그림 2–3 참조).

여러 곳에 조정 역할을 하는 본부를 갖는 매트릭스형 기업조직은 정치조직으로 보면 유럽

그림 2–3 기업집단의 구조 변화

(a) 중심본부—주변부형 기업

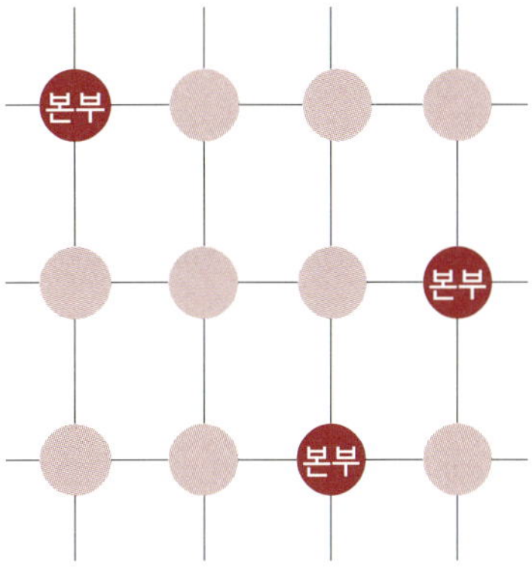

(b) 여러 개의 본부를 갖는 매트릭스 형

자료 : 신봉호 · 조우현 외(2005), 이제는 사람이 경쟁력이다, 한겨레신문사, p.137.

연합, 미국, 캐나다 등의 국가에 나타나는 연방제와 같은 원리와 형식을 지닌다 하여 찰스 핸디(1992)는 이를 연방형 기업조직(federal organization)이라고도 부른 바 있다.[32)]

연방형 기업조직의 각 단위기업에서 전문가들은 각 지역에 산재해 있는 지식을 발견하고 인재를 발굴하여 소비자의 맛, 멋, 품질, 서비스에 신속히 대응하여 연방형 기업조직 전체의 성장을 촉진한다. 각 기업단위 전문가들은 이와 같은 방식으로 즉 한편으로는 단위기업의 생산성 증진, 성장을 추구하고 다른 한편으로는 전체 기업집단의 생산성 증진, 성장을 추구하는 이중적 지위를 갖는다. 이렇게 보면 대규모 기업집단에서도 경쟁력의 본질은 이와 같은 전문가들의 기여, 즉 사람 경쟁력이다.

3.3 자본경쟁에서 사람경쟁으로

사람경쟁력은 숙련된 수준 · 기술 수준이 높은 생산기술 인력, R&D 부문에 종사하는 과학기술자, 그리고 혁신을 주도하는 경영자 등으로부터 나온다. 이들이 주인의식을 갖고 창의 · 혁신 역량을 발휘해 가기 위해서, 혁신이 정상적이고 지속적이며 일상적인 활동으로 되기 위해서, 그 결과 지속적 성장과 고용 창출이 이루어지기 위해서, 조직 · 제도의 효율성이 전제되어야 한다.

조직 · 제도의 효율성은 한편으로는 창의적 인재를 양성하는 정규 교육제도 및 평생 창의학습제도와 관련되어 있다. 특히 졸업 후 각 개인에게 제공하는 기업조직 차원, 지역사회 차원 그리고 전국 차원의 창의학습제도의 효율성은 아무리 강조해도 지나침이 없을 것이다.

다른 한편으로 제도 · 조직의 효율성은 기업조직 차원, 지역사회 차원 그리고 전국 차원에서의 신뢰 · 협력을 낳는 사회적 자본 관련 제도와 관련되어 있다. 특히 지식근로자간의 팀워크, 그리고 창의 · 혁신가에 의한 팀워크의 조성은 지식경제에 있어서 생산성 향상의 핵심이다. 드러커는 창의적인 유능한 지휘자에 의한 심포니 오케스트라 단원들의 훌륭한 협연을 예로 들어 설명한 바가 있다.

이렇게 보면 사람경쟁력은 사회경제 또는 기업의 생산성에 있어서 인적자본, 기술지식, 창의 · 혁신 역량뿐만 아니라 사회적 자본의 중요성을 강조하는 것이 된다. 정보기술이 보편적으로 이용될수록 기업 차원에서 노사 간, 노노 간 협력 · 협동을 낳는 연결형 사회적 자본('bonding' social capital)이 사람 경쟁력을 높이는 데 더욱 중요해진다.

기업과 기업, 기업과 대학, 기업과 지역공동체 사이를 '연결시키는' 사회적 자본은 노사불신과 비협력에 따른 기업의 거래비용을 낮추고, 고급기업 경영방식과 기술혁신에 관한 정보를 확산시키며, 지역 고객수요를 보다 잘 이해하게 만들어 기업의 경쟁력을 높인다. 특히 연방형 기업조직에서 사회적 자본의 중요성은 아무리 강조해도 지나치지 않을 것이다. 이런 점에서 지식경제에서 우리 사회경제의 경쟁력을 높이기 위해서는 종업원의 참여에 기초한 협력적 노사관계의 형성과 같은 사회적 자본의 축적을 통한 제도경쟁력의 제고에 노력해야 할 것이다.

산업경제시대에서는 물적자원 경쟁력이 사회경제경쟁력의 기반이 되었고 산업경제시대 후기인 20세기 후반 인적자원 경쟁력이 부각되면서, 이제 21세기 지식경제에서는 사람경쟁력이 중시되는 시대로 나아가고 있는 것이다. 한국 경제의 현 위기는 사람경쟁력의 취약성과, 사람경쟁력 배양을 위한 제도경쟁력의 취약성에 기인한다. 자본경쟁력 시대에서 사람경쟁력 시대로 전환되고, 비능률적 사회제도를 효율적 사회제도로 지속적으로 개선하여야 한국 경제의 고생산성, 고성장, 지속적 고용 창출이 가능해질 것이다. 그럼에도 불구하고 과거의 사고방식, 과거의 생산방식, 과거의 기업조직과 정책에서 벗어나지 못하고 있는 것이 한국의 경제성장 정체의 본질적 측면이다.

3.4 참여와 협력의 노사관계[33)]

그렇다면 지식경제시대가 요구하는 노사관계의 내용은 어떠한 것인가? 우리는 지식경제시대에 경제의 선진화와 호혜적 노사관계의 발전을 실현하고 구체화시킬 수 있는 중심 개념으로 참여 · 협력적 노사관계를 제시할 수 있다고 본다. 참여와 협력의 노사관계는 노동과 경영 간에 서로에게 요구되는 자원과 정보가 대등하게 공유되고, 조직의 다양한 수준에서 호혜적 관계가 확장됨으로써 상호신뢰에 기초하여 장기적 이익 실현을 위한 통합적 파트너십이 이루어지는 관계를 지칭한다.

[그림 2-4]와 〈표 2-4〉는 이와 같은 노사관계의 호순환 구조와 그 조직적 특성을 전통적 노사관계와 대비하여 요약해 본 것이다. 〈표 2-4〉를 보면 전통적인 노사관계의 분배교섭 모델과 참여 · 협력의 교섭 모델은 상당한 차별성을 지니고 있음을 보여준다. 우선 전략적 수준에서 볼 때 분배교섭 모델은 노사관계를 '영화'(zero-sum)의 관계로 설정하고, 노와 사의 분명한 이해대립을 설정한다. 이러한 상황에서 이루어지는 단체교섭 역시 제한된 자원의 배분과 이를 위한 대결과 갈등 상황에서의 상대적 우위를 차지하기 위한 관심에 초점이 두어

그림 2-4 참여·협력적 노사관계의 호혜적 순환구조

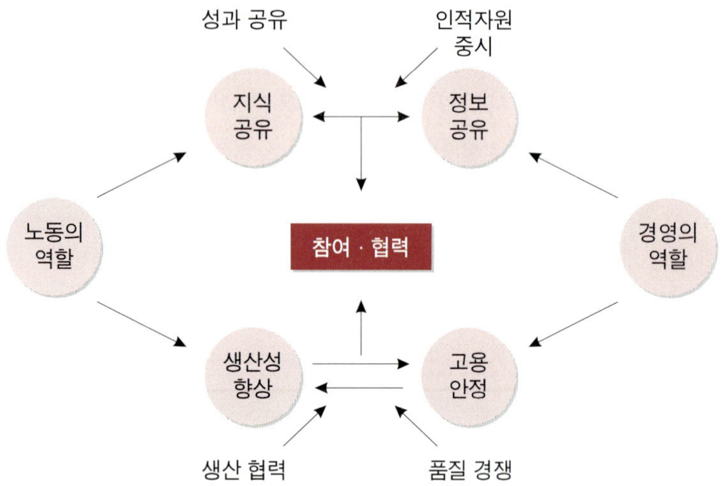

자료 : 김훈, 박준식(1999), 구조조정과 신노사관계, 한국노동연구원, p.27.

표 2-4 분배교섭 모델과 참여·협력 모델의 차별성

수 준	분배교섭 모델	참여 · 협력 모델
전략적 수준	· 영화 → Zero-som적 인식 · 경영중심주의 · 상쟁(相爭)	· 정합적 인식 · 전략적 인식의 공유 · 상생(相生)
단체교섭 수준	· 영화게임 · 파이의 배분 · 대결 · 분배 교섭	· 정합게임 · 파이의 생산 · 호혜 · 통합교섭
작업현장 수준	· 경영권 · 노동권의 경계 구분 · 관리 · 감독 중심 · 하향적 · 수직적 질서	· 경영과 노동의 구조적 조응 · 참여 · 자율 중심 · 상향적 · 수평적 질서

자료 : 김훈, 박준식(1999), 구조조정과 신노사관계, 한국노동연구원, p.28.

지고 있다. 이 체제에서 행위자들의 교섭은 쉽게 갈등적 · 경쟁적 배제 경향을 갖기 쉽다. 행위자들은 좀더 많은 배분을 차지하기 위해 경쟁하거나, 자원의 배분과 관련된 의사 결정에 배타적 영향을 미치려는 경향이 강하기 때문이다.

이러한 관계는 작업현장 수준에서도 동일한 패턴으로 나타난다. 작업현장에서는 경영권과 노동권의 경계와 전선이 분명히 설정되고 있으며, 관리 · 감독 중심의 하향적 · 수직적 질서가 당연시된다. 행위자들 간에는 단기적인 '일회성 게임'이 만연하고, 상대방의 이익은 나의 손해로 이어진다는 대립적 인식이 확산된다. 자신들의 이익을 방어하기 위해 더 깊은 참호를 파들어가는 불신 게임이 진행되면서 노사관계는 대립적 구도로 정착된다.

반면, 참여 · 협력적 노사관계 패러다임에서의 조직 모델은 이와는 상당한 차별성을 보인다. 우선 이해당사자들은 전략적 수준에서 노사관계를 정합적(positive-sum) 관계로 인식하고, 단기적 이해대립이 아닌 장기적 상생(相生)의 구조를 더 중시하고, 이러한 방향에서의 비전 공유가 이루어진다. 단체교섭 역시 상당한 차별성을 보인다. 공유 가능한 자원의 확장을 도모하는 활동들은 공동의 이익을 확인하고 확장시키며 이를 위한 행동을 조직하기 위한 문제해결적 경향을 강하게 갖는다. 파이의 분배보다는 더 큰 파이의 생산을 위한 정합적 게임이 주된 관심대상으로 떠오르는 한편, 높은 수준에서 서로에게 필요한 정보 공유가 활성화된다. 작업현장 수준에서는 관리와 감독, 명령보다는 자율과 책임, 자발성과 창의성이 중시되며, 상호 신뢰관계 속에서 조직 성원들이 보유한 정보가 활발하게 공유되고 생산과정에 투입됨으로써 공생을 위한 협력이 이루어진다. 노사 대립의 '분배교섭'(distributive bargaining)은 노사 파트너십에 기초한 '통합교섭'(integrative bargaining)으로 전환된다. 노사관계가 참여적 · 협력적 속성을 지니면서 행위자들은 통합교섭에 참여하는 방향으로 자신들의 '행위 지향'(behavioral orientation)을 조정하기 시작한다.[34] 이들은 공통의 문제를 발견하고, 이를 해결하기 위한 방향으로 서로의 지향성을 조정할 가능성이 높다.

그렇다면 지식경제시대에 참여 · 협력적 노사관계가 요구되는 이유는 무엇일까? 우리는 이것을 몇 가지 조직적 · 환경적 요인들을 중심으로 요약할 수 있다고 본다.

우선 조직적 측면에서 볼 때 지식경제시대의 개인이나 조직의 생존을 좌우하는 핵심요인은 지식의 양과 질, 그리고 그 공유 정도와 활용 능력으로 볼 수 있다. 그러므로 축적된 지식의 양이 많고, 그 질적 심화 정도가 높을 뿐 아니라 성원들 간에 높은 수준의 지식 공유가 이루어지는 조직은 그만큼 높은 경쟁력을 지닌다고 말할 수 있는 것이다. 물적자본이나, 노동력의 투입만을 증대시킴으로써 생산성의 양적 확장만을 기하던 투입 중심의 성장이 한계에 직면한 시점에서 유일하게 존재하는 대안은 개선과 창의성 및 혁신 능력을 지닌 지식 노동력을 통해 더 높은 차원의 경쟁력을 확보하는 것이다.

조직적 수준에서 지식의 양과 질을 향상시키고 그 활용도를 극대화시킬 수 있는 조직 패러다임은 무엇인가? 그것은 앞서 살펴본 바와 같이 인적자원을 조직의 핵심자원으로 인식하고, 그 역할과 기능, 잠재력을 극대화함으로써 품질 중심의 고능률 패러다임을 지향하는 조직이라고 규정할 수 있을 것이다. 이와 같은 조직이 가능하기 위해서는 경영의 전략적 가치 자체가 인적자원의 참여와 역할을 중시하는 방향으로 설정되어야 하며, 이를 뒷받침하는 인적자원 경영 및 노사관계 정책들이 도입되어야 한다. 노조 역시 개별적 · 집합적 수준에서 노동자들이 지닌 지식의 투입, 공유, 활용을 극대화시키는 참여적 전략을 취할 수밖에 없다. 이처럼 기업의 가치 및 전략과 노동의 전략이 결합될 때 세계화 · 정보화 · 지식경제화 시대에 요구되는 참여적이고 협력적인 '작업장 협약'(workplace pact)이 성립될 수 있을 것이다. 결국 지식경제시대에는 노와 사가 참여와 협력의 새로운 조직문화를 만들어냄으로써 신뢰의 수준을 높이고, 이를 기반으로 지식을 공유하고, 개선을 이끌어내며, 혁신을 도모함으로써 새로운 경쟁력의 기반을 축적하는 것이 노사관계의 유일한 대안일 수밖에 없는 것이다.

참여 · 협력적 노사관계가 지식경제시대와 구조적 조응성을 갖는 두 번째 이유는 조직환경의 불확실성 증대 경향과 깊은 연관성이 있다. 주지하는 바와 같이 지식경제는 세계화 · 정보화의 흐름과 동일한 맥락 속에서 전개되고 있다. 세계화와 정보화는 경제 상황의 변화에 따른 노동과 자본의 이동성을 크게 증가시킬 뿐 아니라 조직을 둘러싼 환경의 역동성을 증가시키고 있다. 이러한 변화는 조직을 둘러싼 경쟁의 환경적 기반 자체에 커다란 유동성을 야기하고 있고, 이러한 역동적이고 불확실한 환경 변화에 대한 신속하고 유연한 대응력을 지니기 위해서는 지식을 기반으로 한 참여 · 협력적 노사관계가 필수적 전제가 되는 것이다.

여기서 우리는 조직환경의 변화를 기술변화와 환경의 복잡성이라는 두 차원으로 나누어 그 유형을 살펴볼 필요가 있다. 기술의 변화 정도와 환경의 복잡성이라는 두 변수를 결합시킬 때 우리는 조직을 둘러싼 경쟁환경을 크게 네 가지로 나눌 수 있을 것이다. [그림 2-5]는 이것을 정리해 본 것이다. 이 그림에서 조직환경이 단순하고 기술변화가 거의 없는 경우 조직 관리자들은 단순반복적이고 낮은 숙련도를 지닌 노동자들을 고용하고서도 경쟁력을 유지할 수 있다. 그러나 환경의 복잡도가 증가하고 기술의 변화가 역동적이며, 불확실성이 높을수록 환경과 기술의 변화에 유연하게 적응할 수 있는 높은 숙련도를 지닌 노동자들을 요구하게 된다. 이와 같은 환경에 처한 조직들은 기본적으로 불확실성에 대한 대처능력을 증가시킬 필요성에 직면하게 되는데, 불확실성에의 유연한 대응은 조직에 속한 인적자원의 우수성, 숙련도, 유연성에 의존하지 않을 수 없게 된다. 통합된 세계경제와 급속한 기술혁신, 그리고 환경적 유동성이 크게 증가한 현대 자본주의 상황에서 참여적이고 협력적인 조직의

그림 2-5 기술변화의 성격과 조직환경의 복잡도에 따른 경쟁환경의 유형

환경 \ 기술변화	안 정	역 동
단순	(I) · 안정, 예측도가 높음 · 독과점적 지위 · 낮은 숙련도	(II) · 동적, 높은 불확실 · 낮은 숙련도
복잡	(III) · 안정, 예측도가 높음 · 숙련에의 요구가 큼	(IV) · 동적, 높은 불확실 · 경쟁의 정도가 높음 · 숙련에의 요구가 큼

자료 : 김훈, 박준식(1999), 구조조정과 신노사관계, 한국노동연구원, p.31.

필요성은 바로 이와 같은 조건 속에서 증대하게 된다. 실제로 선진국에서의 참여 · 협력적 모델은 기술과 환경의 불확실성이 점점 더 증가하는 상황에 처한 조직들에서 볼 수 있다. 선진국의 작업현장에서 도입되어 온 다양한 형태의 현대적 참여조직 모델들은 이와 같은 기술 및 경제적 환경요인들의 복합적인 압력 속에서 출현하고 있다고 보아야 할 것이다.

우리는 세계화와 급격한 기술혁신이라는 새로운 조건 속에서 다양한 방식으로 참여와 공생에 기초한 협력적 노사관계를 발전시킨 생산조직들을 관찰할 수 있다. 이와 같은 노사관계에 기초한 기업들은 복잡하고 높은 역동성을 지니면서도 가변적인 경쟁환경 속에서 조직 성원들의 참여와 높은 지식 수준을 기반으로 효율적 조직 모델을 발전시킴으로써 새로운 조건 속에서 참여 · 협력적 조직모델의 성공 가능성을 보여준 사례들에 속한다.

참여와 생산성, 그리고 기업의 조직환경이 어떤 관련성을 맺고 있는지를 고찰한 레바인과 타이슨(Levine & Tyson)[35]은 높은 생산성을 유지하는 참여 · 협력적 조직모델의 사례로 일본식 1차 기업들, 몬드레곤식 협동조합, 스웨덴식 자동차산업, 그리고 미국의 휴렛 패커드식 모델을 제시한다. 이들은 미국, 일본, 유럽 그리고 남유럽 등에서 지역경제의 활력을 주도하는 이들 기업 혹은 경제적 공동체들이 높은 수준의 참여적 노사관계를 유지하면서 세계화된 경쟁환경 속에서 높은 수준의 경쟁력과 활력을 유지하고 있는 것에 주목한다. 〈표 2-5〉는 이들이 주목하는 기업들의 주요한 특징들을 간략히 간추려 본 것이다.

레바인과 타이슨이 제시한 사례들은 우리가 주목하는 참여 · 협력적 조직모델에 비교적

표 2-5 참여 · 협력적 고성과조직들의 주요한 특징들

비교기준	일본 1차기업	몬드레곤 생산공동체	스웨덴 자동차산업	휴렛 패커드 모델
작업현장의 의사결정 참여기제들	광범위한 품질 관리 조직들	생산공동체 수준의 소규모 자율작업 조직들	노동자들에 의해 스스로 조직되는 자율적 팀들	품질, 제품 기획, 품질 관리 등을 주관하는 700여개의 품질관리팀들
중범위 수준의 참여기제들	노동과 경영진 간의 광범위한 협의기제들	노동자들에 의해 직접 선출되는 팀 대표자들에 의한 이해 대변	노동에 영향을 미치는 요인들에 대한 법제화된 참여 및 교섭구조	경영자들의 끊임없는 관심, '오픈 도어' 정책 등을 통한 참여적 경영문화
이사회 수준의 참여기제들	이사회 수준의 공식적 참여 없음	1인 1표제에 기초하여, 모든 성원들이 참여하는 총회	강력한 산별노조의 지원에 의한 노동자들의 이사회 참여	이사회 수준의 공식적 참여 없음
이윤 혹은 성과배분	회사 이윤 혹은 단체교섭에 의해 결정되는 성과 보너스 제도	이윤 및 성과를 노동자들의 노동 및 이자소득 비율에 따라 개인 구좌를 통해 지급	복합적 생산성 측정 지수에 따른 성과보너스 배분	노동자들에게 세전 이윤의 12%를 나누어 주는 이윤배분 방식
자산 소유	연공적 임금체계, 연금 등의 회사 투자를 통한 사실상의 자본 참여	1년치 보상의 투자가 협동조합 참여의 조건, 지분 매각 금지, 자발적 탈퇴에 대한 처벌	사회적 수준의 임금 노동자기금 참여	임금의 10%까지 회사 주식을 매입할 수 있도록 허용한 주식 매입 프로그램
팀 생산 기법들	폭넓은 다기능화, 팀 작업의 중시	소규모 작업팀 실현	자율적 작업조직 팀들	소규모 작업집단들, 의사소통 강조, 자율적 작업 집단들의 실험
장기적 고용관계	평생 고용의 기본틀 유지, 단기 조정에 따른 내부 이동	평생고용에 대한 기대감 존재, 임시직 활용의 극소화, 생산 공동체들 간의 재고용	회사가 허용 가능한 최대한의 고용보장, 일시해고에 대한 대안으로 정부가 보조하는 사내훈련 실시	고용안정을 중시하는 기업 전략, 일시해고를 피하는 대신 불황시 노동시간 단축
집단 응집성을 위한 조치들	위계적 하청체제, 연공적 보상 및 승진제도, 임금 격차의 완화	집단 규칙에 따라 임금 격차를 제한시킴, 1980년 현재 1:3을 1:4.5로 허용함	임금교섭 정책에 의한 격차 제한	최고경영자들은 산업평균보다 작게, 저임금노동자들은 평균보다 높게, 조정에 따른 부담을 최고경영진도 동등하게 분담
개인권리의 보장	해고에 대한 노조의 적극적 감시 및 제한	합당한 이유 이외에는 해고할 수 없음	법률에 의한 노동권 보장	비노조체제하에서의 적극적 고충처리

주 : 여기에서 제시된 개별 사례들은 그 형성 맥락에 따라 다양한 형태로 나타나고 있고, 이 모델 간의 차별성 역시 상당히 크다는 것을 전제해야 함.
자료 : Levine & Tyson(1990), PP.206-208의 표를 재정리하였음.

근접한 것들이다. 물론 이들 사례들 간에는 큰 편차가 존재하며, 참여적 노사관계의 발전 정도라는 측면에서 차별성이 인정될 필요가 있다. 예를 들어, 스웨덴식 모델과 일본식 모델, 그리고 미국식 모델 간에는 참여의 성격과 내용에 있어서 상당한 차별성이 존재할 수 있다(Appelbaum & Batt)[36]. 그럼에도 불구하고 종합적으로 볼 때 노동자들의 참여가 조직의 생산성에 긍정적으로 기여하는 모델들은 노사관계적 측면에서 일정한 특징들을 공유한다. 그 첫 번째 특성은 어떠한 형태이건 넓은 의미의 '이윤 공유'(profit sharing) 혹은 '성과 공유'(gain sharing)의 요소들을 내재화하고 있다는 점이다. 두 번째로 이들 조직들은 명시적이건 혹은 암묵적이건 장기적 고용관계를 유지하고 있다. 고용의 안정과 장기적 고용관계가 노동자들의 참여와 협력을 이끌어내는 핵심조건이라는 것을 말한다. 참여적 조직모델의 세 번째 특징은 개인적 차원보다는 조직차원에서 '집단 응집성'(group cohesiveness)을 증대시키기 위한 다양한 인센티브 기제들이 발전되어 있다는 점이다. 마지막으로 참여적 조직모델들은 노동자들의 개인적 권리를 보장할 수 있는 규칙과 절차들이 잘 정비되어 있다.[37]

이와 같은 조건들을 종합해 볼 때 참여 · 협력적 조직모델이 가능하기 위해서는 생산 과정에의 참여자들이 자신들의 '자율성'(autonomy)을 유지하면서도 이를 바탕으로 더 큰 유기적 협력의 틀에 '참여'함으로써 거시적 공생의 구조를 만들어내고, 서로의 존재와 성장에 필요한 기능과 정보가 공유, 혹은 교환됨으로써 공존의 필요조건이 만들어져야 한다는 것을 의미한다. 이것이 넓은 의미에서 우리가 설정할 수 있는 참여 · 협력적 조직의 발전된 진화 형태라 할 수 있다. 그리고 그 기반을 제공하는 것은 결국 생산 공동체에 참여하는 주체들간에 존재하는 다양하고 독특한 방식의 호혜성의 기제들이라고 볼 수 있다. 이와 같은 호혜성의 기제들이 고도로 발전된 구조 속에서만 협력, 신뢰 그리고 공생이라는 개념이 성립 가능하다는 것을 지적해야만 한다.

New Paradigm in IR

뉴패러다임 확산을 통한 일자리 및 신경쟁력 창출

사람입국 신경쟁력특별위원회 / 2004. 5. 27

Ⅰ. 사람 입국 신경쟁력특별위원회 비전

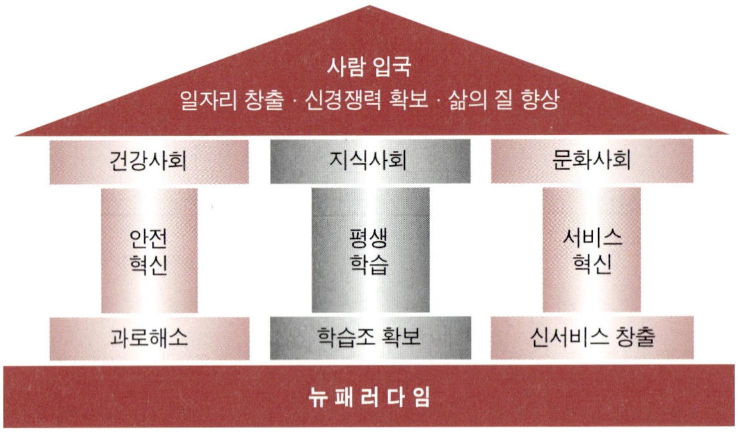

Ⅱ. 뉴패러다임 필요성

■ 청년 · 여성 · 고령자 등 일자리 욕구 상승, 일자리 창출능력 저하
- 청년 실업률 : 7.6% (전체 실업률 3.4%)
- 여성 고용비율 : 56% (OECD 69%)
- 잠재성장률 하락 : 7.8%(80년대) → 6.3%(90년대) → 5.4%(2000년대)

▶ 일자리 창출을 위한 패러다임 전환 시급

■ 초장시간 근로로 산업재해 과다, 사회 · 경제적 손실 심대
- 초장시간 근로자 : 약 287만명 (주 56시간 초과)
- 장시간 근로자 : 약 630만명 (주 44~56시간)

※ OECD 평균 주 36시간

- 산재사고자 94,924명, 사망자 2,923명, 산재손실금액 12조원

※ 2002년에 비해 16% 증가

▶ 안전의식과 법 실천을 위한 제도적 장치 시급

■ 지식 · 기술 낙후 및 국제경쟁력 약화 심화
- 한국 기업의 생산성은 선진국의 50% 이하 (맥킨지 컨설팅)
- 총 요소생산성 : 한국 21%, 영국 51%, 독일 62% (매경 지식강국 국민보고대회)

- 한국과 중국의 신기술 차이는 5년 내외
- 해외기업 유치와 국내기업 외국진출을 위한 국제적 인재 부족

▶ 중국과의 인건비 경쟁에서 지식 · 생산성 · 창조성 경쟁으로 차별화 시급

■ 막대한 투자가 이루어진 공공문화시설이 기본 서비스만 제공, 문화서비스 제공 미흡
- 대부분의 공공문화시설이 1일 8시간만 개방
- 대부분의 공동문화시설이 보관 · 전시 등 단순 서비스만 제공
- 여가문화 등 생활의 질 향상에 대한 욕구 점증

▶ 공공문화시설의 이용률 제고와 다양한 서비스 창출 시급

● **과로해소 및 평생학습으로 일자리 창출**

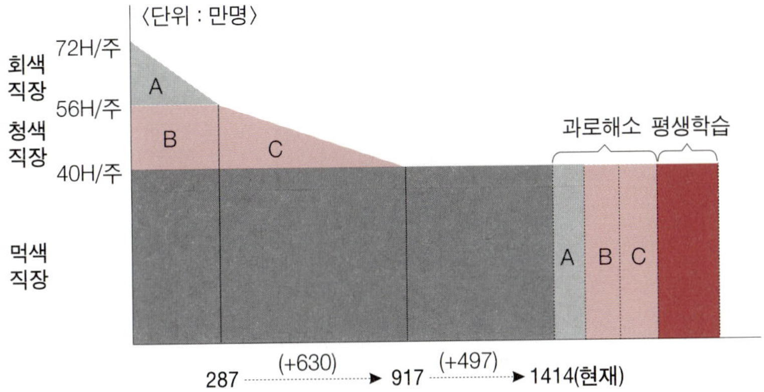

● **평생 재충전 · 평생학습으로 평생 취업 · 삶의 질 혁신**

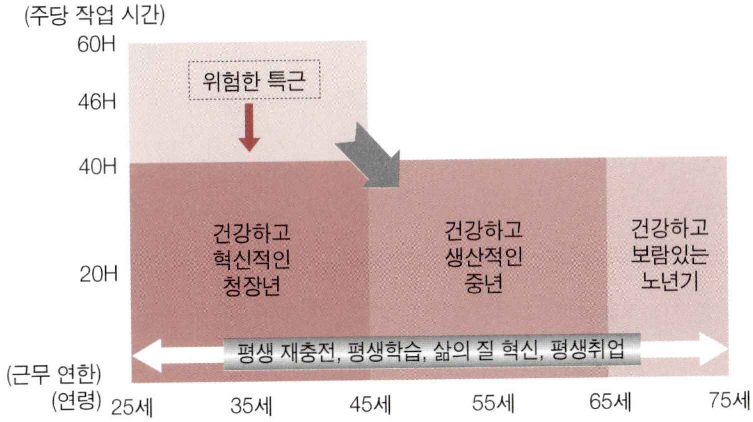

● **직장을 평생 재충전 및 평생학습의 장으로 전환**

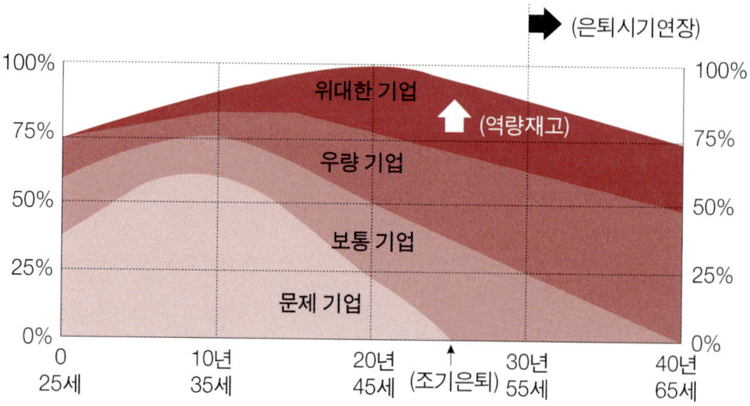

● **인적자원혁신에 의한 고부가가치 · 지식사회로 전환**

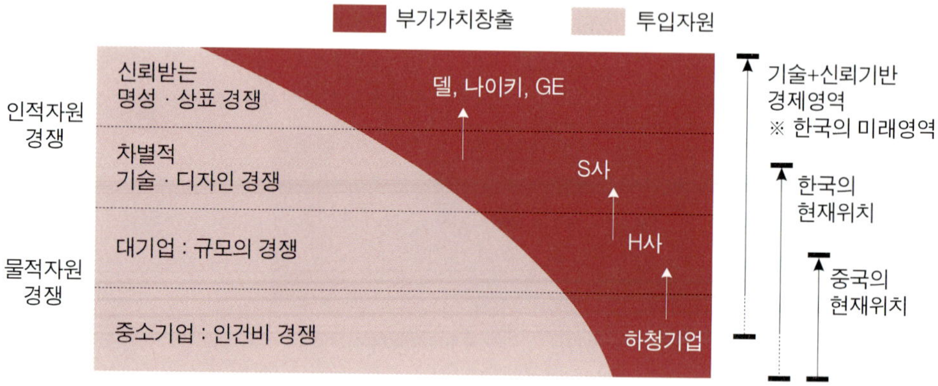

● **선진기업 학습시스템 구축 실천 사례**

■ 외국 선진기업의 학습전략 유형

- 핵심인재 육성형 : 모토로라, GE, 소니
- 전직원 역량개발형 : 도요타, 월마트, 사우스웨스트항공

■ 국내 선진기업의 학습전략

- 삼성전자 : 핵심인재 육성형
- 유한킴벌리 : 전직원 역량개발형 (평생학습 · 평생혁신 체제)

▶ 세계적 경쟁심화, 급속한 기술변화에 적극 대응하기 위해 핵심인재의 육성과 함께 직원전체의 학습 및 역량개발이 중요

Ⅳ. 뉴패러다임 추진방향

● 뉴패러다임 사업의 기회와 장애요인

장애요인	기회요인
· 선입견 및 편견 · 근로자의 소득 감소 우려 · 추가 인건비, 교육비 부담 우려 · 공공부문 증원에 대한 거부감	· 산재예방 및 건강증진 욕구 · 자기개발 욕구 · 생산성, 품질, 경쟁력 개선 욕구 · 주5일제에 대한 사회적 합의

● 뉴패러다임 사업의 추진전략

■ 뉴패러다임 도입을 위한 제도개선
- 평생학습체계 구축
- 근로자 과로해소
- 공공서비스 창출
- 여가 및 문화 생활 혁신

■ 성공적인 시범사업을 통한 뉴패러다임 사업 확산
- 희망기업 중심으로 뉴패러다임 적용
- 공기업과 공공부문이 선도

■ 사회 · 국민적 공감대 확산
- 시민사회와의 협력

● 직장내 평생학습체계 구축

■ 교대제 개편으로 학습조 등 평생학습체계 인프라 구축
- 직장내 평생학습체계 개발 및 지원
- 학습조 도입을 위한 인건비 및 컨설팅 지원제도 도입 (중견기업까지 포함)

■ 직업능력개발 지원 제도 혁신
- 개인 및 기업의 인적자원개발 투자에 대한 세액공제 확대
- 직업능력개발을 위한 강사 · 시설 등의 지원요건 완화
- 산 · 학 · 연 연계 직장내 평생학습 지원

■ 중소기업의 인적자원개발 활성화
- 중소기업의 체계적인 현장 훈련(OJT) 지원 강화
- 전직원 역량개발 시범사업 확대

- 중소기업 · 대기업 연계형 훈련 컨소시움 운영 지원 확대

■ 희망기업에 대한 사회적 인증제 도입을 통해 Best Practice 확산
- People Developer(싱가포르), Investor in People(영국) 등

● 근로자 과로해소

■ 교대제 개편 등 과로해소를 위한 인프라 구축
- 신규채용 인건비 지원 및 대상을 중견기업까지 포함
- 교대제 개편 등 변화관리 컨설팅 지원
- 근무방식 혁신(교대제 적용범위)의 폭넓은 해석 필요

■ 주5일제 조기도입 중소기업 지원 강화
- 중소기업 근로시간 단축 지원 단체에 대한 지원
- 업종별, 지역별 등 단체의 교대제 개편, 지도 · 교육에 대한 지원

■ 공공부문 초장시간 근무 개선을 위한 시범사업 실시
- 공기업, 국공립 의료기관, 경찰, 소방 등

● 여가 및 문화생활 혁신

■ 여가 및 문화 산업의 기능 다양화를 통한 신서비스 창출
- 도서관, 박물관, 미술관, 도서관, 공공체육시설 등의 무휴 운영
- 공공문화시설의 인센티브 시스템 도입 및 수익모형 개발

■ 사회통합적 문화 사업 창출 지원
- 휴양 · 문화 · 교육을 위한 농 · 산촌/휴양림 경영지원단 육성
- 도시공원보전 · 하천살리기 녹색봉사단 육성

◈ 연습문제

1. 신생산양식의 생성배경에 대해 설명해보시오.
2. 린 생산방식과 리엔지니어링의 유사점과 차이점을 설명해보시오.
3. 고성과조직의 특성에 대해 설명해보시오.
4. 내생적 성장론의 특징과 내생적 성장에 있어 혁신의 중요성에 대해 설명해보시오.
5. 지식경제가 요구하는 사람경쟁력의 증대를 위해 필요한 조치들에 대해 설명해보시오.
6. 분배교섭모델과 참여 · 협력모델과의 차이를 비교 · 설명하시오.
7. 지식경제에서 참여와 협력의 노사관계가 요구되어지는 이유에 대해 설명해보시오.
8. 참여와 협력의 노사관계 모델들의 공통된 특징에 대해 설명해보시오.

제2부 노사관계시스템의 환경

제3장 한국 노동조합운동의 전개과정과 특성

제4장 한국 노동시장의 현황과 변화

제5장 기술변화와 노사관계

제6장 언론보도와 노사관계

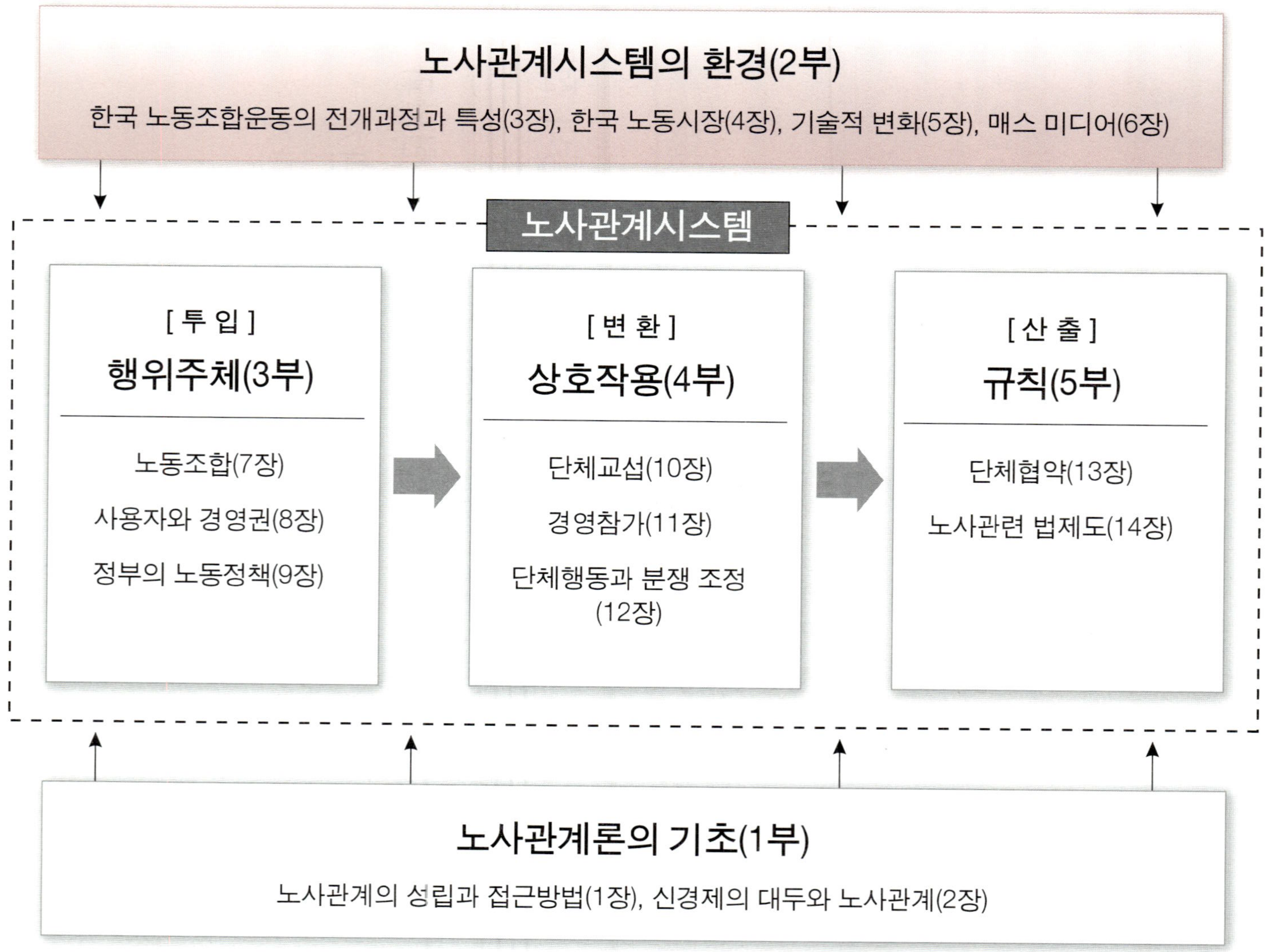

노사관계시스템의 환경(2부)
한국 노동조합운동의 전개과정과 특성(3장), 한국 노동시장(4장), 기술적 변화(5장), 매스 미디어(6장)
노사관계시스템
[투 입]
행위주체(3부)
노동조합(7장)
사용자와 경영권(8장)
정부의 노동정책(9장)
[변 환]
상호작용(4부)
단체교섭(10장)
경영참가(11장)
단체행동과 분쟁 조정 (12장)
[산 출]
규칙(5부)
단체협약(13장)
노사관련 법제도(14장)
노사관계론의 기초(1부)
노사관계의 성립과 접근방법(1장), 신경제의 대두와 노사관계(2장)

제3장 한국 노동조합운동의 전개과정과 특성

민주노총 조직률 '빨간불'

2년 6개월간 62개 노조 5만 4천여명 민주노총 탈퇴

민주노총의 조직률에 빨간불이 켜졌다. 최근 2년 6개월 사이 62개 노조 5만 4천여명의 조합원이 민주노총을 탈퇴했다. 복수노조 시행과 맞물려 조직이탈이 눈에 띄게 늘고 있다. 민주노총의 조직화 전략에 대한 재점검이 시급해 보인다.

16일 〈매일노동뉴스〉가 노동계 자료를 분석해 지난 2009년 1월부터 이달 15일까지 민주노총을 탈퇴한 사업장과 조합원 규모를 집계한 결과다. 집계 결과에 따르면 매년 적지 않은 노조가 민주노총의 품을 떠나고 있는 것으로 확인됐다. 2009년 32개 노조 3만 8천 416명, 지난해 23개 노조 6천 430명, 올 들어 6월까지 7개 노조 9천 500여명이 민주노총을 탈퇴했다. 〈표 참조〉

2009년 민주노총 탈퇴 러시는 조직력이 급감한 IT연맹이 이끌었다. KT노조를 시작으로 자회사 노조들이 줄줄이 민주노총을 이탈했다. 대규모 정리해고가 단행된 쌍용자동차에서도 민주노총 탈퇴 투표가 진행됐다. 공공운수연맹(현 공공운수노조 준비위원회) 소속 사업장에서도 탈퇴가 이어졌다.

지난해부터는 금속노조 소속 사업장의 노조의 탈퇴가 급증했다. 영세업체부터 중견업체까지 탈퇴 사업장 규모도 다양해졌다. 주로 △정리해고(대림자동차) △아웃소싱(발레오전장시스템스코리아) △근로시간면제(타임오프)(상신브레이크) 관련 노사갈등을 동반했다. 같은해 보건의료노조에서는 건국대병원이, 민간서비스연맹에서는 그랜드코리아레저와 롯데호텔 같은 주요 사업장이 탈퇴해 충격을 주기도 했다.

올 상반기 민주노총을 탈퇴한 최대 노조는 서울지하철노조다. 제3노총을 표방하며 친정인 민주노총에서 떠났다. 금속노조 소속 노조의 탈퇴도 계속되고 있다. 최근까지 노사가 갈등 중인 구미 KEC에서는 조합원 600여명 중 400여명이 금속노조를 탈퇴했다. 중견 유통업체인 롯데, 미도파도 민주노총을 떠났다.

같은 기간 민주노총에 가입한 노조도 있다. 최대 조직으로는 12만명에 달하는 공무원노조를 들 수 있다. 옛 전국공무원노조 · 민주공무원노조 · 법원공무원노조는 단일 노조로 통합한 뒤 2009년 민주노총에 가입했다. 하지만 전공노는 줄곧 민주노총 소속이었고, 민공노는 민주노총에서 이탈했다가 다시 복귀했다. 이렇게 볼 때 민주노총에 순수하게 새로 가입한 노조는 조합원 수 1만명이 채 안 되는 법원공무원노조 정도다.

민주노총에 새로 가입하는 노조 · 조합원에 비해 탈퇴하는 노조 · 조합원의 수가 압도적인 상

〈2009년 1월~2011년 6월 15일 민주노동 탈퇴 사업장 현황〉

사업장(조합원수)

연도	부문	사업장(조합원수)
2009	금속	쌍용자동차(3천508), 효성에버리(38)
	공공운수	진해택시(81), 영일운수(28), 인천지하철(810), 인천국제공항(7), 서진운수(86), 충북 사용직(333), 강남운수(29), 울산컨테이너터미널(32), 대전 상용직(396), 한국광해관리공단(165), 예술의전당(89), 국제통운(70)
	사무금융	축협부산우유(235)
	서비스	그랜드힐튼호텔(203)
	화학섬유	서해파워(59) NCC(35), 영진약품(272), 태영호라이즌코리아터미널(9)
	대학	단국대학교(410)
	IT	KT(2만8철689), KT데이타시스템(269), 포스데이타(48), 한국정보화진흥원(106), KT파워텔(124), KT네트웍스(330), KT테크(182), KT하이텔(331), 굿모닝에프(580)
	전남본부	한국컨테이너부두(49)
	충남본부	승일실업(120)
2010	금속	신진에스엠(18), 두산DST(304), 볼보코리아(576), 두산인프라코어(496), 영진기업(26), 성화산업(89), 대림자동차(161), 발레오진장시스템스코리아(601), 알씨코리아(32), 효성(143), 광진상공(168), 상신브레이크(384), 유아이헬리콥터(42)
	공공운수	한국행정연구원(25), 항만예선 울산(87), 한국보건산업진흥연구원(135), 영화진흥위원회(71), 독립기념관(51)
	보건	건국대병원(929)
	사무금융	양동축협(208)
	서비스	그랜드코리아레저(1천76), 롯데호텔(700)
	여성	9호선 청소용역(42)
2011.6	금속	제철세라믹(44), 전진산업(36), 국제강새(45), 일진베어링(216), FC(400)
	공공운수	서울지하철(8천39)
	서비스	롯데미도파(145)

황이다. 복수노조 시행과 맞물려 노조 내부의 분열이 가속화될 것으로 전망되는 가운데 민주노총이 '조직 사수 전략'을 세워야 한다는 우려가 제기되고 있다.

■ 매일노동뉴스, 구은회 기자, 2011.6.17.

학습목표

미군정시기 한국 노동조합운동의 특성, 1960년대 공업화 이후 1986년까지의 노동조합운동의 특성, 1987년 대파업의 특징, 1987년 이후 한국 노동조합운동의 특징, 한국 노동운동의 미래

지나간 인류 역사의 모든 것이 그러하듯이 지난날의 한국 노동운동사는 단순히 책 속의 기록으로 머물지 않고 현재의 한국 산업현장의 노사관계 형성에 여러 가지 지침과 교훈을 제공하고 있다. 그 중에서도 한국 노동조합운동이 어떠한 전개과정을 거쳐 왔는가에 대한 고찰을 통해 지금의 노동조합운동의 위상과 그에 기초한 현 단계 노사관계의 특성, 그리고 앞으로 전개될 노사관계를 전망해 보고자 하는 작업은 노동조합을 노사관계 형성의 한 축으로 보는 한 매우 중요한 작업이라 할 것이다. 왜냐하면 노동조합의 역사야말로 과거 노사관계 환경에 대한 노동조합의 대응방식을 보여줄 뿐만 아니라 그 결과 얻어진 현재의 노사관계시스템 그 자체에 대한 평가와 전망, 그리고 그 속에서의 노동조합의 역할과 위상 및 미래활동의 전개방향 등을 가늠해 볼 수 있게 해주기 때문이다. 이러한 작업은 노동조합뿐만 아니라 노사관계시스템의 다른 주체인 사용자나 정부 측에 대해서도 똑같은 의미에서 중요성을 가지며, 우리가 노동조합운동의 전개과정을 노동조합편에 넣지 않고 굳이 노사관계형성의 영향요인에 넣은 것도 바로 이런 이유 때문이다.

한국 노동조합운동사에 대해서는 기존의 우편향적인 노동조합운동사와는 다른 시각에서 한국 노동조합운동사를 재평가하려는 작업들이 활발하게 진행되고 있다. 그 중에는 계도적인 것도 있고,[1] 서술적인 것도 있으며,[2] 평가와 전망을 중심적인 내용으로 다룬 것도 있다.[3] 특히 1970~1980년대 노동운동에 대해서는 우리 사회에서 노동운동이 갖는 중요성과 비중의 증대로 인해 그 양과 질에 있어 그 전과는 비교가 안 될 정도로 많은 설명과 분석 및 평가가 이루어지고 있다. 여기서는 비교적 객관적인 시각에서 체계적으로 이를 정리하고 있는 김금수의 입장을 바탕으로 정리해 보고자 한다.[4]

01 한국 노동조합운동의 전개과정

1.1 일제 시기

한국에 있어서의 노동운동은 일본자본의 침입에 의한 식민지적 공업화의 진전에 따른 임금노동자의 성장과 더불어 그 역사적 출발을 보게 된다(표 3-1, 3-2 참조).

기록상에 나타난 최초의 노동운동 조직은 1898년 5월 운반부 46명으로 조직된 성진본정부두 노동조합이었으며, 이를 시초로 하여 전국 각지에 노동조합이 조직되었다. 그 이전에도 노동조직은 존재하였는데, 덕대제(德大制), 모작(慕作), 계(契) 등이 그것이었으며 자유노동자들은 변수(邊首, 辯頭) 혹은 십장(什長)을 중심으로 조직되기도 하였다. 이 당시의 노동조합 조직은 그 이전의 노동조직과는 그 성격이 아주 다른 것으로서 노동계몽단체의 성격을 강하게 띠고 있었다. 1900년대에 들어와서는 개항장을 중심으로 많은 노동쟁의가 발생하게 되었고, 그 후 1910년대에 있어서는 노동쟁의가 전국적으로 확산되었다. 이와 같은 노동쟁의는

표 3-1 공장규모별 노동자 수 (1931년 6월 말 현재)

산업명 \ 취업인원별	10명 이상	30명 이상	50명 이상	100명 이상	300명 이상	500명 이상	1,000명 이상	합 계
방직공장	1,025	1,239	1,509	1,928	4,096	5,493	1,913	17,196
금속공업	871	350	277	–	–	–	1,288	2,786
기계기구공업	727	202	534	1,116	–	–	1,314	3,893
요 업	963	597	669	705	420	963	–	4,317
화학공업	764	404	1,307	1,683	1,029	600	4,246	10,033
제재 및 목제품 제조업	661	351	1,141	366	–	1,028	–	3,547
인쇄제본업	1,344	384	807	608	337	–	–	3,480
식료품제조업	5,509	3,032	2,154	2,369	1,856	789	1,203	16,912
가스 및 전기업	154	119	148	–	–	–	–	421
기타 제조업	918	148	455	921	347	–	–	2,789
합 계	12,939	6,816	9,001	9,696	8,085	8,873	9,964	65,374
구성비(%)	19.8	10.4	13.8	14.8	12.4	13.6	15.2	100.0

자료 : 조선총독부 사회과(1933), 공장 및 광산에 있어서 노동상황조사, p.19~20; 김윤환(1982), 한국노동운동사 I, 청사, p.11.

표 3-2 노동조합의 발생상황

창립년원일	조합명	소재	회장	회원 수	회비
1906. 6. 10	조선노동조합	평남진남포부	최봉진	80명	수입의 1/10
1908. 4. 1	신창리노동조합	평남평양부	역원 이봉초	70명	수입의 1/10
1908. 4. 8	광양만노동조합	평남용강군	김원준	50명	수입 1인 10원 50전
1909. 2. 1	공동노동조합	전북군산부	서치산	370명	
1909. 4. 2	노동조합	함남이원군	박종은	94명	1원 내지 2원
1909. 10. 20	삼화노동조합	평남진남포부	최학서	180명	수입의 1/10
1910. 2. 7	선업조합	평남진남포부	노봉서	선부(船夫) 400명	1인 50전
1912. 3. 20	신노동조합	전북군산부	정기재	30명	
1913. 3. 1	차호중사조합		노영근	315	신유창고의 대부
1913. 3. 1	고랑포노동조합	경기장단군	이상완	하물적각 (荷物積却) 60명	
1914. 7. 4	평북노동보호회	평북신의주부	백석영일	농상(農商) 100명	
1915. 6. 10	고저(庫底)노동조합	강원통산군	김연대	중사 55명	회원 1명 3원
1917. 1. 12	객주조합노동부 (客主組合勞動部)	전북군산부	이재홍	중사 100명	
1917. 1. 16	신흥군 마계(馬契)	함남신흥군	서호일	131명 입회	1원 내지 2원
1917. 2. 16	공흥조(共興組)	전북군산군	박상규	중사 70명	
1917. 8. 27	평양노동조합	평남평양부	최재학	200명	입회 1원 회비 70전
1918. 1. 1	신흥조합	전북군산부	김여장	중사 300명	
1918. 3. 15	고저노동조합	강원동소	김지모	중사 30명	3원
1918	조치원 노계(勞契)	충남연기군		183명	
1918. 8. 11	신환포중사조합	전북군산부	김여장	중사 300명	
1918. 9. 9	논산공화운반계*	충남논산군		33명	
1919. 4. 15	논산노동조합*	충남논산군			
1919. 6. 14	영일노동조합	경북영일군	정선보	화물운반 (貨物運搬) 92명	
1919. 8. 19	신태인노동조합	전북정읍군	은성하	358명	
1919. 10. 1	숙천노동조합*	평남평원군		35명	

자료 : 세정조(細井肇), 선만(鮮滿)의 경영(통치편), p.23.
* 표는 동아일보, 1927 및 1929; 김윤환, 앞의 책, p.40.

자연발생적이고 분산적인 것이었으며, 노동조직의 강력한 지도나 뒷받침에 의해 전개된 것은 아니었다.

이와 같이 1920년대 이전에 있어서의 노동운동은 운동이념에 있어서나 조직형태에 있어 전기적(前期的) 단계에 속하는 것이었고 근대적인 형태의 노동운동은 1920년에 결성된 조선노동공제회(朝鮮勞動共濟會)나 노동대회(勞動大會)와 같은 전국적 노동조직의 대두에서 성장하기 시작했다고 볼 수 있다.

1920년 4월에 결성된 조선노동공제회는 그 목적을 ① 지식계발, ② 품위향상, ③ 저축장려, ④ 위생장려, ⑤ 환난구제, ⑥ 직업소개, ⑦ 기타 일반노동상황의 조사연구, ③ 기관지 '공제(共濟)'를 발간하여 일반 노동문화를 보급할 것 등에 두고 있었다. 조선노동공제회는 그 목적에서 보듯 계몽적이며, 노사협조적이고 개량주의적인 성격의 단체였고, 그 간부들은 소시민적인 지식인이 많았다. 그러나 지방지회의 회원들은 대부분 노동자들로서 구성되어 있었다. 조선노동공제회가 결성된 후 전국 각지의 주요 도시에서는 지회가 속속 결성되었는데, 이 지회들은 중앙과 관련을 맺고 발기된 곳도 있었으나 중앙과의 연결이 거의 없이 설립된 지회도 더러 있었다. 이 조선노동공제회는 노동자들의 의식과 역량이 점차 정비되는 것과 병행하여 1922년에 이르면서 개량주의 세력을 배제하고 계급적인 성격을 띤 조직으로 발전하게 된다. 이 과정에서는 소시민적인 지식인들이 조직 내부에서 지도권을 행사하고 있었던 관계로 지도부 내의 분파적 대립이 야기되기도 하였다.

한편 노동대회는 1920년 5월에 결성되었는데, "땀 흘리는 노동자들의 인격향상과 상식발달을 도모함"을 목적으로 하였으며, 조선노동공제회보다도 온건해서 당시의 한국 노동자계급에 대해 주는 영향력은 그다지 크지 못하였다. 그 지부도 몇몇 주요도시에 성립되었을 뿐 전국적으로 지부를 가지지 못하였다. 운동방법도 주로 강연회를 통하여 노동자들의 인격향상이나 지식계몽을 도모하였을 뿐 이렇다 할 활동은 전개하지 못하였다.

조선노동공제회가 해체된 직후인 1922년 10월, 13개 노동단체가 중심이 되어 조선노동연맹회(朝鮮勞動聯盟會)가 결성되었는데, 그 강령을 보면 다음과 같다.

① 우리는 사회역사의 필연적인 진화법칙에 따라 신사회 건설을 기도함
② 우리는 공동의 힘으로 생활을 개조하기 위하여 이에 관한 지식의 개발, 기술의 진보를 기도함
③ 오인은 현사회의 계급적 의식에 의하여 일치단결을 기도함

이 강령을 통해서도 파악할 수 있는 바와 같이 조선노동공제회나 노동대회에 비하면 조선노동연맹회는 그 조직형태나 구성, 그리고 이념이나 실천활동에 있어 보다 진전된 노동단체였다. 조선노동연맹회는 당시 앙양되기 시작한 노동쟁의에 대해서도 보다 적극적으로 참여하여 지도를 행하였다. 그러나 조선노동연맹회의 지도부는 사상적 대립과 파쟁을 거듭하게 되었으며, 이러한 대립과 파쟁을 극복하기 위한 요구에서 1924년 4월 조선노농총동맹(朝鮮勞農總同盟)이 결성되게 되었다.

조선노농총동맹은 그 강령에서

① 우리는 노동계급을 해방하고 완전한 신사회를 실현할 것을 목적으로 함
② 우리는 단체의 위력으로써 최후의 승리를 얻을 때까지 철저적으로 자본계급과 투쟁할 것을 기함
③ 우리는 노동계급의 현하 생활에 비추어 각각 복리증진, 경제향상을 함

이라고 하여 노동계급의 해방을 추구하는 이념적 입장과 더불어 철저한 계급투쟁을 표방하였다. 조선노농총동맹이 결성되자 전국 각지에 산재해 있던 노동단체들이 이에 가입하고 또한 새로운 단체를 조직하여 여기에 합류함으로써 조선노농총동맹은 전국의 노동운동에 대해 이론 및 투쟁상에서 중요한 역할을 수행하게 되었고 실제적으로 많은 지도적 활동을 추진하였다.

그럼에도 불구하고 조선노농총동맹은 노동계급의 주체적 역량을 발전시키고 구체적인 실천을 전개함에 있어서는 여러 가지 한계를 지닌 것으로 평가되었다. 그와 같은 한계는 조선노농총동맹이 표방한 이념적 선진성에도 불구하고 합법주의, 경제주의, 사회개량주의적 경향이 운동을 지배하였고 노동자계급의 주체적 역량이 혁명적 운동노선을 추구할 정도로 성숙되지 못했을 뿐만 아니라 지도부를 형성하고 있었던 소시민적 지식층의 현실괴리적 전술, 전략 등에서 연유되었던 것으로 해석하는 시각도 있다.[5)]

이같은 요소들은 내부적인 사상대립과 파쟁을 불러일으키게 되고, 이러한 가운데 대내적으로는 노동운동과 농민운동의 분립을 주장하는 세력이 대두되어 1925년 11월에 있었던 중앙집행위원회의 결의에 따라 노동자, 농민의 연합단체를 분리하기 위한 조직개편 작업이 진행되었다. 그 후 1927년 9월 조선노농총동맹은 조선노동총동맹과 조선농민총동맹으로 분리되었으나 이들 단체는 일제의 극심한 탄압으로 인해 자기역할을 수행할 수 없었다.

한편, 1920년대 전반기 전국적 노동조합이 결성되고 있을 무렵 각 지방에서는 노동조합이

표 3-3 1920년대 동맹파업 원인별, 결과별 동태

년 차	결과 / 원인	거 절	관 철	철 회	타 협	미해결	합 계	원인별 구성비
1921–1924	임금인상요구	3	40	19	23	–	85	42.7
	임금인하반대	1	12	37	27	–	77	38.7
	대우개선	2	2	4	1	–	9	4.5
	기타	4	11	9	4	–	28	14.1
	합계	10	65	69	55	–	199	100.0
	결과별 구성비	5.0	32.6	34.7	27.0	–	100	
1925	임금인상요구	4	15	9	3	-	31	56.4
	임금인하반대	1	–	–	–	-	1	1.8
	대우개선	–	2	2	4	-	8	14.5
	기타	3	7	3	2	2	15	27.3
	합계	8	24	14	9	-	55	100.0
1926	임금인상요구	10	13	1	9	–	33	40.7
	임금인하반대	4	4	1	1	–	10	12.4
	대우개선	1	1	1	3	–	6	7.4
	기타	4	9	2	17	–	32	39.5
	합계	19	27	5	30	–	81	100.0
1927	임금인상요구	7	9	8	10	–	34	36.2
	임금인하반대	2	3	4	10	–	19	29.2
	대우개선	2	2	1	2	–	7	7.4
	기타	4	17	3	10	–	34	36.2
	합계	15	31	16	32	–	94	100.0
1928	임금인상요구	8	7	6	14	–	35	29.4
	임금인하반대	6	1	2	5	–	14	11.8
	대우개선	2	7	6	8	–	23	19.3
	기타	4	18	2	23	–	47	39.5
	합계	20	33	16	50	–	119	100.0
1929	임금인상요구	6	5	11	15	–	37	36.3
	임금인하반대	2	6	7	5	–	20	19.6
	대우개선	4	–	5	1	–	10	9.8
	기타	3	13	6	13	–	35	34.3
	합계	15	24	29	34	–	102	100.0
1925–1929	임금인상요구	35	49	35	51	–	170	37.7
	임금인하반대	15	14	14	21	–	64	14.2
	대우개선	9	12	15	18	–	54	12.9
	기타	18	64	16	65	–	163	36.2
	합계	77	139	80	155	–	451	100.0
	결과별 구성비	17.1	30.8	17.7	34.4	–	100.0	

자료 : 조선총독부 경무국(1933), 최근에 있어서 조선치안상황, p.150~151.
비고 : 1925년 미해결 두 건은 통계상 착오로 인정하고 이를 무시하였음. 김윤환, 앞의 책, p.148.

결성되고 있었는데, 이러한 지방적 노동자조직은 이 시기에 앙양되고 있었던 노동쟁의를 통하여 설립되었던 것이다(표 3-3 참조). 이들 지방 노동조합은 대체로 세 가지 형태를 취하고 있었는데, 지역적 합동노조와 직종별노조, 그리고 직종별 노동조합연합체가 그것이었다.[6] 이러한 지방 또는 지역 노동조합은 노동자의 투쟁에 주도적 역할을 수행했으나 전국 조직의 경우에 있어서와 마찬가지로 타협적 개량주의의 테두리를 완전히 벗어나지는 못했다는 평가를 받기도 하였다. 그럼에도 지방의 노동자조직을 기초로 하여 지역별 노동조합연합체 또는 산업별 노동조합이 잇따라 결성되게 되었다. 이는 당시 노동자들의 유일한 전국적 조직이었던 조선노동총동맹도 창립 후 대회개최를 금지당하는 등 심한 탄압 하에서 표면적인 활동을 전개하기가 어려운 실정이었으므로 지역단위의 노동운동을 추진할 필요가 강조되었고, 많은 노동운동가들이 이를 위해 노력했기 때문이었다.

이와 같이 1920년대에는 조직적 측면에 있어서나 투쟁역량면에서나 노동운동의 고양기였음에 분명하다. 1920년대의 노동운동은 합법적 경제 투쟁의 지속적 발전과 이 투쟁형태를 담는 조직형태로서의 합법적 노동조합을 통하여 진행되어 그 역량을 축적해 왔으며 마침내 1929년의 원산총파업을 계기로 합법적 노동조합이라는 조직형태가 혁명적으로 육박하는 노동자계급의 투쟁역량을 담을 수 없을 정도의 단계로 발전하고 있었다.[7]

1930년대에 들어와서는 일제의 탄압에 의해 합법적 노동운동의 전개가 불가능하게 됨으로써 비합법적이고 혁명주의적 성격을 띤 노동운동이 추진되게 되었다. 이런 상황 하에서 1930년대에 발표된 프로핀테른[8] 집행국의 '조선의 혁명적 노동조합운동의 임무에 관한 결의', 이른바 9월 테제 등은 전투적 · 혁명적 노동운동, 정치 투쟁의 적극화를 촉구하게 되었고, 다른 한편으로는 일제의 극심한 탄압에 대한 대응으로서 노동대중의 전투성과 혁명성이 필연적으로 강화되게 되었다.

이 같은 상황에서 전개된 노동운동은 조직형태의 면에서는 비합법조직화하면서 투쟁형태면에서는 파업 및 태업의 방법에 호소하는 노동쟁의와 직장이탈, 도주, 나아가서는 폭력적 항거 등으로 나타났다. 그리고 1930년대 이후의 비합법 노동조합운동은 크게 세 가지 방향에서 추진되었다.[9] 첫째는 공산당 재건운동의 일환으로서 당의 계급적 기초를 형성하기 위한 노력으로 추진된 것이며, 둘째는 프로핀테른 산하 범태평양노조(汎太平洋勞組)의 조직확대 작업으로서 추진된 것이며, 셋째는 위에 열거한 노력들과 직접적 연관없이 기층 노동자들이나 분산적으로 존재하던 진보적 요소들이 당시의 정세에 적합한 노동운동의 조직형태를 추구하는 과정에서 추진된 경우이다.

1.2 미군정 시기

1945년 한국이 일본제국주의의 식민지 억압으로부터 해방되자 한국의 노동자계급은 1930년대 이래 일제에 의해 금지되어 왔던 노동조합을 결성하는 사업에 착수하였다. 그리하여 전국 각지에서 수많은 노동조합이 결성되었는데, 미군정청 노동부에 의하면, 1946년 11월 30일 현재 노동조합 수가 남한에서만도 1,179개 였고, 여기에 가입하고 있는 조합원수는 30만 4,005명 이었다.[10)]이렇게 해서 만들어진 노동조합을 산업별 노동조합으로 묶어 이를 기초로 1945년 11월 5일 하나의 전국적 노동조합조직이 결성되었는데, 이것이 조선노동조합전국평의회(전평)이다. 전평의 결성대회에서 채택된 실천요강은 다음과 같다.

① 조선의 완전독립, 즉 친일파 민족반역자를 제외한 진보적 민주주의에 입각하는 민족통일전선 정권의 수립에 적극 참여한다.

② 민족자본의 양심적인 부분과 협력하여 산업건설을 함으로써 부족공황, 악성인플레를 극복한다.

③ 이와 같은 운동을 통해서 노동자의 이익을 옹호하고 노동자 대중을 교육 · 훈련하여 자체조직을 확대, 강화한다.

전평의 일반행동강령의 주요내용을 보면 다음과 같다. 최저임금제확보, 8시간 노동제 실시, 동일노동 · 동일임금 지불, 산전 산후(産前 産後) 2개월간 유급휴가제 실시, 단체협약권 확립, 일본제국주의자와 매국적 민족반역자 및 친일파의 일체 기업을 공장위원회에서 보관하고 노동자는 그 관리권에 참여, 사회보험제 실시, 청부제 반대, 언론 · 출판 · 집회 · 결사 파업 · 시위의 절대자유, 조선인민공화국 지지 등이 그것이었다.

위에서 보듯 전평은 그 당시 모든 좌익세력의 전위적 전투부대로 전환할 가능성을 처음부터 내포하고 있었고, 결성 이후 전평은 노동쟁의의 형태로서 산업별 조합의 연대 하에 행하여지는 파업, 즉 총파업을 주무기로 사용하였으며 1946년 9월 총파업, 1947년 3월 총파업, 1948년 2.7 총파업과 5.8 총파업을 감행했다. 이 과정에서 1947년 6월 미군정청 노동부장의 "정치색을 띤 노동조합은 정당한 단체로 인정하지 않겠다"는 담화와 함께 전평은 완전히 불법단체로 전락되었고, 이때부터 전평은 비합법 지하투쟁으로 활동하다 결국 붕괴되고 말았다.

이와 같은 전평 주도하의 노동조합운동에 대응하여 우익진영으로부터의 노동조합운동은 1946년 3월 10일 대한독립촉성노동총연맹의 결성과 더불어 시작되었다. 대한노총은 전평과 같이 이미 조직된 산별 노동조합을 기반으로 하여 구성된 것은 아니었고, 우익진영의 청년단체 및 정당관계 인사들에 의해 상층 지도부부터 먼저 조직된 것이었다. 말하자면 노동자계급의 요구에 의해 상향적으로 형성된 명실상부한 노동조직이 아니었던 것이다.

대한노총이 전국적인 노동조합을 총괄하는 조직으로 되는 과정은 전평산하 노조를 분쇄, 축출하는 반공투쟁과정과 일치하는 것이었다.

대한노총의 결성대회에서 채택된 강령은 다음과 같다.

① 우리는 민주주의와 신민족주의의 원칙으로 건국을 기함
② 우리는 완전독립을 기하고자 자유노동과 총력발휘로서 건국에 헌신함
③ 우리는 심신을 연마하여 진실한 노동자로서 국제수준의 질적 향상을 도모함
④ 우리는 혈한불석(血汗不惜)으로 노자간 친선을 기함
⑤ 우리는 노동전선의 통일을 기함

대한노총은 그 결성과정이나 강령들을 통해서 볼 때, 노동조합의 일반적 필수조건인 경제투쟁의 인식기반 위에 성립된 것도 아니었고, 우익정치인과 자본가, 그리고 미군정의 지원을 바탕으로 반공투쟁을 통하여 기존의 노동운동을 분쇄하기 위해 정치적 기능을 행사하는 노동단체적 형식을 빌린 반공단체였다고 볼 수 있다.[11] 따라서 대한노총은 당초부터 노동운동으로서의 자기기능이나 역할을 수행할 수 있는 담당주체가 되지는 못했다고 볼 수 있다.

1.3 대한민국 정부수립 이후의 시기

1948년 남한 단독정부 수립 이후, 대한노총임시전국대의원대회에서는 수정강령이 통과되고 명칭도 대한독립촉성노동총연맹으로부터 대한노동총연맹으로 개칭되었다. 대한노총은 정부수립 이후 유일한 합법적인 노동조직으로 되었고 노동운동의 본래적인 임무를 수행해야 한다는 중대한 과제들에 직면하게 되었다. 그러나 대한노총은 노동자계급의 경제적, 사회적, 정치적 지위향상을 위한 제반 투쟁과 국가 권력이나 자본으로부터의 자주성 확립, 조직의 정비강화라는 과제들에 당면하고 있었으면서도 이를 해결하기 위한 자기 임무를 포기했을 뿐만 아니라 분열과 파쟁에만 몰입하게 되었고, 정치적 시녀화와 정치권력의 기간단체

화(基幹團體化를)의 길을 치닫게 되었다. 조직체계에 있어서도 대한노총은 기업별 형태를 취함으로써 조직역량을 강력하게 발휘할 수 없었으며, 기업단위 노동조합들의 활동을 지원 내지 지도할 수 있는 능력을 갖추고 있지도 못했다.

그 후 1950년 6 · 25와 더불어 전시체제 하의 노동운동은 기층노동자들의 생존상의 요구에 의한 투쟁들은 계속하고 있었지만, 체계화된 조직적 노동운동은 부재현상을 빚게 되었다. 1953년에는 노동조합법을 비롯한 노동관계법이 제정되었으며 이를 기초로 노동조합운동의 새로운 가능성이 주어지게 되었다. 자유당정권 말기에 있어서는 노동자들의 투쟁이 밑받침되어 어용성을 강하게 띤 상층부의 노동관료들에 대한 반발과 노동조합민주주의를 위한 요구들이 높아지고 있었으나 이에도 불구하고 노동조합운동은 여전히 주체성을 확보하지 못하고 자유당정권의 외곽단체적 성격을 벗어나지 못하였다. 심지어 대한노총은 정치권력의 노동자통제를 위한 도구로 전락되기도 하였다.

1960년 4월 자유당정권의 붕괴와 더불어 노동조합의 조직이 활발하게 진행되는 한편 노동조직의 민주화를 추진하기 위한 움직임이 세차게 전개되었다. 우선 노동조합에 뿌리 깊게 남아 있는 자유당 잔재세력을 청산해 내고 노동조합을 민주적으로 개편하기 위한 시도가 이루어졌고 또한 기업단위 노동조합의 분산적인 형태로부터 산별 체제의 전국적 규모에로의 통합 움직임이 증대되었다. 이와 같은 상황 속에서 11월 25일에는 대한노총과 전국노동조합협의회가 중심이 되어 한국 노동조합총연맹을 결성하게 되었고, 다음과 같은 기본강령을 채택하게 되었다.

① 우리는 민주적인 노동운동을 통하여 노동자의 인권수호와 경제적 · 사회적 지위향상을 위한 투쟁의 선봉이 된다.
② 산업경제의 재건을 기하고 노사평등의 사회건설에 매진한다.
③ 민권의 확립으로서 완전한 국가적 자유를 구현시키고 국제자유노조와 제휴하여 세계평화에 공헌한다.

기본강령에서 보듯 한국노총의 운동노선은 대한노총의 그것에서 크게 벗어난 것은 아니었고 당시의 노동자들의 요구와 투쟁역량을 도외시한 채 극히 공허한 논리적 기초 위에 설정되고 있었다. 그런데 4 · 19 이후 새로운 상황변화에도 불구하고 노동조합의 민주적 개편은 매우 한정적인 것이었고, 4 · 19 이후 5 · 16까지의 기간은 노동운동의 새로운 주체역량을 구축하기에는 그 기간이 너무 짧았다고 할 수 있다. 그러나 기층노동자들의 거센 투쟁과 교원노동운동을 비롯한 밑으로부터의 자주적 노동운동에 대한 요구는 한국노동운동의 새로운 전기를 마련하기에 충분한 가능성을 형성했던 것은 사실이다. 그러한 의미에서 이 시기는 일찍이 볼 수 없었던 노동운동의 고양기였다.

1.4 1960년대 이후의 시기

4 · 19 이후에 추진된 노동운동의 새로운 전기 마련을 위한 시도는 5 · 16으로 인해 또 하나의 단절을 경험하게 된다. 1961년 5월 23일 국가재건최고회의 포고령 제6호에 의해 기존 노동조합은 해체되었고, 그 후 8월 3일에 공포된 '근로자 단체활동에 관한 임시조치법'에 따라 정부는 노동조합 활동을 허용함과 동시에 그 이튿날로 산업별 노조조직 책임자를 지명하여 '한국노동단체 재건조직위원회'를 발족시켰다. 뒤이어 8월 12일과 8월 30일 사이에 14개의 산업별 노동조합이 조직되었으며, 8월 30일에는 한국 노동조합총연맹(노총)이 결성되었다.

노총이 표방한 강령을 보면 다음과 같다.

① 우리들은 반공체제를 강화하고 자주경제 확립으로 민주적 국토통일을 기한다.
② 우리들은 공고한 단결로 노동자의 기본권리를 수호하고 생활수준의 향상을 기한다.
③ 우리들은 정치적 중립과 재정의 자립으로 민주노동운동의 발전을 기한다.
④ 우리들은 노동자의 교육과 문화 향상의 강력한 실천을 기한다.
⑤ 우리들은 건전한 노동정신으로 국가산업발전을 기한다.
⑥ 우리들은 기간산업의 공유화와 산업의 민주화를 기한다.
⑦ 우리들은 민주우방의 노동자와 국제적 유대를 강화하여 세계평화에 공헌한다.

위의 강령에서 보는 바와 같이 노총은 대한노총에서부터 계승되어온 반공이념을 강하게 표방하게 되었고 운동의 방향도 저차적인 경제투쟁에 한정짓고 있다. 또한 노총은 출발점에서부터 '정치적 중립'을 명분으로 정치적 기능이나 정치투쟁의 추진을 포기하였다. 강령은 '기간산업의 공유화와 산업의 민주화'를 운동의 기조로서 제시하고 있으나 이것의 실현을 뒷받침할 수 있는 강력한 운동의지를 설정하지 못하고 있다. 뿐만 아니라 노총은 대내적으로 국가권력이나 자본 측으로부터의 자주성 확립이나 조합내 민주주의 관철을 위한 구체적 방침을 제시하지 못한채 조직역량의 확대 · 강화를 위시한 자체개혁의 계기를 스스로 배제하였다. 그런 가운데서도 대외지향적이고 국가주도적인 경제개발계획의 추진에 따른 노동자 계급의 양적 증대와 요구의 다양화가 진전됨에 따라 노동조합운동은 외형적으로나마 급속한 신장을 보이게 되었고, 단체교섭을 비롯한 기본활동을 점차적으로 강화하게 되었다. 또한 조합원들의 요구에 기초한 노동쟁의들이 매우 제한된 범위에서나마 제기되고 있었다.

이러한 노동자들의 저항증대와 노동운동의 고양 가능성에 대해 단체교섭권과 단체행동권을 근본적으로 제약하기 위한 조치들이 자본과 국가권력의 요구에 의해 취해지게 되었다. 그것은 해외자본의 직접투자유치를 위한 유인전략의 일환으로, 또한 수출증대를 위한 저임금체제의 유지를 위한 노동통제정책의 강화로 나타난다.

노동운동에 대한 통제는 1970년 1월의 외국인 투자기업의 노동조합 및 노동쟁의 조정에 관한 임시특례법, 수출자유지역설치법, 1971년 12월의 국가보위에 관한 특별조치법, 그리고 1972년의 유신헌법 제정 및 1973년과 1974년에 걸친 노동관계법 개정 등으로 더 한층 구체화되었다.

이와 같은 상황 하에서 한국의 노동조합운동은 국가권력과 자본 측으로부터 가해지는 극심한 노동통제에 대해 조직적 투쟁을 통하여 적극적으로 대처하지 못한 채 본래적인 자기 임무의 수행을 포기하는 결과를 나타냈다. 그 단적인 예로서는 유신체제의 지지와 유신체제가 표방하였던 노사협조주의의 수용 및 노동조합 자체의 민주화 요구에 대한 억제가 그것이라 할 수 있다.

이러한 노총과 산별 노조의 어용화 · 무력화에 대응하여 밑으로부터의 노동조합 민주화 내지 민주노동조합운동이 치열하게 추진되게 되었다. 청계피복노조, 동일방직노조, 원풍모방노조, 콘트롤데이타노조, 반도상사노조, YH무역노조 등에서의 민주노동조합운동이 그것이었으며, 이러한 민주노조운동은 1980년대에 있어서도 그 맥락을 이어나가게 된다.

02 한국 노동조합운동의 특성

여기서는 지금까지의 한국 노동조합운동의 전개과정을 통해서 드러난 몇 가지 특성을 운동의 목표와 기조, 조직형태, 조합활동의 세 부분으로 나누어 정리해 보고자 한다.

2.1 운동목표와 기조상의 특성

한국노동조합의 전과정을 통해서 일관성 있게 견지된 시각이 있다면 그것은 앞의 노동조합주의의 제 이론 중에서 실리적 조합주의가 취한 것과 궤를 같이 한다는 점이다. 물론 일제하에서의 노동조합운동은 모든 피식민지 국가의 노동운동이 그러하듯이 민족해방운동과 반제국주의 운동과의 연계하에 이루어진 측면이 많이 있지만 여기에서도 조합원들의 경제적 권익의 보호라는 목표는 여전히 중요한 위치를 차지하고 있었다. 그러나 이러한 목표를 가지고 있었음에도 불구하고 남한 단독정부 수립 이후 노동조합운동의 주체가 되었던 대한노총은 자주적 실천이념과 운동성을 포기한 채 국가권력의 간섭에 의한 타율적인 노동조합운영으로 어용화 · 무력화의 상징으로 전락하였다.

그리고 식민지에서 해방된 후진국들의 공통된 특성인 반민주적이고 관료주의적인 국가권력 하에서 노동조합운동이 취해야 할 기본적인 운동방향이 어떤 것이어야 하느냐에 대한 고민도 없이 노동자들의 절박한 요구를 외면한 채 자본 측과 국가권력의 요구에 맹목적으로 타협하고 굴종함으로써 노동조합운동의 입지확보를 위한 정치적 활동은커녕 경제적 활동도 제대로 수행하지 못한 결과를 낳고 말았다.

또한 지금까지 노총주도하의 노동조합운동은 민족문제의 해결과 민주주의의 실현이라는 면에서도 의식적이고 효과적인 활동을 추진하지 못했고, 도시빈민운동과 같은 다른 민중운동과의 연대도 실현하지 못한 채 일부 노동귀족의 편협성과 배타적 안일에 매몰되어 있었다. 그 결과 1987년 여름의 노동자 대투쟁 이후 한국노총이 지닌 허구적 성격과 한계가 여지없이 드러나면서부터 소위 민주노조운동의 거센 물결에 부딪혀 조직자체의 존립마저 위협받는 처지에 이르게 되었다.

여기서 한국노총이 제시하고 있는 노동조합운동의 기본방향을 보면, ① 노동기본권의 확보, ② 노동권과 생활권의 확보, ③ 산업민주주의 실현, ④ 사회복지의 확충, ⑤ 민주주의와 평화의 옹호이다.[12)]

노동기본권의 확보는 자주적 단결권의 확보, 단체교섭권의 자율성확보, 단체행동권의 보장을 그 내용으로 하고 있다. 노동권과 생활권의 확보에 있어서는 고용안정대책의 확립, 생활임금의 확보, 노동조건의 개선, 고도기계화에 따른 대책의 강구가 주요 목표로서 설정되고 있다. 산업민주주의의 실현에 있어서는 경영참가권의 확보, 이익균점권의 확보, 경제사회심의회의 기구의 설치가 주요 내용으로 제시되고 있다. 사회복지의 확충은 사회보장제도의 확충, 세제의 개선, 기업 내 복지의 확충을 그 내용으로 하고 있다. 또 민주주의와 평화의 옹호에 있어서는 민주주의적 요구실현, 평화의 옹호가 주요과제로 설정되고 있다.

노총이 설정하고 있는 이와 같은 노동조합운동의 기조는 노동조합운동이 그 목표로서 설정할 수 있는 일차적이고도 기초적인 것이라 할 수 있겠으나, 그것 또한 조직적 역량을 기초로 한 강한 실천성과 직결되지 못한 채 정책의존적 경향을 다분히 내포하고 있다.[13]

2.2 조직형태상의 특성

노동조합의 조직체계는 기업별 단위에서 산업별 단위로 — 1961년 노동조합의 재편성 과정에서 — 1980년 노동관계법 개정 이후에 있어서는 다시 기업별 단위로 바뀌게 되었다. 산업별 노동조합 조직체계의 경우에 있어서도 외형상, 형식상의 체계에 지나지 않았고 실제상으로는 기업단위 체계를 완전히 탈피한 것은 아니었다. 즉, 노동조합에의 가입은 형식상 산업별 노조에서 하는 것으로 되어 있었고 산별 조직의 통제력도 강했으나 노동조합의 가장 핵심적인 기능인 단체교섭은 대부분 기업단위에서 행해지고 있었다.[14]

현재의 기업단위 노동조합체계는 정규 종업원만을 조직대상으로 하게 되고 거대 독점자본에 대항하기 위한 산업별 공동투쟁이나 통일투쟁을 불가능하게 하였다. 또한 기업단위 조직체계는 조합지도부의 어용화를 심화시키게 하였다. 그리고 국가권력이나 총체적 자본으로부터의 자주성 또는 주체성을 확보하지 못한 상급조직은 그 가맹조직인 기업단위노동조합들에 대해 올바른 지도력과 통제력을 행사하지 못하게 됨으로써 각급 조직 간의 깊은 단절을 가져오게 되었다. 이와 같은 조직형태의 취약성과 아울러 낮은 조직률은 노동조합운동의 발전을 제약하는 주요한 요인으로 작용하였다.

한편으로 대한노총과 노총 주도하의 노동조합운동에 대한 반발이나 저항이 없었던 것은 아니다. 1959년의 '전국노동조합협의회' 발족, 1963년의 '한국노동조합총연합회' 결성, 1970년대에 있어서의 이른바 민주노동조합운동의 활발한 전개가 그것이다. 특히 1980년대에 들어와 노동관계법의 개정과 노동운동에 대한 탄압증대에 따라 노동조합운동이 노동자의 투쟁역량을 포용하지 못하게 됨으로써 제도권 밖에서의 자주적 운동체의 구축을 위한 노력이 강화되게 되었으며, 1987년 하반기에는 신규 노동조합을 중심으로 한 노동조합운동의 민주화 움직임이 시도되었다.[15]

2.3 조합활동상의 특성

노동조합활동의 형태와 성격은 몇 갈래로 나누어 볼 수 있다. 대체로 노동자의 투쟁은 노동조합에 의한 경제주의적, 합법주의적 투쟁, 조합원 또는 기층노동자의 자연발생적, 비조직적 투쟁, 1970년대 민주노동조합의 투쟁, 1980년대 자주적 운동역량의 정치적 성격을 띤 투쟁으로 나타났다.[16)]

노동조합에 의한 경제주의적, 합법주의적 투쟁은 1971년 '국가보위에 관한 특별조치법'의 제정, 공포 이전에는 노동쟁의의 형태를 통해 제기되었고 정치투쟁의 성격은 거의 수반되지 않았다. 따라서 이러한 성격의 투쟁은 대부분 점차적인 요구제기에서 끝나게 되었고, 결과적으로 투쟁역량의 강화로까지는 연결되지 못했다. 그리고 기층노동자의 비조직적 투쟁은 부단히 취해진 투쟁형태로써 경우에 따라서는 그 양태가 대단히 격렬하였으나 자연발생적, 비조직적 투쟁은 대부분의 경우 요구관철이라는 점에서도 큰 성과를 달성하지 못하였고 조직적 역량으로까지 발전되지 못한 것이 일반적이었다.

1970년대에 있어 이른바 민주노조가 전개한 투쟁은 조직적이면서도 지속적인 양태를 나타냈고 투쟁의 성격이 정치투쟁의 차원으로까지 발전되지는 못했으나 투쟁과정에 있어서는 국가권력과의 첨예한 대결양상을 나타내기도 하였다. 또한 민주노조의 투쟁은 조직 간의 연대투쟁을 모색하기는 했으나 연대기구까지 형성하지는 못했고, 1980년을 전후하여 민주노조에 대한 심한 탄압으로 인해 조직기반이 와해되었으나 1980년대에 있어서의 노동운동 발전에 대해서는 귀중한 경험의 축적으로 되었다.

1980년대에 들어와서는 노동조합운동 내부에서의 새로운 운동역량 구축이 시도되기도 했으며, 한편으로는 자주적 노동운동체의 발전이 다양한 형태로 시도되었다. 이밖에도 신규노동조합 결성 및 어용노조 민주화를 둘러싼 투쟁, 노동운동 전력자, 이른바 블랙리스트에 의한 해고반대투쟁, 법외조합의 조직활동 보장을 위한 투쟁 등이 또 다른 투쟁형태로서 지적될 수 있겠다.

03 1987년 여름의 노동자 대파업과 그 특징

우리가 1987년 여름의 노동자 대파업을 특별히 별도로 다루는 의미는 그것이 한국노동운동사의 전개과정에서 하나의 전환점을 이룰 만큼 중요한 의미를 갖고 있으며, 이후의 노동운동의 전개방향에도 커다란 영향을 미친 것으로 평가하고 있기 때문이다.

이에 대한 노사 양측의 시각을 보면, 한국노총의 한 보고서는 '1987년 7·8·9월의 노사분규는 한국의 노동운동사상 하나의 획을 긋는 중대한 사건이었다. 그것은 전산업적, 전지역적 연대 속에서 노동자들이 그들의 이익을 관철하기 위하여 스스로 궐기한 거센 몸부림이었기 때문이다'[17]라 적고 있고, 사용자 측의 한 보고서에는, 1987년 '7월부터 약 3개월 동안 지역과 업종을 망라하여 거의 전국에 걸쳐 발생하였던 노사분규사태는 그 규모나 발생건수뿐 아니라 양상의 과격성, 요구내용의 다양성, 그리고 분규의 진행과 해결과정 등에 있어서 적게는 향후의 노사관계, 크게는 우리 산업사회 전체의 새로운 관계정립을 요구하게 되었다. 지난 1987년 7월 이후 10월 13일 현재까지 발생한 노사분규는 총 3,330건으로 1975년 이후 12년 동안 발생한 노사분규 1,979건의 1.7배에 해당된다'[18]고 하였다.

이러한 노사분규에 대한 분석은 논자의 시각에 따라서 여러 가지가 있겠으나 여기서는 지금까지의 타율적인 노사관계와 무력화된 노동조합운동에의 매몰에 대한 반성이라는 차원에서 제시된 한국노총의 분석내용[19]을 바탕으로 1987년 여름 노동자 대파업의 배경과 특징적 성격을 정리해 보고자 한다.

3.1 노동자 대파업의 배경

(1) 저임금과 열악한 노동조건

1980년 마이너스 성장을 끝으로 한국경제는 꾸준한 양적 성장을 실현해 왔으며 특히 1986년 이후에는 국제경제 정세의 호전에 힘입어 처음으로 46억달러의 경상수지 흑자를 이루었고 1987년에는 약 100억달러의 흑자를 기록하였다. 이러한 국민경제의 양적 확대에도 불구하고 생산현장의 노동자들은 저임금, 장시간 노동, 산업재해의 증대와 같은 열악한 노동조건에서 벗어나지 못하고 있었다.

우선 1987년 2/4분기 현재 전산업 노동자의 임금실태를 보면 총액급여는 361,997원, 정액

급여는 271,217원이다. 이들 임금수준을 노총의 4인가족 최저생계비 577,835원(1987.5.31 현재)과 비교해 보면 임금총액은 생계비의 62.6%, 정액급여는 생계비의 46.9%로서 우리나라 노동자의 임금수준은 생계비의 절반 수준에 불과하다는 것을 쉽게 알 수 있다.그리고 생산직 노동자가 많이 집중되어 있는 제조업의 경우 임금총액은 306,435원, 정액급여는 221,993원으로 제조업의 임금수준은 전산업에 비해서 훨씬 낮아 생계비 충당률은 더욱 떨어지고 있는 형편이었다.

노동자의 광범위한 저임금 실태는 임금계층별 구성비를 통해서도 잘 나타나고 있다. 1986년 11월말 현재 5인 이상 제조업 전체노동자 235만 6천명 중 21.1%인 49만 7천명이 기본급이 22만원 미만이다. 일시금까지 합한 임금총액으로 보아도 5.6%인 13만 3천명이 10만원 미만이고 2인 생계비 33만원 미만을 받는 노동자는 무려 195만 2천명인 82.9%에 달함으로써 얼마나 많은 노동자들이 생계비 이하의 저임금에 시달리고 있었는가를 알 수 있다.

이와 같은 생계비 이하의 저임금은 노동자들로 하여금 잔업, 야간노동, 휴일특근 등을 하지 않을 수 없게 만들었다. 이에 따라 노동시간은 더욱 길어질 수밖에 없는 바, 1987년 2/4분기 현재 우리나라의 전산업의 주당 평균노동시간은 53.7시간이며, 제조업의 경우는 56.1시간인 바, 이는 주당 노동시간이 40시간대인 선진국 수준에 비해서도 매우 길 뿐만 아니라 경쟁대상국인 대만이나 싱가포르의 48시간대에 비해서도 길다. 본인과 가족의 생계비를 보충해야 한다는 노동자의 입장, 가능한 한 최저비용으로 최대이윤을 획득하려는 기업주의 입장, 또한 주당 60시간까지의 노동이 가능하도록 규정하고 있던 당시의 법제 등이 장시간 노동을 불가피한 것으로 하고 있었으나 이러한 최저생계비에도 못 미치는 저임금과 장시간 노동은 노동자의 정신적, 육체적 피폐와 마모를 가져와 산업재해와 직업병을 증대시키는 주요한 요인이 되어 왔다.

1986년 중 산업재해 현황을 보면 총재해자 142,088명 가운데 사망이 1,660명, 신체장애자 21,923명, 부상자 118,050명으로 1985년도와 비슷한 상태를 나타내고 있다. 또한 1986년의 재해율은 2.99, 재해도수율의 경우 1985년의 대만의 7.2, 싱가포르의 4.6, 일본의 3.30에 비해 훨씬 높은 편이다. 1987년 7월말까지는 81,245명(하루 평균 383명)이 사망하고 14,086명이 노동력을 상실하고 있었다.

(2) 정부와 기업의 지속적인 노동통제

저임금과 장시간 노동으로 특징지어지는 노동자의 존재조건은 사용자 측의 힘의 일방적

우위라는 전제적 노사관계에 의해 규정된다. 국내 자본축적 부족을 이유로 해외시장에 뿌리를 둔 수출주도형 경제성장 하에서 저임금과 장시간 노동을 강요하기 위한 정부와 기업의 노동통제는 지속적으로 자행되었다.

특히, 정부는 노동운동에 대한 규제와 통제로 일관해 왔다. 정부의 규제와 통제정책은 노사관계에 있어서 사용자 측의 일방적 힘의 우위를 강화시켜 주는 결과를 초래하였으며, 임금정책에서 보는 바와 같이 '임금인상이 물가상승의 요인이 되며 국제경쟁력을 약화시킨다'는 이유로 직접적인 임금가이드라인을 제시하는 등 노사문제에 대한 정부의 직접적인 개입은 노사의 자율성을 약화시키고 노사자치관행의 축적을 저해하여 노동문제의 심화를 촉진시켰다. 특히 정부는 1980년 말 노동관계법을 대폭 개악하여 노동운동에 대한 통제를 강화하였다.

이러한 정부의 노동정책에 힘입어 기업들은 노동자의 무권리상태를 그 특징으로 하는 전제적 노사관계를 온존시키기 위하여 집단적 노사관계 형성 그 자체를 원천적으로 봉쇄해 왔다. 기업은 노동조합결성을 주도한 노동자들을 해고하거나 설립신고서를 탈취하는 등의 갖가지 방법을 다 동원하여 노동조합 결성을 막거나 기존 노동조합의 약화 · 와해를 기도하며 단체교섭을 해태, 지연시켜 왔다. 이와 같은 정부와 기업의 노동통제와 규제, 노동운동의 분산 · 고립화정책은 노동자들의 자각과 저항의식을 더욱 강화시키는 계기를 만들어주었다.

(3) 노동자 구성의 변화와 의식의 고양

산업이 고도화됨에 따라 노동자의 구성에도 커다란 변화가 일어났다. 공식 통계에 의하면 1980년 13,638천명이던 취업자 수는 1986년 15,505천명으로 13.3%나 증가하였다. 그런데 이 취업자 가운데 피용자, 즉 산업노동자는 더욱 급격한 증대를 보여 1980년 6,464천명이었던 것이 1986년 8,433천명으로 무려 30.5%나 증가하여 피용자 비율도 1980년의 47.2%에서 1986년도에는 54.1%로 높아졌다. 이와 같이 산업노동자 수가 급격히 증대했다는 점과 특히 취업자 중 피용자가 그 절반 이상을 점한다는 사실은 노동자가 사회의 주도 세력으로 그 영향력을 결집 · 강화시킬 수 있는 가능성이 더욱 커졌음을 의미한다.

노동자 구성에 있어서 또 다른 두드러진 특징은 전체 노동자 가운데 청년(20~29세) 노동자의 비중이 크게 증대했다는 점이다. 1975년 청년노동자 수는 272만명으로, 전체 노동자 가운데 청년 노동자가 차지하는 비중이 23.2%이나 1980년에는 351만명에 25.7%로, 1986년에는 420만명에 27.1%로 그 숫자나 비중이 크게 증대했음을 보여주고 있다.

또한 노동자의 교육수준이 일반적으로 향상되었다. 당시 노동자의 학력별 동향을 보면 중졸 이하자의 급격한 감소, 고졸 이상자의 급격한 증가 경향이 나타나고 있어 노동자의 교육수준은 크게 향상되었음을 알 수 있다. 이러한 학력수준의 향상은 노동자의 확고한 직업의식, 권리의식, 협동의식, 연대의식을 고양시키며, 사회형평과 노동자의 사회 · 경제적 지위 향상에 대한 요구를 증대시켜 왔다. 이들 청년 노동자는 노사관계에 있어서도 가부장적 · 주종적인 노사관계를 거부하고 대등한 노사관계를 요구하게 되었고 노동자의 인간다운 삶의 확보를 위한 노동운동의 활발한 전개에 대한 바람을 강하게 나타내고 있었다.

이러한 노동자 구성의 변화나 의식의 고양 속에서 저임금과 장시간 노동의 강요는 곧 노동운동의 폭발적 고양을 촉진하는 계기가 될 수밖에 없었으며 이는 곧 전체 노동자의 연대활동의 가능성을 더욱 증대시켜 주는 일이라 하겠다.

(4) 부당한 성과배분

앞에서도 지적한 것처럼 1980년대 초기의 국제경제정세가 달러가격의 저하, 국제금리의 저하, 유가의 저하라는 소위 3저 현상을 보이면서 수출위주의 국내기업활동은 엄청난 호황을 누리게 되었다. 이러한 수출경제의 호황에 힘입어 1986년 상장기업의 매출액 증가율은 11.8%였고, 당기순이익 증가율은 무려 평균 32%를 기록하였다.

이에 반하여 노동자의 1986년도 평균 임금인상률은 호봉승급분을 포함하여 7.6%로 1985년도의 6.6%와 비슷한 수준에 머물렀다. 이 같은 임금인상률은 1986년도 경제성장률 12.5%, 제조업 노동생산성 상승률 13.4%, 상장기업 순이익 증가율 32%의 어느 것에 비해서도 매우 낮은 수준이며 3저 호황 속에서 노동자가 창출한 경제잉여는 모두 기업에 귀속되었음을 의미한다. 뿐만 아니라 부가가치 중에서 노동자의 임금으로 지급된 몫인 노동소득분배율을 보더라도 1981년 51%에서 1984년 49.1%, 1985년 48.3%, 1986년 46.7%로 매년 하락하였다. 또한 노동자의 생계비 상승률은 1980년 38.7%, 1982년 14.4%, 1986년 11.8%가 상승하였으나 같은 해의 임금은 각각 23.4%, 9.5%, 7.5%의 인상에 그쳐 노동자의 실질임금도 매년 하락하였다.

이상에서 보는 바와 같이 1986, 1987년에 걸쳐 3저 효과에 따른 전반적인 경제호황 속에서도 경제잉여는 기업에 귀속되고, 임금인상은 억제되었으며, 장시간 노동은 더욱 강요됨으로써 노동자의 불만은 더욱 고조되었다.

(5) 6월의 민주화 운동

6월의 민주화 운동은 반독재 · 민주화를 내건 대중적이고 국민적인 대규모화된 투쟁이었다. 그 동안 민주정부를 수립하고자 했던 전체 국민의 여망이 박종철군 고문치사 및 고문조작사건, 4 · 13선언 등을 거쳐 호헌철폐, 직선제 쟁취 등의 민주화 요구로 표출된 것이 6월항쟁이었다. 이 같은 전 국민적인 민주화 운동은 대통령 직선제를 수립하는 6 · 29선언에 의해 다소 완화되고 진정되는 기미를 보였다. 이러한 상황 속에서 기층 노동자들은 6월 민주항쟁에 조직적으로 참여하지는 못했다 하더라도 부분적 개별적인 참여나 자각을 통하여 노동자의 정치 · 경제 · 사회적 권리회복의 당위성과 전체 노동자의 연대적 운동을 통한 권리쟁취의 가능성을 배울 수 있었다. 또한 노동자들은 6월 민주화 투쟁을 겪으면서 정치적 민주화와 함께 경제 · 사회적 민주화의 실현 없이는 노동자에게 진정한 민주화는 존재할 수 없다는 사실을 깊이 인식할 수 있었다. 이와 같은 자각과 함께 특히 6 · 29 이후 노동운동에 대한 규제와 통제가 이완되는 상황 속에서 노동자들의 생존권 확보를 위한 투쟁은 필연적인 것이었다.

3.2 1987년 여름 노동자 대파업의 개요

1987년 10월 말 현재 노동쟁의 총 건수는 3,567건이며, 6 · 29 이전의 124건을 제외하면 3,443건이 6 · 29 이후에 집중적으로 터져나온 것이었다. 이러한 노동쟁의 규모는 6 · 29 이후 1일 28건이 발생되었음을 말하며 이는 6 · 29 이전 1일 0.7건의 분쟁에 비하면 무려 40배에 이르는 매우 놀라운 수치일 뿐만 아니라 예년에 비해서도 엄청나게 늘어난 수치를 보여주고 있다(표 3-4, 3-5 참조).

6 · 29 이후의 파업은 7월 1일 서영산업의 운수노동자와 그 가족들의 농성으로 시작되어 전지역, 전규모, 전업종으로 확산되었다. 10월 말을 중심으로 이를 좀 더 구체적으로 살펴보면 지역별 상황은 〈표 3-6〉에서 보는 바와 같이 전지역에 걸쳐 분규가 일어났고, 규모별로는 〈표 3-7〉과 같이 기업규모가 클수록 발생빈도가 높았음을 알 수 있다. 업종별로는 〈표 3-8〉과 같이 제조업과 운수업, 그리고 광업에서 집중적으로 발생했음을 알 수 있다.

분규유형별로는 〈표 3-9〉와 같은 바, 사업장 내외의 농성이 대부분을 차지하며 때로는 시위, 점거와 같은 과격한 행동이 수반되기도 하였다. 또한 이 기간 동안에는 무려 1,200개 이상의 신규노조가 결성되어 노동운동의 새로운 전기를 마련하였으며(표 3-10 참조), 이 기간

표 3-4 노사분규 발생건수

(단위 : 건, %)

구 분	발 생	타 결	타결률	진행중
6.29이전	121	118	97.5	3
7월중	91	70	88.7	24
8월중	2,552	1,977	78.3	599
9.1~9.23	670*	1,221	98.6	48
합 계	3,434	3,386	98.6	48
제조업	1,832	1,822	99.5	10
운수업	1,266	1,233	97.4	33
광업	127	127	100.0	-
기타	209	204	97.6	5

주 : 9월 6일~9월 23일까지 167건으로 현저히 감소(1987년 9월 23일 현재임).
자료 : 경제기획원, 88노동경제연감, p.198.

표 3-5 노사분규현황(원인별)

(각년도 12월 말 현재)

년도	계	임금체불	임금인상	휴폐업 및 조업단축	해 고	부당노동 행위	근로조건 개선	기타
1975	133	32	42	7	10	19	4	19
1976	110	37	31	8	3	8	4	19
1977	96	30	36	4	4	6	2	14
1978	102	29	45	3	1	2	–	22
1979	105	36	31	5	6	3	–	24
1980	407	287	38	11	5	–	14	52
1981	186	69	38	11	9	4	32	23
1982	88	26	7	4	2	–	21	28
1983	98	35	8	9	6	–	19	21
1984	113	39	29	2	5	7	14	17
1985	265	61	84	12	22	12	41	27
1986	276	48	73	11	34	16	48	44
1987	3,749	45	2,629	11	51	65	566	382

자료 : 노동부, 한국경영자총협회, 88노동경제연감, p.203.

표 3-6 지역별 노사분규 발생건수

구 분	전체	서울	부산	대구	인천	광주	경기	강원	충남북	전남북 제주	경남북
발생건수	3,494	652	329	258	250	121	691	173	261	252	507
총사업체수	107,412	47,056	9,500	5,937	4,007	2,074	11,245	2,808	5,938	10,099	5,238
총사업체대비(%)	3.3	1.4	3.5	4.3	6.2	5.8	6.1	6.2	4.4	2.5	5.5

자료 : 노동부, 대한상공회의소, 88노동경제연감, p.199.

표 3-7 규모별 분규발생건수

구 분	전체	50인 미만	50~99인	100~299인	300~999인	1,000인 이상
분규발생건수	3,494 (100)	500 (14.3)	780 (22.3)	1,397 (40.0)	588 (16.8)	229 (6.6)
총사업체수	107,412	91,542	8,453	5,534	1,541	342
총사업체대비(%)	3.3	0.5	9.2	25.2	38.2	67.0

주 : ( )안은 구성비임.
자료 : 노동부, 대한상공회의소, 88노동경제연감, p.201.

표 3-8 산업별 분규건수

구 분	전체	제조업	운수업	광업	기타
분규발생건수	3,494 (100)	1,860 (53.2)	1,286 (36.8)	128 (3.7)	220 (6.3)
총사업체수	107.412	43,594	4,863	1,178	57.777
총사업체대비(%)	3.3	4.3	26.4	10.9	0.4

주 : ( )안은 구성비임.
자료 : 노동부, 대한상공회의소, 88노동경제연감, p.200.

동안 기존 노조간부들의 어용성을 문제삼아 많은 노동조합에서 새로운 간부가 선출되는 등 노조 내부의 민주화 노력 또한 만만치 않게 전개되었다.

표 3-9 분규유형 구성현황

구분	계	작업여부						태업	직장 폐쇄	기타
		소계	사업장 내농성	사업장 외농성	폭력 파괴	공공시 설점거	기타			
총계	4,170	3,985	3,015	641	135	109	85	96	30	59
노조 유	2,498	2,380	1,632	512	99	90	47	58	24	36
노조 무	1,672	1,605	1,383	129	36	19	38	38	6	23

자료 : 노동부, 88노동경제연감, p.203.

표 3-10 1987년 신규노조 설립현황

구 분	1986년 말		1987년	
	노조 수	조합원 수	신규노조 수	조합원 수
철도노조	1	30,443	–	–
제지노연	176	101,789	65	7,110
광산노연	78	53,026	4	570
전력노조	1	18,415	0	–
외환노조	26	21,649	0	–
전통신노연	7	65,426	4	710
항운노연	45	35,210	–	–
해운노연	52	83,200	3	486
금융노연	83	92,084	49	34,413
전매노조	6	11,454	–	–
화학노연	231	128,690	196	63,836
금속노연	263	134,404	308	125,040
출판노연	47	4,315	18	1,750
자동차노연	1,023	92,325	435	29,944
연합노연	180	58,082	178	263,862
관광노연	44	8,448	36	10,115
계	2,263	938,921	1,296	336,507

주 : 1987년 10월 말 현재 수치임.
자료 : 한국 노동조합총연맹, 88노동경제연감, p.205.

3.3 1987년 여름 노동자 대파업의 특징적 성격과 의의

1987년 여름의 노동자 대파업이 한국의 노동운동사 속에서 어떠한 의의와 성격을 갖느냐 하는 것은 앞으로 노동운동의 방향설정을 위해서도 매우 중요한 일이 될 수 있다. 그 특징적 성격은 다음의 몇 가지로 요약될 수 있다.[20)]

(1) 노동조합운동의 본질 인식

과거에 노동자들은 단지 임금인상이나 체불임금 일소활동을 전개하거나 그것의 타결로 만족하는 경우가 허다하였다. 그러나 7, 8월 파업은 생존권 보장요구와 함께 보다 발전된 민주사회 건설을 지향하는 작업환경에서의 인간적 권리의 회복, 경제와 노사관계의 민주화를 요구하는 경향이 뚜렷하게 나타났다. 노동자들이 임금인상 요구와 함께 인간적인 대우, 공정한 성과배분, 전제적인 노무관리 철폐, 대등성과 자율성에 기초한 근대적 노사관계의 확립 등을 요구한 사실이 그러한 일면을 명확하게 제시해 주고 있다 하겠으며, 특히 상반기의 정기 임금인상이 실시된 뒤에 추가적인 임금인상을 요구하였다는 것은 생존권 보장이라는 측면뿐만 아니라 그 동안 누적되어온 불공평한 분배체계를 개선하기 위한 저항적인 측면도 매우 컸다는 점을 인정하지 않을 수 없다.

바로 이러한 과정을 통해서 노동자들은 기존 노동조합활동의 허구성을 알게 되었고 노동조합운동의 본질이 어떤 것이어야 하느냐에 대한 인식을 제대로 할 수 있는 계기를 마련했다고 할 수 있다.

(2) 파업의 장기화와 불법성

7, 8월 파업은 그 기간이 길었고 법률적 제약을 뛰어 넘어 크게 강화된 운동역량의 일면을 보이기 시작했다. 과거에는 생존권 주장 요구를 중심으로 한 준법투쟁이 중심이 되었고 법률적 규제한계를 뛰어넘어 이루어지는 것은 특별한 경우를 제외하고는 대부분 미조직사업장에서나 있었던 일이었다. 그러나 7, 8월 노동쟁의는 전부가 실정법을 무시한 불법적인 파업 농성이었다. 물론, 이와 같은 양상은 그 동안 실정법에 의한 합법적인 파업이 불가능했던 점에서도 기인한 것이었으나 노동쟁의가 매우 강렬하고 격렬했던 일면도 보여주는 것이라

하겠다. 특히, 이같은 한계를 뛰어넘은 노동자파업은 결국 1987년도 정기국회에서 그 동안 노동운동을 탄압하는 수단으로 활용되어온 1980년 노동법의 개정으로 귀결되었다는 점은 커다란 의미를 갖는다 하겠다.

뿐만 아니라 파업의 장기성과 완강성에 있어서도 과거에 비할 수 없을 정도로 큰 차이를 보였다. 1987년도 노동쟁의에서 10일 이상의 장기파업을 보인 곳은 50여개 사업장에 달하며 30일 이상의 파업을 계속한 곳도 수 건에 달하고 있다. 이러한 장기적인 파업은 치밀한 조직적 지도와 투철한 의지가 없이는 불가능하다는 점에서 우리나라 노동자들의 운동역량이 얼마나 강화되었는가를 새삼 발견할 수 있게 해 주었다.

(3) 대기업 노동조합의 주도

7, 8월 노동쟁의에 있어서는 1,000명 이상 규모의 독점적 재벌기업의 약 70%에 해당되는 기업에서 파업이 전개되었으며 이것이 점차 중소기업으로 확산되었다. 과거에는 대규모 기업에서 노동자들이 집중적으로 저항하는 경우는 매우 드물었는데 그 이유는 대기업의 노동자는 중소기업의 노동자들보다는 비교적 상대적인 고임금 하에서 노동할 수 있었기 때문이었다. 그러나 7, 8월 노동쟁의의 경우는 대기업의 파업이 전체적인 파업을 주도하였는데, 대기업에 의한 상대적 고임금은 사실상 말뿐이었고 임금격차가 매우 큰 우리의 현실 속에서도 기업규모별 임금격차는 거의 나타나지 않고 있을 정도로 대기업에 의한 노동력 착취는 매우 강화되어 왔다는 데서 찾을 수밖에 없다. 뿐만 아니라 독점적 대기업들은 중소기업에 비하여 노동조합 결성 그 자체를 방해하는 부당노동행위를 더욱 극심하게 자행해왔고 방위산업 등에 있어서의 노동3권 행사의 제한 등을 통하여 폭리를 취해왔을 뿐만 아니라 전근대적이고 강압적인 노무관리와 노동강도도 더욱 강화하여, 이러한 제 요인을 고려한다면 상대적 고임금이란 말뿐으로 기업 측에 의한 역선전에 불과한 것이었다. 이러한 상황 속에서 독점적 재벌기업을 대상으로 한 노동자의 파업은 불가피할 수밖에 없었던 것으로 보인다.

(4) 노동자의 연대

7, 8월 노동쟁의의 또 다른 특징은 여러 가지 형태의 연대행동과 연대조직이 발전해 왔다는 점이다. 동일 재벌 내의 노동자의 연대조직화와 연대 통일행동, 그리고 연대파업, 시위, 농성 등은 7, 8월 쟁의 속에서 대단히 활발하게 전개되었던 한 부분이었다. 현대그룹산하 기

업들을 중심으로 하여 현대노조협의회가 구성되어 연대집회, 시위, 농성을 벌인 것이 연대조직, 연대행동의 대표적인 예였고, 서울, 부산, 대구, 인천, 광주 등 전국의 거의 대부분의 도시에서 운수노동자들에 의한 연대파업이 바로 그것이었다. 1987년 노동쟁의과정에서 나타난 이 같은 노동자의 연대행동은 앞으로의 노동운동에 있어서 노동자계층의 연대에 입각한 보다 조직적이고 강화된 운동을 예고하는 것이라는 점에서 보다 더 큰 의의를 찾을 수 있다고 하겠다.

04 1987년 이후의 노동운동의 전개[21)]

1987년 이후의 노동운동은 크게 1987년에서 1989년까지의 노동운동의 대폭발과 새로운 노동운동 지형의 성립의 시기, 1990년에서 1995년까지의 노동운동의 성장과 정치적 좌절의 시기, 1996년에서 현재까지 노동환경의 변화와 새로운 노동운동 모색의 시기라는 구분을 채택했다. 그리고 각각의 세 시기는 다시 1987년 7~8월 노동자 대투쟁의 시기, 1988~89년 노동운동의 조직화와 공세기, 1990~92년 간 노동운동의 분화와 경쟁의 시기, 1993~95년 제도화를 둘러싼 조직노동의 경쟁과 갈등의 시기, 1996~97년 노동법 개정 협상과 총파업투쟁의 시기, 1998~99년 경제위기와 고용안정투쟁의 시기로 구분했다.

이러한 시기 구분의 근거는 크게 세 가지 측면에서 제시될 수 있다. 첫째는 정치변동과 경기순환에 따른 노동환경의 변화이다. 노동환경의 변화는 해당 시기 노사 간 갈등의 쟁점을 규정하며, 노동자들의 기대와 요구, 노동운동의 전략 선택의 폭을 규정한다. 1987년 이후 민주화의 역동적 전개와 절차적 민주주의의 확장, 정치적 반동과 문민정부, 여야간 정권교체로 이어지는 정치변동과 3저호황 이후의 경기침체와 경기양극화, 대기업의 연쇄부도와 IMF 체제로 이어지는 경제환경의 변화는 정부의 노동정책과 노사관계의 쟁점 형성, 노동운동의 요구와 전략에 직접적인 영향을 미쳤다. 정치적 환경은 노동운동의 전략적 목표 설정과 행위선택의 폭을 규정해 왔으며, 경제환경의 변화는 노동정책, 기업의 지불능력, 노동자들의 요구와 기대수준의 변화에 직접적인 영향을 미쳐 왔다.

둘째는 국가의 노동정책의 변화이다. 1987년 이후 노동운동의 일관된 요구는 임금인상과 노동기본권의 보장으로 요약될 수 있다. 그러나 이러한 노동운동의 요구가 표출되는 방식은 해당 시기 국가의 노동정책에 의해 규정되었다. 노동운동의 두 가지 요구에 대해 국가의 정책목표는 한편으로 자본축적의 위기를 타개하기 위해 임금인상을 억제하는 것과, 다른 한편으로 급진적인 민주노조진영을 억압하거나 고립화함으로써 노동운동의 조직적 성장을 최대한 억제하는 데 집중되었다. 이 노동정책의 두 가지 목표는 1987년 이후 현재까지 정부의 일관된 정책방침이지만, 1987년 이후 노태우, 김영삼, 김대중 정권은 각 정권의 지배연합의 구성, 해당 시기 여야간의 정치적 역관계에 따라 임금인상 억제와 노동운동의 순치라는 두 가지 목표를 다른 방식으로 추진해 왔다. 한편으로 노사자율에 의한 불개입, 공권력에 의한 물리적 개입, 여론을 동원한 이데올로기 공세, 한국노총을 이용한 민주노조진영에 대한 견제, 양대 노총의 제도화를 통한 협상, 노사정위원회를 통한 사회적 합의의 방식 등이 다양하게 사용되었고, 임금정책에서도 임금가이드라인, 총액임금제, 노-경총 중앙임금합의 등 다양한 방식이 동원되었다. 정부정책이 실행되는 방식의 변화는 해당 시기 노사관계의 쟁점을 형성해 왔고, 노동운동은 이에 대한 대응방식을 달리하지 않을 수 없었다.

셋째는 노동운동의 내적인 변화의 동학이다. 노동자 대중투쟁의 흐름과 전개, 조직노동의 형성과 경쟁, 협력과 갈등의 과정, 노동조합운동과 정치적 노동운동의 관계 등이 주요한 기준이다. 노동운동은 단순히 노동자들의 요구를 대변하고 정부와 자본에 대해 이를 관철하는 것뿐만 아니라, 조직적 과제나 이념적 지향에 따라 노동운동 자체의 내적인 역학을 만들어낸다. 첫 번째 시기 동안에는 1987년 이후 신규로 설립된 기업별 노동조합들의 자연발생적인 지역적 연대를 통해 민주노조진영이 조직적으로 형성되었다. 이 시기에는 노동자 대중의 자발성이 노동조합의 투쟁을 만들어냈을 뿐만 아니라, 변혁적 노동운동세력이라고 할 수 있는 노동운동단체들과 노동조합간의 협력적 관계가 이 시기 노동운동의 방향에 중요한 영향을 미쳤다. 전노협이 결성된 이후 노동운동은 '전투적 조합주의'로 표현되는 전노협과 공권력의 직접적 충돌을 경험했고, 민중당과 한국노동당으로 대표되는 정치세력화의 실패와 정치적 노동운동의 약화로 인해 1990~95년간은 한편으로 민주노조 총단결과 다른 한편으로 민주노조운동의 온건화가 동시에 진행되는 과정이었다. 이 과정에서 한국노총의 고립화는 심화되었고, 역설적으로 한국노총의 개혁 시도는 불가피하게 민주노총과의 조직적 경쟁을 낳았다. 세 번째 시기에는 새로운 노동환경의 변화에 따라 양대 노총 간의 협력과 경쟁, 전국수준에서 사회적 합의의 시도와 고용불안에 의해 촉발된 대중투쟁이라는 새로운 구도가 형성되었다.

이러한 측면에서 1987년 이후의 노동운동은 운동이 직면한 주요한 도전과 쟁점을 중심으로 각 시기가 구분됨을 알 수 있다. 첫 번째 시기의 쟁점은 대중운동의 폭발과 노동조합 활동의 승인, 민주노조진영의 형성이다. 이 시기는 전체적으로 폭발적 대중운동을 기반으로 한 노동의 공세 속에서, 신규로 결성되는 노동조합의 승인과 기업 내 노동조합 활동의 보장, 즉 기업수준 노사관계의 구조를 중심으로 치열한 노사 간의 공방이 전개되었던 시기이다.

두 번째 시기에는 임금인상과 민주노조운동의 조직화를 둘러싼 갈등이 주요한 쟁점이다. 1987~89년 이후 지속된 임금인상이 점차 자본축적의 위기를 초래하고 있다고 판단한 국가와 자본에 의해 다양한 방식으로 적극적인 임금억제전략이 추진되었고, 이에 대한 노동운동의 반발과 저항은 국가의 총액임금제 철폐 혹은 중앙임금합의를 추진한 한국노총에 대한 탈퇴운동으로 전개되었다. 다른 한편 이 시기는 1987~89년의 노동의 공세에 대한 국가와 자본의 역공이 시작되었던 시기이다. 자본은 기업수준에서의 신경영전략을 통해 노동운동의 현장기반을 약화시키고 기업 측의 현장장악력을 강화하려고 하였고, 국가는 임금억제에 대한 적극적 공세뿐만 아니라 근로조건의 유연화를 위한 노동법의 새로운 변화를 모색하기 시작했다.

세 번째 시기의 쟁점은 소위 1987년 체제의 붕괴와 새로운 노사관계의 모색이다. 이는

표 3-11 1987년 이후 노동운동의 각 시기별 특징과 쟁점

시기	노동운동의 대폭발과 노동운동 지형의 변화		노동운동의 성장과 정치적 좌절의 시기		노동환경의 변화와 새로운 노동운동의 모색	
	1987. 7~8	1988~89	1990~92	1993~95	1996~97	1998~
특 징	대중운동의 폭발	노동운동의 조직화와 공세기	노동운동의 분화와 경쟁	조직노동의 경쟁과 갈등	노동법 개정 협상과 총파업	구조조정과 고용안정투쟁
노동환경	6월항쟁	경기호황, 여소야대	경기침체, 3당합당	경기호황, 문민정부	경기침체, 정권 말기 개혁	공황,대량실업 여야정권교체
노동정책	–	노사자율	총액임금제, 물리적 억압	노-경총 임금합의	노사관계 개혁위원회	노사정위원회
노동운동	노동조합 결성	지노협과 지역수준의 연대	전노협과 변혁적 노운의 좌절	전노대와 한국노총의 고립화	민주노총 성립, 한국노총 개혁	양대 노총의 경쟁과 협력
쟁 점	임금인상과 노조결성	기업수준의 노조활동 보장	임금인상, 전투적 조합주의	신경영전략	노동법 개정	사회협약, 고용안정

자료 : 최영기,김준,조효래,유범상(2001), 1987년 이후 한국의 노동운동, 한국노동연구원, p.9.

IMF 경제위기를 전후로 노동법 개정과 고용불안이라는 쟁점으로 표현되었지만, 기본적으로는 고성장-저실업이라는 틀 속에서, 기업별 노동조합에 기초한 임금인상의 정치 · 사회적 노사관계의 부재와 기업수준의 대립적 노사관계라는 1987년 이후 형성된 노사관계의 관행과 구조가 새롭게 변화되고 또 변화를 모색하는 시기이다. 따라서 주요한 쟁점은 새로운 노사관계의 틀을 규정하는 노동법 개정의 방향을 둘러싼 공방, 새로운 노동법 하에서 산별 노조로의 전환과 사회적 노사관계의 형성을 위한 모색, 임금인상의 정치로부터 구조조정과 고용안정을 둘러싼 갈등으로의 변화라는 형태로 제기되었다.

05 1987년 대투쟁을 기점으로 한 노동운동의 미래

1987년 이후 한국의 정치경제(political economy)는 정부주도의 개발모델로부터 개방적인 시장경제로 전환되는 과정에 있었다. 노동운동은 1987년 노동자 대투쟁으로 개발모델 해체의 깃발을 올렸고 1997년 총파업으로 개발모델 와해를 결정지었다. 이런 의미에서 1987년 이후 노동운동은 한국 정치경제의 능동적 주체였으며 역동적인 변화를 주도하는 핵심적인 정치주체였다. 그렇지만 1998년 이후 건설되기 시작한 새로운 정치경제모델의 설계자는 될 수 없었다. 왜냐하면 1987년 이후 노동운동 성장의 자양분은 역설적으로 개발모델의 해체 과정에서 얻어진 것이기 때문이다. 노동운동은 앙시앙레짐의 최대 피해자였고 이를 극복하려는 가장 확실한 의지와 그럴 만한 에너지를 품고 있었다. 바로 이 점이 1987년 이후 노동운동이 갖고 있던 진보성과 역동성의 근원이다. 따라서 짧게는 1987년 대투쟁 이후, 길게는 1970년 전태일 이후 박정희 개발모델의 해체를 위해 전개되었던 노동운동은 하나의 완결된 성장주기를 마쳤으며, 그 투쟁은 매우 성공적이었다.

한국의 노동운동은 이제 한 시대를 마감하고 새로운 시대를 열어가야 하는 역사의 변곡점에 위치해 있다. 그래서 과거의 성공에 비해 지금의 위상이 너무나 초라할 수 있다. 그리고 새로운 미래가 잘 보이지 않을 수도 있다. 과거의 운동이 눈에 보이는 국가의 억압적 규율에 대한 저항이었다면, 미래의 운동은 형체가 없는 시장의 무차별적 규율에 대항하고 이에 대한 적절한 사회적 통제를 통하여 근로생활의 안정과 노동자의 지위향상을 도모해야 하기 때문이다. 지금 노동운동은 개방적인 시장경제모델을 대체할 만한 유력한 대안을 갖고 있지 못하다. 노동자들이 시장경제의 타파를 원하는 것도 아니다. 1998년 이후의 구조조정 반대투쟁도 이것을 지향하지 않는다. 그러나 노동자들은 시장경제의 단기적 효율극대화 경향이나 끝없는 유연화를 두려워한다. 시장경제의 효율을 무시하지 않으면서도 '품위있는 일자리(decent job)'를 원하고 제도적 차별이 없는 공평사회를 원하고 있다. 이를 위해서 미래의 노동운동은 시장경제에 대한 민주적 통제방안을 강구하고, 시장에서 차별적 지위에 있는 비조직 취약노동자들의 사회적 보호를 강화하는 데에 힘을 쏟아야 한다.

시장경제에 대한 민주적 통제강화를 위해서 노동운동은 시장경제의 지배구조에 참여할 수 있는 제도적인 장치들을 만들어 가야 한다. 즉 제도적 참여의 대장정(long march through institutions)에 나서야 한다. 정당활동, 선거참여, 정책연합 등의 다양한 형태로 정치기구에 적극적으로 참여해야 한다. 노동운동의 정치기구 참여에 대한 제한은 모두 사라졌고 이제 유일한 제약조건은 노동자 자신의 정치적 역량뿐이다. 그리고 각종 국가기구 특히 노동 · 사회정책기구에 대한 제도적 참여를 확대해 나가야 하며, 이러한 정책기구의 정부주도적 지배구조를 노사단체가 참여할 수 있는 협치구조(associational governance)로 변화시켜 나가야 한다. 이와 같은 제도적 참여의 확대를 통하여 기업내 분배개선에만 치중하던 임 · 단협 중심의 노동운동 지평을 사회정책강화와 인적자원개발(교육 · 훈련강화)로까지 확장시켜 나가야 한다. 그리고 노사정위원회를 비롯한 각종 정책협의기구들의 구조와 운영방식을 개편하여 사회적 협의(social dialogue)를 충실화시켜 나가야 하며, 중앙정부 차원에서뿐만 아니라 지방정부의 업종이나 직종 차원으로까지 사회적 협의를 확대시켜 나가야 한다. 같은 맥락에서 기업 차원의 지배구조에도 참여의 폭을 확대해 나가야 한다. 종업원대표의 경영지배구조 참여를 요구하고 노사 협의회의 협의 · 합의사항들을 확대하고 내실화할 필요가 있다. 이러한 제도적 개입을 통한 대장정은 기존 노동조합 조직들이 맡아야 할 일이다. 구조조정 이후 전개되고 있는 산별 노조 건설운동은 이러한 제도적 참여를 확대해 가는 데에 매우 유익한 변화이다.

미래의 노동운동이 나아가야 할 또 하나의 길은 2등 시민화되고 있는 중소영세사업장 근로자와 비정규 근로자들을 조직하고 이들에 대한 제도적 보호를 강화하는 일이다. 이는 마치 1970년 전태일이 시작했던 노동운동을 다시 시작하는 것과 같은 성격의 운동이다. 이미 제도화된 노동운동과 기득권을 누리고 있는 노동조합기구로서는 감당하기 어려운 과제이다. '비정규직노동자전국모임', '장애인실업자연대', '마산 · 창원지역공공근로노조', '서울여성노조', '서울지역사무전문직노조', '프로야구선수협의회' 등 다양한 형태로 전개되고 있는 새로운 조직활동은 이러한 면에서 미래지향적이다. 이와 같이 기존 노조의 조직형태와 운영

시대별 변천사

시대구분	연 도	고용관계
노동운동 태동기	1876	강화도조약으로 조선 강제 개국
	1888	함경도 초산금광에서 최초의 노동쟁의 발생
	1898	성진에서 최초의 노동조합(47명의 부두노동조합)설립
일제하	1920	최초의 전국 노동단체인 조선노동공제회 결성
	1922	사회주의 계열의 조선노동연맹 결성
	1924	농민을 포함하는 조선노농총연맹 결성
	1928	영흥총파업(한국최초의 총파업)/일제, 노동운동 사실상 금지
	1929	원산 근로자 총파업(일제하의 가장 대규모 파업)
	1938	중일전쟁의 발발로 노동조합 활동이 금지됨
미군정하	1945	8 · 15해방/미군정 노동쟁의 중재를 포함한 노동보호에 관한 법령 공포/좌익계 전평 결성
	1946	대한노총 결성
	1947	전평이 미군정에 의해 불법시됨/노동국 설립
제1공화국	1948	제1공화국 탄생/경제재건5개년 계획 개시
	1953	노동조합법, 노동쟁의조정법, 노동위원회법,근로기준법 제정/대한노총 분열
	1959	전국노동조합협회(전노협) 결성
	1960	4 · 19 혁명/ 대한노총과 전노협이전노협으로 결합
경제개발기	1961~2	5 · 16쿠데타/모든 노동조합 해체/산별노조 전환/한국노동조합총연맹 설립
	1970	외국인 소유기업 내의 노조활동과 쟁의를 규제하는 임시특례법 제정
	1971	강제중재가 전산업으로 확대
	1972	한국경영자총협회 설립
	1975	근로기준법 개정(5인 이상 사업에 적용)
	1980	노동조합법,노동쟁의조정법,노동위원회 개정
	1981~6	산업안정보건법 제정/최저임금법 제정
민주화 이행기	1987	6.29 민주화 선언
	1990	전국노동조합협의회 결성
	1991	국제노동기구(ILO)가입
	1995	민주노총 결성
	1996	노사관계개혁위원회 출범/노동법개정으로 대규모 시위 발생
외환위기 이후	1997	대규모 파업으로 노동관계법 재개정/IMF
	1998	노사정위원회 설치, 노동시장 유연화대책 시행 합의
	1999	교원노조 합법합, 민주노총 인정
	2000	노사정위(복수노조 및 노조전임자 임금지급금지 시행 연기 합의)
	2001	노사정위(주40시간 근로제 합의)
	2006	공무원노동조합 합법화

원리를 탈피하여 전국단위, 지역단위, 특정계층을 상대로 한 유연한 조직을 구사하는 것은 노동운동의 지평을 넓혀 가는 과정이라고 할 수 있다. 이러한 노동자들의 속성으로 보아 전통적인 의미에서 단체교섭을 위한 조직으로서의 노동조합이 아니라 공제적이고 자조적인 (self-help) 조직으로서의 노동조합 형태가 더 유용할 수 있다. 따라서 이들을 굳이 기존의 노동조합 조직에 밀어 넣으려 하기보다는 보다 느슨한 형태의 새로운 조직형식을 빌려서 이들을 조직화하는 것이 더 효과적일 수 있다.

그러나 한국의 노동운동이 또 다른 발전의 한 주기를 엮어 가기 위해서 무엇보다 필요한 것은 노동운동이 우선 '기업노조의 울타리'를 벗어나는 것과 노동자의 정치가 '노동조합의 울타리'를 넘는 것이다.

IR in News

한국 노동운동은 왜 실패했을까

[협동조합이 대안이다]<1>

* 이 글은 녹색평론 7 · 8월호에 실린 글을 발췌한 것입니다.

한국 노동운동의 영혼이 죽어가고 있다

한국의 노동조합들이 죽어가고 있다.

솔직히 이제는 이런 진단이나 말조차 새삼스럽지도 않다. 이미 오래전부터 노동조합운동 안팎에서 그런 지적과 분석, 비판이 줄을 이어 왔다. 노동조합운동을 하는 수많은 간부나 조합원들도 이를 극복하고 치유하기 위한 다양한 노력을 펼쳐온 것 또한 사실이다. 특히 비정규직 노동조합과 지역 노동조합의 연대를 향한 투쟁과 모색은 차마 눈뜨고 지켜볼 수 없을 정도로 처절한 분투와 희생의 연속이었다. 그러나 한국 노동조합은 노동운동의 영혼이 이미 빠져나가 버렸고, 육신조차 껍데기만 남아 죽어가는 중이라고 말할 수 있다.

2010년 7월 1일부터 시행된 타임오프제(Time-Off, 근로시간 면제제도)와 함께 수많은 노동조합이 전임자 임금을 제대로 주지 못하는 경우가 속출하고 있다. 노동조합 및 노동관계조정법 제24조 2항은 "노동조합의 업무에만 종사하는 자(이하 전임자라 한다)는 그 전임기간 동안 사용자로부터 어떠한 급여도 지급받아서는 아니 된다"고 못 박고 있다.

그리고 4항에서는 "제2항에도 단체협약으로 정하거나 사용자가 동의하는 경우에는 사업 또는 사업장별로 조합원 수 등을 고려하여 제24조의 2에 따라 결정된 근로시간 면제한도(이하 '근로시간 면제한도'라고 한다)를 초과하지 아니하는 범위에서 근로자는 임금의 손실 없이 사용자와의 협의 교섭, 고충처리, 산업안전

활동 등 이 법 또는 다른 법률에서 정하는 업무와 건전한 노사관계 발전을 위한 노동조합의 유지 · 관리업무를 할 수 있다"고 규정하고 있다. 노사 공통의 이해가 걸린 활동으로 고충처리, 산업안전, 단체협상 교섭 등에 종사한 시간만을 근무 시간으로 인정하고 이에 대해서는 회사가 임금을 지급할 수 있다는 것이다. 이전까지는 노조전임자의 업무와 정원은 노사 간 단체협약을 통해 결정했다.

이에 따라 조합원 50인 미만 사업장은 전임자 0.5명을, 100인 미만은 1명을, 300인 미만은 2명을, 1000인 미만은 최대 3명만을 둘 수 있게 되었다. 예컨대 금속노조 기아자동차지부는 2010년 8월부터 204명이던 노조전임자 수가 유급 21명, 무급 70명으로 줄었다. 노조는 무급전임자 노조원 70명의 급여를 해결하기 위해 조합원 1인당 조합비를 월 평균 1만4천200원 인상해야만 했다.

급기야 지난 6월 9일에는 현대자동차 노조 간부가 타임오프제 등 노동탄압을 분쇄하자며 자살을 감행해 충격을 주기까지 했다. 현대자동차 노조는 기존 단협이 만료돼 233명의 전임자들가 임금을 받지 못하고 있었는데, 회사 측은 조합원 4만5천 명의 법정 전임자 24명만을 인정하고 노조에 법정 전임자를 지정하라고 통보한 상태였다.

타임오프제로 노조 활동이 위축되는 것과 함께 복수노조의 시행 또한 노동조합을 활성화하기보다는 더욱 분열시키고 약화시키는 방향으로 귀결되리라는 우려의 목소리가 커지고 있다. 사실 노동자들이 스스로 노동조합의 형태와 종류를 자유롭게 선택해서 조직하는 것은 노동운동의 첫 번째 원칙이자 오랜 요구사항이기도 했다.

그러나 지금의 한국 노동조합은 이런 결사의 자유조차 제대로 활용해서 노동운동을 활성화시키는 기회로 삼을 수 없을 만큼 무기력해져 있다. 오히려 재벌과 자본가들이 복수노조 조항을 적극적으로 이용해 어용노조를 조직, 기존 노동조합을 분리 통제하는 기제로 삼을 가능성이 더 높아졌다.

왜 이렇듯 한국 노동조합이 참담할 정도로 무기력해지고 고사해 가고 있는 것일까. 한때 전 세계 노동자들이 한국 노동조합운동에 대해 경이의 시선으로 주목하고 그 투쟁성과 성과를 부러운 눈으로 바라보던

민주노총 전북본부는 작년 6월25일 전북 전주시 광주지방노동청 전주지청 앞에서 타임오프제 시행을 앞두고 '타임오프 폐기와 최저임금 현실화' 등을 요구하는 집회를 가졌다.

ⓒ뉴시스

것이 엊그제인데, 왜 이렇게 급속하게 몰락하고 말았을까. 우리는 이제 문제의 근원으로까지 파고 들어가 노동조합과 노동운동을 그 뿌리에서부터 다시 돌아보아야 한다.

한 마디로 한국 노동자들과 노동조합은 더불어, 함께 살아가는 인간다운 삶, 단결과 연대라는 노동운동의 대의를 버렸다. 대다수 노동자와 노동조합들은 세상을 바꾸고자 하는 노동해방, 사회해방의 뜨거운 가슴과 열정을, 노동운동의 영혼을 자본에 팔아버렸다. 이것이 한국 노동운동 실패의 가장 크고 가장 중요한 원인이다.

종업원 이익단체로 전락한 한국 노동조합

노동조합은 노동자 스스로 만든 자유인 결사체다. 당연히 노동조합 전임자는 회사가 '임금'을 주는 것이 아니라 조합원들이 스스로 걷은 조합비로 조합 '활동비'를 주는 것이 마땅하다. 노조 전임자 활동비를 자본가가 준다면 이는 어용 노동조합이다.

그런데 오랫동안 한국 노동조합은 전임자 활동비를 사용주로부터 받으면서도 어용 노조가 아니라 민주노조를 표방했고, 또 실제로 자본과 강력하게 대항하는 민주 노동조합으로서의 정체성을 이어왔다. 자본으로부터 전임자 활동비를 투쟁으로 쟁취해내고 그것을 지킬 수 있을 정도로 노동조합의 힘이 강력했다.

한국 노동조합은 기업별 노동조합으로 오랫동안 고착됐다. 기업별 노조는 사실상 어용 노조로 분류된다는 것은 상식이다. 왜냐하면 노동조합의 최대 무기는 조합원 수, 속된 말로 쪽수의 힘인데, 몇몇 대기업을 빼고는 기업별로 자본의 막강한 힘에 대항하는 이 쪽수의 힘을 발휘하기가 거의 불가능하기 때문이다.

그보다 더 문제인 것은 기업별 노조는 결국 조합원들의 정체성을 기업별로 회사 소속의 종업원이라는 정체성에 가두어 놓는데 있다. "우리는 금속 노동자다"라는 노동자 의식보다 우리는 현대중공업 소속 노동자라는 기업 정체성이 우선시되는 것이다. "우리는 운수 노동자다"라는 노동자 연대의 정체성보다 "우리는 지하철 종업원"이라는 종업원 의식이 앞서게 된다. 그래서 기업별 노조는 자유로운 노동자들의 결사체로서의 노동조합이 아니라 회사에 예속된 종업원 노조에 불과하게 된다.

불행하게도 한국의 노동조합들이 꼭 그렇게 종업원 노조로 전락하고 말았다. 이를 탈피하기 위해 산별

5월 1일 서울광장에서 민주노총 회원들이 '제121주년 세계 노동절 기념대회'를 개최했다
ⓒ뉴시스

노조 운동이 이어져 왔지만 산별 노조라 할지라도 무늬만 산별일 뿐 같은 산업 노동자로서의 정체성보다는 한 회사의 종업원이라는 정체성이 훨씬 더 강한 게 현실이다. 산별노조인 금속노조나 보건의료노조의 단체협약 과정을 조금만 들여다보면 여전히 기업별로 단협을 다시 체결하는 한국 산별노조의 초라한 실상이 그대로 드러난다.

1987년 이후 한국 노동조합 운동의 대폭발 시기에는 기업별 노조의 이런 성격이 오히려 강점이 될 수 있었다. 단결의 힘에 눈을 뜬 노동자들이 민주 노동조합을 통해 작업장 안에서 똘똘 뭉쳐 기업주에 대항하면 사실 기업주는 이에 맞설 뚜렷한 방법이 없었다. 그래서 1987년 이후 매년 노동자들의 임금은 두 자릿수로 올랐고, 기업별 노조도 민주 노동운동의 중심축으로서 세계 노동운동이 놀랄 정도로 눈부시게 도약할 수 있었던 것이다.

그러나 1997년 국제통화기금의 지배를 계기로 한국 노동조합운동은 이전과는 전혀 다른 새로운 상황에 직면하게 되었다. 이른바 노동 유연성의 도입은 비정규직이라는 새로운 노동자층을 만들어 내면서 노동자들의 단결을 밑에서부터 급속하게 무너뜨리기 시작했다. 평생직장 개념은 사라져 버렸고, 노동자들은 기업 안에서조차 정규직과 비정규직, 사무식과 현장직, 남성과 여성, 하청, 재하청, 재재하청 등 소속과 계층에 따라 뿔뿔이 흩어져 버리고 말았다.

전투적 노동운동의 성과, 풍요로운 한국 노동자들의 소비생활

실제로 1997년까지 한국 노동자들의 노동조건은 해마다 놀라운 정도로 향상되고 있었다.

2010년 기준으로 한국에서 4인 가족의 월 소득이 약 150만 원 이하면 차상위계층에 속한다. 그만큼 한국 노동자들의 소득 수준과 소비생활은 아무리 비정규직이라 해도 1987년 이전에 비해 놀라울 만큼 높아졌다. 월 소득 150만 원은 북한이나 동남아 노동자들의 2~3년 치 연봉에 해당한다. 물론 한국의 차상위계층 소비생활 또한 북한과 동남아 노동자들과는 비교되지 않을 만큼 풍요롭다.

그러나 작업장 안에서 '전투적인 투쟁'을 통해 생산현장의 민주화와 노동조건을 개선했던 한국의 노동

〈한국의 주요 노동통계〉

	임금총액	임금상승률	노동시간	노동생산성	도시노동자 가구당 월평균 가계수입	노동조합 조합원수	노동조합 조직률
1986년	294	9.2	237.7	13.1	686.6	1,036	12.3
1988년	393	19.6	228.6	14.7	1,008.0	1,707	17.8
1996년	1,261	9.9	210.1	7.7	3,697.0	1,599	12.2
1998년	1,284	5.2	200.0	6.3	3,935.3	1,402	11.5
2010년	2,7981	6.1	202, 7 (2009년)	10.3	4,007.7	1,640 (2009년)	10.1 (2009년)
비고	제조업, 천원	제조업, %	제조업, 시간, 월	제조업,%	천원	천명	%

▲ 한국노동연구원, KLI 노동통계, 노동부 고용노동통예에서 재작성

조합운동은 1997년 국제통화기금의 신탁통치 아래 국가와 자본의 전방위 공격 앞에서는 전혀 대응을 못한 채 속수무책으로 후퇴만을 거듭할 수밖에 없었다. 기존의 성과를 지키는 일에 급급해야만 했고 그조차도 힘에 부쳤다. 노동조건은 뒷걸음치기 시작했고, 생산현장의 민주화는 다시 점차로 병영식 노무관리 체제로 치환되어 갔다.

그 분기점은 비정규직을 양산하는 노동 유연화 정책이었다. 수많은 비정규직이 양산되었다. 실업자가 늘어나면서 고용 불안정은 노동자들에게 당연한 일로 받아들여졌다. 정리해고와 비정규직 전환이 일상화되는 상황 속에서 정규직 노동조합들은 비정규직을 자신들의 고용 안전판으로 받아들였고 노동자들의 단결이란 그저 수사로만 남게 되었다.

이에 대응하는 노동조합운동의 전략은 1년 열두 달 늘 구태의연하게 반복되는 총파업 구호뿐이었다. '뻥 파업'이란 자조의 표현까지 등장하면서 노동조합은 그야말로 종이호랑이로 전락하고 말았다. 이는 중소 영세 자영업자뿐만 아니라 일반 시민과 상당수의 노동자들까지도 노동조합 운동의 반대 세력으로 돌려놓는 결과를 낳았다.

만인의 만인에 대한 경쟁에 대항하는, 눈에 보이는 뚜렷한 대안의 이념과 대안의 경제사회 체제도 존재하지 않고 그것을 추진하는 대안 세력 또한 없는 현실에서 노동조합이 정규직이건 비정규직이건 종업원의 이익 단체화하는 것은 불가피하다. 한국 노동자들은 그렇게 단결과 연대 대신 자신의 밥그릇부터 지키는 현실의 선택을 했다.

현대차노조의 '정규직 장기 근속자 자녀 우선 채용' 요구로 대표되는 정규직 노조의 이기주의는 그렇게 하지 않으면 살아남을 수 없다는 절박성의 표현일 뿐이다. 자신들의 희생과 죽음만 보일 뿐 구체화한 희망이란 도무지 지푸라기 하나조차도 보이지 않는 단결과 연대의 미래를 위해 노동자들에게 눈앞의 실리를 포기하라고 말하는 것은 말도 안 되는 억지에 지나지 않는다.

이렇게 한국 노동조합은 노동운동의 뜨거운 심장과 영혼을 잃어버렸다. 그리고 노동조합은 제도로서 박제화 된 교섭 기구로 변해버렸다. 민주노총의 많은 노동조합은 민주라는 말을 쓰고는 있지만 민주주의와는 거리가 멀어도 한참 멀어져 버린 지 오래다. 수많은 노동조합들이 전태일 정신을 말하지만 자신의 월급을 털어 비정규직 노동자들의 배고픔을 함께 나누는 정규직 노동조합은 극소수에 지나지 않는다.

여기에 일부이긴 하지만, 예컨대 민주노총 상근 활동가 가운데 절반 이상을 특정 정파 활동가들이 '해고도 비정규직도 없는' 자기들만의 노동관료로 똬리를 틀고 앉아 노동운동의 심장과 영혼을 갉아 먹고 있는 게 엄연한 현실이다. 한국 노동조합 운동은 미래의 대안조차 없이 암담한 항해를 해오면서 난파되어 가고 있다.

◈ 연습문제

1. 일제하 한국 노동운동의 특징에 대해 설명해보시오.
2. 해방 이후 전평과 대한노총의 특성과 조직활동을 비교해보시오.
3. 1960년대 공업화 이후 1987년 대투쟁 이전까지 한국 노동조합운동의 특성에 대해 설명해보시오.
4. 1987년 여름 대투쟁의 특징에 대해 설명해보시오.
5. 1987년 대투쟁 이후의 노동운동의 특징에 대해 설명해보시오.
6. 1987년 대투쟁 이후 한국노총과 민노총의 특성과 조직활동을 비교해보시오.
7. 1997년 외환위기 이후 노동운동의 기조변화에 대해 설명해보시오.
8. 현 시점에서 산별 노조로의 전환운동의 특징을 정리하고 이에 대한 노사정의 대응 전략을 평가해보시오.

제4장 한국 노동시장의 현황과 변화

01 노동시장의 수요 측면의 현황
02 노동시장의 공급 측면의 현황
03 노동시장의 변화 전망과 과제

여성, 사회적 지위 향상에도 경제활동 저조, 임금격차 여전

여성 대학진학률과 전문직 종사비율이 꾸준히 증가하는 긍정적인 모습과 함께, 경제활동참가율이 절반에 못 미치고 남성과의 임금 격차가 줄어들지 않는 부정적인 모습이 있는 것으로 나타났다.

통계청은 여성주간(7월 1일~7일)을 맞아 여성가족부와 함께 작성한 〈2011 통계로 보는 여성의 삶〉 보고서를 27일 발표했다. 보고서에 따르면, 지난해 여성 대학진학률은 80.5%로 남성(77.6%)보다 높았다. 또 2009년 의사와 법조인 중 여성 비율이 각 22.2%, 13.3%에 이르는 등 여성의 사회적 지위가 높아진 모습이다.

그러나 지난해 전체 여성 경제활동참가율은 49.4%로 전년(49.2%)에 이어 절반에 못 미쳤다. 남성 경제활동참가율은 73.0%를 기록, 여성과 23.6%p의 차이를 보였다.

연령별로는 25~29세의 비중이 69.8%로 10년 전(55.9%)보다 13.9%p 증가, 가장 컸다. 그러나 출산과 육아가 이뤄지는 30~34세는 54.6%로 대폭 낮아졌고, 아이가 어느 정도 자란 후인 35~39세(55.9%), 40~44세(65.9%) 무렵 비중이 다시 커졌다. 실제 이번 조사에서 여성 취업의 가장 큰 장애요인으로 기혼여성(58.5%)과 미혼여성(38.2%) 모두 육아부담을 꼽았다.

〈여성 연령별 경제활동참가율〉

(출처 : 통계청)

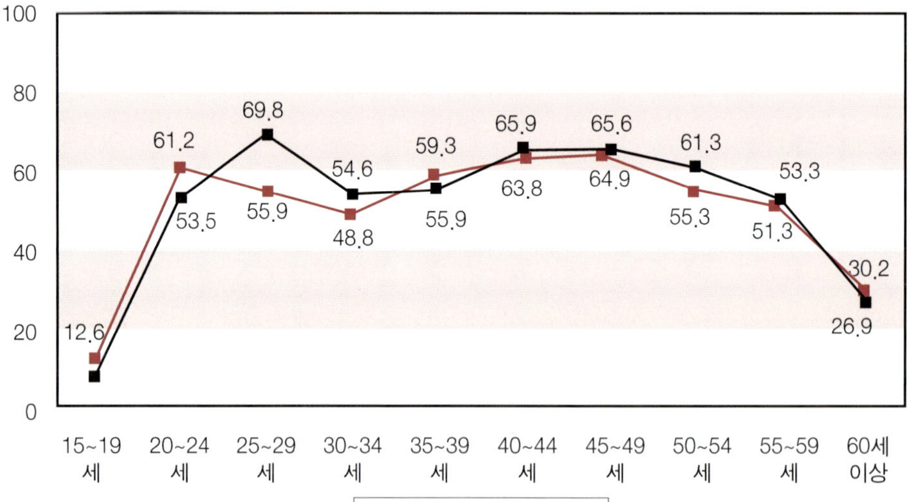

20~24세의 비중은 대학진학률 상승과 맞물려 2000년 61.2%에서 53.5%로 낮아졌고, 50~54세 비중은 같은 기간 55.3%에서 61.3%로 커졌다.

지난해 여성취업자 중 임금근로자 비중은 72.9%로 증가 추세지만 임시 · 일용직 비중이 38.4%로 남성(22.1%)보다 높아 고용의 질 측면에서 남녀 격차가 여전함을 알 수 있다.

또 지난해 남성의 임금을 100이라고 할 때 여성 임금은 66.9로 여전히 낮은 수준이었다. 근로시간은 남성을 100이라고 할 때 여성 95.5로 집계됐다.

한편, 지난해 전국 맞벌이 가구의 월평균 경상소득은 425만 8,900원으로 비맞벌이 가구(303만 4,000원)에 비해 122만 4,900원 많았다. 소비지출 구성을 보면 교육비(15.0%)가 가장 많았고, 음식 · 숙박비(13.4%), 교통비(12.6%) 순으로 나타났다.

비맞벌이 가구는 식료품 · 비주류음료비(14.8%)의 비중이 가장 컸고, 다음은 음식 · 숙박비(12.2%), 교육비(11.5%) 순이었다. 월평균 교육비는 맞벌이 가구(38만 9,700원)가 비맞벌이 가구(24만 1,500원)보다 14만 8,200원 더 많이 지출한 것으로 조사됐다.

■ 데이터 뉴스, 김경아 기자, 2011.6.28.

학습목표

노동시장의 수요현황, 노동시장의 공급현황, 산업별 및 직종별 취업구조와 특징, 취업형태별 고용구조, 인구구조의 변화, 고령화추세, 성별 · 연령별 · 학력별 고용현황과 특징, 노동수요측의 변화전망, 노동공급 측의 변화전망, 한국 노동시장의 과제, 적극적 노동시장정책

노동시장에 있어 노동력의 수급동향은 국가나, 산업, 혹은 기업수준의 노사관계 형성에 중대한 영향을 미치는 요인이다. 예를 들어 단순하게 얘기하면 노동시장에서 수요에 비해 공급이 월등하게 많을 경우(실업률이 높을 경우) 노동시장에서 노동력의 공급독점체로서 기능하고자 하는 노동조합의 교섭력은 현저하게 떨어질 수밖에 없을 것이다.

이 장에서는 노사관계시스템의 운영에 커다란 영향을 미치는 노동시장의 현황을 수요측면과 공급측면으로 나누어 살펴보고 향후 노동시장의 중요한 변화추세를 정리해보고자 한다.

먼저 1절에서는 취업자의 산업별 직종별 구성비, 고용증가율, 취업계수 등을 통해 산업 직업별 고용구조 및 노동수요의 변화추이를 살펴보고 취업자의 고용형태, 종사상 지위별 취업자비중 등을 중심으로 취업형태별 고용구조를 살펴보고자 한다. 2절에서는 인구성장률, 생산가능인구 등의 지표를 통해 인구구조의 변화를 살펴보고 성별, 연령별, 교육수준별 경제활동인구의 전반적인 추이를 통해 노동력 공급구조의 변화를 살펴본다. 3절에서는 향후 노동시장의 중요한 변화추세를 전망해보고자 한다.

01 노동시장의 수요 측면의 현황[1)]

1.1 산업별 · 직업별 고용구조

〈표 4-1〉은 산업별 취업자 수, 고용증가율 등 노동수요의 변화 추이를 보여주고 있다. 먼저 산업대분류별 취업자 분포를 보면 농림 · 어업의 취업자 비중은 지속적인 감소추세를 보이고 있는데 1980년 34.0%에서 2007년 7.4%로 5분의 1 정도 감소한 것으로 나타나고 있다. 광공업은 1980년 22.5%에서 1990년에는 27.6%로 5.1%p 증가하였으나 1990년대 이후 하락세를 보이며 2007년 17.7%로 감소하였다. 반면 사회간접자본 및 기타 서비스업의 취업자 비중은 1980년 43.5%에서 2007년 74.9%로 지속적으로 증가하여 서비스산업으로의 노동이동

표 4-1 산업별 취업자 수, 고용증가율 추이 (단위 : 천명, %)

산 업		취업자 수				연평균 고용증가율		
		1980	1990	2000	2007	80~89	90~99	00~07
계		13,683 (100.0)	18,085 (100.0)	21,156 (100.0)	23,433 (100.0)	2.8	1.2	1.5
농림 · 어업		4,654 (34.0)	3,237 (17.9)	2,243 (10.6)	1,726 (7.4)	−2.6	−2.9	−3.7
광공업		3.079 (22.5)	4,990 (27.6)	4,310 (20.4)	4,137 (17.7)	6.1	−1.9	−0.6
	제조업	2,955	4,911	4,293	4,119	6.5	−1.8	−0.6
사회간접자본 및 기타서비스 업		5.951 (43.5)	9,858 (54.5)	14,603 (69.0)	17,569 (74.9)	5.4	4.1	2.7

자료 : 통계청, KOSIS(통계정보시스템).

이 촉진된 것으로 나타나고 있다.

또한 산업별 고용증가율 추이를 보면 농림 · 어업의 경우 1980년대 −2.6%, 1990년대 −2.9%, 2000～2007년 −3.7% 등 전 기간 감소하였고 감소폭도 점차 커진 것으로 나타나고 있다. 취업자의 약 5분의 1을 고용하고 있는 제조업은 1980년대 6.5%의 높은 증가율을 기록한 이후 1990년대 −1.8%, 2000～2007년 −0.6%로 고용없는 성장(jobless growth)의 전형을 보여주고 있다. 반면 사회간접자본 및 기타 서비스업은 1980년대 5.4%, 1990년대 4.1%, 2000～2007년 2.7% 등 전 기간 증가한 것으로 나타나 산업별 취업구조가 점차 서비스산업 중심으로 옮겨간 것을 확인할 수 있다.

〈표 4-2〉의 직종별 취업자 수 추이에서 현저하게 두드러진 부분도 서비스종사자와 전문가, 기술공, 준전문가의 수는 증가하고 있다는 점이다. 반면 저기능 저숙련 근로자의 수는 점차 감소 추세를 보이고 있어 고기능 산업구조로의 변화에 따른 고급인력의 수요는 증가하고 있는 것으로 분석된다.

인력수요에 대한 중장기 전망을 보면 저출산에 따른 경제활동인구의 정체 및 감소세에 따라 2010년 이후에는 노동공급이 노동수요에 못 미칠 것으로 추정되고 있다. 〈표 4-3〉에서 보면 노동공급이 노동수요를 초과하는 노동인구 과잉상태에서 2015년에는 50만명, 2020년에는 1백만명 이상의 노동인력이 부족하게 될 것으로 전망되고 있다.

한편 취업계수(=실질 GDP 1억원당 취업자 수)는 제조업을 중심으로 크게 하락할 것으로 전

표 4-2 직종별 취업자 수 추이 (단위 : 천명)

직 종	1980	1990	2000	2007
고위임직원 및 관리자	732	268	465	556
전문가, 기술공, 준전문가		1,307	3,477	4,641
사무종사자	1,268	2,352	2,512	3,309
서비스종사자	1,078	2,018	2,675	2,912
판매종사자	1,984	2,627	2,826	2,655
농림 · 어업숙련근로자	4,648	3,216	2,115	1,624
기능근로자	3,974	1,707	2,688	2,423
장치종사자		1,861	2,292	2,588
단순노무근로자		2,307	2,107	2,725

자료 : 통계청, KOSIS(통계정보시스템).

표 4-3 중장기 인력수급 전망 (단위 : 천명)

년 도	노동수요(A)	노동공급(B)	수급차(A-B)
1997	21,214	21,782	−568
2000	21,156	22,069	−913
2003	22,139	22,915	−776
2010	25,227	25,232	−5
2015	27,084	26,498	586
2020	28,579	27,345	1,234

자료 : 통계청, KOSIS(통계정보시스템).

망되고 있다. 한국개발연구원(KDI)에서 분석한 취업계수 중장기 전망에 의하면, 1980년 10.57에서 2005년 3.55로 낮아졌으며 2020년에는 1.90으로 현재의 절반수준으로 감소할 것으로 전망되었다. 광공업의 경우 1980년 11.93에서 2020년에는 0.90으로 급격히 감소하며, 서비스업과 농림어업은 하락속도가 느려 1980년에 6.75, 30.04에서 2020년에는 2.41, 5.19로 각각 감소될 것으로 예측되고 있다.

산업별 취업자 증가율은 1980~1990년 2.8%p 증가에서 2000~2005년 1.4%p, 2015~2020년 0.4%p 증가되어 향후 15년 내에 지금의 3분의 1 수준으로 떨어질 것으로 전망되고 있다.

또한 2005~2020년 기간 중 산업부문별 성장률과 취업자 수 증가율 전망을 보면 성장률이

그림 4-1 산업부문별 취업계수 (단위 : 명/억)

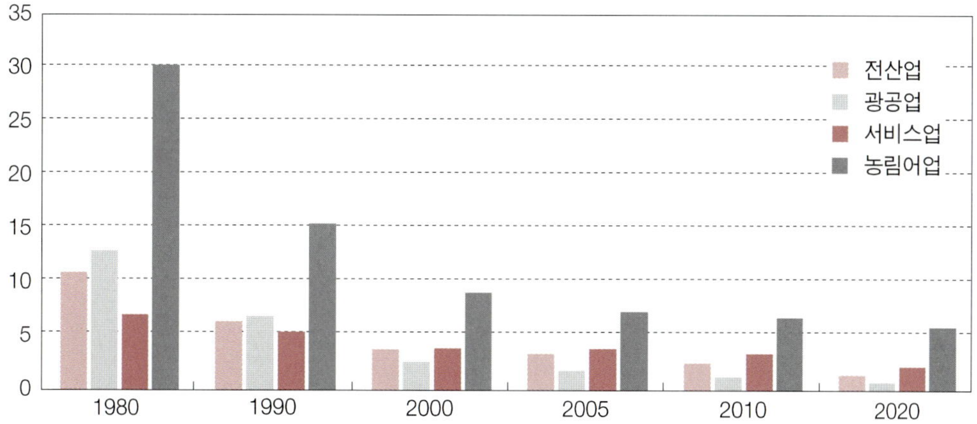

표 4-4 산업별 취업자 증가율 전망 (단위 : %)

산 업	1680~1990	1990~2000	2000~2005	2005~2010	2010~2015	2015~2020
전산업	2.8	1.6	1.4	1.0	0.8	0.4
농림어업	-3.6	-3.6	-3.9	-3.4	-3.0	-3.6
광공업	4.9	-1.5	0.1	1.2	0.6	0.2
서비스업	5.2	4.0	2.5	1.4	1.1	-0.7

자료 : 한국개발연구원, 2005~2020년 69개 산업별 생산, 취업계수 중장기 전망, 2005.

높은 부문일수록 취업자 수 증가율이 높은 것으로 분석되고 있으며 고숙련 고기능 직종을 중심으로 노동수요의 질적 변화가 예상되고 있다. [그림 4-2]에서 보면 전산업의 평균성장률과 취업자 증가율을 모두 상회하는 산업은 전자부품, 조선, 통신, 전기가스수도, 음식 · 숙박업 등이며, 전산업의 성장률과 취업자 증가율을 모두 하회하는 산업은 섬유의류, 농림어업, 가전기기, 반도체 등으로 전망되고 있다. 또한 금융 보험 부동산, 교육 보건 의료산업은 전산업의 성장률을 하회하지만 취업자 증가율은 상회하는 산업이며, IT기기 산업은 전산업의 성장률을 상회하지만 취업자 증가율은 하회하는 산업으로 전망되고 있다.

우리나라는 취업자 증가율이 하회하는 반도체 등 IT 산업이 주력이어서 고용없는 성장이 지속될 가능성이 크다는 점에서 고용창출효과가 큰 3차산업의 적극적인 육성이 필요한 것으로 지적되고 있다.

그림 4-2 산업부문별 성장률 및 취업자 증가율 분포도

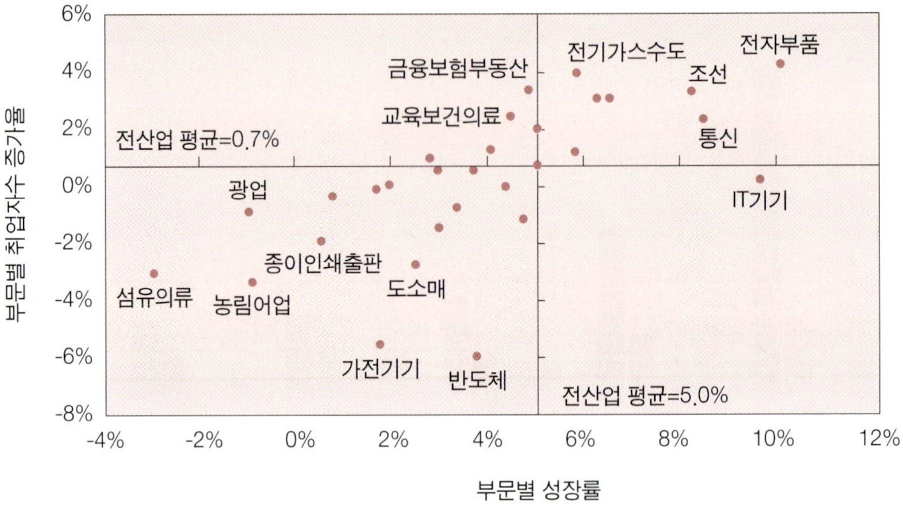

자료 : 한국개발연구원, 2005~2020년 69개 산업별 생산, 취업계수 중장기 전망, 2005.

1.2 취업형태별 고용구조

우리나라의 취업형태별 고용구조는 OECD 주요 국가들에 비해 임금근로자의 비중이 낮고 자영업자의 비중이 높으며, 임금근로자 중 비정규직 비중 역시 OECD국가들의 평균적 수준에 비해 상당히 높은 편이다.

〈표 4-5〉에서 2007년 종사상 지위별 취업구조를 보면 임금근로자는 1,597만명으로 전체 취업자의 68.2%이며, 임금근로자의 46.0%가 비정규직 근로자이다.

외환위기 이후 취업자 증감을 살펴보면, 1997년부터 2007년까지 10.5%p 증가하였으나 비임금근로자는 4.4%p 감소한 것으로 나타나 이 기간 취업자는 임금근로자의 증가에 의한 것임을 암시하고 있다.

외환위기 이후 전체 취업자 중 임금근로자의 비중은 19.1%p 증가되었는데, 임금근로자 중 정규직은 18.4%p 증가된 반면 비정규직은 20.1%p 증가되어 정규직에 비해 높은 증가율을 보였다. 비정규직 비중은 1993년 임금근로자의 41.1%에 불과하였으나 외환위기를 기점으로 급격한 증가세를 보이며 1997년 45.7%, 1999년 51.6%로 임금근로자의 절반을 넘어섰다. 비정규직 비중은 2000년 52.1%로 정점을 기록한 후 약간 감소추세를 보이고 있으나 여

표 4-5 종사상 지위별 취업자 추이

(단위 : 천명, %, %p)

년 도	취업자	비임금 근로자	임금근로자					비정규직 비율
				정규직	비정규직			
						임시직	일용직	
1990	18,085	7,135	10,950	5,938	5,011	3,171	1,840	45.8
1991	18,649	6,950	11,699	6,497	5,202	3,362	1,840	44.5
1992	19,009	7,099	11,910	6,838	5,072	3,300	1,772	42.6
1993	19,234	7,291	11,944	7,033	4,911	3,193	1,718	41.1
1994	19,848	7,370	12,479	7,225	5,254	3,475	1,779	42.1
1995	20,414	7,515	12,899	7,499	5,400	3,598	1,802	41.9
1996	20,853	7,653	13,200	7,499	5,701	3,907	1,794	43.2
1997	21,214	7,810	13,404	7,282	6,122	4,236	1,886	45.7
1998	19,938	7,641	12,296	6,534	5,762	4,042	1,720	46.9
1999	20,291	7,628	12,663	6,135	6,529	4,255	2,274	51.6
2000	21,156	7,795	13,360	6,359	6,965	4,608	2,357	52.1
2001	21,572	7,913	13,659	6,714	6,944	4,726	2,218	50.8
2002	22,169	7,988	14,181	6,862	7,319	4,886	2,433	51.6
2003	22,139	7,736	14,402	7,269	7,134	5,004	2,130	49.5
2004	22,557	7,663	14,894	7,625	7,270	5,082	2,188	48.8
2007	23,433	7,463	15,970	8,620	7,350	5,172	2,178	46.0
증감률 (97-07)	10.5	-4.4	19.1	18.4	20.1	22.1	15.5	0.3

주 : 통계청 경제활동인구조사의 사용근로자를 정규직, 임시근로자와 일용근로자를 비정규직으로 분류.
자료 : 통계청, KOSIS(통계정보시스템).

전히 50% 가까운 수준을 유지하고 있어 고학력 청년실업난이 가중되고 있는 상황 속에서 괜찮은 일자리(decent work)는 여전히 부족한 것으로 나타나고 있다.

또한 우리나라 근로자의 사업체규모별 분포를 살펴보면, 외환위기 이후 중소기업 고용이 급증하고 대기업 고용비중이 축소되는 노동시장의 구조변화가 있었음을 알 수 있다. 〈표 4-6〉에 의하면 30인 미만의 소규모 사업체에 근무하는 근로자의 비중은 97년 외환위기 이후 지속적으로 증가하는 경향을 보이고 있으며, 동기간 30인 이상 100인 미만의 규모에서는 23%대의 높은 비중을 유지하고 있음을 알 수 있다. 이와 반면 100인 이상 300인 미만의 중

표 4-6 사업체 규모별 근로자 구성비 (단위 : %)

년도 규모	1993 (100.0)	1997 (100.0)	2000 (100.0)	2003 (100.0)	2007 (100.0)
5~9인	-	-	14.6	16.2	16.1
10~29인	20.2	24.2	24.4	24.9	25.6
30~99인	27.7	26.9	23.9	23.0	23.3
100~299인	20.5	20.6	16.8	16.1	15.4
300~499인	7.0	6.8	5.0	5.0	4.4
500인 이상	24.8	21.5	15.3	14.8	15.2

자료 : 노동부, 임금구조기본통계조사, 5인이상 사업장 전규모.

견기업과 300인 이상 대기업의 고용비중은 지속적으로 감소하고 있어 중소규모 사업체에 대한 고용의존도가 높은 우리나라 노동시장의 특성을 잘 보여주고 있다고 하겠다. 이는 향후 일자리 창출 역시 중소기업을 중심으로 전개될 수 밖에 없지 않는가 하는 전망을 하게 한다.

02 노동시장의 공급 측면의 현황

2.1 인구구조의 변화

(1) 인구성장률

우리나라의 인구성장률은 1970년대 2%대에서 1990년대 1%대로 둔화되었으며 2005년에는 0.44% 수준으로 하락하였다. 인구성장률은 앞으로도 점차 둔화하여 2020년 0.01%에 도달한 후 마이너스 성장률에 진입하게 되며 2030년 -0.28%, 2050년 -1.18%로 지속적인 하락이 예상되고 있다.

〈표 4-7〉에서 볼 수 있듯이 2005년 우리나라 총인구는 48,294천명으로 1970년 32,241천명에 비해 1.5배 증가하였으며, 향후 2020년(49,956천명)을 정점으로 점차 감소하게 될 것으로 전망되고 있다. 총인구의 성비는 남자가 50.4%(24,333천명), 여자가 49.6%(23,961천명)로 101.6% 수준이나 2039년 99.9%를 기점으로 여자가 남자보다 많아질 전망이다.

표 4-7 총인구 및 인구성장률 (단위 : 천명, %)

구분	1970	1980	1990	2000	2005	2010	2020	2030	2050
총인구	32,241	38,124	42,869	47,008	48,249	49,219	49,956	49,329	42,348
남	16,309	19,236	21,568	23,667	24,333	24,800	25,153	24,769	20,991
여	15,932	18,888	21,301	23,341	23,961	24,419	24,803	24,560	21,357
인 구 성장률	2.21	1.57	0.99	0.84	0.44	0.34	0.01	-0.28	-1.18

주 : 인구성장률 = 전년도 대비 인구증가율.
자료 : 통계청, 장래인구 특별추계 결과, 2005.

(2) 연령계층별 인구

총인구 중 유년인구(0~14세)의 비중은 1980년 34.0%에서 1990년 25.6%, 2005년 19.1%로 지속적인 감소추세를 보이고 있으며 2050년에는 9.0% 수준까지 감소될 것으로 전망되고 있다.

생산가능인구(15~64세)의 비중은 1980년 62.2%에서 1998년 71.6%로 증가되었으며, 이후에는 큰 변동없이 2005년 현재 71.8% 수준이다. 생산가능인구의 증가율은 1990년대 2%대를 기록하였으나 2000년 이후 1%를 약간 상회하는 수준으로 하락하였으며, 이러한 추세는 저출산 및 인구구조 고령화의 영향으로 지속적으로 전개될 것으로 예측되고 있다.

그림 4-3 연령계층별 인구 비중 (단위 : %)

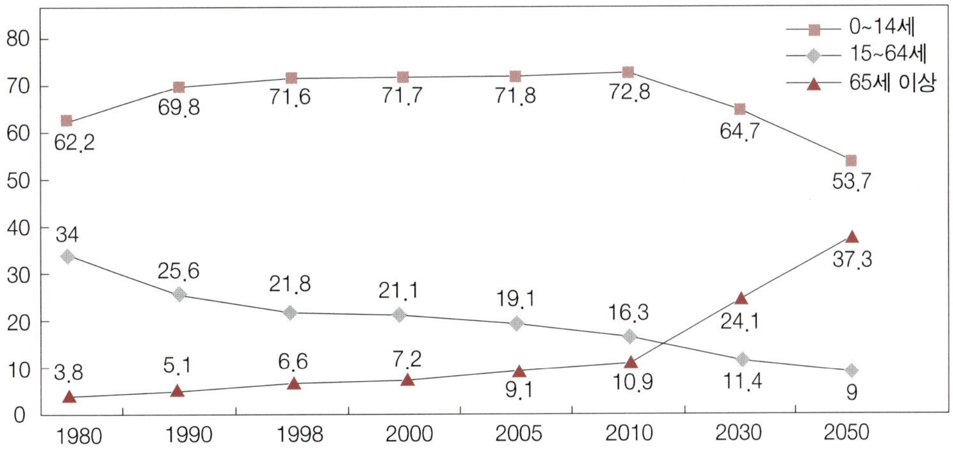

또한 총인구 중 65세 이상 노령인구의 비중은 1980년 3.8% 수준이었으나 지속적인 증가 추세를 보이며 2000년에 7.2%에 진입함으로써 우리나라는 고령화 사회(aging society)로 들어섰다. 유엔(UN)의 세계인구전망에 따르면, 우리나라의 65세 이상 노령인구의 비중은 2005년 9.4% 수준에서 2050년에는 34.5%로 급격히 증가하여, 동기간 19.7%에서 35.9%로 증가하는 일본과 더불어 세계 최고 수준이 될 것으로 전망되고 있으며, 전 세계 평균은 7.3%에서 15.9%로 늘어나 2030년부터 노인인구비가 우리의 절반에도 못 미칠 것으로 예측되고 있다.

이와 같은 고령화 사회의 진전은 노령인구의 부양 부담을 한층 가중시킬 전망이다. 〈표 4-8〉에서 노년부양비를 보면 1980년 6.1%에서 2005년 12.6%로 2배 이상 증가되었으며 2050년에는 69.4%로 크게 높아짐으로써 생산가능인구 100명당 부양해야 할 노인이 1980년 6.1명에서 2005년 12.6명, 2050년에는 69.4명으로 급증하게 될 것으로 전망되고 있다.

지금까지의 경제성장은 노동력 공급의 증가에 크게 의존해 왔으나 인구성장률 및 생산가능인구의 둔화, 노령인구의 증가, 인력수급 불균형 등은 노동시장 전반에 영향을 미치고 중장기적으로는 경제성장을 둔화시키는 주요 원인이 될 것으로 예측되고 있다. 따라서 저출산 고령화 극복을 위한 노동력 공급대책으로 여성 및 중고령자의 고용안정 및 경제활동참가율 제고를 위한 노동시장 환경 구축이 시급한 과제가 되고 있다.

2.2 노동력 공급 추이

(1) 노동력 공급 개관

노동력 공급 지표인 경제활동인구는 1990년대 매년 2%대의 증가율을 기록하였다. 외환위

표 4-8 부양비 및 노령화지수 (단위 : 인구 백명당)

구 분	1980	1990	2000	2005	2010	2030	2050
총부양비	60.7	44.3	39.5	39.3	37.3	54.7	86.1
유년부양비	54.6	36.9	29.4	26.7	22.3	17.4	16.7
노년부양비	6.1	7.4	10.1	12.6	14.9	37.3	69.4
노령화지수	11.2	20.2	34.3	47.4	66.8	214.8	415.7

주 : 1) 부양비 = 생산가능인구가 부양해야 할 유년인구, 노년인구의 비율.
2) 노령화지수 = 유년인구 비율에 대한 노년인구의 비율.
자료 : 통계청, 장래인구 특별추계 결과, 2005.

기의 영향으로 1998년 일시적으로 1.6%p 감소하였으나 최근까지 꾸준히 증가하여 2005년 6월 현재 24,123천명 수준에 이르렀으며, 여성의 비중은 41.7%로 1천만명을 넘어섰다.

경제활동참가율(경제활동인구/생산가능인구)은 1990년 이전까지 60% 수준에 미치지 못하였으나 1997년 62.5%로 정점을 기록한 후 외환위기와 더불어 1.9%p 하락하였다. 2007년 현재 경제활동참가율은 61.8%로 외환위기 이전 수준을 완전히 회복하지 못하고 있다.

〈표 4-9〉에 나타나 있듯이 외환위기의 영향이 가장 큰 노동시장의 변화는 실업자의 증가를 지적할 수 있다. 1990년대 중반까지 2%대에 불과했던 실업률은 1998년 7%로 증가하였고 경제가 다소 회복된 2001년 이후 3%대를 유지해 오고 있으나 경제활동인구가 증가되고 구직활동이 활발해지면서 점차 상승하는 추세를 보이고 있다. 실업자 규모도 외환위기 직전인 1997년 54만 8천명에서 1998년 149만명으로 2.6배 이상 급증하였다. 2007년 현재 실업자는

표 4-9 경제활동인구 변화 추이

(단위 : 천명, %)

년 도	생산가능인구	경제활동인구	경제활동참가율	구직단념자	취업자	실업자	실업률	고용률
1980	24,463	14,431	59.0	–	13,683	748	5.2	55.9
1985	27,553	15,592	56.6	–	14,970	622	4.0	54.3
1990	30,887	18,539	60.0	–	18,085	454	2.4	58.6
1995	33,659	20,845	61.9	–	20,414	430	2.6	60.6
1997	34,851	21,782	62.5	–	21,214	548	2.6	60.9
1998	35,347	21,428	60.6	–	19,938	1,490	7.0	56.4
1999	35,757	21,666	60.6	–	20,291	1,374	6.3	56.7
2000	36,186	22,069	61.0	165	21,156	913	4.1	58.5
2001	36,579	22,417	61.3	117	21,572	845	3.8	59.0
2002	36,963	22,877	61.9	69	22,169	708	3.1	60.0
2003	37,339	22,916	61.4	90	22,139	777	3.4	59.3
2004	37,717	23,417	62.1	100	22,557	860	3.7	59.8
2007	39,170	24,216	61.8	–	23,433	783	3.2	59.8

주 : 1) 구직단념자 : 비경제활동인구 중 취업의사와 능력은 있으나 노동시장적 사유로 일자리를 구하지 않은 자 중 지난 1년내 구직 경험이 있었던 사람.

2) 고용률 : 생산가능인구 대비 취업자 비중으로 실질적인 고용창출 능력을 나타낸다. 실업률은 조사대상자들의 구직활동 여부에 따라 쉽게 변동되어 고용사정을 정확히 파악하는 데 한계가 있다는 지적에 따라 선진국에선 실업률을 보완하거나 더욱 유용한 고용지표로 활용하고 있다.

자료 : 1) 통계청, 경제활동인구조사, 2008.

2) 노동부, 최신 노동경제 동향, 2005.

78만 3천명 수준인데 신규실업자는 감소하였으나 전직(前職)실업자는 증가된 것으로 나타나고 있어 최근의 실업문제는 노동시장에서의 고용불안정성과 밀접한 연관성이 있음을 인지할 수 있다.

한편 노동력의 활용정도를 보여주는 고용률(employment rate)은 1980년대 중반부터 꾸준히 상승해 1997년 60.9%를 기록하였으나 외환위기와 더불어 4.5%p 큰 폭으로 떨어졌으며, 2007년 현재 59.8%로 외환위기 이전 수준을 완전히 회복하지는 못하고 있다. 이는 외환위기 이전에 비해 실업률이 높은 수준을 기록하는 반면 경제활동참가율은 낮아졌기 때문인 것으로 분석된다.

고용률을 2004년 OECD 기준으로 주요 선진국과 비교해 보면, 우리나라는 59.8%로 독일 65.5%, 일본 68.7%, 미국 71.2%, 영국 72.7% 등에 비해 상당히 낮은 수준으로 나타나고 있다. 이는 고용을 늘리기 위한 일자리 공급의 확대가 국가의 시급한 과제임을 암시해 주고 있다.

[그림 4-4]에서 보면 최근 우리나라 노동시장은 취업자 및 고용률이 완만한 증가추세를 보이고 있으며 실업률도 OECD 국가 평균(6.9%)의 절반 수준인 3%대로 비교적 양호한 상태를 유지해 오고 있다. 그러나 고용률이 59.8% 수준인 점을 감안하면 40% 정도의 생산가능인구는 제대로 된 일자리를 갖지 못하고 있는 것으로 나타나 아직 고용시장이 완전히 회복되

그림 4-4 고용률, 취업자증가율, 경제성장률 추이 (단위 : %)

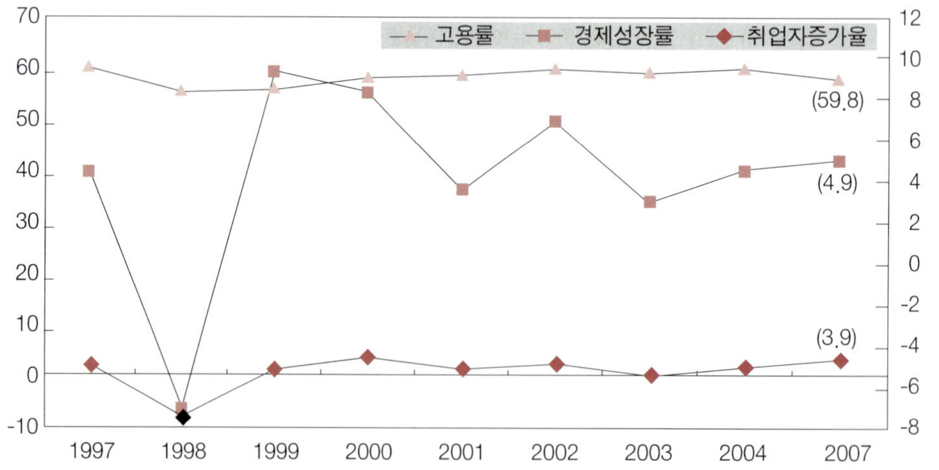

었다고 단정하기는 어렵다. 특히 우리나라의 경제성장률은 2002년에 7% 성장 이후 5%를 밑도는 저성장이 계속되고 있기 때문에 고용흡수력의 약화 및 저성장의 악순환이 되풀이 될 가능성이 높은 것으로 지적되고 있다.

(2) 성별 고용현황

우리나라는 여성의 경제활동참가율이 저조한 대표적인 국가로 지적되고 있다. 2004년 OECD 주요국과 비교해 보면, 우리나라 여성의 경제활동참가율은 53.9%로 일본(60.2%), 미국(69.2%), 영국(69.6%), 스웨덴(76.6%) 등에 비해 크게 뒤쳐져 있는 등 OECD 회원국 중 최하위 수준에 머물러 있다.

구체적으로 〈표 4-10〉에서 외환위기 전후의 성별 경제활동참가율 변화 추이를 보면 외환위기 직전까지 남성과 여성 모두 꾸준히 증가하였으나 외환위기와 함께 동반 하락하였으며, 하락 폭은 남성보다 여성이 큰 것으로 나타나고 있다. 이러한 현상은 외환위기로 인한 구조조정이 여성노동시장에 상대적으로 불리하게 진행되었음을 시사하고 있다.

그러나 외환위기 이후 노동공급의 확대는 여성노동력의 기여가 큰 것으로 나타나고 있다. 〈표 4-10〉에서 보면 남성의 경제활동참가율은 1997년 76.1%에서 2007년 74.0%로 2.1%p 감

표 4-10 성별 경제활동참가율, 실업률, 고용률 추이 (단위 : %)

년도	경제활동참가율		실업률		고용률	
	남성	여성	남성	여성	남성	여성
1990	74.0	47.0	2.9	1.8	71.8	46.2
1996	76.2	48.9	2.4	1.6	74.4	48.1
1997	76.1	49.8	2.9	2.3	73.9	48.6
1998	75.1	47.1	7.8	5.7	69.2	44.4
1999	74.4	47.6	7.2	5.1	69.1	45.2
2000	74.2	48.6	4.7	3.3	70.7	47.0
2001	74.2	49.2	4.3	3.1	71.0	47.7
2002	74.8	49.7	3.5	2.5	72.2	48.4
2003	74.6	48.9	3.6	3.1	71.9	47.4
2004	75.0	49.9	3.9	3.4	72.0	48.3
2007	74.0	50.2	3.7	2.6	71.3	48.9

자료 : 통계청, KOSIS(통계정보시스템).

소한 반면, 동기간 여성의 경제활동참가율은 49.8%에서 50.2%로 0.4%p 증가되었다. 여성의 경제활동참가율의 증가는 여성인구 자체가 증가했을 뿐만 아니라 여성취업을 용이하게 하는 산업구조로의 변화, 교육수준의 향상, 출산율 저하, 사회진출에 대한 인식의 변화 등 복합적인 요인에서 기인한 것으로 볼 수 있다.

한편 성별 실업률을 비교해 보면, 2007년 현재 남성 3.7%에 비해 여성은 2.6%로 낮게 나타나고 있으나 불완전 고용이나 취업난 속에서 구직활동을 포기한 실망실업자(discouraged worker) 등의 비중을 고려하면 통계보다 심각하다는 것이 일반적인 시각이다.

고용률에서는 남성이 외환위기 이전 수준을 회복하지 못하고 있는 반면 여성은 외환위기 이전 수준을 상회하고 있다. 고용률은 남녀 모두 상승추세에 있으나 여성은 48.9%로 남성 71.3% 보다 상당히 낮은 수준에 머물러 있으며, 임금 및 비정규직 비중 등을 감안하면 여성 고용의 질은 여전히 낮은 것으로 판단된다. 선진국과 비교할 때 우리나라의 고용률이 낮은 주요 원인은 여성의 취업부진으로 지적되고 있어 여성인력 활용의 대폭적인 확대가 중요한 사회적 이슈로 대두되고 있다. 이를 위해 여성 고용률이 높은 스웨덴, 덴마크, 핀란드 등 북유럽국들과 같이 보육인프라 확대, 시간제(part-time) 고용, 탄력적 근로시간제도 등 보다 가정 친화적인 정책의 도입이 요구되고 있다.

(3) 연령대별 고용현황

외환위기 이후 우리나라 노동시장의 특징 중 하나는 청년실업자의 증가이다. [그림 4-5]에서 청년층(15~29세)의 실업률을 살펴보면 중고령층(30~59세)과 노년층(60세 이상)에 비해 훨씬 높고 외환위기 이전수준으로의 회복도 상대적으로 부진하여 청년층의 취업난이 가장 심각한 것으로 나타나고 있다.

외환위기 직전인 1997년과 2007년의 실업률을 비교해 보면 중고령층은 0.9%p(1.6% 2.5%), 노년층은 0.6%p(0.8% 1.4%) 증가하였으나 청년층은 1.5%p(5.7% 7.2%) 증가하여 전체실업률(3.2%) 대비 2배 이상 높은 비율을 보이고 있다. 한편 고용률 추이에서도 청년층의 고용문제가 한층 악화되었음을 알 수 있다. 〈표 4-11〉에서 청년층의 고용률을 보면 1997년 45.6%에서 2007년 42.7%로 2.9%p 하락한데 비해 중고령층은 75.7%에서 74.0%로 1.7%p 하락했고, 노년층은 39.9%에서 38.1%로 1.8%p 하락한 것으로 나타나 중 · 고령층보다 고용률 하락폭이 더 큰 것으로 나타나고 있다.

이와같은 외환위기 이후 청년층의 고실업은 절대적인 취업기회의 감소와 노동 수요 구조

그림 4-5 연령대별 실업률 추이 (단위 : %)

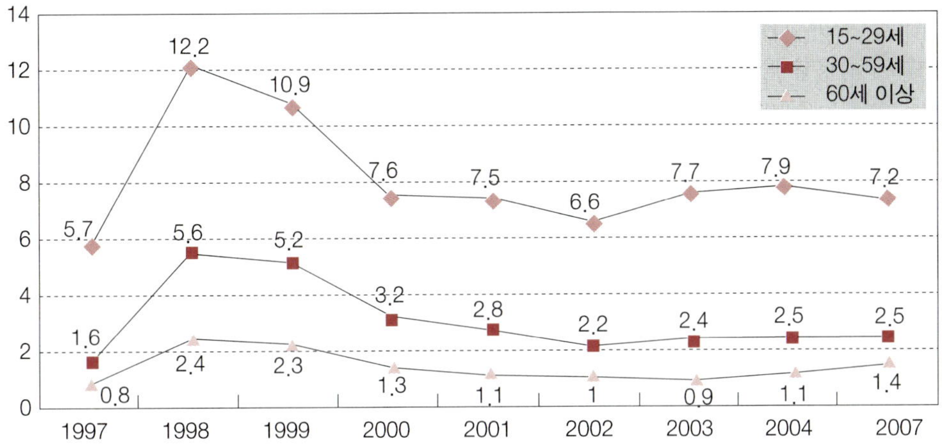

표 4-11 연령대별 실업률, 고용률, 경제활동참가율 추이 (단위 : %, %p)

년도	실업률			고용률			경제활동참가율		
	15-29세	30-59세	60세이상	15-29세	30-59세	60세이상	15-29세	30-59세	60세이상
1990	5.5	1.3	0.4	43.6	74.8	35.5	46.1	75.8	35.6
1996	4.6	1.2	0.4	46.2	75.6	39.1	48.4	76.5	39.3
1997	5.7	1.6	0.8	45.6	75.7	39.9	48.4	76.9	40.2
1998	12.2	5.6	2.4	40.6	70.9	36.7	46.2	75.3	37.6
1999	10.9	5.2	2.3	40.9	71.2	37.3	45.9	75.1	38.2
2000	7.6	3.2	1.3	43.4	68.0	37.7	47.0	75.0	38.2
2001	7.5	2.8	1.1	44.0	72.8	38.0	47.5	74.9	38.5
2002	6.6	2.2	1.0	45.0	73.5	36.7	48.3	75.2	39.1
2003	7.7	2.4	0.9	44.4	73.1	36.2	48.1	74.9	36.5
2004	7.9	2.5	1.1	45.1	73.3	36.9	49.0	75.1	37.3
2007	7.2	2.5	1.4	42.7	74.0	38.1	46.0	75.9	38.6
증감률 (97~07)	1.5	0.9	0.6	−2.9	−1.7	−1.8	−2.4	−1.0	−1.6

자료 : 통계청, KOSIS(통계정보시스템).

· 실업률(%) = 실업자/경제활동인구×100

· 경제활동참가율(%) = 경제활동인구/(경제활동인구+비경제활동인구)×100

· 고용률(%) = 취업자/(경제활동인구+비경제활동인구)×100

그림 4-6 **세부 연령대별 고용률 추이** (단위 : %)

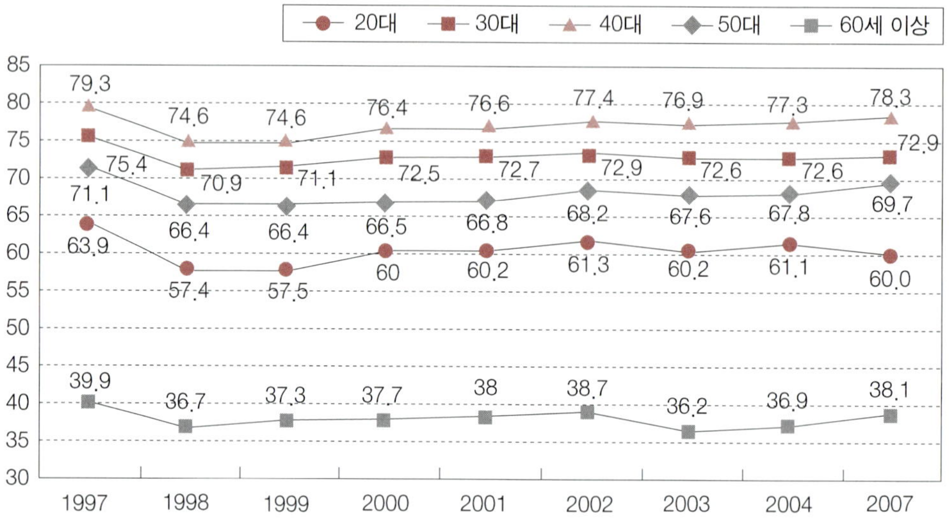

의 변화에 부응하지 못한 교육 및 인력양성체제 등이 구조적인 원인으로 지적되고 있다.

또한 [그림 4-6]에 나타난 바와 같이 2007년 현재 세부적인 연령대별 고용률은 40대(78.3%)가 가장 높고, 30대(72.9%), 50대(69.7%), 20대(60.0%), 60세 이상(38.1%)순이며, 모든 연령대에서 외환위기 이전 수준을 완전히 회복하지는 못하고 있다.

(4) 학력별 고용현황

외환위기 이후 학력별 실업률을 분석해 보면 각 계층별로 모두 약간씩 증가된 것으로 나타나고 있다. 〈표 4-12〉에서 2007년의 실업률을 외환위기 직전 1997년과 비교해 보면 대졸이상이 0.2%p, 고졸이하가 0.5%p, 중졸이하가 0.5%p 증가하였다.

한편 2007년 학력별 고용률을 살펴보면 대졸이상이 75.6%, 고졸이 62.7%인데 비해 중졸이하는 40.2%로 가장 낮은 수준이며, 외환위기 이전과 비교해도 중졸이하의 고용률이 가장 큰 폭으로 감소(-10.1%)한 것으로 나타나고 있다. 결국 중졸이하 저학력계층은 실업률이 가장 낮은 반면 경제활동참가율의 감소폭이 가장 큰 것으로 나타나고 있는데, 이는 저학력계층의 상당수가 구직을 포기하거나 실업상태에 빠져있음을 의미하며 경기침체기에 저학력 빈곤계층이 가장 큰 타격을 받고 있는 것을 보여주고 있다.

표 4-12 학력별 실업률, 고용률, 경제활동참가율 추이 (단위 : %, %p)

년도	실업률			고용률			경제활동참가율		
	중졸 이하	고졸	대졸 이상	중졸 이하	고졸	대졸 이상	중졸 이하	고졸	대졸 이상
1990	1.1	3.4	4.4	52.3	62.8	77.1	52.9	65.0	80.6
1996	1.1	2.5	2.6	50.4	65.0	78.7	51.0	66.7	80.8
1997	1.5	3.3	3.0	50.3	65.0	79.0	51.1	67.3	81.4
1998	5.9	8.3	5.9	45.4	59.2	74.2	48.3	64.6	78.9
1999	5.2	7.6	5.4	46.1	59.4	73.2	48.6	64.4	77.4
2000	3.3	4.8	4.0	47.4	61.4	74.1	49.1	64.5	77.2
2001	2.9	4.3	3.8	47.3	61.8	74.5	48.7	64.6	77.5
2002	2.1	3.5	3.5	47.7	62.9	75.1	48.7	65.2	77.8
2003	2.0	4.1	3.5	45.3	62.0	75.0	46.2	64.6	77.7
2004	2.3	4.3	3.3	44.9	62.9	75.2	46.1	65.8	77.9
2007	2.1	3.8	3.2	40.2	62.7	75.6	41.1	65.2	78.1
증감률 (97~07)	0.6	0.5	0.2	−10.1	−2.3	−3.4	−10.0	−2.1	−3.4

자료 : 통계청, KOSIS(통계정보시스템).

그림 4-7 학력별 고용률 추이 (단위 : %)

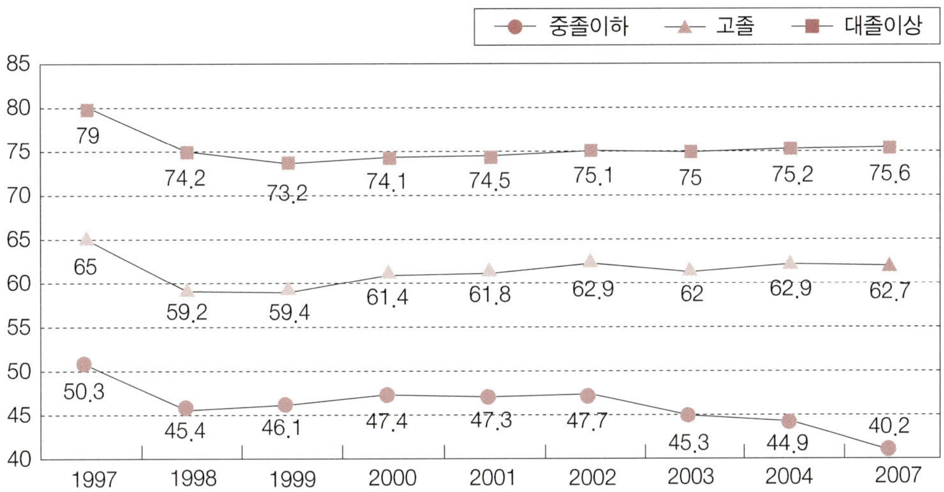

03 노동시장의 변화 전망과 과제

3.1 노동수요의 변화

(1) 노동수요의 불확실성 증대

노동수요 측면에서는 경제 · 사회구조의 급속한 변화와 산업 및 기업의 상시적인 구조조정에 따른 노동시장의 불확실성이 증대될 것으로 전망되고 있다. 특히 지식정보화, 서비스화의 추진, 세계화의 진전과 산업구조의 전환으로 전통부문에서 상실되는 고용의 양과 범위가 크게 확대될 것으로 전망된다. 따라서 노동력 수급의 불일치가 증대되고 마찰적 실업이 증대될 것으로 예상되므로 고용정보의 원활한 제공 여부가 노동시장의 효율성을 결정하는 중요한 요인이 될 것으로 생각된다.

또한 장기고용 관행이 축소되면서 기업의 탄력적 고용조정에 대한 욕구는 더욱 확대될 것이나 그간의 고용관행으로 봐서 고용량의 조정이 쉽지 않은 상황에서는 변형근로제와 같은 고용시간의 탄력적 조정이 확산될 것으로 생각된다. 나아가 신기술 도입에 따라 전통적인 제조업 부문에서의 고용흡수력 저하가 두드러지게 나타날 것으로 전망된다.

(2) 기업조직의 인적자원관리 패러다임의 변화

경쟁환경의 격화로 인해 기업의 인적자원관리 방식이 전통적인 가족주의, 연고주의에서 탈피하여 능력주의에 입각한 성과중시의 방향으로 전환되고 급여체계도 집단 · 연공 중심에서 개인 · 성과 중심으로 변화해 갈 것으로 보인다.

경영패러다임은 성장확대에서 이익중시 경영으로 변화해 갈 것이며, 조직과 인력의 운영에 있어서도 이익 창출의 개념에 입각한 일관성이 요구될 것으로 보인다. 이 과정에서 기업 경쟁력의 원천으로서 인적자원의 중요성이 부각되면서 사람중심 경영패러다임이 확산될 것으로 보인다. 나아가 '폐쇄적인 내부노동시장' 중심의 인력관리체제에서 외부노동시장과 조화를 이루는 '개방형 내부노동시장' 체제로 변화하여 외부노동시장이 가지는 '경쟁을 통한 효율성'과 내부노동시장이 가지는 '안정을 통한 효율성'의 조화를 통해 기업 경쟁력을 증대시켜가고자 할 것으로 예측된다.

기업구조의 재조직화는 거대기업에 있어서의 분권화와 초기업적인 협력과 기업 전반에 걸친 협력네트워크의 구축으로 이행할 것으로 전망된다. 급격하게 변하는 외부환경 변화에 신속하게 대응하기 위해 조직의 구조가 수평화되고 결재단계가 단순해지면서 조직 내 커뮤니케이션이 정확해지고, 빨라지고, 권한과 책임이 현장관리자에게 대폭 위임될 것으로 전망된다. 이러한 기업조직의 수평화 결과, 지배를 속성으로 하는 전통적인 사용자 개념과 종속을 그 내용으로 하는 전통적인 근로자 개념은 약화되고, 기업의 의사결정 과정에 모든 기업 구성원이 직접적으로 참가하는 부분이 증가하게 될 것으로 보인다.

(3) 지식근로자에 대한 수요증대

경제의 지식집약화 진전에 따라 지식의 창출 및 확산을 담당하는 지식노동이 성장할 것으로 보이며 그에 따라 지식기반경제에서 새로운 지식과 경험을 끊임없이 학습하고 개발하는 능력을 갖춘 창의적 지식근로자가 다수 형성될 것으로 전망된다.

한국의 경우 성장률 둔화와 기술진보로 인하여 고용흡수력은 종전보다 크게 줄어들겠지만, 고용의 질적 측면은 상당히 변화하여 단순 반복적인 일을 수행하는 저숙련 근로자에 대한 수요는 감소하고 다양한 분야에서 전문지식과 창의력을 갖춘 지식근로자에 대한 수요가 증가하게 될 것으로 보인다. 그러나 지식근로자에 대한 원활한 공급이 이루어지지 않는다면 노동시장에서 지식에 대한 침해문제(poaching problem)가 심각한 시장실패를 야기할 수도 있을 것이다.

고용증가의 측면에서도 전문직종의 고용이 기타 직종군보다 빠른 비율로 증가할 것이며, 특히 고학력과 고수입을 요구하는 전문직종과 낮은 학력과 낮은 수입의 서비스 직종은 향후 10년 뒤 전체 직업증가분의 과반수 이상을 차지할 것으로 전망된다.

사무자동화는 많은 행정 · 사무직 등 지원직종에 중요한 영향을 미칠 것으로 예상되며, 정밀제작 · 수선 직종, 항공기 및 수리, 오퍼레이터, 가공업자, 단순노무자는 지속적인 기술진보와 생산방법의 변화 및 제조업 고용의 감소로 인해 평균보다 낮은 성장이 예상된다.

(4) 고용구조의 서비스화

서비스업의 비중은 현재 67%(GDP기준, 2000년)에서 점차 상승할 것으로 전망되며, 특히 소득수준의 향상, 정보화의 진전에 따라 금융서비스, 정보통신, 유통, 의료 · 보건 등의 업종이 빠른 속도로 성장할 것으로 보인다. 서비스부문의 증대는 고객의 소비형태가 다양해지고, 기술변화가 급속히 이루어지면서 기존의 대량생산체제 방식을 탈피하려는 현상으로 인식되고 있다.

서비스업의 고용증대는 기존의 제조업 내에서 활동하던 상당수의 근로자들을 서비스업으로 흡수하게 되고, 제조업 내에서 영위되었던 경영, 기술 · 마케팅 컨설팅, 정보서비스, 법률자문 등의 외주화가 활발해짐에 따라 대기업의 서비스산업 비중도 증가할 것으로 전망된다.

향후 10년간 새로운 일자리 창출은 주로 서비스부문에 집중될 것으로 판단되며 양질의 서비스부문으로의 노동력이 원활히 이동해 갈 수 있도록 노동시장의 인프라 구축이 시급히 이루어져야 할 것으로 생각된다.

(5) 이직률의 증가

향후 10년간 한국경제가 견실해질 것인지 아니면 고실업-저성장의 국면으로 전락할 것인지의 관건은 노동력 재배치에서 얼마만큼의 효율성을 발휘하느냐에 달려 있다고 할 수 있을 것이다. 이런 점에서 유연성 있는 노동시장을 조성할 수 있는 능력이야말로 경제 변환기에 발생하는 고통을 줄이고 경제발전을 지속하는 핵심사안임에 틀림없다 할 것이다.

(6) 고용형태와 근로시간의 다양화

'고용형태의 다양화'라는 시대적 흐름이 근로자로 하여금 자유롭고 능동적으로 일자리를 찾을 수 있도록 하고 기업이 필요한 시기에 적절한 인력을 신속하고 유연하게 확보할 수 있도록 하는 데에는 노동제도가 얼마나 유연하고 효율적으로 구축되느냐에 달려 있다고 볼 수 있다.

또한 여성 · 청소년 · 고령층 등 주변노동력 계층의 노동시장 참여가 활발해지고, 지식정보화에 의해 근무형태의 변화가 확산됨에 따라 임시직, 계약직, 파견직 등의 고용형태가 확대될 것으로 보인다.

가정생활과 개인생활을 위해서 일정한 자유시간을 확보하면서 직업생활에 종사하려는 근로자 측의 욕구가 증대하여 이러한 욕구에 부합되는 비전형적인 일자리(atypical jobs)가 늘어날 것이며, 또한 여러 개의 비전형적인 일자리를 갖는 근로자 수가 증가할 것으로 예상된다.

근로시간 길이의 다양화는 정보화시대가 본격화되면서 지속적인 증가세를 보일 것으로 예상되는바, 근로시간의 다양화가 계약의 자발성을 도모하고 고(高)부가가치 · 고(高)행복추구형 일자리 창출로 이어지기 위해서는 근로계약의 투명성(contractual transparency) 확보가 전제되어야 할 것이다.

3.2 노동공급의 변화

(1) 여성 경제활동참가율의 증가

여성의 경제활동참가율이 지속적으로 상승하는 것은 여성의 고학력화, 혼인 · 출산형태의 변화, 다양한 근로형태의 확산 등에 기인하고 있다.

20~30대의 경제활동참가율이 높아지는 원인은 주로 여성의 고학력화와 가정의 역할분담 비중의 변화에 기인한 것이며, 40대의 여성인구의 경제활동도 근로형태의 다양화와 더불어 더욱 활발해질 것으로 전망되고 향후 10년 뒤에는 여성 연령별 경제활동참가율 변화곡선이 M자형에서 ∩자형으로 변화해 갈 것으로 생각된다.

여성의 경제활동참가율이 점차 높아지게 되면 우리나라의 경제활동참가율은 향후 10년 뒤에 65%를 상회할 수 있을 것으로 예측된다.

(2) 청년층의 노동시장 진입 연령 감소

경직적인 대학교육이 유연화되어 학교에서 직장으로 정착하기까지의 기간이 단축되게 되며, 평생교육체제의 보편화로 직장에 다니면서 지속적인 재교육이 이루어지게 될 것으로 전망된다. 또한 취업형태의 다양화는 학습과 근로의 양립이 용이하게 되어 청소년의 고학력화 추세와 노동시장 진입연령 감소가 동시에 이루어지게 될 것으로 보인다. 그러나 교육시스템의 유연화가 이루어지지 않는다면 청년층은 양질의 교육을 받기 위해 탈(脫)한국을 서두를 것이며 결과적으로 국부 유출과 동시에 청년층의 노동시장 진입연령을 오히려 증가시킬 가능성도 배제할 수 없다.

3.3 한국 노동시장의 과제[2)]

(1) 노동시장 인프라의 선진화

먼저, 노동시장에 관한 정보의 질적 제고, 다양한 정보의 통합, 정보접근의 용이성 제고 등이 추진되어야 한다. 구인 · 구직정보, 직업전망, 직업훈련, 노동시장 동향 등 각종 노동시장 정보를 수요자에게 제공할 수 있는 노동시장정보시스템(Labor Market Information :LMI)을 완성하여 인터넷을 통해 제공해야 한다. 즉, Work-Net의 정보를 대폭 확충해야 한다.

둘째, 향후 노동시장의 유연화와 직업별 노동시장의 발전에 대비하여 직업에 관한 체계적인 정보시스템을 구축해야 한다. 직업분류체계를 우리의 현실에 맞게 수정 · 보완하고 직업에 관한 다양한 정보를 제공할 수 있는 직업정보시스템을 구축해야 한다. 직업의 세계와 향후 직업의 전망에 관한 정보를 구축하여 CD-ROM 등으로 전국민에게 배포할 필요가 있다.

셋째, 공공직업안정 서비스를 향상시켜야 한다. 이를 위해 직업안정기관과 고용서비스 인력 등 직업안정망을 단계적으로 OECD 국가수준으로 확충해야 한다. 또한, 취업알선, 고용보험, 능력개발 및 각종 실업대책업무가 연계되어 한 장소에서 수요자 중심의 종합고용서비스 제공이 가능토록 원스톱 서비스체제를 구축해야 한다. 그리고, 직업상담원의 전문성을 제고하고 그 서비스를 개선해야 한다. 민간계약직 직업상담원의 전문성과 서비스 질 제고를 위해 성과에 따른 인센티브제를 시행하고, 전문교육 강화 및 표준화된 상담프로그램의 개발 등을 통해 직업안정서비스의 질적수준을 제고해야 한다.

넷째, 민간부문과의 협력을 통해 직업알선기능의 효율성을 제고해야 한다. 민간부문과의 협력을 통해서 노동시장 전체의 수급일치기능을 강화해야 한다. 근로자파견 사업자, 민간직업소개사업 등 민간의 노동력 수급조정기관들의 다양한 특성을 활용하여 적절한 수급조절의 역할을 할 수 있도록 해야 한다. 또한, 민간직업안정기관의 설립 · 운영에 관한 규제를 완화하고 민간직업안정기관에서도 공통네트워크를 이용하여 정보교류와 업무연계가 가능하도록 민간 취업알선기능을 활성화해야 한다. 그리고, 취업알선, 교육훈련, 근로자파견업 등의 업무를 일괄적으로 수행하는 '종합인력개발회사'를 육성해 나가야 할 것이다.

(2) 노동시장의 유연성 제고

첫째, 임금 및 근로시간의 유연성을 제고해야 한다. 임금의 일정부분은 근로자의 기본생계비를 보장하면서도 성과에 연동된 연봉제, 성과급제 등의 비율을 제고하는 방향으로 임금의 유연성을 높여나야 한다. 이와 함께, 기업에게는 인건비부담의 가중을, 그리고 근로자에게는 퇴직 후 생계불안을 가져오는 법정퇴직금제도를 기업연금제도로 전환해 나가야 할 것이다. 또한, 탄력적 근로시간제의 확대 등으로 기업의 효율적 인력사용과 근로자의 자율적인 근로시간 배분이 동시에 달성될 수 있도록 해야 한다.

둘째, 다양한 근로형태 도입 확산에 대응한 제도의 정비가 필요하다. 시간제근로, 재택근로, 파견근로 등 다양한 고용형태의 도입이 노동시장의 수급조절 기능을 원활히 하여 노동시장을 유연하게 하면서도 고용안정을 도모할 수 있도록 제도개선을 추진해야 한다. 먼저 시간제근로의 경우, 일거리가 없거나 시간제근로밖에 없어서 시간제근로를 하는 비자발적 시간제근로보다는 근로자 스스로 선택하는 자발적 시간제근로의 비율이 높아질 수 있도록 제도개선을 해야 한다. 따라서, 시간제근로자의 적정한 근로조건을 확보하기 위해 엄격한 근로기준 적용, 사회보험 적용확대, 기업의 차별 해소 등을 추진해 나가야 할 것이다. 그리하여, 시간제근로가 근로자 개인의 역량을 발휘하게 하면서도 기업의 인력관리의 유연성과 효율성을 높일 수 있도록 해야 할 것이다. 다음으로, 재택근로제도의 경우, 계약조건과 관련된 분쟁의 발생과 양질의 일을 확보하기 어렵다는 점 등의 문제점을 해결하기 위해, 재택근로의 가이드라인 책정, 재택취업자에 대한 각종 정보제공, 상담체제 정비, 능력개발 및 평가 등 여건을 정비해야 한다. 파견근로제는 파견근로자가 광범위한 분야에서 안심하고 일할 수 있는 환경을 조성해야 한다. 파견근로제가 노동자의 기본권리를 보호하면서도 노동력수급 조정기능을 효과적으로 실행할 수 있도록 하기 위해 사회보험의 적용, 직업능력개발, 파견계약의 중도해제, 파견계약 위반 등의 문제와 관련한 노동자 보호조치 등을 강구해야 할 것이다.

(3) 근로생애에 걸친 평생학습체제의 구축

첫째, 근로자 주도적인 직업능력개발을 촉진해야 한다. 이를 위해 먼저, 학습휴가제의 도입을 통해 근로생애에 걸친 계속학습과 평생학습기회에의 균등한 접근을 지원해야 한다. 노동시장의 유연화에 따라 기업의 종업원에 대한 교육 · 훈련 투자유인이 줄어 들고, 지식기반 산업 분야 등에서 보여지듯이 기업의 훈련만으로는 충분하지 않은 전문직업 분야가 증가하기 때문에, 개인주도적인 훈련의 중요성은 날로 높아지고 있다. 또한 근로자의 개인주도적인 훈련의 성과가 다른 훈련에 비해 높은 것으로 나타나고 있어 이를 적극적으로 촉진하기 위한 학습휴가제의 도입이 필요한 것이다.

다음으로, 개인의 인력개발 투자에 대한 조세감면의 확대가 필요하다. 근로소득의 교육비 공제 대상범위를 정규교육기관 교육비뿐만 아니라 개인이 능력개발에 투여한 비용전액으로 확대해나가야 할 것이다. 끝으로, 근로자 주도적인 직업능력개발을 위해서는 개인의 인력개발 투자비용에 대한 금융지원이 이루어져야 한다. 개인의 교육 · 훈련 투자비용에 대한 장기저리의 직업훈련비 대부제가 시행될 필요가 있다. 또한, 개인학습구좌제를 도입하여 개인의 교육 · 훈련투자 비용에 상응하는 재정을 지원하는 방안도 강구될 필요가 있다.

둘째, 자격제도의 개선을 통해 평생학습을 유도할 수 있는 직업능력의 인정 · 보상체계를 구축하여야 한다. 이를 위해서는 인적자원가치의 지표(signal)이자 능력개발을 선도(guide)하는 자격의 본연의 기능을 강화하여 자격의 공신력을 제고하여야 한다. 먼저 자격이 산업현장의 다양한 수요를 제대로 반영할 수 있도록 자격제도의 관리 · 운영시스템을 구축할 필요가 있다. 또한 국가자격과 민간자격의 효과적인 역할분담 및 발전방안을 모색하여야 하며, 교육훈련과 일, 자격과 학력의 연계체계 구축을 위한 직업능력표준제(National Skill Standard)를 도입할 필요가 있다. 아울러 다양한 학습을 통해 획득한 직업능력에 대한 인증제, 직업기초능력(Core Skill) 인증제의 도입과 개인의 학습 및 교육훈련 경력을 체계적으로 누적 기록하여 이를 다양한 방식으로 활용할 수 있도록 하는 학습구좌제(Individual Learning Account System)의 도입을 적극적으로 검토하여야 할 것이다.

셋째, 노사참여적 인력개발체계가 확립되어야 한다. 노사참여적 인력개발을 통해서 고용안정과 경쟁력 확보의 호혜적인 이익(mutualgains)이 실현될 수 있다. 훈련정책의 수립 및 집행, 그리고 평가와 관련된 각급 기구에 노사의 참여가 확대 되어야 할 것이다.

(4) 여성 인적자원의 적극적인 개발과 활용

첫째, 여성고용 차별의 해소를 위한 적극적인 대책이 필요하다.

'모집과 채용에 있어서 성차별'과 '여성근로자 우선 해고' 등의 관행에 대해 엄격한 제재가 이루어지도록 해야 한다. 남녀고용평등 실태공표 및 고용평등 우수기업 지원제도 등을 도입해야 한다. 또한, 기업의 여성노동력 수요기반을 확대해야 한다. 남녀고용평등법의 적용을 강제하고 강화하는 것 이상으로, 고용형태의 다양화나 모성보호비용의 사회적 부담 확대 등으로 노동수요자인 기업이 여성을 받아들일 수 있는 환경을 조성하는 것도 중요하다. 그리고, 적극적 여성고용 확대조치(affirmative action)의 도입도 단계적으로 추진해야 할 것이다. 공공부문에서 여성고용을 우선적으로 확대해 나가고 민간부문 여성채용 · 승진 모범기업에게 공공입찰 등 가점을 부여하는 방안이 강구되어야 한다.

둘째, 여성의 직업능력개발을 촉진해야 한다. 이를 위해서는 실업계 고등학교의 남녀 통합 교육으로 특정 직종에서의 여성고용 기회의 분리 · 배제를 사전에 방지해야 한다. 또한, 여성을 대상으로 하는 사내직업훈련에 대한 고용보험기금에서의 지원을 확대하고, 여성의 직업의식교육을 강화하며, 재직 중 능력향상을 위한 교육 기회를 평등하게 부여해야 한다.

셋째, 고용형태의 다양화를 통해 여성취업기회를 확대해야 한다. 시간제근로, 자율근로시간제, 재택근로제, 프리랜서 등 다양한 근로형태를 활성화하여 여성의 취업기회를 확대해야 한다.

넷째, 여성의 취업기회 확대를 위한 사회적 여건을 정비해야 한다. 먼저, 2000년 법개정을 통해 모성보호와 육아비용 부담의 사회화가 이루어졌는데, 이를 더 확대할 필요가 있다. 또한, 근로기준법상 여성특별보호조항의 합리적인 조정을 통하여 기업의 여성인력 활용에 대한 제약을 완화해야 한다. 그리고, 탁아 및 보육시설의 확충 및 운영방법 개선으로 탁아문제로 인한 취업 기회 상실의 문제를 해소해야 한다. 이와 함께, 남녀고용평등 의식제고를 위한 홍보를 강화해야 한다. 실질적인 남녀고용평등을 정착시키기 위해 남녀고용평등법 준수 이행 감독과 처벌만으로는 한계가 있기 때문에, 노 · 사 및 사회일반의 의식개선을 위한 지속적인 홍보를 전개해야 한다.

(5) 취약계층을 위한 고용촉진

첫째, 고령화 사회의 급속한 진전에 대비하여 능력과 의욕만 있으면 연령에 상관없이 계속 일을 할 수 있는 여건을 정비해야 한다.

먼저, 연령에 의한 고용 차별을 해소해야 한다. 노동자 모집의 단계에서 연령제한을 완화하도록 하고 기업들이 연령보다도 능력에 기초한 인사관리제도가 보급될 수 있도록 유도해야 한다. 또한, 고령자의 노동력 수요를 증대시킬 수 있는 방안을 마련해야 한다. 여기에는 기존 기업에 재고용에 의한 계속 고용, 타기업으로의 재취직 등의 활성화 등이 포함된다. 고령자의 경우, 취업의욕과 체력이 다양하다. 따라서 다양한 형태의 취업 기회가 제공될 수 있는 환경을 조성해야 할 것이다. 고령자에게 적합한 자영업 업종에 관한 정보제공 및 고령자의 단시간 취업제의 활성화가 필요하다. 취업 이외에 다양한 사회참여 활동을 촉진하여 경험과 지식이 많은 고령자의 사회적 참여도를 높여야 할 것이다.

정년연장 또는 정년제 폐지 등을 장기적인 관점에서 장려해야 한다. 최근 실업률 증가와 구조조정으로 실질적인 정년이 단축되는 경향이 있다. 이러한 정년단축은 고령자의 생계불안정, 국민연금의 재정기반 불안 등의 문제를 야기할 수 있기 때문에 정년을 연장하는 방향을 다각적으로 모색할 필요가 있다. 정년제 자체가 고용에서의 연령차별이기 때문에 장기적으로는 정년제 자체를 폐지함으로써 일할 의욕과 능력이 있으면 얼마든지 일할 수 있는 여건을 조성해야 할 것이다. 이와 함께, 연공급 임금체계를 능력급으로 개선함으로써, 연령에 따른 임금상승을 지양해야 한다. 이렇게 함으로써 기업의 중고령자 조기 퇴출 유인을 줄여 나가고 이들의 계속고용을 촉진해 나가야 할 것이다.

둘째, 장애인이 자유롭게 취업할 수 있도록 사회적 여건을 정비해야 한다. 노동할 의욕과 능력이 있는 장애자가 일반인과 동등하게 일할 수 있는 여건을 정비해야 한다. 장애자의 특성과 다양한 욕구에 대응하여 실효성있는 직업선택이 가능할 수 있도록 해야 한다. 예를 들어, 취업전의 직업훈련부터 취업후의 직장적응까지 일관되고 세심한 서비스를 제공하는 체제를 정비해야 한다. 또한, 장애자 의무고용제가 효과를 발휘할 수 있는 보완적인 조치를 강구해야 하며, 장애인이 단시간근로, 재택근로 등 유연하고 다양한 고용형태에 쉽게 접근할 수 있도록 체제를 정비해야 한다.

셋째, 지역단위의 종합적 고용대책을 수립해야 한다. 경제의 글로벌화가 심화되고 구조조정이 지속적으로 이루어질 경우, 지역단위에서의 고용기회의 부족이라는 문제가 발생할 가능성이 높다. 이에 따라, 지역수준에서의 다양한 일자리 창출 및 고용안정대책을 수립할 필요가 있다. 또한, 지역의 자립과 촉진 등을 도모하면서 인구규모, 산업구조, 취업구조 등 지역의 특성을 고려한 적극적인 노동시장정책이 필요하다. 농림어업의 진흥과 지역자원을 활용한 각종 산업진흥책을 도입하여 일자리와 취업기회를 확대해야 한다. 도시생활을 피해 농촌에서 새로운 일자리를 구하는 사람들을 위해 자세한 정보제공, 취직상담, 직업소개 등의 시책을 추진하고, 농림어업 관련단체와의 제휴를 도모하여 농림어업으로의 인재이동을 지원하는 방안도 강구되어야 한다.

Issues in IR 비정규직법 후속대책이 가야 할 길

인수범 (한국노동사회연구소 연구실장)/노동사회08, 3월호

1990년대 후반 이후 비정규직 노동자의 불안정한 고용 및 취약한 처우가 커다란 사회적 문제가 되면서, 비정규직 노동자를 보호하는 것은 중요한 정책과제가 됐다. 비정규직 문제는 정부가 어떤 방향으로 노동정책을 펴나가느냐는 차원뿐만 아니라, 기업 및 노조가 비정규직을 어떤 시각으로 바라보고 있느냐는 측면에서도 커다란 쟁점이 되고 있는 사안이다. 한편, 지난 2007년 7월 이후 시행되고 있는 「비정규직법」은 기본적으로 노동시장의 유연성 및 비정규직 노동자 보호의 관점을 동시에 포함하고 있기 때문에, 노사의 입장은 상대적으로 차이를 보이고 상충적일 수밖에 없다. 다시 말해 사용자는 유연성을, 노조는 노동자 보호에 중점을 두는 경향이 있다. 업종 및 사업장의 경영상황 및 노동력 구성에 따라 다양한 모습으로 나타나고 있는 「비정규직법」의 시행효과를 명확히 검증하는 것은, 비정규직 문제라는 사회문제를 해결하기 위해 견해 차이를 좁히고 힘을 모으는 데도 무척 중요하다.

비정규직법 이후 기업들이 걸어간 다섯 갈래의 길

2007년 7월에 시행된 「비정규직법」 이후, 새로운 제도적 규율에 대응하는 기업들의 조치 유형은 크게 다섯 가지로 요약된다(아래 [표] 참고). 첫째, 비정규직 노동자에 대한 '계약해지'이다. 2년 이상 근속의 기간제 근로자의 정규직화를 회피하기 위해 고용관계를 해소하는 경우다. 이는 공공, 민간을 불문하고 상당수 사업장에서 발생하고 있다. 대표적인 경우가 이랜드 사례로, 이를 둘러싼 노사 갈등은 「비정규직법」의 현실적인 실효성에 대한 논란을 불러일으켰을 뿐만 아니라, 각 사업장의 비정규직에 대한 개별 노사의 입장에도 커다란 영향을 미쳤다.

둘째, 직접고용 비정규직 대신에 해당 업무를 '외주화'하는 것이다. 기존 기간제 근로자를 파견 · 도급 · 하청 등 간접고용으로 대체하는 경우다. 이는 뉴코아, 한국은행, 롯데호텔, 세이브존, 현대백화점 등에서 발생했다. 외주화 전략은 기업이 직접 기존 기간제 노동자를 계약해지하지 않고 자연감원 되는 인력을 기간제로 채용하지 않으면서 별도로 외주화하는 경우도 있고, 기업이 시설을 확충하거나 신설하면서 기존의 직접고용 업무를 외주화하는 경우도 있다.

셋째, '분리직군제도'의 무기계약직화다. 즉 기존의 비정규직을 폐쇄된 별도 직무 · 직군의 정규직으로 재편하는 것이다. 이는 우리은행, 홈에버, 전남대병원 등에서 나타나고 있다. 별도 직군제로 재편하는 정규직화는 고용안정은 보장되는 데 비해, 임금 및 근로조건은 기존 정규직에 비교해 계속해서 차별적인 상황에 처하게 된다는 문제점이 있다.

넷째, 비정규직을 정규직화하면서 '하위직급을 신설'하는 경우다. 이는 부산은행, CJ투자증권 등에서 나타난 것으로, 일단 정규직화하면서 하위직급으로 편입시킨 후에는 일정 기간이 지나면 정규직과 동일한 임금, 승진 경로를 따라갈 수 있도록 한 특성이 있다.

다섯째, 기존 비정규직 노동자를 「비정규직법」의 취지에 맞게 '정규직화' 하는 것이다. 가장 바람직한 경

표 1 업종별 비정규직 사례의 유형, 문제점, 후속대책

업 종	유 형	문제점	후속대책
유 통	· 계약해지 및 외주화 : 현대백화점, 세이브존 I&C, 이랜드, 뉴코아 및 아울렛	· 비정규직법 시행 전후 계산 및 식품 담당 계약직 직원의 계약해지 및 외주화	· 외주화 방지대책 필요 - 기존 정규직 담당 업무(상시적 업무)의 정규직 전환을 위한 법률적 보완 필요 - 원청업체의 간접고용 노동자 차별시정 의무화 고려 - 점포별/층별 고용형태 분리 규제 방안 필요
	· 무기계약 : 신세계 및 롯데백화점과 할인점, 홈플러스, 농협유통, GS리테일	· 기존 정규직과 차별(인사, 승진, 복지 등) 존재, 취업규칙 등에 계약해지 조건 존재	· 기존 정규직과의 차별(인사, 승진, 복지 등) 해소 노력 필요 - 무기계약 및 분리직군 내 인사, 승진제도 원칙과 규정 의무화 (근로계약서 작성 의무화 등)
	· 분리직군 : 농협유통(기능직), 이랜드 홈에버(직무급제), 신세계(상품진열, 조리업무)	· 기존의 정규직과 직군불리로 인한 차별 존재(인사, 승진, 복지 등)	
	· 정규직화 : 애경(관리직 포함), 갤러리아(계산직), 롯데마트(매장관리직)	· 남성중심 직군을 중심으로 정규직화	· 업무/직무 특성에 따른 간접차별(성차별) 해소위한 대책 필요 - 적극적 개선조치(AA) 강화 ex) 성별 고용형태 제출 의무화
금 융	· 분리직군제 : 우리은행	· 분리직군제 도입 · 비정규직 차별의 회피와 온존	· 정규직화 가능성 개방 필요
	· 정규직화 및 차별시정 : 부산은행	· 하위직급 신설	· 정규직 전환 이후 승진 보장
	· 분리직군제 : LIG 손해보험	· 특수고용직 정규직 전환	· 고용유연화 규제책 마련
	· 정규직화 : 알리안츠 생명보험	· 정규직 전환율을 낮추려고 함	· 정규직화가 모두 되도록 정책마련
	· 정규직화 : CJ 투자증권	· 하위직급 신설	· 정규직 전환 이후 승진 보장
	· 정규직화 : 현대증권	· 계약직 채용 허용	· 비정규직 채용에 대한 규제 마련
보 건	· 정규직화 : 경희의료원	· 비정규직은 상여금 200% 덜 받음	· 비정규직의 경력 인정 필요
	· 정규직화 및 차별시정 적용 : 한양대의료원	· 병원 경영상황 부진으로 향후에도 비정규직 차별시정 불안정한 상황	· 정규직과 비정규직의 임금인상에 대한 합리적 기준 마련
	· 정규직과 비정규직 차별 여전히 존재 : 고대의료원	· 비정규직이 많고, 동일대우가 실행되지 못하고 있음.	· 비정규직 동일 대우 재원마련 · 외주화 규제
	· 무기계약직으로 전환 : 전남대병원	· 비정규직을 무기계약직으로 전환하면서 80% 수준에 머물러 있음.	· 무기계약직의 차별처우 개선 · 외주화 규제
공 공	· 기간제 사용 예외기준 적용으로 전환 제외 : 한국건설기술연구원	· 기간제법 사용 예외조항의 포괄성	· 기간제법 적용 예외기준의 재고
	· 외주화를 통한 우회전략 : 도시철도공사	· 직접고용 비정규직 고용불안 · 비용절감형 외주화 확대	· 합리적 외주화 원칙 보강 · 핵심/주변업무 구분의 기준 마련 · 정부의 기관 평가체제 개선 · 외주업체 감시/감독 강화

업 종	유 형	문제점	후속대책
공 공	· 하위직급 신설을 통한 정규직화(통합적 내부화) : 한국승강기안전관리원	· 기존 경력 불인정 · 신규 채용 억제	· 경영평가 시 정규직화 가산점 부여
	· 무기계약직 전환(별도 인사관리) : 학교 비정규직	· 무기계약직 별도 인사관리안의 '독소' 조항으로 고용불안정 해소 미흡 · 처우개선의 실효성 미약	· 무기계약직 인사관리 중 해고와 근무평정 등 고용불안정 요소 제거 · 실질적 처우개선을 위한 예산 확보 방안 마련
금 속	· 업체 계약해지(폐업)로 인한 고용계약해지/근속불인정 : 현대자동차	· 기존 단협 무력화 · 고용불안/근로조건 악화 · 교섭주체의 불안정성	· 기존 단협과 근로조건 승계 · 원청과 교섭참가 의무화 · 정규직 노조의 적극적 개입 · 산별체제하에서의 보호장치 마련
	· 업체 계약해지(폐업)로 인한 고용계약해지/사내하청 단기계약직 증가 : 기아자동차	· 기존 단협 무력화 · 고용불안/근로조건 악화 · 교섭주체의 불안정성	
	· 업체 계약해지(폐업)로 인한 고용계약해지 : 대우자동차	· 기존 단협 무력화 · 고용불안/기존 근로조건 악화 · 교섭주체의 불안정성	
	· 사무계약직 정규직화 : 사무계약직	· 내부 전환배치 · 기존업무의 외주화	

우로, 기존 정규직과의 차별 없는 고용조건을 보장하는 경우다. 이는 하나은행, 신세계, 현대차 · 기아차 사무계약직, 경희의료원, 한양대병원 등에서 진행되고 있다. 그러나 이처럼 비정규직의 정규직화를 추진하는 경우에도 해당 사업장에 존재하는 모든 비정규직을 정규직화 하는 경우는 드물기 때문에, 계속 존재하는 비정규직의 차별처우 개선이 중요한 문제로 남아 있게 된다.

「비정규직법」은 300인 이상 규모의 대기업에서는 부분적인 성과를 보여, 정규직화 또는 무기계약직 전환으로 이행하도록 만든 측면이 있다. 하지만 상당수 기업들에서는 법 취지를 무시하는 외주화 또는 계약해지가 강행돼 심각한 노사갈등을 초래하기도 했다. 비정규직 보호의 실효성을 담보하기 위해서는 법 규정 회피의 기업행동을 규율하기 위한 관련법의 추가 보완이 요구된다. 한편, 2008년 이후 중소사업장에도 「비정규직법」이 적용됨에 따라 비정규직 문제 처리를 둘러싼 노사갈등은 더욱 증폭될 것으로 우려된다. 지불능력이 있는 대기업이나 지불능력 및 노동권 의식이 불비한 영세사업장에서는 상대적으로 그 갈등 강도가 낮을 것이지만, 그 사이에 낀 대다수의 중소기업들에서는 비정규직 처리 관련 갈등이 집중적으로 발생하게 될 것으로 보인다.

비정규문제는 사회 전체의 '실용'과 관계된 문제

비정규직 문제를 해결하기 위해서는 먼저 기본적인 시각을 가다듬을 필요가 있다. 먼저 노사정 모두 비정규직 문제의 사회적 심각성을 인정해야 한다. 비정규직의 남용과 차별이 불필요한 사회적 비용을 높이고 노동 양극화를 심화시키고 있다는 점은 명백하기 때문이다. 이러한 심각성을 인정하기 위해서는 무엇보다도 '합리적인 고용구조 정착과 비정규직 노동자 보호는 사회적으로 정당한 요구'라는 것이 전제돼야 한다. 또한, '노동양극화 또는 노동시장 분절구조 해소를 지향하는 해법 찾기'의 관점에서 제도 · 정책적 해결을 모색할 것이 요구된다. 즉 법 규제를 통한 비정규노동자 보호와 함께, 노동시장 주체인 노사의 전략과 관행 변화가 함께 고려돼야 한다.

사용자단체의 '대기업 정규직 탓하기'와 노조단체의 '비정규직 철폐 요구하기'의 상호 공방을 넘어서는 합리적이고 민주적인 해결책을 찾아야 한다. 비정규직의 남용 · 차별이 지속되는 배경요인인, 사용자의 비정규인력 선호 동기에 대한 명확한 분석에 의거해 해법을 찾아야 한다. 대기업은 고용유연성 확보, 인건비 부담 완화, 노조 회피 및 우수인력 선발 기제로 비정규직을 활용하고 있고, 중소기업은 지불능력 제약 및 노동법 준수의식 결여가 중요한 요인인 것으로 평가할 수 있다. 비자발적 비정규직이 생기는 이유는 정규직 일자리를 구하는 데 실패하면서 비정규직 일자리로 몰리는 관행이 있기 때문이다. 비정규직은 정규직에 비해 조직몰입도 및 생산성이 낮을 수 있다는 주장이 제기되기도 한다.

노동시장 개혁 청사진과 사회적 합의가 중요해

비정규직 문제를 해결하기 위해서는 다음과 같은 기본 시각을 가질 필요가 있다. 첫째, 노동시장의 구조개혁으로 비정규직 문제에 대한 근원적 해결을 모색해야 한다. 이를 위해서는 △정규직의 기업중심 고용경직성으로부터 산업횡단적 고용안정 체제로의 이행, △기업 내 기능적 유연성 확보, △비정규직 활용 규제를 통해 사회적으로 달성해야 할 고용구조의 '유연안정성' 마련 등이 진행돼야 한다. 노동비용 구조의 적정화도 중요한 과제로, 비정규직의 부당한 처우 및 차별을 지양하고 직무평가에 따른 동일노동 동일임금 임금체계, 즉 산별 직무숙련급체계의 도입을 추진해야 한다.

둘째, 노사파트너십의 구축 및 확산으로 노조비용의 최소화와 생산적 노조효과 증대를 도모하는 것이 필요하나. 「비정규직법」이 실제적인 성과를 보이기 위해서는 노사가 비정규직의 유연안정성에 대해 상호 합의하는 것이 전제되어야 하며, 비정규직의 정규직화 및 차별처우 개선에 대한 합의 역시 요구된다. 노사의 대립적 관계가 지속된다면 현실적으로 매우 중요한 비정규직 문제가 소모적인 논란 및 필요 없는 갈등으로 이어져 제대로 해결되기 어려워질 수 있기 때문이다.

셋째, 기업 지불능력이 상대적으로 부족한 중소사업장에 대해서는, 정부가 고용구조 개편을 지원하여 중소기업의 정규직화에 대한 정책적 인센티브를 제공할 필요도 있다. 「비정규직법」을 통한 정규직화 및 차별처우 개선을 위해서는 일정하게 기업의 부담이 요구되기 때문에, 기업경영이 좋지 않은 중소사업장은 의지가 있더라도 법에 맞는 정규직화를 쉽게 실행하기 어려울 수 있기 때문이다.

넷째, 기업에서 일어나는 비정규직에 대한 탈법 · 불법 노무관리를 척결할 필요가 있다. 「비정규직법」에 따라 정규직화해야 하는 기간제 노동자를 계약해지하고 외주화를 통해 간접고용 노동자로 충원하는 것은 물론이고, 비정규직 처우개선 노력을 실행하지 않고 있는 것에 대해서도 정부 및 사회 차원에서 관리감독 기능을 높여야 할 것이다. 또한 비정규직이 안고 있는 고용불안정은 이들이 노조에 가입하기 어렵도록 만들고 있는데, 비정규직 노조에 대한 보호도 강화하여 해당 사업장의 탈법 · 불법 노무관리가 없어지도록 할 필요가 있다.

다섯째, 노동시장에서 비정규직이 고용안정성을 지닐 수 있도록 교육훈련을 확대하는 방법을 모색해야 한다. 이를 위해 △비정규직 노동자의 취업능력 향상을 위한 직업훈련 제공 및 지원, △맞춤형 취업알선, △여성 직업경력 연속성 보장을 위한 '일과 가족의 조화' 구현 여건 강화 등의 방안을 활용할 필요가 있다. 또한 노사정이 공동으로 업종 및 지역 차원에서 비정규직 교육훈련 프로그램을 개발하면 더욱 현실적인 효과를 볼 수 있을 것이다.

요컨대, 우리 노동시장 전반에 대한 사회적 규범과 게임규칙을 재정립하지 않고서는 비정규직 문제는 해결하기 어렵다. 이를 둘러싼 소모적인 노사각축이 되풀이 될 가능성이 높기 때문이다. 따라서 노동시장의 전반적인 개혁을 구상하는 '전략적 청사진'에 기초하여 노사정 합의에 의한 정책 접근이 필요하다.

비정규직법 후속대책: 입법적 대응과 정책적 과제

「비정규직법」 후속대책은 크게 보아 두 가지로 생각해 볼 수 있다. 「비정규직법」의 문제점을 보완하는 내용과, 법 개정으로 포괄하기 힘든 영역을 위한 제도 · 정책적 내용이다. 비정규직 문제를 해결하기 위해서는 「비정규직법」에 의한 규율보다는 노사가 자율적으로 근본적인 해결방안을 마련하는 것이 더욱 효율적일 테지만, 단기적으로는 법 내용 자체에 대한 개선방안을 만드는 것도 시급한 과제다. 여기에서는 이런 문제의식을 갖고 우선 「비정규직법」의 문제점에 대한 입법적 대응을 살펴본 다음, 정책과제에 대해 검토해보고자 한다.

● 입법적 대응

2007년 7월에 시행된 「비정규직법」은 비정규직의 정규직화 및 차별처우 개선의 측면에서 부분적인 성과를 거두었지만, 현실에는 여전히 많은 비정규직이 존재하고 있다. 또한 「비정규직법」의 시행으로 인해 기간제 노동자가 계약해지 되는 경우도 있었고, 법을 회피하기 위해 외주화를 확대하는 경우도 생기고 있다. 비정규직의 차별처우 개선 측면에서도 아직 부족한 부분이 많이 남아 있다. 정규직과 동일한 업무를 하는 비정규직의 경우에는 동일임금을 받아야 함에도, 현실에서 이는 「비정규직법」 시행 이후에도 요원한 일이다. 이런 문제들을 해결하기 위해서는 우선 법으로 보완할 수 있는 부분을 개정하는 것이 필요하다. 「비정규직법」은 다음과 같은 내용으로 미비점을 보완할 수 있을 것이다.

첫째, 「비정규직법」은 기간제 노동자의 정규직화 및 차별처우 개선을 다루고는 있지만, 이를 강화하기 위해서는 기업에서 상시적인 정규직 업무를 과도하게 기간제로 대신하는 것을 방지하도록 '사용사유 제한'을 도입할 필요가 있다. 즉, 기간제는 특별한 경우를 제외하고는 근로계약을 체결할 수 없도록 하는 것이다. 특별한 경우는 ① 결원을 대체할 경우, ② 계절적 사업의 경우, ③ 일정한 사업의 완료에 필요한 경우, ④ 노동자의 필요에 의해 기간을 정한 경우 등을 생각할 수 있다.

둘째, 기간제의 현재 2년 '사용기간 제한'에 대해서도 보완될 필요가 있다. 사용기간 계산에서 지금처럼 노동자 '개인'을 기준으로 할 것이 아니라 '업무'를 기준으로 하여, 동일한 업무를 상이한 기간제 노동자가 바뀌어 일하는 경우를 막아야 할 것이다. 또한 기간제의 계약기간이 지났음에도 계속해서 근무한 경우 정규직 근로계약이 체결된 것으로 보도록 해야 한다.

셋째, 기간제가 사용기간이 지나 무기계약직으로 전환했음에도 임금 및 근로조건이 비정규직일 때와 비슷한 경우가 있는 것을 방지하기 위해, 무기계약직의 근로조건을 명문화할 필요가 있다. 무기계약직의 경우는 동일한 업무를 수행하는 정규직과 동일한 임금 및 근로조건을 적용받을 수 있도록 해야 한다.

넷째, 기간제를 사용할 경우에 절차적으로 노동조합의 대표 또는 노동자 과반수 대표에게 사전에 협의하는 절차를 가지도록 할 필요가 있다. 이 절차를 통해 정규직이 담당하는 상시업무에 비정규직을 남용하는 것을 미연에 방지할 수 있을 것이다.

다섯째, 사업장에서 인력이 필요하여 통상근로자를 충원하고자 할 때에는 해당 사업장 동종업무에 종사하고 있는 단시간 근로자를 우선 고용하도록 할 필요가 있다. 그러나 현실에서 이는 여러 사업장에서 이미 노사 간의 갈등을 불러온 바 있는 내용이다. 기업에서 해당 업무의 단시간 근로자를 채용하는 것을 꺼리는 경향이 있기 때문이다. 따라서 이와 같은 논란을 없애기 위해서라도 법을 통해 단시간 근로자 우선 고용을 강제할 필요가 있다.

여섯째, 동일가치노동에 대한 동일임금 원칙을 명시할 필요가 있다. 정규직과 비정규직, 비정규직 내에서도 직접고용과 간접고용 간의 임금격차는 여전히 존재하고 있기 때문에, 동일업무를 하는 경우에는 고용형태를 이유로 차별처우를 하지 못하도록 해야 한다. 해당 사업장에 동일업무를 하는 정규직이 없는 경우에는 동일업종의 다른 사업장의 비교대상을 설정해서 동일임금을 지급하도록 해야 할 것이다.

일곱째, 「비정규직법」 시행 이후 사용자들이 활용하고 있는 외주화를 규제하는 방안이 마련되어야 한다. 사용자가 사업장의 상시적인 업무에 대해서는 도급, 파견, 용역 등 간접고용 노동자를 사용해서는 안 되고, 필요하다면 직접고용으로 하도록 명문화할 필요가 있다.

또한 현재 외주화된 상태라고 하더라도 '원청기업의 중층적 사용자성'을 인정하여, 간접고용 노동자에 대해 임금, 노동조건, 고용에 있어서 연대책임을 부여해야 한다. 더 나아가 간접고용에 대한 단체교섭 의무도 명기할 필요가 있다. 절차상으로도 사용자가 외주화를 할 경우에 노조 대표 및 노동자 과반수 대표와 협의를 하도록 하고, 일정 기간(3개월)마다 간접고용을 직접고용으로 전환할 수 있는지에 대해 정보를 제공하도록 하는 것도 한 방법이 될 수 있다.

● 정책적 과제

비정규직 보호는 법을 보완하는 것도 중요하지만 기업 차원에서 노사 합의를 통하여 실천하는 것이 더 효율적이다. 이를 위해서는 노사가 비정규직 보호를 더욱 잘 실행할 수 있도록, 법으로는 채워지지 않는 부분을 보완하는 제도정책을 정부가 확대 · 강화해야 한다. 첫째, 정규직과 비정규직의 업무를 제대로 평가하기 위해, 직무의 사회적 평정 기준 마련을 위한 노사정 공동의 정책연구 또는 정책협의 수행기구를 설치운영할 것을 강구해야 한다. 또한 직무급 임금구조 및 산업별 직종경력개발 · 교육훈련체계의 도입확산을 위한 지원도 해야 한다.

둘째, 비정규직의 정규직 전환에 대한 인센티브를 제공해야 한다. 이것은 양질의 일자리를 확산하는 것을 촉진할 수 있을 것이다. 이를 위한 정책방안으로는, ① 비정규직의 정규직화에 대한 세제 및 사회보험의 정책 지원, ② 비정규직 대상의 직업능력 향상을 위한 훈련비용 지원, ③ 기간제 근로자의 정규직 전환을 위한 전환청구권 보장 등을 생각해 볼 수 있다.

셋째, 정부는 비정규직의 탈법 · 불법적 노무관리를 척결하는 방안을 적극적으로 모색해야 한다. 사회보험과 근로기준법의 미적용 사업장에 대한 특별 근로감독을 실시하고, 내부 고발자 보호 장치를 마련하는 것이 필요하다. 특별 근로감독은 노사정이 공동으로 주관하고, 필요한 경우에는 시민사회단체의 지원을 허용하도록 해야 한다.

전체적으로 비정규직 보호와 관련된 노동시장의 유연안정성 제고를 위해서는 기업내부 노동시장의 고용경직성과 비용부담을 완화하기 위한 초기업적 고용체제의 구축이 이루어질 필요가 있으며, 통합적 산별교섭을 통한 노사 공동의 산별기금 출연과 고용복지센터 운영이 이루어져야 한다. 이는 초기에는 정부가 기금을 지원하고, 장기적으로 고용보험기금 및 해당 사업에 대한 출연주체 중심의 운영체제로 재편해야 할 것이다.

또한 노동시장에 내재되어 있는 불안정성과 불완전성, 분단차별구조의 관성, 외부성의 영향 등에 따른 항시적 실패가능성을 노사정의 사회적 협력에 의거 적극적으로 규율 · 조정하는 소위 '사회적 노동시장체제' 구축의 공감대를 형성 · 확산하는 것이 필요하다. 그리고 ① 노동양극화의 해소와 좋은 일자리의 확충, 노사파트너십을 구현하기 위한 '기업의 사회적 책임'의 제도적 규범화, ② 산업차원 직무급체계 설계 · 도입을 위한 사회적 직무평정의 정책협의기구 설치운영, ③ 사업장수준의 다양한 고용문제에 대한 노사 합의적 의사결정 등의 제도 개선을 추진할 필요가 있다.

◈ 연습문제

1. 한국 노동시장의 수요 측면의 특징적 현상에 대해 설명해보시오.
2. 한국 노동시장의 공급 측면의 특징적 현상에 대해 설명해보시오.
3. 향후 인구구조의 변화가 노동시장에 미칠 영향에 대해 설명해보시오.
4. 노동시장에서 여성의 열위를 타개할 수 있는 방안에 대해 토의해보시오.
5. 상대적으로 근로조건이 열악한 비정규직 증가문제에 대해 노사정의 각 주체별 해결방안을 제시해보시오.
6. 고령사회로의 진입에 대비하기 위한 노사정의 주체별 대응방안에 대해 토의해보시오.
7. 노동시장인프라의 정비를 위한 과제와 이에 대한 노사정의 대응방안에 대해 토의해보시오.
8. 근로자의 생애학습체제 구축의 필요성과 제도적 뒷받침을 위한 노사정 과제에 대해 토의해보시오.

제5장 기술변화와 노사관계

01 탈기계화로서의 컴퓨터
02 미디어 혁명 · 지식지원화
03 노동의 변화와 하향식 통제방식의 붕괴
04 정보기술혁명이 요구하는 변화
05 참가형 시장경제의 도래

기술혁신과 노사관계

기술혁신은 다음과 같은 방법으로 노동조합 조직에 영향을 미친다.

- 특정산업부문의 고용수준 변화: 노조의 조합원 충원영역 및 잠재적 조합원 수준에 영향을 미침
- 산업부문별, 직업별 고용분포의 변화: 조합원 충원 범위에 영향을 미침
- 노조 내 특정 집단의 정치적 영향력에 부정적 · 긍정적 영향: 예컨대, 컴퓨터 사진식자 기술 도입에 따른 식자공들의 영향력 상실
- 조합원 증감에 따른 노조 재정의 변화
- 직무분포의 변화: 노동조합들 사이의 경계가 바뀔 수 있음

특히 정보통신기술의 확산으로 노동조합의 활동도 큰 영향을 받고 있다. 정보통신기술의 확산은 노동과 직무의 내용을 변화시키면서 새로운 직종을 탄생시켰는데, 이들의 노동조합 가입 가능성이 상대적으로 낮아 노동조합 성장의 중대한 제약요건이 될 수 있다. 특히 인터넷은 노동조합 활동의 근거지로서 물리적 공간인 작업장(일터)에 대한 심리적 · 육체적 귀속감을 약화시켰다. 그리고 인트라넷(intranet)은 단순한 정보전달 수단에서 기업의 일상 활동 및 노동자 참여 통로와 밀접히 결부된 작업환경의 일부로 발전하였다. 인트라넷은 언제 어디에서나 접근가능하며,기업은 노동조합 대신에 인트라넷을 통하여 의사소통과 고충처리를 하거나 노사 간의 토론방을 운영할 수 있다. 이 경우 인트라넷은 노동조합보다는 기업에 대한 귀속감을 높일 수 있다. 이에 대응하여 현재 노동조합도 인터넷 상에서 자신의 인트라넷을 구축하거나 대항 사이트를 운영하고 있으나, 이것은 또 다른 문세를 낳을 수 있다. 즉 노조의 영향력 수단으로서 인터넷과 웹사이트는 한계를 갖고 있으며, 특히 조합원들과의 직접 접촉, 회의, 집회, 사회활동 등에 투여되어야 할 노조의 자원과 노력이 신속하고 비용이 덜 드는 인터넷에의 지나친 의존에 투입될 수 있다는 것이다. 이것은 조합원의 수동성을 심화하고, 이 경우 노동조합은 노사간의 권력불균형 시정과 포괄적인 사회정의 실현을 목표로 하는 사회운동조직으로서 위상을 상실하고, 조합비의 대가로 임금과 고용안정을 제공하는 "보험조합주의"(insurance unionism)로 전락할 위험이 있다.

인터넷과 웹사이트에 대한 과도한 의존으로 노동조합이 조합원들로부터 멀어지면, 조합원들도 노동조합을 사회정의와 사회복지를 실현하기 위한 운동조직의 관점에서 평가하는 것이 아니라 '조합비를 낸 만큼 혜택을 받고 있는가?'라는 아주 실용적인 교환관계의 관점에서 자신의 노조를 평가할 것이다. 이러한 조건에서 노동조합을 포괄적 의제를 가진 사회운동으로 되살려낸다는 것은 아주 어려운 일이 될 수 있다.

■ 장영배(2005), 국가혁신체제의 질적 성숙을 위한 혁신친화적 노사관계 발전방안, 과학기술정책연구원, pp.34~35.

학습목표

정보기술혁명, 기계화와 컴퓨터화의 차이, 미디어 혁명, 지식 지원화, 다인수 쌍방향통신, 톱다운 컨트롤의 붕괴, 유럽의 노동자참가조직, 산업민주주의, 경영민주주의, 기술의 전성법칙, 정보과부하, 직장부적응증, 환경적 · 인간적 유용성원리, 참가형 시장, 기술혁신에 대한 유럽노조의 대응

01 탈기계화로서의 컴퓨터

1.1 현대 기술혁명으로서의 정보기술혁명

오늘날 기술혁명이라고 하면 일반적으로 ① 컴퓨터화, ② 넓은 의미의 바이오테크놀로지, ③ 원자력에너지, ④ 소재혁명 그 외 극히 여러 분야에 걸쳐 이들이 서로 관련되어 있다. 그러나 이들은 그 분야가 바이오테크놀로지이든, 원자력 분야이든, 소재혁명이든, 컴퓨터화(computerization) 없이 오늘과 같은 발전을 기대할 수는 없었을 것이다. 반면에 컴퓨터 쪽은 원자력 에너지 혁명을 필요로 하지 않는다. 또한 바이오테크놀로지의 일부에는 그것을 발전시키는 그 자체에 의료윤리와 생명의 존엄문제 등 선결해야 할 문제가 많으므로 전망이 밝지만은 않다. 또한 원자력 분야를 보면 그 유용성에도 불구하고 현행의 원자력 발전에는 위험성이 너무 크므로 이에 반대하는 주장도 강하게 제기되고 있는 것이 사실이다. 그러나 컴퓨터에 관해서는 물론 그 상태에 있어서 많은 문제가 제기되고 있으나 그 자체를 억제하라는 주장은 거의 없다고 본다. 이렇게 보면 현대 기술혁명의 중심은 역시 컴퓨터혁명이라 보아도 틀림없을 것이다.

여기서 컴퓨터화라는 것은 넓게 정보처리 및 전달 · 저장장치 전체의 일렉트로닉스 기술혁명, 즉 정보기술혁명을 말한다. 이러한 정보기술혁명은 세 가지 축으로 전개되고 있다. 그 하나는 컴퓨터에 의한 생산과정 · 유통과정 · 소비생활과정에 있어서의 자동화로 이른바 오토메이션이다. 또 하나는 이 컴퓨터화와 관련하여 진행되는 사회의 각 조직 · 개인간의 정보통신 미디어 혁명으로서의 '미디어 혁명'이다. 그리고 또 하나는 기술적으로 앞의 두 가지 속에서 움직이고 있는 것인데, 그 기능을 전면적으로 발전시킨 것으로 인공지능(artificial intelligence) 등에 의한 '지식 지원화(knowledge support)'이다(그림 5-1 참조).

그림 5-1 정보기술혁명의 세 개의 기둥

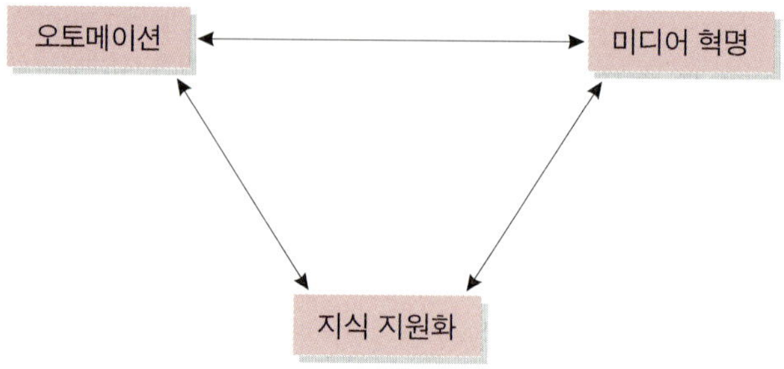

1.2 기계화와 컴퓨터화의 본질적 차이

여기서 잠깐 정보기술혁명을 가져온 컴퓨터화 과정을 간략히 살펴보면 다음과 같다.

1949~50년에 영국의 EDSAC, 미국의 EDVAC 등 프로그램 내장형 컴퓨터가 완성되었으나 이것은 수천 개의 진공관을 사용함으로써 공간적으로도 대용량을 차지하고, 또 진공관의 고장률도 높아 실용적이지 못하였다. 컴퓨터가 실용화된 것은 진공관보다 월등한 기능을 가진 반도체 · 고체소자로서의 트랜지스터 이용으로부터 출발하여 1960년대에 실용화된 집적회로(Integrated Circuit ; IC) 의 개발에 의한 이른바 마이크로 일렉트로닉스화(microelectronics ; ME)에 의해서이다.

이 IC에서 LSI(고밀도 집적회로), VLSI(대규모 집적회로)로 발전하면서 소형화 · 고속화, 기억용량의 증대화는 마치 소형전동기의 보급이 '기계화'를 발전시킨 것과 같은 의미를 갖는다. 산업혁명이 증기기관에 의존하고 있었던 기간은 실제로 '모든 면에서 기계화'가 진전되지는 못했다. 20세기에 들어와서 소형전동기가 개발됨으로써 비로소 각 산업부문이나 중소공장, 일상생활 속까지 기계가 자리함으로써 비로소 진정한 '기계화' 시대가 갖추어졌다. 그것이 중화학공업 혁명의 시대이며 그때 비로소 산업혁명의 진정한 모습이 나타났다고 할 수 있다. 컴퓨터에 관해서도 그 실용화가 본격화한 것은 1970년부터의 마이컴이나 LSI화가 실현한 본격적인 마이크로 일렉트로닉스화 시대에 들어와서부터라고 말할 수 있다.

이처럼 그 전개과정은 닮았으나 컴퓨터화는 그 본질적 성격에 있어서 기계화와는 다르다. 컴퓨터화는 결코 기계화의 연장이 아니다. 컴퓨터화와 기계화의 본질적 성격의 차이, 이것을 이해하는 것이 오늘날의 정보기술혁명의 사회적 임팩트의 행방을 이해하는 근본문제다.

먼저 산업혁명에 의한 '기계화'는 작업기계의 개량과 원동기의 결합으로 '힘과 숙련'을 기계에 옮겨 공장형 단순노동을 일상화하였다. 이것이 '기계화' 시스템의 근본적 출발점이다. 이에 대하여 컴퓨터화는 기계적 · 반복적 · 루틴(routine)한 작업의 조작을 프로그램화하여 컴퓨터 처리에 맡김으로써 노동과정에서 단순노동을 제거하는 방향으로 가는 것이 그 기본적 출발점이다.

산업혁명에 의하여 인간은 원동기 · 전동기 · 작업기계를 포함한 기계체계를 사용하게 되었다. 그에 의하여 인간은 작업기계에 물리적 에너지를 공급하는 역할로부터 해방되고 복잡한 조작도 간단하게 되었다. 그러나 작업기계 그 자체를 조작하는 조종(제어기능의 대부분)은 노동주체로서의 인간의 의사결정활동으로 남겨졌다. 이에 대하여 오늘날의 생산 · 운수 · 교통 · 유통 · 서비스, 그 외 각종 산업의 노동과정의 오토메이션화에 있어서 근본적 변화의 방향은 인간의 의사결정활동을 돕는 정보처리 · 전달 · 저장장치(컴퓨터 시스템)라는, 역사적으로 보아서 질적으로 전혀 새로운 타입의 노동수단이 도입되었다는 것이다.

이때까지의 기계는 주로 물리적 · 에너지적 투입, 산출의 변환을 가져오는 엔진(모터)에 기계장치를 결합한 시스템이었으나 새로운 타입의 노동수단으로서의 컴퓨터 시스템은 정보의 변환과 처리, 저장을 행하는 정보처리(제어장치)이다. 그것은 인간이 부여하는 프로그램에 따라 제법 복잡한 목표정보를 받아 이것을 보전하고 유지한다. 때로는 그 목표에 없었던 제어정보(조작정보)를 작성하여 이것을 작업장치에 전하고 또 작업장치나 노동대상으로부터 피

그림 5-2 노동과정과 컴퓨터화

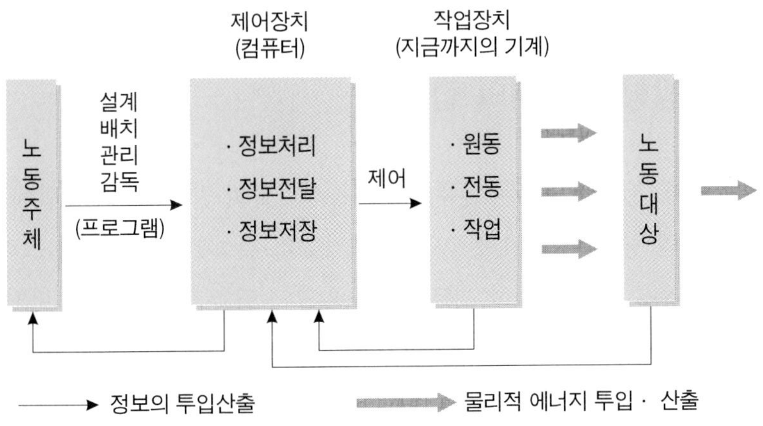

자료 : 飯尾 要, 김성호 역(1993), 변혁기의 사회와 기술, 한국경제신문사, p.241.

드백되는 작업의 진행상황에 관한 정보를 파악하여 이것을 기록 · 분석하고 다음의 조작정보를 만드는 정보처리 활동을 함으로써 인간의 의사결정활동(제어활동)의 일부와 같은 기능을 수행한다(그림 5-2 참조).

오늘날의 노동과정을 보면 노동주체의 활동은 산업혁명 이래 기계제에서 볼 수 있는 바와 같이 원동(原動)과 전동(傳動)이라는 물리적 에너지 공급 국면에서 이탈할 뿐만 아니라 작업장치의 조종이나 그를 위해서 필요한 작업과정의 관측 · 측정 · 기록 등 많은 국면에서 이탈하고 있다. 인간의 노동은 주로 프로그램의 작성, 준비설정 국면이나 제어장치의 설계 · 배치 · 관리 · 감독과 같은 일, 그리고 또 컴퓨터로서는 안 되는 인간적이고 창조적인 관리업무로 옮겨지고 있다. 이와 같은 노동과정의 패턴(기술)이 컴퓨터화에 의한 오토메이션이다. 그것은 공장 내(FA)만이 아니라 각종의 사무소(OA)에서도 진행되고 있다. 기계적인 계산이나 단순한 기록 같은 종류의 일로부터 점차로 인간은 해방된다. 이 같은 노동과정의 변화가 종래의 '기계화'와 근본적으로 다른 발전을 가져오고 있음을 알 수 있다.

거기서는 새로운 노동수단으로서 제어장치의 발달과 도입에 의해 기계적이고 반복적 또는 틀에 박힌 일, 즉 주어진 프로그램에 따라 진행할 수 있는 단순노동형의 정보처리(제어기능)의 많은 부분은 제어장치(컴퓨터 시스템)에 맡겨지고, 더욱 높은 차원의 조정기능, 예를 들면 제어의 제어라고 말할 수 있는 기능부문이 분리 및 자립화하여 노동주체의 것으로 되는데 오늘날 노동과정의 특징이 있다.

02 미디어 혁명 · 지식지원화

2.1 다인수 · 쌍방향 통신에의 접근

미디어 혁명은 본질적으로는 컴퓨터화와 통신기술의 발달 및 그 결합에서 생겨났다. 기술로는 유선기술의 광섬유(fiber) 전송망, 무선기술의 위성통신 및 방송, 그리고 LSI에 의한 디지털(digital) 교환기술들에 의한 새로운 네트워크 성립과 각종 새로운 단말장치의 발달 들이 일체로 되어 나타난다. 음성통신, 영상 및 영상통신, 팩시밀리통신, 데이터통신 등이 하나로 되어 보내지고 한번에 대량의 통신이 고속으로 그리고 고품질로 원거리 간, 더구나 쌍방향성을 지향하여 행해진다.

그림 5-3 미디어 혁명의 전망

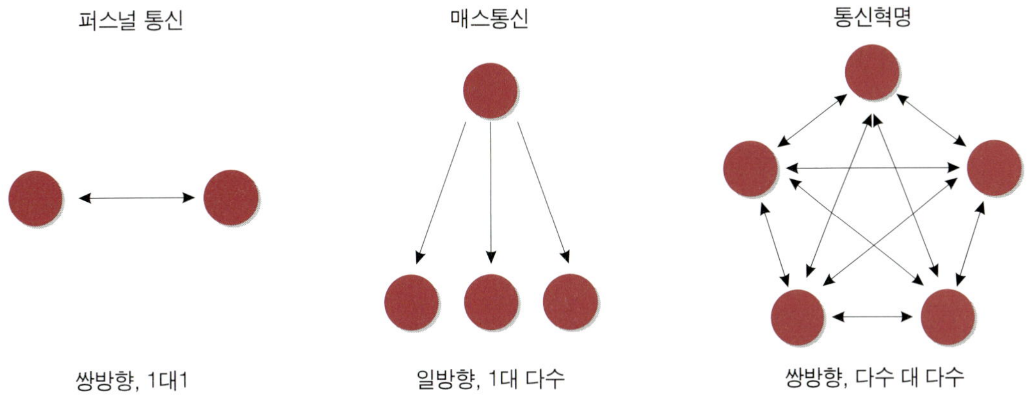

그 기술개발은 긴 안목으로 보면 아직 시작에 지나지 않은 것으로 다양한 전개가 예상되나 그 사회적 임팩트로서 전신 · 전화 · 데이터 통신 등 퍼스널 통신과 라디오 · TV 등의 매스미디어 통신이 결합되어 쌍방향적이고 동시에 대량적 통신(매스 통신)이 누구에게나 가능하게 될 것으로 전망된다. '다인수 · 쌍방향통신', 즉 비유적으로 말한다면 국민 모두가 동시 방송국이라고 할 수 있는 통신혁명의 방향이 생겨나게 된다(그림 5-3 참조).

지금까지 거대조직이나 거대경영만이 발신자였던 대량통신수단에서 중소조직, 중소경영, 일반시민이 수신자에서 발신자의 지위로 전환할 수 있게 되고 네트워크가 쌍방향화하여 발신 포인트의 분산화가 예상된다. 커뮤니케이션 사회학자 헤데브로(G. Hedebro)가 말한바와 같이 "통신능력을 조종할 수 있는 사람이 사회변화가 취하려고 하는 방향에 강한 영향을 줄 수 있는 위치에 있다"고 한다면 이 미디어 혁명의 장래는 사회적인 제어능력(파워)의 분산과 연결된다고 할 수 있다.

2.2 사고를 돕는 지식 지원화

지금까지의 컴퓨터는 대부분 결정된 프로그램 및 수순에 따라 각종의 수치계산을 하는 것이 주 기능이었다. 그러나 컴퓨터는 원래 '0과 1'로 'YES · NO · AND · OR'에 연결되는 논리기계로서의 성격을 가지고 나타난 것이다. 거기서 오늘날에는 컴퓨터의 비수치적 정보처리의 기능이 확대되고 있다. 즉, 오늘날의 컴퓨터로서는 아직 충분한 수준에는 이르지 못했지만 추론 · 연상(聯想) · 학습의 기능을 향상시키고 좁은 의미에서 '계산'의 이미지를 벗어나 보다 넓은 문제해결 및 추론 시스템, 즉 '사고(思考)를 지원하는 시스템(지식 지원 시스템)'이 지향되고 있다. 이에 관하여 지금까지의 노이만형 컴퓨터와는 다른 비노이만형 컴퓨터, 그리고 바이오일렉트로닉스의 전개에 입각한 분자 디바이스(device), 뉴로 컴퓨터(신경컴퓨터)의 개발 등 여러 가지 방향이 시도되고 있다. 지금 단계로서는 현행 컴퓨터에 새로운 프로그래밍 언어나 소프트웨어에 의해 앞서 말한 방향에 접근하는 엑스퍼트 시스템, 지식 데이터 베이스 처리가 실용화되고 있다. 이와 같은 지식 지원 시스템의 방향이 이른바 '인공지능'이다.

이 같은 추세와 관련하여 데이터와 프로그램을 세트로 하여 처리를 쉽게 한 오브젝트 지향(object oriented)이나 또 조금이라도 컴퓨터를 사용하기 쉽게 하기 위해 조작언어를 '자연언어(보통말)'에 가깝게 하려는 노력이 시도되고 있다.

본질적으로 여기서 지향되고 있는 것은 컴퓨터 기능을 보다 일반적으로 확대하여 '사고(思考)'와 결합하는 일반화와, 그 사용조작의 액세스를 확대하는 일반화이다. 이 지식 지원화는 지금 막 시작된 방향이지만, 다음 절에서 보는 지적 노동의 일반화에의 영향과 연결되는 것이다.

03 노동의 변화와 하향식 통제방식의 붕괴

3.1 오토메이션화와 노동조직의 변화

앞에서 말한 바와 같이 정보기술 혁명에 의한 오토메이션화로 인해 광범위한 산업분야에서 다음과 같은 일반노동의 질적 변화가 진행되고 있다.

① 비교적 간단한 제어기능으로 되는 일, 틀에 박힌 기계적이고 반복적인 많은 단순노동은 제어장치에 맡겨진다. 노동주체는 제어장치의 프로그램 룰 시스템의 설계나 조정, 관리 등의 보다 고도의 결정을 때와 상황에 따라서 적절히 행하는 일로 옮겨 간다.

② 오토메이션화는 이때까지의 기계화와는 달리 각 노동과정의 상호작용은 제어장치에 관계되는 시스템 관련의 '시스템성(system like character)'을 가지고 있다. 따라서 모든 노동자는 자기가 직접 관계하는 부분에 대해서만 좁게 이해 · 인식하는 것이 아니라 각

부분이 전체 시스템 가운데서 어떤 기능과 역할을 담당하는가에 관한 전체적이고 동태적인 이해를 가지지 않으면 안 된다.

③ 앞에서 말한 조건을 완수하기 위해서는 기본적인 노동에 관여하는 모든 노동주체가 전체적 과정의 제어에 관련되는 이해와 판단을 하는 데 있어서 일반적 · 공학적 · 관리적 교양과 구체적인 공학적 · 관리적 지식에 의거한 자주적인 의사결정 능력을 갖추는 것이 필요하다.

이와 같은 ① · ② · ③의 조건 아래서는 일상적인 작업에서 고차원의 이해와 판단이 필요하게 된다는 의미에서, 또한 그를 위해서 일정한 교양과 지식이 필요하게 된다는 의미에서, 일반노동자에 대해 기계화 시대와 같은 '노동에서 사고를 분리'(테일러)한다는 원칙을 적용할 수는 없다. 새로운 일반노동자는 충분한 지적 · 기술적 · 관리적 능력의 수준을 가진 지식 노동자로 나타난다. '일반노동의 지적 노동화'이며 지적 노동의 일반화이다. 이들 지식 노동자들을 지금까지의 하향식 통제방식처럼 기계의 '부품'으로 취급하는 것은 적절하지 못하다.

한편, 이와 같은 오토메이션화의 성격은 각종 산업에 있어서 노동과정의 조직형태로서 어떤 것을 요구하게 되는가?

① 각 노동과정의 연결은 시스템과 관련되고, 각 과정의 적절한 진행은 모든 과정의 변화에 유기적이고 탄력적인 상호조정에 의존하게 된다. 따라서 모든 노동자의 상호관련도 종래의 작업 시스템과 같이 개개로 분화된 노동자가 일상적이거나 기계적으로 연결되는 것이 아니라 전체의 과정을 이해한 모든 노동자의 자주적인 주도권과 적절한 판단에 의해 탄력적이고 협동적으로 계획과 실천을 조직화하도록 연결되지 않으면 안 된다.

② 그러기 위해서는 먼저 모든 노동자는 자기가 직접 관계를 갖는 과정의 설계와 운영에 있어서 충분한 자주결정 · 자주관리의 조건을 발휘하지 않으면 안 된다.

③ 동시에 또 모든 제어과정의 설계 · 배치 · 관리 · 감독에 있어 각 노동자간 탄력적이고 자주적인 협동을 위해서 각 제어 시스템이 관련된 모든 작업장 내의 협동과정으로서의 전체의 공정, 전체의 계획, 전체의 운영 시스템에 대한 계획 · 결정 · 관리에 모든 노동자가 직접 참여하고 관여하는 권리를 가질 필요성이 높아진다.

④ 그리고 전체의 계획이나 시스템의 결정 및 관리에 노동자가 관여하는 권리의 실현을 위해서는 그 계획이나 시스템의 전제가 되는 기술도입 · 투자 · 기본적 경영계획에 대한 '노동자의 의사결정 참가권', 바꾸어 말하면 '노동자 결정'의 확립과 확대가 필요하

게 된다.

그리고 오토메이션화를 요구하는 노동자는 주체적 조건으로서 그런 결정에 종사할 만한 충분한 지적 및 기술적, 관리적 능력수준을 가지고 있다. 거기서는 과거 단순노동을 관리하는 '기계화' 시대의 — 그리고 테일러(포드)형의 — '하향식 통제' 시스템은 더 이상 적합하지 않다. 그리고 모든 노동자가 충분한 지적 능력으로 어떤 형태의 생산과정 결정에 개입, 관여함으로써 스스로의 노동과정 제어권을 자기 자신의 것으로 하는 조직형태가 생겨난다. 새로운 노동수단(컴퓨터 시스템에 적합한 새로운 노동조직), 즉 하향식 노동통제가 아닌 노동자 자신에 의한 통제, 노동자에 의한 참여경영이 요구되고 있는 것이다.

그것은 각 국가나 각 산업부분에 있어서 균등하게 진행하고 있는 것은 아니지만 정보기술혁명의 전개와 함께 착실하게 온갖 경로와 형태로 나타나고 있다. 여기서 유의할 것은 다음 두 가지 경향이다. 그 하나는 이미 보아온 바와 같이 하향식 통제방식은 '자본에 의한 제어'의 근간이다. 따라서 문제는 새로운 자율통제로의 변화가 자본주의의 근간에 저촉된다는 점이다.

또 하나는 지금 이러한 경향이 여러 국가에서 다양한 형태의 전개과정을 보이면서 일률적인 현상으로 나타나지 않는 것은 이러한 변화가 이제 '시작'이라는 점이다. 산업혁명에서도 그 임팩트가 뚜렷한 형태를 갖출 때까지는 100년 가까이 걸렸다. 오늘의 발전 속도가 일률적이지 않다고 해서 지금 나타나고 있는 추세변화의 중요성을 간과해서는 안될 것이다.

3.2 참가를 통한 조직내 권력구조의 변경

이 같은 움직임은 공통적으로 다음과 같은 특징을 지니고 있다.

첫째, 그것은 주로 노동조합의 주도권을 주축으로 추진된다. 동시에 랭크 앤드 파일, 즉 일반노동자의 지지에 근거하고 있다. 예를 들면 스웨덴의 공동결정법도 일반노동자로부터의 요구에 의하여 추진된 것이다.

둘째, 그 직장(shopfloor)문제에 뿌리를 내림과 동시에 좁은 의미에서의 직장수준의 '참가'만으로 한정되는 것이 아니라, '노동의 마당', 즉 워크플레이스(workplace)로서의 기업전체(공장 · 사업소)에 있어서 기술 · 투자 · 생산 · 인사 등 일체에 관한 정보취득, 사전협의, 결정개입과 참가의 권리 등이 요구되고 있다.

거기에는 노동조합의 기본적 사고방식에 있어 새로운 발상이 요구되고 있다. 전통적인 사고방식으로는 "노동조합은 노동력의 판매자조직이므로 노동조건만을 교섭하면 된다"고 생각하기 쉽다. 또 "경영문제에 개입하게 되면 요구의 자유가 구속되므로 적(경영자)의 손에 놀아나기 쉽다"는 사고방식도 강하다. 그러나 현실적으로는 오늘날의 시스템성 기술환경에 있어서 일단 어떤 기술 시스템이 일정한 형태로 도입되면 노동의 형태 · 배치가 공업기술면에서 연역적으로 결정되는 면이 강하다. 그렇게 되면 노동조건의 교섭은 극히 한정된 테두리 속에 제한된다. 따라서 노동환경조건을 정당하게 확보하기 위해서는 기술 · 투자계획 등에 사전에 가담하여 충분한 발언권 · 개입권을 확보하는 것이 절대적으로 필요하게 된다. 노르웨이의 산업민주화 프로젝트를 담당한 에메리(F. Emery)와 토르스루드(E. Torsrud)는 반성적인 뜻이 담긴 분석 가운데서 "새로운 직무설계 프로그램의 수행은 동시에 임금구조, 훈련 시스템, 감독 시스템 등 전반적인 변경 없이 행할 수 없으며 그 전반적인 변화를 위해서는 결국 경영문제나 생산계획에서 기업과 외부환경과의 관계에 이르는 모든 문제에 노동자가 어떻게 개입하는냐에 이르게 된다"고 말하고 있다. 따라서 거기서는 일본의 QC 서클형과 같이 직장의 노동자 아이디어를 단순히 생산성 향상만을 위해서 동원하는데 한정하는 타입의 '참가'는 '일본화(Japanization)'로 칭해져 부정적으로 인식되고 있다(뮌헨 사회과학연구소의 알르만 등). 이처럼 결정참가가 '직장'에 한정되지 않는 것이 중요하므로 '워크플레이스 데모크라시(workplace democracy)'도 '직장 민주주의'가 아니라 '경영민주주의'라고 번역하는 것이 좋을 것이다.

거기서 '경영권(the prerogative of management) 에의 개입 권리'가 대두되는 것이며 "산업민주주의란 경영에 있어서의 권력(파워)을, 지금 그 권력을 행사하고 있는 사람들로부터 그들에게 종속되고 있는 사람들(노동자)에게 재분배하는 것이다"라는 주장이 힘을 얻게 되는 것이다. 거기서 지향되고 있는 것은 경영조직에 있어서의 권력구조의 변경인 것이다.

셋째, 이들 노동자참가, 경영민주주의의 움직임은 유럽에서는 거의가 '제도화(입법화)'에 의해 뒷받침되고 있다. 따라서 거기서는 모두가 노동조합과 사회민주주의 제 정당(social democratic parties)의 연계가 근간이 되고 있다. 사회당 · 노동당 · 사회민주당 등 명칭은 여러 가지가 있으나 크게 보면 강권파 사회주의 쪽 보다는 자유파 사회주의의 흐름과 연결되는 유럽의 사회민주주의의 여러 조류와 연계되어 있다고 볼 수 있다. 거기에서 "노동의 마당에서 노동자 스스로가 자주 제어권을 갖지 않으면 안 된다"는 오웬 · 푸리에 · 프루동, 그리고 노동조합운동, 길드 사회주의 등과 연결되어 온 자유파 사회주의의 사고방식, '노동의 권리'를 '국가주의(집권주의)'가 아닌, 각 경영으로서의 '노동의 마당'에서부터 구축하려는 자유파의 뜻이 '노동의 마당에 있어서의 민주주의(workplace democracy)'라는 표현을 쓰도록 하고 있다.

넷째, 이 같은 노동자참가의 경영민주주의는 모든 신기술 도입에 따른 새로운 노동황경에 대응하도록 태어났으며 거기서는 신기술 도입에 대한 소극적인 자세는 없다. 즉 새로운 기술도입이 노동자로 하여금 보다 좋은 환경 아래서 일할 수 있는 방향을 요구하게 한다. 신기술은 노동자에게 있어 학습의 도구로도 되고 정보시스템은 보다 개방적으로 되며, 신기술과 노동조직은 많은 분쟁점을 남기기는 했으나 신기술은 경영민주주의(workplace democracy)에 있어 지금까지 존재한 것보다 더 유효한, 그리고 건전한 기반을 다양한 형태로 보여주고 있는 것으로 생각된다. 그것은 이 새로운 참가형 노동조직의 방향이 정보기술혁명의 요청에 응하여 나타나고 있음을 반영하고 있다.

물론 이 경영민주주의의 움직임은 앞에서 말한 미디어 혁명과 지식 지원화의 보급과 함께 정보처리 능력에의 접근이 일반화하여 '정보능력의 분산화가 정보의 집중적 제어와 그에 따르는 권력을 불가능하게 하는' 현상 가운데서 진행되고 있다. 따라서 그 노동자참가는 일반적인 시민참가에 의한 민주주의 추진이나 '시장에 있어서의 소비자참가', 또는 정보혁명하에서 '중소경영의 존속과 대항력 증대'에서 볼 수 있는, 산업에 있어서의 '반집중화(분권화)'로서 '산업민주화' 가운데서 진행된다. 이러한 변화는 우리에게 다음과 같은 중요한 시사를 던져주고 있다. 즉 지금까지 공장경영에 있어서 '자본에 의한 노동의 제어'에 따른 공장경영의 하향식통제라는 산업사회의 패턴이 바로 그것이 태어난 기반인 공장, 경영의 안에서부터 무너지려는 데 주목해야 한다. '기계화'에 적합하게 태어난 산업사회 패턴의 밑바탕이 '탈기계화' 시대를 맞이한 지금 무너져 가고 있는 것이다.

04 정보기술혁명이 요구하는 변화

4.1 경영자의 전통 고수적 태도

앞에서 말한 바와 같이 자동화는 '자본에 의한 하향식 통제'를 붕괴시키는 움직임을 낳고 있다. 그러나 원래 자동화의 도입을 추진한 것은 경영자이며 자본 측이다. 그렇게 보면 정보와 제어이론의 개발도 제2차 세계대전 중 연합군의 고사포 명중률을 개선하기 위한 제어시스템의 미분해석기 개발이 그 발달이었다고 말할 수 있다. 또 최초에 진공관을 사용한 디지털 계산기는 당시 영국이 극비로 만든 암호해독기 '콜로서스(COLOSSUS)'였다. 이런 데서 컴퓨터나 정보과학이 어딘가 부정적인 역사를 짊어지고 있는 것처럼 보는 사람도 있다.

그러나 이것은 산업혁명과 '정시법(定時法)'에서의 '시계'나 시민혁명의 촉진자인 '인쇄'가 중세 수도원 · 교회에서 생겨난 것과 마찬가지이다. 그런 의미에서 자본이 자동화에 의한 생산성 향상을 위하여 오토메이션화를 도입하는 것이 역으로 자본에 의한 하향식 통제방식을 무너뜨리는 참가형의 노동조직을 낳는 조건이 되는 과정에도 기술의 '전성법칙(轉成法則)', 즉 '어떤 경제조직을 유지 · 발전시키기 위하여 생겨난 기술이 그 경제조직을 붕괴하게 하는 것으로 될 수 있다는 법칙'이 작동하고 있다고 말할 수 있다. 그러나 그러한 법칙은 뭔가 선험적(apriori)인 법칙으로 작동하는 것은 아니며 여러 가지 작용과 반작용을 거치는 과정에서 이러한 동향이 생긴다.

정보기술의 발전과정에서 먼저 경영자는 노동수단으로서의 컴퓨터나 자동화를 도입하면서도 새로운 노동조직의 편성에는 소극적이거나 구태의연하게 대응하는 경우가 많다.

첫째, 직무확대라든가 고도기술에 상응하는 노동자교육을 충분히 실시하는 것은 훈련기간의 장기화 및 비용의 증대와 결부되므로 경영에 있어서 바람직하지 못하다는 판단을 내리는 경우가 많다.

둘째, 고도기술에 적응 할 수 있는 직무개선을 충분히 실행할 경우에는 직종별 임금체계를 인상해야 할 필요가 생기므로 경영에 있어서 바람직하지 못하다는 판단이 나온다.

셋째, 이것이 가장 문제시 되는 점인데, "효율성의 확보라는 목표가 노동자참가의 확대에 있어서 주요한 한계가 된다. ……의사결정의 민주적 과정은 비효율성을 낳는다"는 사고방식에서 볼 수 있는 바와 같이 경영자는 경영계획 등에 대한 노동자의 결정개입에 대해서는 완강하게 저항한다.

이런 점에서 경영자는 될 수 있으면 지금까지의 하향식 노동관리 시스템을 그대로 유지하면서 자동화를 추진하려고 한다. 이러한 경우 현실적으로 어떤 형태가 나타날 것인가?

① 앞에서도 말한 바와 같이 오토메이션화 과정에서는 노동자는 그 전체적인 프로세스에 관한 완전한 정보를 가질 필요가 있음에도 불구하고 노동자는 지금까지와 마찬가지로 수평적으로 분단이 되어 자기가 직접 관계하는 부분에 한정된 정보만 주어짐으로써 그 조건하에서 밖에 조작할 수 없게 된다.

② 새로운 기술환경에 따라 필요한 만큼의 높은 지적 및 기술적 수준의 능력을 얻을 수 있는 조건이 주어지지 않은 채, 필요한 최소한의 조작을 위한 훈련만으로 작업하게 한다.
③ 오토메이션화 과정에 있어서 연속 조업의 형태, 교대제 노동 등의 노동조건을 새롭게 변경하는 것은 종종 중요한 문제가 된다. 이런 문제에 대하여 충분히 노동자의 요구나 의견이 반영되지 않는다.
④ 신기술 시스템의 설계나 도입에 있어 현장노동자의 의견이 반영되지 않고 기계본위 및 코스트 본위시스템이 되어 그 기계시스템에 노동을 맞추어야 하는 타입의 노동이 됨으로써 더욱더 자주제어권이 상실되는 관리시스템이 나타난다.

이렇게 되면 노동자는 새로운 기술조건하에서 지금까지의 하향식 통제시스템 그대로 일하게 되는 것이다.

4.2 신기술과 노동조직 간 부적합의 폐해

앞에서 말한바와 같이 정보기술혁명하의 오토메이션 노동과정에 있어 노동주체는 충분한 지적 및 기술적 수준과 정보를 가지고 그 기능을 완전히 발휘하지 않으면 안 된다. 이처럼 새로운 기술조건하에서도 여전히 노동자에게 정보와 결정권이 주어지지 않은 채 지금까지와 같은 하향식 노동통제 시스템 하에서 일하게 될 경우, 노동자의 정신적 · 육체적 기능에 중대한 장해를 초래하게 된다.

첫째, 노동과정이 복잡하게 되어 그 노동에 필요한 기능 및 노동환경도 복잡하게 되었는데도 불구하고 일반노동자에게는 여전히 이에 상응할 만한 충분한 공학적 교양이나 기술적 지식의 준비가 주어지지 않고 또한 모든 작업장에 관련된 충분한 정보도 주어지지 않는다. 이처럼 상대적으로 빈약한 정보량에 의한 준비밖에 할 수 없으므로 노동자는 작업장이나 노동과정에서 일어나는 여러 가지 상황의 의미 · 영향 · 진행상황을 충분히 파악하거나 이해할 수 없다. 이로 인해 네덜란드의 정보시스템 연구가 게이여(R.F. Geyer)가 말한 '정보과부하(情報過負荷 ; information overload)', 즉 환경으로부터의 정보투입이 주체의 정보처리 능력을 능가하는 상태가 생긴다. 간단하게 말하면 노동환경에서 말하는 상황에 대하여 '의미'를 적절히 발견하지 못한다. 이것은 종종 노동자의 마음속에 '무의미감(無意味感 ; meaningless-ness)'을 불러일으키게 한다. 이것은 단지 노동자가 그렇게 느낀다는 것이 아니라 노동자가 그렇게 느끼지 않을 수밖에 없는 객관적 상황인 것이다.

둘째, 앞에서 말한 바와 같은 상태에서 노동자는 노동과정에서의 새로운 상황을 자기의 정보 저장고 속에 완전한 형태로 끌어넣어 흡수 · 동화할 수 없게 된다. 이것은 판단능력의 향상을 위하여 적절하지 못하다. 판단능력이 향상되지 않으면 여러 가지 효율향상에 결함이 생길 뿐만 아니라 노동을 통한 '향상감(向上感)'이 없어진다.

셋째, 노동자의 판단능력 부족이나 혼란이 나타나게 된다. 판단능력의 저하나 쇠약은, 예를 들면 다음과 같은 두 가지 유형으로 나타난다. 그 하나는 복잡한 상황을 지나치게 단순화한다. '이거냐, 저거냐' 하는 형식으로 속단해 버림으로써 여유가 없이 판단을 내리는 '과도한 단순화'와, 또 하나는 그와 반대로 복잡한 상황을 충분히 정리하지 못한 채 망설이는 '과잉선택'이다. 어느 쪽도 일을 적절하게 처리하는 능력이 저하되고 그런 능력으로 실패를 예방하려 하므로 긴장감이 더욱더 요구된다.

넷째, 오토메이션화된 노동과정은 점차로 더욱 작업장 전체 프로그램의 유기적 일부라는 성격 및 그 자율적 적극성을 필요로 하고 있음에도 불구하고 생산과정의 모든 프로그램에 대한 제어권이 전혀 주어지지 않은 채 노동에 관여하게 되므로 자기 자신의 노동 전망이나 결과에 대하여 충분한 정보가 없이 타율적으로 노동하고 있다는 상황과 느낌을 깊게 한다. 이것은 노동자의 '무력감', '고립감'을 깊게 한다.

다섯째, 새로운 기술조건에 상응한 새로운 노동시간, 교대제, 작업 배치 등에 관하여 충분한 개혁이 실행되지 않는다면 고도의 제어노동에서 생기는 정신적 피로를 예방하기 위한 노동시간 단축을 비롯한 노동의 모든 조건, 또한 그 정신적 피로를 치유하기 위한 정신적 · 육체적 레크리에이션을 위한 조건은 얻을 수 없다. 그 결과 정신적 피로가 증대하고 그것이 또 판단능력의 저하를 가져오게 하는 악순환에 빠지게 된다.

말하자면 노동환경은 복잡하게 되었는데, 노동주체로서는 이전과 같이 '단순한 노동력'으로 취급될 경우에는 노동자는 '무리한 노동' 내지는 '환경에 맞지 않는 노동'을 강요당하게 되고 그 결과 노동자는 '노동했을 경우에 심신 기능의 질과 양에 대하여 향상성을 유지할 수 있도록 조정하는 자율성'을 상실하게 된다. 노동자가 인간으로서 갖는 정당한 정신적 · 육체적 재생산의 기능이 저하되고 노동자의 정신적 · 육체적 피로가 증대하고 축척되어 자각적 피로, 욕구불만을 초래하게 되며, 긴장감, 무의미감, 비향상 억압감, 무력감, 고독감, 초조, 불안감 등을 동반하는 심신기능의 저하가 나타난다. 결국 노동자는 직장에서의 적응적 활동 상황을 상실한 상태가 되어 오늘날 산업정신위생에 있어 최대문제의 하나로 지적되고 있는 넓은 의미의 '직장부적응증(occupational maladjustment syndrome)'에 이르게 되는 것이다.

이른바 '상습결근', 직장탈락에서 오는 각종 질병적 증상, 자율신경 실조, 조울증, 신경증, 각종 심신증, 나아가서는 일반적 신체질환을 유발하게 된다. 우리는 이것을 인간파괴로서의 노동력파괴(workforce disruption)현상이라고 부른다.

요약하면 자본이 여전히 낡은 하향식 통제방식을 유지한 채 컴퓨터화와 오토메이션화를 실행하여 인간파괴로서의 노동력파괴를 추진할 것인가, 아니면 컴퓨터화에 상응하는 새로운 노동조직으로서 노동자결정의 확대로 나아가 하향식 통제방식을 폐기하고 적극적으로 노동자의 자율적 통제방식을 택할 것인가 하는 것이다. 전자는 노동자에게 있어서 고통일 뿐만 아니라, 산업의 기간주체인 노동력의 정상적 확보를 손상시키게 하는 것이며 산업운명 그 자체를 파멸로 향하게 할지도 모른다.

05 참가형 시장경제의 도래

5.1 이윤원리에서 환경적 · 인간적 유용성 원리로

노동자참가 및 노동자결정의 확대가 진행하여 하향식 통제방식의 조직이 쇠퇴하고 있다. 이것은 경영조직의 변화만이 아니라 나아가서 경영원리 · 기술원리의 전환이라는 중대한 변화로 향하게 된다. 시스템이 변했는데도 같은 원리로 작동한다는 것은 있을 수 없다.

자본에 의한 하향식 통제방식의 등장은 길드(동업조합)적 노동조직의 붕괴였다. 그것은 동시에 길드 시대의 '장인정신'이 가지고 있던 "사회의 사람들에게 유용한 것, 사회적으로 유용한 것을 만드는 것에 스스로의 노동과 기술의 의미를 발견하는 것"의 붕괴이기도 했다. 그리고 자본이 스스로의 이윤을 위하여 노동을 제어하고 생산한다는 원리가 기준으로 되었다. 유용성(usefulness)이란 오히려 이윤획득이라는 목표를 위한 수단으로 되었다. 따라서 지금 노동자가 자본에 의한 생산의 전단권(專斷權)에 개입한다는 것은 당연히 이 이윤원리, 즉 이윤을 제일 목표기준으로 생산하는 상태를 극복하는 것이 아니면 안 된다. 어떻게 극복하는가? 그 대답은 조직원리 가운데 이미 볼 수 있었다.

노동자는 결정권을 확대함에 있어 길드 사회주의나 산업민주주의에서와 같이, 노동자조직과 소비자조직의 결합을 기본으로 한다. 그것은 당연한 것으로서 노동자는 모두 소비자이기 때문이다. 따라서 노동자가 결정권을 가진다는 것이 단순히 뒤떨어진 의식으로서의 집단에고이즘의 차원에서 요구하는 것이 아니라 충분한 지적 수준과 사회적 통찰력을 가진 가운데, 소비자의 입장과 결합된 사회적 시야를 바탕으로 한다. 거기에 노동자의 생산에 관한 의사결정이 소비자의 입장에 선다는 것, 즉 자연생태계의 조화가 이루어진 생적(生的)상태의 유지를 지향하면서, 사회의 소비자에게 필요한 물건을 만드는 것을 제일목표기준으로 하는 상태(환경적 · 인간적 유용성 원리)에 입각한 모습이 나타나게 된다.

그것은 어느 의미에서 확대되고 발전된 기술적 기반 위에서 자연과 인간을 중요시하는 정신의 재건이다. 바꾸어 말하면 환경파괴, 인간파괴와 같은 '마이너스 유용성'을 포함하지 않는 목표기준으로 사람들이 좋아하는 것을 만든다는 것이다. 지금까지는 사적 이윤('이익을 보는 것')이 제일의 목표기준이었다. 그리하여 환경을 파괴하거나 사회적 해악을 가져오는 것을 회피하고자 할 경우에도 기껏 '어떤 수준을 넘어서는 안 된다'는 식의 한계조건을 둔 것이다. 이같은 관련을 역전시켜 유용성의 증대, 마이너스 유용성의 무한한 소멸, 이것을 제일의 목표로 하지 않으면 안된다. 필요한 자본축적이나 코스트에 관해서도 좁은 개인적 · 사적 기준이 아니라 보다 넓은 사회적 자본형성, 사회적 코스트의 시야에서 생각해야 한다.

쿨리(M. Cooley)에 의한 '루카스 플랜(Lucas Plan)'도 이 노동자참가와 환경적 · 인간유용성 원리의 결합의 하나였다. 그것은 1970년대 중반 영국의 루카스 항공기회사에서 해고철회 운동과 결합하여 노동조합 및 직장위원회가 "사회적으로 유용하고 환경보호에 건전한 생산물을"이라는 주장으로 새로운 생산 · 기술시스템의 개발을 시도한 운동이었다. 그 운동 자체는 당시의 조건 속에서 어려움에 봉착했으나, 그 결과와 영향은 오늘날 살아 있다. 즉 오늘날 EC의 과학기술계획 가운데서 앞에서 말한 쿨리 등이 '노동과 테크놀로지의 통합적 및 참가적 형성의 컨셉트(concept)'라고 주장하는 '인간중심의 테크놀로지' 방향도 이와 결부되어 있다고 말할 수 있다. 이런 형태로 노동자참가 · 노동자결정의 확대는 경영가운데서 환경적 · 인간적 유용성 원리에의 전환 압력을 증대하게 된다.

또 다음의 요인도 고려하지 않으면 안 된다. 기술혁명 가운데서 노동의 지적 노동화가 진행한다. 거기서는 충분한 교육 및 학습과 충분한 정신적 · 육체적 레크리에이션의 필요가 증대한다. 그래서 교육 · 문화 · 레크리에이션 서비스, 의료 · 보건 서비스, 교통 · 통신 서비스에의 요구가 증대하고 서비스 산업의 비중이 증대한다. 그것은 말하자면 인간의 재생산성을 조정하는 부문, 즉 인간산업의 발전이다. 그런데 이 같은 산업에서는 물적 생산과 마찬가지로 '산출/투입=효율'이라는 형식으로는 결코 소비자의 요구에 응하지 못한다. 물적 생산에 있어서는 다른 조건이 일정하다면 같은 산출에서 투입노동 · 투입물을 절약하게 되면 '효율'

이 올라간다고 생각된다. 그러나 서비스 부문에 있어서는 투입노동, 투입물이 그대로 소비자의 서비스 향유에 직결되는 경우가 많으며 물적 생산에서 뜻하는 투입절약은 대개 '산출효과'의 저하로 직결되는 경우가 많다(의사 한 사람당 환자 수가 많아졌다고 해서 의료의 '효율'이 높아졌다고 말하지 않는다. 교사 한 사람 당 학생수가 많아졌다고 해서 교육의 '효율'을 측정할 수는 없는 것이다). 그러나 자본은 모든 것을 '효율'로 보기 때문에 앞에서 본 서비스 부문도 물적 생산과 마찬가지로 '이윤과 효율'로 구분한다.

인간의 재생산을 조정하는 부문에서 그런 상태가 관철된다면 소비자의 욕구는 결코 만족될 수 없으며 인간파괴가 촉진될 것이다. 향후 이런 점에 대한 노동자의 환경적 · 인간적 유용성 원리에 대한 요구가 증대될 것이며 그것을 주장하는 노동자결정의 확대와 사회적 자본의 확대에 대한 요구가 증가하게 될 것이다.

5.2 미디어 혁명과 참가형 시장

앞에서 말한 환경적 · 인간적 유용성 원리는 노동자의 입장과 소비자입장의 결합에 입각하고 있는데, 더욱 나아가서 제도적으로도 소비자의 요구가 생산 및 경영기구에 반영될 것이 요구되고 있다.

오늘날 시장기구의 최대결함의 하나는 시장에서 소비자욕구의 반영이, 제공된 상품 메뉴에 대하여 '좋으면 사고 싫으면 안 산다'는 형식으로, 이른바 수요변동이라는 간접적 · 수동적 · 사후적인 반응형식이 주가 되어 경영 및 생산결정에 대한 직접적 · 구체적인 욕구를 반영하는 보장된 절차가 없다는 것이다. 각 기업이나 산업부문에 대하여 소비자의 욕구를 보다 직접적으로 사전에 반영하는, 즉 소비자가 기업경영의 계획수립과정에 개입 · 참가하는 시스템이 고려되어야 한다. 원칙적으로는 '주문생산'의 시스템을 도입해야 한다는 것이다. 이는 오늘날의 소비자의 입장에서 본다면, 노동자참가보다도 현실화의 길은 더 먼 상황에 있다고 말할 수도 있다. 그러나 미디어 혁명은 이와 같은 '소비자참가'에 대해서도 하나의 전망을 주고 있다.

미디어 혁명도 — 오토메이션화의 경우와 비슷해서 — 그 출발점은 대기업이나 대조직이 스스로의 목적을 위하여 사람들을 정보에 의해 조작하고 컨트롤하는 수단으로 개발한 측면은 부정할 수 없다. 그러나 여기서도 '전성법칙'(轉成法則)이 작용한다. 미디어 혁명에서 보는 쌍방향통신의 일반화와 확대, 네트워크의 다원화, 발신점의 분산화는 오스트레일리아 고등법원 명예판사 커비(M.D. Kirby)가 OECD보고에서 행한 "정보는 민주주의의 통화이다"라는 뜻을 강화하고 소비자의 입장을 강화하는 조건과 기능성을 낳는다고 말할 수 있다.

미디어 혁명의 전개가 다인수 · 쌍방향 형을 지향하여 나아간다면 미디어에의 접근도 다원화 한다. 거대조직뿐만 아니라 중소 경영조직도 미디어를 소유함으로써 통신경로가 증대되고 채널의 다원화가 나타난다. 수신자 · 소비자의 측면에서 본다면 극히 선택형이 높은 네트워크가 성립한다. 그렇게 되면 과점 대기업만이 소비자에게 정보를 보내는 '매스형 광고' 조작도 그 한계를 보이게 된다. 또 지방자치체가 경영하는 또는 자주조직에 의한 유선 TV의 보급에 의해 소비자상호간 정보교류의 가능성도 커지고 그르치기 쉬운 기업활동이나 기업비밀에 대한 비판 · 반응도 강하게 된다. 공공기관이나 소비자단체가 미디어 혁명에 유효하게 대응해 간다면 소비자 조종형 광고에 큰 벽이 생길 가능성은 무시할 수 없다. 한 마디로 말해서 '현명한 소비자'의 출현이다. 기술혁명의 진행 가운데서 노동자의 일반적 지적 수준의 상승도 여기에 작용한다고 말할 수 있다.

이와 같은 주체적 조건형성 속에서 시장에서의 소비자요구를 사전에 기업 및 산업부문의 각종 계획에 반영시키는 것도 미디어 이용이나 협의조직을 만들어냄으로써 가능하게 된다. 기업에서 세운 마케팅 리서치가 아닌, 소비가가 세운 요구반영을 촉진하는 협의 시스템과 수단을 다면적인 형식으로 제도적으로 만들어내는 것이 가능하다. 이것은 노동자참가의 경우와 마찬가지로 소비자에게 '정보취득권'을 보증하는 것, 소비자집단에게 어떤 종류의 '사전협의권'과 '단체교섭권'을 줄 것을 조문화 · 법제화하는 방안을 생각할 수 있다. 이러한 것은 이미 환경문제, 공해문제에서 제시되고 있는 각국의 소비자권리를 보다 더 확대하는 형식으로 충분히 그 가능성을 활용할 수 있다고 본다.

더욱 나아가서 이 소비자참가는 소비자나 노동자가 자주적으로 조직을 만드는 타입의 시민자본(civil capital)과 시민참가 하에서 공적 자본의 형성에 의해 촉진된다. '시민자본'이란 '노동자나 소비자가 자주적으로 모여 형성하는 자본(기금을 가진 사업체)'을 말한다. 노동에 대한 지배도 없고 목표원리도 이윤추구를 첫째로 하는 것이 아니라 환경적 · 인간적 유용성 원리를 제일로 하는 것이다. 그런 의미에서는 '자본주의가 아닌 자본'이다. 구체적으로 소비자생활협동조합, 워커스 컬렉티브(worker's collective), 생산협동조합, 시민 트러스트(trust), 시민재단, 커뮤니티 사업단 등의 사업활동이다. 그 분야도 유통부문이나 각종 생산활동, 또한 건축활동 분야에서 각종 사회 서비스, 나아가서 도시재개발사업 및 환경보호사업에 이르는 형태로 유럽 · 미국 · 일본에서 번져가고 있다.

워커스 컬렉티브만을 들어보아도 서유럽의 영국·독일·프랑스·이탈리아·스페인에 6,000개가 넘는 조직이 있다. 또 정보 서비스·레크리에이션·보건의료·환경·주택·도시 개발 등의 분야에서는 시민참가 아래 제3섹터(sector) 및 공적 자본을 대담하게 도입·확대하여 시민 참가형 사업 에너지를 활성적으로 시장에 주입시키는 움직임도 각국에 번져가고 있다. 이러한 '시민자본', 시민참가 아래서의 공적 자본 형성도 산업체에 소비자의 발언권을 반영하는 힘을 강화하는 데 결부되는 것이라고 말할 수 있다.

이렇게 하여 기업조직 내부에서는 노동자결정의 확대, 노동자참가, 경영민주주의의 전개를 기축으로 하고 기업 외부에서는 소비자참가를 전개함으로써, 즉 노동자와 소비자가 연대하여 환경적·인간적 유용성 원리를 침투시키는 '참가형 시장'(participatory market)을 만들어갈 수 있다.

Cases in IR 기술혁신에 대한 유럽 노조의 대응 사례

장영배(2005), 국가혁신체제의 질적 성숙을 위한 혁신친화적 노사관계발전방안, 과학기술정책연구원, pp.139~157

노동조합은 유럽 국가의 노사관계체계에서 중심적인 역할을 수행하고 있다. 따라서 이 사례는 혁신이라는 문제에 대한 유럽 노동조합의 독창적인 전략적 대응을 소개하고자 한다. 사례의 앞부분에서는 조직혁신문제에 대한 노동조합의 세 가지 전략적 접근을 소개하고 뒷부분은 기술혁신에 대한 노동조합의 독창적 대응을 다룬다.

1. 노동조합과 조직혁신

노동조합은 작업조직과 인적자원관리정책의 일련의 변화에 직면하고 있다. 이러한 변화는 기업의 혁신 및 생산성과 관련된, 충분한 정보에 기초한 의사결정을 하기 위해서 노동자들이 필요로 하는 정보, 숙련, 인센티브와 책임을 제공하는 것을 목표로 한다. 이러한 조직혁신은 직무충실화와 노동자참여를 초점에 두고 있기 때문에 더욱 도전적이고 보람 있는 일자리, 즉 질 높은 노동을 만들어낼 잠재력을 지니고 있으며, 이것은 노동조합이 늘 꿈꾸어왔던 목표이기도 한다. 그러나 이러한 새로운 형태의 작업조직과 그에 수반하는 인력정책이 노동자 복지 향상의 약속을 실현해 줄지는 여전히 논쟁적인 문제이다.

이러한 조직혁신에 따른 기업의 이득은 예컨대 해고와 노동강화 등과 같은 노동자의 희생을 대가로 하는 것인가? 생산성은 더 적은 양을 투입해서 더 많은 것을 산출하는 것을 의미하며, 조직혁신은 일자리를 줄이고 있다. 이러한 문제들은 노동조합이 이러한 새로운 형태의 작업조직을 다루면서 갖게 되는 의구심과 질문이다. 더 나아가, 이러한 조직변화의 결과로 노동조합은 새로운 형태와 범위의 작업장 노사관계에 직면하고 있다. 직접참여가 더욱 두드러진 위치를 차지하고 있으며, 모든 노동자들의 참여도 증가하고 있다. 경영진과의 만남(예컨대, 사업장평의회)은 과거처럼 예측가능하거나 공식적이지 않으며, 오히려 문제해결과 변화를 만들어내려는 경영진의 노력을 지향하고 있다. 기업수준의 교섭과 규제활동도 더 이상 분배문제에 한정된 별도의 영역이 아니라, 노사 공동의 부가가치 창출 노력 속에서 일상적인 기업경영과 점점 더 통합되고 있다.

노동조합은 이러한 새로운 유형의 작업장 노사관계에 직면하여 노동자의 복지 문제에 대한 해답을 추구하면서, 지난 십여 년 동안 새로운 형태의 작업조직에 대한 나름대로의 대응방안을 마련해왔다. 아래에서는 노동조합의 주요 접근법 세 가지, 즉 '발전하는 혹은 보람 있는 조직'의 스칸디나비아 개념, 협력적 현대화의 독일이론, 그리고 파트너십 원칙의 재구성이라는 영국방식을 간략히 소개한다.

(1) 발전하는 작업장을 위한 행동수단(tool kit) – 덴마크 노총(LO)

이 사례는 노동조합이 노사 윈–윈의 관점에서 출발하여 '최고의 관행'(best practice) 방식을 개발함으로써 어떻게 고참여 작업관행을 주도적으로 촉진할 수 있는가를 보여준다. 높은 신뢰와 노동자참여 증가에 기초한 탈위계적인 작업조직 형태에 대한 노동조합의 관심은 스칸디나비아국가에서 새로운 것이 아니다. 1970년대에 들어서면서 새로운 형태의 작업조직에 대한 논의는 산업민주주의와 직무 '충실화'라는 더 큰 비전의 일부가 되었다. 작업환경과 관련된 쟁점들이 이 논쟁의 핵심이었다. 1980년대에 들어서자 이러한 전통은 보다 경영친화적 시각으로 통합되었다. 이러한 오랜 전통은 스칸디나비아국가에 직접참여가 널리 확산되어 있다는 것과 연관되어 있다. 스칸디나비아 전통을 지지하는 덴마크 노총(LO)은 작업장수준에서 노동조합의 이데올로기적 비전과 실천적 행동전략으로서 '발전하는 작업장'이라는 프로그램을 지난 10년간 공들여 개발하였다.

1) 목적과 내용

이 전략은 세 가지 기본전제, 즉 ① 작업장에서의 직접적 노력, ② 사회적 파트너 사이의 협력과 신뢰,

표 1 '발전하는 작업장' 전략을 통해 얻을 수 있는 이득

노동자의 이익	작업장의 이익	사회의 이익	
· 작업현장의 더 많은 직무내용과 책임감 · 노동환경의 개선 · 자신의 노동에 대한 노동자 통제력 확대 · 인력개발 가능성 확대 · 훈련 확대 · 고용안정 증대	· 노동자의 헌신 증가 · 노동자의 적극적인 추가적 과업 수용 · 노동자의 유연성과 생산성 증가 · 노동자의 적극적인 학습 의욕	· 지역사회에 대한 작업장의 책임 증대 · 노동시장 약자에 대한 작업장의 사회적 책임 증대 · 작업장의 환경의식 증가	· 작업장 생산성 향상과 수출 증가로 인한 일자리 창출과 실업 감소 · 제품과 서비스의 질 향상

③ 제도적 조건을 만들어내는 정부의 노력에 기초하고 있다. 이 비전의 출발점은 발전하는 작업장의 이상적 모습이다. '발전하는 작업장' 전략은 이해당사자 기업 비전(stakeholder corporate vision)에서 출발한다. 기업이나 작업장은 다음과 같은 구성요소로 이루어져야 한다.

· 높은 품질의 제품과 서비스
· 환경적 지속가능성과 사회적 책임을 진작시키는 경영진
· 개인의 발전과 책임의 기회를 제공하는 양질의 일자리

이러한 작업장을 실현하는데 대하여 노사는 공통의 관심을 가지고 있다. 아래의 〈표 1〉은 LO 전략에서 제시된 이러한 이득을 요약하고 있다. 이러한 이상적 작업장을 발전시키기 위해서 LO는 성공을 위해 필요한 몇 가지 원칙을 제시하고 있다.

· 의견 차이의 수용
· 이해갈등은 공개적으로 표출되며, 개방적 대화를 통하여 다룸
· 전체를 위한 책임감: 노동자들의 시각은 경영전략에 건설적으로 포함되며, 노동자는 생산 최적화라는 경영목표를 공유한다.
· 노동자는 대화를 하기 위한 충분한 시간과 공간을 갖고 있어야 한다.
· 노동자는 그러한 대화에 참여하기 위해 충분한 정보와 학습기회를 갖고 있어야 한다.

2) 발전하는 작업장을 위한 행동수단의 개발

1992년 이후, '발전하는 작업장' 프로그램을 지원하기 위해서 여러 사업들이 수행되었으며, 이 사업들 중 일부는 사용자와의 협력 하에 조직되었고 정부정책의 도움을 받기도 했다. 다른 사업들은 노동조합의 전적인 책임 하에 이루어졌다. 여기에서 우리는 구체적인 노동조합의 활동에 초점을 맞추어 살펴본다. LO는 자신의 산하 조직들과의 협조 하에 노동자 참여와 노사협력을 촉진하기 위한 행동수단들(tool kit)을 개발하였다.

〈표 2〉는 세 가지 행동수단을 소개하고 있다. 네 번째 행동수단은 훈련 및 개발과 관련되어 있다.

3) 평 가

이 행동수단은 수많은 기업에서 시도되었으며, 이 행동수단의 효과에 대한 평가는 18개의 서로 다른 기업에서 컨설팅회사 KUBIX에 의해서 이루어졌다. 이 행동수단은 작업현장에서 교육과 발전이 주요 의제일 때 사용할 수 있다. 이 행동수단은 이러한 쟁점들이 새로운 것이며 이 쟁점들에 대한 논의를 시작하기 다소 어려운 작업장에서 유용하다. 이 행동수단은 논의가 행동을 지향하도록 도움을 주며, 따라서 논의의 구체성을 높인다. 이 행동수단은 비공식적인 대화를 통해서가 아니라 조직화된 방식으로 의사결정에 도달하는 것을 촉진하며, 이것은 일을 진척시키는데 유용하다. 이 행동수단은 미리 만들어진 절차를 따르기 때문에 모든 참가자가 참여할 수 있는 중립적 과정을 확보하는 데 도움을 준다. 경영진이든 현장노조위원이든 참가자 어느 누구도 의제를 설정하지 않으며, 이것은 대화에 일정한 균형을 부여한다. 미리 규정된 질문들

을 가지고 있기 때문에 이 행동수단은 어떤 이유로든 터부시되는 쟁점들을 논의의 장으로 끌어들이는 데 효과적이다.

(2) 협력적 현대화: 기업수준에서 근로자참여 촉진 – 독일의 금속노조(IG Metall)

여기에서 노동조합 프로젝트의 목표는 새로운 형태의 작업조직, 그리고 노동자에게 영향을 미치는 조직변화의 참여적 관리의 영역에서 사업장평의회와 현장노조위원들의 활동역량을 높이는 것이었다.

우리는 독일의 협력적 기업문화 또는 협력적 현대화라는 개념에서 하나의 흥미로운 모델을 발견할 수 있다. 이 개념에서는 경영진과 노동조합이 생산성의 향상과 노동조건 및 근로조건의 개선을 동시에 추구하는 포지티브 섬 게임(positive sum game)을 목표로 한다. 따라서 사업장평의회는 특히 조직의 현대화 과정에서 일종의 공동경영자가 될 필요가 있다. 경영진과 사업장평의회는 기능적 협력체계 속에서 서로 만나며, 여기에서 사업장평의회는 사업장평의회 법에 규정된 틀을 넘어서는 기업전략과 작업장 발전문제에 관여하게 된다. 여기에서 우리는 '협력적 현대화' 경향의 일부로 분류할 수 있는 독일 금속노조의 프로젝

표 2 발전하는 작업장 : 행동수단들

행동수단 1: 인력정책	행동수단 2: 개인의 발전	행동수단 3: 새로운 경영자 역할
인적자원은 중요하다. 노동자에게 공동결정권한과 영향력을 부여하는 작업장은 헌신, 직무만족, 공정과 제품에 대한 책임감을 만들어 낸다.	작업현장에서의 인력개발은 사회를 위해서 더 나은 제품을 만들어내는 창조적 능력을 활용한다는 것을 의미한다. 이를 통해 더 많은 능력을 지닌 효율적이고 유연한 근로자가 만들어진다.	역량과 책임의 위임은 직무만족, 생상성의 향상, 비용절감, 낮은 불량, 높은 품질수준을 만들어낸다. 이 모든 것이 기업의 경쟁력과 고용안정에 긍정적인 영향을 미친다.
경영진, 노동자, 노동조합이 발전하는 인력정책에 대하여 각각 의견을 이야기하는 비디오	개인의 발전이 여러 작업장에서 어떻게 이루어지고 있는가를 보여주는 비디오. 전 노동부장관이 자신의 견해를 피력	지금까지 덴마크에서 가장 많은 제작비가 들어간 '양조장' 이라는 영화의 촬영작업을 출발점으로 삼는 비디오
작업장의 소식으로 가득 찬 신문	현장노조위원을 위한 지침서: 노동자의 발전을 가로막는 장애물들에 대한 철저한 검토	노동자, 경영진, 경영의 관계에 대한 토론문
게임: 게임은 문제와 소망을 드러내고 가능한 해결책을 밝히는 데 도움을 준다.	작업메모	컴퓨터나 손으로 할 수 있는 테스트: 이 테스트는 한 부서나 작업팀에서 어떻게 경영이 가능하는가를 전반적으로 보여주며, 노동자들이 경영의 목표를 공유하는 데 얼마나 관심이 있는가를 드러낸다.
아이디어가 적혀있는 46개의 플래시 카드(flash cards)	개인 발전 계획	작업장에서 아이디어를 실천하는 방법을 계획할 때 도움이 되는 작업철
목표를 실천적 행동으로 전환하는 데 도움을 줄 수 있는 작업설명서	직업가치에 대한 게임	
127개의 아이디어를 담고 있는 수첩: 가장 중요한 10개의 아이디어를 고르는 것이 숙제		

트를 소개한다.

1) 목 적

'기업단위 노동자참여를 위한 노동조합 전략'이라는 프로젝트는 아래의 목적을 가지고 있었다.

· 사업장평의회의 활동영역 확대
· 노동자의 직접참여를 통한 변화과정의 공격적 전략으로서 위상 확보
· (사업장평의회의 지원과 접촉 책임을 맡고 있는) 지역의 노조간부의 전문성과 컨설팅역량의 향상

2) 배경과 이유

이 프로그램은 독일 금속노조의 포괄적인 현대화 프로그램의 일부이며, 1995년부터 1998년까지 수행되었다. 이 프로그램의 출발점은 작업장 노동조합 활동의 제도적 조건을 변화시킨 많은 새로운 변화들이 기업 내에서 일어나고 있다는 관찰이다. 테일러주의적 생산체계는 위기에 빠졌고, 노동자의 협력, 권한위임 및 참여의 확대로 특징지어지는 새로운형태의 작업조직이 확산되고 있었다. 이러한 직접참여 형태는 간접참여와 사업장평의회에 기초한, 기업수준의 전통적인 노조활동 개념을 약화시키고 있었다. 사업장평의회는 권한강화라는 새로운 경영개념 속에서 노동자들에게 부여된 변화된 역할 때문에 노동자들과 상호작용할 수 있는 다른 방식을 찾아야 했다. 그래서 독일 금속노조는 이러한 새로운 형태의 상호작용을 실험하고 탐색할 수 있는 새로운 사업에 착수하였다.

이 사업은 노조전략의 측면에서 볼 때 혁신적이었다. 전통적으로 독일 금속노조는 기업에서 조직변화가 실행될 때 방어적이고 보호적 전략에 머물러 있었다. 그러나 이제 독일 금속노조는 기업수준의 노동조합 전략의 핵심과제, 즉 고용조건과 노동조건의 규제와 교섭이 조직변화과정에 대한 능동적 개입 없이는 더 이상 가능하지 않다고 말하고 있다.

3) 활 동

사업장평의회 위원과 노동조합간부는 '프로젝트 관리'에 대한 훈련을 받았다. 동시에 새롭게 학습된 이러한 역량과 숙련은 시범 프로젝트에서 사용되고 검증받았다. 시범 프로젝트는 해당기업의 '절박한 현안문제'를 출발점으로 하였으며, 각 시범 프로젝트에 대하여 팀이 구성되었다. 프로젝트 팀은 두 개의 사업장평의회와 이 두 사업장평의회의 지원을 담당하는 노동조합 간부로 구성되었다. 두 사업장평의회는 각각 자신의 기업 내에서 시범프로젝트를 실행하기 위한 팀을 만들어야 했다. 기업 내에 만들어지는 팀은 해당문제의 영향을 받는 노동자들로 구성되었다. 더 나아가 사업장평의회는 경영진의 협력을 모색하였다.

26개의 시범 프로젝트가 수행되었다. 그 중 절반은 작업조직의 문제(예컨대, 팀 작업의 도입 및 이와 연관된 임금체계)와 관련되어 있었고, 1/4은 새로운 노동시간체계와 관련되어 있었다. 시범프로젝트에서 노동시간/유연성과 팀 작업/임금에 대한 높은 관심이 있었다는 것은 이러한 의제들이 복잡한 문제일 뿐만 아니라 사업장평의회가 전통적인 방식으로 오래동안 씨름해왔던 전형적인 문제라는 점에 의해서 설명할 수 있다. 프로젝트 관리에 대한 훈련 프로그램을 만들기 위해 외부 컨설턴트들이 채용되었다.

4) 평 가

프로그램에 대한 외부평가는 프로젝트가 종료된 후 실시되었다. 이 평가에 의하면, 15개의 프로젝트가 성공적이었다. 이 프로젝트들은 프로젝트에 설정된 문제에 대하여 실제적인 해결책, 예를 들어 새로운 기업수준 단체협약의 체결 또는 작업조직의 변화 착수 등을 만들어냈다. 관련된 사업장평의회는 프로젝트를 수행함으로써 자신의 작업장 활동능력을 향상시켰다고 말하고 있다. 이러한 긍정적 의견은 다음과 같은 주장에 근거하고 있었다.

- 사업장평의회 위원들이 자신의 문제해결 능력을 높일 수 있는 기회가 있었다.
- (사업장평의회 위원이 아닌) 다른 노동자들을 참여시키고 문제의 해결방안을 찾는 데 이들의 지식을 활용할 수 있었다.
- 영향을 받는 노동자들의 직접참여로 인해, 양질의 해결책을 만들어냈다. 이것은 다시 사업장평의회 활동의 정당성을 높여주었다.
- 훈련 이론과 그것의 실제적용의 직접적 연계가 아주 훌륭하다는 평가를 받았다.
- 사업장평의회와 노동조합 간부의 협력이 강화되었다.
- 대부분의 경우, 경영진과 사업장평의회의 관계에 대한 긍정적 영향이 경험되었다. 그러나 신뢰와 협력의 전통은 프로젝트의 성공적인 실행에 아주 유익한 것으로 간주되었다.

분명한 성공의 징후가 있지만, 평가자들은 너무 낙관하지 말라고 경고하고 있다. 장기적으로 보면, 이러한 협력적 현대화는 노사관계 분위기에 문화적 충격을 필요로 한다. 따라서 이러한 프로젝트 중심의 사업의 장기적 효과를 의심할 수 있다. 그러나 독일 금속노조의 프로그램은 사업장평의회의 공동경영이 조직혁신의 채택과 확산에 긍정적인 영향을 미칠 수 있다는 것을 보여준다. 공정혁신의 도입은 경영진에게 어려운 과제이다. 공정혁신 도입의 성공여부는 영향을 받는 노동자들의 동기부여와 헌신에 크게 의존한다. 관련된 노동자 및 그 대표자의 능동적 참여는 이러한 헌신을 이끌어내는 데 있어 중요한 요소이다. 그러므로 독일금속노조의 프로그램은 협력적 노사관계가 조직혁신의 잠재력을 정말로 증가시킬 수 있다는 것을 보여주고 있다.

(3) 작업장 파트너십 – 영국의 노총(TUC: Trades Union Congress)

이 사례는 고참여 형태의 직접참여의 확산에 있어서 노동조합의 관여를 지지해주는 일련의 원칙과 가치를 보여준다. 혁신의 개선은 이 전략적 모델의 일부를 이룬다. '파트너십은 기업의 경쟁력, 생존능력, 번영을 확보한다는 공동이해관계의 인식에 기초한 능동적 관계이다. 파트너십은 품질과 효율성 개선에 대한 노동자의 지속적인 헌신, 그리고 자신의 고용에 영향을 미치는 주요 결정과정에서 권리와 이해관계를 가진 이해당사자로서 노동자를 사용자가 인정하는 것을 뜻한다.' 파트너십 개념에 대한 이러한 설명은 아일랜드에서 사용자단체와 노동조합 사이에 체결된 국가적 협약에서 발췌한 것이다. 이러한 파트너십 개념은 작업장 수준의 노사관계 개선을 촉진하기 위하여 영미계 노사관계 시스템(영국, 아일랜드, 미국, 뉴질랜드 등)에서 사용되고 있다.

표 3 사회적 파트너십의 원칙, 관행과 성과

원 칙	· 현재와 미래에 노동자에 대한 좋은 처우 · 권한강화: 노동자 기여의 기회 창출 · 노동자의 권리와 이익 · 노동자의 책임
관 행	· 자신의 작업에 관한 의사결정에 노동자 직접참여 · 개인 발전에 관련된 의사결정에 노동자 직접참여 · 고용문제에 관한 의사결정에 노동자대표 참여 · 포괄적인 조직정책 문제에 관한 의사결정에 노동자 대표 참여 · 유연한 직무설계와 품질에 대한 관심 · 성과관리 · 노동자 주식 소유 · 의사소통, 조화와 고용안정
개선된 성과	· 노동자 태도와 행위(헌신과 기여) · 고용관계의 안정(이직률, 결근율, 갈등을 측정) · 조직성과(생산성, 품질, 혁신, 판매와 이윤의 개선)

1) 철학적 원칙

게스트와 페시(Guest & Peccei, 1998)[1] 작업장 파트너십을 〈표 3〉과 같이 요약하고 있다.

2) 영국 노총의 파트너십 연구소(Partnership Institute) : 모델의 확산 보급

2001년에 영국 노총(TUC)은 파트너십 연구소를 설립하였으며, 이 연구소는 노동조합 및 사용자와 협력하고 있다. 이 연구소는 산하 조직들의 노사관계를 개선하고 노사 파트너십을 발전시키기 위해서 만들어졌다. 이 연구소의 목적은 모든 조직이 파트너십으로부터 실제적 성과를 얻을 수 있게 하는 것이다. 약속된 성과는 다음과 같다.

· 사용자의 경영성과 개선
· 기업의 미래 계획에 대한 노동조합의 참여 확대
· 자신의 노동에 관한 의사결정에 노동자의 발언권 확대

파트너십 연구소는 아래와 같은 활동을 한다.

· 파트너십을 맺고 있는 노동조합과 경영자에 대한 지원과 자문 제공
· 조직들이 자신의 노사관계의 효과성을 조사하는 데 도움을 줄 수 있는 평가모델 제공
· 파트너십을 위한 숙련 훈련, 조직개발과 변화관리에 관한 전문성 제공
· 노사관계의 최고의 관행(best parctice)에 대한 연구

1) Guest D. & Peccei R. (1998), "Partnership at work: mutuality and the balance of advantage", *British Journal of Industrial Relations*, Vol. 39, No. 2, pp.207~236.

· 파트너십 관련 각종 행사(세미나, 회의와 워크숍 등)전문가 팀이 컨설팅과 훈련 프로그램을 담당한다.

이 프로그램은 2001년 초에 비로소 시작되었기 때문에 체계적 평가를 하기에는 아직 이르다.

2. 노동조합과 기술혁신

컴퓨터기술의 확산으로 인해, '신기술' 문제에 대한 노동조합의 관심은 1970년대와 1980년대에 상당히 높아졌다. 컴퓨터를 이용한 생산기술에 있어서 '인간요소'에 관한 많은 논쟁이 있었다. 다시 독일과 스칸디나비아 국가들은 이 논쟁의 선두주자였다.

참여적 컴퓨터설계 및 참여적 기술평가에 관한 이론이 만들어지고 실험들이 시도되었다. 노조는 이러한 활동에 적극적으로 참여한 것은 물론 이러한 실험적 활동을 지원하기도 했다. 독일 금속노조의 '노동과 기술' 프로그램은 이러한 운동의 잘 알려진 사례였다. 또한 노르웨이의 본보기를 따라 '기술협약'의 가능성이 영국과 벨기에 등과 같은 몇몇 유럽 국가에서 도입되었다. 기업수준에서 체결된 이러한 단체협약은 특히 신기술의 도입과 이에 연관된 작업관행 변화를 다루고 있다. 그러나 1990년대 초에 관심의 초점이 분명히 이동하였다. 조직혁신의 문제가 전면에 등장한 것이다. 따라서 기술혁신보다는 조직혁신에 관련된 노동조합 관행의 최근 사례를 더 쉽게 발견할 수 있었다. 그러나 최근 급증한 정보통신기술(ICT)의 확산과 응용은 노동조합이 다시 기술 문제에 더욱 강력한 관심을 갖게 만들었다. 아래에서는 최근 노동조합의 이러한 대응을 소개한다.

첫 번째는 스웨덴 사례로서, 노동조합이 (자신의 조합원인) 노동자들이 신기술의 이득을 더욱 완전히 누리도록 하기 위하여 정보통신기술의 촉진자로서 활동한다. 혁신체계의 한 행위자로서 이 노동조합은 신기술의 실행을 지원한다. 두 번째 사례는 발전하고 있는 국제적 노동조합 네트워크가 신기술의 의도하지 않은 사회적 결과를 회피하기 위해서 어떻게 정책을 마련하고 있는가를 보여준다. 따라서 이러한 네트워크는 특히 노동관련 정보통신기술 문제에 대한 유럽차원의 의사결정과정에 영향을 미치려고 노력하고 있다.

(1) '노동생활과 정보기술(IT) 지원' 캠페인 – 스웨덴 노총(LO:Landsorganisationen)

이 사례는 신기술을 수용함으로써 노동조합이 조합원과 노조대표자가 기술혁신에 적극적으로 대응할 수 있도록 어떻게 도움을 주는가를 보여주고 있다.

1) 목 적

1997년에 스웨덴 노총(LO)은 '노동생활과 정보기술(IT) 지원'이라는 새로운 포괄적 프로그램을 채택하였으며, 이 프로그램은 현재도 계속되고 있다. 이 프로그램의 목적은 정보기술에 대한 LO 조합원들의 인식을 높이고 이 정보기술을 활용할 수 있는 조합원들의 숙련수준을 높이는 것이었다. 이 프로그램은 노조 조합원을 정보기술의 사용자로 보고 있고 노동조합을 일종의 소비자 조직으로 보고 있다('컴퓨터기술의 사용자로서 생산직노동자의 권리를 보호').

표 4 KAL 프로그램의 하위프로젝트

FRU 네트워크	DLK 프로젝트
· 작업장 발전에 있어 노조의 역할 · 의사소통과 정보교류를 개선하기 위한 네트워킹 · 인터넷, 인트라넷, 뉴스그룹, 이메일 소식지 · 노동생활연구소와 협력	· 현장필요지식을 위한 방송학습 · 새로운 지식과 역량을 만들어내기 위한 여러 활동과 논의 시작 · 정보기술의 지원으로 개발된 특정주제별 네트워크와 훈련 체계 · 예컨대 Linköping 대학과 협력

2) 배경과 이유

정보기술의 급속한 확산, 그리고 이러한 추세가 노동자에게 미치는 결과에 대한 우려가 1990년대에 LO 내부에서 증가하고 있었다. 전통적으로 스웨덴 노총은 기술혁신과 노동조건의 관계에 대해서 큰 관심을 기울여왔다. 이미 1980년대에 LO는 컴퓨터훈련과정을 개설하였다. 이러한 노력에도 불구하고 LO는 작업장의 정보기술 변화 프로그램에 대한 노조대표자들의 참여 수준에 대해서는 불만이 있었다. 더 나아가 여러 연구와 조사보고서에 의하면, 생산직 노동자는 다른 노동자에 비하여 컴퓨터지식과 인터넷이용이 매우 빈약하였다. LO 조합원이 가정에서 컴퓨터를 갖고 있고 활용하는 정도를 LO 스스로가 조사한 바에 따르면 흥미 있는 정보가 나타나고 있다. 집에 PC를 보유하고 있는 LO 조합원의 비율은 57%에 그치나, 사무직 노동조합의 경우 이 비율은 훨씬 높다(80~87%).

3) 활 동

소비자로서 조합원을 위한 소비자 서비스를 확립하였다. LO는 조합원들에게 저렴한 가격으로 가정용 PC를 공급한다. 매년 LO는 노동지향적인 최고의 정보기술응용에 대해서 '정보기술 사용자 상'을 수여한다. 2000년의 수상자는 한 병원의 응급실, 그리고 노동자의 노동시간의 스케줄을 정리해주는 'Time Care' 라는 소프트웨어였다. '사용자 상'은 소비자단체 및 학계와 공동으로 조직되는 장려활동이다.

다른 한편으로, 정보기술 응용에 기초하여 LO 조합원과 대표의 네트워크 활동을 개발하고 있다. 이 네트워크의 목적은 노동조합 내에 정보와 의사소통을 증가시키는 것이다. 이 프로그램의 이름은 'KAL'(지식, 작업조직, 임금체계를 뜻하는 약어)이다.

'KAL' 프로그램의 목적은 정보기술 환경 속에서 새로운 형태의 노동을 개발하고 작업장 조직과 조건에 대한 조합원들의 영향력을 강화하는 것이다. 'KAL' 프로그램은 아래와 같은 하위프로젝트로 구성되어 있다.

약 100개의 기업(특히 중소기업)과 약 3000명의 노조 대표자들을 포함하는 30개의 네트워크가 이미 만들어졌다. 참여자들에게는 현장의 다른 노조그룹에게 자신들의 학습경험을 확산시키도록 요청하고 있다.

스웨덴 노총은 최근 소위 'LO Universe'를 만들었다. 이것은 FRU 프로젝트와 스톡홀름에 있는 왕립공과대학의 '사용자 지향적 IT 설계센터'(CID)의 공동프로젝트이다. 목적은 '좋은 관행'을 시범적으로 보여주고 작업장조직과 IT 개발의 유형을 제공하는 작업장 환경의 유연한 영상 사례를 만들기 위해 정보기술을 이용하는 것이다. 글자, 그림과 소리의 결합인 이러한 신기술을 이용하여 '사이버스페이스 건설 공간'은 조합원들을 위한 e-learning 포럼을 제공하고 있다(http//cid.nada.kth.se/cc/comm02.html). 이 캠페인은 LO의 중앙본부에서 관할하고 있다. 특히 IT 네트워킹 프로젝트에는 많은 예산이 책정되어 있으며, 이미 6,000만 스웨덴 크로나가 투자되었다. 그리고 LO의 IT 정책을 책임지는 특별위원회가 구성되었다.

4) 평 가

스웨덴에서는 이제 노동자와 노조원들이 신경제의 중요한 자원인 더 신속하고 정확한 정보를 얻고 있다고 말할 수 있다. 페더 페더슨(Peder Pedersen)에 따르면, "이러한 구체적인 형태의 네트워크 접근법은 모임을 위해 이 도시에서 저 도시로 여행하느라 많은 시간을 낭비하지 않으면서 우리 내부의 논의를 가질 수 있는 아주 좋은 방법이다. DLK 프로젝트는 정보와 토론 수단의 역할을 하였으며, 노조 대표자가 임금과 노동조건에 관한 사용자와의 교섭을 위하여 더 잘 준비하고 더 많은 정보를 가질 수 있게 하였다." DLK 프로젝트는 노조대표자들이 원하면 언제 어디서든지 서로 의사소통할 수 있게 해준다. 아이디어의 교환도 노동자나 조합원의 소속 기업이나 산업부문에 더 이상 국한되지 않는다.

IT에 대한 긍정적 경험이 축적되고 있다. 저가의 PC 제공 사업도 큰 성공을 거두었다. 6개월도 안 되어 40,000개 이상의 PC가 분배되었으며, 새로운 조사에 따르면 LO의 조합원들(생산직노동자)이 일터보다 가정에서 컴퓨터를 더 많이 이용하게 되었다.

(2) 혁신적 산업부문과 노동조합활동 - 유럽의 IBITS

이 사례는 노동조합이 국제적 시각에서 어떻게 새로운 정보통신기술의 도전에 대한 인식을 높이고 사회적 대화를 촉진할 수 있는가를 보여준다.

IBITS는 Union Network International(UNI) 내부에 존재하는 국제적 이익단체이다. UNI는 민간서비스부문 사무직노동자로 구성되는 지도적인 국제노동조합연맹이다. IBITS는 25개국의 160만 노동자를 대표하는 41개의 국가별 노동조합의 네트워크이다. 유럽 노동조합 네트워크로서 IBITS는 산업계의 기술전문직, 비즈니스 서비스와 IT 부문과 같은 정보사회의 핵심적 경제부문을 포괄하고 있다. 비즈니스 서비스는 엔지니어링 서비스, 경영 · 기술 컨설팅서비스, 마케팅과 광고, 회계와 조세자문서비스에 국한된다. 이 각각의 업종부문은 국가별 노조대표로 구성되는 상설위원회를 두고 있으며, 이들은 매년 한번 또는 두 번 만나며, 매년 토론회를 조직한다.

1) 목 적

IBITS의 목표는 자신의 관심분야에 속하는 목표집단과 산업부문을 위하여 노동조합 활동을 유럽 차원에서 조정하고 실행하는 것이다. 즉 새로운 산업발전과 경제발전을 민감하게 추적하고 새로운 형태의 작업조직과 기술혁신을 조사하며, 새로운 경영방식을 인식하고 이러한 변화가 사무직노동자의 고용계약과 지위에 미치는 결과를 분석하며 필요한 대응전략을 실행한다. 특히 IBITS는 이러한 영역에서 유럽차원의 움직임을 추적해야 하며, 해당산업부문에서 이러한 쟁점들에 대한 사회적 대화를 만들어내기 위하여 노력해야 한다. 유럽차원의 사용자단체 연맹(만일 존재한다면)과 대화하고 교섭하는 것이 이러한 방향으로의 첫

걸음이 될것이다.

2) 배경과 이유

노동조합은 '신경제'체제에서 세계화 및 기타 역동적인 문제들과 씨름하고 있으며, 새로운 전략과 구조가 요구되고 있다. 2000년의 UNI의 결성과 유럽차원에서 IBITS의 발전은 국제적 차원에서 이러한 새로운 전략과 구조를 도입하려는 시도이다. IBITS가 관할하는 산업부문에는 고숙련 사무직노동자들이 많다. 이 노동자들은 전통적인 노동조합 정책 및 활동과 항상 양립하지는 않는 이해관계와 의견을 갖고 있다. 이러한 상황 때문에, 이러한 목표집단에 노동조합 참여와 관여를 만들어내기 위한 조직적 노력을 집중하는 것이 더욱 더 필요하다.

IBITS의 활동은 기술혁신 집약도가 높고 지식집약적 기업이 존재하는 산업부문에 집중된다. 따라서 혁신과정의 사회적 효과를 살펴보는 것은 IBITS에게 중요한 문제이다. 왜냐하면 기술혁신이나 조직혁신은 노동자의 권리를 위협하고 사회적 배제를 초래할 수 있기 때문이다.

3) 활 동

IBITS는 이러한 목표를 달성하기 위해서 여러 활동을 수행하고 있는데, 요약하면 다음과 같다.

· '온라인 노동자를 위한 온라인 권리' 캠페인
· 전략백서, 정책비망록 및 기타 출판물의 정교화: (보기) '정보사회와 노동', '새로운 형태의 작업조직', '비즈니스 서비스와 총체적 품질관리', '숙련격차의 해결', '유럽의 IT 숙련부족'
· 유럽 사업장평의회의 네트워크 구축
· 관심영역에 속하는 많은 산업부문에서 사회적 대화 추진: 진화하는 유럽차원의 사회적 대화에 필요한 구조를 만들기 위해 많은 노력을 기울였다.
· 논의와 확산: IBITS는 회의와 워크숍(예컨대, 연례 ICT 포럼, 노조 활동가와 학계의 만남 주선)을 조직한다.

4) 평 가

IBITS의 연차보고서는 최근의 성과를 이렇게 정리하고 있다.

· 온라인 노동자의 국제적 권리보호의 진전(OECD, 유럽연합 집행위원회, IT 다국적 기업들이 이에 상응한 새로운 조치들을 내놓고 있음)
· 비즈니스 서비스 부문에서 유럽차원의 사회적 대화를 시작하기 위한 초기 협의 진행
· 출판물과 포럼을 통하여 회원조직에게 정보를 성공적으로 확산

이러한 결과는 IBITS가 아직 발전단계에 있지만 성장하는 혁신적 산업부문에서 새로운 유럽차원의 새로운 노동조합조직으로서 그 자리를 잡았음을 보여준다. IBITS와 같은 상급조직의 활동은 노동조합이 이러한 혁신적 산업부문의 노동문제와 고용문제에 대하여 독창적이고 새로운 실용적 방식으로 대응할 준비가 되어 있음을 보여준다.

3. 결 론

지금까지 혁신의 도전에 대한 현재의 노동조합의 대응을 살펴보았다. 몇몇 유럽 국가에서는 노동조합이 새로운 형태의 작업조직이라는 도전에 맞서기 위해 노력하고 있다. 앞에서 소개한 사례들에서 기업으로서 경쟁력을 유지하려면 작업조직의 현대화가 필요하다는 것을 알 수 있다. 반면 노동조합은 (양질의 노동, 모두를 위한 훈련, 유연성에 대한 대가로 개인적 선택권의 확대 및 일정한 수준의 고용안정 등과 같은) 노동자의 필요와 요구에 주의를 기울일 것을 요구하고 있다. 이러한 전략들은 생산성과 경쟁력에 관한 논의의 맥락에서 채택되고 있다. 파트너십, 협력, 통합적 교섭이 이러한 전략의 수단으로 간주되고 있다. 그러나 '혁신적' 조직의 개념은 이러한 전략에서 미미한 역할을 할 뿐이다.

조직혁신에 대한 관심증대는 기술혁신에 영향을 미치려는 노동조합활동을 일정하게 후퇴시켰다. 최근에 들어서야 비로소 새로운 정보통신기술 혁명의 결과로 기술혁신은 다시 노동조합의 활동영역으로 관심을 끌고 있다. 기술변화에 큰 영향을 미치겠다는 1980년대의 야심적인 목표와 비교해보면, 현재 노동조합의 대응은 제한적이고 수동적이며, 노동자 권리 보호에 집중되어 있다. 기술변화에 대한 노동조합의 현재의 논의는 신기술을 노조가 어떻게 활용할 것인지, 그리고 기술혁신의 사회적 결과에 집중되고 있다.

정치적 시각에서 보면, 이러한 노동조합의 사례들로부터 우리는 혁신을 위한 적극적 전략 속에 노동조합을 참여시킬 수 있는 방법이 분명히 존재한다고 결론 내릴 수 있다. 노동조합의 프로그램은 혁신을 지향하는 작업관행에 관한 인식 제고, 확산, 실행개선에 기여할 수 있다. 그러나 공식화된 노동조합의 대응을 혁신이라는 문제에 더 명시적이고 직접적으로 연결시키기 위해서는 여전히 노력이 필요하다. 노동조합의 목표를 기술혁신과 조직혁신을 지향하는 프로그램 및 활동과 통합해야 할 필요가 있다는 것은 이 점에서 확실히 중요하다. 윈-윈 상황에 대한 명확한 정의(예컨대, 양질의 제품/서비스와 양질의 일자리의 공존)는 이러한 통합작업의 필수적인 요소이다. 이러한 방향으로의 또 하나의 중요한 단계는 기업수준의 노동자 대표의 비(非)적대적인 능동적 문제해결 태도의 내용과 이득을 더욱 강력하고 분명하게 보여주는 것이다.

◈ 연습문제

1. 기계화와 컴퓨터화의 본질적 차이에 대해 설명해보시오.
2. 정보통신기술혁명의 세 가지 축에 대해 설명해보시오.
3. 다인수 · 쌍방향 통신이 가져올 영향에 대해 토의해보시오.
4. 오토메이션화가 가져올 노동조직의 변화에 대해 토의해보시오.
5. 정보통신기술이 보여주는 전성법칙의 내용에 대해 설명해보시오.
6. 정보통신기술혁명의 영향으로 인한 조직 내 권력구조의 변경이 순조롭게 이루어지는 조직과 그렇지 못한 조직 간의 차이에 대해 토의해보시오.
7. 경영원리로서의 이윤원리와 환경적 · 인간적 유용성원리 간의 차이에 대해 토의해보시오.
8. 참가형시장의 개념을 설명하고 참가형시장과 미디어혁명과의 상호관련성에 대해 설명해보시오.

제6장 언론보도와 노사관계

01 노사관계에 관한 뉴스보도의 중요성
02 한국 보수언론의 노사관계 보도의 특성과 문제점
03 노사관계 보도에 영향을 미치는 요인과 대안 모색

새내기 대학생들에게 하는 강연을 끝내고 잠시 숨을 돌리고 있는데 털모자를 썩 어울리게 쓴 학생이 다가오더니 말했다.

“저는 네덜란드에서 고등학교 과정을 졸업하고 이번에 한국의 대학에 입학한 학생인데요, 며칠 전에 철도노조 파업할 때, 텔레비전 뉴스에서 시민들 인터뷰 보다가 깜짝 놀랐습니다. 어떻게 모두들 한결같이 자기가 불편하다는 것만 이야기하는지 …. 파업하는 노동자들 입장에서 말하는 사람이 왜 한 명도 없는지, 참 이상했습니다.”

그 학생이 살았던 곳에서는 파업을 두고 “노동조합의 이러저러한 요구 사항은 타당한 내용이니 정부와 기업은 빨리 받아들여 사태를 해결해야 한다”고 말하는 시민들의 모습도 적지 않게 보았을 테니 깜짝 놀란 것도 당연하다.

굳이 ‘톨레랑스’(관용, 공존의 원리;인용자)를 들이대며 비교하지 않더라도 우리처럼 노동자들의 파업에 대해 짙은 혐오감으로 무장한 사회는 별로 없다. 한 후배가 얼마 전 프랑스에 갔다가 한국인 관광 안내원에게 톨레랑스에 대해 물었더니 “톨레랑스, 그거 옛날 얘기입니다”라고 답하더란다. 그 안내원이 자신의 천박한 의식수준으로 프랑스 사회를 바라본 탓이거나, 아니면 유럽이라고 비켜갈 리 없는 신자유주의 광풍이 프랑스 사람들의 정서까지 시장경제 주의로 물들인 탓인지도 모른다. 그러나 노동자의 권리를 올바르게 이해하는 대중적 정서가 역사 속에서 한 번이라도 자리잡았던 사회와 그런 경험이 전혀 없는 사회는 마치 산 것과 죽은 것만큼 큰 차이가 있을 수밖에 없다.

대부분의 선진국에서는 제도권 교육에서 상당히 중요한 비중으로 노동문제를 가르친다. 독일에서는 초등학교 정규수업에서부터 노사관계를 가르칠 뿐만 아니라 모의 노사교섭이 일상화한 특별활동으로 잡혀 있어 일년에 여섯 차례 정도 모의 노사교섭의 경험을 쌓는다. 교과서에는 노사관계를 “가족관계를 제외하고 인간이 사회에서 자기를 실현하며 살아가는 가장 중요한 관계”라고 정의한다.

프랑스에서는 중학교 과정 이전에 노동문제를 거의 완벽하게 학습하고 고등학교 1학년 과정에서는 ‘단체교섭의 전략과 전술’에 대해 학습하고 토론한다. 우리 사회에서는 노동조합 간부로 평생 활동해도 배우지 못할 만큼을 이미 제도권 교육 속에서 깨친다. 우리로서는 도대체 학교에서 왜 그런 것까지 가르쳐야 하는지 이해가 되지 않는 일이지만, 그런 지식을 공유하는 것이 사회발전에 유익한 영향을 끼친다는 것을 역사 속에서 깨달은 나라에서는 충분히 가능한 일이다.

26살 미만의 청년들을 2년 동안 해고 가능한 비정규직으로 고용할 수 있다는 '최초고용계약제'(CPE)에 대해서도 단순히 개인적 이익을 침해받았다는 이유로 150만명이 길거리로 쏟아져 나올 수는 없다. 사회문제를 기업의 이익에 바탕을 두고 해소하려는 중도우파 정부의 정책이 프랑스의 미래에 끼칠 영향을 예견하기 때문에 벌어지는 일이다.

노동조합을 비정상적으로 혐오하는 정서와 언론 보도의 홍수 속에서 자라난 학생들이 나중에 기업 인사노무 관리자가 되면 아무 죄책감도 없이 노동조합을 탄압하고, 언론인이 되면 파업으로 말미암은 경제적 손실과 시민들의 불편에 주목할 수밖에 없다. 화물연대 파업 첫날, 모두 여섯 개의 기사를 찾아 읽었지만 그 어떤 기사에서도 노동자들의 요구사항을 알 수가 없었다. 이런 사회에서 우리가 수십 년을 살았다. 노동문제를 바라보는 자신의 시각이 그 왜곡된 환경으로부터 영향받지 않았다고 자신있게 말할 수 있는 사람이 누구인가.

■ 하종강, 한울노동문제연구소 소장, 한겨레신문 객원논설위원, 노동문제, 좀 제대로 가르치자 (2006.4.2/www.hadream.com)

학습목표

노동문제에 대한 언론의 시각, 노사관계에 있어 균형보도의 중요성, 한국 보수언론의 노사관계 보도의 특성과 문제, 촌지수수관행과 공정보도, 공정보도의 저해요인(언론사 내 · 외부), 언론사주와 편집권 독립 문제, 언론사와 광고주의 관계, 공정보도를 위한 대안모색

01 노사관계에 관한 뉴스보도의 중요성

언론의 노동관계 보도는 노동운동의 전개방식과 나아가서는 사회적 역학관계에 많은 영향을 미친다. 노동문제 보도는 노동운동을 진전시키기도 하고 왜곡시키기도 하며, 노동운동의 방향에 대해서도 많은 영향을 미칠 수 있다. 예를 들면 여론의 지지를 받는 파업과 그렇지 못한 파업 간에는 그 동력에 커다란 차이가 있을 수 밖에 없다.

신문이나 TV와 같은 매스 미디어가 생산하는 뉴스가 사회의 거울인지, 아니면 사회적 현실을 재구성해서 보여주는 것인지에 대해서는 논란의 여지가 있다. 그러나 대부분의 경우 매스 미디어는 단순히 사실 그 자체만을 있는 그대로 보여주기 보다는 그들이 세상을 보는 눈을 통해서 일정하게 가공된 사실을 전해주는 경우가 많다.

미디어는 또한 환경감시기능을 수행하거나, 사회에서 발생한 사건들을 그 중요성에 따라 서열을 매기고 그것들을 사회적 토론의 의제로 만드는 기능을 수행한다. 즉 미디어에 등장하는 사건이나 사상은 중요한 것으로, 등장하지 않는 것들은 중요하지 않은 것으로 규정된다. 특히 미디어에서 크게 다루는 사건은 더 중요하고, 작게 다루는 사건은 덜 중요한 것으로 자리 잡고 만다. 또한 미디어가 사건을 다루는 방식 또는 시각은 사건을 바라보는 시민들의 시각을 형성 · 규정하는데 커다란 영향을 미친다.

노사관계를 다루는 한국언론의 뉴스보도, 특히 노사갈등에 관한 보도는 현저하게 균형을 상실하고 있는 것으로 지적되고 있다. 이러한 보도경향은 편파보도, 보도의 불균형, 불공정보도, 왜곡보도, 비객관보도, 비사실보도, 오보 등으로 묘사된다.

노사관계론은 '객관적 과학'이 아니라고[1)] 할 정도로 노사관계와 관련된 제 현상은 관련자들의 주관적인 가치나 신념과 밀접하게 연관되어 있다. 노사관계와 관련된 각 개인과 집단은 선과 악, 옳고 그른 것, 권력행사의 합법성 여부에 대해 각기 다른 인식을 갖고 있다. 노사관계에서 중요한 역동적 긴장은 바로 이 상이한 인식에 근거하여 야기되고 있다. 이러한 노사관계의 특수성을 감안한다면 이 분야와 관련된 뉴스보도는 다른 어떤 분야보다 더 객관

적이고 당사자들의 주장이 공평하게 다루어져야 할 필요가 있다.

한국 언론의 노사관계에 관한 보도는 통상 편파적이고, 불공정하다는 지적을 많이 받아왔다. 공정성과 균형, 그리고 객관성은 언론의 본질적 사명이다. 우리 언론에서 공정성, 균형 · 객관보도는 오래 전부터 중요한 화두였지만 아직 그것은 실현되기 어려운 목표로 여겨지고 있다. 오보나 왜곡은 의도적 · 조직적으로 혹은 무의식 중에 쉽사리 저질러지며, 그로 인하여 왜곡된 사회질서는 변화의 전망을 어렵게 하기도 한다. 이러한 불공정보도로 인하여 언론은 시민들 사이에서 불신과 경원의 대상으로 전락하기도 한다.

02 한국 보수언론의 노사관계 보도의 특성과 문제점[2)]

2.1 갈등지향적 노사관계보도

한국 보수언론에서 노동자와 노동운동은 그들이 쟁의를 일으키고 사회적 문제를 일으키지 않는 한 좀처럼 다루어지지 않는 주제이다. 사회적으로 유사한 비중을 지닌 경제활동 주체인 기업의 경영자나 기업 자체에 관한 뉴스는 많지만 그 파트너인 노동자와 노동운동은 뉴스소재로 등장하는 경우가 거의 없다. 민주노총 같은 진보적 노동운동의 경우 그 정도는 더욱 심하다.

이와 같은 뉴스보도 양식은 노동자의 삶과 주장, 노동운동, 그리고 노동 그 자체가 지닌 사회적 중요성을 폄하하며, 이러한 보도를 접하는 시민들도 노동문제를 주요한 주제로 인식하지 못하도록 만든다. 즉 현실 생활세계에서 노동이 지니고 있는 중요성에 비추어 뉴스에 바탕하여 구성된 시민들의 인식은 그 중요성을 충분히 반영하고 있지 못하다는 것이다. 따라서 시민들은 일상 속에서는 노동문제를 중요한 사회 문제로 인식하지 못하고 있으며, 노사관계가 당면하고 있는 문제들에 관해서 사회동료라는 시각에서 관심을 갖기 보다는 무관심 할 수밖에 없다.

어떠한 사상이나 사물이 뉴스의 주제로 등장하면 사회적 중요성뿐만 아니라 사회적 정당성을 획득하게 된다. 역으로 뉴스에 등장하지 못하는 사회집단이나 사상은 사회적으로 인정을 받지 못하거나 정당성을 획득할 수 없다. 박정희 · 전두환 군사정권 시기에 노동운동, 학생운동, 그리고 다양한 민주화운동이 뉴스에 등장하지 못했던 것은 이처럼 존재의 정당성을 인정하지 않으려하는 정치권력의 압력이 작용했기 때문이다.

한편 노동자가 뉴스에 등장한다 하더라도 주로 쟁의, 파업, 사회불안, 경제위기 등과 연관될 때에 한정된다. 1960년대 이후 한국경제를 발전시킨 가장 중요한 원동력이 노동자라는 우리사회 내의 상식에도 불구하고, 오늘날 매체에 등장하는 노동자는 사회불안의 원천으로 표현되고 있다.

민주사회는 흔히 다원사회라 부른다. 민주사회에서는 자유롭고 독립적인 사회집단들이 다양하게 형성되고, 이 집단들이 각기 자신의 이해관계에 따라 자신의 몫을 주장한다. 노사관계에서 노동자와 사용자는 근본적으로 대립적인 이해관계를 지니고 있으며, 이들의 교섭과정에서 갈등이 벌어지는 것은 필연적이다. 이러한 주장이나 갈등 같은 사회적 행위는 당연한 사회현상이며 우려할 성질의 것은 아니다. 중요한 것은 대립적인 사회집단들이 서로 상대방의 존재를 인정하고, 사회가 납득할 수 있는 방식으로 갈등이 해결되는 제도적 장치와 문제해결 관행이 정착되는 일이다.

그런데 한국 언론에서는 노사 간의 갈등 자체를 정당한 것으로 인정하지 않고 문제시하는 독재정권 시대의 보도관행이 아직 거의 수정되지 않은 형태로 나타나고 있다. 이러한 보도관행은 곧 노사관계에서 사용자에게만 정당성을 인정해 주고 그에 대립하는 노동조합이나 노동자에 대해서는 정당성을 인정하지 않는 현상유지적이고, 보수주의적이며, 반민주적 사회질서의 유지로 이어진다. 언노련의 강령에서 천명하고 있는 "민주적인 노동운동을 강력지원하며 타산업노동자들과의 광범한 연대"라는 목표는 아직까지 언론현장에서는 구현되지 못하고 있는 셈이다.

2.2 노사관계 보도의 편향과 왜곡

현대사회에서 노사 간의 갈등은 필연적이고, 양자 사이에 균형이 잡혀야만 민주사회라 할 수 있다. 독재체제에서는 노사관계에서 사용자가 일방적으로 우세를 점한 상태에서 노사갈등이 내면적으로만 존재했을 뿐 외면화되지는 못했다. 정치권력은 근로기준법이 있음에도 불구하고 노동조합의 자유로운 설립을 가로막았고, 분규가 발생했을 경우 검찰 · 경찰 등의 권력 장치를 동원하여 일방적으로 노동자들을 탄압하고 사용자 편을 들었다. 언론매체에도 노사 간 갈등에 관한 정보는 거의 등장하지 않았다.

그러나 1987년 이후 노동운동이 상당히 자유화되면서 조합들이 많이 설립되고 그 중에서도 과거의 어용성을 탈피하여 민주노조의 가치를 드는 조합들이 많이 생겨났다. 노동조합이 자율성을 많이 확보하면서 사용자들을 상대로 비교적 강력하게 요구를 할 수 있는 상황이 도래했다. 노동조합과 사용자 사이의 단체교섭은 봄철 일정시기에 타협이 잘 되지 않아 파업으로 치닫는 경우도 있다. 단체교섭과 교섭과정의 파열음은 산업사회의 너무도 자연스러운 현상이다. 이를 보도하는 언론은 갈등이 민주적이고 적법절차에 따라 해결될 수 있도록 환경을 조성해 줄 책임을 지고 있다.

그러나 한국 언론의 노사분규 보도는 극도로 편향되어 있다. 노사분규 보도들은 보통 다음과 같은 논리구조를 갖는다. 즉 노사분규는 경제가 어려운 상황에서는 경제를 어렵게 만드는 요인이고, 경제가 상승곡선을 그리고 있을 때에는 모처럼 맞이한 호기를 망칠지도 모르는 철없고 위험한 장난이나 반국가적 · 반민족적 범죄행위처럼 묘사된다. 경제가 어려운 가장 큰 이유는 노동자들에게 과다한 임금을 제공하고 있기 때문이고, 따라서 노동자들의 임금인상과 작업조건 개선요구는 기업가들이 애써 추구하는 효율적 경제활동을 가로막는 행위라는 식이다.

보도에서는 또한 노사분규의 원인을 누가 제공했는지는 통상 묵살되며, 특히 불성실교섭이나 합의파기 등과 같이 사용자 측이 분규의 근본원인을 제공했을 경우 그 정도는 더욱 심하다. 분규가 발생하면 일단은 노동조합의 과격성 때문이며, 그 배후에는 민주노총 같은 과격한 노동단체들이 잘한 것만은 아니라는 사례을 덧붙여 양시양비론적 논리를 취함으로써 부분적이나마 외형상 균형을 맞추려 한다.

특히 파업이 일어났을 경우 언론은 일반적으로 그 피해액을 매출손실로 산출하여 보도한다. 매출손실이란 산정방법이 불분명하지만 파업기간 동안 작업을 했을 경우 가능한 생산 총액을 말한다. 이를테면 명절 때 공장을 쉬면 생산액이 얼마만큼 줄어드는지와 동일한 계산방법이다. 분명한 것은 그 액수는 그 기업의 이윤과는 별 관계가 없다는 점이다. 가령 특정기업의 연간 생산액이 3조 6천 5백억원이고, 순이익이 36.5억일 경우 하루 생산을 중단하면 매출손실은 100억이고, 순이익에는 1,000만원의 손실이 온다. 이 경우 언론은 통상 하루 손실이 100억원이고 파업기간이 15일이면 총 손실이 1500억원이라고 보도하는 경향이 있다. 이러한 보도방식은 명백히 사례의 진실을 호도하고 왜곡하는 행위이다.

백선기(1995)의 연구에 따르면 한국의 신문들은 노사관계에 대하여 주로 정부와 사용자의 관점에서 편파적으로 보도하는 경향이 있다. 보도에서 노동자집단은 폭력이나 일삼고, 억지 주장을 펴는 이기적인 집단으로 묘사되며, 이에 반해 정부나 사용자는 노동자의 편의를 위해 애쓰는 집단으로 묘사된다. 또한 대부분의 보도에서 노사관계는 자율성을 갖고 있지만, 지나친 폭력적 행위가 일어날 경우에 한해서 사회안정성과 질서유지 차원에서 이른바 '공권력'을 행사하는 것으로 표현된다.

2.3 노사문제와 관련된 언론보도 사례

(1) 사례 1 : 건설노조원 포스코본사 점거 농성 보도 비평

포항지역 건설노조 조합원이 지난 9일동안 포스코 본사를 점거해 농성을 벌였다. 이들을 해산시키기 위해 경찰은 7월 15일의 폭압적 강제진압 작전과 뒤이은 단전, 음식물 공급 중단에 이어 마침내 20일에는 단수에 이르기까지 온갖 비인간적 수단을 동원했고, 결국 21일 조합원들의 자진해산으로 이번 점거농성은 막을 내렸다. 대치 기간동안 안에서는 조합원들이 "배고파서 못살겠다. 포스코는 밥을 달라", 밖에서는 조합원들의 가족들이 "죄인도 밥은 먹는데……"라고 외치며 이들의 비인간적 행태를 고발했다. 그러나 그들의 투쟁은 전기, 음식물 공급, 용수가 모두 충분한 상황이었다 해도, 3천명이 아닌 1만명이 참여했다 해도, 외롭긴 마찬가지였을 것이다. 진정 그들이 그렇게 밖에 할 수 없었던 이유를 전하고, 하다못해 그들의 눈물겨운 목소리만이라도 여과없이 보도해 주길 바라던 언론에 그들은 다시한번 완벽히 배신당했다. 수구언론은 오로지 지역경제의, 포스코 기업 내의 손실만을 강조하느라 급급해 왜 건설 노조원들이 하청업체가 아닌 발주사인 포스코를 점거하며 투쟁을 할 수 밖에 없었는지, 쇠파이프와 화염, 뜨거운 물을 이용해 저항할 수밖에 없었는지에 대해서 일언반구 언급이 없었다.

모든 음식물 반입이 금지된 포스코 본사 앞에는 가족들이 눈물로 싸온 도시락들이 쌓여있다.
ⓒ 민중의 소리

〈그들이 투쟁을 할 수밖에 없는 이유〉

노조가 매년 임단협 때이면 상습적으로 벌이는 파업도 문제다. 해외 주요국의 경우 1960년대에서 2000년대로 넘어오면서 파업으로 인한 1,000명당 노동손실 일수는 세 자리수에서 두 자리수로 줄었다. 반면 우리나라는 15일에서 오히려 111일로 늘어났다. (중략) 노조의 상습적이고 무분별한 파업은 국내 경제를 어렵게 하는 한편 대외신인도에도 크게 영향을 미치는 악재로 작용한다. 대기업 산하 협력 중소업체들은 납품과 결제가 지연되고 자금순환이 막혀 부도 위기까지 내몰리고 있다며 파업을 중지해 줄 것을 호소하고 있다. 이 때문에 기업들은 중국과 인도, 동남아 등지로 빠져 나가고 있는 실정이다.

(2006년 7월 19일 세계일보 [기사] '포스코 불법점거' 손 놓은 공권력)

위 기사는 1960년대와 2000년대의 통계를 비교하여 요즘 노동자들은 배부른 소리로 '무분별하게' 파업을 벌여 기업을 어렵게 만든다고 한다. 파업에 가담했던 대부분의 조합원들은 4~50대의 비정규직 일용노동자들로서 한 집안을 책임지는 가장이다. 이들은 월 평균 180만원대의 임금을 받으며 휴식공간은 물론, 직원식당과 화장실도 사용할 수 없어 바닥에서 도시락으로 식사를 때우고, 현장 부근에 설치된 이동식 화장실을 이용해야 하는 열악한 노동환경에서 일하고 있다. 그러나 수구언론은 이러한 우리나라의 노동환경과 해외의 그것과의 비교없이, 단순히 해외 "주요국"과의 수치만을 비교하며, 작업환경과 처우의 문제가 아니라 노조의 의식과 집단 이기주의만이 문제라고 꼬집었다. 그들에게 필요한 노동자는 정당하게 최소한의 인간다운 삶과 인권을 요구하는 노동자가 아닌, 말 잘 듣고, 고분고분하며, 착취당해도 말 한마디 없는 수동적인 노동자임을 역설한 것이다. 자식들 공부를 위해 나이 50줄에 하루 10시간이 넘게 뼈빠지게 일하고 이제는 인간다운 대접 좀 받아보고자 하지만 돌아오는건 '노가다'라는 사회적 괄시와 쥐꼬리만한 월급이 고작인 비정규직 건설 조합원들. 그들이 점거투쟁이라는 마지막 수단을 동원할 수밖에 없었던 지금의 현실이 너무나 안타깝기만 하다.

우리 건설산업의 만연한 불법 다단계 하도급으로 인한 피해는 고스란히 건설현장의 일용직 노동자들의 몫이다. 지난 17일 포스코 본사를 점거한 노동자들의 모습.

ⓒ민주노총

이번 파업에서 조합원들이 요구한 것은 불법 다단계 하도급 폐지, 토요일을 유급휴무로 하는 주 5일 근무, 임금인상 15% 등이다. 이중 핵심이 되는것은 주 5일 근무제다. 비정규직 노동자에게 일주일에 이틀을 쉬라는 건 임금을 삭감한다는 통보와 같기 때문이다. 주 5일 근무제가 실시되면 토요일이 무급 휴일이 되 임금이 20% 삭감되는데, 월 180만원대의 수입에서 20%의 삭감이라니. 결국 이들이 주장한 토요일 유급휴일화는 자신들의 기초생활을 보장해 달라는 처절한 목소리였던 것이다. 그런데도 수구 언론들은 이러한 실상을 외면하고 이들의 투쟁을 왜곡하고 있다.

〈정말 포스코는 제 3자인가?〉

노조는 13일 사용자 측인 건설사들과 진행하던 임금 및 단체 협상에 진척이 없자 포스코 본사 건물을 점거했다. 이들은 "포스코가 공사 현장에 대체인력을 투입해 파업을 방해했다"며 "파업 사태 해결에 포스코가 적극 나서라"고 주장하고 있다. 공사 발주자인 포스코가 건설사들을 압박해 자신들의 요구를 받아들이게 해달라는 것이다. 상식적으로 이해하기 어려운 요구를 받아들인다 해도 명백한 불법 행위인 제3자 개입에 해당된다.

(2006년 7월 19일 중앙일보 [기사] 포스코가 무슨 죄)

포스코의 입장은 한 마디로 '제3자로 노사협상의 대상이 아니다'라는 입장을 고수하고 있다. 현행 근로기준법과 노동조합 및 노동관계조정법에는 사용종속 관계에서 노무제공과 임금지급이 이뤄지게 되며 사용종속 관계가 아닌 발주자가 개입할 경우 제3자개입금지 위반으로 3년 이하 징역 또는 3천만원 이하 벌금형에 처하도록 규정돼 있다. 따라서 사용자는 건설노동자들과 근로계약, 임금지급, 지휘.감독 등을 맡고 있는 포항지역 전문건설업협회 소속 하청업체들로, 빌주사로 제3자인 포스코는 개입할 수 없다는 입장이다.

(2006년 7월 20일 동아닷컴 [뉴스], 본사 점거된 포스코의 '속앓이')

언론과 포스코는 계속해서 '발주사인 포스코'는 아무런 책임도 없고 협상에 임해야 할 의무도 없다고 주장했다. 과연 그럴까? 정말 그렇다면 3000 조합원은 그야말로 "떼쓰기"위해 일주일이 넘게 생계를 마다하고 경찰과 대치했던 것일까?

'포스코가 건설노조와의 노사관계에 있어 직접 당사자가 아니다'는 것은 발주사, 원청, 하청, 재하청의 층층이 쌓인 시스템으로 굴러가는 건설산업의 구조적인 문제 때문이다. 포스코가 발주를 했더라도 현장에서 일하는 노동자들과 계약을 맺는 당사자는 포스코가 아니다. 결국 이같은 구조 속에서는 건설현장 노동자들의 요구사항은 이리저리 떠넘겨지게 되며, 이런 사정은 포항 건설노조의 경우 역시 마찬가지다. 포항지역 건설노조 조합원들은 3개월 전부터 전문건설업체들을 상대로 여러 차례 교섭을 벌였으나 전문건설업체들은 발주업체인 포스코에게 모든 짐을 떠넘겼다. 이지경 위원장은 석달 넘게 교섭을 해 왔지만 전문건설업체는 "포스코에서 받아오는 공사비가 적다"는 이유로 '요구를 들어줄 여력이 안 된다'고 말해 왔다고 전했다. 결국 이 위원장의 말대로 "문제 해결의 열쇠는 포스코가 쥐고 있는" 셈이다.

(2006년 7월 18일 프레시안 [기사]
건설 노동자들이 포스코 본사를 점거한 이유)

중앙일보 7월 19일자 기사

조합원들이 직접 협상 대상이라고 여겼던 하청업체는 그들의 요구사항을 들어줄 수 없는 상황의 책임을 발주자인 포스코에 떠넘기고, 포스코는 '건설노조와의 노사관계에 있어 직접 당사자가 아니다'라는 주장과 함께 대체인력 투입을 통해 그들의 파업을 무력화시키고자 했다. 이러한 시도에서 조합원들이 왜 포스코 본사를 점거하기까지 이르렀나를 한눈에 알 수 있다. 발주사인 포스코는 하청업체를 선택하는데 있어서 최저 낙찰제로 가장 싼 값을 제시하는 쪽에 하청을 주게 마련이고, 하청업체는 낮은 가격을 유지하기 위해 필연적으로 노동자들의 임금, 복지 비용을 삭감하게 된다. 포스코의 경우 발주하는 공사가 '포스코건설'을 거쳐 하청 업체까지 내려가면 공사비는 설계비의 절반 수준으로 떨어지는 것으로 알려졌다. 원청 업체의 더 많은 이윤을 남기기 위한 파렴치한 횡포와 하청 업체의 과도한 경쟁으로 인한 대가는 고스란히 노동자들의 피와 땀으로 지불되게 마련인 것이다. 그럼에도 포스코는 노동법에 의하면 자신들은 제3자이므로 하청업체의 노사분규에 개입할 수 없다는 점만을 고집하고 본사 점거의 불법성을 강조하며 조합원들의 즉각 해산만을 요구하였다. 앞의 신문들은 문제의 직접적 원인을 외면하고 이러한 사측의 입장만을 대변하고 있는 것이다.

〈최소한의 양심이 남아있다면...〉

점거농성이 시작되고 조합원들의 자진해산으로 정리된 이후 오늘까지 수구 언론에서는 어떤 기사를 내놓고 있는가? 과연 어느 곳에서 이런 현실을 반영하고 기사를 다루어 왔는가? 그들은 건설노조원들의 '불법'점거와 '폭력성'을 부각하여 포스코측의 입장을 대변하고, 정부의 강경대책을 촉구하며 공권력에 대해 실망을 금치 못한다고 연일 보도해 왔다.그들에게 조합원들의 입장을 옹호해 달라고는 하지 않겠다. 그러나, 언론으로서 최소한의 양심이 남아있다면 노동자들이 왜 이런 방법을 택할 수밖에 없었는지, 아니, 그들이 현재 무엇을 왜 주장하고 있는지에 대한 사실보도만이라도 해야 마땅한 것이다. 이번 포스코 사태 10여일간의 기사를 통해 다시 한번 수구 언론의 행태에 실망하지 않을 수 없다.

(2) 사례 2 : 버스 파업 관련 보도 비평[4)]

조선 · 중앙일보는 평소 그렇게 좋아하는 공부(법)부터 다시 하셔야겠다. 법에는 분명히 단체행동권, 흔히 말하는 '파업'이 명시되어있다. 하지만 분명 법에서 보장하고 있는 노동자의 권리를 행사하려 치면 언론은 무슨 불법이라도 저지르는 것처럼 호들갑이었다. 이번 대구 · 광주의 버스파업에서도 마찬가지였다. 제목에서부터 "발목을 잡는"이란다. 상황이 이런 식이니 노동자들은 법에 보장된 권리인 파업을 하기에 앞서 이런 언론의 눈치를 보아야만 한다. 언론은 노동자들이 파업을 하게 된 경위부터 취재할 수는 없는가, "승객의 안전과 친절을 책임지기 위해서는 생활임금이 보장돼야 한다"는 노조 측의 입장은 온데 간데 없이 시민의 불편만 보이는가.

> 대구 · 광주 시내버스 노조 파업이 나흘째를 맞고 있다. 시민의 발이나 다름없는 시내버스의 운행이 중단되면서 출퇴근길 교통대란이 벌어지고 있고, 학교와 직장에서는 지각사태가 속출하고 있다. 이유야 어찌됐든 노조가 핵심 대중교통 수단을 마비시켜 시민 불편을 초래한 것은 유감스러운 일이다.
>
> (중앙일보 5월 28일 [사설] 내구 · 광주시민 발목잡는 파업 풀어라 中)

〈무조건 파업부터 풀라?〉

조금만 생각해보자. 노동자는 자신의 노동력으로 생계를 영위하는 사람들이다. 분명 자신들의 목소리를 낼 수 있는 공간은 부족하고, 함께 힘을 합쳐 자신의 목소리를 내는 것 말고는 방법이 없다. 따라서 파업은 노동자에게 필수적인 권리이고 때문에 법에서도 보장하고 있는 것이 아니던가. 그런데 '이유야 어찌됐든' 대중교통 수단을 마비시킨 것은 유감이란다. 노동자라고 대화와 타협을 모르겠는가. 그들이 책상머리에 앉아서 오손도손 대화랑 타협하는 방법을 몰라서 길바닥으로 나가겠는가. 왜 버스기사들이 파업을 해야 하는가 하는 이유에는 관심을 두지 않고 그저 시민들이 불편해 하니까 파업을 풀라는 것은 문제를 해결하는 올바른 방법이 아니다.

· 조선일보 6월 2일, 대책없는 시내버스파업 8일째
· 조선일보 6월 1일, 버스파업 더이상 못참겠다.
· 조선일보 5월 26일, 대구 · 광주 버스파업 이틀째…시민불편 가중
· 중앙일보 5월 28일, 5일째 버스파업 대구 · 광주는 교통지옥

〈노조의 요구는 어디에도 없다〉

제목 어디를 봐도 노조의 입장은 온데간데없고, 오직 시민의 불편만을 강조하고 있다. 이노문 광주 시내버스 노조위원장은 "광주 운전기사들은 생계비에도 턱없이 못 미치는 임금과 장시간 노동에 시달리고 있다"고 주장한다. 이 말에 대한 가치 판단을 뒤로 하더라도 적어도 파업을 하면 노동자들의 요구를 언제 제대로 보도해 준 적이 있는가 묻고 싶다. 오직 국민들의 불편, 임금인상이 미칠 경제적 파장만을 주장하지 않았는가.

언론은 70년대에도 80년대에도 파이를 키워야 할 때라고 했었다. 하지만 국민소득 2만달러를 바라본다는 작금의 현실에도 여전히 지금은 성장을 해야 할 시기라고 한다. 언제나 그들은 '분배'를 말할 것인가. 낙후한 대중교통의 서비스 수준을 탓하기만 하지 말고 개선할 방법을 알아볼 의향은 없는가. 남의 나라 얘기를 끌어들여 미안하지만 박노자씨의 글을 조금만 인용해 보겠다.

> 노르웨이에서 운전기사의 노동은 사회적으로 매우 귀중하게 여겨진다. 기사 자신들도 승객의 생명에 대해서 책임을 지는 사람으로서의 책임감과 자부심이 대단하다. 기사에게는 잔업이 없는 것은 당연지사다. 그리고 기사의 월급은 대학교수나 정부 공무원과 대충 비슷하거나 약간 높다. 그 어렵고 위험한 노동의 가치를 사회가 그만큼 인정한다는 것이다. 그리고 사회의 이러한 인정에 대해 기사는 예절과 직업에의 충실로 보답한다. 만약에 한국 기사들에게 노르웨이 동료들이 받고 있는 사회적 존경과 보수가 주어졌다면- 아니, 기사에 대한 사회적 의식이라도 조금 바뀌었다면- 과연 지금과 같이 버스 안에서 신경질적인 반말소리가 들리겠는가? '노동 중심'의 사회가 의식상으로라도 되지 않고서는, 노동자에게 자존심과 타인에 대한 예절을 찾기가 어려울 것이다.
>
> (좌우는 있어도 위아래는 없다, 박노자 中)〉

〈노동자들의 권익은 어디서 찾는가〉

노동자들의 권익을 위해 파업이라도 할 양이면, 현재 경제 위기는 마치 전부 노동자들 때문인 것처럼 몰아가고 노조에게 자제를 요구한다. 그러나, 정말 한국의 노조가 나라 말아먹

을 정도로 잘못하고 있는가? 경제가 어려워진 것이 어디 노동자들 잘못인가? 노동자들이야 열심히 일한 죄밖에 더 있나? 정경유착, 분식회계 등 정작 IMF를 몰고 온 사람들은 따로 있는데, 언론은 노동자들만 죄인 취급하려 든다.

시민의 불편만을 강조한 언론사의 사진.

노동자들은 해고 등의 위험을 무릅쓰고 파업을 한다. 하지만 사용자는 이번 대구버스회사의 경우처럼 직장폐쇄라는 강수로 맞설 수 있다. 애초부터 게임이 안 된다. 이런 불평등을 해소하고 약자를 보호하는 것이 정부와 국가의 역할이 아닌가. 하기에 노동법도 존재하는 것이고, 노조도 합법화된 것이다. 하지만 언론이고 정부고 노동자들의 파업이면 덮어놓고 국민들의 불편을 운운하며 노동자들의 희생을 강요한다. 최소한 파업이 있으면 적어도 공정하게 양쪽의 목소리라도 소개하는 모습부터 보고 싶다.

(3) 사례 3 : 파업손실 보도 비평[5)]

조 · 중 · 동은 지난 한 달간 비정규직법의 문제점을 단 한 건도 다루지 않았으며 법시행 뒤 비정규직 해고사태에 대해서도 무관심한 태도를 보였다는 모니터보고서가 나와 관심을 끈다.

민주언론시민연합(이하 민언련)이 10일 '이랜드그룹 비정규직 대량해고' 사태에 대한 5대 일간지를 모니터링한 '비정규직을 벼랑 끝으로 내몰지 마라'는 제목의 보고서를 내놨다.

'비정규직 대량해고사태'를 주제로 경향, 한겨레, 동아, 중앙, 조선일보 등을 지난 달 9일부터 이 달 9일까지 한 달 동안 기사, 칼럼, 사진 등을 모니터링 한 결과를 다룬 것이다.

보고서에 따르면, 조선, 동아, 중앙일보는 단 한건도 비정규직법의 문제점을 다루지 않았다. 반면 조선, 동아는 정규직 전환사례에 대한 기사를 각각 42.8%(6건), 41.2%(7건) 내보냈다. 중앙은 "비정규직법을 폐지하고 노동유연성을 강화해야 한다"는 주장을 57.1%(8건)나 보도했다.

(인터넷 저널, 2007년 7월 10일)

비정규직 대량해고 사태를 다루며 기업 측의 입장을 함께 싣거나 기업 측을 옹호한 보도 또한 조선 28.6%(4건), 동아 17.6%(3건) 순이었다. 게다가 이들 신문들은 "민노총이 정규직 기득권을 포기하는데 앞장서야 한다"고 지적했다.

> 조 · 중 · 동은 몇 개 되지 않는 보도에서도 '왜 점거농성을 하는지'를 다루기보다 '점거'나 '충돌'을 부각시키고 노사갈등의 문제로 접근하는 태도를 보였다. 비정규직 노조점거 및 노사갈등에 비중을 둔 보도는 동아가 23.5%(4건)였고, 조선 중앙이 각각 21.4%(3건)였다. 반면 한겨레는 30번이나 비정규직법의 문제를 보도했다. 또 기업의 대응형태, 노동자 입장 등 다양한 시선을 담아냈는데 한겨레 43.3%(13건), 경향 50%(10건) 수준으로 보수신문과 대조적이었다.
>
> 지난 8일 이랜드 노조가 16곳의 매장에서 비정규직 해고에 항의해 점거농성을 시작하자 조 · 중 · 동은 9일 일제히 "영업중단", "민노총 가세", "노사갈등" 제목을 내걸고 영업중단과 노사대립 양상을 보도했다.
>
> 반면 한겨레는 비정규직 문제와 관련하여 다양한 관심을 보도해 돋보였고, 경향은 '여성 비정규직 문제' 접근태도가 돋보였다고 민언련은 밝혔다. 민언련은 "전체 노동자의 36.7%인 577만명(정부 추산)이 비정규직이고, 비정규직의 월평균 임금은 정규직의 64%에 불과하다"며 "비정규직을 벼랑 끝으로 떠미는 일 없어야 한다"고 강조했다.
>
> (조 · 중 · 동, 비정규직법 문제점 보도, 2007년 7월 10일/서문원기자/ 인터넷저널)

백선기(1995)는 노사분규에 관한 기호학적 분석을 통해 한국의 신문들이 노사분규를 '전쟁상황', '범법행위', '질병', '재해' 등으로 묘사하는 경향이 있으며, 따라서 노사분규 자체에 대한 거부감을 형성하고 최대한 이를 억제하는 것이 바람직하다는 가치관을 유포시키는 것으로 지적하고 있다. 노사분규 보도의 밑바탕에는 시민들이 노사분규 자체는 이유야 어쨌든 싫고, 불편하고, 사회에 악영향을 미치는 것이며, 따라서 반드시 사전에 막아야 하는 것으로 보도된다.

모니터보고서를 실은 민언련 홈페이지. ⓒ 인터넷저널

그에 따르면 한국 신문들은 노사분규의 과격성, 시민들의 불편, 경제에 대한 악영향 등에 주목하고, 노동자와 사용자간의 정상적인 분규타결행위나 합의 도출과정, 그리고 노동자들의 제안사항이나 요구조건 등에 대해서는 거의 취급하지 않고 있는 것으로 나타났다. 이러한 보도경향은 문제 해결적이기보다는 갈등 유발적인 보도방식이라고 하겠다.

노사갈등 문제에 대한 언론보도의 편향성은 정부나 특정세력으로 하여금 일정한 행동을 하도록 유도하는 경우도 있다. 가령 분규현장에 대한 경찰투입 임박설 등을 반복적 · 의도적으로 강조하여 경찰투입을 기정사실로 만들고 나아가서 그것을 정당화하거나 유도하기까지 하는 등의 보도행태가 빈발하고 있다. 이러한 유도성 보도나 현실적 피해의 지나친 강조, 또는 공포분위기를 조성하는 보도나 해설은 억제되는 것이 바람직하다.

2.4 노동자 발언기회의 제약

사회집단과 매스미디어의 관계는 매스미디어가 주도적으로 특정사회집단에 관한 정보를 전달하는 측면과 아울러 특정사회집단이 미디어에 직접 등장하는 측면도 있다. 예컨대 노사분규가 발생했을 경우 분규에 관한 기자의 취재뿐만 아니라 분규 당사자들을 미디어에 등장시켜 그들의 대립적인 주장을 비교적 균등하게 들어볼 수 있다.

한국의 언론은 이 부분에서도 심각하게 편향되어 있다. 노사갈등 국면에서 통상 기업소유자나 경영학자 특히 재벌그룹 회장이나 경총 간부는 흔히 매체에 등장하지만 노동조합이나 간부의 주장이 언론에 직접 등장하는 경우는 거의 없다. 이러한 관행은 언론을 통해 매개되는 시민들과의 관계에서 자본 측이 일방적으로 유리한 국면을 확보하고, 노동 측은 그에 대항할 기회를 확보하지 못하는 불공정을 낳는다. 그 결과는 자본의 정당성 강화와 노동 측의 정당성 약화, 그리고 그에 따른 불공정한 기존 사회질서의 유지로 나타난다.

03 노사관계 보도에 영향을 미치는 요인과 대안 모색

노사문제 보도에 관한 평가는 일반적으로 불공정하다는 것으로 집약된다. 이효성(1990)은 한국 언론의 불공정보도의 유형으로 ① 묵살 혹은 은폐, ② 일면보도, ③ 과장과 축소, ④ 악의적 왜곡, ⑤ 양시양비론, ⑥ 위선적 중립, ⑦ 허구적 균형, ⑧ 미확인보도, ⑨ 현상만의 보도, ⑩ 후속보도 생략, ⑪ 이중기준의 적용, ⑫ 편파적 언어사용, ⑬ 편파적 분석, ⑭ 제목과 내용간의 불일치, ⑮ 특정한 구절만의 인용보도, ⑯ 특정장면 반복 등을 지적하고 있다.

이처럼 노사관계에 관한 불공정보도를 초래하는 요인들은 다양하다. 그것들은 기자 개인적 차원의 문제, 언론조직의 조직적 차원의 문제, 언론 외부의 자본주의 사회질서에서 권력과 자본과 언론의 상관관계에서 파생하는 문제 등으로 나누어볼 수 있다. 그것들은 또한 언론조직 내부차원과 외부차원의 문제로 나눌 수도 있다.

3.1 언론조직 내부차원

(1) 기자의 전문성 부족

기자들이 노동문제에 관하여 전문성을 갖지 못하고 사건기자의 관점에서 노사문제를 바라보다 보면 눈앞에 드러나는 사건 전개에만 관심을 갖고 그 뒤를 흐르는 심층적 의미를 파악하지 못할 수 있다. 지나친 노동강도는 기자들로 하여금 특정문제들에 대하여 깊이 있는 공부를 하지 못하도록 막는 주된 요인이다. 마감시간의 촉박과 과중한 업무로 기자들의 잘못된 판단이나 사소한 단어사용의 오류가 빈번히 일어난다. 그에 따라 사실이 왜곡되고 진실이 은폐되는 경우가 많다. 기자들의 노동강도의 완화와 특정분야에 대한 전문기자의 양성 등이 필요하다.

(2) 기자들의 보수적 사고방식

언론을 지배하는 뉴스의 가치판단기준에 따르면 사회의 저명인사나 고급관료, 기업가 등 사회적 강자들은 저명성과 중요성을 갖고 있으며, 따라서 이들이 기자들의 주된 취재대상이다. 이들을 주요 취재원으로 삼고 이들과 친밀한 인간관계를 유지해야만 고급정보를 확보하기 쉽고, 취재의 편의도 얻을 수 있다. 따라서 이들의 구미에 어긋나는 기사를 썼을 경우 기자는 매우 난처해지며 향후 취재의 편의를 제공받기 어렵다. 정보공개제도가 확립되어 있지 않은 상황에서 특종을 바라보고, 기자로서 치명적인 낙종을 피하기 위해서는 정보를 장악하고 있는 이들과 기사를 통해 호의적인 관계를 맺어야만 한다. 따라서 이들을 비판하는 기사는 좀처럼 게재하기 어렵다.

뿐만 아니라 사회적 강자들과 친밀한 관계를 유지하는 과정에서 기자들도 자연스럽게 그들의 관점에서 세계를 바라보는 시각을 획득하고, 그러한 관점에서 기사를 작성한다는 점도 간과할 수 없는 요인이다. 노동자의 관점은 더 이상 기자들에게 친숙한 세계관이 아닌 것이다.

(3) 촌지 수수

기자들의 촌지 수수관행은 기자들을 보수적 사고방식으로 유도하고 붙들어두는 중요한 매개요인이다. 촌지를 주고받는 관계에서 기자들은 촌지를 건네준 측과 부분적으로라도 의식을 공유할 수밖에 없다. 촌지는 공범이 되기 위한 일종의 이면계약인 셈이다. 촌지를 받고 그를 봐주지 않으면 그것은 인간적인 배신이니 그렇게 할 수도 없다. 노사관계에서 기자들에게 촌지를 건네 주는 사람이 누구인지는 분명하다. 촌지 수수관행이 존재하는 한 기자가 중립적 입장에서 노사문제를 바라보기는 매우 어렵다. 더욱이 촌지수수가 은밀히 이루어지기보다 출입기자단을 통해 집단적 · 반공식적으로 행해지는 상황에서는 동료기자들의 집단압력이 공정보도를 억제하고 자본편향적 기사작성을 강제하는 중요한 요인이다.

(4) 소극적 취재관행

발표저널리즘은 한국 언론의 중요한 문제점으로 지적되고 있다. 기자들은 출입처에서 제공한 보도자료나 통조림된 뉴스를 그냥 그대로 보도하거나 부분적으로 가공하여 보도하는데 급급하며, 독자적으로 취재하여 보도하기 위한 노력에는 인색하다는 지적이다. 물론 이러한 문제점은 근본적으로 출입기자단 문제나 지나치게 강한 노동강도 등에 의해 많은 영향을 받고 있지만, 기자 개인의 노력으로 어느 정도는 극복할 수 있다.

노사갈등 보도에서 소극적 취재관행은 정부당국이나 사용자의 발표문은 원문 그대로 보도하고, 반면 노동조합의 주장이나 요구에 대해서는 보도를 거의 하지 않거나, 축소 보도하는 방식으로 나타난다.

(5) 출입기자단

공정보도를 저해하는 기자 개인적 차원의 요인들은 독립적으로 작용하는게 아니라 언론조직의 조직적 · 구조적 차원의 요소들과 긴밀하게 결합하여 작용한다.

한국 언론의 고질병으로 지적되고 있는 출입기자단은 기자들 사이의 동태적인 취재경쟁을 제한하고 안이한 나눠먹기식 공생공멸의 보도윤리를 체질화하고 있다. 출입기자단이 공유한 시각과 다른 시각으로 보도하는 기자는 기자단 내에서 따돌림 받고, 정보를 입수하기 어렵게 된다. 출입기자단은 분명 취재노력의 절감, 출입처 내 질서유지의 편의, 출입기자의 권익보호 등 많은 긍정적 측면을 갖고 있기는 하다. 그러나 사회집단들 사이에 갈등이 벌어지는 상황에서는 기자단은 편파보도의 원인일 뿐만 아니라, 공정하고 적극적인 보도를 적극적으로 저해하는 요인으로 작용한다. 그에 따라 언론계 일각에서는 기자단 폐지, 나아가서 출입처의 폐지와 더불어 영역별 전문기자의 도입을 주장하는 목소리가 커지고 있다. 기자단의 문제는 일본에서도 중요한 언론문제로 부각되고 있다.

(6) 언론사 내 위계질서

불공정 편파보도를 불러일으키는 언론조직의 내부요인으로 게이트키핑 과정과 강고한 위계질서를 지적할 수 있다.

하나의 기사가 보도되기까지 기사의 기획 · 취재 · 편집과정은 모두 중요한 비중을 차지하고 있으며, 그 과정의 어디에서나 불공정한 보도를 하도록 만드는 요소들이 끼어들 수 있다. 취재기자 개인적 요인에다, 데스크, 국장, 그리고 경우에 따라서는 더 상급의 간부들이 뉴스 제작과정에 개입하며, 이들은 각기 자신의 위치에 따른 관점을 가지고 기사를 재단한다. 특히 주요뉴스의 경우에는 편집과정에서 많은 권력을 행사하는 국장이나 부장단의 협의에 따라 기사내용과 분량이 결정되며, 재벌기업의 노사분규에는 아무래도 이러한 상부의 영향력이 좀 더 많이 작용할 수밖에 없다. 재벌기업의 경영자는 취재기자와 편집간부들에게는 인간관계와 촌지 등을 통해, 언론기업주에게는 광고배정을 통해 불가시적인 압력을 행사하여 자기들에게 유리한 방향으로 뉴스보도를 유도한다.

더욱이 이러한 게이트키핑 과정에다 언론조직 특유의 상하간 강고한 위계질서는 일선 취재기자들의 자율성과 독립성, 그리고 적극적이고 능동적인 취재를 직접 제한한다. 기자들은 상급자의 지시를 거부하기 어렵다. 개인적으로 방대하고 잘 정비된 언론조직 내부의 압력을 견뎌내는 것은 극히 어렵다.

이 문제는 언론노조운동의 초창기부터 중요하게 취급되었으며, 그에 따라 기자들의 취재 · 보도의 자율성을 보장하기 위한 다양한 장치들을 마련하는데 많은 노력을 기울였다. 기자들의 편집권 확보나, 편집국장 직선제, 추천제, 임기제, 그리고 공정보도위원회, 지면개선위원회 등 다양한 공정보도를 위한 제도적 장치들이 광범하게 마련되었다. 그러나 이러한 노력들은 아직 가시적인 성과를 가져오고 있지는 못한 것으로 지적되고 있다. 공정보도를 지향하는 다양한 제도적 장치들이 선언적 수준에 그치고 말거나 유명무실한 상태에 빠져 있으며, 공정보도는 여전히 한국 언론의 중요한 문제로 지적되고 있다.

(7) 언론자본의 존재양식

언론자본의 존재양식은 기자들의 공정보도활동을 저해하는 근본적인 요인이다. 외형상 주식회사의 형태를 띠고는 있지만 사실상 1인 지배체제로 되어 있는 언론기업의 소유구조와, 소유주가 직접 담당하거나 소유주의 지배를 받는 경영진, 그리고 그러한 소유주와 경영진이 공동으로 장악하고 있는 편집부문의 관료적 위계구조는 서로 결합하여 기자들의 보도활동에 영향을 미친다. 그중 가장 결정적 요인은 언론자본의 존재이다. 언론자본이 언론기업을 운영하는 가장 근본적 이유는 이윤추구에 있다. 이윤추구 경향은 다양한 방식으로 공정보도를 저해한다. 그런 현상은 언론기업 자체로서 이윤을 남기든 아니면 언론을 모기업의 방패막이로 삼든 무관하게 나타난다.

언론기업들은 독자나 시청률의 증대를 추구하며, 그렇게 확보된 독자와 시청자를 광고주에게 판매한다. 광고주는 좀 더 많은 독자와 시청자를 확보한 매체를 통해 광고 하기를 원하며, 매체에 광고료를 제공하면서 부수적으로 해당매체와 긴밀한 관계를 유지할 수 있게 된다. 따라서 광고료를 더 많이 지불하는 재벌광고주들은 언론기업의 경영상태에 중대한 영향력을 미칠 수 있고, 따라서 언론기업의 경영자는 광고주의 요구를 들어주지 않을 수 없다.

이와 같은 맥락에서 언론자본은 기자들에게 독자와 시청률 확보에 목표를 둔 선정적이고 충격적인 사건을 보도하는데 급급하도록 유지 · 지시하고, 취재금지를 요구하는 성역을 확대하며, 사회정의나 민주주의의 실현 같은 진지하고 무거운 뉴스보다는 가벼운 뉴스를 취재하는데 집중하도록 요구한다. 광고를 둘러싸고 전개되는 언론기업 경영진과 광고주인 기업 간의 유착관계는 노사갈등이 벌어졌을 때 광고주인 사용자 측의 편을 들지 않을 수 없도록 만드는 요인이다.

3.2 언론조직 외부차원

뉴스보도에 영향을 미치는 요인들 중에는 언론조직 외부에서 언론과 관계를 맺고 있는 정치권력, 관료집단, 각종 이익집단, 자본 등이 있다.

언론은 피지배계급에 대한 상징적 · 정신적 지배의 도구이며, 지배계급은 언론을 통해 지배정당성을 홍보하고, 자기들의 지배에 대하여 시민들의 동의를 얻어내는 헤게모니 기구로 언론을 이용한다. 그들은 이러한 목표를 달성하기 위하여 일상적으로 언론에 대하여 간섭하며, 언론 스스로도 국가와 동맹하여 시민들을 억압하는 힘으로 작용하기도 한다. 이런 경우 언론은 하버마스가 말한 것처럼 그 권력비판적 성격을 상실하고 여론형성능력을 박탈당하며, 시민은 수동적 관중으로 전락한다. 이러한 언론은 또한 이데올로기적 국가기구로서 지배 이데올로기의 정통성확보를 위해 시민사회 내에서 그 지도력에 대한 동의를 얻어내는 수단으로 작용하기도 한다. 이처럼 국가와 자본의 영향력이 언론을 통해 발현되는 데에는 언론자본과 경영진이 중요한 역할을 하고 있는 만큼 이들 간의 연결고리를 끊는 작업이 최우선 과제가 될 것이다. 즉 언론인의 자율적인 공정보도활동은 이들의 연합관계를 인식하고 적절한 대응방안을 마련함으로써 성취될 수 있다.

3.3 대안모색

노사관계 보도의 공정성 확보여부는 사회진보와 사회구성원의 통합을 촉진하거나 방해할 수 있다. 한국 언론은 노사관계 보도에서 지나치게 편파적이고 불공정하며 반노동자적이고 일방적인 기사를 생산하는 경우가 많다. 그것은 어느 특정한 요인에서 비롯되었다기 보다는 언론 매체의 내·외부에서 보도활동에 영향을 미치는 다양한 요인들에서 그 원인을 찾을 수 있을 것이다. 어쨌든 노사문제에 대한 언론보도의 영향력은 지대하고 그것이 편향되었을 경우의 사회적 파장은 매우 클 수 밖에 없다.

노사갈등 보도가 지닌 문제점을 해소하기 위해서는 공정보도와 객관보도의 실현이 중요하다 하겠다. 이러한 언론보도에 대한 편향성을 극복하는 방안으로는 언론보도에 대한 시민단체의 감시활동의 강화, 공정보도·객관보도의 준칙 규정과 준수, 언론노동자의 올바른 언론인 의식과 개인적 노력, 편집권 독립과 언론사 내부 민주화, 뉴스가치 판단기준의 재검토, 언론인들과 언론단체·노동조합의 연계 강화, 언론노동자의 경영참여, 언론소유권제도의 변화, 시민단체와 언론노동조합의 연계 강화, 대안언론매체의 설립 등의 대안을 모색할 수 있을 것이다.[6)]

Review in IR

'조 · 중 · 동, 현대차 노조 쟁의결의 보도' 관련해서

민언련 논평

오마이뉴스, 조 · 중 · 동, '노조 고립시키는 노동보도' 중단해야/2007. 9. 1

금속노조 현대자동차지부(이하 현대차노조)는 지난 24일 '2007 임금인상 및 단체협약협상(이하 임단협) 결렬'을 선언하고, 27일 임시대의원대회에서 대의원 만장일치로 노동쟁의 발생을 결의했다.

현대차노조는 31일 전 조합원 총파업 쟁의행위 찬반투표를 실시했다. 현대차 노사는 협상이 결렬되면 잔업과 특근을 중단하던 통상적인 투쟁방식에서 벗어나, 생산피해를 최소화하기 위해 휴일특근만 거부하였다. 따라서 현재 현대차는 잔업을 계속하고 있으며 임단협 타결을 위한 실무협상을 지속하고 있다.

그러나 수구보수신문은 노조에 대한 적대적 시각에 사로잡혀, 악의적 노동보도의 전형적인 방법인 '노조에 대한 고립 → 분열 → 섬멸' 수순의 첫 단계를 밟기 시작했다.

조 · 중 · 동, 파업은 시작도 않았는데 '노조고립'에 혈안

먼저 조 · 중 · 동은 파업이 일어나지도 않은 상황에서 벌써부터 노조에 대해 불리한 여론을 확산시키기 위한 악의적인 보도태도를 보였다.

〈조선일보〉는 28일 2면 〈울산 "현대차 파업말라" 한목소리〉에서 울산시민들과 회사 측이 "올해만큼은 무분규로 협상을 타결하자고 간곡히 호소하고 있다"고 전했다. 기사는 행복도시 울산만들기 범시민협의회(행울협)이 당일 기자회견을 할 예정이라며 울산시민의 파업 우려 목소리를 기사 전체의 1/3이 넘는 분량이나 할애했다. 이어 기사는 "임단협으로 또 다시 파업이 발생된다면 우리는 정말 돌이킬 수 없는 피해와 함께 회복하기 힘든 후유증에 시달리게 될 것"이라는 윤여철 사장의 발언을 1/4이 넘는 양으로 다뤘다.

반면 정작 임단협 당시자인 노조의 목소리는 진혀 없었고, "회사 안에서도 조합원들의 '무분규' 촉구 목소리가 이어지고 있다"는 소수 조합원의 의견을 실어 노동자의 분열만을 언급했다. 이 기사는 사측과 파업을 우려하는 시민, 파업에 반대하는 일부 조합원의 의견만을 확대 과장하여 노조를 고립시키고자 한 것이다.

〈중앙일보〉의 시각도 크게 다르지 않았다. 8일 28일 10면 〈시민도 노조원도 "무분규" 목소리 높은데…/현대차 노조, 올해도 쟁의 결의〉는 "노조 안팎의 파업 비판"이라는 소단락에서 "협상안이…타결안에 가까울 정도로 파격적이어서 놀랐다" 등의 익명의 파업반대 목소리만을 부각시켜 보도했다. 9일 14면 〈"파업 마세요" 애타는 시민들〉 역시 울산 시민들의 "파업 자제 호소"를 자세히 보도하며 "노조는 '마이 웨이'"라는 소제목을 달아 노조를 독단적인 집단으로 그렸다.

〈동아일보〉는 28일 사설 〈현대차 노조원들은 "파업 없이 가보자"는데〉에서 "현대차는 올해 들어 성과급 및 한미 자유무역협정(FTA)과 관련해 두 차례나 어처구니 없는 파업을 했다. 현대차는 13년째 한 해도 파업을 건너뛴 적이 없다"며 임단협이 결렬된 이유에 대한 정확한 분석도 없이 그동안의 파업 횟수를 들먹이며 '무조건 파업은 안 된다'는 주장을 했다.

사설은 "한국에서 전투적 노조의 잦은 파업은 기업 활동의 큰 장애요인"이라고 주장하며, 스위스 국제경영개발원의 페테르 로랑 총장이 "한국은 노사갈등이 상당히 군사적"이며 "노사가 국내에 고착된 시선을 해외로 돌리면 경쟁력을 위해 갈등을 해결해야 함을 알게 될 것"이라고 지적했다고 실었다.

그러나 상식적으로, 노사갈등이 군사적이라는 것과 잦은 파업이 모두 노조만의 잘못일 리는 없다. 이 보도에서 총장의 발언을 한국의 노조만이 문제인 것처럼 방점 찍은 것은 노조에 대한 악의적 폄훼에 다름 아니다.

임금만이 노사협상의 전부인가

노동문제 보도의 기본은 갈등의 원인과 해결 과정에서의 적절성 등을 정확하고 깊이 있게 보도하는 것이다. 그러나 이번 현대차노조의 협상결렬 이후 조 · 중 · 동은 결렬의 사유는 제대로 보도하지 않았다.

특히 〈중앙일보〉는 30일 1면 하단 기사 〈돌아가면서 노조 집행부 장악/ 10여 개 파벌 선명성 경쟁이 문제〉에서 현대차 노동자가 "이미 업계 최고의 임금 수준인데다, 파격적인 임금 인상안을 제시해 '돈봉투'만으로 파업하기 힘든 상황이다"라고 주장했다.

이 보도는 사측의 임금제시안을 파격적인 것으로 부각하고, 노조가 이처럼 파격적인 임금마저 수용하지 않는 것처럼 묘사했다. 그러나 노조의 협상을 결렬시킨 핵심 원인인 '단체협약' 주요 요구안에 대해서 사측이 대부분 '수용불가' 입장을 취했다는데 있음은 보도하지 않았다. 더 나아가 기사는 노조의 요구안을 "업계에선 '파업을 위한 구실'로 삼기 위해 노조가 이런 무리한 요구를 하는 것으로 보고 있다", "노조의 이번 요구를 집행부의 정치적 동기에서 찾아야 한다는 시각이 많다"고 전하며 '정략적 파업'으로 몰고 갔다.

이러한 주장은 같은 날 사설 〈현대차 노조의 황당한 파업 위협〉에서 노골적으로 드러난다. 사설은 133개의 단협 요구 사안 중 일부인 해외 현지공장 관련 조항만을 확대 부각시켜 "상식적으로 앞뒤가 맞지 않는 막무가내식 요구", "노조가 아예 경영을 좌지우지하겠다는 것이나 다름없다"며 노조 때리기에 나섰다.

정상적인 단협안을 '황당요구'라고 비판한 황당한 기사

〈조선일보〉는 먼저 28일 사설 〈현대차노조, 1년에 파업을 세 번이나 벌이겠다니〉에서 '왜' 협상이 결렬되었는가에 대한 언급 없이 노조에 대한 노골적 비난을 하면서, "노조는 당기순익의 30%를 성과급으로 지급하고 라인별 생산차종, 생산물량은 노사 합의로 정하자는 황당한 요구를 내놓고 있다"고 비판했다.

〈중앙일보〉도 30일 1면 머리기사로 〈현대차 노조 '황당 요구'〉라는 제목을 달아 "새차 생산장소 · 물량 노조와 합의해라, 일감 없으면 해외 공장 것 가져와라, 해외 공장 수출입도 우리 허락 받아라"는 노조의 요구가 '황당 요구'라고 단정지었다. 그러나 현대차노조 장영규 공보부장은 "새차 생산장소와 물량을 노조와 합의"하는 것에 대해서는 노사가 공히 공감대를 형성한 것이며 노사 대표자가 합의를 해서 장소와 물량을 합의하게 되면, 일거리가 골고루 분산되는 장점이 있다고 주장했다. 따라서 단체협상 초기에 사장도 이 요구에 대해 일정 부문 공감하고 필요성을 인식했다고 한다.

또한 "일감 없으면 해외 공장 것 가져와라", "해외공장 수출입도 우리 허락 받아라"라는 단협 요구안도 세계 경제가 공황에 빠질 때, 국내 자동차 산업을 보호하고 고용안정을 위한 요구이며 당연한 생존권 요구에 가깝다.

특히 이와 같은 노조의 요구를 '경영권 침해'라고 주장하는 시각은 대부분 경총 등 사측의 입장일 뿐, 생산차종, 생산물량에 대한 조율은 통상적으로 노사 협의에 의거해 협의 사항 등으로 구성되어 있다. 그리고 대부분의 판례도 근로조건과 직결된 부분은 노사교섭 대상이 되는 것으로 판정을 내리고 있다. 따라서 이를 가지고 "경영권 침해"라고 표현하면서 이를 몰상식하고 무례한 주장인양 하는 것은 공정한 보도태도가 아니니다.

동아, 현대차노조의 북한 국수공장 지원까지 비판

〈동아일보〉는 파업에 대한 부정적 감정을 국수공장 설립과 연관지었다. 29일 〈기자의 눈 / "올해 세 번째 파업한다니…" 기막힌 울산시민〉에서는 "이웃인 울산 시민의 요구는 끝내 외면하면서 얼굴도 모르는 북한 주민을 위해 거액을 쓰다니…"라며 정서적 반감을 유도하는 표현을 했다. 국수공장 건립 지원방안은 참석 대의원 326명 중 반대/기권 39명을 제외하고 90%에 가까운 찬성으로 이루어진 것이다.

그러나 같은 날 14면 〈13년 연속파업 절차 밟는 현대차노조 / 北에 국수공장 건립추진 논란〉에서도 국수공장 건립이 논란거리인 것처럼 제목을 달았다.

한편, 〈경향신문〉과 〈한겨레〉는 현대차 파업에 대해 차분한 보도를 취했다. 〈경향신문〉은 29일 12면 기사 〈현대자동차 노조 "휴일특근 중단"/ 임단협 끝날 때까지…잔업은 계속키로〉에서 노조의 파업진행 과정과 노-사간의 상황, 무분규로 사태해결을 바라는 울산 시민들의 반응을 담담하게 실었다. 〈한겨레〉는 같은 날 12면 기사 〈현대차 '무쟁의 타결' 힘들듯…노조 "새달 4일 파업"〉에서 '무쟁의 타결'이 힘든 이유와 파업전개 방향에 대해 다뤘다.

〈한겨레〉는 31일 10면 〈현대차, 노조에 교섭재개 요청〉은 회사가 다음달 3일 교섭 재개를 요청했다고 전했다. 기사는 노조가 교섭재개 여부를 "받아들일 가능성이 높다는 전망이 우세하다"며 "교섭이 재개되면 파업 전 타결 가능성이 있다"고 보도했다.

아직 파업여부가 확실하지도 않은 상황에서 현대차노조는 이미 보수언론으로부터 마녀사냥을 당했다. 파업이 있을 때마다 구체적 원인과 쟁점을 외면한 채 사측, 파업반대를 바라는 일부시민과의 대립구도를 형성해 노조를 악의 축으로 몰아붙이는 보수언론의 행태는 노동자를 사각지대로 모는 협박과 폭력에 다름 없다.

우리는 보수언론에게 '노동자의 편'에 서서 노사문제를 봐달라는 요구를 하는 것이 아니다. 노동관련 보도에서 독자들에게 객관적인 정보를 제공하는 최소한의 역할이라도 해 달라는 것이다.

◈ 연습문제

1. 한국 보수언론의 노사관계에 대한 보도태도와 문제점을 평가하고 대안을 제시해보시오.
2. 노사관계에 있어 공정보도, 객관보도의 중요성에 대해 토의해보시오.
3. 노사관계에 대한 불공정보도의 생산에 있어 기자의 책임과 개선방안에 대해 토의해보시오.
4. 노사관계에 대한 불공정보도의 생산에 있어 언론사의 책임과 개선방안에 대해 토의해보시오.
5. 노사관계에 대한 불공정보도의 생산을 근절하고 공정보도를 확립할 수 있는 방안에 대해 논의해보시오.
6. 언론사주와 편집권 독립과의 상호관련성에 대해 토의해보시오.
7. 일반 대중의 노사관계를 보는 시각에 있어 균형감각의 중요성과 그 육성방안에 대해 논의해보시오.
8. 언론에 대한 국가와 자본의 영향력을 차단하기 위한 언론자본과 경영진, 그리고 언론조직 내 관료적 위계구조 간의 연결고리를 끊을 수 있는 방안에 대해 토의해보시오.

제3부 노사관계시스템의 행위주체

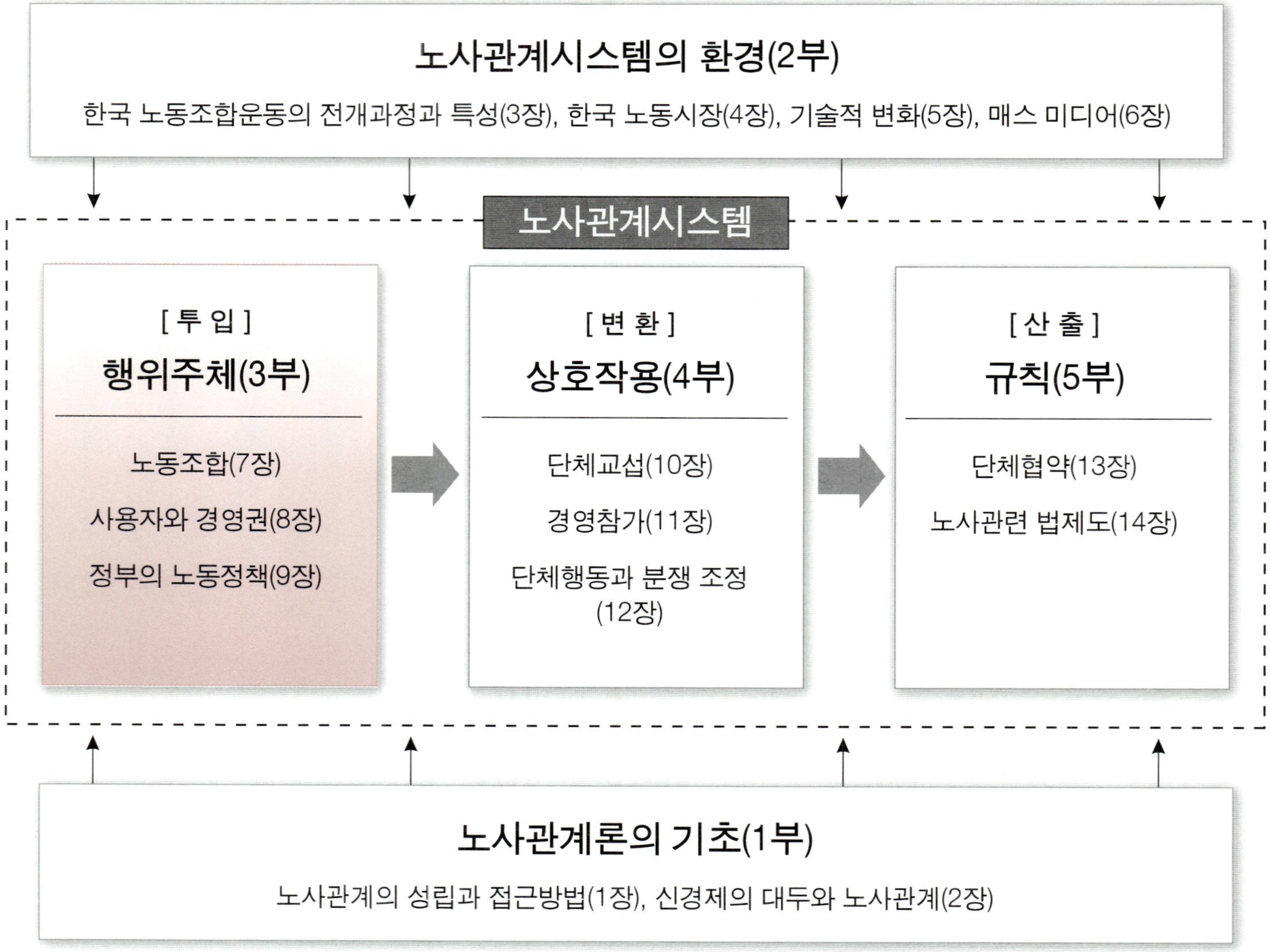

노사관계시스템의 환경(2부)
한국 노동조합운동의 전개과정과 특성(3장), 한국 노동시장(4장), 기술적 변화(5장), 매스 미디어(6장)
노사관계시스템
[투 입]
행위주체(3부)
노동조합(7장)
사용자와 경영권(8장)
정부의 노동정책(9장)
[변 환]
상호작용(4부)
단체교섭(10장)
경영참가(11장)
단체행동과 분쟁 조정 (12장)
[산 출]
규칙(5부)
단체협약(13장)
노사관련 법제도(14장)
노사관계론의 기초(1부)
노사관계의 성립과 접근방법(1장), 신경제의 대두와 노사관계(2장)

제7장 노동조합의 이해

01 노동조합주의의 음미
02 노동조합의 기능
03 노동조합의 구조
04 노동조합의 조직과 운영
05 화이트칼라 노동조합

노동부, 전교조에 '노조 아님' 통보 … 단체행동권 이어 단체교섭권 박탈

방하남 장관 "법 안 지키는 단체, 법으로 보호할 필요 못 느껴"

고용노동부가 24일 전국교직원노조에 대해 "교원노조법상 노동조합으로 보지 아니한다"고 통보했다. 통보는 이날 오후 2시께 팩스를 통해 이뤄졌다.

방하남 고용노동부 장관과 서남수 교육부 장관은 이날 오후 정부과천청사 제2 브리핑룸에서 합동브리핑을 갖고 "법을 지키지 않겠다는 단체에게 더 이상 법에 의한 보호는 맞지 않다고 판단했다"며 전교조에 대해 '노조 아님' 통보를 예정대로 시행한 이유를 밝혔다.

교원노조 조합원의 자격을 현직 교원으로 제한하고 있는 교원의 노동조합 설립 및 운영 등에 관한 법률(교원노조법)을 적용해 전교조의 법적지위를 박탈한 것이다. 정부는 결국 해직교사 9명을 이유로 전교조 조합원 6만여명의 노동기본권을 봉쇄했다.

방하남 장관은 "조합원 총회에서 전교조 조합원 3분의 2 이상이 실정법에 근거한 정부의 규약시정명령을 거부하기로 결정하는 것을 보면서, 정부가 더 오래 기다리더라도 전교조가 정부의 요구를 수용할 (해직교사를 조합원에서 배제할) 가능성이 없다고 봤다"며 "앞으로 정부는 전교조가 법을 어기면서 교육현장의 혼란을 초래할 경우 법에 따라 엄정하게 조치할 것임을 명확히 밝힌다"고 말했다.

이날 법외노조 통보에 따라 전교조는 헌법이 보장하고 있는 노동 3권 중 단결권을 제외한 단체교섭권과 단체행동권을 행사할 수 없게 됐다. 현행 교원노조법이 교원노조 조합원에 대해 일체의 쟁의행위를 금지하고 있는 데다, 이날 법외노조 통보로 단체교섭권마저 잃어버린 것이다.

송문현 노동부 공공노사정책관은 "실정법 내에서는 사용자가 노조의 교섭요구를 거부하면 부당노동행위가 되지만 전교조가 법외노조가 된 이상 전교조는 앞으로 교육부 등을 상대로 부당노동행위 구제신청과 쟁의조정 신청을 제기할 수 없다"고 밝혔다. 교육부나 시 · 도교육청이 전교조의 교섭요구를 거부하더라도, 전교조가 이에 대응해 법적으로 구제받을 길이 사라졌다는 것이다.

이와 관련해 서남수 교육부 장관은 "전교조 조합원은 노동자이기에 앞서 선생님"이라며 "교육부는 이번 사안에 대한 주무부처인 고용부의 법령해석에 따르고 향후 불법사태가 발생하면 법과 원칙에 따라 엄단할 것"이라고 밝혔다.

한편 노동부의 이번 결정은 고용률 제고를 위해 정부가 강조해 온 노사정 사회적 대화에 악영향을 줄 전망이다. 98년 노사정 대타협의 산물인 전교조 합법화를 노동부 스스로 허물었기 때문이다. 정부의 노사정 합의 파기와 노동 3권 봉쇄에 대해 경제협력개발기구 노조자문위원회(OECD-TUAC)와 국제노동기구(ILO) 같은 국제사회의 비판이 계속될 전망이다.

방 장관은 이에 대해 "노사정 대타협과 전교조에 대한 노조 아님 통보는 별개의 문제"라고 선을 그었다. 방 장관은 "전교조는 그동안 사회적 합의로 어렵게 만들어진 교원노조법에 따라 권리와 의무를 누려 왔다"며 "설령 제도개선이 필요하더라도 우선은 현행법을 지키면서 논의를 진행해 나가는 것이 법치주의의 기본"이라고 말했다.

■ 매일노동뉴스 2013.10.25. 구은회(press79@labortoday.co.kr)

학습목표

노동조합주의, 노동조합운동의 기원과 노조의 목적, 노동조합운동의 미래, 노동조합의 목적과 기능에 대한 전략적 선택, 노조의 일반적인 기능, 노조의 임금인상효과, 노조구조에 대한 전통적 분류방식, 기업별 노조의 장단점, 산업별 노조의 장단점, 복수노조주의(multi-unionism)의 쟁점, 노조총연맹의 특성과 과제, 노조의 입법기능과 집행기능, 한국노조총연맹의 특성과 과제, 화이트칼라의 정의, 화이트칼라노조의 조합성, 화이트칼라노조의 특성

제1절에서는 노동조합의 기능과 구조에 대해 살펴보기 전에 먼저 노동조합운동이 근거하고 있는 노동조합주의(trade unionism)와 관련된 몇 가지 논의를 정리해 보고자 한다.

01 노동조합주의의 음미

노동운동의 중심이 노동조합이라는 데는 이견이 없다. 그것은 노동조합이라는 단결체를 통해서만 노동자는 조직적으로 자신의 이익을 표방하고 추구할 수 있기 때문이다.[1)]

노동조합주의는 바로 이 노동조합이 추구하는 목적이나 행태와 관련하여 사용되고 있는 용어이다. 따라서 노동조합주의라는 용어 자체는 어떤 특정한 이념을 내포한 것으로 이해하기는 어렵다. 다만 노동운동의 전개과정에서 노동조합의 목적과 활동을 설명하고 평가하려는 다양한 시각들이 대두되었으며, 이들 시각들은 제각기 독특한 학문적 관심사를 바탕으로 노동조합의 활동을 평가하고 있다. 다시 말하면 노동조합운동에 대한 서로 다른 평가들은 그들이 근거하고 있는 사회적, 학문적 관심사와 관련되어 있다. 따라서 노동조합주의에 대한 이해는 노동운동, 즉 노동조합운동에 대해서 특정한 학문이나 사회운동이 부여하는 특성이나 가정들을 살펴봄으로써 가능해진다고 하겠다.

이처럼 특정한 학문이나 사회운동이 노동조합에 부여하는 특성이나 가정에 따라서 노동조합주의에 대한 여러 가지 해석들을 분류해 보고자 시도한 사람이 펄만(Mark Perlman)이다.[2)]

그가 노동조합에 관한 고전적 이론들을 분류한 것을 보면 ① 노동조합을 도덕적 기구로 보는 청교도적 사회주의와 로마가톨릭 기독교적 사회운동, ② 혁명적 전통의 한 부분으로 노동조합을 보는 '마르크스적 사회운동', ③ 산업화의 초기 노동조건에 대한 노동자들의 심리학적 또는 방어적 대응형태의 하나로 노동조합을 파악하는 '환경중시의 심리학'적 입장, ④

노동조합을 경제력과 실리, 복지 등의 관심에서 만들어진 것으로 보는 '신고전파 경제학'적 입장, ⑤ 민주적 과정의 일부라는 의미에서, 그리고 노 · 사 · 정 간의 힘의 균형을 변화시키려는 전략을 반영한다는 의미에서 노동조합을 정치적 조직으로 파악하는 '법률사 또는 법학사'적 입장의 다섯 가지가 있다.

물론 펄만의 이러한 분류에 대해서는 여러 가지 문제가 지적될 수 있다. 그 중에서도 윤리적 측면과 정치적 측면, 그리고 학문적 입장이 다른 것들이 서로 혼재되어 있어 분류의 기준이 논리적이지 못하다는 지적을 할 수 있다. 그리고 사회학과 같은 보다 중요한 학문적 입장이 빠져 있을 뿐만 아니라, 노동조합의 성격에 대해서 여러 논자들이 기초하고 있는 윤리적 내지 이념적 근거는 이보다 훨씬 다양한 것이 사실이다.[3)]

그러나 이러한 약점에도 불구하고 펄만의 이 분류는, 몇 가지의 수정과 보완을 한다면 우리가 노동조합의 성격을 이해하는 데 있어 매우 유용하게 활용될 수 있을 것이다. 이런 점을 고려하여 라손과 니센(S. Larson and B. Nissen) 은 엄밀한 것은 아니지만 노동조합운동을 이해함에 있어 여러 논자들 간의 차이와 공통점을 보다 분명하게 드러내 줄 수 있도록 각 이론들을 정리하고 있다.[4)]

이들은 각 논자들이 노동조합에 대해 부여하는 '사회적 역할'에 따라서 이론들을 구분하고 있는 바, 여기에는 일곱 가지의 입장이 있다. 즉, 노동조합의 사회적 역할을 ① 혁명의 담당자, ② 조합원들의 경제적 지위를 보호하기 위한 심리적 기구, ③ 산업민주주의의 확산 담당자, ④ 노동자집단의 심리적 욕구를 충족시키기 위한 기구, ⑤ 도덕 및 정신개혁의 담당자, ⑥ 반사회적이고 파괴적인 독점체, ⑦ 다원적 산업사회에서 특수한 이익을 보호하려는 기능을 가진 종속적 메커니즘 등으로 규정하는 일곱 가지이다.

이들은 제각기 노동조합운동의 기원, 발전, 그리고 미래에 대해 나름대로의 가설을 설정하고 있다. 우리는 이 세 가지 측면에 대한 위의 일곱 가지 접근방법들의 논점을 파악함으로써 노동조합운동에 대한 이해를 증진시킬 수 있을 것이다.

1.1 노동조합운동의 기원과 노조의 목적

먼저 혁명이론의 선구자인 마르크스(Karl Marx)는 현대 노동계급, 즉 프롤레타리아는 자본주의의 성장과 발전의 산물이라고 파악한다. 그는 공장 제 생산제도와 가혹한 작업조건으로부터 자신들을 보호하기 위해 노동자들은 노동조합을 만들었다고 지적한다. 따라서 노동조합은 기본적으로 '계급의식'(class consciousness)에 기초하여 생성된 것으로 본다. 다시 말하면 사용자는 작업조건을 개선하고 보다 향상된 생활을 영위하고자 하는 노동자들의 욕구를 저지하는 장본인이라는 자각과 의식의 확산에 힘입어 노동조합이 만들어졌다는 것이다.[5]

한편, 노동조합을 조합원들의 경제적 권익을 보호하기 위한 실리적 기구로 파악하는 커몬즈(J.R. Commons)와 웹 부부(Sidney and Beatrice Webb)는 산업화로 인한 계급의 분화가 노동조합 생성의 주된 원인이라는 마르크스의 주장에 입장을 같이한다. 그러나 이들이 마르크스의 혁명이론까지 지지하지는 않는다. 커몬즈에 의하면 노동조합은 상업과 공업의 발전이 가져온 시장의 확대로 인해 생성되었으며, 그 시장의 위협으로부터 자신들을 보호하기 위해 노동자들이 만든 것이라고 주장한다. 따라서 그에게 있어서 노동자의 적은 자본가가 아니라 시장이 적인 것이다. 웹 부부도 자본주의적 임금제도 아래서 소규모 개별 생산자들이 항상적인 임금노동자로 전락됨으로써 노동조합이 생겨날 수밖에 없었다는 마르크스의 주장에 동의한다. 그러나 이들 또한 커몬즈와 마찬가지로 노동조합이 혁명적 운동으로 발전하지는 않는다고 보고, 노동조합은 다만 노동자들의 경제적 권익을 보호하기 위한 도구로서 존재할 뿐이라고 주장한다.[6]

이와 반면에 커몬즈(commons)나 웹(webb) 부부와 같은 입장을 취하는 펄만은 노동조합의 생성근거를 계급의식에서 찾는 것이 아니라 '일자리 의식'(job consciousness)에서 구하고 있다. 그래서 펄만은 모든 계급사상을 거부한 반면 소규모 자작농이든 중세의 장인이든, 또는 현대의 임금노동자든 가리지 않고 이 모든 육체노동자들을 '수작업자'(manualist)라는 하나의 집단으로 분류한다. 그리고 이 수작업자들이 노동시장에서 고용기회의 희소성을 의식하면서부터 자신들의 일자리를 보호하고 공평하게 일자리를 할당하기 위해서 조합을 결성하게 되었다고 주장한다.[7]

파커(Carleton Parker), 혹시(Robert Hoxie), 탄넨바움(Frank Tannenbaum), 그리고 베블렌(Thorstein Veblen) 같은 심리학적 접근론자들은 노동조합의 생성기원을 개인주의화 되어가는 산업사회에 대한 노동자들의 심리적 대응에서 구하고 있다.[8] 파커는 노동자들의 집단행동을 병적인 것으로 파악하고 이에 대한 대응책으로 공공정책의 전환을 역설하였다.[9]

혹시(Robert Hoxie)는 노동자들의 사회적 심리상태를 단 한마디로 표현할 수는 없다고 한다. 노동자들은 집단별로 각기 다른 심리적 상태를 지니고 있으며, 각 노동집단이 갖고 있는 심리상태에 따라서 그들이 조직한 노동조합의 기능도 각기 독특한 형태를 띠게 된다고 주장한다.[10]

탄넨바움은 핵분열처럼 분화되고 개인주의화 된 사회에서 소외와 공동체의식의 상실감을 갖게 된 노동자들의 심리상태가 노동조합을 결성하게끔 만들었다고 한다. 노동자들은 조합을 통해서 경제적 개인주의가 아닌 그들의 사회적 신분에 기초하여 새로운 사회를 창조한다고 주장한다.[11)]

베블렌(Thorstein, Vehlen)의 경우에는 현대산업사회가 사유권과 인간의 천부적 권리에 대한 노동자의 신념을 뿌리부터 흔들어 놓고 있다고 생각한다. 따라서 그는 나중에 주장의 일부를 수정하긴 했지만 노동조합의 생성과 발전을 기존사회를 전복시키려는 힘에서 구한다.[12)] 혁명적 시각이나 실리적 조합주의 또는 웹 부부와는 달리 이들 심리학적 접근론자들은 노동조합운동을 통해서 경제적 이익을 추구한다는 사고에 반대하고 있다.

그외 나머지 도덕적 시각이나 반노조주의 또는 다원론자들은 노동조합의 생성에 대한 명확한 설명을 하고 있지는 않다. 따라서 그들의 논문을 통해서 약간의 추론을 할 수 있을 뿐이다. 예를 들면, 엘리(Richard Ely)와 그외 교황칙령의 저자들은 노동조합운동을 현존하는 사회 · 경제적 제 조건을 개선하고자 하는 인간의 자연발생적인 시도에서 파생된 것으로 본다.[13)]

반노조주의자들의 주된 논점은 노동공급독점체를 만들 수 있는 능력과 기회를 가졌을 때 노동조합이 생겨난다고 보고 있다. 이러한 능력과 기회가 주어지지 않으면 노동조합은 결코 성공할 수 없다고 그들은 지적한다.[14)]

커 등(C. Kerr, J.T. Dunlop, F. Harbison and C.A. Myers) 의 다원론자들은 노동조합의 생성조건은 그 사회를 지배하는 엘리트의 속성에 따라서 달라진다고 보고 있다. 모든 상황에서 공통적인 것은 지배엘리트에 의해 만들어지든 아니면 그것에 반대하여 만들어지든 간에 지배엘리트에 대한 대응으로서 노동조합이 만들어진다는 것이다.[15)]

1.2 노동조합운동의 기능

노동조합운동의 기능에 대해서도 각 접근론자들의 분석은 제각기 다른 시각을 보여 주고 있다.

우선 마르크스주의자들은 노동조합의 핵심적 기능으로써 경제적 활동과 독자적인 정치활동을 들고 있다. 그리고 작업장에서의 노동자들의 이익을 보호함과 동시에 자본주의체제에 대한 도전을 통해서만 노동조합은 조합원들의 의식수준을 협소한 경제적 조합주의 수준에서 보다 높은 계급의식 수준으로 끌어올릴 수가 있다고 주장한다.

급진적 노동조합주의자(syndicalist)들은 마르크스주의의 혁명적 목표를 인정하고 조합에 의한 지속적인 경제적 투쟁을 지지하지만 조합의 정치활동에는 강력히 반대한다. 노동계급의 목표는 의회나 정치개입에 의해서가 아니라 생산현장에서 노동자 자신의 직접적인 활동을 통해 성취될 수 있다고 주장한다.[16)]

고즈 등(Andre Gorz and Stanley Aronowitz)의 신좌파이론가들은 마르크스주의와 신디칼리즘의 절충을 시도하고 있으나 기본적인 입장은 노동조합운동을 자본주의사회의 급진적 변화를 위한 수단으로 보는 것에는 변함이 없다.[17)]

반면에 커몬즈와 펄만은 노동조합운동을 노동자들로 하여금 자본주의체제에 도전하기보다는 통합되게 하는 메커니즘으로 본다. 노동조합운동은 경쟁시장경제 하에 있는 노동자들에게는 하나의 이익집단으로서 기능하고 있으며, 특히 노동조합은 노동자들의 고용안정에 대한 교섭력을 증대시켜 주는 기능을 한다고 주장한다. 그러므로 이들은 노동자들의 경제적 관심과 직접적으로 관련이 없는 노동조합의 어떠한 정치적 활동도 반대한다.[18)]

웹 부부도 노동조합의 기능을 주로 노동자들의 경제적 권익의 보호에서 찾는다. 그러나 이들은 노동조합운동을 작업조건의 인간화와 인간다운 삶을 영위하는 데 필요한 임금을 확보하고자 하는 사회제도의 개선을 위한 보다 광범위한 사회운동의 일환으로 간주한다. 그러나 그들은 노동조합운동이 여러 가지 정치적 문제를 취급해서는 안 되며 다만 작업장에서의 산업민주주의의 확산 및 전 산업사회에로의 확산과 관련된 정치활동만을 해야 한다고 주장한다.[19)]

심리학적 접근론자들은 노동조합운동이 여러 가지 사회적 기능을 수행하는 것으로 본다. 이들은 노동조합이 조합원들의 경제적 권익을 증진시켜 주는 것이라는 혁명적 내지 실리적 조합주의의 주장에 반대하지는 않지만 이것만이 노동조합 기능의 전부라고는 생각하지 않는다. 오히려 노동조합의 경제적 기능보다는 사회 · 심리학적 역할을 더 중요시한다. 논자들에 따라서 다소 차이는 있지만 그들 모두는 노동자들의 집단심리가 노동조합의 핵심적인 기능을 결정한다고 주장한다.[20)]

윤리적 접근론자들은 노동조합을 조합원들의 도덕성과 교리의 증진을 위해 만들어진 윤리적 기구로 파악한다. 이러한 목표는 노동자들로 하여금 공정한 보수를 받게 하고 의미있는 사회개혁작업을 추진하고자 하는 노동조합의 노력을 통해서 가장 잘 달성될 수 있는 것으로 믿고 있다. 나아가 교황칙령은 이러한 활동을 제대로 수행하기 위해서는 가톨릭교회의 지도가 반드시 필요하다는 점을 강조하고 있다.[21)]

노동조합의 역할에 대한 지금까지의 긍정적인 시각과는 달리 반노조주의자들은 노동조합을 자본주의체제와는 적대적인 반사회적 폭력집단으로 간주한다. 노동조합은 노동공급의 독점적 통제를 통해 임금을 인상하고 산업활동을 위축시키며 전체사회의 제품원가를 인상시키고자 하는 경제기구라고 그들은 강조한다. 그 결과 소수의 이해 때문에 전체사회가 고통받게 되므로 노동조합활동은 제한되어야 한다고 주장한다.[22]

노동자들에 대해 사회변혁을 위한 핵심적 역할을 부여한 혁명적 조합주의자들과는 달리 다원론자들은 사회변혁에 있어 노동자들은 일반적으로 피동적인 역할밖에 하지 못한다고 한다. 사회변혁의 힘은 노동자들에게 있는 것이 아니라 선진화된 산업사회를 움직여 나가는 데 있어 필요불가결한 신진 전문엘리트들에게 있다고 주장한다. 그들은 새로운 사회에 적응해 갈 수 있는 교섭조직으로서의 노동조합을 인정하고 있지만 변화된 산업사회에서의 조합의 역할은 점점 감소할 것으로 예견한다.[23]

1.3 노동조합운동의 미래

노동조합 분석가들은 노동조합운동의 궁극적인 목표에 대해서도 각기 다른 전망을 하고 있다.

먼저, 마르크스주의자들은 자본주의체제의 혁명적 전복에 있어 가장 핵심적인 수단이 되는 세력으로서 노동조합을 상정한다. 신디칼리스트들은 마르크스주의자들의 이러한 견해에 동의하지만 혁명의 도구로서의 노동조합 역할을 더 강조한다. 신좌파의 경우 노동조합의 궁극적인 목표에 관해 보다 복잡하고 난해한 설명을 부가하고 있으나 그들의 공통된 입장은 노동조합의 궁극적인 목적이 자본주의체제의 근본적인 변혁에 있다는 것이다.[24]

커몬즈와 펄만은 혁명적 지식인들에 의해 인도되지 않는 한 노동조합은 실용적이고 고용지향적인 수준에 머물 것이며 그들의 활동은 주로 작업장에 집중될 것이라고 주장한다. 궁극적으로 노동조합은 노동시장에서의 위협과 직무규제력의 제한으로부터 조합원들을 보호하는 데 그 목적이 있다고 그들은 보고 있다.[25]

웹 부부는 산업민주주의를 바탕으로 하는 사회를 건설하기 위한 점진적 변화를 추구함에 있어 노동조합이 중요한 영향력을 행사할 것으로 전망한다. 산업능률의 촉진, 노동자들의 생활수준의 향상, 숙련과 교육의 증대, 그리고 모든 국민들의 보다 나은 생활수준을 실현하기 위한 정치활동의 전개 등을 통해 산업민주주의에 근거한 사회건설이라는 궁극적 목표가

표 7-1 노동조합운동 이론의 계보

	기 원	발 전 (기능과 형태)	미 래 (궁극적 목표)	주요 이론가
혁명적 시각	계급의식에 기초한 권익 보호	급진적인 경제적, 정치적 활동	자본주의 체제의 혁명적 전복	K.Marx, F.engels, R.Hyman, V.I.Lenin, T.T.Hammond, F.Bohn, W.Haywood, L.Lorwin, G.Sord, A.Gorz, S.Aronowitz
실리적 조합주의	경제적 권익과 고용기회의 보호	이익집단으로서 고용교섭력의 증대	실용적이고 고용지향적인 수준지향	J.R.Commons, A.Dawley, S.Perlman, C.A.Gulick, M.K.Bers
산업민주주의	작업장에서의 산업민주주의 확보	경제적 권익 보호	산업민주주의에 근거한 사회건설	Sidney and Beatrice Webb
심리학적 시각	소외감의 극복과 공동체의식 회복	사회·심리학적 역할	직업적 신분에 기초한 사회의 재구축	C.Parker, R.Hoxie, T.Veblen, F.Tannenbaum
도덕적 시각	현존사회·경제적 제 조건의 개선	사회의 도덕적 개혁작업의 추진	계급간의 조화형성	R.T.Ely, P.LeoXIII, P.PiusXI, P.J.Paul, II.
반노조주의적 시각	노동공급독점체의 형성	반사회적 폭력집단	자유와 민족주의 상실, 자본주의 붕괴	H.Simons, O.W.Phelps, Milton and Rose Friedman, R.B.Freeman, J.L.Medoff
다원론적 시각	지배엘리트에 대한 대응	사회변화에 대한 피동적인 역할수행	전문인들의 이익집단	C.Kerr, J.T.Dunlop, C.A.Myers, F.H.Harbison, N.Chamberlain, M.Mann, J.K.Galbraith, J.Plaff, J.H.Goldthorpe, D.Lockwood

달성될 수 있다고 믿고 있다.[26)]

심리학적 접근론자들은 노동조합의 궁극적인 목표는 전적으로 해당조합원들의 사회적 심리상태에 달려 있는 것으로 본다. 그러므로 노동조합의 궁극적인 목표는 논자에 따라서 다르기 때문에 탄넨바움이 주장하는 직업적 신분에 기초한 사회의 재구축에서부터 신디칼리스트들의 혁명적 변화, 초기 베블렌의 사회주의적 성격에 이르기까지 다양하다.[27)]

종교적 접근론자들은 사회의 도덕 재건을 가져오는 수단으로 노동조합을 파악한다. 따라서 노동조합은 노동자들의 경제적 이익을 보호하고 사회정의를 구현하며, 평화와 조화를 촉진하고 가족생활을 강화하는 데 힘써야 한다고 주장한다. 그러나 그들은 이것을 노사 간의 궁극적인 동반자관계를 구축하는 첫걸음에 불과한 것으로 보며, 이들의 궁극적인 목표는 계급투쟁이 아니라 계급 간의 조화에 있다고 볼 수 있다.[28)]

반노조주의자들은 노동조합의 궁극적인 목적은 매우 협소하고 이기적인 것이라고 주장한다. 이들 중 프리드만(Rose Friedman) 같은 온건론자들은 노동조합의 궁극적인 목표가 인위적으로 높은 임금수준을 유지함으로써 일반 공중에게 손해를 끼치는 데 있다고 보는 반면, 강경론자인 사이몬(Henry Simon) 같은 사람은 전체 경제체제와 그 속의 모든 기업을 파괴함과 동시에 도리없이 자유와 민주주의의 상실을 초래하게 하는 데 있다고 주장한다.[29)]

다원론자들은 노동조합이 궁극적으로는 전문인의 모임으로 변하게 될 것으로 본다. 결국 노동조합은 계급운동과 같은 이념적 목표보다는 특수한 이익집단을 위한 비이념적 목표를 추구하게 될 것으로 보고 있다. 결국 직업상의 목표가 노동조합의 지배적인 목표가 될 것으로 보고 있다. 갈브레이스(J.K. Galbraith)는 앞으로 계급의식에 바탕을 둔 전통적인 노동조합의 목표는 사라질 것으로 보고 있다. 그는 노동조합이 점점 그 존재의의를 상실해 가고 있으며 노동조합의 존속을 위해서는 무엇인가 새로운 목표가 설정되지 않으면 안 될 것이라고 전망하고 있다.[30)]

02 노동조합의 기능

한 조직의 기능은 그 조직이 수행해야 할 역할이나 과업과 그것을 실천하는 데 필요한 수단으로 규정될 수 있다.[31)] 그러나 사실 따지고 보면 조직 자체가 행동을 하고 결정을 하는

그림 7-1 노조의 목적과 전략적 선택의 관계

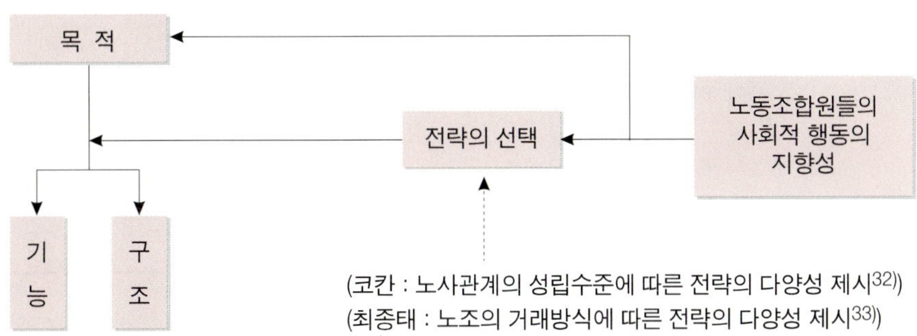

것은 아니며, 조직 내에서 힘을 가진 지도집단이 필요하다고 생각되는 것을 조직의 이름을 빌어서 결정하고 행동하는 것에 불과하다. 따라서 노동조합의 목적이나 전략, 그리고 행동은 그 노동자들이 노동조합의 목적과 조합원들의 욕구를 어떻게 파악하고 있느냐에 따라 결정된다고 하겠다. 그리고 이러한 노동조합의 목적과 전략에 대한 선택은 [그림 7-1]에서 보는 바와 같이 노동조합원들이 지니고 있는 사회적 행동의 지향성(social action orientation)에 의해서 결정된다고 할 수 있다.[34)]

특히, 풀(Michael Poole)은 노사관계 당사자의 사회적 행동지향성에 바탕을 둔 노동조합의 목적과 기능에 대한 전략적 선택에 관해서 [그림 7-2]와 같은 개념적 틀을 제시하고 있다.

즉, 풀은 노동조합의 목적과 기능에 대한 전략적 선택은 노동자들이 지니고 있는 도구론지향(instrumental-rational orientation), 가치론지향(value-rational orientation), 감정적 지향

그림 7-2 노동조합의 목적과 기능에 대한 전략적 선택

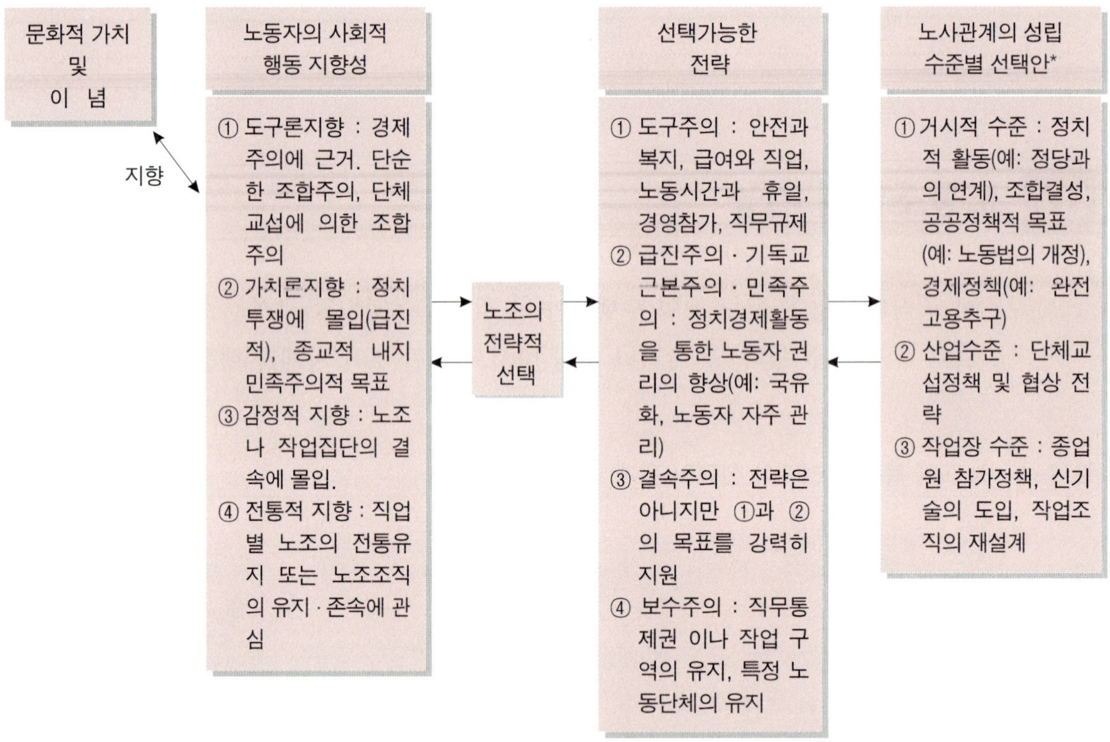

* 코칸 등(T. A. Kochan, R. B. Mckersie, and p. Cappelli)이 제시한 것

자료 : Poole, M.(1986), *Industrial Relations: Origins and Patterns of national Diversity*, Routledge and kegan Paul, p.69.

(affectual orientation), 전통적 지향(traditional orientation) 등의 사회적 행동지향성에 의해 결정된다고 가정하고 있다.

[그림 7-2]에서 풀이 원용한 코칸 등의 노사관계 성립수준별 전략적 선택안에 대해서 최종태 교수 등은 시스템적 조직행동의 관점에서 노동조합활동의 전개모형을 제시하고(그림 7-3 참조), 이 모델에 근거하여 노동조합이 추구해야 할 전략을 〈표 7-2〉와 같이 제시하고 있다.[35)]

이들이 제시한 노조전략을 풀이 원용한 코칸의 전략적 선택안과 비교해 보면 코칸이 상정한 노동조합의 구조가 산업별 노조인데 반해 이들이 상정한 한국노동조합의 구조는 기업별 노조라는 특성을 반영하고 있음을 알 수 있다. 그것은 노동조합의 활동전략이라는 것이 대개 노사 관계의 보다 포괄적인 성립수준별로 개진되고 있는 데 반해 그 활동을 대내 · 대외

그림 7-3 노동조합 활동전개의 기본모형

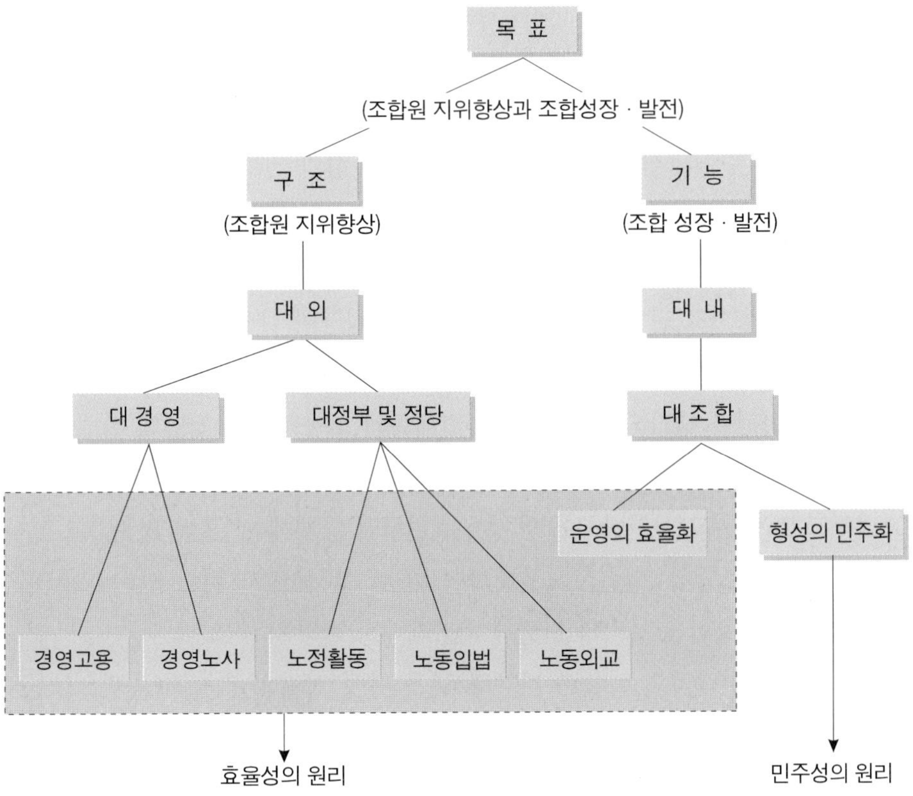

자료 : 최종태 · 박준성(1985), 노동조합의 활동전략, 서울대학교 출판부, p.87.

표 7-2 노조의 다각화 전략

		전략기본모형	전략부문모형(목표관련)*	전략전개방향(기능관련)*
노조 전략	대외적 전 략	대 경영적 전략 (대경영) 대 경영외적 전략 (대 정부 및 공공기관)	→ 경영고용 및 노사관계 정책에 대한 전략 → 노동입법 및 정책에 대한 전략	→ 조합원 지향적 경영정책 실현 → 근로자 지향적 노동정책 실현
	대내적 전 략	대 조합원 및 조직관리 전략 (대 조합 자체)	→ 노동조합 조직 및 운영에 대한 전략	→ 민주지향적 조합정책 실현

자료 : 최종태 · 박준성, 앞의 책, p.81.

적 전략으로 구분한 것에서 알 수 있다.

이에 대해 살라몬(M. Salamon)은 노동조합의 활동을 복지지향적(welfare orientation), 실리지향적(business orientation), 그리고 정치지향적(political orientation)인 것으로 구분하고 있다.[36] 즉, 영국과 같은 복지지향적 노조는 조합원에 국한된 좁은 경제적 내지 산업적 이해를 떠나 조합원을 포함한 국민 전체의 일반적인 사회 · 경제 · 정치적 과제에 관심을 가진다. 이에 반해 미국에서와 같은 실리지향적 노조는 그들이 속해 있는 경제체제나 사회 · 정치적 체제의 변화에는 무관심하다. 오히려 그들은 사회 전체의 개선을 위한 정치체제의 변화를 추구하기보다는 단체교섭과정을 통해 조합원들 자신의 건강과 복지수준을 개선하는 데 힘쓰고자 할 뿐이다.

한편, 유럽대륙의 노동조합들은 보다 정치지향적이다. 이는 아마도 영국의 경우에는 노동조합이 먼저 생기고 난 후 그것을 바탕으로 한 정당이 나중에 출현한 것에 반하여 유럽대륙의 경우에는 급진적 정당이 먼저 생기고 난 후 그 지원을 받아서 노동조합이 결성된 것에 연유한 것이 아닌가 생각되며, 따라서 유럽대륙의 노동조합은 정당의 산업조직내 활동부서로 흔히 간주되기도 한다. 이들은 미국 노동조합과 마찬가지로 조합원들의 이익을 우선적으로 고려하고 있지만 그 실현방식에 있어서는 법률적 규제에 더 많이 의존하고 있다.

이처럼 노동조합의 기능은 노동조합이 추구하는 목적과 깊이 관련되어 있으며 노동조합의 기능은 노동조합의 목적과 관련해서만 제대로 파악될 수 있다.

노동조합의 일반적인 기능은 다음과 같은 다섯 가지의 기능적 측면으로 구분해 볼 수가 있다(그림 7-4 참조).

① 힘의 측면 : 사용자의 힘에 대한 대항력(countervailing power)과 일반 사회에 대한 압

그림 7-4 노동조합의 기능

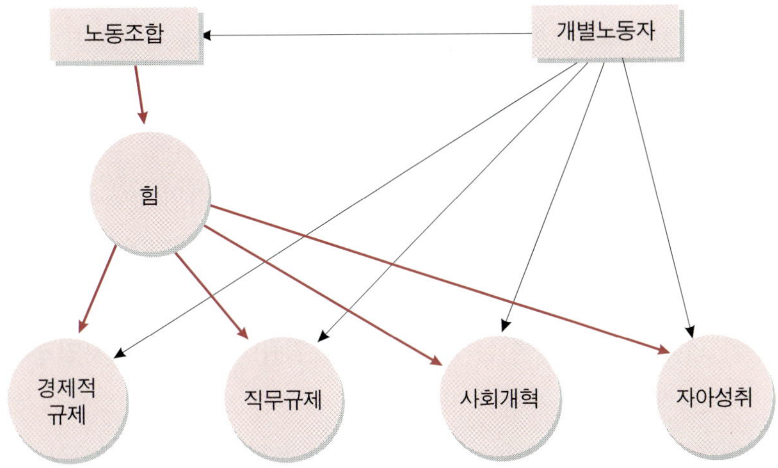

력집단 구실을 할 수 있는 단결력을 배경으로 개별노동자를 보호하고 지원한다.

② 경제적 규제측면 : 합법적인 고용계약의 틀 안에서 임금과 고용의 극대화를 꾀한다.

③ 직무규제적 측면 : 경영자의 자의적인 행동으로부터 조합원을 보호하고 조직 내 의사결정에 참가할 수 있도록 하는 공동규칙 제정제도를 수립한다.

④ 사회개혁적 측면 : 조합원의 사회적 응집력과 열망 또는 정치적 이념을 대변하고 이러한 사회적 열망이나 정치적 이념을 실현하는 사회개혁을 추구한다.

⑤ 자기성취적 측면 : 조합원들이 자기 직무에 국한된 것에서 벗어나서 보다 폭넓은 발전을 할 수 있도록 하고 각종 의사결정에 참가할 수 있는 장치를 제공한다.

이들 각각의 노동조합 기능에 대해 좀 더 상술하면 다음과 같다.

2.1 힘

노동조합이 추구하는 목표의 달성여부는 조합이 보유하고 있는 힘의 크기에 좌우된다. 따라서 노동조합의 힘은 그 자체가 노동조합의 목적은 아니지만 노조의 목적달성을 위한 가장 기초적인 수단이 되는 것이다. 노동조합의 힘은 곧 노동자들의 단결력인데, 이것 없이는 고용계약상의 보수나 신분문제에 대해 노동자들은 사용자들의 자의적인 결정을 도저히 막을 수가 없다. 이러한 집단적 힘의 필요성에도 불구하고 다른 한편으로 노동조합은 보다 인간다운 삶, 경제적 안정, 또는 사용자의 횡포로부터의 자유 등과 같은 노동자 개인의 욕구를 충족시켜야만 하는 개별적인 측면을 지니고 있으며 동시에 개인으로 하여금 그 자신의 욕구보다 집단의 미래를 더 상위에 두도록 이끌어야 하는 집단적 측면을 가지고 있다.[37)]

대부분의 노동자들은 자기 개인의 이익을 증대시키기 위해, 즉 고용조건상의 신분보호와 경제적 이익을 추구하기 위한 도구적 관점에서 조합에 가입하게 되는데, 이러한 개인의 욕구는 집단성과 단결력을 바탕으로 한 노동조합의 힘에 의해서만 달성될 수 있다. 즉, 경제적 규제 및 직무규제를 함에 있어 노동조합이 행사할 수 있는 힘의 크기는 조합원들의 집단적 대응여부에 의해 결정된다. 이는 다시 그 조합원들이 집단적 의사결정과 행동의 필요성을 느끼고 이를 위해 얼마나 기꺼이 자기개인의 자유를 포기할 수 있느냐 하는 문제로 귀착된다. 이에 대해 하이만(R. Hyman)은 "노동조합이 조합원을 위해 구사할 수 있는 힘은 구성원들을 결속시킬 수 있도록 조합원들이 노조에게 부여한 힘에 좌우된다"고 하였다.[38)]

이와 같은 노동조합의 단결력에 대해 펄만(S. Perlman)은 "특정 노동자집단의 교섭목적이 뚜렷하고 참가하는 노동자의 직무영역의 경계가 명확할수록 그들을 묶는 결속력은 더욱 강해진다"[39)]고 주장한다. 그러므로 노동조합 구성원의 이질성이 증대될수록 그들을 묶어 주는 공통의 이해는 줄어들게 되고 그들 간의 결속력도 떨어지게 되므로 모든 노동자를 포용하기란 힘들게 되며 따라서 각 노동조합은 분파적 성격을 띠기 쉽다.

이러한 현상은 서로 이해를 달리하는 노동자들이 결성한 노동조합의 단체교섭과정에서 가장 전형적으로 드러난다. 단체교섭과정에서 이들 이해를 달리하는 집단들은 때때로 결속을 다지기보다는 서로 대립하기까지 한다. 한 노동조합 내의 이해상충 집단들이나 또는 각기 다른 이해관계를 가진 여러 노동조합들이 하나로 결속되는 경우는, 정부의 소득정책이 전체 노동자에게 불리하게 설정된다거나 또는 노동정책이 노동조합의 활동을 위축시키려는 쪽으로 전개되는 경우 등을 제외하고는 극히 제한적이고 그러한 경우에도 그 결속은 임시적일 뿐이다.

노동조합의 힘을 가늠하는 지표로서 노동조합의 조합원 수를 상정한 베인과 프라이스(G. S. Bain and R. Price) 는 노동조합이 다음과 같은 세 가지 방향에서 그 힘을 구사하고 있다고 제시하였다.[40)]

① 노동운동 측면 : 노동운동과정에서 각 노동조합이 갖는 힘은 조합원 수의 상대적인 크기에 따라 좌우된다. 그러나 그에 못지않게 조합간부의 지도역량이나 조합 간의 연대

도 중요한 요소가 된다.

② 대정부 측면 : 어떤 정책을 추진함에 있어 정부가 기대하는 노동조합의 지원력은 반드시 조합원 수의 합계와 비례하지는 않는다(그러나 조합원 수가 증가할수록 그 조합의 중요성과 그들과의 협력의 필요성에 대한 정부의 인식도는 증가할 것이다).

③ 대사용자 측면 : 사용자와의 관계에 있어서 조합의 힘은 절대적인 조합원 수 자체보다는 조직률에 기초한다. 그러나 이 조직률은 경제적, 기술적, 그리고 정치적 요인에 따라 증가하기도 하고 감소하기도 한다.

그러므로 노동조합의 외형적 힘은 조합원 수나 생산과정에서 조합원들이 갖는 중요도, 그리고 조합원의 집단의식 같은 내부적 요인뿐만 아니라 경제상태나 공공정책 같은 외부요인들이 그 힘을 행사하게끔 하는 정도 등에 의해 결정된다. 이런 점에서 숍제도나 단체행동의 자유 같은 문제들은 노동조합에 있어 가장 중요한 요소가 된다.[41)]

2.2 경제적 규제기능

대부분의 조합원들은 노동조합의 가장 중요한 활동으로서 노동시간과 휴일규정을 포함한 임금협상을 꼽고 있다.[42)] 임금협상과 관련된 노동조합의 경제적 기능은 이 협상의 직접적 수혜대상인 조합원뿐만 아니라 비조합원 내지 노조 미결성 조직에도 중요한 영향을 미친다. 노동조합의 임금협상기능이 갖는 중요성을 살라몬은 다음과 같이 요약하고 있다.[43)]

① 강력한 노동조합에 의해 체결된 임금협약수준은 비교과정을 통해서 조합의 힘이 약한 분야나 미조직노동자, 나아가 노조가 없는 조직의 임금수준을 끌어올리는 기준이 된다.

② 단체교섭을 통해서 결정된 임금수준은 국민경제흐름의 중요한 투입(input)으로서 고용수준이나 제조원가뿐만 아니라 수요창출, 인플레이션, 경상수지 및 경제성장 등에도 상당한 영향을 미칠 수 있다.

조합원인 개별 노동자들은 자신이 원하는 생활수준을 영위할 수 있도록 그의 소득을 극대화하고자 한다고 볼 수 있다. 이러한 조합원의 욕구를 고려하면서 노동조합은 임금교섭에 있어서 임금 · 고용관계의 측면을 극대화하고자 하는 임금정책을 추구한다.[44)]

(1) 노동조합의 임금정책

멀베이(C. Mulvey)는 경제적 규제기능을 수행함에 있어 노동조합은 상당히 합리적인 경제적 태도를 구사하려 한다고 주장한다.[45)]

즉, 노동조합의 임금정책은 [그림 7-5]에서 각기 다른 노동력수요수준에 대해 임금과 고용에 대한 만족(효용)을 극대화하려는 것($U_1 \cdots \cdots \cdots U_n$)으로 볼 수 있다는 것이다. 이 그림에서 특정시점의 노동력의 수요가 D-D와 같이 주어졌다고 할 때 노동조합은 U_2와 같은 효용극대함수를 추구할 것이다. 즉, 곡선 U_2상의 점 X에서 임금수준은 W_1이 되고 고용수준은 E1이 된다. 그러나 임금수준은 노동조합이 일방적으로 정하는 것이 아니라 사용자와의 단체교섭을 통해서 공동으로 결정되기 때문에 실질적인 임금수준과 그에 관련된 고용수준은 교섭당사자의 상대적인 교섭력에 의해 결정되며, 따라서 노동조합이 추구하는 최적의 것과는 다를 수 있다. 그럼에도 불구하고 앞으로의 노동조합의 임금정책은 여전히 이 효용함수와 밀접히 연결될 것이라고 멀베이는 주장한다. 이는 각기 다른 수요수준에서 노동조합이 추구하는 효용극대화점을 연결한 YXZ선으로 설명된다.

선 YXZ를 볼 때 점 X에서의 각도의 변화는 노동조합은 임금인하에 격렬하게 저항하며 노동력의 수요가 감퇴할 경우에는 고용 쪽을 포기하면서까지 임금인하에 대항하고자 한다는

그림 7-5 노동조합의 임금정책

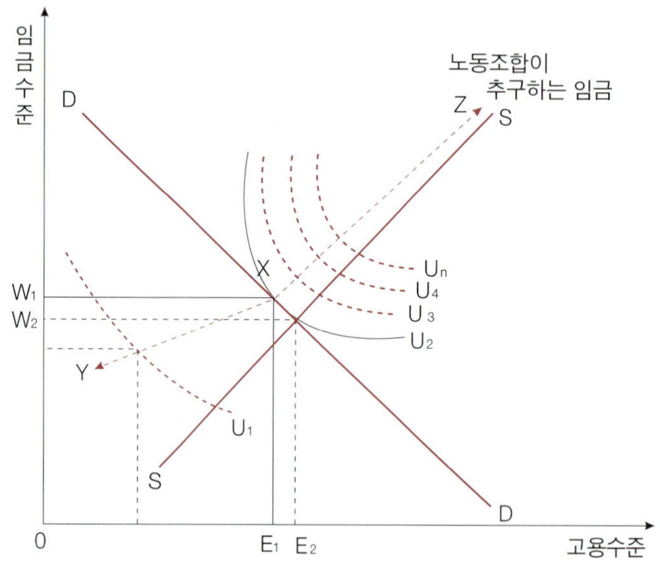

것을 보여준다. 이러한 주장은 결국 노동력의 공급곡선 S−S와의 관련성을 생각해 볼 때 노동조합은 공급상 아무런 외부영향이 없을 때 노동력의 수요와 공급이 만나는 점에서 결정되는 임금수준(W_2, 고용수준은 X점에서 보다 더 높을 수도 있다)보다 항상 더 높은 임금수준을 유지하고자 한다는 것을 의미한다. 말하자면 노동조합은 시장기능에 맡겨두었을 때의 임금수준(W_2)보다 더 높은 임금수준(W_1)을 추구함으로써 고용수준에 있어서는 시장수준(E_2)보다 낮은 고용수준(E_1)을 받아들여야만 하는 것이다.

그러나 이러한 이론을 실제에 적용하는 데 있어서는 많은 어려움이 따른다. 우선 노동조합은 임금수준의 변화가 고용수준에 미치는 영향력을 평가하기가 매우 어렵다. 그리고 임금수준을 결정함에 있어서는 이자율, 생활수준, 세제, 정부의 고용정책 등 수많은 요소들이 직 · 간접적으로 영향을 미치고 있다는 점을 고려하면 이런 사정은 더욱 어려워진다.

더구나 이러한 노동조합의 임금정책을 합리적인 경제행위로 파악하려는 멀베이의 주장에는 임금수준과 고용수준을 극대화하려는 노동조합의 정책이 현재의 조합원들을 겨냥한 것인지, 미래의 예상되는 조합원들까지를 모두 겨냥한 것인지, 또는 단기적으로 그러한지 장기적으로 그러한지에 대한 논의가 전혀 없다는 점이 지적되어야 한다.[46]

이러한 주장에 대해 로스(A. M. Ross) 같은 사람은 노동조합의 임금정책이 갖는 정치적 속성을 강조하였다.[47] 즉, 노동조합의 임금정책은 서로 이질적인 조합원 간의 상치된 주장이 노조 간부의 절충을 통해서 조정되어 나온 것에 불과하다는 것이다. 따라서 임금교섭과정에서 노동조합이 제시하는 임금정책이나 교섭행동은 합리적인 경제적 결정으로부터 나온 것이 아니라는 것이다. 이 점에 대해서는 멀베이도 실제에 있어서는 대부분의 노동조합이 그들이 기대하는 바에 따라서, 또는 다른 노동조합의 뒤를 좇아서 그들의 임금정책을 만든다고 시인한다.[48]

이러한 현상은 아마도 경제적 극대화 모델을 현실에 적용하기가 어렵다는 데도 부분적인 원인이 있겠고, 또 서로 다른 노동집단 간에 존재하는 임금에 대한 인식차이에도 일부 근거하고 있는 것으로 보인다.

이러한 임금에 대한 인식의 차이는 다음과 같은 요소에 근거하고 있는 것으로 보인다.[49]

- 서로 다른 조직이나 산업에서의 유사한 작업 간에 존재하는 대비성(comparability) 또는 수평적 공정성(horizontal equity)에 대한 인식
- 동일한 조직이나 산업에서의 서로 다른 작업이나 계층 간에 존재하는 차별성 또는 수직적 공정성(vertical equity)에 대한 인식

이러한 영향요인으로 말미암아 상당한 정도의 경직성을 가진 임금구조가 형성되며, 이 경직된 임금구조는 서로 다른 산업이나 경제적 조건에 있는 노동조합 간의 상대적인 교섭력의 차이에서 비롯된 것도 아니고 서로 다른 노동력에 대한 수급상의 차이에서 비롯된 것도 아니라는 주장이 나올 수 있다. 따라서 노조간부의 정치적 활동을 바탕으로 몇몇 핵심적인 집단의 교섭강도가 나머지 대다수 노동자의 일반적인 임금수준을 결정한다고 볼 수 있다.

(2) 노동조합 존재의 임금인상효과

다음은 노동조합의 존재여부가 임금에 어떤 영향을 미치는가 하는 문제가 있다. 즉, 모든 사정이 동일할 때 노동조합이 조직되어 있는 부분의 노동자들이 받는 임금이 비조직부분의 노동자들의 임금보다 더 높은가 하는 것이 중요한 관심사가 되고 있다.

노동조합의 존재여부가 임금수준에 미치는 영향에 대해서 배무기 교수는 다음과 같은 세 가지 효과를 제시하고 있다.[50)]

① 이전효과(spillover effect) 또는 해고효과(displacement effect) : 이것은 노동조합이 조직되면 조직된 교섭력에 의하여 임금을 상승시키기 때문에 노동공급곡선이 왼쪽으로 이동하게 되며, 그 결과 조직된 부분에서는 고용이 감소하게 되고, 이때 해고된 노동자들이 비조직부분으로 이동하여 비조직부분의 노동공급곡선을 오른쪽으로 이동시켜 임금을 인하시키는 효과이다. 또한 이와 같은 효과는 노동의 이동에 많은 비용이 소요되지 않을 때에는 상당히 클 것으로 예상된다.

② 위협효과(threat effect) : 이것은 동종산업부분에서 일부 기업에 노동조합이 조직될 때, 아직 조직되지 않은 기업들에 있어서도 항상 노동조합의 조직화에 대한 위협이 존재하게 된다. 이러한 노동자들의 노동조합 조직가능성에 의한 위협은 기업으로 하여금 그러한 위협이 없었을 때에 비하여 상대적으로 임금을 스스로 인상시키는 효과로 작용한다. 즉, 노동조합의 존재는 기업에 대하여 긍정적인 측면도 많으나, 대부분의 사용자들은 일단 노동조합이 없는 상태를 더욱 선호하게 되는 경우가 많다. 그 때문에 임금인상 등 금전적인 보상의 증가를 통하여 노동조합조직의 가능성을 낮추도록 노력하게 된다는 것이다. 이러한 비조직부분에 있어서의 위협효과는 이전효과가 비조직부분의 임금을 인하시키는 데 반하여, 오히려 비조직부분의 임금을 인상시켜 주는 효과로 나타난다.

③ 기대실업효과(wait unemployment effect) : 이 효과는 비조직부분의 노동자들이 일부 노조의 조직화로 높아진 임금을 지불하는 부분에 취업하기를 희망하여 비조직기업을 사임하

고 조직된 부분에서 실업상태로 취업을 기대하는 경우가 발생하는데, 이로 인한 비조직부분에의 임금의 영향을 기대실업효과라 한다. 이 효과에 의하여 비조직부분의 노동공급곡선은 왼쪽으로 이동되며 대체로 그 부분의 임금을 인상시키는 효과를 가져온다.

이와 같이 노조의 조직화가 부분적으로 이루어질 때 그것이 비조직부분에 미치는 영향은 복잡한 경로를 갖는다. 따라서 관찰되는 노조조직부분의 임금과 비조직부분의 임금은 이러한 플러스 · 마이너스의 각 임금 효과가 종합적으로 작용된 후 나타난 결과이므로 진정한 의미의 조직 · 비조직 임금격차라고도 할 수 없을 뿐 아니라 어떤 효과에 의한 결과인지도 알 수 없다.

그러나 노동조합조직의 임금인상효과에 대해 많은 실증적 연구가 이루어지고 있는 것도 사실이다. 이러한 실증적 연구를 바탕으로 배무기 교수는 조직 · 비조직부문간의 임금격차는 경기변동과 관련하여 역상관(trade-off) 관계가 있다는 사실을 다음과 같이 지적하고 있다.

"즉, 노동조합이 조직되어 있는 부분에서는 교섭력에 의하여 경기후퇴시에도 실질임금의 감소를 강력히 방지할 수 있다. 그러나 선진국에서는 임금교섭기간이 1년 이상 또는 3년 등으로 장기화함에 따라 이들 조직부문은 호경기시에도 오히려 비조직부문에 비하여 임금인상을 자유롭게 하기 어려운 상태가 발생한다고 한다. 한편, 비조직부문의 임금은 호경기시에 상승하고 불경기시에 상대적으로 불리한 입장에 있게 되므로 조직 · 비조직부문 간의 임금격차는 호경기에 감소하고 불경기에 확대되게 된다."[51]

한국의 경우 1980년에 조사된 자료를 바탕으로 분석한 연구결과를 보면 500명 이상의 대기업에서 노동조합이 임금에 미치는 영향이 가장 크게 나타났으며, 기업규모가 작을수록 노동조합이 임금에 미치는 영향은 적은 것으로 나타났다.[52]

2.3 직무규제적 기능

직무규제는 주로 기업수준에서 고용관계와 관련하여 경영자의 자의적인 권력행사로부터 조합원을 보호하고자 하는 노동조합의 기능을 말한다.

경영자는 기업조직의 경영과 관련된 의사결정권의 행사에 있어 최대한의 자유를 확보하고자 한다. 이와는 반대로 노동자는 경영자의 결정이 자신에게 끼칠 역효과로부터 자신을 보호하고자 한다. 따라서 노동조합은 조합원을 보호하기 위해 경영자의 결정에 대항하기도 하고 나아가 가능하면 공동규제(joint regulation)를 통해 경영자의 힘을 제한하고자 한다. 그 결과, 경영전권을 바탕으로 한 조직 내의 권력구조는 개별적인 고용관계뿐만 아니라 집단적인 노동조합-경영자관계를 규율하는 노사 공동으로 결정한 규칙체계에 의해 대체되고 있는 실정이다.

직무규제의 내용에는 채용, 승진, 배치전환, 징계, 해고, 퇴직 등과 같은 노동자의 신분과 관련된 것뿐만 아니라 고충처리, 직업훈련, 작업연구와 작업변경, 안전 등의 광범위한 사항이 포함된다. 이러한 것들은 오늘날 대부분 단체교섭의 대상이 되고 있는데, 이는 그 성격상 산별수준의 단체교섭보다는 기업별 수준의 교섭에서 보다 밀도있게 다루어질 수 있는 내용들이다. 그러므로 적어도 노동조합의 직무규제적 기능면에서는 노동조합의 후진적 형태라는 한국의 기업별 노조가 보다 효율적으로 기능할 수 있다고 하겠다.

물론 이는 교섭사항의 기술적 처리와 관련된 면에 국한된 효율성으로, 그것의 실천을 위해서는 보다 강력한 산별 노조 같은 연대조직의 지원이 절대적임은 두말할 필요가 없다. 이런 점을 반영하여 전통적으로 산별수준에서 단체교섭을 전개하던 영국노조는 1965년의 도노반 위원회(Donovan Commission)의 권고 이후 직무규제기능을 강화하기 위해 기업수준에서 이루어지던 비공식단체교섭을 숍스튜어드제도의 공인을 통해 공식화하고 있다.[53]

한국의 경우에는 이 직무규제의 중요한 내용들이 대부분 단체교섭에서 다루어지므로 이에 대한 보다 자세한 논의는 단체협약의 분석에서 다루기로 한다.

2.4 사회개혁기능

노동조합운동은 전통적으로 한 사회에서 자본과 노동의 분화현상이 뚜렷하게 나타날 때 촉발되었으며 노동계급의 열망은 정치제도에의 참여를 통해 그 실현이 촉진되었다. 이런 점을 들어 반드발(M. Van de Vall)은 "노동조합은 계급투쟁에서의 정치적 행동을 통해 잠재적인 거시적 사회변혁 기능을 수행한다"[54]고 주장하며, 잭슨(M. Jackson)은 노동조합은 "사회의 성격을 개조하거나 개조하는 데 도움을 주고자 한다"[55]고 적고 있다. 그러나 보다 급진적인 시각을 갖고 있는 앤더슨(P. Anderson)은 이 점에 대해 "노동계급의 이익을 대변하는 노동조합은 그 분파적 성격 때문에 계급분파에 기초한 사회의 실체에 도전하지 않으며 다만 그것을 표현할 뿐이다"[56]라고 주장한다.

실제로 많은 사회적 변화로 인해 노동조합의 사회개혁기능이 변질된 것만은 사실이다. 이 점에 대해 반드발은 "사회적 계급투쟁은 단순한 산업내 혹은 미시적 사회 갈등으로 축소되어 왔다"고 주장하고, 초기의 몇몇 노동조합에 의해 주도되었던 정치적 내지 혁명적 운동방식은 기존 산업 내지 정치체제 내에서의 점진적 개혁을 지향하는 보다 보수적인 운동방식으로 대체되었으며, "노동-자본계급 간의 투쟁은 노사의 조정체계로 점차 대체되고 있다"고 주장한다.[57)]

그러나 이러한 노사 간의 조정이 노동조합의 사회주의 지향성에 대한 포기로 간주되어서는 안 된다. 대부분의 노동조합은 그들의 사업 및 정치적 정책행동을 통해서 여전히 광범위한 사회주의적 원칙에 기초한 보다 평등한 사회를 추구하고 있다.[58)] 국민 간의 합의가 존중되는 대부분의 민주사회에서는 형식적으로든 실질적으로든 정부의 경제 및 사회정책수립과정에 노동조합이 참여할 수 있는 제도적 장치를 마련해서 그를 통해 노동자들의 욕구를 수렴하고자 한다. 그러나 바로 이런 정책결정과정에의 참여는 그 정책수행의 결과에 대해서도 정도의 차이는 있겠지만 책임을 나누어 가져야 한다는 새로운 딜레마를 노동조합에게 안겨주고 있는 것도 사실이다. 물론, 이러한 국민경제수준에서 노동조합이 정책조정과정에 참여하여 내려진 결정은 조합원들의 분파적 이익과 대립할 수도 있다. 한편으로는 노동조합은 대사용자관계에서 단체교섭을 통해 경제적 및 직무규제적 기능을 수행하여 조합원들의 분파적 이익을 직접적으로 보호하고, 다른 한편에서는 조합원들의 생활수준이나 고용안전 등과 관련된 정부의 각종 정책입안과정에 간접적인 영향력을 행사함으로써 양자 간의 균형을 취하고자 한다. 만약에 노동조합이 이 균형을 제대로 유지하지 못하고 국민경제적 입장에서 경제성장을 강조하는 정부의 경제 · 사회정책에 일방적인 지지를 보내면서 조합원들의 분파적 이익을 등한시한다면 이는 흔히 말하는 책임성 있는 노동조합주의(responsible union-ism)[59)]에 매몰되어 조합원들로부터 어용이라는 비난을 면치 못할 것이다.

2.5 자아성취기능

노동자의 자아성취(self-fulfillment) 욕구를 충족함에 있어 노동조합의 중요성은 의사결정과정에 대한 조합원의 참가를 보장하는 데 있다. 이러한 의사결정과정에의 참가를 통해 조합원들은 매일 되풀이 되는 틀에 박힌 일에서 벗어나 자기발전을 도모할 수가 있다.

일반 조합원이 노동조합과 관련하여 의사결정에 참가하는 경로에는 다음과 같은 세 가지가 있다.[60)]

① 노동조합운영에의 참가

정치 · 경제 · 사회적 측면에 관한 중요쟁점에 대해 총회나 대의원회 등을 통해 참가하여 토론하고 투표하며, 노조의 운영과 조직변경 등에 의견을 개진하고 개선과 같은 중요결정에 참가한다.

② 단체교섭을 통한 참가

고용조건과 관련된 사항은 단체교섭을 통해 그 결정과정에 참가한다.

③ 정치적 대의제도를 통한 참가

자신들의 대표를 통해 정부의 정책결정과정에 참가한다.

이러한 참가경로에 대해 개별 조합원들은 수동적으로 참가하기도 하고, 대의원이나 집행위원 또는 조합장 등과 같은 조합 내의 직책을 맡음으로써 보다 적극적으로 참가하기도 한다.

과거 교육받을 기회나 정치적 활동을 위한 기회가 거의 없었던 시절에는 노동조합은 그러한 기회를 통해 자신을 발전시킬 수 있는 유일한 통로가 되기도 하였다. 영국의 경우에는 조합원들의 조합활동 참가를 촉진하기 위하여 경우에 따라서는 조합회의에 불참한 조합원에게는 벌금을 물리기도 하였고, 조합원들이 순번제로 조합의 일을 맡아보게 함으로써 조합내의 민주적 운영을 도모하고 나아가 조합활동에 대한 책임감을 갖게 만들기도 하였던 적이 있었다. 그러나 사회의 진보에 따라 교육의 기회가 증가하고 일자리가 많아짐에 따라 개별 노동자들의 자아성취를 위한 기회는 점점 증대되어 왔으며, 따라서 이 분야에서의 노동조합의 역할은 점차 축소되어 왔다.

그럼에도 불구하고 노동자들의 자아성취촉구에 대한 노동조합의 역할은 왜 노동자들이 자기의 개인적 시간을 소비하면서까지 적극적으로 조합활동에 참가하고 조합의 대표로 선출되고자 하는가를 이해하는 데 중요한 요소로 남아 있다. 노동자를 포함한 모든 인간은 기본적으로 권력욕구를 잠재적으로 지니고 있으며, 노동자들은 노동조합의 간부라는 직책을 통해 바로 그러한 권력욕구를 충족시키고 또 그것을 행사하고자 한다.

다시 말하면 동료들의 노동생활을 개선하려는 활동에 참가함으로써 그들은 사회적 참여욕구를 충족시킬 수가 있는 것이다. 그러므로 노동조합활동에 보다 적극적으로 참여함으로써 노동자들은 자신이 기대하는 보다 만족스런 삶을 영위할 수 있다고 믿고 있다. 그런데 대부분의 노동자들은 자기 자신을 위한 노동조합의 경제적 내지 직무규제적 기능 때문에 노동조합에 참가하는 것이 사실 이므로 조합간부의 역할을 통해 자아성취욕구를 충족시키고자 하는 조합원의 수는 매우 제한되어 있다. 그러나 비록 노동조합의 주요정책과 활동을 이끌어 가는 사람들은 이들 소수의 적극적인 조합원들이라 하더라도 이들의 활동이 전체 조합원들의 의사를 제대로 수렴하여 그 뜻을 잘 반영할 수 있도록 때로는 지원하고 또 때로는 제약을 가하기도 하는 것은 대다수의 수동적인 조합원들임에 틀림없다.

03 노동조합의 구조

노동조합의 구조는 조합원의 모집형태나 조합원의 직무를 통제하는 세력권에 따라 노동조합을 분류하는 데 사용된다. 이는 내부관리나 통제를 위해 조합이 어떤 조직형태를 갖추고 있는가 하는 것과는 무관하며, 오히려 산업사회에 존재하는 다양한 산업과 직업에 걸쳐 조합이 독립적이고 자율적인 조직으로서 조합원을 모집 · 조직하고 대표성을 띠는 과정을 촉진시키기 위하여 어떤 방법을 고안하고 발전시켜 왔느냐 하는 문제와 관련된 것이다. 그러므로 이러한 과정에서는 노동조합의 속성상 분파적 대표성이나 조직자율성의 추구라는 목표와 보다 더 광범위한 단결과 일치된 행동을 추구하는 목표 간에 잠재적인 갈등이 존재하기 마련이다.[61] 어쨌든 노동조합의 구조는 조합이 기대되는 역할을 제대로 수행할 수 있는 힘을 얼마나 효율적으로 확보하느냐 하는 것과 관련된 중요한 문제이다.

주지하는 바와 같이 한국 노동조합의 구조는 남한 단독정부 수립 이후 산업별 조직에 기초해서 만들어졌던 전평이 불법단체가 되어 사멸한 후, 하향식의 자유당 하부조직으로서의 대한노총이 형식상의 산별 체제를 유지해 오다가 1961년 5 · 16 군사혁명 이후 산별 연맹의 연합체인 한국노총이 그 자리를 대신하여 활동해 왔다. 그러다가 1980년 12월 국보위의 노동법 개정에 따라 단결형태가 기업별 단위로 강제 규정된 이후 1987년 11월의 노동조합법 개정에 따른 단결형태가 자유로워진 지금까지 기업별 노조가 지배적인 형태로 되어 있으며, 한국노총은 각 기업별 단위노조의 상부단체인 산별 연맹의 연합체로서의 성격을 지닌 채 지금까지 존속해 오고 있다.

한국 노동조합의 지배적인 형태인 기업별 노조는 노동조합운동의 오랜 전통을 가진 구미에서는 그 예가 전혀 없는 것은 아니나 직종별 내지 산업별의 횡단조직에 대항하여 자기 기업의 종업원을 조직하지 못하도록 사용자 측의 선수에 의해 결성되었던 역사를 가지고 있기 때문에 어용노조의 별칭으로 존재하였다.[62] 따라서 한국이나 일본에서 지배적인 기업별 노조는 그 활동 내용으로 보아 산업조직 내에서 사용자의 자의적인 결정을 견제한다는 노동조합의 본래적 기능을 수행하기에는 적절하지 못하다는 평가를 받고 있다.

이런 점을 고려하여 여기서는 노동조합의 구조를 살펴봄에 있어 먼저 노동조합운동의 오랜 역사를 가지고 있는 영국 노동조합의 구조를 중심으로 노동조합의 구조적 특성을 살펴본 다음 기업별 노조의 특성을 정리해 보고자 한다.

3.1 전통적 분류

노동조합구조에 대한 전통적 분류는 19세기부터 20세기 초까지의 노동조합운동의 발전, 특히 직업별, 산업별 및 일반 노동조합 간의 노선상의 논쟁에 그 근거를 두고 있다.[63] 따라서 오늘날의 그것보다 70여년 전의 노동조합의 유형에 대한 관찰을 논의의 기본으로 삼고 있다. 그러나 이러한 작업은 조합의 기원이나 초기 발전과정(이것은 오늘날의 노조성격에도 아직까지 커다란 영향을 미치고 있다)을 이해함에 있어서 유용한 분석도구가 된다.

(1) 직업별 노동조합

직업별 노동조합(Occupational union)은 "그들이 종사하는 산업과는 관계없이 특별한 기능이나 직업 또는 숙련도(skill)에 따라 관련된 모든 노동자들이 단결한 것이다."[64] 이런 조직원칙 하에서는 개인이 맡고 있는 일과 산업위계 속에서의 그들의 위치가 단결력(공통의 이해)을 제공하는 원천이 된다. 따라서 어떤 의미에서 이런 노조는 여러 산업에 걸쳐서 있다는 것 때문에 수평적 특성을 가진 것으로 분류될 수 있다.[65] 이 범주 내에는 다음과 같은 몇 가지 종류의 노동조합이 있다.[66]

① 직능별 조합

직능별 조합(craft union)은 조합의 가입에 대한 통제나 조합이 관심을 가진 기능수준으로부터 비롯된 질적인 차이점, 혹은 단순히 직업별 조합의 최초형태라는 점에서 다른 직업별 조합과는 구별된다.

초기 직능별 조합의 조합원 모집은 도제기간을 거친 장인만으로 제한되었으며, 이런 유형의 조합의 특징은 나중에 그 형태가 점차 변화한 조합에서도 마찬가지였지만, 조합원들이 숙련공이어야 한다는 것에 대한 믿음에 있었다. '숙련'상태와 임금수준은 도제의 수와 그들에 대한 훈련의 질적 정도를 규제함으로써 통제되었다. 이들 숙련도가 요구되는 직무들은 지금도 그렇지만 조합과 그 조합원의 관할로 여겨졌으며, 이는 직무관할권(job demarcation) 문제와 제한적 관행(restrictive practices)의 문제를 야기시킬 수 있다.

직능별 조합은 영국에 있어서 최초의 조합형태임에도 불구하고 현존하는 '순수한' 직능별 조합(즉, 단일 직업에서 도제기간을 거친 장인만을 회원으로 가입시키는 조합)은 거의 없다. 몇몇 단일직능조합(single-craft unions)은 복수직능조합(multi-craft union)으로 연합되었으며(ASBS&SW)[67] 다른 것들은 직능 및 연관직업조합으로 재조직되었다(AUEW).[68]

기술변화와 기계조작자들의 증가는 숙련도가 낮은 노동자들을 포함시키게 했으며, 이는 도제제도를 통한 조합가입통제의 현대적 표현으로 여겨진다. 이들 숙련도가 낮은 노동자들은 초기에는 노조를 통해 자기 자신의 이익을 대변하기보다 숙련조합원들의 이익을 더 잘 보호하기 위해 조직내에 영입되었다. 그러나 조합내에서 반숙련 · 미숙련 조합원의 비율이 증가함에 따라 조합의 특징과 구조적 형태가 변하게 되었다. 따라서 많은 직능별 조합은 감독층이나 관리계층 등 상위계층 조합원의 모집을 추구하게 되었는바 이것도 초기에는 숙련조합원들의 승진경로를 보호하기 위한 수단으로 사용되었다.

② 승진조합(promotion union)

이런 용어는 면방직산업이나 철강산업의 조합에서 찾아볼 수 있는데, 직능별 조합과 거의 같은 시기에 발전하였으나 도제기간을 거치지 않은 숙련공들을 포함시켰다. 즉, 직능별 조합과 비교해 볼 때 기술의 보유정도는 비슷했으나 그 획득방법은 달랐다. 기술은 공식적인 도제제도를 통해서 획득되는 것이 아니라 직무 내 경험이나 신참부터 상위직급까지 모두 내부승진을 거치며 고임금을 지불하는 시스템에 의해 획득되었다. 이처럼 '서로 연관된 직업'들을 하나의 조합으로 조직화시키는 원동력은 바로 여러 직급 사이를 연결시켜 주는 승진정책이었다. 그러나 기술과 승진의 연결이 특정 산업에만 국한되면 이 조합은 직업별 조합뿐 아니라 산업별 조합으로서의 성격도 띠게 되므로 산업별 조합과 구별하는 것이 힘들게 된다. 그 차이는 이들이 승진연결정책의 혜택을 받는 집단에서 벗어나지 않으려는 데에 있다.

③ 반숙련 · 미숙련 조합(semi-skilled/unskilled union)

이들 조합은 19세기 후반의 '신 조합주의(new-unionism)' 운동의 일환으로 탄생했는데, 이들은 숙련공을 위한 조합이 이미 결성되어 있는 산업에서 반숙련공이나 미숙련공을 조직화하거나 장인기술이 불필요한 산업의 모든 육체노동자를 조직화하고, 또는 장인기술이 불필요한 산업의 모든 육체노동자를 조직화하는 데 집중했다. 결과적으로 이러한 조합은 연합의 과정을 통해 일반조합 형성의 기초를 마련했으며, 또한 동일산업에서 산업 내 육체노동자 조합(industrial manual union)을 형성하기 위해 직능별 조합이나 승진조합을 결합시켰다.

④ 비육체노동자(화이트칼라)조합(non-manual(white collar) union)

영국 노동조합구조의 큰 특징 중의 하나는 육체노동자와 분리된 비육체노동자조합의 조직화이다. 그들은 전통적인 육체노동자조합에 가입하기도 했지만 일반적으로는 그들과 분리하여 실질적인 자율적 분파로 형성되었다(T&G WU내의 ACTSS).[69] 이러한 비육체노동자만의 조합은 조합원의 모집을 비육체적 작업에의 종사자로 제한하였으므로 직업별 조합으로 간주된다. 비록 몇몇은 조합원자격을 단일직업으로 제한하기도 하지만(순회보건관협회나 전국교사조합) 나머지는 보다 폭넓은 시각에서 복수직업조합을 택하기도 하며 어떤 경우에는 산업이나 직업에 관계없이 비육체노동자들을 광범위하게 조합원으로 받아들이고 있다(ASTMS와 APEX).[70] 게다가 육체노동자조합이 조합원을 한 산업으로만 제한하는 것과 똑같은 방식으로, 몇몇 비육체노동자조합도 조합원의 직업을 단일산업(사무직공무원조합) 또는 단일 고용주(BACM)[71]와 관련된 것으로 제한하기도 한다. 이런 범주의 조합을 더 복잡하게 하는 것은 전문가협회(professional association)들인데, 이들은 전문가로서의 자격기준을 관리하는 역할 이외에도 조합원들을 위해 단체교섭을 실시하기도 한다(예 : 영국의학협회와 왕립간호대학).

(2) 산업별 노동조합

산업별 조합(Industrial union)은 '개인의 직업이나 숙련정도에 관계없이 특정한 산업에 종사하고 있는 모든 노동자들이 단결한 것'이다.[72] 이러한 조직화의 원칙은 조합이 조합원 모집시에 그 산업 내에서는 어떤 직업적인 장벽도 가져서는 안 되며, 조합원들이 타산업의 동일직업 종사자보다 직업은 다르더라도 같은 산업 내의 동료노동자와 더 큰 공통의 이해관계를 가지고 있다는 인식에 기초하고 있다. 따라서 산업별 조합은 조직 내의 다양한 계층을 망라하려는 측면에서 수직적 특성을 가지고 있다.

이런 범주 내에서 잭슨(M. Jackson)은 산업별 조합의 두 가지 다른 형태를 정의했다. 하나는 한 산업 내의 모든 근로자를 조직화시키는 독점적 산업별 조합(monopoly industrial union)이며, 다른 하나는 단일 산업별 조합(single industrial union)으로 이는 산업 내의 모든 근로자를 전부 조직화하지 않지만 그 산업에서의 모집에는 제한을 가한다.[73]

독일의 경우 16개의 산업별 조합이 있는 것과는 달리 영국에는 독점적인 산업별 조합이 없다. 비록 몇몇 조합들(COHSE, TSTC, NUM과 NUR)[74]이 이 목적을 추구하지만, 이들이 속해 있는 모든 산업에는 특수한 노동자집단만을 조직화하려는 다른 조합들이 존재한다.[75]

휴즈(J. Hushes)는 산업별 조합형태의 노조화는 다음과 같은 곳에서 쉽게 결성될 수 있다고 지적하고 있다.[76]

- 생산이나 서비스과정이 다른 산업과 비교해서 특별한 지식이나 기술을 필요로 하고 다른 산업에 쉽게 이전되거나 응용될 수 없기 때문에 개인의 고용을 위한 경력이 그 산업에만 제한되는 경향이 있는 산업
- 생산이나 서비스의 속성상 그 산업의 종사자 이외에는 완전히 이해하기 어려운 독특한 근로환경이 있어 해당산업의 노동자들을 다른 산업의 종사자들로부터 고립적으로 만드는 산업
- 보다 높은 상위계층으로의 승진을 통해 조직 내에서 노동자가 발전할 수 있는 곳

여기에 덧붙여 산별 조합을 가능하게 하는 네 번째 요소로 들 수 있는 것은 그 산업의 전부 혹은 상당부분이 단일소유자(대개 공사일 경우가 많다)일 때이다. 이런 상황에서는 노동자들은 유일하고 특별한 고용주가 있음으로써 공통의 이해관계라는 결속력이 강해진다. 그러나 산별 노동조합의 조직원칙을 제공하는 것이 해당 산업의 특성인지 아니면 사용자가 지닌 특수성인지를 구분하기 어려운 경우도 많다.[77]

(3) 일반 노동조합

휴즈는 일반 노동조합(General union)의 중요한 조직화 원칙은 조합원 모집시 "산업이나 직업에 대해 어떤 제약도 두지 않는 것을 의미하는 것"[78]이라 했다. 그러나 판함과 핌롯(D. Farnham and J. Pimlott)은 이를 "하나의 범주가 아니라, 직업별 또는 산업별 조직으로 쉽게 정의될 수 없는 나머지 모든 조합들을 포괄하는 표현"[79]이라고 했다. 비록 T&GWU나 GMBATU[80]같은 일반조합들이 19세기의 산업별 조합과 직업별 조합의 분리과정을 보완하면서 1920년대에 탄생되었지만, 19세기 중반의 직능별 조합보다 앞서서 그 이전에 이미 산업별이나 직업별의 구분이 없는 일반조합의 개념이 있었다. 그러나 하나의 일반노조를 탄생시키려는 정치적 동기에 의한 초기적 시도(1834년의 전국노조연합(Grand National Consolidated Trade Union))와 현재의 구조적으로 진화된 일반조합은 구별되어야 한다. 즉, 일반조합으로서 시작된 것이 아니라 직업별 또는 산업별 계열로 시작되었다가 연합에 의해 발전되어 현

재는 일반조합으로 분류될 수 있는 것들도 있다는 것에 유의할 필요가 있다. 이들은 직업별 또는 산업별 형태를 취하다가 여러 조합들의 연합에 의해 일반조합으로 변한 것이다. 산업별 조합주의가 없거나 특별한 직업이나 산업만을 위한 제한이 없는 경우 그들은 자동차공업이나 석유화학, 식품가공업 등과 같은 20세기의 새로운 산업 속에서의 다양한 기술이나 직업에 종사하는 광범위한 노동자를 조합원으로 모집할 수 있었다.

3.2 전통적 분류방식의 한계와 분류상의 유의점

노동조합의 유형이 다양하게 존재하는 것은 "그 유형들이 탄생하고 성장했을 때의 기술상태와 산업구조의 결과"[81]일 뿐만 아니라 "구성원들의 욕구와 기대에 부응하면서 진화한 결과"[82]이기도 하다. 따라서 전통적 분류방식에 의해 현재의 다양한 노동조합구조를 설명하려면 이를 단순한 세 개의 범주로 구분하기 위해 많은 제한과 배제, 그리고 경계의 개념이 도입되어야만 한다.

노동조합이 19세기의 단순한 직업별 내지 산업별 개념에서 변화해오고 있다는 사실은 노동조합의 구조가 정형화된 현상이 아니라 과정으로서 계속적인 환경에 대한 적응을 시도하고 있다는 하이만의 지적에서도 드러난다.[83] 하이만은 노동조합의 구조에는 "두 가지 이율배반적 힘이 작용한다. 하나는 확장, 일체감, 결속력을 향한 것이고, 다른 하나는 지방색, 분파주의, 배타성을 향한 것이다. 전자는 개방적이고 포용력 있는 조합주의를 촉진하는 반면, 후자는 폐쇄적이고 제한적인 조합주의를 촉진한다"[84]고 지적하고 있다. 노동조합의 구조에 동적인 성격을 부여하는 것은 바로 이 두 힘 간의 긴장의 조정이다.

이러한 점을 고려하여 전통적인 분류방법에 대한 하나의 대안으로 터너(H.A. Turner)는 조합과 조합원의 모집형태와의 관계를 중심으로 하여 개방적 조합과 폐쇄적 조합을 설정하였다.[85] 여기서 폐쇄적 조합이란 조합과 관련이 있는 직업에의 진입을 제한할 수 있는 능력이 있으며, 그 결과 조합원자격에 배타적인 기준을 적용할 수가 있고, 따라서 그들이 통제할 수 없는 부분에 대해서는 전혀 관심을 갖지 않는 노동조합을 설명해 준다. 반면에 개방적 조합은 특정 직업에의 진입을 통제할 수 있는 능력의 부족으로 인하여 교섭력을 주로 조합원 수의 강화에 의존한다. 따라서 개방적, 폐쇄적이란 용어는 조합원 자격유형의 범위와 방향을 바탕으로 단순히 노동조합들을 분류하는 데 사용된다. 이런 점에서 이 분류방식은 노동력공급 통제와 관련된 노동조합의 태도를 평가하기 위한 질적인 판단기준으로는 충분치 못하다고 볼 수 있다.

이외에 산업별 조합이라는 협소한 개념을 대체하기 위해 더 넓은 부문별 조합(sectoral union)[86] 개념을 도입하는 방안도 있다. 휴즈는 "역사적 기원이나 조직원칙의 측면에서 볼 때 특정 경제부분에 집중되어 있으나 개방적 접근법을 취하면서 나아가 관련된 분야로 확장하고자 하는 조합"을 부문별 조합이라 불렀다.[87] 이 용어는 여러 관련산업에 걸쳐 상당한 범위의 직업 종사자들을 모집하고자 하는 조합을 설명하는 데 사용된다. 이와 같은 보다 동적인 개념은 노동조합의 구조적 발전을 분석하는 데 응용될 수 있을 것이다.

어쨌든 다양한 노동조합의 구조를 분류해 보고자 하는 시도는 결국 노동조합의 본래적 기능을 충실히 수행하기 위해 가장 합리적인 조합구조가 어떤 것인가를 밝히기 위한 작업의 일환으로 진행되어야 한다. 이런 점에서 노동조합의 구조를 분류하고자 할 때에는 다음과 같은 점에 유의할 필요가 있다.[88]

① 특정 노동조합의 조합원을 숙련도에 따라서 설명하려는 시도가 흔히 있어 왔다. 그러나 터너가 지적했듯이 숙련과 미숙련이란 용어는 "무엇보다 직업의 성격 자체에 의해서가 아니라 그 직업에의 진입이 까다롭게 제한되어 있느냐 아니냐"라는 문제와 더 관련이 있다.

② 보다 중요한 것으로서 노동조합을 분류함에 있어 차별화의 기준으로 한두 가지 정도의 중요한 측면만 고려하려는 경향이 있다는 것이다. 따라서 만일 노동조합들이 이런 중요한 측면에서 구별이 되지 않으면 동일 유형으로 인식되고 모든 면에서 유사하다고 쉽게 유추되어 버린다. 그러나 그들은 동일하지 않으며, 각 노조는 그 기원이나 발전, 대상, 태도, 행위 등에 있어 독특한 면을 가지고 있다.

3.3 기업별 노동조합

앞에서도 지적한 바와 같이 한국의 노동조합은 일본을 제외한 다른 선진 제국의 것과는 달리 기업별 조합구조를 그 특징으로 하고 있다. 그것은 앞의 노동조합운동사에서도 언급되었듯이 한국 노동조합의 조직형태가 노동자들의 투쟁력의 고양에 의해서 자주적으로 설정되어 온 것이라기보다는 이웃 일본의 형태를 외형적으로 모방하면서 한반도를 둘러싼 크고 작은 정치적 변동이 있을 때마다 정권담당자의 편의에 따라 타율적으로 규제되어 온 것에 기인한다.[89]

여기서는 한국 기업별 노조의 원형이라 할 수 있는 일본 기업별 노조를 통해 기업별 노조의 특성과 한계를 살펴보고자 한다.

(1) 일본의 기업별 노동조합

일본의 기업별 노조(enterprise union)는 특정 기업, 특정 사업소 내에서 조직되고 그 자체에서 자주적으로 관리 운용되는 노동조합으로 협약체결 및 관리가 기업단위로 이루어진다.[90] 그러므로 단체교섭, 중재, 스트라이크, 고충처리 등과 같은 조합의 기능은 회사에 고용되어 있는 조합지도자에 의해 기업조직 내에서 수행된다. 뿐만 아니라 기업별 조합은 재정적으로 독립채산제이고, 대표를 선출하며, 자체회비를 수금하고, 활동내용을 자율적으로 결정한다[91](표 7-3 참조),

또한 기업별 조합의 조합원은 '화이트칼라'와 '블루칼라'가 결합되어 구성된다. 결국, 기업별 조합은 각 기업체에 종사하는 동일한 직종의 종업원끼리 조직하는 것이 아니라, 직종은 다르더라도 한 기업체 내에 있는 각 계층의 종업원을 대상으로 조직된다.[92] 그리고 일본의 연합과 같은 전국수준의 조합은 기업별 노조의 집합체일 뿐 개별노동자로 구성되어 있지 않다.[93] 일본에서 제2차 세계대전 이후 이러한 기업별 노조가 지배적인 형태로 된 이유로 다음과 같은 몇 가지가 지적되고 있다.[94]

① 전후의 정치적 · 경제적 혼란 속에서 조합성장이 필요한데, 기업별로 종업원을 집단화하는 것이 최단시간에 조합을 결성하는 가장 빠르고 손쉬운 방법이었다.

② 대다수의 고용되지 못한 노동자와 불완전하게 고용된 노동자들이 사용자들로 하여금 그들의 직업을 보호하도록 하는 압력이 있었는데, 이것은 기업별 노조에 의해 가장 잘 수행되었다.

③ 이와 같은 기업단위의 그룹화에 박차를 가한 것은 노동운동의 경험을 가진 능력 있는 지도자와 조직자의 부족을 들 수 있다.

이와 같은 일본식 기업별 노조가 지닌 장 · 단점에 대해 최종태 교수는 다음과 같이 지적하고 있다.[95]

① 기업별 노조의 장점

- 조합과 회사 간의 관계가 기업의 현실에 발맞추어 진행되어 간다는 점을 들 수 있다. 화이트칼라(white collar) 종업원들이 조합에 참가하고 있기 때문에 회사의 재정상태 등과 같은 정보와 지식들을 쉽게 얻을 수 있으며, 따라서 상호 신뢰에 기반을 두고 조합

표 7-3 일본의 기업별 조합과 구미의 노동조합

항 목		기업별 조합	구미의 노동조합
기업별 조합의 특징	조합원자격	특정기업의 정규상용종업원	기업종업원은 조합원 자격은 아니다.
	조합임원	아마추어의 기업재적종업원	기업재적은 필요치 않다.
	권력의 소재	주권 · 자치권을 갖는다.	주권은 전국조합에 있다.
	조 합 재 정	자치 · 자기부담 · 독립	전국조합이 주체
운영상의 특징	운영의 원칙	조합민주주의	능률적 운영의 원칙
	기관간의 권한	의결기관의 규제력이 강하다.	집행기관의 독주력이 강하다.
	중간결의 기관	필수	거의 없다.
	집행기관의 권한	애매, 집단결정, 회합 빈번	강력한 리더지배, 회합 적다.
조직활동	조직 활동	유니온숍으로 불필요	조직활동은 조합유지의 원칙
	조합승인 · 보장	애매하고 불안정	조합성립의 전제
단체교섭의 성격	단체교섭의 원칙	계약사상이 빈곤하여 이상한 긴장이라고 생각된다.	일상적인 집단의 거래
	교섭결과의 확인	애매, 사정변경의 원칙	문서에 의한 확인
	교섭의 과정	기업내 교섭	전국조합이 중심
	노사협의제	단체교섭과 구별이 안됨 조합의 기업내 봉쇄성의 강화	단체교섭과 구별
인사관리와 노동조합	고용증권	종신고용이 암암리에 전제됨. 채용에 대해 규제력이 없다.	숍제, 작업규제, 연공서열의 원칙확립, 직무 · 승진계열의 규제
	정원관리	규제력이 약하고 직장투쟁의 형태가 된다.	
	노동시간	잔업협정만으로 불충분	상세하게 규정
	배치전환	거의 규제 않는다.	거의 없다.
임 금	임금수준	기업내 교섭의 베이스, 임금, 노무비 교섭	임금률의 인상 요구
	임률	확정이 곤란	횡단임률과 개인별 임률, 임률의 명확성
	승급	초임금의 명확화, 그러나 정기승급은 불명확	임률로서 명확, 직무, 직종급
스트라이크와 정치활동	스트라이크 능력	대단히 제한적	일반적으로 공무원에게도 스트라이크권이 있다.
	스트라이크임금	드물다. 보험적 기능을 수행치 않는다.	기금으로서 확립
	스트라이크성향	기업 간 경쟁에서 제한하는 경향	장기로 대규모, 단독 파업의 경향
	정치활동의 원칙	기관결정에 의한 특정정당지지	비정치적 경향
	정치활동의 내용	반체제, 혁신정당의 대행	압력집단

자료 : 津田眞徵(1974), 노사관계관리의 개념과 유형; 武澤信一 편저, 경영인사, 한국생산성본부 역, 일본현대경영학전집 11, p.317; 최종태, 현대노사관계론, p.235.

과 회사 간의 상호협력이 잘 이루어질 수 있다는 점이다.

- 기업별 조합의 또 하나의 장점은 조합원들에게 그 회사에서의 직업안정을 마련해 준다는 점이다. 기업의 노동력 감축에 강력히 저항할 수 있으므로 조합원의 고용안정에 공헌할 수 있다는 것이다.
- 조합지도자가 회사 내에서 선출되기 때문에 지도자와 일반조합원의 유대가 강하다는 점이다. 즉, 조합간부들도 역시 회사와 종업원 중에서 선출되기 때문에 간부들과 일반조합원들 간의 유대관계가 강하다.
- 기업별 조합주의는 고용주와 경영층에 대한 충성도에 기반을 두고 있는 것이 아니라, 종업원들의 기업의식(enterprise consciousness)에 기초를 두고 있기 때문에 기업 내에서 항상 종업원들의 권리를 보호하고 신장하는 데 도움을 주고 있다. 가령 산업별 노조나 직업별 노조는 자기 기업의 종업원 이익보다 외부 이해관계에 얽매여 조종당하기 쉬운 데 비하여, 기업별 노조는 직접 당사자인 기업구성원의 이익을 위한다는 것이다.

② 기업별 노조의 단점

- 조합원들이 그들이 속한 회사의 운명 여부에 크게 의존하게 된다는 점이다. 따라서 조합원들의 이해관계는 그 회사의 이해관계와 거의 일치한다고 볼 수 있기 때문에, 조합원들은 "생산성 증가운동", "기업을 보호하자", "높은 임금은 회사를 파멸시킨다"라는 등의 구호 아래 이루어지는 회사의 조작에 쉽게 영향을 받게 된다는 것이다. 이러한 상황 하에서 노동조합이 회사의 이해관계와 별도로 종업원의 이해관계를 효율적으로 대표하기가 어려워지는 것이다. 특히 경쟁력 강화라는 이름 하에 경쟁회사보다 경쟁력의 우위에 서기 위해 조합과 회사가 협동하는 경우도 있다. 이는 강력한 산별 노조의 형성에 암적인 존재가 된다고 할 수 있다(표 7-4 참조).
- 같은 조합 내에 공존하는 화이트칼라와 블루칼라 사이에 심각한 갈등이 종종 유발되고 있다는 것이다. 왜냐하면 직 · 반장과 마찬가지로 미래의 관리자 후보로서의 화이트칼라들은 회사의 이해를 지지하는 데 쉽게 유도될 수 있기 때문이다. 또한 기업별 조합은 국가적인 필요사항이나 사회적 책임과 같은 기업 외부의 문제에 대해서 무관심하게 되고 기업 밖의 조직되어 있지 않은 노동자그룹에 대해서는 소홀하게 된다는 점을 들 수 있다. 또 이 조합은 기업과 이해관계를 같이 하고 있기 때문에 그 회사의 잠정적이거나 일시적인 노동자들의 이익을 보호하기 위하여 행하는 조직화에 대해서 당연히 반대한다는 것이다.

표 7-4 일본의 기업별 노조와 기업의 노사관계 관리

단 계	내 용
제1단계	분쟁상태에 있는 노동조합을 전환시키기 위해서는 사용자를 지지하는 협조파를 조합 내에서 획득해야만 한다. 그러기 위해서는 ① 대학졸업자를 중심으로 한 직원들 가운데서 지지자를 구하고, 이 지지자를 집행위원 내지 중앙위원, 대회대의원에 넣어서 조합 측 지지자의 핵으로 한다. 직원의 반대파에 대해서는 여러 가지 설득을 하며 지지하지 않는 자에 대해서는 인사고과에 의한 승진정지나 배치전환을 한다. ② 직장의 감독자층을 조합 내 지지자의 또 하나의 핵으로 한다. 감독자는 직장의 부하에 대해 지지파, 반대파의 선별이나 설득효과에 관한 정보를 제공한다. ③ 선별된 지지파는 은밀히 또는 공개적으로 지지교육훈련을 실시하고 협조파로서 육성한다. 1945년 후반은 이런 의미에서의 직장 교육의 전성기였다.
제2단계	협조파는 직장 내에서 다수지지를 획득하기 위해 활동한다. 이 활동을 후원하기 위해 연공적 노무관리는 그 범위내에서 인사고과나 배치전환 등을 한다. 특히 협조파지지자에 대해서는 우선승진이나 신설비의 기간작업에 배치하기도 한다.
제3단계	① 협조파가 상당수의 지지를 획득할 수 있다는 예상이 섰을 때 조합임원, 집행위원에 입후보시킨다. 대회나 위원회에서의 발언에 지지를 하고 또한 협조파의 발언내용을 실현할 수 있는 노무관리를 실시한다. ② 협조파의 다수지지 획득의 예상이 서면 조합임원, 집행위원 등의 리더십을 장악시킨다. 단, 이 ①②의 단계는 장기간 걸리므로 시간적 한계나 반대파의 세력 등을 고려하여 협조파에 의한 제2조합의 결성에 나서는 수도 있다. 이 경우는 반대파, 지지파의 선별이 명백해지나 노사관계관리로서는 좋은 상태는 아니다.
제4단계	① 협조파 조합의 리더는 기업경영의 방침에 대해 언제나 조건교섭을 대치시키므로 이러한 조건요구에 대해 어느 정도의 실질급부를 함으로써 조합 리더의 유지를 도모한다. ② 협조파조합의 안정을 도모하기 위해서는 조합 리더에 대해서 신분보장, 승진 등의 급부를 한다. ③ 조합임원의 선거에 관해서는 필요한 때에는 설득이나 지정투표, 사실상의 공개투표 등을 행하여 협조파 리더의 안정을 도모한다. ④ 협조파 리더의 목적의 하나는 기업외 세력의 배제에 있으므로 단체협약 등에 의해 기업외 조합조직의 배제를 결정하고 필요할 때에는 전국조합에서 탈퇴시킨다. 이상 네 가지 단계는 1955년대까지의 노사관계관리가 취해 온 조합의 기업내 포섭을 위한 하나의 공통 패턴이라고 보아도 좋을 것이다. 그러나 이 패턴에는 몇 가지 약점이 있다. 그 하나는 노동조합이 노사관계관리에 과도하게 포섭되는 점이며 협조에 기울어지기 일쑤라는 사실이다. 그렇게 되면, 첫째 노사관계가 극도로 안정되기 때문에 조합의 요구가 사실상 노사관계관리에 의해 작성되고 해결되게 되며, 일반조합원의 욕구와 차질이 생겨 조합의 리더는 조합내에서 불안정하게 된다. 둘째로 노사관계가 안정되면 노사관계관리자의 기업경영내에서의 역할상의 지위가 저하되고 기업경영내에서의 발언력이 노력에 비해 감소하게 된다.
제5단계	여기에서는 ① 조합 리더를 교체시켜 활동가, 소질이 있는 유능한 협조파 리더로 바꾸며 경미한 분쟁상태를 만들어 활동을 활발하게 하고 청년층의 조합에의 불만을 발산시키는 동시에 이 방향에서 리더 후보자를 육성시킨다. ② 조합의 교섭범위를 넓히고 교섭을 다양화한다. 단, 진도는 깊어지지 않도록 한다. ③ 전국조합으로부터의 차단을 완화하고 동종, 동규모의 협조파 기업별조합과의 기업외 제휴의 길을 열고 노동조합다운 활동의 형태를 갖춘다. 이 제5단계가 일본적 노사관계관리로서 기업외에 행동범위를 넓힌 가장 고도의 과정이라 할 수 있다. 1965년대에 들어서서 몇 개 대기업의 노사관계관리는 이미 이 단계에 들어갔다고 해도 좋을 것이다. 이러한 단계는 일본의 노사관계에 있어 노사관계관리가 노동조합에 대해서 압도적이며, 일본의 노사관계가 소위 노무관리주도의 노사관계라는 성질을 명백히 나타내는 것이라 할 수가 있다.

자료 : 최종태, 현대노사관계론, 경문사, 1981, pp. 237~238.

3.4 합리적인 노동조합구조의 모색

노동조합구조의 합리화를 통해 노동조합의 본래적 사명을 완수하고 조합의 성장을 기하기 위한 노력은 비단 기업별 노조형태를 지닌 한국에서뿐만 아니라 노동조합운동의 오랜 역사를 지니고 있는 영국에서도 중요한 과제가 되고 있다. 여기서는 노동조합구조의 합리화와 관련된 영국의 논의를 바탕으로 주로 산업별 조합주의와 노동조합의 합병, 그리고 복수노동조합주의에 초점을 맞추어 그 내용을 정리해 봄으로써 한국 노동조합구조의 미래상을 설계하는 데 있어 몇 가지 시사점을 얻고자 한다.

(1) 산업별 조합주의

산업별 조합주의를 다룸에 있어 산업별 조합을 통해 사회질서의 재편을 꾀하는 사회·경제적 원리에 근거한 산업별 조합주의와, 노동조합구조의 합리화를 꾀하는 조직원리에 근거한 산업별 조합주의는 구별되어야 한다.[96] 산업별 조합주의의 개념은 원래 전자와 밀접한 관련이 있었으며 이는 총파업과 함께 노동계급이 작업장과 사회 모두에서 통제력을 행사하기 위한 수단으로 활용되었다. 관리자의 선출을 포함해서 작업장과 산업조직에 대한 노동자들의 통제권을 확보하기 위해서는 조직형태에 있어 노동조합들은 유사한 영역을 갖추고 있어야만 한다.

노동조합 재편성원리로서의 산업별 조합주의 개념은 영국 노동조합회의(Trade Union Congress)의 의제로 항상 제시되어 왔으며 가장 열렬한 주창자는 이미 산업별 조직기반을 확보한 조합들로서 이들이 주장하는 산업별 조합주의의 장점으로는 다음의 세 가지를 들 수 있다.[97]

① 조합원과 조합과의 일체감 강화

- 노조 간의 경쟁 제거
- 숙련공 같은 강력한 집단의 교섭력을 모든 노동자에게로 확산(한 사람의 싸움은 모든 사람의 싸움)
- 작업장에서의 비공식적인 합동위원회를 개최하는 직장위원(shop steward)의 필요성을 제거함으로써 그들로 하여금 공식적으로 노동조합 조직에 통합되게 함

② 단체교섭의 단순화

- 사용자 단체가 형성되는 수준에 대응하여 조합구조 형성
- 산업수준과 조직수준 교섭간의 통합을 보다 용이하게 함
- 부문 간의 이해다툼이나 관할권 분쟁(demarcation disputes)의 해결을 용이하게 함

③ 경제적 계획의 수립을 용이하게 함

- 해당산업과 이를 대표하는 노동조합 간의 보다 우호적인 관계가 형성됨으로써 산업 및 조직수준에서 일반적으로 달성

그러나 다음과 같은 몇 가지 요소는 영국 노동조합운동상의 산업별 조합주의의 목적달성을 장기적으로 거의 불가능하게 할 것으로 보인다.[98)]

- 산업시스템이 명백한 기준에 따라 각각 구별된 산업으로 명확하게 분리되지 않으며, 설령 산업의 기준들을 정의해서 조합들을 '배치'할 수 있다고 해도, 이 기준들은 계속 변하며 따라서 새로운 기술이나 공정, 산업 등을 고려해 배치를 수정할 필요가 있다. 현재의 각기 다른 개방적 조합구조가 지닌 장점으로 인해 어떤 새로운 공정이나 산업이 탄생된다 하더라도 몇몇 조합은 여전히 대표권을 주장하게 될 것이다. 따라서 완전한 산업별 조합주의 하에서 이러한 새로운 영역은 노조를 조직하지 못한 채로 남아 있을 것이다. 만약, 산업별 노조주의가 채택된다면 어떤 조합이 어떤 산업을 조직화해야 하는가를 결정하거나 새로운 조직을 설립하여 최초의 조합원 모집을 수행하게 하는 힘을 가진 중앙기구(추측컨대 TUC처럼)가 필요하게 된다. 게다가 산업별 조합이 형성되어도 기업이나 집단수준에서 복수조합과 상대해야 하는 상당한 숫자의 복수산업 관련 고용주들이 여전히 존재할 것이다.
- 1968년 도노반위원회가 인정했듯이 산업별 조합주의를 바탕으로 한 노동조합운동의 수립은 "거의 모든 영국의 주요한 조합의 구조를 완전히 뒤엎을 것이다."[99)] 소위 말하는 일반조합의 경우(T & G WU와 GMBATU) 이는 실질적인 분해를 의미한다. 더 중요한 것은 조합구조 수준과 조합원 수준의 두 수준에서 다음과 같은 문제가 발생한다.

  첫째, 조합구조 수준에서는 각기 다른 특성을 가진 여러 조합들의 통합에 따른 각 조합 간의 알력에 대비해서 어떤 조합의 철학이 우선해야 하는가를 정하기 위해 조합원뿐만 아니라 정책, 제도, 시행령, 임원까지도 통합해야 할 필요가 있다. 따라서 조합은 내부의 정치적 · 조직적 논쟁이나 또는 기업 내 노조간부의 역할, 쟁의행위의 행사 등

의 문제에 대한 분쟁에 몰두하게 되어, 고용주나 정부에 대해 조합원들의 이익을 대표하는 역할을 수행할 시간이 없어진다.

둘째, 조합원 수준에서는 몇몇 조합원들은 다수의 이익 때문에 그들의 분파적 이익이 무시된 것처럼 느끼게 되고, 그 결과 그러한 조합구조 속에 억지로 남아 있게 되면 '문제아'나 '소외된' 조합원이 된다. 산업별 조합주의로의 이행을 위한 핵심사항은 그것이 조직의 정돈이라는 측면보다 조합원들의 요구에 따른 결과로서 이루어져야 하며, 내부 조직에 있어서 여러 분파적 이익을 조정할 수 있는 규정을 만들어야 한다는 것이다.

- 산업별 조합주의는 경기가 하강세이거나 하락하기 시작한 산업에서 긴장을 야기시킬 수 있다. 조합이 지닌 대표성의 효과와 영향에 있어서 부분적으로는 조합의 규모에 따라 사양산업에서의 조합의 경우 그들이 가장 필요하게 될 시기에 영향력과 효율성의 약화를 경험하게 된다. 결국, 조합은 조합원의 이익을 대변하는 조합 본래의 기능을 더 이상 수행하지 못하는 상황에까지 이르게 된다. 그러나 설령 그렇다 하더라도 어떤 하나의 분리된 단위노조가 더 이상 제 기능을 수행하지 못한다(그러므로 산별 노조로 통합되어야 한다)는 결정을 누가, 어떤 기준에서 내릴 것인가? 그들은 자신이 속한 산업구조와는 전혀 어울리지도 않는 여러 잡동사니 조합원들로 구성된 일반조합으로 들어가야 하는가?

이러한 조직적인 문제에도 불구하고 산업별 조합주의는 계속 존속할 가능성을 지닌다. 그러나 산업별 조합주의는 계획적인 전반적 재편성과정의 일환으로서보다는 특정한 산업분야에서 그 적절성이 인정되면 개별적인 조합구조의 발전이라는 차원에서 진행될 것이다.[100)]

(2) 복수노동조합주의

복수노동조합주의는 과거 한국에서 관련법 제의, 개정논의와 관련하여 가장 첨예한 논쟁의 대상이 되었던 부분이다. 이에 관한 논의는 크게 두 부류로 나누어 볼 수가 있는데, 하나는 복수노조의 허용이 노동운동적 차원에서 볼 때 노동자들의 힘을 분산 · 고립시킬 수 있는 하나의 장치가 될 수 있기 때문에 반대적 입장을 취하는 부류이고,[101)] 다른 하나는 노동자의 자유로운 단결권 확보와 한국노총의 비민주적 비자주적 태도에 대한 반발로 노동조합 내부의 민주화를 통한 진정한 노동자 권익옹호조직으로의 한국 노동조합구조의 전반적인 재

표 7-5 복수조합주의의 노사관계에 대한 영향

유형 / 노사관계 분야	A형 (교섭단위) 작업 A 조합 A / 작업 B 조합 B	B (경쟁적) 작업 A 조합 A와 B / 작업 B 조합 C와 D
작업관할	조합경계와 동일한 작업영역의 설정을 통해 강화됨	각기 다른 조합에 속하는 노동자들이 같은 작업을 함
조합 간의 갈등	1. 직무관할권 규제 분쟁 2. 조합원의 직무 배치 · 전환에 따른 영역침범 분쟁	1. 대표권 인정을 둘러싼 분쟁 2. 조합원의 조합 간 이동에 따른 영역침범 분쟁 3. 조합원의 이중 가입 문제
단체교섭의 복잡화	1. 비교에 의한 요구 2. 상대방의 임금수준보다 더 높은 수준의 요구	1. 대사용자 관계에서 사전조정의 필요성 2. 공동교섭을 위한 협정의 체결
조합노력의 중복/희석	중복성이 적음	1. 중복성이 많음 2. 조합 간의 경쟁으로 인한 대조합원 노력의 희석
숍스튜어드의 역할	1. 일반적 관심사를 위한 조합간 위원회 2. 숍스튜어드의 업무과중	1. 대부분의 문제를 위한 조합간 위원회 2. 숍스튜어드의 업무과중 3. 조합 간 위원회의 지위강화로 인한 숍스튜어드의 지위 약화
조합의 시야	보다 내부 지향적	보다 외부 지향적
개별조합원의 선택	선택권 없음	초기의 한정된 선택권

자료 : Salamon, M., *op.cit.*, p.110.

편을 도모하는 하나의 수단으로서 복수조합주의를 취하려는 찬성파이다.[102)]

이와 같은 복수조합주의는 한국뿐만 아니라 영국과 미국 등의 선진공업국에서도 노동조합 구조상의 중요한 쟁점이 되고 있다. 원래 복수조합주의는 하나 이상의 조합이 관련되는 것을 의미하는 말로 쓰여지고 있다.[103)] 이와 같은 기준에서 보면 복수조합주의는 다음과 같은 두 가지 뚜렷한 유형으로 구분할 수가 있다.[104)]

- A형 : 하나의 기업조직이나 산업에서 서로 상이한 집단이 서로 다른 조합에 의해 조직되고 대표되는 형태
- B형 : 하나의 기업조직이나 산업에서 각 집단을 두고 그 집단을 대표하거나 조직하기 위하여 하나 이상의 조합이 경쟁하는 형태

영국의 도노반위원회(1965)는 영국에서는 산업별 조합주의-하나의 거대한 전국 일반조합도 아니고, 기업 및 산업수준 모두에서 위의 복수노동조합주의의 두 유형도 모두 거부하는 유일한 노동조합구조의 원칙-는 실제로 성립할 수 없음을 지적하면서, '한 공장 안에서는 하나의 작업층을 위한 하나의 조합'의 원칙을 채택하도록 TUC에 권고하였다. 그러나 살라몬은 이러한 원칙이 받아들여지더라도 여전히 영국에서의 기업수준에서는 A형의 복수조합주의가, 그리고 산업수준에서는 그 산업 내의 모든 고용주들이 기업수준에서의 동일 노동자 집단을 동일 노동조합으로 인정하느냐 그렇지 않느냐에 따라 A형 또는 B형의 복수조합주의가 취해질 것으로 본다.[105]

영국의 경우 1950년에 실시된 한 현장조사 결과에 의하면 육체노동자와 비육체노동자 간에 복수조합주의가 널리 채택되고 있었으며, 조사대상 기업 45% 이상에 하나 이상의 육체노동조합이 있었다.[106] 그러나 실제의 교섭에 있어서는 하나 이상의 교섭단위를 가진 기업 수는 24%였고, 셋 이상의 교섭단위를 가진 기업 수는 9%에 지나지 않았다. 따라서 복수조합주의를 취하더라도 교섭단위가 많은 경우는 드물고, 또 중요한 노동자 집단을 조합원으로 하고 있는 둘 혹은 그 이상의 조합들은 경영자와 각기 따로 교섭하기보다는 늘 공동으로 교섭을 진행하고 있음을 알 수 있었다.

이러한 복수조합주의는 문제점도 없지 않아 1950년대와 1960년대에는 시대에 뒤떨어졌다는 비판을 받기도 하였다.[107] 즉, 산업별 조합이 미약한 반면 직능별 조합(craft union)이 지역적 우위를 차지한 결과 노동조합운동이 기술의 변화를 적절히 수용하지 못하고, 보수적이고 시대역행적인 성격을 띠었다는 것이다.

이와 반면에 하이만은 복수조합주의가 경영관리 통제에 있어서 어떤 문제를 일으킬 수 있다는 사실이 그러한 조합구조를 비판할 수 있는 타당한 근거로 될 수는 없으며, 노동조합은 노동자들의 다양한 분파적 이익을 인식하고 그것을 대변하기 위해 존재하는 것이라고 주장하였다. 이와 같은 복수조합주의는 노사관계의 여러 분야에 걸쳐 〈표 7-4〉에서 정리된 것과 같은 문제의 소지를 안고 있다.[108] 이와 같은 복수조합주의가 안고 있는 문제점은 조합합병과 같은 방식으로 간단하게 해결될 수 있는 문제는 아니다. 조합합병 과정이 민간 또는 공적 부문 등을 기초로 한 부문별 조합구조의 합리화 쪽으로 진행된다면 조합노력의 중복이나 조합 간의 갈등은 줄어들 것이나, 그렇지 못하고 더 많은 개방적 조합을 생성시키는 쪽으로 진행된다면 오히려 조합노력의 중복과 조합 간의 갈등은 더욱 증대될 것이다.

복수조합주의나 조합 간 갈등으로 인해 야기되는 경영상의 문제는 과거의 노동조합인정에 있어서 보다 적극적인 경영전략을 수행하지 못한 데에 부분적인 원인이 있다. 기업조직 내에서 노동조합 인정에 있어 논리적이고 체계적인 접근방법을 취한다면 적어도 B형의 복수조합주의는 피할 수 있으며, A형의 부정적 영향을 감소시킬 수 있을 뿐만 아니라 하나의 조합이 유일교섭권을 가지도록 유도할 수 있을 것이다.

04 노동조합의 조직과 운영

노동조합의 조직과 운영은 조합 내부의 관리, 대표선출, 권한체계 등과 관련된 제도와 과정을 의미한다. 그 중에서 가장 핵심적인 내용은 효율성(조합이 경제적 및 직무규제적 기능을 수행함으로써 사용자에 대한 대항력(countervailing power)을 발휘하는 것)과, 민주화(조합원의 진정한 대표기구로서 궁극적으로 조합원에 의해 운영되는 것)이다. 이를 두고 하이만은 "노동조합은 분명히 두 가지 통제체계의 혼합물이다. 조합간부는 합법적인 절차를 통해 그 조합원들을 통제할 수 있는 권한을 가지며, 동시에 그들은 조합원들을 위한 심부름꾼으로서 조합원들의 통제를 받는다"고 지적하고 있다.

그림 7-6 노조조직률 및 조합원수 추이

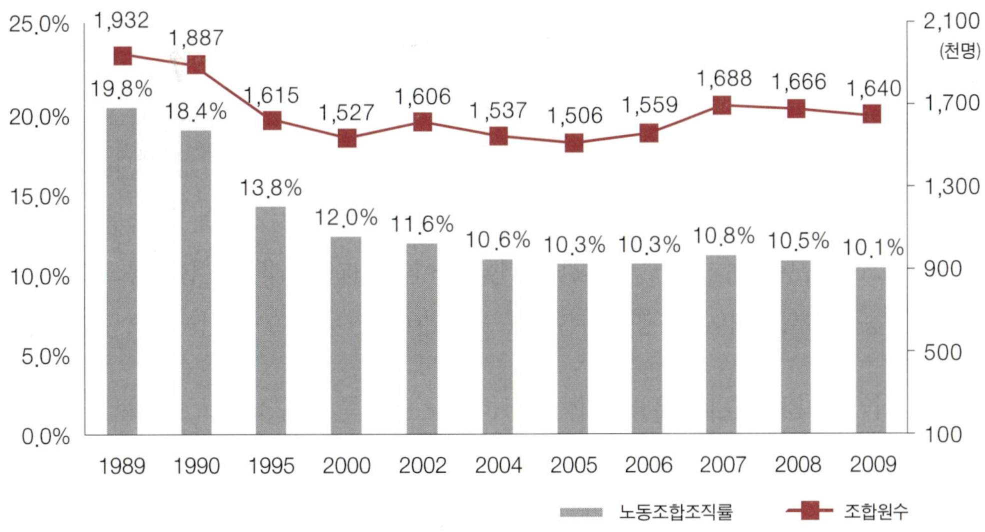

자료 : 각 연도별 노동부 노조조직현황.

4.1 노조의 조직현황[109)]

우리나라의 노조 조직률은 1989년의 19.8%를 정점으로 그 이후 지속적으로 감소하고 있다. 조직률이 지속적으로 감소하는 이유는 산업구조의 변화로 노조 조직화가 어려운 서비스 산업의 비중이 증가하고 있고, 사용자의 적극적인 인적자원관리로 인한 일반 노동자의 노조에 대한 기대와 의존도의 감소, 신규 인력의 노조가입 기피 현상, 노조가입이 어려운 비정규직 노동자들의 증가 등이 원인인 것으로 분석된다(그림 7-6 참조).

(1) 전체 조직률 현황

2009년 말 현재 노조조직률은 10.1%로 전년(10.5%)대비 0.4%p 감소하여 역대 최저 규모를 보여 주고 있다. 노조조직 대상 근로자는 15,847천명(2008년)에서 16,196천명(2009년)으로 349천명(2.2%) 증가한 반면에 조합원 수는 26천명(1.6%) 감소한 것으로 나타났다.

노조 수도 4,689개소로 전년대비 4.0%(197개소) 감소하였는데, 이는 일부 소규모 노조의 해산 및 휴면노조의 정비 등에 기인한 것으로 보인다. 조합원 수는 1,640천명으로 전년대비 1.5%(25천명) 감소한 것으로 나타났다.

표 7-6 조직현황 총괄 (단위 : 개소, 명)

구 분	조합 수	조합원 수		
		계	남성	여성
총 계	4,689	1,640,334	1,285,965	354,369
○ 단위노조				
- 기업(사업장)	4,354	771,867	619,782	152,085
- 지역 업종노조	228	95,216	92,038	3,178
- 산별노조	62	773,251	574,145	199,106
○ 연합단체				
- 총연합단체	2	0	0	0
- 연합단체	43	0	0	0

※조직률 = 전체조합원수(1,640천명) / 조직대상 근로자수〔임금근로자수(16,555천명) – 노조가입 금지되는 공무원(359천명)〕× 100 = 10.1%

※산별노조 : 노조명칭과 노조규약 상 전국단위를 표방하는 노조

자료 : 노동부(2010), 2009년 노동조합 조직현황 분석.

연도별 노조 조직률은 1989년 19.8%를 정점으로 하락 추세를 보여 '97년~'01년 12%대, '04년 이후 10%대로 감소해 '09년은 역대 최저인 10.1%로 나타났다(표 7-6 참조).

(2) 상급단체별 조직현황

상급단체별 조직현황을 보면 한국노총 소속 조합원이 740,335명으로 전체 조합원의 45.1%로 가장 큰 비중을 차지하고 있으며 민주노총이 588,394명(35.9%), 미가맹은 311,605명(19.0%)로 나타나 한국노총은 전년 대비 15,321명이 증가한 반면 민주노총은 전년 대비 69,724명이 감소, 공무원 노조 신규 가입 등으로 잠시 반등했던 조합원 수가 다시 감소추세로 돌아선 것으로 보인다. 2009년도에 민주노총을 탈퇴한 주요 사업장을 보면 KT(27,451명), 쌍용차(3,480명), 인천지하철공사(733명), 인천국제공항공사(611명) 등을 들 수 있으며, 미가맹 노조 조합원은 전년 대비 28,939명(10.2%) 증가한 것으로 나타났다(표 7-7 참조).

표 7-7 상급단체별 조합원수 비교 (단위 : 명, %)

연 맹	'08년	'09년	증감
한국노총	725,014 (43.5%)	740,335 (45.1%)	15,321 (2.1%)
민주노총	658,118 (39.5%)	588,394 (35.9%)	△69,724 (△10.6%)
미가맹	282,666 (17.0%)	311,605 (19.0%)	28,939 (10.2%)
전체	1,665,798 (100%)	1,640,334 (100%)	△25,464 (△1.5%)

자료 : 노동부(2010), 2009년 노동조합 조직현황 분석.

표 7-8 노동조합수 현황 (단위, 개소)

연 맹	'08년	'09년	증감
한국노총	2,662	2,513(53.6%)	△149
민주노총	538	553(11.8%)	15
미가맹	1,686	1,623(34.6%)	△63
전체	4,886	4,689(100%)	△197

자료 : 노동부(2010), 2009년 노동조합 조직현황 분석.

노조 수로는 한국노총이 2,513개로 가장 많고(53.6%), 미가맹 1,623개소(34.6%), 민주노총 553개소(11.8%)의 순으로 나타났다. 2008년도에 비해 한국노총 노조 수는 149개가 감소하였는데 이는 소규모 노조의 해산과 일부 휴면노조의 정비 등에 기인한 것으로 보인다.

민주노총의 경우 2003년 이후 지속적으로 다수의 기업별노조가 산별노조지부 등에 편입됨에 따라 한국노총에 비해 노조 수가 크게 적은 편이고 2009년에는 일부 소규모 노조가 신설되어 편입된 것으로 나타났다(표 7-8 참조).

상급단체별 조직현황의 특징을 보면 2008년 조합원수는 한국노총 43.5%, 민주노총 39.5%, 미가맹 17.0%였던데 비해 2009년은 한국노총 45.1%, 민주노총 35.9%로 양대 노총의 격차가 더 커진 것으로 나타났음을 볼 수 있다. 민주노총은 전공노(49천여명) 감소분을 제외하더라도 2만여명 가까이 감소한 것으로 나타나 기존의 강성투쟁 기조에 반대하는 경향이 2009년에 더욱 뚜렷해진 것이 아닌가 생각된다. 미가맹 노조 조직률은 2000년부터 꾸준히 증가해 기존 노동운동과 차별화 경향이 지속적으로 나타남을 알 수 있다(그림 7-7 참조).

그림 7-7 상급단체별 조합원수 추이

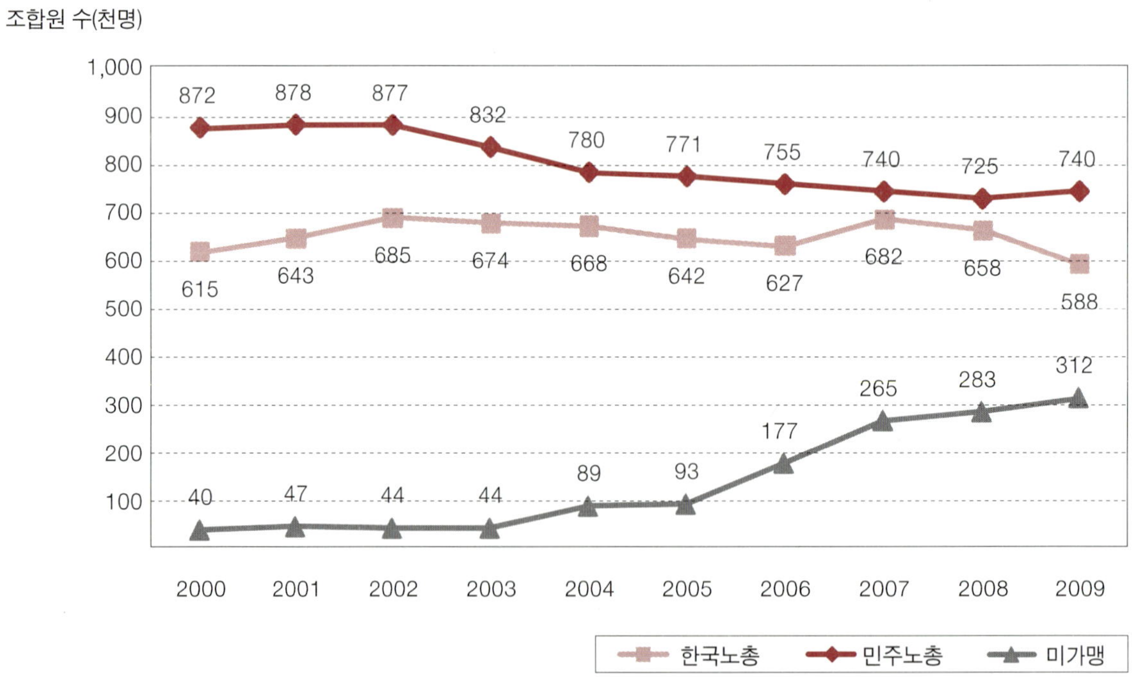

자료 : 노동부(2010), 2009년 노동조합 조직현황 분석.

(3) 공공/민간부문별 조직현황 변화

2009년말 기준 민간부문은 조직률 8.9%(조합원수 1,374천명)에 불과한 것으로 나타났고, 교원부문은 조직률 20.6%(조합원수 82천명), 공무원부문은 조직률 56.8%(조합원수 184천명)으로 나타나 민간에 비해 공무원, 교원의 노조 가입률이 현격하게 높은 것을 알 수 있다.

교원노조 조합원수는 전교조 조합원수 감소 등으로 2008년 9만명에서 '09년도에는 82천명으로 8천명이 감소해 전년도에 이어 지속적으로 감소하는 추세를 보여주고 있다. 전교조 조합원수는 62천명('99년) → 91천명('05년) → 87천명('06년) → 82천명('07년) → 78천명('08년) → 71천명('09년)으로 변화하여 2005년을 정점으로 지속적으로 감소하고 있다.

공무원노조 조합원 수는 2008년 241천명이었으나, 2009년에는 184천명으로 57천명이 감소하여 '전공노의 노조 아님'통보에 의한 감소(49천여명)를 제외하더라도 민주공무원노조(민공노) 4,721명 등 전반적으로 기존 조직의 조합원수가 조금씩 감소하고 있음을 알 수 있다.

민간부문의 조직률이 감소 추세를 보이다 2009년 0.1%p 증가한 것은 금융, 보건의료 등 서비스업종 부문에서 비정규직법에 따라 무기계약직으로 전환된 근로자들이 집단적으로 가

그림 7-8 부문별 노조조직률 변화추이

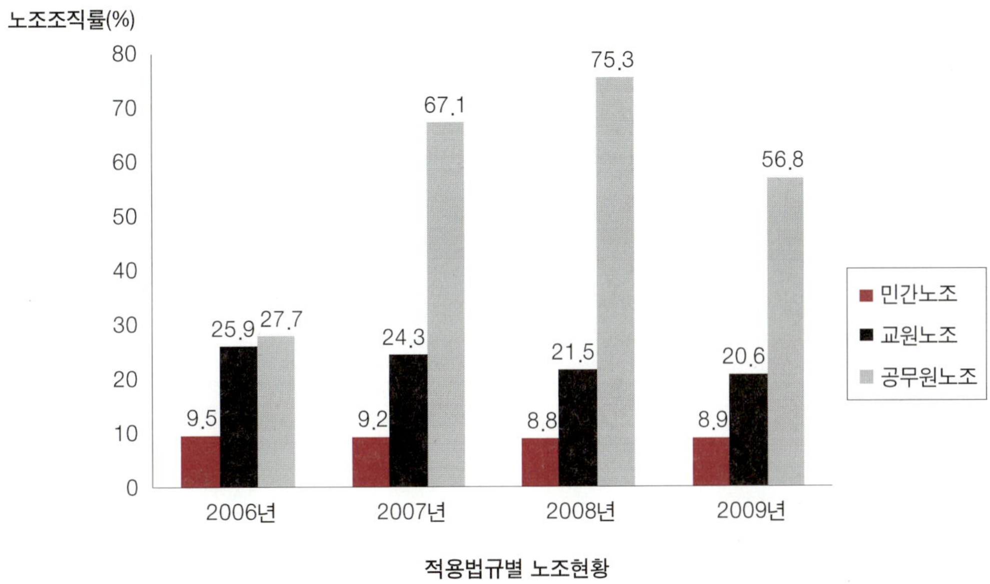

*공무원 조합원수(184천명)는 노조법 적용을 받는 현업공무원(25천명)을 포함

자료 : 노동부(2010), 2009년 노동조합 조직현황 분석.

입한 효과가 큰 것으로 분석된다(금융부분 KB, 기업, 우리, 경남, 대구은행 등(88,204명 → 96,142명 7,938명↑), 사무금융노련 전국손해보험, 전국생명보험 등(9,142명 → 12,545명 3,403명↑), 보건의료(36,522명 → 40,025명 3,503명↑)).

(4) 조합원 규모별 조직현황

조합원 규모별 조직현황을 보면 조합원수 50인 미만 노동조합이 48.5%(2,274개소)를 차지하나 조합원수는 2.3%(37,411명)에 지나지 않는데 반해 조합원 1,000인 이상인 노동조합수는 3.8%(178개소)에 불과하나, 조합원수는 전체의 71.3%(1,169,912명)를 차지해 3.8%의 대규모 노조가 71.3%의 조합원을 보유하고 있어 전반적으로 우리 노조의 영세성을 보여주고 있다.

표 7-9 조합원 규모별 조직현황 (단위 : 개소, 명, %)

구 분	50명 미만	50-99	100-299	300-499	500-999	1000명 이상	총계
노조 수 (개소)	2,274 (48.5)	790 (16.8)	1,062 (22.6)	223 (4.8)	162 (3.5)	**178 (3.8)**	4,689 (100)
조합원수 (명)	37,411 (2.3)	56,489 (3.4)	176,023 (10.7)	87,435 (5.3)	113,064 (6.9)	**1,169,912 (71.3)**	1,640,334 (100)

자료 : 노동부(2010), 2009년 노동조합 조직현황 분석.

(5) 사업체 규모별 조직현황

사업체 규모별 조직현황을 보면 2009년 노조 조직률이 10.1%이나 종업원 규모별로 조직률을 세분화해서 보면 300명 이상 기업의 경우 조직률이 42.4%로 나타나 대규모 기업으로 갈수록 조직률이 높게 나타나고 있음을 알 수 있다.

표 7-10 사업체 규모별 조직현황 (단위 : 명, %)

구분	30명 미만	30-99명	100-299명	300명 이상
임금노동자수	9,602,000	3,361,000	1,646,000	1,946,000
조합원수	22,548	98,080	210,046	825,659
조직률	0.2%	2.9%	12.8%	**42.4%**

* 임금 근로자수 자료 출처 : 경활 자료 / 2009년 12월말 현재
* 위 숫자는 총조합원 1,640천명 중 기업규모산정이 적절하지 않거나 불가능한 공무원, 교원, 지역노조(지부, 지회 포함) 조합원을 제외한 1,156천명을 기준으로 계산
* 지역노조, 지역지부, 사내하청지부 등 기업규모산정이 불가능한 경우도 제외

자료 : 노동부(2010), 2009년 노동조합 조직현황 분석.

(6) 조직형태별 조직현황 비교

조직형태별 조직현황을 보면 산별노조를 포함한 초기업노조 소속 조합원수가 전체의 52.9%(868,467명)로 나타나 전체적으로는 기업별 노조 소속 조합원수를 능가하고 있는 것으로 나타났다. 한국노총은 기업별노조 소속 조합원이 전체 소속 조합원의 59.8%(442,673명)를 차지하여 기업별 소속이 많은 반면, 민주노총은 초기업노조 소속 조합원이 전체 조합원의 대부분(80.5%, 473,817명)을 차지하여 서로 구분되고 있다

표 7-11 조합수, 조합원수 비교 (단위 : 개소, 명)

구 분	조합 수			조합원 수		
	'08년	'09년	증감	'08년	'09년	증감
기업별 노조	4,526	4,354	△172	784,521	771,867	△12,654
초기업별 노조	360	335	△25	881,277	868,467	△12,810
전체	4,886	4,689	△197	1,665,798	1,640,334	△25,464

* 초기업노조 : 총연맹, 연맹, 산별노조, 지역별 노조를 포함
자료 : 노동부(2010), 2009년 노동조합 조직현황 분석.

표 7-12 상급단체별 · 조직형태별 조직현황 (단위: 명, %)

구 분		한국노총		민주노총		미가맹	
		조합원수	비율	조합원수	비율	조합원수	비율
전체 조합원수	1,640,334 (100.0)	740,335	100.0	588,394	100.0	311,605	100.0
기업별노조 조합원수 (비율)	771,867 (100.0)	442,673 (57.3%)	**59.8**	114,577 (14.9)	19.5	214,617 (27.8)	68.9
초기업노조 조합원수 (비율)	868,467 (100.0)	297,662 (34.3%)	40.2	473,817 (54.6)	**80.5**	96,988 (11.1)	31.1

자료 : 노동부(2010), 2009년 노동조합 조직현황 분석.

조직률 변화추이를 보면 2009년 초기업노조의 조합원수는 전년도에 비해 미세하게 감소했으나 전공노 감소분 제외시 산별노조운동이 두드러졌던 2005년 이후 이어진 조합원 수의 원만한 증가 추세가 그대로 유지된다고 할 수 있겠다(표 7-13 참조).

표 7-13 연도별 초기업노조 및 조합원수 변화 추이 (단위: 개소, 명, %)

연도	2003	2004	2005	2006	2007	2008	2009
초기업 노조조합수	469	399	425	431	345	317	290
조합원수(a)	484,400	605,071	603,820	618,356	865,423	**881,277**	**868,467**
전체 조합원수(b)	1,549,949	1,536,843	1,506,172	1,559,179	1,687,782	1,665,798	1,640,334
비율(a/b)	31.3	39.4	40.1	39.7	51.3	52.9	52.9

자료 : 노동부(2010), 2009년 노동조합 조직현황 분석.

4.2 노동조합의 합리적 운영

(1) 조합운영과 관련된 법제

노동조합의 기본적인 운영에 대한 결정은 조합원 총회에서 이루어진다. 총회는 조합원 전원의 회합을 가리키는데, 매년 1회 이상 개최하도록 법으로 규정되어 있다.

총회는 다음과 같은 사항에 대하여 의결권을 갖는다.[110)]

① 규약의 제정과 변경에 관한 사항
② 임원의 선거와 해임에 관한 사항
③ 단체협약에 관한 사항
④ 예산 결산에 관한 사항
⑤ 기금의 설치 · 관리 · 처분에 관한 사항
⑥ 연합단체의 설립 · 가입 또는 탈퇴에 관한 사항
⑦ 합병 · 분할 또는 해산에 관한 사항
⑧ 기타 중요한 사항

총회는 통상 재적조합원의 과반수의 출석과 출석조합원의 과반수의 찬성으로 의결한다. 그리고 조합원이 다수에 이르거나 지역별로 멀리 분산되어 있을 경우에는 총회에 대신하는 대의원회를 둘 수 있다. 대의원은 조합원의 직접 비밀 무기명 투표에 의하여 선거하도록 되어 있다. 그리고 대위원회를 둘 때는 총회에 관한 규정을 그대로 따르게 된다. 만약, 노동조합이 해산될 때에는 조합원 또는 대의원 3분의 2 이상의 찬성으로 행한 총회 또는 대위원회의 해산결의가 있어야 한다.

노동조합은 그의 민주적 · 자치적 특성에 따라 조합원의 요구가 있을 때는 그 운영상태를 언제든지 공개하도록 되어 있다. 한편, 행정관청에서도 필요하다고 인정될 때는 관계공무원으로 하여금 노동조합의 경리사항을 조사하거나 기타 필요한 서류를 검사하게 할 수 있다. 조합원들은 임시총회를 소집할 수 있는 권리를 가지는데 조합원 또는 대의원 3분의 1 이상이 공동으로 요구하면 노동조합 대표자는 지체없이 임시총회 또는 임시대의원회를 소집하도록 되어 있다. 한편, 총회 또는 대의원회는 적어도 회의 개최일 15일 전에 그 회의에 부의할 사항을 공고하고 규약에 정한 방법에 의해 소집하여야 한다.

(2) 노동조합운영의 기본원리

노동조합은 노동자의 지위향상을 목적으로 노동자들의 집단적 힘을 모으기 위해 만들어

그림 7-9 노동조합 운영의 준거체계

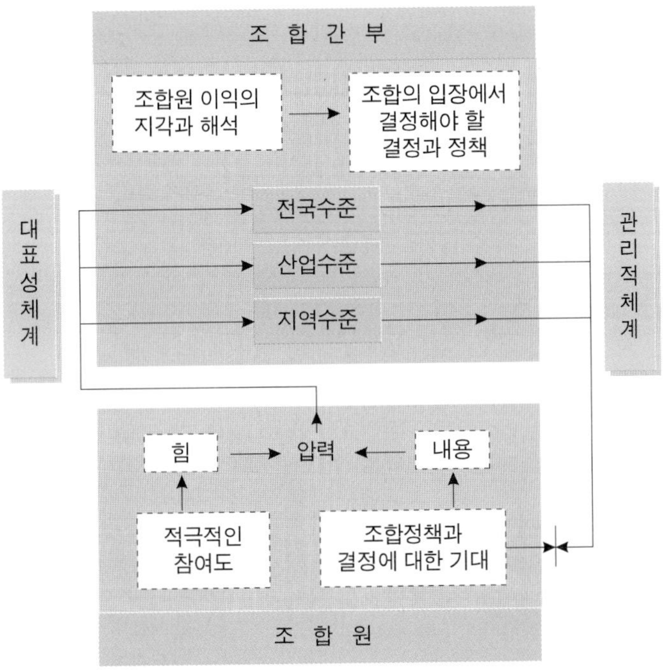

자료 : Salamon, M., *op.cit.*, p.151의 그림을 수정.

졌기 때문에 조합 자체의 세력은 구성원인 조합원들의 집단적 결속력이 어느 정도인가에 의해 좌우된다고 할 수 있다.[111] 따라서 앞에서도 지적된 바와 같이 노동조합의 내부적 운영의 중요한 두 가지 준거체계는 민주화를 바탕으로 한 대표성 체계와 효율성을 바탕으로 한 관리적 체계이다(그림 7-10 참조).

이에 대해 최종태 교수는 노동조합의 내부적 기능을 조합입법기능과 조합집행기능으로 구분하여 전자를 대표기능의 민주화, 후자를 관리기능의 효율화로 규정하고 있다[112](그림 7-10 참조). 즉, 노조조직이 조합원들로부터 어느 정도 대표성을 인정받고 있으며 또 어느 정도 이들의 참여를 얻고 있는가 하는 측면과, 노조가 조합원들로부터 기대되는 역할과 노조 내의 인사 · 조직 · 재무관리 등을 어느 정도 효율적으로 수행하고 있는가 하는 측면이다.

전자는 노조 조직의 민주화와 관련된 문제로서 노조 조직의 대표성과 참여성의 측면으로 볼 수 있으며, 후자는 노조 운영의 효율화와 관련된 문제로서 노조 운영상 역할의 효율성과

그림 7-10 노동조합의 입법기능과 집행기능

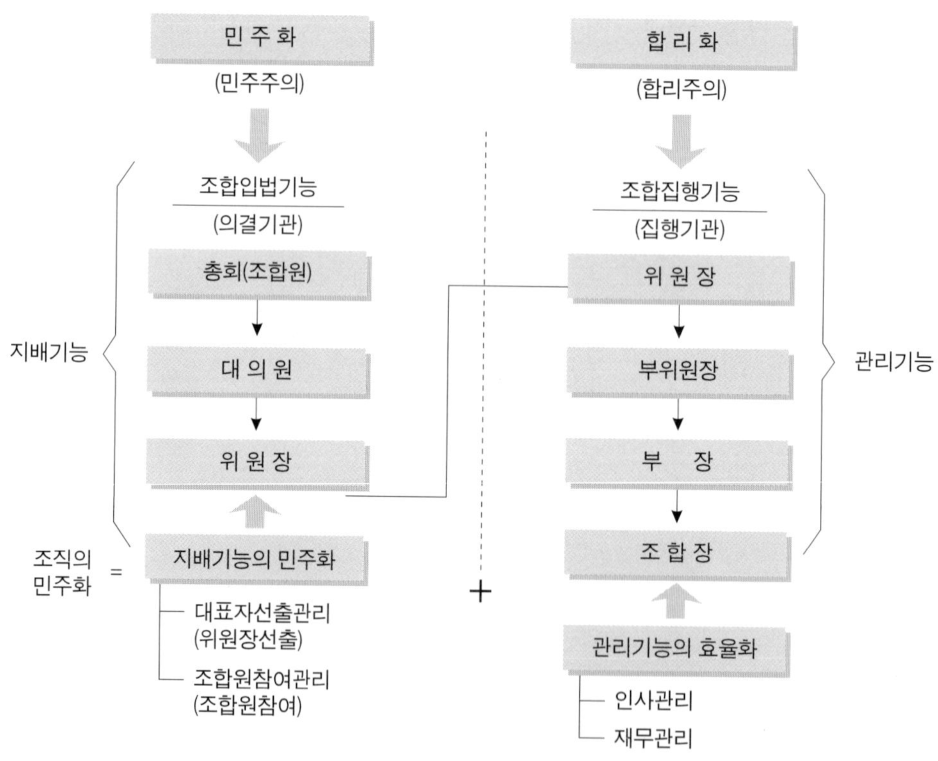

자료 : 최종태 · 박준성(1986), 노동조합의 활동전략; 금융노조의 위치와 활동전략에 관한 연구, 서울대학교출판부, p.292.

관리의 효율성의 측면으로 볼 수 있다.[113] 그런데 이러한 효율화 목표와 민주화 목표는 상호갈등을 자아낸다고 한다.[114]

이러한 효율화 목표와 민주화 목표간의 갈등을 해소하기 위한 노력의 일환으로 최종태 교수는 [그림 7-3]에서 본 바와 같은 개념적 틀을 제시하고 있다. 즉, 사용자에 대응하여 조합원 지향적인 조합정책이 실현되도록 노동입법 및 정책에 대한 조합의 견해와 전략을 수립해야 하며,[115] 그리고 조합 자체의 체질 강화를 위해서는 민주지향적인 단결과 조합정책이 실현되도록 노동조합 조직 및 운영에 대한 전략을 수립해야 한다고 지적하고 있다.[116]

(3) 노동조합 간부의 역할

노동조합의 합리적 운영에 있어 또 하나 간과할 수 없는 요소는 조합간부의 역할이다. 조합간부가 얼마나 본연의 역할을 제대로 잘 수행하느냐 하는 문제는 조합원들의 조합에 대한 신뢰도와도 밀접한 관련을 가진다. 특히, 한국 노동조합에서 자주 거론되는 어용성 시비는 조합원들의 태도와 관련된 것이 아니라 바로 조합간부의 역할과 직결된 문제이기 때문에 앞으로 조합간부의 역할정립은 한국 노동조합의 합리적인 운영에 있어 핵심적인 요소가 되고 있다. 바람직한 조합간부의 역할은 결국 조합간부가 조합원 대다수의 욕구를 얼마나 잘 반

그림 7-11 조합원의 조합에 대한 태도 분류

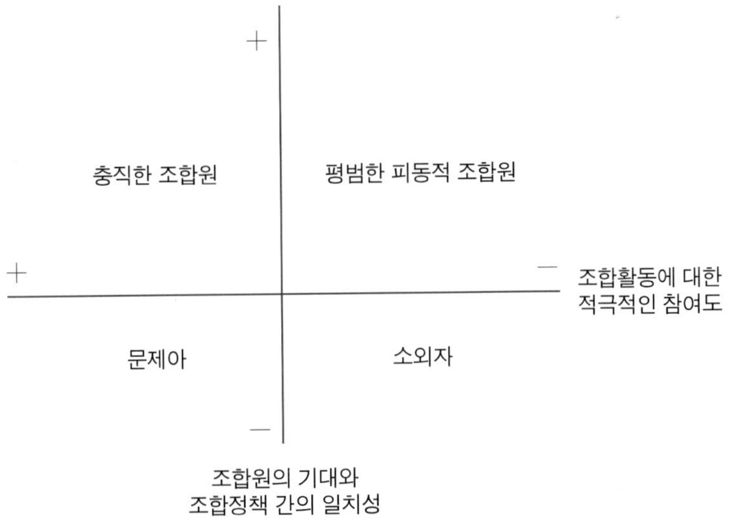

자료 : Child, R. Loveridge and Warner, M.(1973), "Towards an organizational study of trade unions", *Sociology*, Vol.7, No.1, p.76.

영하느냐 하는 것과 직결된다. 그리고 조합원들은 자신의 요구를 관철시키기 위하여 조합간부에 대해 여러 가지 형태의 압력을 가한다.

조합간부에 대한 조합원들의 압력은 조합정책이 조합원들의 기대에 얼마나 부응하느냐 하는 것과 조합원들의 조합활동에 대한 참여도와의 상호작용에 의해 나누어 볼 수 있다. 차일드(L. Child) 등은 이와 같은 두 가지 요소를 중심으로 조합원의 조합에 대한 태도를 충직한 조합원, 문제아, 평범한 피동적 조합원, 소외자의 네 유형으로 분류하고 있다(그림 7-11 참조).[117)]

이들 네 가지 유형 중 상대적으로 숫자가 적은 적극적인 조합원에 '충직한 조합원'(stalwart)과 '문제아'(trouble-maker)가 있다.

① 충직한 조합원 : 이런 조합원은 조합의 정책과 결정, 그리고 일반적인 활동이 조합원들의 기대와 열망을 충실히 반영하고 있다고 믿으며, 조합활동의 현상을 유지 내지는 지지하고자 하므로 조합간부의 지도력을 뒷받침해 준다.

② 문제아 : 이런 조합원은 전부는 아니더라도 몇 가지 이슈에서 조합의 활동이 자신의 입장과는 다르다고 인식하고 자신의 요구가 충족될 수 있도록 조합간부의 지도방침에 영향을 미쳐 조직의 정책과 결정을 수정하고자 한다.

물론 이러한 구분은 동적이어서, 한때 문제아로 있던 조합원이라 하더라도 자신의 활동에 의해서 조합정책이 자신의 기대와 일치하게 되면 곧 충직한 조합원이 될 수 있으며, 이와 반대로 조합정책이 변경되어 문제아가 충직한 조합원으로 바뀐 상태에서 그 조합정책을 본래의 것으로 전환시키기 위해서 충직한 조합원이 문제아가 될 수도 있을 것이다.

한편, 대부분의 조합원이 해당되는 수동적 집단은 평범한 피동적 조합원(card-holder)과 소외자(alienated member)로 구분할 수 있다.

① 평범한 피동적 조합원 : 이들은 조합을 임금교섭과 직무규제기능을 수행하는 도구로 생각한다. 따라서 이러한 욕구가 충족되는 한 피동적 상태로 남아 있는 데 만족한다.

② 소외자 : 이들은 조합이 실제로 수행하는 도구적 또는 이념적 활동과는 전혀 다른 기대를 가지고 있으면서도 적극적으로 그러한 조합의 활동을 변혁시키고자 하지 않는다. 이들 집단은 노동조합주의가 추구하는 이상이나 심지어는 도구적 기능에 대해서까지도 아무런 긍정적인 인식없이 억지로 조합에 가입한 사람들에게서 찾아볼 수 있다. 그리고 이들은 자신들을 거대한 조직의 일개 구성원으로서 그 조직의 결정에 영향을 미

칠 수 있는 아무런 힘도 갖지 못한 것으로 치부해 버린다. 그러므로 이들은 조합 내에서 자신의 욕구를 전혀 표출시키지 않은 채 수동적으로 조합의 결정에 따를 뿐이다.

그러나 적극적인 조합원의 경우에서와 마찬가지로 이들은 정적인 집단으로 머물러 있지만은 않는다. 예를 들면 평범한 피동적 조합원의 경우, 만약 그의 조합에 대한 도구적 기대가 충족되지 않을 때는 소외자나 또는 조합정책을 도구적으로 변화시키기 위해 문제아로 될 수도 있는 것이다.

조합원들이 갖는 이러한 각종 태도는 조합간부의 선출과 선출된 후의 간부의 역할에 직접 · 간접적으로 영향을 미친다. 말하자면 조합간부는 자신을 뽑아 준 조합원들에 대한 책임이 있고 조합원들의 지지가 없다면 무기력해질 수밖에 없는 것이다.

기업별 노동조합 간부가 수행하는 역할로서는 다음의 세 가지를 들 수 있다.

① 선도자(initiator) : 조합원이 안고 있는 문제점이나 관심사를 발견하여 아이디어, 해결책 등을 찾고 가능하면 그들을 지도하는 역할

② 응답자(responder) : 조합원의 집단적인 욕망과 느낌에 유의하면서 그것을 고려하여 그

그림 7-12 조합간부의 행동유형

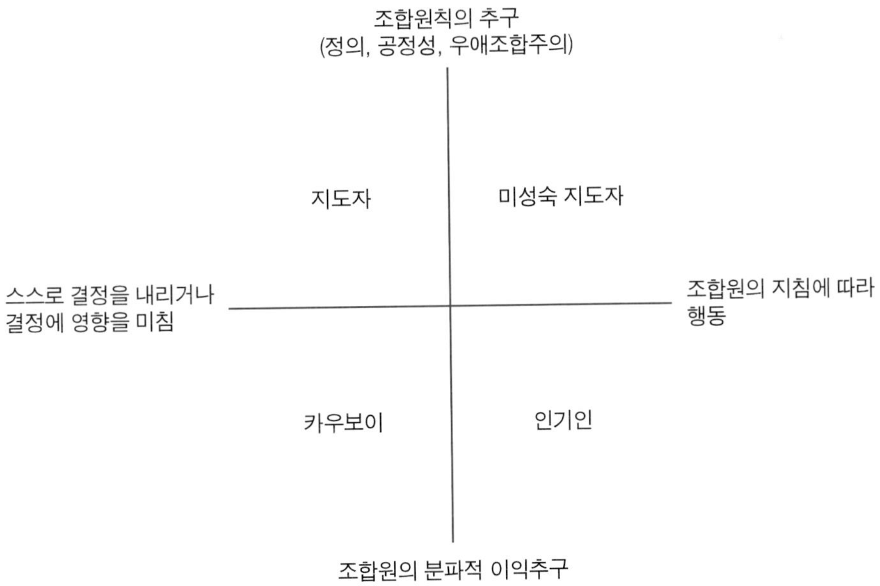

자료 : Batstone, E., I. Boraston and S. Frenkel(1977), Shop stewards in Action, Blackwell, p.34.

들의 목표를 성취할 수 있도록 하는 역할

③ 대표자(representative) : 경영자 또는 다른 노동조합과 상대할 때 대변인의 역할수행

이외에 조합간부의 행동을 의사결정과정에서의 조합간부와 조합원들과의 관계 및 결정된 사항에 대해 조합간부가 추구하는 조합원칙과의 관계를 중심으로 네 가지로 분류해 볼 수도 있다(그림 7-12 참조).

여기서 미성숙한 지도자(nascent leader)는 조합의 원칙을 추구하면서도 조합원의 지침에 따라 행동하는, 아직까지 지도자로서의 역량을 충분히 갖추지 못한 상태에 있는 간부를 의미하며, 이는 후에 지도자 또는 인기인으로 바뀌게 될 일시적인 유형이라 볼 수 있다. 지도자(leader)는 의사결정과정에서 적극적인 선도자로서의 역할을 수행하고 조합원칙을 지지하는 결정안과 전략을 이끌어내려고 한다. 인기인(popularist)과 카우보이(cowboy)는 분파적 이익을 추구하는 데 더 역점을 둔다. 그러나 카우보이는 이러한 목적을 달성할 수 있도록 상황과 전략을 인식하고 지원하는 데에 적극적인 선도자 역할을 수행하는 반면, 인기인은 직접적으로 표출된 조합원의 욕구를 반영하는 데 그칠 뿐이다.

지금까지의 조합에 대한 조합원의 태도와 조합간부의 역할 내지 행동에 대한 논의를 바탕으로 해서 우리는 조합간부가 선도자, 응답자 내지 대변인으로서의 역할을 충실히 해냄과 동시에 평범한 피동적 조합원이나 소외자의 태도를 개선시켜 조합활동에 보다 적극적으로 참가할 수 있는 충직한 조합원이 될 수 있도록 노력함으로써 노동조합 운영의 활성화를 기대할 수 있을 것이다. 그리고 조합간부는 다양한 조합원집단의 대립적인 이해관계를 조정하고 중재하여 단일안을 만듦에 있어 권위주의적 태도보다는 설득적인 태도와 지도자적인 자세를 유지함으로써 조합원들의 신뢰와 단결을 획득해낼 수 있을 것이다.

05 화이트칼라 노동조합

5.1 화이트칼라의 개념

화이트칼라(white collar)라는 용어를 이론적으로 사용하기 위해 그 개념을 규정하고자 할 때 우리가 평소에 그 용어를 얼마나 막연하게 사용해 왔는가 하는 점을 깨닫게 된다.

이는 최근의 노동조합운동이 전통적인 생산직 노동자 중심에서 사무, 관리-판매직 종사

자로 확산되어가면서 이들이 기존의 조합에 참가하기보다 독립된 조합을 형성해 가고 있을 뿐만 아니라 그 수에 있어서도 점차 증대되어 가는 추세이기 때문에 전통적인 노동조합운동과 구분되는 화이트칼라 노동조합의 어떤 특성을 규명해 보려할 때 항상 부딪치는 문제인 것이다.

대부분의 사람들은 노동자의 복장, 임금지불방법, 작업의 성격과 수행되는 장소 등과 같은 요소에 초점을 맞추어 화이트칼라에 대한 객관적인 정의를 시도하고 있다. 이처럼 블루칼라(blue collar)에 대응되는 개념으로서의 화이트칼라(주로 작업시의 착용복장에 따른 구분방식)라는 용어 이외에 화이트칼라 대신에 생산직에 대응되는 말로서의 관리직(주로 고용조건상의 차이를 강조)이라든가, 노무직의 대응으로서의 사무직(작업장소나 물리적 작업조건의 차이를 강조), 또는 육체적 노동에 대응되는 말로서의 비육체노동(작업내용이 육체적인 것인가 정신노동인가에 따른 구분)이라는 용어가 쓰이기도 한다.

그러나 이러한 구분방식은 요즈음의 산업구성이나 기술구조에 비추어 보면 부적절한 경우가 많다. 예를 들면, 사무직의 타이피스트나 설계사무소의 제도사들은 일반적으로 화이트칼라(비육체노동자)로 분류되지만 실제로 이들의 작업 내용은 판단력이나 창의력 등의 두뇌적 요소보다는 오히려 높은 수준의 육체적 숙련을 요구하는 것이 대부분이다. 또한 단순히 급여체계나 직무명칭의 차이에 따라 구분하는 방식, 예를 들면 정비공(대개 블루칼라로 분류함)과 정비기사(때로 화이트칼라로 분류됨)를 구분하고자 하는 것은 무의미한 것으로 보일 수도 있다. 이러한 개념규정상의 어려움 때문에 화이트칼라라는 용어 대신에 단순히 해당 직종을 나열함으로써(예를 들면, 사무 · 판매 · 전문기술직 노동조합으로 표현)[118] 개념상의 혼동을 피해보고자 하는 시도도 없지 않다. 그만큼 화이트칼라의 개념을 명확하게 정의내리기란 어려운 일이다.[119]

이런 여러 가지 점에 비추어 볼 때 화이트칼라를 규정할 명확한 기준을 찾기란 어려우며, 기술변화에 따른 작업내용의 변화가 진척될수록 이런 어려움은 더 가중될 것이다. 그래서 베인과 프라이스(G.S. Bain and R.J. Price) 는 상징적으로 비슷한 정도의 권한을 소유하고 있는 업무에 종사하는 집단이 그 업무특성의 상징성에 의해서 화이트칼라 집단으로 분류될 수 있다고 하면서, 화이트칼라에 대한 일반적인 인식은 바로 이러한 상징들–예를 들면 일과 관련된 복장, 고용조건 또는 작업의 성격이나 작업장소 등–과 관련이 있는 집단을 서로 유사한 것으로 보는 데서 비롯되었다고 규정지었다.[120]

한편 미국이나 일본에서는 미국 노동통계국의 직업분류방법–크게 화이트칼라, 블루칼라,

서비스직업 종사자, 농업종사자로 구분함-에 기초하여 전문적 · 기술적 직업종사자, 관리적 직업종사자, 사무종사자, 판매종사자를 화이트칼라로 분류하고 있다.

한국의 경우 화이트칼라 노동자에 대한 합의된 분류방법은 없으나 대개 행정 · 관리직, 전문기술직, 사무직, 판매직을 화이트칼라로 분류하고 있다.

5.2 화이트칼라 노동조합의 특성

화이트칼라 노동조합의 특성은 거시적 수준과 미시적 수준으로 나누어, 거시적 수준에서는 노동조합운동과의 관련성의 측면에서, 그리고 미시적 수준에서는 노동조합에 대한 화이트칼라 노동자들의 태도의 측면에서 각각 검토될 수 있다.

(1) 노동조합으로서의 특성

어떤 특정 노동조합의 특성은 그 조합이 표방하고 있는 목표, 정책 그리고 활동상의 특성이라고 할 수 있다.[121] 화이트칼라 노동조합이 지니고 있는 특성은, 그 사회의 경제적 · 사회적 계층화의 성격에 대한 가정과 노동조합의 역할에 대해 육체노동자 조합이 갖는 인식과 화이트칼라조합의 것과를 대비해 봄으로써 가장 선명하게 드러날 수 있을 것이다.

이러한 전제하에 이 문제에 접근을 하면 두 개의 큰 흐름이 있을 수 있는데, 하나는 계급 이데올로기의 신념에 바탕을 둔 것이고 다른 하나는 신분 이데올로기의 신념에 바탕을 둔 것이다[122].

프랜디(K. Prandy) 등은 노동조합에 관한 이론은 그것이 마르크스주의에 근거하든 아니든 간에 모두가 계급론적 접근방법을 상정하고 있으며, 이 때의 계급론적 접근방법은, 상품생산에서 노동자가 갖는 시장에서의 지위와, 계급적 이익을 추구하는 노동조합의 시장에서의 지위에 바탕을 둔 계급의식을 반영하고 있다고 주장하고 있다.[123] 마르크스주의적 분석시각에서 보면 분명히 화이트칼라 노동자는 육체노동 계급과는 다른 중간계급의 일부를 이루고 있으며, 노동자들의 이익을 보호하려는 노동조합의 성장의 원동력은 사회적 지위와 권력에서 소외되었다고 느끼는 육체노동자들에 의해 제공되어진다. 따라서 노동조합운동의 초기단계에서 화이트칼라 노동조합이 결성되지 않았던 것은 화이트칼라 노동자들에게 있어 노동조합주의 자체가 타인의 것으로 여겨졌을 뿐만 아니라, 육체노동자와는 다른 사회적 차별성을 유지하는 데 있어 노동조합 같은 제도의 활용을 기피한 데서 연유한 것으로 볼 수 있다.

이와 같은 화이트칼라 노동자들의 조합가입 기피성향이나 노동조합과는 다른 독특한 성격의 그들만의 조직을 결성하는 경향은 주로 그들의 허구적 계급의식에서 비롯된 것이다. 그러나 많은 사람들은 계급론적 분석이 19세기에는 적절했을지 모르지만(그것조차도 이미 1880년대 및 1890년대에 화이트칼라 조합이 출현하여 지금까지 유지되고 있는 것을 보면 의문시 되지만) 현대 산업사회에서는 더 이상 적절하지 못하다고 믿고 있다. 그 증거로서 그들은 소득, 교육, 출신성분, 또는 사회적 권력에의 접근 가능성 등의 요소에 의해 계급을 분류하기가 어렵게 되었음을 지적하고 있다. 왜냐하면 육체노동자들은 흔히 중간계급과 관련된 것으로 인정되는 많은 속성들, 예를 들면 보다 높고 규칙적인 소득, 보다 증대된 물질적 보상, 증대된 직무안정과 지위, 개선된 교육기회와 정치적 영향력 등을 얻게 된 반면 화이트칼라 노동자들은 이러한 요소들에서 이전에 자기들이 누리던 상대적 우월성이 모두 사라져버린 것으로 인식하고 있기 때문이다. 이와 동시에 노동조합 자체도 자본주의 체제에 도전하기보다는 그 운영에 참여하게 되었을 뿐만 아니라 노동계급 전체의 이익을 대변하기 보다는 분파적 이익을 대변하고 있다는 점을 지적하고 있다.

이런 점을 고려하여 20세기에 들어와서는 조합화과정이 많은 발전과 변화를 거듭하면서 여러 학자들이 화이트칼라 노동조합과 육체노동자조합의 특성을 비교하는 기준으로서 조합성 개념(concept of unionateness)을 도입하게 되었다.[124)]

한 조직의 조합성을 판단하는 기준으로 블랙번(R. M. Blackburn)은 다음과 같은 것을 제시하고 있다.[125)]

① 조합원의 이익을 추구하려는 조직의 의지와 능력에 대한 판단 요소: 단체교섭을 주된 기능으로 간주하고 있는 정도, 고용주의 영향으로부터의 독립성 정도, 단체행동을 이용하려는 정도
② 노동조합운동의 원칙과 이념에 관한 조직의 동조성에 대한 판단요소: 스스로를 노동조합으로 생각하고 있는가의 여부, 노동조합총연맹에의 가입여부, 노동당에의 가입여부

화이트칼라 노동조합의 특성을 규명하고자 하는 경우, 각종의 집단이익들이 지닌 특수성과 일반성의 측면을 고려할 때 여러 가지 다양한 계급의식이 존재할 수 있다는 사실을 인정하여 프랜디 등은 기업적 조합성(enterprise unionateness)과 사회적 조합성(society unionateness)을 구분할 필요가 있음을 지적하고 있다.[126)] 전자는 이념적 동조성과는 관계없이 도구

적 내지 분파적 이해에 바탕을 둔 당장의 고용조건상의 변경을 요구하는 작업현장에서의 집단적 행위유형을 의미한다. 이와 반면에 후자는 당장의 고용조건과 관련된 수준을 벗어나 다른 집단 간 또는 조직들과의 공통의 이해를 인식하여 사회적 수준에서 요구되는 변화를 성취하기 위해 행동하고자 하는 집단적 행위유형으로서 이념적 요소를 포함하고 있다. 그들은 이들 두 가지 형태의 조합성 모두가 분배구조상의 변화를 유발시키려는 전략과 관련된 계급행동을 반영하고 있으며, 이들간의 차이는 상이한 분배구조에서의 전략상의 차이 또는 동일한 분배구조에서 각기 다른 측면에 초점을 두는 전략상의 차이에 있다고 주장한다.[127)]

이처럼 조합성의 문제를 하나의 조직으로서 노동조합이 갖는 제도적 행위특성에서 다루기 보다 화이트칼라 노동자들의 태도측정이라는 측면에서 다룸으로써 프랜디 등은 조합성의 정도에 영향을 미치는 몇 가지 영향요인들을 규명하였다. 그들에 따르면 공적 · 사적 부문의 모든 화이트칼라 노동자들 사이에서 사회적 조합성의 가장 중요한 결정요인은 노동자의 출신성분, 특히 그 노동자의 부친이 조합원이었느냐 아니냐 하는 요인이었으며, 그 외에도 급여수준이 낮고 근무시간이 길수록 조합성이 강한 것으로 나타났다.

반면에 기업적 조합성은, 사적 부문에서는 직무몰입도, 승진기대도, 소외정도 등과 관련된 노동자들의 경영자에 대한 태도에 의해 영향을 받는 반면, 공적 부문에서는 작업장 요인이 별로 관련이 없는 것으로 나타났다. 이에 대해 프랜디 등은 기업적 조합성의 발전은 노동자들의 태도변화뿐만 아니라 그에 대한 고용주의 반응에 따라 달라지므로 공적 부문에서의 위와 같은 결과는 조합성의 초기 생성단계에서의 고용주의 신속한 대응을 반영한 것으로 이해하고자 하였다. 공적 부문에서는 기업적 조합성이 사회적 조합성의 발전에 극히 부분적인 영향밖에 미치지 못했으나 사적 부문에서는 이 두 조합성 간의 상호관련성이 매우 강해서 사회적 조합성이 기업적 조합성에 커다란 영향을 미치는 것으로 나타났다. 따라서 이들은 이 두 조합성은 전체적으로 별개의 변수들이라기보다 서로 다르면서도 관련성이 있는 변수들이라고 결론짓고 있다.[128)]

이에 반해 베인 등은 화이트칼라 노동조합의 특성을 규정함에 있어 사회적 계층화와 경제적 계층화를 구분하여 계급론적 접근방법의 기초가 된 노동과 자본의 경제적 분화보다, 사회적 계층에 바탕을 둔 신분이데올로기에 초점을 맞추었다. 그들은 사회적 신분이 전체사회에서의 위신위계에서 한 개인이 갖는 위치와 관련되어 있다고 보고, 사회적 계층체계에서 그 노동자가 어떤 위치를 갖느냐에 따라 기업이나 전체사회에 관한 인식이 달라지며 이는 그들의 노동조합에 대한 태도를 형성하는 데 기초를 제공하는 요소가 된다고 주장한다.[129)]

신분이데올로기는 그것이 표방하는 계층적 분화와 권한구조가 모두 정당하고 내부적으로 양립가능한 것으로 받아들인다. 따라서 보다 높은 사회적 지위와 관련된 중간계급의 고유한 개인주의적 가치로 인해, 화이트칼라 노동조합주의는 기업환경에 의해 그들의 사회적 지위가 위협받고 있다(상대적 박탈감)고 인식될 때만 생성가능한 것으로 볼 수 있다는 것이다. 그리고 일단 화이트칼라 노동조합이 생성되면 그들은 육체노동자 조합과는 다른 특성을 가질 것으로 믿어졌다.

이러한 맥락에서 보면 육체노동자 조합과의 공동목적의 개발 또는 그들과 유사한 집단적 행위유형의 구사는 화이트칼라 노동자들이 가지고 있던 사회적 계층이나 위신계층 또는 그 속에서의 그들의 지위에 대한 기존의 사회적 이미지를 변화시키고 있음을 의미한다. 이러한 사실은 서구에서는 이미 1960년대 이후의 화이트칼라 노동자들의 적극적인 조합활동과 단체행동의 활용 등에서 나타나고 있으며, 한국에서도 1987년 여름의 대투쟁 이후 움직일 수 없는 현실로 부각되고 있다.

(2) 화이트칼라 노동자의 노동조합에 대한 태도

자신의 작업상황에 불만이 있는 노동자들은 대개 이기주의자 · 개인적 또는 우애주의자 · 집단적 태도 중의 어느 한 가지 형태로 반응한다.[130] 전자의 경우, 개인은 그 자신의 노력에 의해 그의 경제적 · 사회적 지위를 개선하고자 하는 반면, 후자의 경우, 개인은 같은 처지에 있는 다른 사람들과 연대하여 그 집단 전체의 지위를 개선하려는 압력을 가함으로써 자기 자신의 지위를 개선하고자 한다. 흔히 우애주의가 육체노동자와 전통적인 노동조합주의의 특징인 반면 이기주의는 화이트칼라 노동자의 특징이라고 주장되고 있다. 이는 다시 말하면 화이트칼라 노동자들이 조합에 가입함에 있어서는 우애주의를 위해 개인주의를 버려야 함을 의미한다. 그러나 실제에 있어서 이 두 가지는 양립불가능한 것은 아니다. 예를 들면, 로버트(K. Roberts) 등은 육체노동자와 마찬가지로 화이트칼라 노동자들도 그들이 처해 있는 상황에 가장 적합한 전략을 선택함으로써 개인주의적이거나 또는 집단행동, 때로는 양자를 절충한 방식을 지지한다고 밝히고 있다.[131]

또한 흔히 사회적 조합성에 대한 낮은 인식도로 말미암아 화이트칼라 노동자들은 주로 도구적인 관점에서 노동조합에 가입한다고 말해지고 있다. 그들은 고용주와의 관계에서 개인적으로는 도저히 처리할 수 없는 문제들, 예를 들면 보험이나 저당 등과 관련된 문제들을 조합이 조합원들의 편에 서서 해결해 줄 수 있다고 생각하기 때문에 노동조합에 가입할 수도 있다. 그러나 머스와 와이어(D.S. Mercer and D.T. Weir) 는 화이트칼라 노동자들의 특징은 제한된 도구주의, 즉 조합원들의 실질적인 이익을 확보하기 위해 노동조합이 할 수 있는 효과적인 활동(노동조합이 내세우는 가치가 아님)에 대한 조건부 동의라는 측면에서 파악하는 것이 보다 정확할 것이라고 지적한다.[132)]

어쨌든 화이트칼라 조합원들은 조합을 통한 전체적인 노동조합운동에의 참가를 표명하지는 않지만 그럼에도 불구하고 그들은 노동조합주의가 자신의 이익을 보호해 주는 이점을 가지고 있음을 인식하고 있다.[133)]

이외에도 화이트칼라 노동자들은 대개 경영자와의 갈등보다는 협력을 선호하는 경향이 있다는 점이 지적되고 있다. 이러한 협력적 태도는 작업연구나 직무평가, 인사고과 등의 관리시스템에 기꺼이 참여하려는 그들의 태도에서 잘 드러나고 있다. 또한 화이트칼라 노동자들은 육체노동자에 비해서 단체행동에 의존하려는 의사가 적으며, 비파업협약을 쉽게 받아들이려는 경향이 있다는 점도 지적되고 있다.

한편 이영희가 행한 한국 화이트칼라 노동자들의 조합에 대한 태도조사와 그 외 전반적인 의식조사 결과를 간략히 소개하면 다음과 같다.[134)]

① 노동조합 가입동기는 '직장의 민주화를 위해'라고 응답한 사람이 가장 많았으며, 노동조합이 해야 할 가장 중요한 일도 역시 '직장의 민주화'라고 응답한 사람이 많았다. 따라서 한국 화이트칼라 노동조합 조합원들의 가장 중요한 조합가입동기는 비경제적인 요인에 있음을 알 수 있다. 그러나 조사대상자들을 상층과 하층으로 나누어 보면, 하층일수록 상대적으로 경제적 요인이 중요하게 작용하고 있음도 밝혀지고 있다.

② 쟁의행위 등의 비교적 과격한 노동조합운동에 대해서 대부분이 긍정적으로 반응하고 있으며, 노동조합의 정치적 견해표명이나 사회운동에의 참여에 대해서도 매우 긍정적으로 응답하고 있다. 아울러 생산직 노동조합과의 연대에 대해서도 아주 긍정적인 반응을 보이고 있다.

③ 금융노동조합과 연구기관노동조합은 노동조합운동의 성격에 있어서도 경제투쟁에만 머물지 않고, 사회적 · 정치적 성격의 이슈들을 다수 제기하고 있다.

④ 응답자들의 대부분은 한국 사회와 정치에 대해 매우 비판적인 시각을 가지고 있음을 알 수 있었다.

⑤ 임금수준에 있어서는 여성 · 저학력자가 남성 · 고학력자에 비해 훨씬 열등하였다. 아울러 특히 금융업체에 종사하는 하위 사무직노동자의 경우에는 시력저하, 근육통 등의

직업병을 과반수 정도가 가지고 있음이 드러났다. 이는 금융업체에 가장 많이 도입되고 있는 사무자동화의 부산물로 여겨진다.

⑥ 승진전망, 업무에 대한 흥미, 업무수행상의 자율권 정도에 대한 응답은 성별, 학력별로 약간의 차이를 보이지만 전체적으로는 '그저 그렇다'라고 응답하는 사람이 가장 많아, 직무만족의 정도는 보통인 것으로 나타났다.

이상의 결과들을 통해 한국의 화이트칼라 노동조합은 한국 생산직노동조합의 지배적 운동방식인 '경제주의적 노동조합주의(economic unionism)'의 틀에 얽매이지 않고, 직장내부의 관료제화 등의 제반 비민주적 요소들의 타파를 주된 활동방향으로 제기하고 있으며, 더 나아가서는 노동조합운동을 사회민주화운동의 일환으로 여기고 있다는 점에서 화이트칼라 노동조합으로서의 커다란 특성이 있음을 알 수 있다.[135)]

이러한 조사결과를 앞의 조합성 개념과 관련시켜 보면 한국의 화이트칼라 노동조합은 기업적 조합성과 사회적 조합성의 양 측면에서 모두 높은 조합성을 보유하고 있는 것으로 평가할 수 있을 것 같다.

Survey in IR "정리해고 대안 대화 시급 사회적 조정기구 만들자"

한겨레, 김소연 기자, 2011.07.31

전문가들이 말하는 '한진중 사태 해법'
노사정 대화기구 꾸려 정리해고 기준 재검토
정부 · 부산시 중재, 재취업 프로그램 운용 필요

한진중공업 정리해고 인원	
306명	94명
희망퇴직	강제 정리해고

한진중공업 사태가 '출구'를 찾지 못하고 있다. 끝이 보이지 않는 터널 속에서 헤매는 모양새다. 김진숙 민주노총 부산본부 지도위원의 크레인 농성이 31일로 207일째를 맞은 가운데 시민들의 '희망버스'가 부산을 세 번째로 찾았지만, 정작 당사자들인 한진중공업 노사의 대화는 막혀 있고 갈등은 장기화하고 있다.

이에 〈한겨레〉는 강신준 동아대 교수(경제학), 김기원 한국방송통신대 교수(경제학), 김대호 사회디자인연구소장, 김동원 고려대 교수(경영학), 이병훈 중앙대 교수(사회학), 하종강 '노동과 꿈' 대표 등 경제 · 노동 문제 전문가들에게 한진중공업 사태의 해법을 들어봤다.

이들은 노사가 부산 영도조선소를 포기할 생각이 아니라면 지금이라도 정리해고 회피 방안을 놓고 머리를 맞대야 한다고 입을 모았다. 경영진은 정리해고가 불가피하다는 뜻을 굽히지 않는 반면, 노조는 그럴만큼 긴박한 경영상 위기가 아니라고 맞서면서, 정작 한진중공업 노사는 7개월 동안 정리해고 회피 방안에 대해선 적극적인 대화를 나누지 못했다. 현재 한진중공업의 정리해고자는 94명이다. 회사는 지난해 12월 생산직 직원 1100여명 중 400명의 정리해고 방침을 결정했고, 이 가운데 230명이 희망퇴직을 했으며, 지난달 27일 노사 합의 뒤 추가로 76명이 희망퇴직을 선택했다.

전문가들은 기업이 어려울 때 사람을 잘라내는 '수량적 유연화'가 아니라, 무급휴직, 직업훈련, 노동시간 단축, 전환 배치 등 '기능적 유연화' 방안을 찾아야 한다고 조언했다.

특히 한진중공업 같은 대기업의 대규모 정리해고는 그 여파가 하청업체로까지 이어져 대량 실업과 가정붕괴 등 지역사회 전체에 큰 후유증을 남기는 만큼, 신중하게 접근해야 한다고 주장했다. 실제 한진중공업 하청노동자들은 1년 사이에 1300여명이 일자리를 잃었다.

강신준 교수는 "정리해고의 타당성을 놓고 노사의 의견이 첨예하게 맞서고 있으니 중앙노동위원회나 법원의 판단이 나올 때까지 정리해고를 유보하고, 그사이에 해고를 피할 수 있는 돌파구를 찾아야 한다"며 "무급휴직이나 직업훈련 등이 대안이 될 수 있다"고 말했다. 독일에서도 1986년 함부르크의 몇몇 조선소가 1000~1200명을 정리해고 하려하자, 시와 산별노조, 연방고용청, 조선협회가 나서 '정리해고 대신 직능향상 훈련'을 시키는 방식으로 고용을 지켜냈다. 훈련을 받는 동안 노동자들의 임금은 정부와 시, 회사가

전문가들이 말하는 한진중 사태 해결

강신준
동아대 교수

"정리해고에 대한 불신이 큰 만큼, 중앙노동위원회나 법원의 판단이 나올 때까지 해고를 유보시켜 놓고 정부와 부산시, 노사가 무급휴직, 직업훈련 등 탈출구를 찾아야 한다."

김기원
한국방송통신대 교수

"정리해고 규모가 적절했는지 다시 한번 따져보고, 고통분담에 대한 고민을 해야 한다. 미국 자동차회사 크라이슬러 대표였던 아이아코카는 회사를 살리자며 자신의 연봉을 1달러로 책정하기도 했다."

김대호
사회디자인연구소 소장

"노동자들의 결사투쟁으로는 해결이 어렵다. 정부는 고용유지지원금을 투입해 무급휴직 등의 방안을 마련하고 불가피한 해고에 대해서는 부산시와 고용노동부가 나서 전직 프로그램 등을 적극적으로 가동해야 한다."

김동원
고려대 교수

"우선은 노사 자율로 맡겨둬야 한다. 외부의 입김이 강하면 대리전 양상이 돼 해법을 찾기가 어려워진다. 그런데도 해결이 안 되면 노사가 합의해 중립적인 전문가 등 제3자가 조정에 나서야 한다."

이병훈
중앙대 교수

"조남호 회장의 무책임이 사태를 키웠다. 조 회장이 정리해고 회피 노력에 적극 나선다면 대화가 탄력을 받을 가능성이 크다."

하종강
노동과 꿈 대표

"독일의 폭스바겐이나 우리나라의 유한킴벌리 등은 기업이 어려울 때 노동시간 단축을 통해 일자리를 나누면서 고용을 유지했다. 이런 시도도 해보지 않고 정리해고를 강행하는 것은 경영위기를 틈타 노조를 무력화시키겠다는 의도다."

공동으로 부담했다.

김대호 소장은 "정부는 고용유지 지원금을 투입해 무급휴직 등의 방안을 마련하고, 불가피한 해고에 대해서는 부산시와 정부가 나서 재취업 프로그램을 적극 가동해야 한다"고 제안했다. 기업이 정리해고 대신 고용을 유지했을 때 정부가 지원하는 고용유지 지원금을 한진중공업 사쪽은 아직 이용하지 않은 상태다. 김동원 교수는 "외부의 입김이 강하면 대리전 양상이 벌어져 해법을 찾기가 더욱 어려워지므로 노사에 맡겨둬야 한다"면서도 "노사 자율 해결이 어려우면 중립적인 전문가 등 제3자가 조정에 나설 필요가 있다"고 말했다.

노동시간 단축으로 일자리를 지켜내자는 주장도 나왔다. 하종강 '노동과 꿈' 대표는 "독일의 자동차회사 폴크스바겐이나 우리나라의 유한킴벌리 등은 기업이 어려울 때 노동시간 단축을 통해 일자리를 나누면서 고용을 유지했다"며 "이런 시도도 해보지 않은 채 정리해고를 강행하는 것은 경영위기를 틈타 노조를 무력화시키겠다는 의도"라고 지적했다.

조남호 한진중공업 회장의 태도 변화를 요구하는 목소리도 높다. 이병훈 교수는 "조남호 회장의 무책임이 사태를 키웠다"며 "조 회장이 정리해고 회피 노력에 적극 나선다면 대화가 탄력을 받을 가능성이 크다"

고 주장했다. 김기원 교수도 "미국 자동차회사 크라이슬러의 대표였던 아이어코카는 회사를 살리자면서 자신의 연봉을 1달러로 책정하기도 했다"며 "노사는 정리해고 규모가 적절했는지 다시 한번 따져보고, 고통 분담에 대한 고민도 해야 한다"고 말했다. 조 회장 등 한진중공업 사내이사 4명의 지난해 평균연봉은 3억원이다.

일부 전문가들은 중국의 영향으로 국내 조선산업이 점차 위축될 가능성이 높은 만큼, 이번 한진중공업 사태를 계기로 기업 단위를 넘어서는 노사정 차원의 대화기구를 만들어 조선산업의 경쟁력 강화와 구조조정 방안 등을 일찌감치 마련해 나가야 한다고 조언하기도 했다.

◈ 연습문제

1. 노동조합주의의 개념과 이와 관련된 중요한 이론들에 대해 설명해보시오.
2. 노동조합의 목적과 기능측면에서 한국노조총연맹(한노총과 민노총)의 전략적 선택에 대해 분석해보시오.
3. 노동조합 존재가 임금인상에 미치는 효과에 대해 논하시오.
4. 노동조합의 일반적인 기능에 대해 설명해보시오.
5. 노동조합의 구조(결성형태)별 특성에 대해 설명해보시오.
6. 산별노조의 장 · 단점에 대해 설명해보시오.
7. 기업별노조의 형성배경과 특성 및 그 장단점에 대해 설명해보시오.
8. 복수노조주의의 장 · 단점을 설명하고 기업수준에서 이 제도를 도입했을 때 예상되는 장 · 단점과 그 대책에 대해 토의해 보시오.
9. 노조의 입법기능과 집행기능에 대해 설명해보시오.
10. 화이트칼라 노조의 특성과 조합성에 대해 설명해보시오.

제8장 사용자의 목표와 전략

01 사용자의 정의 및 분류
02 경영자의 노사관계 전략
03 한국 기업의 노사관계 전략
04 사용자의 경영권에 대한 이해

생산적 노사관계 구축을 위한 과제

1. 노사관계 현황

- 노사협력주의가 확산되는 세계적 추세와 달리 우리는 대립적 노사관계 지속
  - 세계적으로 노사협력주의가 확산되는 가운데 미국, 일본은 물론 유럽에서도 노조가 고용안정을 위해 임금과 복지혜택 축소를 수용하는 등 상생의 노사관계를 위해 노력
  - 우리는 일부 대기업을 중심으로 상생의 협력적 노사관계가 싹트고는 있으나, 아직도 이익분배를 둘러싼 대립적 노사관계가 지속되고 있고, 상급 노동단체의 정치투쟁도 지속
  - 주한 외국인들은 대한투자의 가장 큰 장애물로 적대적 노사관계를 지적

2. 후진적 노사관계의 원인

- 노사정의 잘못된 관행 : 전투적 조합주의와 단기이익을 추구하는 노조, 사측의 임시방편적인 대노조 정책, 일관성이 결여된 정부의 노사관계 정책 등 노사정의 잘못된 관행
- 노동시장의 경직성 : 고용과 임금 등 노동시장의 유연성 부족으로 대기업 · 영세중소기업, 정규직 · 비정규직으로 노동시장 양극화, 해고와 재취업이 어려워 노조의 단기 이익추구를 조장
- 산업현장의 법치주의 미확립 : 불법행위에 대한 엄정한 법집행 미흡, 불법파업을 해도 손해보지 않는 구조로 노조는 불법행위인줄 알면서 이를 강행하고 불법파업과 과격시위가 반복

3. 상생의 선진 노사문화 구축을 위한 과제

- 노사가 공동운명체임을 재인식 : 극단적인 투쟁보다 끈기 있는 대화를 통해 문제해결을 도모
  - 노조와 근로자는 상급단체의 명분없는 정치투쟁이 해당기업의 노사관계에 영향을 미치지 않도록 해야 하며, 기업사정을 감안하지 않은 무리한 근로조건 개선요구는 지양
  - 회사는 일자리 유지 · 창출에 노력하고, 투명경영에 주력하는 한편, 노사화합에 따른 과실이 근로자에게 충분히 돌아가도록 조치하여 노사 간 win-win의 선순환 구도 구축에 노력
- 산업현장의 법치주의 확립 : 법치주의가 확립되지 않으면 어떠한 정책도 효과가 없음
  - 불법파업을 벌여도 손해 보지 않는 잘못된 관행을 개선하기 위해 불법파업으로 인한 피해에 대해 노조와 노조원이 금전적인 책임을 지도록 하는 적극적인 조치 필요
- 노동시장 유연성 재고 : 기존 일자리의 지나친 보호 지양, 고용형태 다양화를 통한 일자리 창출
  - 기업들은 해고제한 완화, 직무급 등 성과주의 임금체계로의 개편 등으로 노동시장의 유연성이 제고될 경우 신규채용을 대폭 증가시킬 수 있다는 입장인 것으로 조사됨(경총 조사결과)

■ Issue Paper(통권 87호, 2007.12.17), 전국경제인연합회

학습목표

사용자의 개념정의, 한국사용자단체의 종류와 특징, 경총의 주요 노사관계 활동 및 과제, 노사관계형성에 있어 전경련과 상공회의소의 위상과 전망, 경영자의 노사관계시각의 유형, 경영자의 노사관계관리의 목표와 유형, 경영자의 노사관계전략 형성에 영향을 미치는 요인, 경영자의 주요 노사관계관리 내용, 경영권의 개념과 구성내용, 한국기업의 노사관계전략

사용자조직은 노사관계에 있어서 노동조합 등 노동자조직과 더불어 기본적 당사자가 되는 기초조직이다. 노동자가 직업선택의 자유를 가지는 반면 사용자는 생산수단의 소유자 또는 이용자로서 채용의 자유를 가진다. 이와 같이 노사의 합의에 의해서 생산수단과 노동의 결합이 이루어진다고 보는 것이 자본주의 경제의 기본전제 중 하나이다. 그러므로 노사관계의 올바른 파악을 위해서는 사용자조직이 노사관계에서 갖는 기본적 입장이나 전략에 관하여 이해할 필요가 있다.

01 사용자의 정의 및 분류

1.1 사용자의 정의

경영자는 흔히 기업의 목표를 달성하기 위하여 계획, 조직, 통제의 기능을 수행하는 경영의 주체로 정의된다.

넓은 의미의 경영자는 최고경영층(top management)뿐만 아니라 중간관리자(middle management)나 하위경영자(lower management)까지를 포함하는 복수의 개념이다. 그러나 노사관계의 주체가 되는 사용자를 일반적으로 통용되는 경영자의 개념으로 파악한다면 명쾌하지 못한 면이 있다. 경영자 중의 일부는 사용자가 아닌 노동자에도 속하게 되는 것이다. 경영자와는 별도로 사용자를 정의한다면 노동자의 노동력을 구입하여 생산활동에 투입하는 노사관계의 당사자로 볼 수 있을 것이다. 그러나 소유와 경영이 분리된 현대의 기업에 있어서는 노사관계의 관리자인 경영자를 노사관계의 당사자로 보아도 무방할 것이다.

법률적으로 볼 때 사용자는 노사관계의 당사자로서 임금 · 급료 등의 지급의무를 지며 노동자에 대하여 지휘권을 가지는 자이다. 그러나 근로계약상의 사용자개념과 근로기준법 상의 사용자개념에는 차이가 있다.

근로계약상의 사용자는 근로계약을 체결한 사용자를 말하나 현행 근로기준법에서 말하는 사용자는 사업주 또는 사업경영담당자 내지 기타 근로자에 관한 사항에 대하여 사업주를 위하여 행위하는 자를 총칭한다. 이 때 ① 사업주는 그 사업의 경영주체, ② 경영담당자는 사업의 경영을 위임받아 경영상의 권한과 책임을 가진 자, ③ 그밖의 사업주를 위하여 행위하는 자는 인사, 급여 및 관리 등 근로자에게 관계있는 사항을 결정하거나 집행하는 데 관여하는 자를 뜻한다.[1)]

1.2 개별사용자

전술한 바와 같이 노사관계의 두 당사자를 광의로 구분한다면 사용자와 노동조합을 들 수 있다. 사용자는 다시 개별사용자와 사용자단체로 세분할 수 있는데 이 경우 개별사용자에는 최고경영층은 물론 기업수준에서 노사관계 관리기능을 수행하는 노사담당스탭과 현장의 관리자들이 모두 포함된다. 노사문제는 기업의 어느 곳에서나 일어날 수 있기 때문에 부하를 지휘하는 관리자는 누구든지 이와 관련된 기능을 수행하게 된다.

이와 같이 전문스탭에게만 의존할 수 없다는 특성 때문에 지금까지 노사관계관리는 특별한 노사부문 전문스탭의 설치없이 라인조직의 부수적인 업무로만 처리되어 왔다. 그러나 경영규모가 확대되고 산업구조가 복잡화되면서 노사관계관리를 전담하는 스탭의 필요성이 증가하게 되었다. 노동조합의 세력이 점점 증대됨에 따라서 노사관계관리 기능은 가장 중요한 경영전략의 하나가 되었기 때문에 전문스탭이 반드시 필요함은 물론 최고경영층이 적극 개입하지 않으면 안 될 중요한 기능으로 부각되었다.

노사부문의 전문스탭은 노사문제와 관련된 정보수집이나 사전연구 등을 통하여 정책심의 및 실시과정에서 최고경영자를 보좌하고 각 부문의 라인관리자들에게 전문지식을 제공하기도 하며 직접 교육훈련, 커뮤니케이션관계 등의 실무를 담당하기도 한다.

1.3 사용자단체

사용자단체는 노사문제에 있어서 가맹자인 사용자의 이익을 지키고 사회적 지위를 확립하기 위하여 조직된 공적집단이다. 대부분의 경우 이러한 사용자단체는 노동조합과 같이 법적인 보장을 받는 조직은 아니고 상공회의소와 같은 다른 목적을 위해 설립된 조직이 그 기능을 대신하기도 한다. 사용자단체를 중세부터 존재한 길드(guild)의 후신으로 본다면 그 역사가 대단히 길다고 볼 수도 있으나 근대적 의미의 사용자단체는 통상 노동조합에 대항하여 노동자들의 조직보다 늦게 출현하였다고 보는 견해가 일반적이다. 19세기 말의 자유방임시대가 막을 내리고 노동조합운동이나 쟁의행위의 합법성이 승인되기 시작하자 사용자들은 불가피하게 노동자의 권익보호를 목적으로 하는 노동법의 제정을 수용하고 이에 대응하여 공동전선을 형성하게 되었던 것이다.

초기의 사용자단체는 노동조합과 직접 교섭한다기보다는 정부에 대한 압력단체로서 활동하여 구성원들의 이익을 수호하려고 하였다. 즉, 수적으로 열세인 사용자들은 경제적인 지배력을 통하여 정부의 노동정책에 영향력을 행사하려고 하였으며 이러한 현상은 아직도 계속되고 있다. 그런데 노동조합이 진보적인 정당과 공식적으로 연계하는 것과는 달리 사용자단체가 보수적인 이데올로기를 표방하는 정당과 공식적인 제휴관계를 맺는 일은 거의 없다. 사용자단체는 단지 개별적이고 비공식적인 접촉을 통하여 암묵적으로 영향력을 행사하려든다.

이 밖에 사용자단체가 단체교섭과정에서 직접 대표기능을 수행하고 있는 나라도 있다. 덴마크 등 북구의 여러 나라들은 고도로 중앙집권적인 사용자단체를 중심으로 전국수준에서의 단체교섭이 행하여지며 지역 및 기업수준에서는 중앙에서 합의된 것을 적용하기 위한 교섭이 이루어진다. 독일의 경우에도 전국수준에서 산업별 단체교섭이 행하여지고 기업수준에서는 엄격하게 말해서 단체교섭이라고는 할 수 없는 노사협의만 이루어진다.

프랑스, 벨기에, 이탈리아 등에서도 각 산업의 지부가 교섭의 중심이 되지만 전국적인 통일협약의 체결도 가능하게 되어 있다.

1.4 한국 사용자단체의 조직과 활동

우리나라 사용자도 유럽의 경우와 마찬가지로 자발적으로 업종별 단체나 사용자단체를 조직하고 가입할 수 있으며, 노사관계에 관해 사용자의 집단적 이해를 대변하는 기능은 사용자단체가 지니고 있다. 유럽의 경우 사용자단체 조직이 주로 국가수준 – 산업수준 – 개별기업수준의 사용자 이해를 조정하여 대변하고 있는 반면에 우리나라 사용자단체 조직은 국가수준 – 지역수준 – 개별기업수준의 사용자 이해를 대변하는 모습을 보인다. 즉, 산업(업종)수준에서 사용자단체가 미발달되어 있는 대신 지역수준에서 사용자단체가 형성되어 지역

사용자의 이해를 대변하고 있다.

유럽에 비해 독특한 모습은 우리나라 사용자단체 조직상 개별기업이 회원사로 되어 있어 기업을 중심으로 사용자단체 활동이 전개된다는 점이다. 유럽의 경우 사용자단체의 중심은 중앙사용자단체의 회원단체인 산업(업종)단체이다. 이에 반해 우리나라는 중앙사용자단체와 개별기업회원사, 그리고 지역사용자단체와 개별기업회원사 사이의 관계가 핵심적이다. 중앙사용자단체와 지역사용자단체 사이의 상호작용은 단체와 회원사의 관계라기보다 임의적 연대 모임의 성격이 강하다.

현재 중앙사용자단체로 경영자총협회(경총), 전국경제인연합회(전경련), 대한상공회의소(대한상의), 중소기업협동조합중앙회(중기협), 대한무역협회(무역협회) 등 다섯 개가 활동하고 있다. 이들 사용자단체는 경제단체연합회(경단련)를 결성하여 경총이 사무국 기능을 담당하도록 하여 경총이 사용자단체의 대표로 활동하고 있다.

우리나라의 사용자단체 조직 현황은 파악되지 않고 있다. 이는 조직률산정 기준이 되는 기업 수에 대한 조사가 전무하기 때문이다. 또한 다섯 개의 중앙사용자단체가 회원 기업에 대한 정보를 제공하는 것을 꺼려하기 때문이기도 하다. 정확한 통계수치를 구하는 것이 불가능하기 때문에 가능한 자료를 동원하여 우리나라 사용자단체 조직률을 유의하게 추정하여야 한다.

현재 모집단인 우리나라 전체 기업 수나 종업원 수를 일관성 있게 제공하는 것은 통계청의 사업체실태조사이다. 사업체실태조사에 따르면, 전체 사업장 수는 2012년 말 기준 3,601,950개이다. 그러나 근로기준법 전부를 적용하지 않는 4인미만 사업장수가 전체의

표 8-1 산업 및 종사자 규모별 사업체수 (단위 : 개, %, %p)

산 업	사 업 체 수					
	2011년	2012년	증감률	구성비		
				2011년	2012년	증감차
전 산 업	3,470,034	3,601,950	3.8	100.0	100.0	0.0
1 ~ 4인	2,879,676	2,959,841	2.8	83.0	82.2	-0.8
5 ~ 99인	574,349	626,244	9.0	16.6	17.4	0.8
100 ~ 299인	12,675	12,561	-0.9	0.4	0.3	0.0
300인 이상	3,334	3,304	-0.9	0.1	0.1	0.0

자료 : 통계청 전국 사업체조사결과

82.17%인 2,959,841개이고, 근로기준법을 전면 적용받는 5인 이상 사업장 642,109개 중, 100인 미만 사업장이 97.5%를 차지하는 626,244개에 달하고 있는 실정이다. 그런데 100인 이상 사업장의 수는 2011년에 비해 -0.9% 줄어들고 있는 반면에, 99인 이하 사업장수는 점차 늘어나고 있는 추세임을 알 수 있다.

한편, 다섯 개 중앙사용자단체가 결성하여 만든 경단련의 사무국 기능을 수행하는 경총을 기준으로 2003년 12월말 현재 사용자단체의 조직률을 추정할 수 있다. 〈표 8-2〉에서 모집단은 통계청의 사업체실태조사이며 경총의 기업 수 및 종업원 수는 내부문건에서 발췌한 것이다. 모집단인 총 기업 수는 26만여 개이며 종업원 수는 569만여 명으로 조사되었다. 경총 소속 기업 수는 3,400여 개가 아니라 18,500여 개로 확대 추정되었다. 이는 지방경총 소속

표 8-2 사용자조직 현황 (단위 : 개, 명)

	회사법인 수	총종업원 수	경총회원사 수	회원사 종업원 수
서울	88,633	1,743,081	350	200,000(추정)
부산	19,908	385,667	2,853	150,000(추정)
대구	10,700	214,544	3,921	113,380
인천	11,833	275,373	2,160	122,010
광주	8,452	165,832	1,334	87,196
대전	7,010	125,562	987	38,654
울산	4,486	184,967	1,601	107,010
경기	48,164	1,140,123	1,843	172,124
강원	6,463	1,143,078	390	12,441
충북	7,096	171,166	691	38,146
충남	7,689	199,445	(대전에 포함)	(대전에 포함)
전북	6,588	132,738	674	40,480
전남	6,903	133,315	(광주에 포함)	(광주에 포함)
경북	10,485	296,071	1,551	70,320
경남	13,181	367,917	1,980	136,612
제주	2,151	39,163	145	5,231
전체	259,762	5,689,272	18,500	1,293,604(추정)

주 : 2003년 12월 기준

자료 : 회사법인 수와 총종업원 수는 통계청의 사업체전수조사(2003), 그리고 경총회원사 수와 회원사 종업원 수는 내부자료(2004. 8); 임상훈(2006), 한국형 노사관계모델(II), 한국노동연구원, p.52.

사업체를 기업으로 취급한 데 따른 것이며, 또 노동부가 실업보험료 징수를 위임한 지방경총이 관련 사업체를 모두 포괄하여 집계하였기 때문이다.[2] 이에 따라 계산해 보면 경총의 조직률은 기업체 수 기준으로 7.1%이며, 종업원 수 기준으로 22.7%으로 추정된다.[3]

경총을 기준으로 추정치를 보면 종업원 조직률이 기업체 수 조직률보다 훨씬 높은 것을 알 수 있다. 이는 유럽의 경우와 마찬가지로 대기업이 중소기업보다 조직화에 적극적일 뿐만 아니라 사용자단체 역시 회원비 징수나 사회적 영향력 확대를 위해 대기업을 중심으로 조직화에 나서기 때문이다.

우리나라 사용자단체 역사를 살펴보면, 상공회의소, 무역협회, 전경련, 중소기업중앙회, 그리고 경총의 순으로 조직되었는데, 상공회의소와 중소기업중앙회를 예외로 하면 타중앙사용자단체는 처음부터 대기업을 회원으로 삼아 조직되었다. 상공회의소는 중앙보다 지역의 중소기업을 상대로 조직화하기 시작하였고, 중소기업중앙회는 업종별로 중소기업을 회원으로 조직되었다.

사용자단체가 중소기업을 대상으로 조직화에 나설 경우 재정적 어려움을 겪기가 쉬울 뿐만 아니라 사회적 영향력을 증가시키는 데도 큰 한계에 부딪치기가 쉽다. 유럽에서도 중소기업을 중심으로 한 사용자단체가 강력한 영향력을 갖는 경우는 이탈리아의 일부 지역에 불과할 정도이다. 우리나라의 상공회의소나 중소기업중앙회는 이러한 어려움을 덜기 위해 법적으로(상공회의소법이나 중소기업중앙회법) 조합가입이 강제되고 이해 대변의 독점적 권리가 부여되었다. 그러나 상공회의소법의 강제의무가입 조항이 2007년 이후 폐지되어 기업은 자발성에 기초하여 사용자단체에 가입하도록 법이 개정되었다. 이러한 자발성에 기초한 가입원칙은 향후 사용자단체가 더욱 대기업에 의존할 수 있음을 시사한다.

우리나라 사용자단체의 대기업 의존성은 의사결정구조에서도 명백하게 드러난다. 사용자단체의 최고 의사결정기구는 회원사 총회이지만 실제로는 이사회이다. 그런데 이사회원은 대기업이 차지하는 것이 일반적인 관례이다. 대기업은 공식적인 의사결정기구를 장악하여 자신의 이해를 관철하는 것에 더해 비공식적인 보완장치를 마련하여 사용자단체에 상시적으로 개입하게 된다. 대표적인 예가 경총의 대기업 인사노무관리 임원회의이다. 이 임원회의는 비공식 모임이지만 경총이 중요한 의사결정을 하기 전에 대기업의 의사를 묻는 기구이며 주요 사업을 보고하는 기구이기도 하다.

중소기업중앙회를 제외하면 우리나라 중앙사용자단체나 지역의 사용자단체는 개별기업을 회원으로 삼는다. 이는 유럽에서처럼 산업(업종)별 사용자단체가 발전할 수 있는 토양을 조성하는 데 장애물이 된다. 1997년 경제위기 이후 노동조합측은 산별 노조 건설과 산별 교섭을 성사하기 위한 노력을 기울이고 있으나, 산업(업종)수준에서 사용자단체의 미발달로 사회적 비용이 점증되고 있다는 점을 볼 때 중앙사용자단체의 회원기준의 변경도 고려해 보아야 할 것이다.

개별기업이 회원사로 활동할 경우 사용자단체와 회원사 사이의 거리는 매우 짧아 상호작용의 여지가 높다. 이는 개별기업의 이해가 중앙이나 지역의 사용자단체에 쉽게 반영되도록 하여 기업이 사용자단체 가입에 매력을 느낄 수 있다. 그러나 사용자단체가 담당하는 회원사는 수백 개에 해당한다. 이는 유럽의 경우에서처럼 사용자단체가 개별회원의 이해를 조정하기가 어렵고 개별회원사는 사용자단체가 내린 결정을 존중하지 않도록 한다. 특히 중앙사용자단체는 중앙집중성과 내부조직력을 강화하기 위해 다수의 개별기업이 회원으로 가입하기보다는 소수의 단체가 회원으로 가입되어야 할 것이다. 이는 산업(업종) 사용자단체의 구성에 대해 중앙사용자단체가 긍정적인 입장을 형성하도록 한다. 여기에는 기존 개별기업회원의 반발이 자연스럽게 형성될 것이다.

위에서 검토한 바에 따르면 우리나라 사용자단체의 문제는 조직률이 아니라 조직력과 관련한 것이다. 우리나라 사용자단체의 50%에 가까운 조직률은 유럽 OECD 15개국 평균 55%에 근사한다. 그러나 유럽 사용자 단체가 가진 중앙집권성, 내부조직력, 지도력을 확보하지 못하고 있다. 다섯 개의 중앙사용자단체가 경쟁하고 개별기업을 회원 대상으로 하며 대기업의 이해가 직접 반영되는 반면에 그들의 이해를 조정하는 데 어려움을 가진 것이 우리나라 사용자단체의 현실이기 때문이다.

중앙사용자단체는 개별회원 기업들로선 가질 수 없는 정책개발능력을 갖추고 있어야만 지도력을 확보할 수 있다. 그러나 정책개발과 관련한 전임기관을 보유하고 있는 곳은 전경련과 경총, 중소기업중앙회일 뿐이며, 그나마 독자적인 재정확보가 이루어진 곳은 전경련에 불과한 것으로 보인다. 그러나 전경련의 한국경제연구소는 전체 사용자의 이해를 대변하기보다는 일부 대기업을 위한 정책을 개발한다.

지역의 사용자단체도 중앙사용자단체가 가진 조직력 미비 문제에 처해 있다. 독자적인 정책개발 전임기구를 구성하는 것은 이들에게 사치에 가까울 정도로 재정적 문제가 심각해 회원 기업에 대한 의존도가 매우 높다. 상공회의소에 비해 지방경총의 재정상의 어려움은 더욱 크다. 비록 국가수준에서 경총이 다섯 개 중앙사용자단체를 대변하는 기능을 하고 있지만 지역에서도 지방경총이 동일한 지위를 가지고 있다고 하기 어렵다. 지역의 경우 대부분

지방상공회의소가 지방경총에 비해 조직력의 우위를 점한다. 유럽에서 사용자단체가 재정적 어려움을 극복하고 사회적 영향력 확대를 위해 통합에 나선다는 점은 우리나라 지역의 사용자단체에 시사하는 바가 적지 않다.

중앙이나 지역의 사용자단체의 조직력 문제는 사용자 사이의 서로 다른 이해를 조정하는 데 많은 어려움을 가지고 있다는 것을 뜻한다. 우리나라 노동조합 조직에서 기업별노동조합에 재정과 인적자원, 그리고 노사관계 관련 권력이 집중되어 있어 수천의 기업별노동조합을 조정하는 데 많은 어려움을 가지고 있듯이, 사용자단체도 적게는 수백, 많게는 수천의 회원사 사이의 서로 다른 이해를 조정하는 데 큰 애로를 갖게 된다. 사용자단체의 조직체계와 조직력의 미비는 유연한 이해조정 메커니즘을 형성하기가 쉽지 않다는 것을 반증하고 있다.

아래에서는 다섯 개의 중앙사용자단체 가운데 노사관계에 있어 사용자의 이익을 대변하는 데 일정한 몫을 감당하고 있는 경총과 전경련, 그리고 중소기업의 이익단체인 중소기업중앙회의 활동을 보다 세부적으로 검토해 보고자 한다.

(1) 한국경영자총협회

먼저 경제단체협의회(경단협)의 사무국을 맡고 있는 한국경영자총협회(경총)는 독립법에 의해 설치된 법정 회원단체가 아닌, 민법에 근거한 사단법인으로 민간기관이다. 경총은 개별기업을 회원사로 두고 있으며 여기에 지방경총과 20여 개의 업종별단체를 단체회원으로 두고 있다. 1970년에 전경련의 노무인사담당자들을 중심으로 분리되어 설립된 이래, 노사관계 관련 사용자집단의 이해를 대변하는 기구로 활동하였다. 1970년 창립 이래 1980년 초까지 지속적으로 회원 수가 증가하였으나 〈표 8-3〉에서 보는 것처럼 1980년대 중반 이후 회원 수는 거의 비슷하게 유지되고 있다. 경총 본부의 회원사는 일부를 제외하면 대기업의 계열사이거나 관계사이며, 공공부문 기업도 마사회를 비롯해 몇 개 되지 않아 민간부문 대기업 중

표 8-3 경총 회원사 추이

	1986	1996	2003	2012
경총 본부 회원사*	356	352	370	364
지방경총회원합계	2,344**	3,186	2,998	3,698

주 : * 지방경영자협회는 단체회원으로 합산하여 각각 1명으로 계산.

** 2003년도 까지의 수치는 강원, 경기도지역 해당자료 없음.

자료 : 경총회원관리팀 문의; 경총사업보고서, 각 년도; 임상훈(2006), 앞의 책, p.56.

심으로 조직되어 있음을 알 수 있다. 지방경총의 경우 개별기업을 회원사로 삼고 있는데, 1987년 노동자대투쟁 이후 지방경총에 가입한 회원사의 수가 증가하고 있어 노사관계에 대한 관심이 전국적으로 확산되어 있다는 것을 반증한다. 경총 본부나 지방경총의 회원사 조직의 어려움은 1997년 말 발생한 IMF 경제위기시에 극대화되었던 것으로 조사되었다.

경총은 회원사를 일반회원, 단체회원, 그리고 특별회원 등 세 개의 집단으로 분류하여 관리하고 있다. 일반회원은 개인이 아닌 개별 법인업체로서 자산액과 매출액, 사회적 인지도 등을 종합적으로 고려하여 경총이 산정한 회비를 납부하는 업체이다. 일반회원은 월 20만 원의 회비를 납부하는 중소기업부터 연 5억 원의 회비를 납부하는 대기업까지 분포가 넓으나 80% 이상이 대기업에 속한다. 따라서 중소기업의 이해가 대변되기보다 대기업의 이해가 대변되는 경향이 강하다.

일반회원과 함께 경총은 지방경영자총협회, 업종별단체, 종합경제단체, 관련연구단체 등을 단체회원으로 두고 있으며, 경총이 주관하는 특정사업에 참여하는 업체(다만, 당해 특정사업을 제외하고는 출석 및 의결 정족수에 산입되지 않음)를 특별회원으로 삼고 있기도 하다. 일반회원, 단체회원, 특별회원의 경총에 대한 입회 및 탈퇴는 정관에 정해져 있는데, 입회는 희망업체가 이사회의 승인을 얻어야만 하며, 탈퇴는 회원 임의로 가능하다.

경총의 의사결정기구를 살펴보면, 일반회원과 단체회원으로 구성된 총회가 최고 의사결정기구로 되어 있다. 총회는 회장과 부회장, 이사를 선임할 뿐만 아니라 예산 및 결산과 사업계획을 승인한다. 그러나 실제로 가장 중요한 의사결정기구는 이사회이다. 이사회는 회장, 부회장, 이사로 구성되는데, 이사는 경총 회원업체 중 공헌도가 높은 기업을 회장이 추

표 8-4 의사결정기구의 구성과 의결사항, 의결방식

	구성 및 소집	의결사항	의결정족수
총 회	· 구성 : 일반회원, 단체회원 · 정기총회 : 매년 2월 중에 소집 · 임시총회 : 회장이 필요하다고 인정할 때, 이사회의 결의가 있을 때, 감사 또는 회원 1/5 이상의 요구가 있을 때 소집	1. 정관의 개정 2. 예산 및 결산승인 3. 임원의 선임 4. 사업계획 및 사업보고의 승인 5. 기타 중요한 사항	회원 과반수의 출석과 출석회원 과반수의 찬성
이사회	· 구성 : 회장, 부회장, 이사	1. 총회에 상정할 의안 2. 회장이 필요하다고 인정하는 회 운영에 관한 사항	

자료 : 임상훈(2006), 앞의 책, p.57.

천하여 총회에서 승인을 받게 될 경우 공식화된다. 이사회는 총회 관련 사항을 다룰 뿐만 아니라 주요 현안이 발생할 경우 이를 심의하고 대안을 결정하게 된다. 총회나 이사회 모두 과반 출석과 과반 찬성의 의결방식을 채택하고 있으나 관례적으로 과반수 원칙에 의해 결정되기보다 전원합의에 바탕하여 의결한다.

위의 의사결정 관례에서도 드러나고 있듯이 경총의 중앙집중성이나 지도력은 강하지 않다. 특히 경총은 핵심 회원인 대기업의 개별 이해를 조정하기가 매우 어렵다. 경총은 대기업으로 하여금 경총의 결의사항을 준수하도록 강제하거나 유도할 제도적 장치를 갖지 못하고 있다. 이는 쟁의기금과 같은 특별기금은 경총이 회원사에 대한 서비스를 제공하면서 지도력을 강화할 수 있는 유력한 장치이나 이와 같은 기금을 적립하고 있지 못한 데서도 잘 드러난다. 한편, 경총은 노동경제연구원을 두고 개별기업의 능력으로 불가능한 정책개발을 전담하도록 하고 있으나 연구원 수는 다섯 명 이내에 불과하다. 회원사인 삼성이나 현대와 같은 대기업의 경우 자체적으로 연구소를 두고 있으며, 삼성의 경우 백 명 이상의 연구원을 채용하고 있는 것을 감안한다면 경총의 정책개발과 관련한 대기업 지도력은 매우 제한적임을 알 수 있다. 대기업의 경총에 대한 영향력은 비공식 기구인 30대 주요 기업 인사노무담당자회의가 주요 사안에 대한 결정을 내리기 전에 소집된다는 점에서 극명하게 드러난다.

경총의 의사결정기구 운영에서 나타나고 있는 것처럼 업종 차원의 집단적인 사용자 이해나 중소기업, 그리고 공공부문의 이해가 반영되고 대기업의 이해가 이에 따라 조정될 여지는 극히 제한적이다. 대기업의 이해가 공식, 비공식 기구를 통해 반영되는 것과 대조적으로 업종단체, 중소기업, 그리고 공공부문 회원사가 자신의 이해를 대변하기가 어렵다. 공식기구인 총회에서 소수이며 이사회에 진출하지 못하고 이들의 이해를 반영할 비공식적 기구를 가지고 있지 못하기 때문이다.

경총은 한편으로 대기업 위주의 조직화와 제한된 지도력의 문제를 반영하고 또 다른 한편으로 이를 극복하면서 사업의 기본방향을 설정하고 노사관계와 관련한 전략을 수립한다. 〈표 8-5〉에서 처럼 경총은 기업수준에서 노사안정화를 도모하고 국가수준의 사회적 대화에 참여하는 전략을 구사하고 있다. 주요 분규 사업장이나 대형사업장에 대해 임금 및 단체교섭 대책 활동을 전개하는 한편, 노동 관련 법제도 개선과 관련한 사회적 대화에 참여하여 적극적으로 사용자의 이해를 대변한다. 이러한 기본방향과 전략에서 산업(업종)수준의 노사관계 대응방안은 누락되어 있다.

표 8-5 경총의 사업 기본방향 및 노사관계 활동

	사업의 기본방향	노사관계, 조직발전, 사회공헌 관련 활동
1986년	1. 생산성 범위 내의 임금조정과 물가안정을 통한 실질임금 확보, 근로자 생활안정 및 국제경쟁력 강화 도모 2. 기업별 노조체제의 견지 및 노사협의회 활성화로 자율적 노사협조체제 정착 3. 현실에 부합하는 사회보장제도의 개발과 기업복지 확충방안의 강구 등	· 연초 회장단회의 등에서 생산성원리에 입각한 임금조정, 물가안정, 노력을 통한 실질임금 보장 등을 합의 · 경영여건에 적합한 사회보장제도 및 노동정책 관련 건의서를 정부에 전달 · 중앙 및 지역별 노사협의회 운영 · '보람의 일터' 운동 추진을 유도하여 노사공영의 직장풍토 조성 · ILO · IOE 총회 등에 참석하여 한국의 노동사정을 소개 · 지방경영자협회 조직 확충 및 활동 지원
1996년	1. 노동법 개정논의에 적극 참여하여 기업의 경쟁력 제고를 위한 기틀 마련 2. 노사공존의 협력체제 구축 등	· '노사관계개혁위원회'에 참여하여 경영계의 의견 반영 · 1996년 경영계의 임금조정에 대한 권고안을 4.8%로 확정 · 임금교섭 및 노동법 개정을 둘러싼 노동계 파업에 대한 대책활동 전개 · 산업안전보건 및 산재예방을 위한 정책활동 전개, 합리적인 기업복지제도의 확충과 사회보장제도의 효율성 제고 도모
2003년	1. 정권 교체기에 따른 노동계의 다각적인 공세에 대해 범경영계 차원의 대책 강구 2. 개별 사업장에 대한 전략 · 정책적 지원으로 노동계의 부당한 요구를 사전에 차단 등	· 주요 분규 사업장과 대형사업장을 중심으로 임단투 대책활동 전개 · 근로시간 단축, 손배소 · 가압류, 비정규직 문제, 노사관계 선진화 방안 등 노동 관련 법 · 제도 개선 논의과정에서 경영계의 의견 반영 · 경영계의 적정임금인상률을 4.3%로 권고 · 정치권의 노동계 편향적인 법안의 통과저지를 위한 국회대책활동, 입법활동 수행 · 노동계의 산업안전보건 관련 요구에 대한 경영계 공동대응 및 지원체계 구축 · 인터넷상에서 경영계 논리전파시스템을 구축하여 노동계의 논리에 대응, 시민단체에 대한 대응활동 전개
2012	−2012년 사업목표를 '시장경제 원칙에 기반한 생산적 노사관계 구현으로 정하고 기본방향으로 1) 시장경제 가치를 존중하는 바람직한 노사문화 조성 2) 생산성에 기초한 임금,근로시간 법제도 합리화 3) 기업친화적 입법,정책환경 조성 4) 일자리 창출을 위한 고용유연성 제고와 규제 개선	1) 포퓰리즘적 성격의 노동계 편향적 입법안에 대한 문제점 부각및 입법저지 활동 2) 기업에 불리한 노사관계 환경 극복위한 합리적 노사관계 구축활동 및 기업지원강화 3) 정치권의 노사관계 개입에 대한 경영계 공동대응 4) 임금안정 분위기 확산및 기업의 전략적 인적자원관리 능력 배양 5) 일자리 창출을 위한 노동시장의 유연화 대책강구 6) 사회 보험의 재정 안정화및 시장친화적 제도 운영 위한 노력 7) 합리적 산재보상 및 예방체제 구축활동 및 개별기업의 안전보건 관리 능력 제고 8) 국내외 외투기업 및 해외진출기업의 안정적 노사관계 정착 지원 9) 반기업정서 개선및 노사자율에 기반한 협력적,생산적 노사관계 조성을 위한 홍보활동 전개

자료 : 경총 내부문건 2012년도

(2) 전국경제인연합회

전국경제인연합회(전경련)는 경총의 모체로서 1960년대 초 박정희 정부의 등장과 함께 설립되어 재벌대기업의 이해를 대변하기 위한 활동을 벌여온 민간단체이다. 회원사로 제조업, 무역, 금융, 건설 등 전국적인 업종별단체와 우리나라의 대표적인 대기업, 그리고 소수의 외자계 기업으로 구성되어 있다. 중소기업은 배제되어 있으며 공공부문 기업과 공공단체는 420여 개 중 14개에 불과하다. 회원은 국내외 산업 및 이와 관련 있는 법인 또는 개인으로 입회한 일반회원, 업종별단체 및 이에 준하는 경제단체(해외교포경제단체도 포함)인 단체회원, 본회의 임원으로서 회의 육성과 발전에 현저한 공헌을 한 자나 외국의 경제기관 및 저명한 경제인으로 승인된 명예회원으로 구분된다.

회원구분에서도 알 수 있듯이 경총과 대조적으로 전경련은 기업이나 단체가 아닌 개인이 회원이 될 수 있다. 이는 전경련의 재벌 대변 기능을 반영하는 것으로 주요 재벌의 창업자·후계자가 명예회원으로 지명되는 데서도 잘 나타난다. 입회와 퇴회는 정관 사항으로 입회를 희망하는 자는 입회신청서를 제출하여 이사회의 승인을 얻어 입회하며 회원이 퇴회코자 할 때에는 퇴회원을 제출하도록 되어 있어 자발성을 기초로 입회와 퇴회가 가능하다.

표 8-6 전경련의 의사결정기구 및 의결사항, 의결방식

	구성 및 소집	의결사항	의결정족수
총 회	· 구성 : 전회원 · 정기총회 : 매년 2월 중 · 임시총회 : 회장이 필요하다고 인정할 때, 이사회의 의결에 의할 때, 회원 1/5 이상이 서면으로 이유를 명기하여 이를 요청할 때	1. 정관의 변경 2. 사업계획 및 사업보고의 승인 3. 예산 및 결산의 승인 4. 임원의 선임 및 해임 5. 회장이 특히 중요하다고 인정하는 사항	회원 과반수 출석과 출석회원 과반수의 찬성(명예회원은 개인정족수에는 미산입. 다만, 출석한 자에 한하여 의결정족수에 산입)
이사회	· 구성 : 회장, 부회장, 이사	1. 총회에 상정할 의한 2. 총회에서위임된 사항 3. 재산의 취득, 처분에 대한 사항 4. 회장이 필요하다고 인정하는 산업경제정책에 관한 의안 5. 회 운영 사항	이사 과반수 출석과 출석이사 과반수의 찬성
상임 이사회	· 구성 : 회장, 상근부회장, 상임이사	1. 이사회에서 위임된 사항 2. 회장이 필요하다고 인정하는 회 운영상 중요사항	상임이사 과반수 출석과 출석상임이사 과반수 찬성

자료 : 임성훈(2006), 앞의 책, p.61.

전경련의 회원 수는 1986년 427개, 1996년 426개, 2003년 424개, 2013년 현재 일반회원 437개, 단체회원 67, 명예회원 4개로 나타나 매우 안정적으로 유지되고 있는 것처럼 보이나, 1997년 경제위기시 50여 개의 회원사가 기업합병이나 도산으로 사라진 경험을 겪기도 하였다(매일경제신문, 매일기업년감 1998, 1999, 2000).

전경련의 의사결정기구를 살펴보면 총회가 가장 중요한 의사결정기구이나 상임이사회가 실질적으로 핵심적 의사결정기구로 역할을 한다. 경총과 마찬가지로 과반수 원칙이 의사결정방식이지만 합의제가 관례적으로 사용되고 있다. 이는 전경련이 회원사에 대해 지도력이 낮기 때문이 아니라 주요 재벌 소유주간 합의를 존중하는 전통 때문이다. 1997년 경제위기시 재벌책임론으로 인해 재벌지배구조가 변화되었고 이 과정에서 재벌 비서실 및 종합기획

표 8-7 전경련의 사업 기본방향과 노사관계 활동

	사업의 기본방향	노사관계, 조직발전, 사회공헌 관련 활동
1986년	1. 투자활성화를 통한 산업체질 강화에 주력 2. 자율경제체제 확립과 민간기업 활력을 위한 법령 및 규제의 합리화 3. 자유기업주의 창달을 위한 체계적 경제홍보활동 전개 등	· 사회정화 운동 및 직장새마을운동 추진 · 회원 의견과 결집을 통한 회 역량 제고
1996년	1. 고비용-저효율구조의 개선 2. 기업의 자율성과 창의를 저해하는 규제의 철폐 3. 생산적인 노사제도의 구축 등	· 정리해고제, 근로자파견제 도입 등 노동관계법의 선진화 추진 · 복수노조 금지조항의 존속, 노조전임자에 대한 급여지급 관행의 개선과 무노동 무임금 원칙과 확립
2003년	1. 경제 재도약을 통한 선진경제 진입 2. 기업하기 좋은 나라 건설 3. 신뢰받는 기업상 정립	· 주5일 근무제 도입과 노사 로드맵 대책강구 · 윤리경영의 확산 · 사회공헌의 확대와 노블리스 오블리주 실천 노력 증대
2012	1. 경제민주화에 대한 인식 개선 2. 경제활력 회복을 위한 경제계 입장 발표 및 건의 3. 경제의 활력을 불어넣고 적극적 일자리 창출	· 경제민주화 입법 추진에 대한 의견 제시 - 양극화, 경제력집중에 대한 인식 개선 - 대기업성장의 낙수효과 입증 - 유통산업발전법 개정에 대한 의견 건의 · 참여하는 시장경제교육, 소통하는 현장교육 · 법정 부담금 개혁 프로젝트 · 민간경제협력 및 기업의 해외경영활동 지원 · 대 · 중소기업 상생협력 지원 · 스토리가 있는 경제블로그 '자유광장' · 보듬이나눔이 어린이집 추진

자료 : 전경련 2012년도 사업보고서 요약발췌

실이 해체되어 전경련의 실질적 논의체였던 주요 기업 기획실 임원회의가 해산될 위기에 처해지기도 하였다. 그러나 여전히 주요 재벌 임원회의가 존치되어 있으며, 재벌 소유주 사이의 이해를 조정할 정도로 중요한 사안에 대해서는 전경련의 공식적 회의가 아닌 비공식적 재벌 소유주 회동을 통해 결정된다.

전경련의 회원사에 대한 지도력은 높은 것으로 평가된다. 재벌 소유주 회동을 통해 결정된 사안이거나 주요 재벌 임원회의에서 논의된 사안은 회원사에 의해 수용되는 것이 보통이다. 회원사가 주요 재벌의 핵심기업들이기 때문이다. 따라서 전경련은 재벌지배구조를 적절히 활용하여 회원사에 대한 지도력을 확보하고 있다고 생각된다. 이와 관련해 첨가되어야 할 사실은 전경련의 사회적 영향력이 회원사에 그치지 않는다는 점이다. 우선 전경련의 회원사는 재벌보유 기업 중에서 일부 선출된 업체이기 때문에 전경련의 결정사안은 모든 재벌기업에 파급된다. 또한 재벌기업은 원 · 하청 관계를 통해 많은 중소기업에 영향력을 행사하고 있기 때문에 전경련의 결정사안은 파급효과가 높다. 이러한 전경련의 높은 사회적 영향력 획득 체계는 경총의 경우도 약하지만 비슷하게 적용되기도 한다.

전경련의 사업 기본방향은 자유시장경제체제의 구축과 기업활동 여건 개선으로 요약할 수 있으며, 노사관계 전략은 노사관계 법제도화에 대기업의 이해를 대변하고 사업장 노사관계를 안정화하는 것이다. 〈표 8-7〉에서 보듯이 1997년 경제위기 이후 전경련은 거시적인 환경여건 조성에 더 큰 관심을 보이고 있으며, 노사관계와 관련한 사안에 대해 비켜가려는 경향을 보이고 있다. 이는 주요 재벌이 처한 환경이나 노사관계가 다양하게 변화하여 서로 다른 이해를 조정하고 공동의 이해를 만들기가 어려워졌음을 시사한다. 이는 점차 경총이 노사관계와 관련해 전경련의 영향에서 벗어나 독자적인 영역을 확보할 수 있는 가능성이 만들어지고 있음을 뜻하기도 한다.

전경련이 노사관계에 대해 점차 소원해지는 경향을 보이고 있지만 산하에 상설위원회로 노사위원회를 두고 있어 이에 대한 소개가 필요하다. 노사위원회는 "국가 및 기업의 경쟁력을 제고하고 글로벌시대에 대응할 수 있는 노사관계시스템을 구축하기 위하여 주요 정책과제에 대한 심도있는 대안을 마련하고, 이에 대한 국민의 이해와 공감대 확산을 목적"으로 하여 구성되었다. 위원으로 33인이 선정되어 있는데 위원장은 전경련 부회장이 맡고 있다. 운영위원으로 부사장급 이상 CEO 15인과 실무위원 임원, 부장급 이상 부서장 15인, 그리고 자문위원 2인이 활동한다. 전체적으로 업종별로 주요 기업의 대표와 전문가로 노사위원회가 구성된다고 볼 수 있다.

노사위원회의 주요 기능은 회원사 공동관심사에 대한 경제계 공조를 강화한다는 것으로, 이를 위해 주요 노동현안에 대해 경제계 입장을 발표하거나 위원회 개최시 외부전문가를 초청하여 CEO의 노사마인드를 제고하고 있다.

상설위원회로서 운영위원회는 반기별 1회 개최(연 2회), 실무위원회는 분기별 1회 개최(연 4회)를 원칙으로 하고 있으며 필요시 임시위원회 소집이 가능하다. 2003년 주요 사업을 살펴보면 세 가지로 나눌 수 있다.

첫째, 주요 정책과제에 대한 대안을 마련하였다. 주 5일제 시행에 관한 부칙조항의 해석과 관련한 노동부 지침에 대한 대응방안, 쟁의권 남용실태에 대한 효과적 홍보 및 대응이론 정립, 전면적 대체근로권 도입, 산별 교섭 확산 방지 대안, 비정규직 차별 철폐 주장에 대한 효과적인 대응방안, 노사관계 법치주의 훼손 방지를 위한 대책방안 등을 강구한다.

두 번째로 노사관계 로드맵 대책방안을 논의하였다. 노조의 부당노동행위규제, 사용자의 노조전임자 급여지급 금지, 손배, 가압류제도 유지 등에 대한 논의가 있었다.

세 번째로 노사관계 성공 모델 확산을 위해 사례를 발굴하고 전파하거나 인사, 노무상의 문제점을 해결하고 개선사례를 업계에 전파하고자 하였다. 외부 전문가집단을 통해 이슈별 베스트 프랙티스(Best Practice)를 작성하였고 사례를 통해 핵심성공요인(key success factor)을 파악하여 전달하였다.

전경련의 활동은 점차 회원사에 대한 서비스 강화에 중점을 두고 있는 것으로 보인다. 이는 노사관계와 관련하여 향후 전경련이 사회적 이슈를 개발하고 의제화하는 역할은 감소되고 개별사업장의 노사관계에 대한 자문에 보다 관심을 가지게 될 것을 예상케 한다. 이 과정에서 산업(업종)이나 지역수준의 노사관계에 대한 관심도 미진하여 노동조합의 산별 노조 건설과 산별 교섭투쟁에 대응해 전경련이 사용자들의 이해를 조정하고 구체적인 대안을 마련하는 등의 조치를 취하지 않을 것임을 시사한다.

전경련이 노사관계에 대한 주도권을 포기하는 과정에 전경련을 대신하여 누가 사용자의 이해를 대변할 것인지, 그리고 얼마나 강한 주도권을 형성할 수 있을 것인지 관심이 집중된다. 이는 향후 우리나라 노사관계의 안정화에 큰 영향을 줄 것이기 때문이다.

(3) 중소기업협동조합중앙회

전경련이 재벌 등 대기업의 이해를 대변하는 조직이라면 중소기업협동조합중앙회(중기협)

는 중소기업의 이해를 대변하는 사용자단체이다. 중기협은 중소기업의 무임승차(free-rider)의 문제와 협회비 부담 등 재정적 문제로 인한 입회 어려움을 고려하여 독립법에 의거하여 설립되었다. 중기협의 회원조직체계는 [그림 8-1]과 같이 나타낼 수 있다.

중기협의 주요 사업 기본방향과 노사 관계활동은 〈표 8-8〉과 같이 정리될 수 있다. 중기협 사업의 기본방향은 중소기업 지원과 중소기업과 대기업간 협력 강화이다. 중기협의 노사

그림 8-1 중소기업협동조합중앙회 회원조직체계

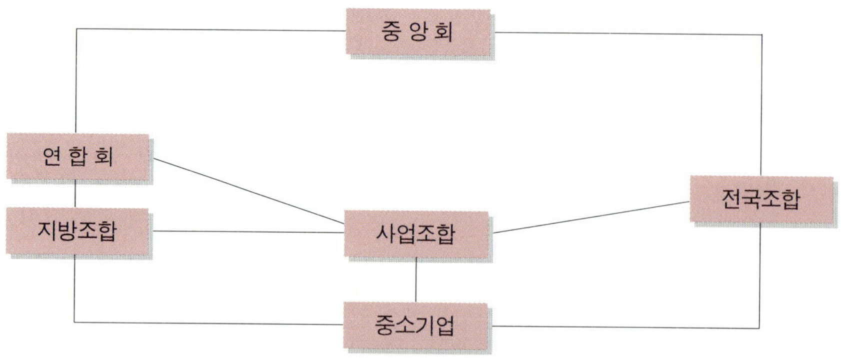

자료 : 임상훈(2006), 앞의 책, p.65.

표 8-8 중기협 사업 기본방향과 노사관계 활동

	사업의 기본방향	노사관계, 조직발전, 사회공헌 관련 활동
1986년	1. 경쟁력 제고를 위한 자조능력 배양 2. 중소기업 지원시책 조사 및 조사기능 활성화 3. 중소기업의 사업영역 확보 및 공정거래질서 확립 등	· 미설립조합 및 소조합의 조직화를 위한 협동조합 조직유도사업 실시
1996년	1. 정책개발기능의 내실화 2. 중소기업지원체제 강화 3. 대기업과의 협력 강화 등	· 협동조합운동 재정립을 위한 연구조사 사업 실시
2003년	1. 중소기업 지원시책 개발 및 홍보 2. 중소기업 경영안정 여건 조성 3. 협동조합 활성화를 위한 지원 강화 등	· 장애인 의무고용사업장 확대 반대 · 국민연금 사업장 가입자 범위 확대 반대 · 중소기업인력지원특별법 제정 추진

자료 : 중소기업협동조합중앙회, 사업보고서, 각년도; 임상훈(2006), 앞의 책, p.66.

관계 관련 활동은 중소기업이 당면한 고용과 인력지원에 대한 문제에 집중되어 있으며, 교섭이나 노사관계구조와 관련한 이슈에 대해서는 큰 관심을 두지 않고 있다. 노사관계 법제도와 관련하여 의견서를 제출하는 정도에 그치고 있다.

02 경영자의 노사관계 전략

경영자의 노사관계 전략을 분석할 때는 다음과 같은 요소들이 검토되어야 한다[4)](그림 8-2 참조).

- 노사관계에 대한 전략을 수립함에 있어 경영자의 의사결정에 영향을 미치는 제약요인과 경영자의 시각과의 상호관련성
- 노사관계관리와 관련된 경영자의 목표와 다양한 유형
- 경영자의 노사관계 전략의 개발과 수행에 영향을 미치는 노사관계시스템의 특정 측면
- 경영자의 기존 노사관계 전략과 향후의 전망

그림 8-2 경영자의 노사관계 전략수립과정

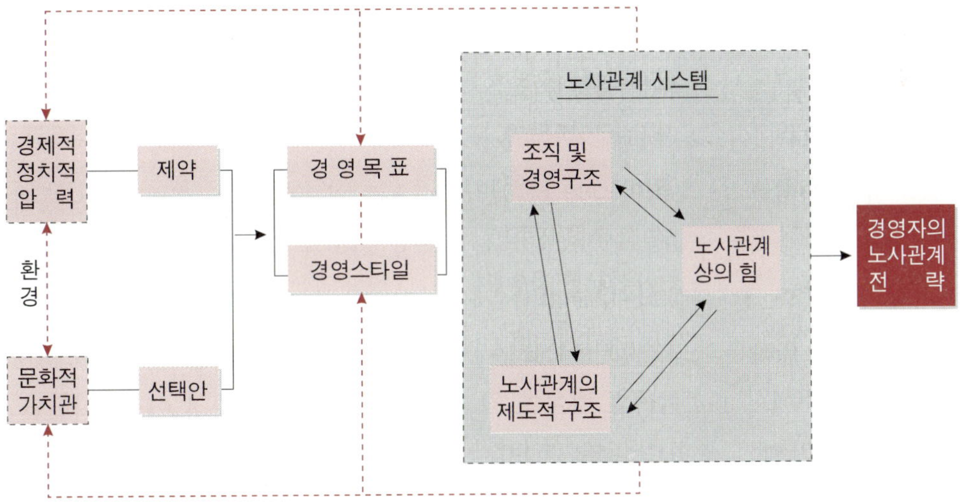

자료 : Salamon, M.(1987), *Industrial Relations: theory and Practice*, Prentice-Hall, p.197.

2.1 제약요인과 경영자의 시각

먼저 노사관계의 의사결정과 상호작용에 영향을 미치는 제약요인과 경영자의 기본적인 시각에 대하여 알아보기로 하자.

경영체 외부의 정치적 환경 및 경제적 환경은 경영자가 선택할 수 있는 전략적 대안의 한계를 설정한다. 그러나 경영자의 의사결정이 외부환경에 의하여 전적으로 영향을 받는 것은 아니다.[5] 노사관계에 있어서 경영자의 전략이나 의사결정에 영향을 주는 것은 외부환경뿐만 아니라 경영자가 가지고 있는 기본적인 시각, 즉 경영자가 추구하는 다양한 합리성의 차이이다. 이런 점에서 풀(M. Poole)은 노사관계전략에 영향을 미치는 두 가지 제약요인과 이와는 별도의 경영자가 갖는 선택적 시각에 대하여 언급하였다.

그가 제시한 환경적 제약요인 중 첫째는 자유기업시장의 이념(free enterprise market ideology)이다. 자본주의의 속성인 자유시장경제체제하에서 경영자들이 경제성과 생산성을 추구하는 반면에 노동자들은 개인의 욕구충족과 자기발전을 추구하므로 경영자들이 일방적으로 노동시장을 지배할 수는 없다. 경영자의 입장에서 볼 때 노동시장은 유동적이고 예측이 어려운 것이다. 두 번째의 제약요인은 국민경제의 운용에 대한 정부의 개입이다. 정부는 사회질서유지와 노사화합을 강조하면서 노사관계에 여러 가지 방법으로 개입하고 있는데 이 또한 경영자가 노사관계전략을 수립하는 데 큰 영향을 미친다. 그러나 동일한 제약요인에도 불구하고 기업의 노사관계전략이 다양함을 보이는 것은 무엇보다도 경영자가 추구하는 합리성의 차이에서 기인하는 것이다.

경영자의 기본적 시각은 다음과 같이 구분할 수 있다.[6]

첫째로 성과지향적인 도구적 합리성에 기초한 경우를 들 수 있다. 이는 특히 급속한 경제성장과 기술변화가 이루어지는 환경에서 주로 찾아볼 수 있는데 사용자는 인건비의 극소화와 생산성의 극대화를 추구하면서 노사관계전략을 수립하게 된다.

둘째로 이상론적인 가치판단적 합리성을 지향하는 경우이다. 이들은 모든 문제를 원칙론적인 관점에서 해결하려고 하지만 자본주의 등 특별한 보수적 이념이나 윤리에 기초하고 있는 수가 많기 때문에 노동조합의 인정이나 단체교섭행위의 확장 등에는 반대적 입장을 취한다.

세 번째는 기술관료적 가치에 바탕을 둔 합리성을 추구하는 경우이다. 이 때의 노사관계전략은 모든 영향요인을 최대한 반영시켜서 채택된 전략에 대한 반작용을 최소화 하려는 논리적인 접근을 택한다.

네 번째는 기업의 사회적 책임에 대한 합리성을 강조하는 경우이다. 이 경우 사용자는 기업내부에 대한 책임은 물론 기업 외부에 대한 책임도 중시하여 노사관계전략을 수립한다.

2.2 경영자의 목표와 유형

노사관계에 있어서 경영자의 기본적인 목표는 조직이 가장 효율적으로 운영되도록 여건 조성을 하는 데 있다. 이러한 목표를 달성하는 데 있어서는 크게 두 가지 접근방법이 있다.

첫째는 경영전권의 행사를 통하여 조직을 단원적으로 통제하는 방법이다. 경영자는 경영권을 강화하고 일방적인 의사결정을 행함으로써 노동자들의 의사결정과정 참여를 배제한다. 사용자나 사용자로부터 경영권을 위임받은 경영자들은 경영권을 배타적으로 행사하고 싶어 한다. 다원주의적 사고가 일반화되어 있지만 많은 경영자들은 노동조합에 의하여 경영권이 잠식되는 것을 대단히 우려한다. 그들은 노동조합과 권력다툼을 하는 데 소비하는 시간과 노력을 생산력 유지 및 조직의 유효성확보에 투자하는 것이 바람직하다고 생각한다.

두 번째 접근방법은 합의에 의한 경영을 추구하는 것이다. 즉, 제도적인 노사관계시스템을 확립함으로써 의사결정과정에 노동자들과 그들의 대리인인 노동조합의 간부를 참여시킨다. 합의에 의한 경영은 노사관계의 적법한 과정을 통하여 노사 간에 의사결정상의 권력과 권한을 공유함으로써 조직을 효과적으로 관리할 수 있을 것이라는 신념에 기초한다. 또한 이 방법을 택하는 경영자는 장기적으로도 안정적이고 예측 가능한 노사관계환경을 조성함으로써 경영의 불확실성을 감소시키고 소비자 등 각종 이해집단과도 안정된 관계를 유지할 수 있다고 믿는다.

경영자가 성과지향적인 도구적 합리성이나 이상론적인 가치판단적 합리성에 입각하여 있는 경우에는 기업조직의 일방적 통제를 추구함으로써 의사결정과정에서 노동자들의 참여를 배제시키려는 현상이 나타난다. 반면에 경영자의 합리성이 기술관료적 가치에 기초해 있거나 기업의 사회적 책임을 중시하는 경우에는 의사결정과정에서 노사가 권한을 나누어 가지는 노사합의에 의한 경영이 이루어진다.

이와 같은 경영자의 목표달성과 관련된 신념은 서로 배타적이라기보다는 혼재되어 있다. 즉, 사안에 따라서는 경영전권의 행사를 강조하기도 하고 어느 경우에는 노동자와의 합의 내지 협상을 통하여 문제를 해결하기도 한다. 그러나 기본적으로 노사관계관리에 있어서 경영자가 어떤 태도를 갖느냐에 따라서 폭스(A. Fox)는 경영자의 유형을 다음과 같이 구분해 놓고 있다.[7)]

① 전통고수자(traditionalist)

경영특권을 신봉하는 권위주의적 사용자이다. 노동조합에 대하여는 적개심을 가지고 있으며 법제도에 주로 의존한다.

② 온정적 가부장식 유형(paternalistic style)

노동조합의 존재를 인정하지 않는 단원적인 시각의 고수라는 점에서는 전통고수유형과 유사하나 그 근거는 상이하다. 이들은 채용, 급여, 복지, 상담 등에서 보다 온정적인 인사정책을 구사함으로써 노동자 개개인의 욕구를 충족시킬 수 있기 때문에 노동조합의 존재가 불필요한 것으로 인식하는 것이다.

③ 세련된 현대식 유형(sophisticated modern style)

노동조합의 성장에 의하여 경영특권이 상당부분 축소되었음을 인정하는 유형이다. 이들은 조합을 합법화하여 공동참여 하에 제도적으로 규제하고자 하며 가능한 한 갈등을 제도적으로 해결함으로써 그 피해를 최소화하려고 노력한다. 즉, 제도적인 인정만 어쩔 수 없이 하

그림 8-3 노사관계에 대한 경영자의 유형

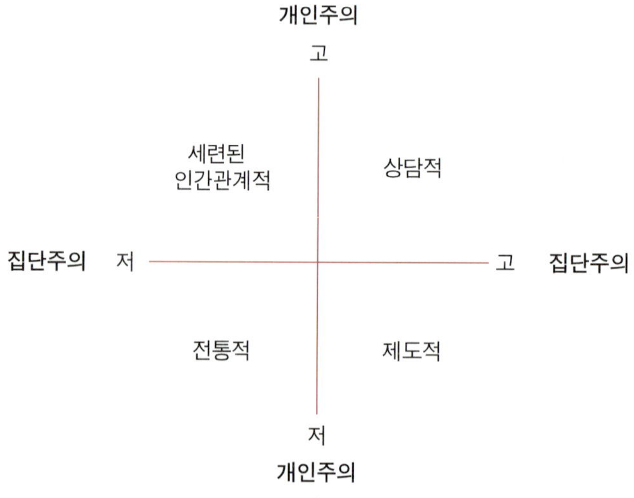

자료 : Sisson, K.(1989), *Personnel Management in Britain*, blackwell, p.10.

는 유형이다.

④ 일반적 현대식 유형(standard modern style)

오늘날 가장 지배적인 경영자유형으로 그 속성이 매우 실용적이고 상황에 잘 적응한다. 따라서 노사관계에 대한 기본적 태도나 전략이 노사관계의 상황에 따라서 가변적이다.

이러한 폭스의 경영자 유형에 대한 분류는 주로 경영자의 노동조합에 대한 인정여부에 근거하고 있음을 알 수 있다. [그림 8-3]은 폭스의 분류에 일부 수정을 가한 퍼셀과 시슨(J. Purcell and K. Sisson)의 유형분류이다.[8] [그림 8-3]에서 보는 바와 같이 이 분류는 경영자들이 노사관계에 대해 지니고 있는 개인주의 지향성과 집단주의 지향성에 기초하여 제시된 것이다.

이 분류방식은 폭스의 것과 대동소이하나(예를 들면, 폭스의 '전통고수자'는 전통적 유형, '온정적 가부장식 유형'은 세련된 인간관계적 유형, '세련된 현대식 유형'은 제도적 유형, '일반적 현대식 유형'은

그림 8-4 노사관계에 대한 경영자 유형의 동태성

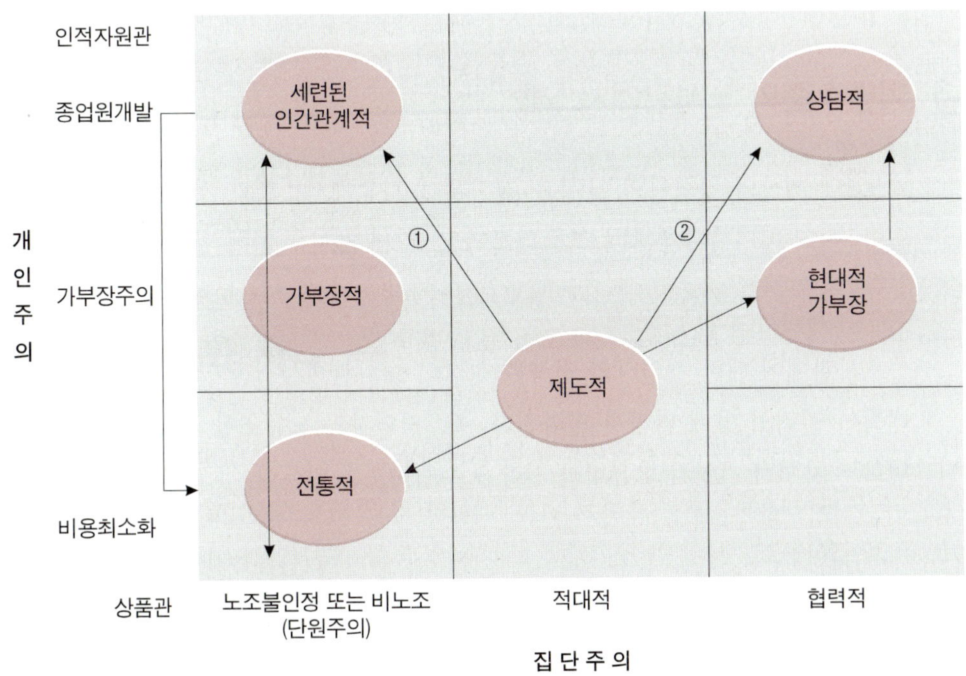

자료 : Storey, J. and Sisson, K.(1993), *Managing Human Resources and Industrial Relations*, Open university Press, p.10.

상담적 유형에 대응한다), 다만 폭스의 것이 나열적인 것에 대해 퍼셀과 시슨의 것은 개인주의와 집단주의라는 기준에 의해 그 유형을 분류했다는 차이가 있을 뿐이다. 그러나 이러한 분류방식도 시간의 흐름에 따른 경영자의 태도변화를 반영하지 못해 지나치게 정태적이라는 비판을 면치 못하였으며 이러한 비판에 근거하여 보다 동태적인 유형분류를 시도한 것이 [그림 8-4]에서 보는 바와 같은 퍼셀과 알스트랜드(J. Purcell and B. Ahlstrand) 의 수정 모델이다.[9)]

[그림 8-4]에서 화살표 ①, ②를 예로 들어 설명을 해보면 다음과 같다. 즉, 화살표 ①의 경우는 현재의 단체교섭에 의존하는 제도적 유형에서 세련된 인간관계적 유형으로의 변화를 나타내는 것으로서 이는 종업원들이 노조에 의한 단체교섭보다는 개별적인 고용계약을 선호하는 쪽으로 이동하는 상황변화에 기인한 것이라 하겠다. 이 경우 경영자는 종업원의 교육과 복지에 대한 보다 높은 관심을 바탕으로 새로운 업적관리시스템을 도입하게 될 것이다. 화살표 ②의 경우는 현재의 제도적 유형에서 상담적 유형으로의 변화를 나타내는 것으로서 이는 노조와의 협력적이고 상담적인 관계를 통해 공장협의회 등의 기능을 활성화하는 한편 종업원 개발과 같은 새로운 정책의 도입 · 촉진을 강조하는 쪽으로의 변화가 수반되는 것을 보여주는 예라 하겠다.

2.3 기업수준의 노사관계시스템

노사관계상의 경영자의 유형과 전략은 노사관계시스템과 서로 영향을 주고받는 관계에 있다. 이러한 영향관계에는 크게 다음과 같은 세 가지 측면이 있다.[10)]

① 노사관계상의 권력관계

노사관계에 대한 경영자의 전략은 현실의 노사관계시스템 안에서 사용자가 갖고 있는 상대적인 권력의 양에 따라서 달라진다. 즉, 경영자와 노동조합 간의 상대적인 권력관계상의 변화는 자연히 경영자의 유형과 전략을 수정하도록 만든다.

② 조직구조

조직구조와 경영자의 조직내 위계가 노사관계에 대한 스타일이나 전략에 중요한 영향을 미칠 수 있다. 만약 조직 내 위계구조상의 특성상 모든 노사관계 전략수립에 관한 권한이 상층부에 집중되어 있을 경우 그 기업의 노사관계전략이나 스타일은 주로 고위 경영층의 가치관과 태도를 반영하는 것이 될 것이다.

③ 노사관계의 제도적 구조

단체교섭은 경영자의 의사결정영역에 지대한 영향을 미치므로 단체교섭이 어떤 수준에서 이루어지느냐에 따라, 즉 산별수준인가, 기업수준인가, 사업장수준인가에 따라 경영자의 전략은 상당히 달라질 수 있을 것이다.

03 한국기업의 노사관계 전략

3.1 경영자의 노사관계 대책

노사관계에 있어서 기업수준의 기본적 당사자는 경영자(사용자)와 노동조합이다. 그러나 우리나라의 경우에는 그 동안 국가권력이 노동운동을 억압하여 왔기 때문에 노동자들이 정부에 대항하여 노동운동을 전개하는 기현상을 보여 왔다.

즉, 특이한 역사적 배경 때문에 노동자들이 경영자 없는 노동운동을 해 왔다고 볼 수 있다. 노사 간에 분규가 일어나면 정부가 즉각 개입하게 되고 경영자는 스스로 노사문제를 해결하려 들지 않고 정부에 의존하는 경향을 보였다. 이러한 현상은 우리나라 노사관계의 전근대성을 자초하여 노사 간의 자발적인 분쟁조정 경험을 전혀 갖지 못하게 하였고 그 결과 경영자의 노사관계 관리능력은 거의 부재한 상태에 있다.

우리나라 기업들은 6 · 29 이전까지 노사관계의 관리 필요성조차 느끼지 않는 특권을 누려 오다가 6 · 29 이후의 급격한 환경변화에 당황하여 위기의식에 빠져 있다. 그러나 이러한 시련은 그 동안 기업이 받아온 일방적인 혜택과 노동자들의 부당한 희생이 균형을 되찾는 과정에서 나타나는 과도기적인 현상으로 보아야 할 것이다. 그러므로 우리나라의 경영자들도 과거의 전근대적인 권위주의에서 탈피하여 민주화시대에 알맞는 경영철학을 기반으로 노사문제에 대처해 나가야 한다. 노사 간의 갈등을 해결하는 데 가장 관건이 되는 것은 경영자의 건전한 경영철학이다. 우리나라의 경영자들도 이제는 지난 수십 년 간 인상적인 경제성장의 기반이 되었던 성과지향적인 합리성보다는 사회적 책임에 대한 합리성이 요청되는 시기임을 자각해야 한다.

경영자의 노사관계관리를 구체적으로 살펴보면, 다음의 세 가지로 정리할 수 있다.

① 노동조합에 대한 이해 및 관리
② 노사문제와 관련한 경영조직의 운영
③ 중간관리자의 활용 및 교육

첫 번째 문제와 관련해 볼 때 경영자는 노사 간의 이해가 장기적으로는 일치한다는 사고를 지녀야 한다. 즉, 노동조합에 기업의 목표 및 현실을 바르게 인식시켜 주고 적정한 보상을 통하여 공헌을 유도한다면 오히려 기업발전의 동인이 될 수 있음을 이해하여야 하며 이를 위해서 노동조합의 합법적인 활동을 전면 보장하고 노동조합의 권위를 존중해야 한다.

두 번째로 노사문제에 합리적으로 대응하기 위해서는 종래의 생산중심 경영조직에서 탈피하여야 한다. 즉, 관리감독의 권한위양 등을 통하여 상향식 의견수렴이 가능한 인간중심의 경영조직으로 변화해 나가야 한다.

세 번째로 합리적인 노사관계의 운영을 위해서 기업의 관리자 및 노동자들에게 노동조합의 본질, 노사관계법의 이해, 노사협조의 중요성 등에 대한 교육훈련을 강화해야 한다.

3.2 한국기업의 노사관계 전략

한국기업의 노사관계전략은 기업규모별, 업종별, 기업별 여건과 문화적 특성에 따라서 천차만별이라 한마디로 정리할 수 있는 사안은 아니다. 기업별 노사관계전략은 대개 해당 기업의 인사노무관리전략에 의해 수행되는 것이 일반적인데 그 인사노무전략이라는 것이 기업별로 매우 다양하기 때문에 일률적으로 규정하기가 쉽지 않다는 뜻이다. 이런 점을 감안하여 여기서는 한국기업의 노사관계전략을 살펴봄에 있어 두 가지 대표적인 기업사례를 들어 그 작업을 대신하고자 한다. 첫 번째 사례는 매우 성공적인 경영혁신을 통해서 노사관계의 새로운 패러다임을 형성함으로써 고성과를 실현하고 있는 YK사례이고, 두 번째 사례는 대형 노사분규를 경험하고 있는 완성차 메이커에 대한 종합사례이다. 이 두 사례는 한국기업의 노사관계 전략상의 명암을 뚜렷이 부각시켜주는 사례로서 우리에게 많은 시사점을 줄 수 있을 것으로 생각된다.

(1) YK의 경영혁신과 노사관계[11)]

① YK노동조합의 구조

조합원 수 920명 규모의 유한킴벌리 노동조합은 조합원 총회, 대의원 대회, 중앙집행위원회 등 일반적인 노조 조직형태와 크게 다르지 않은 조직구조를 채택하고 있다. 3년 임기의 집행부는 직선으로 선출되는 위원장 이외에 부위원장 두 명을 대의원 대회에서 선출한다. 이들은 세 개의 주요 공장에 고루 분포하도록 배려한다고 한다. 본조 위원장과 지부장들은 러닝메이트제가 아니라 각각 선출되며 임기도 일치하지 않는데, 이는 지부의 설립시기가 각기 다른 데 따른 것이라고 한다. 각 지부에는 부지부장도 한 명씩 두고 있다. 유한킴벌리의 지부는 군포(275명), 김천(350명), 대전(260명) 공장과 성남 물류센터 네 개로 구성되는데, 성남지부(56명)에는 강서와 강북 물류센터도 포괄된다. 전임자는 위원장, 사무국장, 3개 공장 지부장 5명이 공식적으로 인정되며, 조합원 수가 적은 성남지부는 비공식적 전임자, 혹은 반(반(半))전임으로 관행화되어 있다. 집행부 내에는 총무부, 노사대책부(구 쟁의부), 조직부, 교육홍보부, 조사통계부, 여성부, 산업안전부로 7개 실무 부서가 꾸려져 있다. 조합형태는 초기 유니온숍이었으나, 이후 개정되어 현재는 오픈숍으로 운영되고 있다. 대부분 생산직

그림 8-5 YK 노사관계의 전환

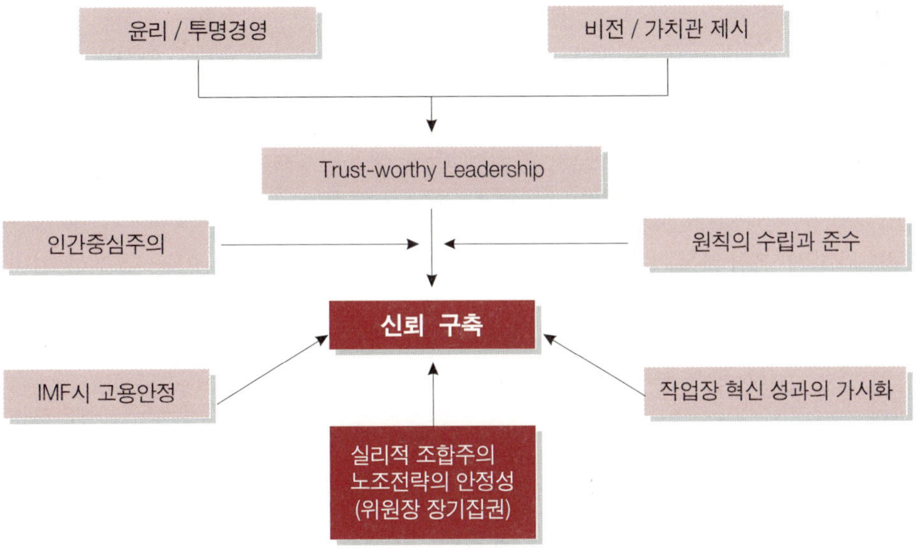

자료 : 조성재(2004), 유한킴벌리의 협력적 노사관계, 참여사회연구소 주제발표, p.12.

사원으로 구성되어 있으며, 일부 사무직들이 조직되어 있으나 이들 중 상당수가 생산직에서 승진한 사람들이라고 한다. 대의원은 2년마다 선출되는데, 25명당 1명으로 매우 조밀한 구성을 특징으로 한다. 따라서 조합원들의 의사대변은 매우 효과적으로 이루어질 것으로 직감된다.

단체협약은 2년마다 갱신되는데, 2002년 7월 5일 타결된 단체협약은 전문과 11개 장, 92개 조로 구성되며, 이밖에 부속 협정서들이 존재한다. 네 번에 걸친 개정을 통하여 조합원들의 복지수준이 향상되었으며, 전임자 처우 개선 등 조합활동의 폭도 넓어져 왔다. 흥미로운 점은 상여금에 대해 “연간 800%를 기준으로 경영성과에 따라 가감할 수 있다. 단, 감액시에는 조합과 사전 협의한다”고 하여 외환위기에 따라 실제로 경영이 악화되었던 1997년에는 750%, 1998년에는 725~750%의 상여금 지급률을 나타내기도 하였다.

유한킴벌리의 상급단체는 앞서 언급한 바와 같이 한국노총 화학연맹이며, 제지분과에 속하여 임금인상률 등을 협의한다. 제지분과 회의는 매월 개최되는데, 위원장 등이 참석하고 주 40시간제 관련 교육을 받기도 하며, 임단협 타결 상황에 대한 정보를 교환하기도 한다. 본조 이외에 각 공장은 상급단체의 지역 지부에 속하고 있기도 하다. 이밖에 화학연맹 대의원 대회가 1년에 두 차례 정도 개최된다.

노동조합의 선거를 둘러싼 내부 정치는 앞서 설명한 바와 같이 치열하게 전개되어 왔으며, 따라서 정기대의원 대회와 임시대의원 대회 역시 열띤 분위기 속에서 진행되는 것으로 보인다. 예를 들어 2003년 12월에 개최된 제10년차 임시 대의원 대회에서는 조합 회계의 투명성에 대한 논란이 있었으며, 이에 따라 지출증빙에 관한 규칙, 출장비에 관한 규정을 새로이 보완하기도 하였다. 또한 신집행부 출범에 따라 부위원장 2명을 선출하고 2007년 이후 예상되는 전임자 임금지급 금지 조치에 대한 대응방향이 논의되기도 하였다.

이상에서 본 바와 같이 유한킴벌리 노동조합의 구조는 민주성과 자주성을 확보하고 있으며, 따라서 조합원들의 의사를 대변하여 회사 측과 교섭할 수 있는 충분한 기반을 갖추고 있는 것으로 보인다.

② YK 노사관계의 특징과 경영혁신

유한킴벌리의 노사관계를 둘러싼 환경에서 가장 중요한 것은 기업의 경영실적인 것으로 파악된다. 노동조합이 결성된 1994년은 이 회사의 경영이 상대적으로 고전을 겪던 시기로서 종업원들의 불만이 노조 결성으로 표출된 것이었으며, 이는 1996년의 파업으로 이어졌던 것이다. 반대로 외환위기를 성공적으로 극복하고 생산성과 품질, 그리고 경영지표들이 크게 호전된 것은 경영혁신에 가속도를 붙게 하고 노사관계의 안정에도 크게 기여한 것으로 보인다. 즉 경영실적과 노사관계는 서로 순환관계를 맺으면서 서로가 서로를 강화하는 과정이었다. 다음으로 내부노동시장의 특징으로서는 역시 생산직과 사무관리직 간의 직종 간 차별이 조합결성과 투쟁의 기반이 되었던 것으로 보이며, 이는 원시 노동조합이었던 1987년 당시에도 기본적인 요인으로 작용하였다. 아직도 생산직 중심으로 조합원들이 가입하고 있는 것은 이러한 기본 특징이 유지됨을 의미하지만, 실제로 인사제도상으로는 직종 간 차별이 거의 폐지된 것으로 보인다. 더욱이 학력 간 차별도 거의 없다고 이야기된다. 또한 안정적 내부노동시장 하의 상대적 고임금과 적은 노동시간은 기업별 노동조합의 안정성을 높이는 기제로 작동하고 있다. 따라서 노사갈등의 구조적 요인은 크게 약화된 것으로 판단된다. 세 번째로 기술체계상 유한킴벌리는 고가의 설비를 활용하여 자동화된 생산체계를 체택하고 있기 때문에 쇳덩어리를 직접 다루는 기계금속 업종보다는 노동자들의 정서적 안정감이 더 높은 것으로 보인다. 더욱이 교양교육을 지속적으로 실시하여 이러한 특성을 더욱 강화하였다. 또한 여기에 연중 항온항습(23도, 55%)를 유지시켜주는 등 회사 측의 적극적인 작업환경 개선 노력이 덧붙여져 작업장 내 불만요소를 제거해 온 것이 역시 노사협력의 토대로 작용하고 있다. 또한 작업조직 측면에서도 전통적인 위계적 통제 대신에 자율작업팀을 통한 창발성을 고취하고 있기 때문에 불만의 여지가 적다는 점에 주목할 필요가 있을 것이다. 외부 환경으로서 정치적 민주화(1987년 당시), 혹은 외환위기에 따른 고실업률 등 노동시장의 영향을 받기는 하였으나, 유한킴벌리의 노사관계에 지배적인 영향을 미쳤다고 보기는 어렵다.

사용자의 노무관리 조직은 노경담당 전무 아래에 각 공장 지원부장과 인사노무팀원 등 15명 내외로 유지되고 있다. 그러나 이러한 노무관리의 직접적인 조직보다는 사장의 경영이념과 인사 철학이 지배적인 영향을 미친 것으로 보인다. 전임 사장이 사실 여부와 상관없이 부정부패, 한국적 "비즈니스 관행"에 따른 구설수에 항상 휘말렸던 것에 비하면 문국현 사장의 경우 윤리경영과 투명경영을 몸소 실천함으로써 조합과 종업원들에게 모범을 보인 점이 노사 신뢰 구축의 가장 기본적인 요인이었던 것으로 보인다. 그 과정은 이를테면 관행적으로 이루어지던 판매단계의 리베이트를 거부하면서 국내 모대형할인매장에서 유한킴벌리가 쫓겨나는 아픔을 겪으면서도 유지되었던 원칙이었다. 후일 이 할인매장은 리베이트 없이 다시 유한킴벌리 제품을 진열하였다고 한다. 이러한 경영형태의 변화가 누적되면서 종업원들은 사장과 관리자들을 신뢰하게 되었으며, 이것이 노사협력의 기초를 다진 것은 의문의 여지가 없을 것이다. 다음으로 CEO 자신이 종업원과의 대화에 적극적이었는데, 특히 껄끄러운 대화도 기피하지 않고 종업원이 납득할 때까지 몇 시간이고 설득하였으며, 때로 그것은 심야나 새벽에 사장 가정집에서의 전화 통화로 나타나기도 하였다. 인간중심의 경영에 대한 사례는 이보다 훨씬 많으며, 이러한 모든 것이 노사 협력의 굳건한 토대가 되었음은 쉽게 짐작할 수 있을 것이다. D임원은 이를 "회사가 끌고 가려 하지 않고, 보여주고 참여시켜서 같이 갔다"고 표현하였다. 또한 C임원은 최고경영자를 중심으로 한 사측의 윤리(integrity)가 투명경영을 낳고 이것이 비전과 가치관을 제시하여 공유하는 리더십과 결부하여 신뢰받을 자격을 갖춘 것(trust-worthy)으로 설명하였다. 다시 말해서 최고경영자를 중심으로 회사가 먼저 변화한 것이 노사협력의 기초가 되었다는 점을 거듭 강조할 필요가 있다.

이러한 노사관계의 환경과 노사주체의 특성 하에서 노사관계는 불신에서 신뢰로, 대립에서 협력으로 발전해갔다. 노측이 회사를 믿지 못한 것은 앞서 설명한 바와 같으며, 회사 역시 '노동조합이 결성되면 회사가 망한다'는 전통적 의식에서 크게 벗어난 것은 아니었던 것으로 보인다. 그것은 1987년 초기 노동조합의 경험이 아니어도 우리 경영계의 일반적 인식이었다고 볼 수 있다. 이는 1994년 노동조합 결성이 하룻밤 사이에 전격적으로 이루어진 것에서 반증된다. 더욱이 경영혁신과 관련하여 초기에 노동조합은 장애물(barrier)이었다고 C임원은 솔직히 고백하였다.

이러한 상호 불신관계를 돌파한 것은 윤리경영, 투명경영이었으며, 그를 토대로 한 자신감이 부단한 경영정보의 공유로 나타났다. A씨가 인정하듯이 노조 결성의 기폭제가 되었던 회사 임원과 중간관리자들의 부정부패(한국적 '비즈니스 관행')는 사라졌으며, 과거에 오해했던 것들을 회사 사정을 깊게 알게 되면서 오히려 회사 경영을 걱정하는 단계로 진화해갔던 것이다. 유한킴벌리는 2개월에 한 번씩 비디오 사보를 방영하는데, 여기서는 반드시 사장이 직접 출연하여 경영현황과 향후 방향 및 계획을 설명한다. 그밖에도 노사 간 대화 채널은 일일이 열거할 수 없을 정도로 각층에 걸쳐 다양한 방법으로 방대하게 이루어지고 있으며, 따라서 오해의 소지들을 최소화하고 있는 것이 노사협력의 기본적인 토대를 형성해 온 것이다.

이러한 노사 간 커뮤니케이션의 활성화와 그 통로의 다양화는 집단적 노사관계 측면에서도 나타나는데, 그것은 1년에 두 번 조합간부들과 회사 측 임원들이 한자리에 모여 경영현황을 논의하는 행사로 구체화되었다. 여기에는 본조 간부와 대의원 이외에 지부 간부들까지 100여 명이 모여서 토론과 체육행사 등을 벌이며, 2일차에는 사장을 비롯한 주요 임원들이 참석하여 전날 조합간부들의 내부 토론 결과를 듣고 필요한 대답을 내놓게 된다. 이러한 과정을 통하여 노동조합 간부들 역시 경영정보에 익숙해지고 불필요한 갈등이 일어나지 않게 되는 것이다.

요컨대 유한킴벌리에서는 회사와 종업원과의 직접대화와 노동조합을 통한 간접대화 모두가 원활히 이루어지고 있으며, 교육훈련을 통하여 경영지표 등을 해석할 능력이 생긴 종업원들은 바로 회사 및 자신과 관련된 환경과 위상을 정확히 이해하게 되는 것이다. 이는 Freeman & Medoff(1984)가 언급한 목소리(voice) 기능이 직간접적으로 충분히 이루어지고 있음을 의미한다. 나아가 작업장 혁신과 관련한 보다 능동적인 참가가 이루어지고 있음은 이미 널리 알려진 바와 같다.

그러나 유한킴벌리의 노무관리가 온정주의적으로만 진행되거나 목소리를 무원칙하게 수용하는 것만은 아니다. 1996년 파업 당시의 무노동 · 무임금의 적용, 그리고 노무담당 관리자(이후 임원)인 K씨의 원칙 수립 노력 등에서 보이듯이 일정한 원칙을 수립하면 그것을 철저히 준수하는 관행을 정립해 나갔다. 여기서 주목할 만한 것이 징계해고자 문제였다. 1995년 2월 이미 4조 교대제와 직능자격제도가 실시된 지 1년 반 정도가 지난 시점에서 평가의 공정성에 이의를 제기하면서 엔지니어 1명이 시험거부를 선동하였다. 이에 회사는 이 직원을 징계해고하였다. 이후 4년간 대법원까지 가는 치열한 공방이 벌어졌으며 조합 사무실로의 출근투쟁도 벌어졌으나, 회사는 제도와 질서의 정착을 위하여 결코 양보하지 않았으며, 결

그림 8-6 유한킴벌리의 경영혁신과 노사관계

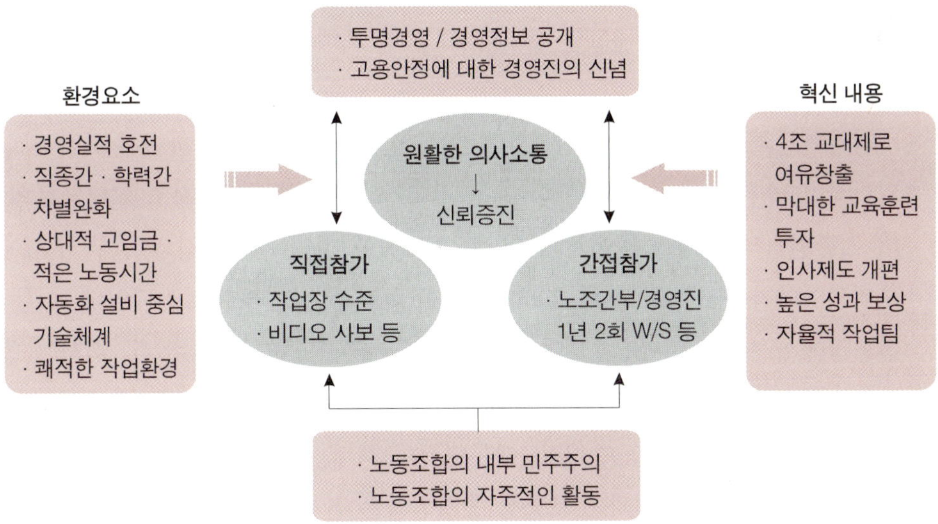

자료 : 조성재(2004), 유한킴벌리의 협력적 노사관계, 참여사회연구소 주제발표, p.14.

국 모든 심급에서 승리하였다.[12] 이는 다른 많은 사업장에서 해고자의 발생, 복지 투쟁, 복직 후에도 노사 갈등 지속이라는 패턴이 나타났던 것에 비하면 유한킴벌리의 노사관계가 안정적으로 유지된 한 요인을 찾을 수 있을 것이다. 이는 투명경영과 윤리경영, 그리고 작업장 내 원칙의 수립과 유지라는 자신감을 배경으로 하는 것으로서, 노조 약화를 위한 부당한 해고나 무원칙한 정치적 차원의 복직 결정이 노사관계를 더욱 곤란하게 하는 다른 사업장의 관행과는 차별화되는 것으로 해석된다.

그렇지만 유한킴벌리 노사관계가 대립에서 협력으로 전환하게 된 결정적인 계기는 고용안정에서 찾을 수 있을 것이다. 외환위기를 맞이하면서 유한킴벌리 역시 급격한 판매의 감소를 겪게 되었다. 이에 대해 회사는 '사람을 자르는 대신에 기계를 잘랐다'고 표현되듯이 일부 라인을 축소하는 대신에 시장성이 있는 기계의 가동률을 높였으며, 여기에 적합하도록 4조 2교대제를 도입한 것이었다. 정리해고를 둘러싼 노사갈등을 회피한 소극적인 전략이 아니라 오히려 '내 회사' 의식을 더욱 강화한 노사 신뢰의 선순환 구조를 적극적으로 구축한 것이었다. 인간 중심의 경영철학이 불황을 계기로 그 진가를 발휘했다고 볼 수 있을 것이다. 이밖에도 포장 공정이 자동화되면서 주로 여직원들의 일자리가 없어졌는데, 이들은 판촉활동에 나서도록 요구받았다. 반발이 없지 않았으나, 이들은 최장 6개월 이후에 희망자는 모두 공장으로 돌아올 수 있었다. 최근에는 다른 회사들에서 물류를 외주화(outsourcing)하는 관행이 널리 확산되자 성남 물류센터 등에서 일부 관리자가 이러한 경향을 언급하여 현장에서 고용불안이 심화되었다. 그러자 사장이 직접 나서서 "만일 물류 부분에서 일자리를 없애게 되면 그 관리자부터 해고할 것이다"고 하며 오해를 적극적으로 불식시키기도 하였다(D임원의 면접 결과).

경영혁신과 관련해서는 종업원들의 의사를 적극적으로 반영하면서 나갈 방향을 제시하는 리더십이 발휘된 점을 지적할 수 있을 것이다. 가장 핵심적인 4조 교대제로의 변경은 철저히 조합원들의 의사를 물어 실시되었으며, 이에 따라 김천공장의 일부 부서에 시험적으로 도입되었다가 군포공장 전체, 그리고 이후 김천공장 전체로 확산되었다. 이는 1993년에 대전공장에서 처음으로 4조 3교대제가 도입된 이후 7년만의 일이었다. 회사는 종업원들이 스스로 선택하기까지 인내를 갖고 기다렸는데, 이는 혁신은 종업원들이 주인의식을 갖고 능동적으로 참여해야 성공할 수 있기 때문이기도 하다. 이 과정에서 4조 교대제를 일찍 도입한 대전공장에 비하여 김천과 군포공장 종업원들은 점차 2등 시민이라는 불안감을 갖게 되었으며, 도입에 성공한 이후에는 잔업과 휴일특근 수당에 목매달던 자신을 돌아보고 웃을 수 있게 되었다고 한다(A씨와의 면접 결과).

이상에서 유한킴벌리의 경영혁신과 노사관계의 전환은 동시에 서로를 강화하면서 이루어졌음을 알 수 있었다. 그리고 그 시발점은 바로 신뢰받을 자격이 있는(trust-worthy) 사용자의 등장이었다. 노동조합 결성 이전인 1993년에 이미 대전공장에 4조 3교대제를 도입하여 종업원들에게 '여유'를 확보해주고 그를 통한 학습과 작업장 혁신을 가능하게 했던 것이다. 노동조합과 군포 및 김천 공장의 종업원들은 초기에 4조 교대제로의 재편을 거부하였으나, 외환위기를 전후한 경영위기 시에 이를 수용하였으며, 이는 고용안정에 대한 최고경영진의 신념을 인정한 것이기도 하였다. 이 당시 퇴직금이 줄어들 것을 우려한 많은 고근속자들과 결혼을 앞둔 여직원들이 노조를 통하여 희망퇴직을 요구하였다. 이 때 사장이 오히려 퇴직을 만류했다고 할 정도로[13] 일자리에 대한 최고 경영진의 신념은 확고한 것으로 보인다. 여기에 꾸준히 이루어진 경영정보의 공개 및 제공, 그리고 직간접적인 목소리의 수렴은 노사관계의 전환과 안정을 가져다 준 것이다.

(2) 완성차 기업의 인사노무전략[14]

① 기술체계와 작업조직

한국기업경영의 한 특징적 현상으로서의 노동배제적 성격은 비용억제로만 나타나는 것은 아니었으며, 이전부터 구조화된 노동배제적 작업조직과 기술체계의 온존, 그리고 인사관리상 직종간 차별의 지속으로 나타나고 있다. 기술체계와 작업조직의 경우 세계적 경향에 비하면 우리나라 완성차 기업들의 경우 한국적 토양에 알맞은 효율적인 모습을 여전히 찾고 있지 못한 것으로 보인다. 우선 기술체계 측면에서 산업발전의 초기에 불가피하게 도입한 설비를 운영하는 단계에서 응용된 기술의 적용으로 나아가지 못하고 있는 것으로 보인다. 그러나 선진업체들에 비하면 산업발전이 최근에 이루어지면서 오히려 최신의 설비에 바탕을 두고 높은 생산성을 시현하고 있는 것으로 분석된다. 특히 1990년대에 건설된 현대자동차 아산공장, 기아자동차 화성공장, 대우자동차 군산공장 등은 일본의 최신 공장과 견주어도 손색이 없는 자동화와 체계화를 구현하고 있다. 그럼에도 불구하고 미진한 부분은 근로자에 대한 배려이다. 이른 바 노동배제적인 자동화(이영희, 1993)가 추진되면서 작업의 편의성이나 조작 용이성을 고려한 설계가 부족한 것으로 판단된다. 예를 들어 서구에서 나타나는 각도 조절 컨베이어 벨트(tilting system)나 환경과 안전 측면에서 쾌적한 공장 환경 등이 부족하다.

아울러 도요타가 노동력 부족에 대응하기 위하여 1990년대에 시도하였던 TVAL과 같은 인체노동에 친화적인 공정분석 등도 여전히 결여되어 있다. 일부 높이조절 작업대, 라인의 분할 등은 일본의 설계업체로부터 그대로 도입되었으나, 기술체계의 소프트웨어 부분은 제대로 인식되고 있지 못한 것이다. 성격상 그것은 노동 포섭적인 전략과 현장의 누적된 개선을 전제로 한다는 점에서 노사관계의 대립성과 상호 작용하면서 더 높은 수준의 품질과 생산성을 달성하는 데 저해요인이 되고 있는 것으로 판단된다.

한편 기술체계 측면에서 특기할 점은 컨베이어 벨트에 긴박되어 있는 정도에 따라 직무의 곤란성이 달라진다는 점이다. 최종조립부서의 경우 끝없이 돌아오는 컨베이어 벨트 위의 작업대상에 매달려야 하는 긴박성을 특징으로 하며, 여기에 결부된 차체, 도장 등 전(前) 공정과 부품공급과 물류 등도 간접적으로 작업의 긴장도를 높인다고 볼 수 있다. 이에 비하면 출하, 품질관리, 보전, 금형제작 등은 상대적으로 라인에 대한 긴박도가 적어 노사관계 측면에서 타협의 공간이 더욱 넓다고 하는 점을 기억할 필요가 있다. 따라서 세계 자동차업계에서는 최종조립라인에서 노동의 인간화를 어떻게 달성할 것인가에 개선의 초점을 두고 있으나, 한국의 경우에는 이 부분에서도 노사 모두 뚜렷한 노력을 기울이고 있지 못한 것으로 보인다. 작업조직 측면에서는 기본적인 작업단위를 위계와 통제의 측면에서 구성한 이외에 자율성 혹은 반자율성을 부여하여 현장의 암묵적 지식을 이끌어내려는 노력이 부족한 상황이다. 1980년대 이후 일본식으로 품질써클, 제안제도 등을 실시하고 있지만, 교육훈련의 뒷받침이나 노사관계 측면의 관행이 정착되지 못하면서 형식적으로 건수와 시간 때우기로 변질된 것으로 보인다. 작업조직 내부에서 고근속자들이 자연적으로 형성된 기업특수적 숙련을 체화하고 있으나, 이것을 이론과 결부지어 현장의 개선으로 승화시키려는 노력은 제대로 이루어지고 있지 못한 것이다. 역시 근원적으로는 근로자들의 지혜와 마음을 이용하려는 노동포섭적인 전략이 부재한 때문으로 통제의 차원을 넘어서서 권한위양(empowerment)을 통한 간접업무의 통합, 그리고 그를 통한 자율성과 개선의 축적이 요망되고 있다.

한편 앞서 언급한 바와 같이 1990년대 중반 이후 사내하청, 이른바 도급 작업이 광범하게 확산되면서 비정규직의 업무가 확대되고 있는 것은 작업조직 측면에서도 중요한 변화이다. 중량물 작업이나 어려운 자세를 요구하는 작업들을 자동화한 이외에도 여전히 남는 문제에 대하여 노조원들의 기피공정을 비정규직이 담당하는 관행이 확산되어 온 것이다. 이러한 경향이 일정한 수위를 넘어서서 핵심공정까지도 도급이 이루어지는 경우가 있는 것으로 보인다. 도급 근로자들의 경우 책임성과 숙련도 등이 정규직에 비하여 일정하게 떨어진다고 가정한다면 한국 자동차의 품질 수준에 문제를 발생시키지 않을까 우려된다. 요컨대 현재까지 기술체계와 작업조직 측면에서 노동배제적인 관행이 일반화되면서 작업장에서부터 노사 간의 불신이 구조화되어 있다고 평가할 수 있을 것이다. 그리고 사용자 측과 정규직 근로자들을 대변하는 노동조합은 노사 대립으로 인하여 질적 유연성의 확보로 나아가지 못하면서 양적 유연성으로 이를 보완하기 위하여 비정규직 근로자의 활용을 확대해 오고 있는 것이다.[15)]

② 인적자원관리

한국기업의 경영시스템에서 근로자와 노조는 철저히 배제된 상태로 생산의 한 요소로만 취급되었던 것으로 평가된다. 따라서 체계적인 인적자원개발에 주력하기보다는 원활한 생산에 저해가 되지 않을 정도로만 기본적인 욕구를 충족시켜주는 관리가 지배적이었던 것으로 판단된다.

고용관리의 측면을 우선 살펴보자. 한국 자동차기업들에서 채용은 연고채용이 일반적인 가운데 대규모 채용의 경우 공개채용도 병행하였다. 직업훈련을 이수하거나 고등학교를 졸업한 양질의 노동력이 유입되었으며, 이들 가운데 특히 공고를 졸업한 인력은 보전, 금형, 품질관리 등 숙련을 요구하는 직무에 우선적으로 배치되었다. 그렇지만 한번 부서에 배치되고 나면 체계적으로 직무순환을 실시하지 않고 특별한 변동이 없는 한 자신의 부서에서 평생을 지내는 경우가 일반적이다. 생산의 최말단 단위에서는 업무의 단조로움을 피하기 위하여, 그리고 공평한 업무 배분을 위하여 자체적으로 직무순환이 광범하게 이루어지고 있으나, 체계성을 결여하고 있으며 무엇보다 작업조 단위를 넘어서는 직무순환은 거의 이루어지지 않는다. 정년은 55세 이상으로 보장되어 있으며, 따라서 본인이 퇴사를 원하지 않는 한 평생직장으로서의 의미를 지닌다. 그렇지만 외환위기 이후 고용조정 사태로 인하여 현재 '내 회사' 의식은 크게 약화된 것으로 보인다.

승진관리의 측면에서는 T/O제로 현장 감독자가 운영되는 이외에 숙련의 향상에 대응하는 직급과 직책의 분리는 대단히 취약한 것으로 평가된다. 직급과 직책의 분리는 1990년대 후반 이후 각사에서 일정하게 도입이 이루어지기도 하였으나, 체계적인 숙련 향상이나 숙련에 대한 평가에 기초하고 있는 것으로 보기 어렵다.[16)] 따라서 대체로 8~10명 단위로 이루어지는 말단 작업조직과 이들을 2~3개 묶은 상위 작업조직, 그리고 그 위의 과, 부단위 등 위계적 구조로의 승진이 유일한 경력개발 경로이다. 따라서 대체로 솥뚜껑형의 기형적 직책구조를 형성하고 있으며, T/O제로 인하여 승진에 대한 인센티브는 매우 약하다고 볼 수 있다. 즉 자기 작업단위의 현장 감독자 자리가 비지 않으면 승진할 가능성이 없는 것이다. 더욱이 노사관계의 대립성이 심화되면서 현장감독자의 권위가 약화되고 있어서 인센티브 기능이 더욱 더 희석되고 있는 것으로 보인다. 결국 승진에 대한 욕구, 숙련향상에 대한 욕구를 표출하고 실현할 제도적 기반이 결여된 상태에서 근로자들은 노동운동에 더욱 열심이거나 회사에 대해서는 형식적인 협조만을 제공하고 있는 것으로 분석된다(조성재, 1995).

임금관리의 측면에서 체계상으로는 연공급의 성격이 강하며, 구성상으로는 변동급의 비중이 큰 특징을 지니고 있다. 우선 기본급은 근속년수에 따라 결정되는 속성을 지닌다. 중도채용의 사례가 흔치 않고, 이 경우에도 다른 직장의 경력을 완전히 인정하지 않기 때문에 연령보다는 근속년수가 더 중요한 결정변수가 된다. 대체로 중고령 채용은 거의 없기 때문에 근속년수에 따른 기본급 결정은 연령과 비례성을 띠고 있다. 다음으로 직책수당, 직급수당, 근속수당 등 통상적으로 지급되는 수당을 포함하여 통상임금이 결정되고 이것은 고정적 성격을 지닌다. 업체에 따라 다르지만 통상임금은 평균임금의 50~60% 수준에 불과하여 임금의 안정성이 크게 떨어지는 것으로 평가된다. 다음으로 변동수당은 연장근로수당, 휴일근로수당, 심야근로수당 등으로 이루어지는데, 일일 8시간의 정규근로시간 이외에 거의 고정적으로 2시간씩의 잔업을 하는 것이 일반적인 형태이기 때문에 연장근로수당의 비중이 매우 크다. 또한 주야 맞교대에 의한 2교대 작업이 일반적이기 때문에 심야근로수당 역시 주요한 수입원이 되고 있으며, 호황기의 경우 휴일특근수당도 상당한 정도로 지급된다.[17)]

한국에서 잔업수당의 지급률은 150%이기 때문에 적은 노동시간으로도 많은 수입을 올릴 수 있어 잔업이 없을 경우 오히려 근로자들과 노조가 잔업물량을 확보해줄 것을 회사 측에 요구하기도 한다. 결국 변동수당의 비중이 대단히 높은 기형적 임금구조를 갖추고 있으며, 불황기에는 임금조정의 유연성을 확보해주는 자동적 메카니즘으로 작용하기도 한다. 마지막으로 각종 상여금과 기타 수당들이 있다. 호황기에는 상여금 지급을 둘러싼 노사 간의 갈등이 심화되는 경향이 있는데, 단협으로 규정된 고정적 상여금을 인상하려는 노조의 요구는 단협 개정시에만 한정되는 데 비하여 그 이상의 연말 성과급을 최대한 확보하려는 노사 간의 대립은 1990년대 이후 호황기에 주기적으로 나타나는 경향을 보이고 있다.

교육훈련 및 직업능력개발의 경우 사용자의 전략은 노조와의 관계 속에서 살펴보아야 한다. 노사 간의 상호불신이 대립성을 더욱 강화시키는 악순환 속에서 교육훈련에 대해서도 양자의 시각은 판이하게 다르게 나타난다. 교육훈련을 기술기능 부문과 의식소양 부문으로 크게 나눈다면 특히 의식소양 부문에 대한 교육에 대해서는 노조가 개입과 간섭을 통하여 사용자의 의도를 검증하고 문제의 소지가 있는 교육에 대해서는 수정을 요구하기도 한다.

기술기능교육의 경우 작업장 내의 현장훈련(OJT)에 대해서는 노조가 특별한 반대 입장을 보이지는 않아 왔다. 그것은 근속년수가 쌓이면서 자연적으로 형성되는 숙련이며, 선배의 지도나 경험을 통해서 획득되는 기능이기 때문에 특별히 개입의 여지도 적은 것으로 판단한다. 현장외 훈련(Off-JT)의 경우도 기술기능에 한정된 경우 노조는 특별한 이의를 제기하지 않는다. 특히 자동차공장 내에서 이루어지는 현장 외 훈련은 전체 근로자를 대상으로 하기보다는 금형, 보전, 품질관리, 로봇 티칭(차체, 엔진가공 등), 공작기계 등에 한정되는 경우가 대부분이기 때문에 부서 단위로 필요성이 인정되고 있으며,[18] 노조가 이를 반대할 특별한 이유는 없을 것이다.[19] 오히려 아쉬운 점은 노조가 기술기능교육에 대하여 확대나 보완을 강하게 주장하고 있지 않다는 점에 있다.

의식소양교육에 대해서는 문제가 좀 복잡하다. 노조는 회사가 주도하는 각종 교육에 대하여 개입과 간섭 전략을 최대화하고자 한다. 그것은 회사가 근로자들의 종업원 의식을 극대화하여 계급의식을 희석화하고 결국 노조의 현장 기반을 약화시키려 한다고 인식하기 때문이다. 1987년 이후 노조운동이 활성화되고 고율의 임금인상, 작업장 질서의 이완 등이 나타나자 실제로 사용자 측은 교육훈련을 통하여 근로자들의 의식을 개조해 보려는 다양한 시도를 벌여왔던 것이 사실이다. 특히 대우조선 등 여타 업종과 사업장에서 사용자의 집중적인 의식교육의 결과 노조활동의 기반이 약화되는 현상이 종종 나타나게 되자, 노동계에서는 사용자의 의식교육에 대한 경계심을 강화하였던 것이다. 이른 바 '신경영전략'으로 명명된 사용자의 의식개조 시도에 대하여 노동강도 강화와 노조 약화를 동반하는 위험천만한 침탈이므로 모든 조직역량을 동원하여 저지해야 한다고 주장하였다(한국노동이론정책연구소와 기아자동차 및 대우자동차와의 합동 연구보고서). 예를 들어 대우조선 등에서 이루어진 다물 민족교육은 우익적 민족의식에 기반하여 민족중흥을 위한 생산활동에 나서도록 근로자들의 노동윤리를 회복할 것 등을 주장하였다.[20] 기타 유사한 우익 논리들을 주입하는 교육에 대하여 전국 노동계에 경계령이 내려지면서 자동차기업의 노조들도 이러한 교육이 이루어지지 못하도록 적극적인 반대를 조직화하였다. 노조의 강의장 앞 농성, 강의장에 들어가려는 근로자들에 대한 적극적 만류, 다른 사안과 연계된 집단행동 등으로 인하여 사용자의 의식개조 교육시도는 이미 1990년대 초반에 실패한 것으로 드러나게 된다. 그럼에도 불구하고 사용자는 당시까지도 불순한 좌익적 노동운동에 의하여 선량한 근로자들의 의식이 오염되고 있다고 판단했기 때문에 우회적인 시도들을 감행하게 된다. 예를 들어 사내 폐쇄회로(CCTV)를 통한 홍보와 교육작업, 자아성찰, 의식혁신, 공동체의식 함양, 비전공유, 실천다짐 등 각종 소양교육이 더욱 강화된 형태로 이루어지게 되었다. 이러한 경영자의 시도에 대하여 노조 역시 1990년대 중반 이후는 무조건적인 반대보다는 강사와 강의내용에 대한 검증에 주력하면서 실제로 노조를 약화시키는 내용이 교육내용에 포함될 경우 이후 차수의 교육을 저지하는 행동에 나서기도 하였다.

한편 의식소양교육에 대한 노사의 대립점을 계층별로 살펴보면 노조에 가입되어 있는 생산직, 영업직, 정비직과 관리사무직 대리 직급까지는 특히 노조가 적극적으로 개입전략을 구사하고 있는 반면 과장급 이상의 간부 및 중역에 대해서는 간섭이 이루어지기 어렵다. 따라서 회사 측은 우선적으로 간부와 중역을 중심으로 자동차산업을 둘러싼 경제환경, 경영현황 등을 주입시키고, 나아가 노무관리에 대한 교육도 더욱 강화하는 양상을 보이고 있다. 그렇지만 신입사원 교육시에 노조 간부의 강의시간을 확보하는 등 단체협약으로 노조의 개입이 공식화되면서 대리 이하 직급에 대해서는 치열한 공방이 벌어지고 있다.

1990년대 중반 이후는 주입식 교육의 단점들을 인식하게 되면서 각종 참여식 교육, 시청각 교재 활용 교육이 더욱 활성화되는 추세에 있다. 특히 팀웍을 강조하여 부서원들끼리 래프팅, 등산, 체육활동 등 레저활동과 연계된 의식교육에 참여하도록 유도함으로써 작업장내 대립성을 완화해보려는 사용자 측의 시도가 각 기업에서 활성화되고 있다.[21] 그러나 역시 이 부분에 대해서도 노조는 근본적으로 노사 간의 이해가 다름에도 불구하고 계급의식을 약화시키려는 시도이므로 적극적으로 참여할 수 없다고 반발하는 경우가 많다. 결국 참가자의 범위, 숫자, 교육내용 등을 놓고 노조와 노사협력팀, 교육팀이 협상을 벌여 타협점을 찾는 관행이 일반화되고 있다.

다음으로 흥미로운 것은 사용자들의 근로자들에 대한 의식소양 교육이 노조의 반대로 의도대로 진행되기 어렵게 되자, 부인, 자녀, 노부모 등 가족을 상대로 한 전방위적 교육이 활성화되고 있다는 것이다. 부부감수성 교육, 행복한 가정 만들기, 자녀 컴퓨터 교육, 자녀 영어교실, 노부모 공장견학 및 온천 관광 등 다양한 접근을 통하여 근로자들의 회사에 대한 충성심을 제고하고 종업원 의식을 고양하려는 시도가 이루어지고 있다. 교육훈련이라기보다는 복지의 성격을 더 강하게 띠고 있으나, 역시 노조는 경계심을 갖고 이러한 교육을 바라보고 있으며, '딴지 걸기'를 통하여 개입전략의 지렛대로 활용하고자 한다. 주목할 것은 노조 집행부의 시각과는 달리 근로자들의 경우 의식소양교육에 대하여 그다지 큰 반발심을 갖고 있지 않다는 점이다.[22] 그것은 첫째, 소극적으로는 일단 '지겨운 작업장'에서 벗어날 수 있

표 8-9 현대자동차 단협(2001년 개정)의 교육훈련 관련 내용

제10조 5항	조합의 조합원에 대한 교육시간 요청이 있을 시 회사는 생산에 지장이 없는 범위 내에서 연간 6시간을 부여하며 교육시간 및 일정에 대하여는 사전에 협의한다. 또한 회사는 신입사원 교육시 조합에 관한 교육을 할 수 있도록 4시간의 교육시간을 부여한다.
제85조 1항	회사는 조합원 대상 연간 교육계획을 사전 조합에 통보후 협의하고, 특별히 조합이 이의제기하는 사항은 조합의 의견을 최대한 반영하여 시행한다. 단, 조합활동을 저해하는 교육은 시행하지 않는다.

자료 : 조성재(2004), 한국 자동차산업 노사관계의 현황과 과제, 한국노동연구원주최 자동차산업의 노사관계 현황과 발전방향에 관한 토론회 발제문.

다는 점 때문이지만, 둘째, 교육내용 자체에 대하여 일정한 만족감을 표시한다는 점이다. 그것은 소모적이고 단순반복적인 노동과 현장 내 갈등적 인간관계로 인하여 지친 몸과 마음을 일정하게 치유하는 효과를 보기 때문이다.

이상의 고용, 승진, 임금 관리에서 간접적으로 확인할 수 있듯이 체계적인 인적자원관리가 이루어지기보다는 경직적이고 비경쟁적인 내부노동시장이 형성되어 있는 것(조성재, 1995)이 한국 자동차산업의 일반적인 특징인 것으로 판단된다. 더욱이 이러한 경직성을 완화할 수 있는 지렛대인 교육훈련에서조차 노사 간 대립이 일상화되어 있으며, 따라서 기술기능교육보다는 의식소양교육이 더욱 강화되고 있으나, 그나마 노조의 반대로 인하여 굴절된 형태로 전개되고 있다. 노조 역시 아직까지 뚜렷한 대안을 제시하고 있지 못한다는 점에서 노사가 공동으로 의식소양교육의 프로그램을 개발하려는 노력이 필요한 것으로 보인다.

③ 노무관리시스템

자동차기업의 집단적 노사관계와 관련한 노무관리시스템은 일반 경영시스템, 그리고 생산방식 및 인사관리의 영향을 받으면서 나름대로의 전략방침과 조직구조를 갖고 있다. 조직구조와 관련하여 최고경영진 – 관리감독자 – 노사협력팀의 3각 구조를 형성하고 있다. 최고경영진은 노무와 관련한 철학과 전략방향을 규정하며 최고 의사결정을 내린다. 최고경영진이 어떠한 방침을 갖고 있는가가 노사관계에 결정적 영향을 미치게 될 것임은 자명하다. 전통적으로 한국의 기업가들은 봉건적 의식과 결부되면서 온정주의적 시각을 갖거나 국가의 억압적 노동통제 정책에 편승하여 '말썽 없이 일하는' 근로자를 선호하는 경향을 보여왔다. 즉 보릿고개를 넘기기도 힘든 상황에서 기업을 일으켜 일자리를 제공했다는 점을 과장되게 인식함으로써 노동조합을 결성하거나 파업행위에 돌입하는 것을 충분히 이해하지 못하였던 것으로 보인다. 그러나 '87년 이후 노동운동이 본격화되고 일정한 제도화를 이루면서 노조를 파트너로 인정하는 인식의 전환은 이루어진 것으로 보인다. 다만 여전히 외부의 불순세력에 의하여 순진한 근로자들이 동요하고 있다고 책임을 외부로 미루거나, 노조 혹은 근로자들과 경영 현안을 논의하는 것은 비효율적일 뿐이라고 인식하는 경향이 있는 것으로 보인다.

다음으로 관리감독자의 경우 공식적 위계조직을 구성하여 직접적으로 근로자들을 통제하고 생산을 지시하는 관계에 서게 된다. 이들은 최고경영진의 방침을 받아 생산관리, 인력관리, 품질관리 등에 복무하며, 노무와 관련해서 일상적인 고충처리와 대의원 및 현장활동가와의 협의에 나서게 된다. 우리나라의 경우 노사관계에서 제도화와 공식화의 정도가 낮기 때문에 불황기와 구조조정기에는 고용조정의 가능성 때문에 이들의 권위가 크게 확장되며, 거꾸로 호황기에는 생산차질을 회피하기 위하여 근로자들에 대하여 오히려 취약한 지위에 서기도 한다. 특히 경영방침이 생산량 최우선주의, 노사갈등에 의한 생산차질의 회피에 중점이 두어질 경우 잔업, 특근을 실현하고 갈등을 무마하기 위하여 대의원 등 현장 활동가들에게 '통사정을 하는' 관행이 벌어지기도 한다. 한편 그 책임 부분에서 관리자와 감독자는 다시 분리되는데, 생산직 출신의 현장감독자들의 경우 노조원이기도 한 이중적 지위로 인해 현장 근로자들 및 활동가들과 갈등을 가급적 회피하는 경향을 보이기도 한다. 특히 연령이 높은 감독자들의 경우 무난히 정년퇴직을 하는 것에 가치를 두기 때문에 무리한 노무관리에 나서지 않으려 한다. 이는 현대자동차의 경우 '98년 정리해고 투쟁을 경험한 이후 더욱 강화된 성향이기도 하다.[23)]

노사협력팀의 경우 노무관리와 관련한 스탭부서로서 최고경영진이 노무와 관련된 방침을 수립하는 데 전문성을 기초로 조언과 보고를 올리며, 현장 관리감독자들에게 최고경영진의 노무 방침을 전달하고 역으로 현장의 분위기를 집약하여 정보를 분석하고 노무방침에 수정을 가하는 일을 담당한다. 또한 관리감독자들이 현장의 근로자 및 대의원, 현장활동가들과 관계를 형성하는 데 대해서 주로 노조 집행부와 관계를 맺고 임단협 협상을 주도하기도 하고, 노사협의회나 고용안정위원회 등 각종 전사적 현안을 논의하게 된다. 한편 소공장 단위에서 노무관리를 담당하는 별도의 소조직이 발달하기도 하였으나, 기아자동차가 '93년경, 현대자동차가 '96년경 이를 폐지하였고 대우자동차의 경우는 이를 별도 조직으로 운영해오고 있다.[24)]

현대와 기아의 경우 현재는 현장과 노사협력팀을 연결하는 노무담당자 수명만을 운영하고 있다. 최고경영진 – 관리감독자 – 노사협력팀의 3각 노무관리 구조는 노무관리와 관련한 자기완결적 구조로 인식될 수도 있을 것이다. 그러나 마케팅, 재무관리, 해외영업 등 다른 부문과는 달리 노무관리 및 노사관계 대책은 노사협력팀으로 스탭 기능을 한정하는 데 따르는 문제가 발생하고 있는 것으로 보인다. 그것은 경영의 각 부문에서 '사람' 및 노동조합과 관련되지 않는 부분이 거의 없음에도 불구하고 다른 부문/부서의 경우 일방적으로 전문성에 입각한 의사결정을 내려놓고 노무 담당 부서에 그 실행 혹은 '뒷처리'만을 요구하는 경우가 많기 때문이다. 따라서 노사관계는 사후적으로 협상을 통하여 이미 결정된 사항을 변경하거나 아예 실행이 불가능해지기도 하여 의사결정 변경에 따른 비용을 유발하기도 한다. 특히 관료주의적 기업문화가 고착된 경우 이러한 문제점이 심각한 것으로 판단된다.

한편 회사 측은 위원장 선거와 대의원 선거 등 각종 선거, 그리고 임단협 잠정 합의안에 대한 비준 투표 등에 대하여 개입 전략을 펼쳤다. 현장의 관리감독자들은 이러한 개입 전략에 동원되어 노조간부 및 대의원들, 현장의 주요 활동가들과 술을 먹는다든지, 함께 야유회를 간다든지 하는 방법으로 회사 측에 유리한 활동을 요구하였다. 이 점은 다시 대의원들의 입지를 강화하는 기제로 작용하였고, 결국 현장 관리자와 대의원 간의 작업장 정치를 둘러싼 타협과 투쟁의 병존 구조를 고착화시켰다. 그런데 대우를 인수한 GM의 경우 노조 및 활동가들에 대한 음성적 공작에 소요되는 자금을 인정하지 않고 있으며, 노사관계 역시 공식과 제도에 의거해 풀어나가려 하고 있어 한국적 풍토에 정착될 것인가의 여부에 관심이 모아지고 있다.

04 사용자의 경영권에 대한 이해[25)]

4.1 경영권의 의의

(1) 경영권의 정의

오늘날 경영권이라는 용어는 널리 사용되고 있으면서도 그 개념이 명확하지 않으며, 법률상의 구체적인 규정이 명시되어 있는 것도 아니다. 경영권이라는 용어는 노동자들이 자신들의 힘을 노동조합을 통하여 효과적으로 결집하여 자신들의 노동조건이 경영권에 의해 일방적으로 결정되는 것에 반대하고, 한 걸음 더 나아가 단체교섭 및 경영참가를 요구하기에 이르러 이와 같은 노동조합운동의 전개에 대항하여 성립된 개념이다.

근대경영학에 있어서 경영권이라는 용어는 경제문제, 즉 무엇을 생산할 것인가, 어떻게 생산할 것인가, 누구를 위하여 생산할 것인가에 대한 의사결정권이 경영자에 속한다는 포괄적인 개념으로 이해되고 있으나 구체적인 내용에 이르러서는 경영자와 노동조합 간에 견해가 갈리고 있다.

또 "경영의 소유자 또는 담당자는 경영이라는 부분사회의 질서를 유지하는 것이 필요하고 이 질서를 뒷받침하는 법적권한이 경영권이다"라든가, "경영을 수행하는 데 있어서 경영자에게 부여되어야 할 일체의 권한"이라는 정도의 막연한 개념이 통용되고 있다. 그리고 구체적으로 경영권에 속하는 것으로서는 기업의 합병 · 분리 · 축소 · 양도 · 사업장 시설의 설치 · 이전 · 폐쇄 등 기업조직상의 행위, 생산이나 작업계획의 입안, 기계의 도입, 조업단축, 그밖에 생산방식이나 생산관리에 관한 행위, 기업내부의 기구를 정하는 행위, 자금조달 · 사용 · 처분 등 재무상의 행위, 자재의 조달 · 제품의 판매 · 선전광고 등 영업에 관한 행위, 직제 및 직무내용의 결정 · 인사관리 · 기업질서의 유지 · 안전위생시설의 관리 등이 열거되고 있다.

이와 같은 권리들은 징계권, 노무지휘권, 시설관리권 등으로 분류할 수 있는데 모두 경영권의 중요한 내용이 된다. 여기서 징계권은 노무지휘권이나 시설관리권의 행사에 대해 불복종인 자는 경영 질서를 어지럽힌 것이 되므로 징계권 행사의 대상이 된다고 하는 의미에서 이들 권리는 상호 밀접한 관계를 갖고 있다. 여기서 중요한 것은 경영권을 법률상의 명시적 규정이 없음에도 불구하고 법적인 권리로 인정해야 하는가 하는 문제이다. 대부분의 판례에 있어서 경영권은 법적인 권리로서 인정되고 있다.

이 장에서는 경영권을 법적인 권리로서 인정해야 하는 이유를 비교적 경험이 풍부한 일본의 판례를 중심으로 살펴보면서 경영권의 내용을 고찰해 보고자 한다.

(2) 경영권의 실제

경영권에 대한 일본의 판례는 근거범위 또는 내용을 규명하는 것이 아니라 경영권을 법률상의 권리로서 인정하고 있다. 이하 그 주장을 개관한다.

일본 최고재판소는 "일본 현행의 법질서는 사유재산제도에 기초해서 성립해 있고 기업의 이익과 손실은 자본가에게 돌아간다. 따라서 기업의 경영 · 생산 공정의 지휘 · 명령은 자본가 또는 그 대리인인 경영담당자의 권한에 속한다. … 따라서 노동자가 … 기업가와 나란히 기업의 담당자라 해도 그 때문에 당연히 노동자가 기업의 사용수익권을 갖는 것도 아니고 경영권에 대한 권한을 갖는 것도 아니다"라고 하고 있다(山田鋼業사건, 최고재판소).

이 밖에 생산수단의 소유권은 자기의 가치실현을 위해 노동력을 고용하고 그 처분 하에 놓여진 노동력을 지배한다는 견지에서 경영권을 "소유권의 경영체 내부에 있어서의 생산공정상의 발현 형태이다"라고 하기도 하고(新戶地裁), "소유권의 사회적 기능으로서 노동력을 지배하는 권능"이라 하기도 하며(理研發條 鋼業사건, 東京地裁), 노동계약은 노동자가 경영조직 내에 편입되어 노동력을 사용자의 처분에 맡기는 계약이므로, 이에 의거해서 사용자의 지휘 · 명령권이 생긴다는 생각에서 "기업에 있어서는 기업시설과 노동력이 유기적으로 구성되어 있고, 노동자는 기업의 효율적 운영에 기여하기 위해 노동력의 제공을 약속하고 있는 것이 통례이므로 사용자는 기업을 운영하기 위해 노동력을 안배해서 사용할 권한을 갖는다"고 하는 것 등이 있다(日紡 東京工場사건, 東京地裁).

판례들은 경영권을 소유권의 한 기능으로서 또는 노동계약에 근거를 갖는 권한으로서 이해함으로써 경영권을 법률상의 권리로서 승인하려 하고 있다. 또한 사용자의 징계권이나 취업규칙 제정권의 근거로써 경영권의 개념을 인정하는 판례도 있다. 이를테면 "징계권은 기업 운영 당담자인 사용자가 기업체의 사업목적을 달성해야 할 목적하에 행하는 경영의 필요상 노동자에 대해서 발하는 업무명령의 유효성 내지 강행성을 담보하고, … 노동자로 하여금 … 명령에 복종할 것을 강제하기 위해 … 제재를 가하고 … 경영질서를 유지" 하기 위한 것이라든가 "취업규칙은 본래 사용자의 경영권의 작용으로서 일방적으로 정할 수 있는 것으로 이것은 그 변경에 대해서도 다른 점이 없다"라든가, 같은 맥락에서 취업규칙 제정권에 대하여 "그것은 이른바 경영권의 사상을 배경으로 그 현실의 발동인 직장의 질서로서의 노동조건의 기준 등을 정하는 것을 사용자의 권한으로 만든 것"으로 보는 사람이 있고, 그 판례로서는 동광전기 오오자키 공장사건 등이 있다.

그러나 이들 판례는 모두 경영권 개념의 법적 근거를 포괄적으로 설명하는 데까지는 이르지 못하고 있다. 판례가 경영권을 소유권의 기능이라고 해도 이것은 경영권 개념의 사회적 근거를 설명한 데 불과하며 또 노동계약의 면에서 파악하려고 하는 견해도 광범한 내용을 갖는 경영권 개념을 노동계약만으로 일반적으로 근거지을 수 있는지 의문이고, 이것은 인사권이나 지휘명령권의 근거는 될 수 있어도 이것들을 포함하는 광범한 권리로서의 경영권을 설명하기에는 역부족이라는 비판이 이루어지는 것도 당연하다. 그러나 판례라는 것은 말할 나위도 없이 해당 사건에 대해서 원고의 청구에 대해 결론을 주기 위해 재판소가 나타내는 견해로 학설과 달리 체계적 사상을 서술하는 것을 목적으로 하는 것이 아니기 때문에 경영권의 법적근거를 포괄적 · 체계적 · 이론적으로 제시하고 있지 않다고 해서 비난할 수는 없다.

이들 판례는 그 사건 해결에 필요한 한도 내에서 각각 경영권 개념의 한 측면을 나타내는 것으로서 평가되어야 할 것이다.

4.2 경영권에 대한 학설

(1) 경영권을 긍정하는 견해

경영권을 긍정하는 견해는 경영권을 "노동계약에 의해 성립하는 것이 아니라 소유권에 내재하는 권력에 뿌리를 두고 국가 권력이 이러한 내재적인 힘을 불가침의 것으로 보장함으로써 사용자의 권한으로 용인되는 기능" 또는 "다수의 생산수단과 노동력을 단일체로 통합해서 이것을 관리 · 운영하는 권력", "소유권을 보장하는 헌법과 법률에 의해 보호되는 권리", "일정한 기술적 · 통일적 조직체로서의 경영에 고유한 권리", 또는 경영을 생산활동을 영위하는 기술적 조직체로서 파악하고 그 운영을 위해서는 권력적 계기가 불가결한 것이라는 전제에 입각해서 경영 주체는 생산 · 교환을 확보할 의무를 지고 이것을 자기의 위험하에 수행하며 경영의 구성원에게 공통의 이익을 확보해 주어야 하며, 그 목적을 위해 필요한 권한으로서 경영권을 행사할 수 있다고 하는 것 등이 있다.

그러나 이와 같이 경영권을 소유권 근거로 설명하려고 하는 학설은 소유권이 물(物)을 지배하는 물권으로 종업원에 대한 인적명령권을 설명할 수 없어 경영권 개념을 포괄적으로 실정법상의 권리로서 설명하는 데에는 실패하고 있다.

(2) 경영권을 부정하는 견해

경영권을 부정하는 학설은 경영권이라는 개념이 노동조합운동의 발전을 통해 노동조합이 경영문제에 대해 단체교섭을 요구하는 것에 대해, 또는 노동조합의 경영참가 요구에 대항하기 위해 경영 측에 의해 제시된 것이라는 역사적 경과를 내세우며 경영권을 사실상의 개념으로서 독립적 · 법적 개념으로 이해하기에는 그 내용도 애매하고 아직 실정법상의 개념으로서 성숙되어 있지 않다고 주장한다.

(3) 법적 권리로서의 경영권

현실적으로 경영권은 법적 개념으로 인식되어야 한다. 이 점은 앞서 판례에서도 지적된 바 있다. 경영권이라는 개념은 자본제 기업이 생겨난 당초부터 경제적 개념 또는 사회적 개념으로서 존재했다. 그러나 그것이 법적 개념으로서 강력히 주장되기에 이른 것은 일본의 경우 제2차 세계대전 후 급속히 발전한 노동조합이 기업에 대해 경영참가를 요구하고 생산계획 · 주식배당 · 기업의 합병 · 해산 · 중역인사에까지 개입하여, 단체교섭에 있어서 조합의 요구를 받아들이도록 주장하는 것에 대항하기 위해서였다. 그리고 패전 후 얼마동안은 조합의 이러한 발언 내지 요구를 용인하는 예도 적지 않았다. 그러나 1948년경부터 미점령군의 정책 변경과 더불어 경영자 측에서 경영의 문제에 대해서는 경영자의 권한에 의해 결정되어야 한다는 점을 분명히 하고, 조합의 발언 내지 경영참가를 거부하는 근거로서 경영자 측의 고유한 권한으로서 경영권이라는 개념을 주장하기에 이르렀다.

미국의 경우도 제2차 세계대전 종료 직후 대규모의 쟁의가 발생했기 때문에 경영자 측은 조합에 대해 경영전제권(management prerogatives)에 속하는 사항에 대해 그 불개입을 주장했다. 경영권이 이러한 경과 속에서 주장되어온 사실에 비추어 경영권 개념이 실정법상 부인된다고 하는 견해는 잘못이다. 경영권이 이와 같은 경과 속에서 등장되었기 때문에 이것에 대한 논의는 주로 노동법 분야에서 행해지고 있다. 그러나 본래 경제적 개념으로서 존재하고 그것이 실정법 속에 받아들여진 것을 단순히 노동법이라는 좁은 특수한 범위 속에서만 고찰하는 것은 잘못이다. 경영이라는 개념은 상법 속에 영업이라는 용어로서 실정법상의 개

그림 8-7 경영권의 구성내용

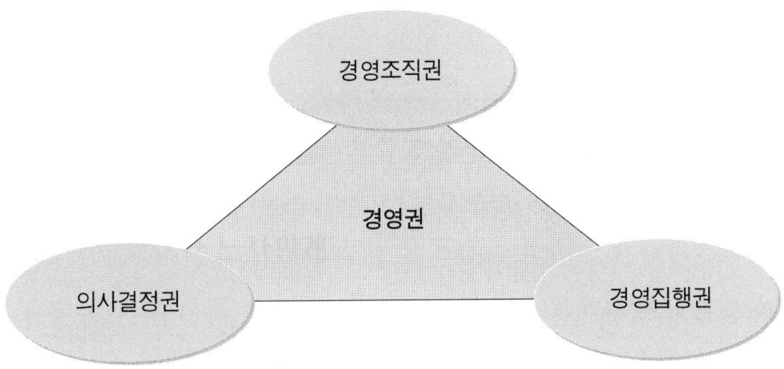

념으로 채용되어 있고, 이 영업의 의미는 단순히 고정자산과 그 밖의 권리 · 의무로서의 영업재산으로 끝나는 게 아니라 그것들을 기능하게 하는 인적 기구 · 배치 · 능력 및 그들 기능의 결과로서의 이른바 무형의 대외적 이익 등 모두를 포함하고 있는 개념이며, 특히 중요한 것은 인적기구(종업원)의 고용계약 내용도 포함되어 있는 것이다.

상법에 정하는 영업이란, 전술한 바와 같이 유기적 · 활동적인 사회적 조직체로, 그 속에 포함되는 모든 권리 · 이익 · 기구를 총괄해서 영업이라 부르고 있다. 이것이 일괄해서 거래의 객체로 된다면 영업이라 칭하는 사회적 실체가 갖는 여러 종류의 권리를 일괄한 권리로서 실정법상의 개념으로 인식해야 하고, 이렇게 생각하는 것에 아무런 지장이 없다. 이것을 영업이라 하든, 영업권이라 하든 또는 경영권이라 하든 그것은 단지 용어의 차이에 불과한 것이다. 경영권이라고 하는 것은 바로 그러한 경영조직체가 갖는 각종권리의 종합 명칭으로, 마치 사용권, 수익권, 관리권, 처분권 등 다른 목적의 각 권리가 집합한 권리를 소유권으로 생각하는 것과 조금도 다를 바 없다.

물론 경영권의 일괄양도가 이루어져도 그 내용을 이루는 각종 권리에 대해서 이를테면 부동산에 대해서는 이전등기가, 동산에 대해서는 양도가, 노하우에 대해서는 그 전수가, 거래에 대해서는 그 소재가, 종업원에 대해서는 그 동의가 각각 필요하다. 그러나 그 절차가 필요하다는 것이 경영권 개념을 부정하는 이유가 될 수는 없다.

경영은 인간과 물(物)의 집합체이므로, 물만을 대상으로 하는 소유권을 근거로 해서 경영권을 설명하면 인간의 관계를 설명할 수 없고, 조직체가 가진 고유의 권리라는 설명으로는 실정법상의 근거를 결여하는 것이라는 비난을 면할 수 없다. 또한 경영개념은 상인이나 상사회사 등의 상거래를 운영하는 단체뿐만 아니라 상거래와 무관한 특수법인, 공법인에 대해서도 적용되는 것으로, 이들 법인은 모두 경영권을 갖고 있다. 그것은 상거래를 운영하지 않는 조직이라도, 노동자를 고용하는 것은 곧 노동력의 구입이라는 거래에 참가하는 것이고, 그곳에서는 경영권이 행사된다.

경영권의 존재를 보조하는 실정법상의 규정에는, 공공기업체 등에 관한 노동관계법 규정이 있다. 이것은 “공공기업체 등의 관리 및 운영에 관한 사항은 단체교섭의 대상으로 할 수가 없다”고 하여 경영자의 전권사항으로 하고 있다. 이 점은 노동조합법에서 노동조건의 유지 · 개선 및 기타 경제적 지위의 향상을 꾀할 것을 노동조합의 목적으로 하고, 사용자와의 단체교섭도 노동조건과 관련된 사항만을 의제로 할 수 있다고 하는 규정과 동일한 사고에서 비롯된 것이다.

4.3 경영권의 내용

(1) 경영조직권

경영주체는 경영이라는 조직체를 창설하고 처분하고 개선하고 또 그 기관을 임면하는 권한을 갖는다. 이것을 '경영조직권'이라고 한다.

(2) 의사결정권

경영이 그 의사를 결정하는 권한이다. 경영주체가 단일한 경우는, 그 개인이 경영의 의사결정을 행하고, 또 경영의 집행을 실시하기 때문에 문제는 간단하지만, 다수인에 의해 구성할 경우(이를테면 근대 기업에 있어서의 주식회사)는 그 총의에 따라 경영의 최고의사를 결정하는 권한을 갖는다. 그러나 집행행위는 자의적으로 할 수 없고 의사결정권도 법적규정에 의해 제한된다.

(3) 경영집행권

경영주체에 의해 선임된 기관 임원은 업무집행의 최고방침을 결정하고, 경영이 소유하는 개별재산의 관리 · 처분을 행하며, 생산계획, 판매계획의 입안과 실시, 자금 · 자재 · 기술 · 노무의 조달 · 조정, 경영집행의 보조자인 경영관리 담당자(근대기업에 있어서의 부 · 과장 · 공장장)의 인사결정, 그 업무집행의 지휘 · 감독을 하는 동시에, 경영관리 담당자를 통해서 피고용자의 인사를 결정하고 경영질서를 유지하고 업무를 운영하기 위한 규칙을 제정하며, 경영질서를 어지럽힌 자에 대해 제재를 가할 권한을 갖는다. 이것을 경영집행권이라 한다.

위의 경영집행권 중 개별재산의 관리 · 처분권 및 생산계획 · 실시나 자금 등의 조달을 실시하는 권한을 '경영의 대물적 집행권', 규칙을 재정하는 권한을 '경영의 규칙제정권', 경영질서 위반자에 대해 제재를 가하는 권한을 '징계권'이라 한다.

① 경영의 대물적 집행권

경영의 대물적 집행권은 그것을 시민법상의 개념으로 되돌아와서 보면, 소유권 · 지상권 등의 물권 또는 사용대차, 임대차 계약상의 채권적 용익권이기도 하지만, 이들 권리를 경영조직체에 편입해서 관리 운용할 경우, 일괄해서 경영집행기관의 대물적 집행권이라 부르는 것이고, 그 기초는 물권 및 채권이다. 이 대물적 집행권 중, 경영의 목적 달성을 위해 경영

내의 모든 재산을 합리적으로 관리하는 권한을 노동법상 특히 시설관리권이라 한다.

② 경영의 대인적 집행권

경영의 대인적 집행권은 이것을 시민법상의 개념으로 되돌리면, 타인의 노무를 이용하는 것을 목적으로 하는 계약, 즉 위임계약 · 청부계약 · 고용계약에 의거하는 채권이다.

근대법에 있어서 인간을 물권적으로 지배하는 것은 인정되지 않는다. 사람이 사람을 지배하는 권한은 계약에 의해서만 발생한다. 현대 사회에 있어서 사람이 타인에게 명령하고, 타인을 지휘하며, 타인에게 복종을 요구하는 경우 경제적인 역관계가 사실상 작용하지만, 법적으로 보면 쌍방의 합의에 의한 계약을 통해서 비로소 가능하게 되는 것이다. 경영의 집행기관이 그 보조자인 경영관리담당자의 인사를 결정하고, 이에 대해 지휘 · 명령 · 감독하는 권한도 계약관계에 의해 발생한다. 집행기관이 직접 또는 경영관리담당자를 통해서 피고용자의 인사를 결정하고, 이에 대해서 행할 지휘 · 명령 · 감독권도 이와 마찬가지로 쌍방의 계약에 의해서 발생한다.

경영관리담당자나 피고용자는 계약을 통해서 경영 속에 편입되고, 집행기관의 지휘 · 명령 하에 그 노동력의 사용 · 처분을 맡기게 되는 것이다. 경영의 대인적 집행권 중, 경영관리담당자와 피고용자의 고용 · 배치전환 · 전근 · 승격 · 상벌 · 해고 등을 인사권이라 부르고, 사용자의 지휘명령에 따를 것을 요구하는 권리를 노무지휘권이라 하는 것이 통례이다. 노무지휘권은 노무제공의 구체적 방법 외에 배치전환 · 전근 · 승격의 발령이나, 규칙제정권에 의해 재정된 규칙에 복종할 것을 명하는 행위도 그 범위에 포함한다.

이상의 대물적, 대인적 집행권은 말하자면 경영의 행정권이다.

③ 경영의 규칙제정권

경영의 규칙제정권은 경영을 운영하고 경영질서를 유지하기 위해 경영집행기관이 규범을 제정하는 권한이다. 경영은 인간과 물(物)과의 종합적 조직체인 이상, 이것의 존립과 유지를 위해서는 일정한 부분사회적 규범을 제정하는 것이 불가결한 요건이다. 이것은 국가와 같은 대조직에 있어서 그 존립과 유지를 위해 법률이라는 명칭에 의해 입법을 실시할 필요가 있는 것과 조금도 다를 바 없다. 규칙의 정립은 모든 사람의 집단조직에 있어서 반드시 필요한 것이다. 이를테면 공적인 근무관계나 구조물의 이용관계 등 공법상의 관계를 비롯해서 노동조합, 학교, 학생집단, 지역주민, 자치회, 나아가 동창회, 주민회, 골프클럽 등의 친목단체에서까지 규약을 설치하여 그 조직의 유지를 꾀하고 있는 것이다.

그림 8-8 경영집행권의 구성내용

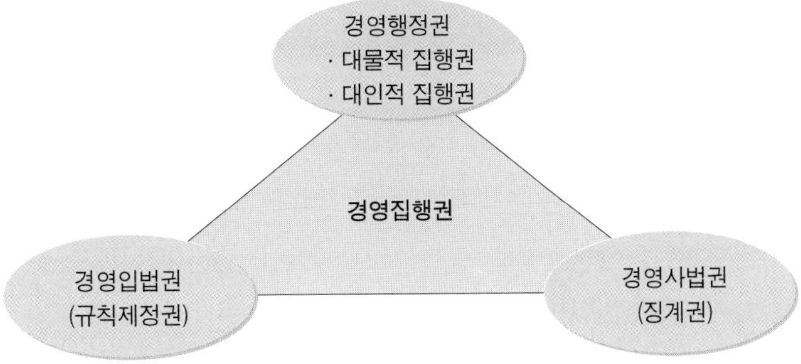

규범 정립의 방식은 여러 가지이나, 국가와 국민의 관계처럼 일반적으로 참가의 선택이 불가능한 경우는 별도로 하고, 보통은 집단을 창설하는 경우 스스로 일정한 규범을 제정해서 구성원은 그 규범에 복종할 것을 합의하고, 기성집단에 구성원으로서 참가하는 경우는 그 집단의 규범에 충실할 것을 약속함으로써 구속을 받는다.

경영의 규칙제정권은 다른 모든 집단과 마찬가지로 그 존립과 기능의 확보를 위한 제도적 보장으로서 인정되는 고유권한이다. 이것을 노동법에 입각하여 말하면, 근로기준법에 규정된 취업규칙의 작성 · 변경권으로, 사용자가 노동자대표의 의견을 들은 후에 일방적으로 작성 · 변경하는 것을 인정하고 있다.

일반적으로 "취업규칙은 본래 사용자의 경영권의 작용으로서 일방적으로 정할 수 있다"는 점이 인정되고 있다. 규칙제정권은, 말하자면 경영의 입법권이다.

④ 징계권

징계권은 경영이 그 고유의 기능에 의거해서 제정한 규칙에 위반한 자에 대해서 경영질서의 유지를 위해 경영집행기관이 행하는 제재 권한이다.

징계권의 성질 내지 법적근거에 대해서는 각종의 학설이 엇갈리고 있으나, 규칙제정권이 경영 고유의 권한인 것에 비하여 징계권은 경영본래의 고유권한이 아니라, 제정된 규칙을 승인해서 경영조직 속에 참가한 자에 대해 규칙제정권 및 참가자의 합의에 근거해서 경영집행기관에 인정되는 권한으로 이해하는 것이 합당하다. 말하자면, 징계권은 경영의 사법권이다.

Talks in IR

한국의 사용자와 사용자단체에 관한 연구

한국노총 중앙연구원, 김동원 · 전인 · 김영두, 2007년 12월

한국 사용자단체의 성격

지금까지의 연구에 바탕하여 한국의 사용자단체의 성격을 다음과 같이 규정할 수 있을 것이다.

첫째, 한국의 사용자단체는 노동운동의 공식적인 대화 상대이면서도 노동운동에 대하여 공공연하게 적대적인 자세를 보이고 있다. 이러한 태도를 갖는 주된 이유는 한국의 사용자들이 분단된 국가에서 진보적인 사회운동을 거부하는 반공주의의 영향을 오랫동안 받았고, 노조에 간섭받지 않는 경영권확보를 중시하는 대기업들의 반조조주의 성향이 사용자단체의 자세에 영향을 주었기 때문일 것이다. 따라서 한국의 사용자단체들은 경영권수호에 강경한 정책을 보이고 노조와의 타협에 소극적이며 노동운동에 대하여 적대적인 자세를 유지하고 있다.

둘째, 노동운동에 적대적인 자세는 사용자단체간에도 차이를 보인다. 한국의 사용자단체 중 전경련은 경총보다 더욱 반 노조적이며 노조와의 대화를 거부하고 극히 보수적인 태도를 취하였다. 전경련은 재벌의 입장을 더욱 강하게 반영하여 강력하게 노사정위원회와 산별협상에도 반대해왔다. 예를 들면, 2000년부터 노사정위 폐지를 주장했던 전경련은 노사정위에서 한때 탈퇴하였고, 2002년에는 전경련은 노사정위원회에서 경총의 협상전략에 명백한 반대적 입장을 표명하였다. 2002년 전경련은 노사정위에서 논의중이던 주5일제 이슈에 대한 총체적인 재평가를 주장하면서 노사정 협상을 무산시키고자 하였고, 노조와 협상을 진행하는 경총에 반대하여 노사정위 밖에서 재계의 목소리를 낼 것이라고 주장하면서 회원사들에게 자체 조사와 대안개발을 위한 특별회비를 거두기도 하였다. 결국, 전경련의 강경한 발언들은 경총이 더 이상 협상을 진행할 수 없도록 한 것이다. 전경련과 경총의 이러한 차이는 경총과는 달리 전경련은 재벌을 직접 대변하는 기구라는 점을 반영하는 것이다. 이러한 경향은 경총이 전경련에 비하여 다소나마 재벌에 대하여 행동의 자유(Degree of freedom)가 있음을 보여주는 것이지만 재벌의 의사에서 완전히 자유롭지는 못하다는 점을 보여준다.

셋째, 경총의 아이러니는 경총을 뒷받침 하는 재벌의 의도와 경총의 조직으로서의 이해관계가 서로 상충된다는 데에 있다. 재벌을 대변하는 단체인 전경련은 경총의 모태로서 경총의 설립에 직접적인 영향을 미쳤다. 80년대부터 전경련의 영향이 약화되었지만 여전히 재벌은 경총에 대하여 막강한 영향력을 행사한다. 경총은 운영비의 상당부분을 재벌에 의존하고 경총은 재벌의 의중을 반영하는 정책을 펴왔다.

그러나 1998년의 외환위기 이후 재벌의 의도와 경총의 제도적인 이해관계는 반드시 일치하지는 않는다.

구체적으로 재벌은 스스로 내부노동시장을 구축하여 기업별 노사관계와 기업별 노조를 선호하여 산별노조와 노사정 삼자주의에 반대하여 왔다. 반면, 산별노조와 노사정 삼자주의는 사용자단체의 중요성을 부각시켜서 조직으로서 경총 스스로의 제도적 이해관계에 도움이

된다. 실제로 1998년부터 노사정위가 가동되고 2004년부터 산별협성이 진전되면서 한국 노사관계에서 경총의 위상이 급격히 향상되었다. 그러나 스스로 독자적인 재정원천과 지지기반이 없는 경총은 한국의 노사관계에 대한 독자적인 청사진과 노선을 구축하지 못하고 재벌을 대변하는 기구에 그치고 만다. 즉, 재벌의 요구와 경총의 이해관계 사이에는 잠재적인 충돌이 있지만 경총이 재벌의 뜻을 거스르지 못하는 입장에 있는 것이다. 경총은 2000년 이후 노사정간의 협상과정에서 경총이 정책결정에 주도권을 쥐고 회원사의 의중과는 다른 스스로의 목소리를 내기 위하여 노력한 흔적들이 있으나 결국 성공하지 못한 사례들이(예를 들면, 전술한 2002년 노사정위원회에서의 전경련과의 충돌) 이러한 잠재적 갈등관계를 보여준다.

넷째, 대기업의 이해관계를 주로 반영하는 한편 사용자단체의 도움이 가장 필요한 중소기업에 대한 지원은 제한적으로 수행되었다. 경영자총협회는 주요 구성원은 대기업이며, 재정적인 지원도 거의 대기업에서 이루어진다. 지방경총이 중소기업 중심으로 조직되어 있지만 중소기업의 이해관계를 적절히 대변하는 기능을 수행하지 못하고 있다. 즉, 지방경총의 주요 기능은 지방노동위원회에 사용자의 대표를 선출하는 것이며, 노동부 인가 하에 100인 이하 사업장이 해야 하는 고용보험과 산재보험 관련 업무를 무료로 대행해주는 역할과 중앙의 경총에서 제공하는 노동통계나 정보를 전달하는 역할을 주로 한다. 따라서 독자적인 자원이 없어서 외부의 도움이 가장 필요한 중소기업에 대한 전문적인 지원이 부족한 편이다. 이는 경총이 사용자단체 본연의 기능을 적절히 수행하기 위하여 보완되어야 할 부분이다.

다섯째, 한국의 사용자단체들은 산하조직에 대한 통제력이 거의 없다. 전국단위의 한국경영자총협회 산하에 산별사용자단체는 거의 구성되어 있지 않다. 또한, 지방경총은 구성이 되어있지만 경총의 산하조직이 아니며 경총과는 별도 법인으로 되어있어서 지방경총에 대한 통제력을 갖지 못한 상황이다. 경총의 운영이 대기업의 재정적 지원에 상당부분 의존하고 있으며 경총 스스로의 독자적인 목소리나 청사진을 구축하지 못하고 있다. 경총이 회원을 이끌어 가는 역량을 보여주지 못하고 오히려 회원사인 일부 대기업에 종속되는 현상을 보인다. 따라서 회원사들에 대하여도 통제력을 행사하지 못하고 있다. 경총은 회원사들에 대하여 반드시 지켜야할 강제적인 지침을 발표하지 않고 있으며 회원사의 준수를 요망하는 가이드라인을 발표할 뿐이지만, 이를 위반해도 회원사를 처벌하는 경우는 없다. 이는 독자적인 세력을 구축하고 회원사들에 대하여 강력한 통제력을 행사하는 유럽의 사용자단체들과는 대비되는 점이다.

◈ 연습문제

1. 근로계약상의 사용자 개념과 근로기준법상의 사용자 개념의 차이를 설명해보시오.
2. 노사관계의 형성에 있어 주요 사용자단체의 위상과 주요 활동 및 과제에 대해 분석해보시오.
3. 일반적인 경영자의 노사관계에 대한 시각을 유형화해보시오.
4. 경영자의 유형별 노사관계에 대한 접근방식에 대해 설명해보시오.
5. 경영자의 노사관계전략형성에 영향을 미치는 요인에 대해 설명해보시오.
6. 한국기업의 노사관계전략을 유형화해보고 각 유형별 특징과 과제에 대해 논하시오.
7. 경영권의 개념과 구성내용에 대해 설명해보시오.
8. YK의 뉴패러다임운동의 장단점과 향후 과제에 대해 토의해보시오.
9. 한국자동차산업의 노사관계의 문제점과 개선방향에 대해 노사별로 나누어 토의해보시오.

제9장 정부의 목표와 시각 및 노동정책

01 정부의 목표와 시각
02 노동정책의 목표와 영향요인
03 노동정책의 구성과 전개
04 한국 노동정책의 전개과정

국민 67.7%, "MB정부 노동정책 기업편향"

우리나라 국민 10명 중 7명꼴로 이명박 정부의 노동정책이 기업편향적이라고 생각하는 것으로 나타났다. 민주당 김상희 의원이 국정감사를 앞두고 지난달 29일 여론조사기관 디오피니언에 의뢰해 전국 19세 이상 성인남녀 1천명을 대상으로 전화조사한 결과 정부의 노동정책이 '기업편향적'이라는 응답은 67.7%에 달했다. 반면, '노동자 편향'이라는 응답은 16.8%에 그쳤다.

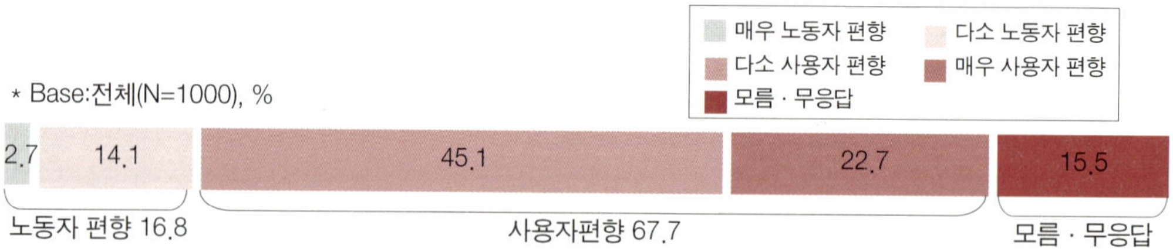

김상희 의원실이 디오피니언에 의뢰해 실시한 여론조사에서 응답자의 67.7%가 이명박 정부의 노동정책이 기업편향적이라고 답했다.

응답자들은 대체로 이명박 정부 하에서 노사관계가 원만하지 않을 것으로 내다봤는데 노사정간 대화와 협력체계가 잘 구축되지 않을 것인가라는 질문에 '그렇다'는 긍정적 전망은 35.2%에 그친 반면, '그렇지 않다'는 부정적 전망은 61.5%로 높게 나타났다.

'노동자들의 살림살이가 앞으로 나아질 것이라고 보는가'란 질문에도 76.9%가 '그렇지 않다'고 답했고, '그렇다'는 응답은 21.9%에 불과했다.

정부가 앞으로 중점을 두고 추진해야할 노동정책으로는 46.5%가 '일자리 창출'을 꼽았다. 그 다음으로 '정규직 · 비정규직 격차완화와 불합리한 차별시정'(22.9%), '대타협을 통한 안정적인 노사관계 구축'(11.2%), '근로환경 및 조건의 개선'(10.7%), '실업급여 등 근로자 사회안전망 확충'(7.4%)의 순으로 나타났다.

김 의원은 이와 관련 "이명박정부 집권이후, 비정규직법 개정, 복수노조 · 전임자 임금법안 등 친 기업적인 정책을 강행하려는 움직임에 대한 비판이 반영된 결과"라면서 "취임 직후부터 계속되고 있는 이영희장관의 반노조, 반노동 발언에 대한 노동자들의 공분이 가시화된 결과"라고 분석했다.

김 의원은 "노사정 관계가 악화될 것이라는 국민 여론은 이명박 정부가 지금까지 보여준 대화 없는 독선적인 정책시행에 대한 반작용이 민심으로 표출된 것"이라며 "국민 대다수가 경제적 형편이 어려워질 것이라는 진단은 총체적인 경제 환란, 물가 폭탄 등에 대해 국민들의 불안심리가 노출된 것"이라고 덧붙였다.

■ ⓒ 민중의소리, 2008.10.17, 김경환기자

학습목표

노사관계에 있어 정부의 목표, 노사관계와 관련된 정부의 시각, 다원주의, 사회적 코포라티즘과 국가 코포라티즘의 차이, 노동정책의 목표, 노동정책의 구성요소, 정부의 노동정책형성에 영향을 미치는 정치경제체제의 유형, 정부의 노동정책형성에 영향을 미치는 경제적 환경, 시장권위주의, 시장민주주의, 경제발전에 대한 수렴이론과 확산이론이 노사관계의 전개에 주는 함의, 각 공화국별 주요 노동정책과 문제점, 공급중심의 코포라티즘, 중층적·분권적 코포라티즘

사회문제가 있는 곳에 공공정책이 생겨나고 이 공공정책을 수립하고 집행하는 것은 곧 정부의 몫이다. 노동문제는 곧 사회문제로서 정부는 각종 정책수단을 동원하여 공공정책적 입장에서 노동문제에 접근함으로써 사회의 질서유지와 발전을 도모하고자 한다.

현대 산업사회에서 정부가 노사관계의 한 주체로서 기능한다는 것은 이미 앞의 제1장 '노사관계의 성립과 개념'에서 본 대로이다. 그러나 엄밀한 의미에서 보면 정부는 노사관계시스템 속에서 노동조합이나 사용자와 같은 직접적 행위주체의 입장보다는 정책주체로서의 입장이 더 강하다고 봐야 할 것이다. 왜냐하면 정부는 보다 거시적 관점에서 노사 양자의 균형을 통한 산업평화를 바탕으로 국민경제의 지속적인 안정과 성장을 추구해야 하는 입장에 있기 때문이다.

따라서 각종 노동정책의 입안과 집행을 통해 노사관계에 개입하는 정부의 목표나 시각, 그리고 정부의 역할에 대한 성격규정 등은 노사관계형성의 모든 국면에서 중요한 영향요인으로 작용하고 있다. 이런 관점에서 본 장에서는 노사관계에 영향을 미치는 정부의 목표와 시각 및 정부의 주요한 노동정책에 대해 살펴보기로 한다.

01 정부의 목표와 시각

시민혁명의 기본이념에 준거한 근대적인 국가론의 입장에서는 국가나 정부보다 시민사회가 기본이 되어야 하고 정부는 이러한 시민사회의 자율성을 보장하기 위한 최소한의 기능을 부여받은 것으로 간주되었다. 그런데 산업혁명 이후 경제구조가 복잡해지고 계층간의 갈등이 팽배해진 이후 정부는 이러한 갈등을 조정하고 국민들에게 인간다운 생활을 보장하기 위하여 각종 서비스를 제공하는 기능도 담당해야 하는 것으로 인식되어 왔다.

노사관계에 있어서도 과거에는 임의주의(voluntarism)의 원칙에 따라 정부의 개입은 최소

화되어야 한다는 견해가 지배적이었으며 영국의 경우에는 얼마 전까지만 해도 이러한 관례가 지켜져 왔다. 그러나 많은 국가들의 경제체제가 혼합경제로 진전됨에 따라 정부는 노동조합, 사용자와 더불어 노사관계의 중요한 당사자로서 인식되고 있다. 크라우치(Crouch)는 노사관계에 있어서 정부가 특히 중요한 이유는 법제도의 제정 등을 통하여 노사관계시스템의 골격을 변화시킬 수 있기 때문이라고 하였다.[1)]

노사관계에 있어서 정부의 기본목표는 국민경제의 안정성을 확보하고 생산성을 향상시키는 것이다. 정부는 노사문제를 완전고용, 물가안정, 재정수지 및 무역수지의 균형문제와 연계하여 개입하고 해결하려 든다. 그러나 노동정책은 기본적인 경제정책과 동일한 맥락에서만 취급되어질 수는 없다. 노사문제는 경제문제인 동시에 사회적, 정치적 문제이기도 하다. 그러므로 정부의 노동정책은 정부의 사회전체에 대한 기본적 시각, 즉 그 사회의 속성을 어떻게 파악하고 있으며 어떤 방향으로 개선해 나갈 것인지에 대한 기본적인 가치체계에 따라 달라진다. 이를 정치적 이념이라고 볼 수 있는데 정부의 지배적인 정치이념이 다원주의를 지향하느냐, 코포라티즘을 지향하느냐에 따라서 노사관계의 접근방식이 다른 모습을 보인다.

이러한 기본적인 시각에 기초하여 각국 정부는 고용문제, 기업체의 의사결정, 부의 분배 등 노동과 관련된 정책을 수립하여 노사문제에 당사자로서 참여하고 있다. 즉, 노사관계시스템의 구조적 수준에서부터 작업장수준에 이르기까지 다양한 형태로 그 영향력을 행사하고 있는 셈이다.

유럽의 경우 이러한 정부의 조정유형은 정부의 정치적 이념에 따라 다양하게 형성되는데 그 이념적 기조는 크게 다원주의(pluralism)와 코포라티즘(corporatism)으로 구분할 수 있다. 이러한 구분은 정부에 의한 노사관계의 통제 정도가 자유방임이냐, 간섭주의이냐에 따라, 또 노동조합이 누리는 자유의 정도가 어느 수준이냐에 따라서 분류된 것이다.[2)]

다원주의는 개체화되고 분산화된 정치제도 하의 영향력이 제한된 정부 하에서 나타나는데 노동운동에 대한 일반적이고 거시적인 수준의 규제는 존재하지만 노동조합의 자율성은 매우 높은 수준으로 보장된다.

한편, 코포라티즘을 이념적 근간으로 하는 정부는 노사관계와 노동조합에 광범위하고 강력한 영향력을 행사한다. 코포라티즘을 사회적 코포라티즘(societal corporatism)과 국가 코포라티즘(state corporatism)으로 나누기도 하는데 사회적 코포라티즘은 강력하게 조직되고 집권화된 이해집단들의 동의를 바탕으로 하는 비교적 집권화된 정부 하에서 나타나고 국가 코포라티즘은, 노동조합이 독자적으로 저항할 수 없는 강력한 통제정부에서 발견된다. 슈미터(P. Schmitter)는 노동조합의 두 가지 구조적 특성, 즉 조직의 집권화 정도와 대표성부여의 정도에 따라 이태리, 영국, 프랑스, 캐나다, 미국 등을 다원주의 국가로 분류하고 오스트리아, 노르웨이, 덴마크, 스웨덴 등을 코포라티즘에 입각한 나라로 볼 수 있다고 주장한 바 있다.[3)]

다음은 정부의 개입 정도와 직접 연관되어 노사관계시스템의 유형을 결정하는 데 있어서 근본적인 작용을 하는 두 이념적 종류와 노사관계에 미치는 영향에 대하여 살펴보기로 한다.

1.1 다원주의

다원주의(Pluralism)는 1950년대와 1960년대 초기에 정치적 정당성을 확보하고 갈등의 희석을 통하여 안정을 이룩하였던 당시의 서구사회를 묘사하는 데 적합한 이론으로서 각광받았다.[4)]

다원주의의 이념적 기반은 분권화된 이익집단에 의한 민주주의이다. 즉, 이익집단이 국가와 개인 사이에 존재하며 중요한 매개체로서의 적극적인 기능을 다하면 사회전체가 균형을 이룬다는 논리이다. 정치경제제도가 힘의 균형을 유지하여 구성원 간의 견제기능이 존재하는 한 분배의 정의가 실현될 것이고 각 이익집단에 소속된 개인의 복리증진이 보장될 것으로 보는 견해로 아담 스미스(A. Smlth)류의 낙관론과 상통한다고 할 수 있다. 역사적으로 다원주의는 자유방임주의 경제단계를 경험한 바 있는 미국, 영국 등에서 발전하였는데, 일반적으로 볼 때 좀 더 자유스럽고 다른 집단과의 타협을 중시한다는 점에서 도덕적인 것으로 평가되고 권장된다.

그러나 다원주의가 가능하기 위해서는 결사의 자유가 존중되는 문화적 관행, 획일적 정치시스템이 부정되는 이념적 토대, 자유경쟁원칙에 기초한 경제구조와 민주주의적 정치체제, 자율적인 힘을 행사하는 노동조합, 단체교섭이 관례화되고 자발적인 타협이 권장되는 풍토조성 등 여러 가지의 선행조건이 구비되어야 한다.

다원주의를 구현하는 제도적 과정은 다양한 의사결정을 사회화하는 단체교섭을 통하여 이루어진다. 그러므로 협상에 나서는 노동조합의 대표권을 보장하는 문제가 자발적인 교섭을 바람직한 것으로 보는 가치관과 더불어 가장 중요한 요소이며 이러한 뒷받침이 없다면 다원주의적 체제는 유지될 수 없다.

1.2 코포라티즘

코포라티즘은 보수주의, 사회민주주의, 가톨릭 교의를 포함한 윤리적 정치철학에 영향을 받은 것으로 조직화된 이해집단간의 개방적, 경쟁적 정치시스템의 소산이다.[5] 다원주의적 이념에 입각한 노사관계가 서구라파에서조차도 보편화되어 있지 않은 반면 이해집단 간의 조화를 강조하는 또 다른 문화에 근거한 코포라티즘은 오히려 보편적으로 존재하고 있다. 외관상으로 볼 때 코포라티즘을 근간으로 하는 체제는 집중화된 산업기반, 국가권력의 우위, 독점자본 축적의 보장 등 다원주의적 관점에서 보면 대단히 위험한 모습을 띠고 있다.

그러나 코포라티즘 중 코포라티스트 민주주의라고 불리는 사회적 코포라티즘은 두 개 이상의 정당이 기능하는 다당제적 정치시스템과 구성원들에게 통제력을 갖는 집권화된 이익집단이 존재하는 경우에만 가능한 것으로 획일적인 정치시스템에서 나타나는 국가 코포라티즘과는 상당히 다르다. 어떤 의미에서는 사회적 코포라티즘을 근간으로 하는 사회의 정치제도는 오히려 다원주의적 사회와 더 유사하다.

사회적 코포라티즘에 입각한 사회는 노동조합 등 각 이익집단이 국가권력으로부터 독립적이어야 하고 각 구성원의 이해가 다양하게 존재하는 이익집단을 통하여 수렴되어야 하지만 단체교섭의 지나친 분산은 지양되고 있다. 만약 구성원들의 의견이 집중화되지 못하고 지역단위의 노동조합에 의존하게 되면 파벌주의가 만연하게 되고 그러한 내부분열은 거시적인 수준에서의 교섭력을 약화시키기 때문이다.

코포라티즘의 또 다른 유형인 국가 코포라티즘은 서구사회의 경우에는 일반적인 유형이 아니지만 개발도상국의 노사관계에 있어서는 이러한 요소가 혼재되어 있다고 볼 수 있다.

국가 코포라티즘은 획일적인 정치시스템의 산물로서 모든 권력이 중앙에 귀속하는 독재정치시스템에서 존재한다. 원래의 국가 코포라티즘은 강력한 정부, 자본집중, 노동조합의 부재, 일당독재의 정치시스템 등을 특징으로 하는데 초기 프랑코 치하의 스페인이 비교적 그 전형에 가까운 것으로 평가된다.

제3세계의 노사관계는 이념적 기반이 서구의 코포라티즘과 완전히 같을 수는 없다는 점에서 네오-코포라티즘(neo-corporatism)으로 부르는 경우도 있는데 부분적으로 사회적 코포라티즘의 요소를 담고 있기는 하지만 노동조합의 자율성에 있어서 현저한 차이를 발견할 수 있으므로 국가코포라티즘에 더 가깝다고 볼 수 있다. 남미 여러 나라 등 개발도상국들 중에는 노동조합의 필요성을 인정하면서도 정부의 승인 아래 허용된 범위 안에서만 그 활동이 가능하다거나 조합운영이 정부의 기금에 의지한다거나 노동조합의 정치참여가 금지되는 등 노동조합의 활동에 일정한 제약이 가해지고 있는 나라가 많다. 이러한 특징은 기본적으로 억압적인 정치구조에서 기인하는 것이며 뒤늦은 경제개발, 생산기반의 상위, 노동조합의 영향력 차이 등도 그 원인으로 지적될 수 있을 것이다.

02 노동정책의 목표와 영향요인

2.1 노동정책의 목표

일반적으로 정부의 노동정책은 해당국가의 정치적 · 경제적 · 사회적 환경 여하에 따라 내용과 성격에 있어 상당한 차이가 있다. 따라서 정부가 추구하는 노동정책의 목표를 획일적으로 설명할 수는 없다. 다만 다소간의 상이함에도 불구하고 각국 정부의 노동정책에서 공통적으로 찾아볼 수 있는 보편적인 목표를 정리해 본다면 노동자의 생활보호, 배분적 정의의 실현, 사회안정과 발전도모의 세 가지 정도를 들 수 있을 것이다.[6)]

(1) 노동자의 생활보호

산업혁명 이후 공업화 과정의 노동법 제정을 비롯한 노동정책의 수립, 시행이 공장노동자를 비롯한 임금노동자의 생계와 근로조건을 보호하기 위한 것으로부터 출발되었음은 널리 알려진 사실이다. 자본주의사회에서 대부분의 노동자들은 자신의 노동력을 사용자에게 제공하지 않고는 생활을 유지할 수 없는 처지에 있기 때문에 생산수단의 소유자인 사용자에게 불리한 근로조건을 감수하면서까지 노동력을 팔지 않을 수 없다. 따라서 정부는 법적 규제에 의하여 부당한 노동조건의 체결, 이행이 발생하지 않도록 함으로써 경제적 약자인 노동자를 보호하려고 한다.

또한 현대산업사회에서는 작업과정이 고도로 기계화, 분업화되어 노동자로 하여금 극도의 긴장과 갈등, 그리고 깊은 소외감을 느끼게 하고 있다. 이와 같은 비인간적 노동환경의 개선도 이윤의 극대화를 일차적 목표로 삼고 있는 사용자에게만 맡겨 놓아서는 결코 해결될 문제가 아니다. 결국 정부가 산업공학, 산업심리학 등 관련과학의 힘을 빌어 작업환경을 합리적으로 개선하도록 유도 또는 규제함으로써 노동생활의 인간화(Humanisierung des Arbeitslebens)를 도모할 수 있는 것이다. 요컨대 숙명적인 종속노동의 인간다운 생활을 보장하는 데 노동정책의 일차적 목표가 있다는 것이다.

(2) 배분적 정의의 실현

노사 간에는 적어도 경제적으로는 심한 불평등이 존재한다. 그런데 현대정치의 기본이념은 모든 국민이 골고루 잘 사는 상태의 실현에 있다. 이에 따라 노사관계에서 정부는 두 가지의 구체적 방법에 의하여 노사 간의 경제적 불평등을 완화시키고 배분적 정의를 추구하려고 한다.

우선, 일정한 한도 내에서 근로기준을 법적으로 규제하여 근로조건상의 불평등계약을 방지하고자 하는데 이것은 실제 '계약자유'라고 하는 근대시민법 질서를 국가의 직접개입으로 침해하는 것이다. 그리고 직접적 법적 규제가 최소한의 보장을 넘지 않는 점을 고려하여 그 이상의 배분은 노동조합을 전제로 한 노사 간의 세력균형을 통하여 균형있게 이루어지도록 한다. 노동조합주의가 존중되는 이유가 바로 여기에 있다. 그러나 이와 같은 분배메커니즘이 제대로 작동된다고 하더라도 경제소득과 노동소득의 격차를 줄이는 데는 본질적으로 한계가 있다. 따라서 정부는 사용자가 노동자에게 적당한 임금을 지급하는 이외에도 노동자를 위한 복지비용을 여러 가지 형태로 부담케 한다. 퇴직금의 적립, 훈련비용의 강제부담, 그리고 실업보험, 의료보험, 산업재해보상보험 등 노동자가 수혜자가 되는 사회보험제도의 보험료를 사용자가 납부하는 것이 이에 속한다.

이렇게 볼 때 노사 간의 경제적 불평등은 근로조건과 노사관계에 관한 노동정책에 의하여 다소 완화되며 다시 근로복지에 관한 재분배정책으로 그 격차가 줄어들게 하여 배분적 정의를 한발짝 접근하게 한다고 말할 수 있다.

(3) 사회안정과 발전의 도모

슈몰러(Gustav on Schmoller)는 사회정책이란 노동자계급을 국가와 사회구조에 통합시키는 역할로 보았다. 이것은 오늘날 노동정책이 추구하는 또 하나의 일면을 잘 드러내 주는 지적이기도 하다. 자본주의의 발전과정에서, 특히 자유경쟁체제 아래서는 노동계급의 피폐화와 날카로운 계급적 대립이 나타나기 마련이다. 생존과 극대이윤의 추구가 경쟁적 현상으로 등장하기 때문이다. 정부는 이러한 소모적 대립과 체제위협적 갈등을 해소시키지 않으면 안 되며 이를 위하여 재화의 생산과 분배의 영역, 때로는 부분적이나마 소비의 영역에 직접 개입하여 노동자의 생존기반을 마련해 주지 않으면 안 된다. 노동자의 생활안정과 이를 통한 노사대립의 해소로서 사회안정에 기여하기 위한 국가적 개입, 이것이 바로 노동정책인 것이다.

비록 노동운동은 투쟁적이며 자본주의에 대항하는 운동일지 모르지만 노동정책은 계급협조적이고 사회통합적이다. 노동정책의 이와 같은 사회통합적 성격은 독일에서 그 원형을 찾아볼 수 있다. 누진세제를 통하여 고소득층이 납부한 세금을 가난한 노동소득 계층에게 분배하여 "수직적 소득평준화"를 기하고, 쾌적한 작업환경과 여러 형태의 주택보조, 나아가 공동결정제도에 의한 노동자의 경영참여를 통하여 노동자가 "소외받은 빈민계층"이 아니라 "훌륭한 사회적 지위를 갖춘 시민"이 될 경우 저항과 대립에 의한 사회불안은 더 이상 존재할 여지가 없는 것이다.

안정과 발전은 때로는 이율배반적 개념이지만 대개 공존적 정책이념이며 이는 노동정책에 있어서도 마찬가지이다. 노동정책이 발전적 가치를 존중하는 것은 다음 두 가지 예에서 쉽게 설명된다. 고용기회의 확대와 완전고용의 실현은 실업의 증대로 인한 사회불안을 제거하기도 하지만 그것 자체가 인적 자원의 최대활용으로 경제성장의 지름길이기도 하다. 또한 6,70년대 널리 시행된 각국의 임금억제를 주요내용으로 하는 소득정책은 일방적으로 물가안정에 목적이 있지만 개방경제체제 아래서 대외경쟁력을 강화시킴으로써 수출을 증진하고 지속적 성장을 꾀하자는 것이 또 하나의 정책목표였다고 볼 수 있다.

2.2 노동정책 형성에의 영향요인

정부의 노동정책 형성에 영향을 미치는 환경요인은 크게 간접적 요인과 직접적 요인으로 구분할 수 있다. 간접적 요인으로는 해당 국가의 지리적 특성, 인구통계학적 변수, 정치·문화적 특성, 사회구조, 경제체제 등을 들 수 있으며, 직접적 요인으로는 정치적 환경과 경제적 환경을 들 수 있다. 여기서는 직접적 요인에 초점을 맞추어 살펴보기로 한다.

(1) 정치경제체제와 노사관계[7)]

한국의 자본주의와 노사관계의 분석에 들어가기 전에 자본주의 하에서의 정치경제체제에 관한 일반적인 이론적 논의가 필요하다. 세계화가 시작된 후 시장이 갈채를 받고 있지만 20

세기는 시장보다는 국가에 경도된 정치경제체제로 점철되었다. 폴라니(K. Polanyi)가 집중적으로 분석한 19세기의 시장사회는 제1차 세계대전으로 파산을 선고받았고, 제1차 세계대전 이후 국가는 단순히 '시장실패'를 교정하는 역할을 넘어서 공격적으로 활동의 범위를 넓혀 나갔다.

제2차 세계대전 이후 국가는 산업화의 단계를 축소하려는 제3세계의 후발 산업국가들 뿐 아니라 복지 민주주의를 실현하려는 선진화된 제1세계에서도 문제해결의 원천으로 인식되었다.[8] 국가주의 운동은 스탈린주의, 파시즘, 나치즘, 관료적 권위주의와 같은 여러 다양한 권위주의의 등장을 가져왔을 뿐 아니라 사회민주주의자들도 시장의 자기파괴성을 경제와 사회에 대한 국가의 개입으로 해결하려 하였다.

그러나 1980년대 이후 제3세계에서의 민주화, 동구에서의 국가사회주의의 몰락, 제1세계에서의 신자유주의 혁명은 공격적인 국가주의 운동을 종식시켰고, 시장주의 시대를 열었다. 현재 국가는 문제해결의 원천이기보다는 문제의 원천으로 인식되고 있다. 지배적인 무드는 시장실패보다는 국가실패의 해결책을 찾는 것으로 바뀌고 있고, 시장주의자들은 민주주의와 경제발전이라는 신생 민주주의의 2중적 프로젝트의 해결책으로 시장을 찬미하고 있다. 20세기 말에 시장은 화려하게 부활하였다.

신자유주의자들에 의하면, 시장은 '민주주의에 가장 잘 맞는 정치적 외피'(the best possible political shell for democaracy)이다. 프리드만에 의하면 자유시장경제는 정치적 자유의 필요조건이다. 왜냐하면 시장경쟁 또는 익명의 개인들 간의 분산화된 자원배분이 정치적 자유를 촉진하기 때문이다.[9] 신자유주의자들에 의하면 시장은 자유를 촉진할 뿐만 아니라 평등화의 결과를 가져다준다. 시장체제에 의한 차별적 보상은 불리한 위치에 있는 개인들로 하여금 자신의 삶을 개선하기 위해 더 많은 노력을 기울이게 함으로써 장기적으로는 부를 평등화하는 결과를 초래한다는 것이다. 신자유주의자들은 일단 시장이 확고하게 자리를 잡으면 시장은 민주주의에 호의적인 환경을 조성한다. 자본주의 초기 단계에 민주주의가 번성하지 않은 것은 시장이 불완전했기 때문이다. 그러나 우리는 시장이 민주주의에 가장 잘 맞는 동반자가 아니라는 마르크시스트들의 경고에 귀를 기울일 필요가 있다. 마르크스는 "부르주아 민주주의는 부르주아 혁명기의 정치적 형태일 뿐이지 부르주아 생활양식을 유지하는 보수적 형태는 아니다"라고 지적하였다(Marx, 1963:25). 자유주의자인 Lindblom도 시장과 민주주의 간의 행복한 동거에 대해 깊은 불신을 표시하였다(Lindblom, 1982). 국가(사회)의 자본에 대한 구조적 종속이론은 시장의 자유는 자본가의 자유일 뿐 다른 모든 사회 구성원들

표 9-1 정치경제체제의 유형

<table>
<tr><td rowspan="5">정치체제</td><td colspan="4">경제조직</td></tr>
<tr><td colspan="4">시장주도</td></tr>
<tr><td rowspan="2">비경쟁적
(non-competitive)</td><td>시장 권위주의
(박정희, 전두환 정권)</td><td>시장 민주주의
(미국)</td><td rowspan="3">다원주의
(pluralism)</td></tr>
<tr><td>국가사회주의
(소련, 구 동구)</td><td>국가 다원주의
(인도, 1940s~1980s)</td></tr>
<tr><td colspan="3">국가 개입</td></tr>
</table>

자료: 임혁백(2005), "한국자본주의의 성격과 노사관계", 한국형 노사관계모델(Ⅰ), 한국노동연구원, p.23.

에게는 비자유(unfreedom)라고 주장한다(Prze-worski and Wallerstein, 1988). 왜냐하면 시장 사회하에서 국가를 포함한 전 사회는 자본의 소유주에 의해 결정된 자원배분에 자신의 고용, 복지, 소비를 의존하고 있기 때문이다. 투자결정권에서 나오는 '자본가의 특권적 지위'(Privileged Position of Business(PPB), Lindblom, 1982) 는 다른 모든 사람들의 선택권을 제한한다. 그들은 자본가의 신임을 상실하지 않는 범위 내에서 선택을 할 수밖에 없는 제약에 빠지는 것이다.

이러한 논의를 통해 우리는 시장과 민주주의의 관계는 고정되어 있지 않다는 것을 알게 되었다. 시장은 정치체제를 특정한 방향으로 인도하지 않는다. 시장 민주주의는 물론 권위주의와도 결합할 수 있는 것이다. 신자유주의자들이 주장하는 것처럼 시장경제는 반드시 더 많은 정치적 자유를 이끌지 않을 수 있다. 시장은 권위주의 정치체제하에서도 번성할 수 있다. 도식적으로 정치경제체제를 정치체제와 경제조직을 기준으로 2*2방식으로 분류하면 다음과 같다.

시장 민주주의(market democracy)는 자기조절적 시장과 사적 소유권에 의해 운영되는 자유시장경제와 경쟁적 다원주의 정치체제가 결합되었을 때 나타나는 정치경제체제이다. 경제적으로는 시장이 경제의 주된 조직자이나 정치적으로는 권위주의적 독재자에 의해 권력이 독점되어 있을 때 시장 권위주의(market authoritarianism)가 출현한다. 국가 사회주의(state socialism)는 경제에 대한 시장의 통제는 물론 공공결정에 대한 인민의 통제도 모두 부정한다. 국가 다원주의(state pluralism)하에서는 중앙집권, 집중적 경제와 정치적 다원주의가 결합되어 있다.

(2) 정당과 노사관계

정당은 구성원의 이해를 조직화하여 표현하고 그것을 정책과 효율적으로 결합함으로써 그 기능을 발휘한다.

서구의 경우 노동조합과 정당 간의 결합관계는 세 가지 유형으로 구분할 수 있다. 가장 일반적인 형태는 스칸디나비아제국, 호주, 영국 등과 같이 노동조합이 노동당, 사회민주당 등과 밀접한 관계를 맺는 경우이다. 이들 정당은 노동운동과의 제휴를 통하여 정치적 힘을 행사한다. 이에 비하여 프랑스, 이태리 등의 경우에는 노동조합이 노동자정당임을 표방하는 공산당과 불가분의 관계를 맺고 있다. 세 번째로 미국의 경우를 들 수 있는데 미국에는 유독 노동조합과 연대하고 있는 정당이 없다. 나라마다의 이러한 차이들은 노동자세력과 다른 정치세력과의 역사적인 투쟁과정이 상이한 데서 기인하는 것으로 결국 그 사회의 이념적 문제로 귀결된다. 즉, 특정정당과 노동조합과의 관계는 이데올로기에 의한 역사적인 권력투쟁과정에서 형성되는 것으로 볼 수 있다. 그러나 노동조합과 정당 간의 이데올로기적 갈등만으로 설명할 수 없는 사례도 존재하는데 대표적인 경우가 미국의 예이다.[10)]

미국의 노사관계는 노동자의 정치세력화 실패라는 면에서 항상 관심의 대상이 되어 왔다. 미국의 노동자들이 유독 정치에 무관심하거나 자신들의 이익을 정치적으로 관철시키고자 하는 의욕이 약한 것이 아님에도 불구하고 조직화된 노동운동이 정치세력으로 변화한 적이 없음은 분명한 사실이다. 이러한 현상의 원인으로는 자유주의가 풍미한 문화적 배경, 신분상승이 용이하였던 사회구조의 유동성, 계급의식을 조장하는 신분구조의 부재 등 미국사회만이 안고 있는 독특한 사회문화적 환경이 지적되고 있다. 또, 미국의 양당제를 주축으로 한 대통령중심제가 새로운 정치세력의 형성을 어렵게 하여 노동자정당의 탄생을 막았다는 점, 고도로 성숙된 미국의 민주주의가 진보적인 주장의 호소력을 약화시켰다는 점 등도 거론되고 있다.

(3) 경제적 환경

노동정책형성에 영향을 끼치는 경제적 환경변수에는 해당국가의 경제발전수준, 경기동향, 노동시장구조, 경제정책 등이 있다.[11)]

① 경제발전수준

경제발전은 여러 모로 노동정책에 영향을 주고 반대로 노동정책이 경제발전의 속도와 형태에 영향을 주기도 한다. 이를 좀 더 자세히 살펴보면 다음과 같다.

첫째, 경제발전 또는 산업화의 정도가 같으면 발생하는 노동문제 또한 유사하고 따라서 이에 대응하는 노동정책의 성격 또한 큰 차이가 없다. 즉 발전초기에는 숙련근로자 확보, 인력개발, 열악한 근로조건의 문제 등이 거의 공통적으로 발생하고, 고도발전단계에서는 노동의 인간화, 산업구조 및 인구구조 변화에 따른 고용문제 등이 나타나서 정부는 이러한 문제를 해결하기 위한 처방을 제시한다는 것이다. 니콜스(W.H. Nicholls)는 이와 관련하여 경제발전이 늦은 미국의 남부지역이 산업화하는 과정에서 선진공업지역의 제 문제와 제도적 특성이 후발적으로 거의 유사하게 나타난 것을 예증한 바 있다.[12)]

그러나 이와 같은 수렴이론(convergence theory)과는 반대로 확산이론은 경제발전 정도가 같다고 하더라도 노동문제와 정책성향은 나라에 따라 달라진다고 하는데 그 이유로서 노동문제는 비단 경제적 요인 이외에 정치적 이데올로기, 사회 · 문화적 요인의 영향을 많이 받기 때문이라고 한다. 확산이론이 현실적이고 더욱 합리적인 것 같으나 수렴이론의 설명력도 결코 무시할 수 없으며, 이 점에서 후진국의 노동정책결정자는 선진국의 노동정책을 제한적으로나마 참고할 가치가 있다.

둘째, 경제발전은 정부가 노사문제를 노동조합주의에 의존하는 시기를 결정한다. 즉, 산업화의 본격적 전개시기는 노동조합의 본격적 등장과 그 시기가 대개 일치하는 경향을 볼 수 있다. 영국은 산업혁명이 무르익은 1880년, 미국은 대규모 기업형태가 등장한 1930년, 그리고 일본은 미국점령 하에서 산업화가 본격적으로 시작된 1945년경을 대개 이 시기로 생각할 수 있다.

셋째, 경제발전의 정도는 노사관계에 대한 정부의 개입정도와 반비례하는 경향이 있다. 미국이나 유럽의 경우 노사관계에 대한 규제가 간접적이며 노동정책이 복지지향적임에 반하여 개발도상국에서는 노사 간의 분배과정과 세력다툼에 대한 정부의 개입은 다분히 노골적이고 통제지향적이다. 개발도상국의 이와 같은 과다개입경향은 경제발전 수준이 낮은 나라일수록 시장의 불완전성이 크고, 기대와 현실의 차이가 크기 때문에, 그리고 정부의 최대 관심사인 경제개발을 위한 투자 및 자원동원기능을 효율적으로 수행하기 위해서 광범위하고도 깊숙한 정부의 규제가 불가피하기 때문이다.[13)]

② 경기동향

경기변동은 경제정책과 더불어 노동정책에 대하여도 상당한 영향을 주는데 이는 제2차 세계대전 이후의 선진산업사회의 경기변동과 정책과의 관계를 통하여 확인된다.

제2차 세계대전 이후의 세계적 호경기는 서구선진국에 물질적 풍요와 고용의 안정을 가져왔다. 이에 정부로서는 건설적 노사관계의 형성을 유도하는 이외에 전시의 노동통제를 전면적으로 완화하였다. 1950년 이후 1960년대 전반기까지 노사분쟁도 전반적으로 감소추세에 있어 정부의 직접적 통제 필요성이 거의 사라졌기 때문이다. 이 시기에는 유럽각국에서 단체교섭권을 중앙에서 지방으로 위임하여 자율권의 범위를 확대시키는 현상도 나타났다.

그러나 1973년 에너지파동 이후 세계적 경기침체로 물가상승, 실업증대 등 여러 가지의 사회경제적 문제가 야기되자 노동정책은 중대한 변화를 가져왔다. 대부분의 국가에서 물가안정을 위하여 임금인상규제를 위한 소득정책(incomes policy)을 실시하고, 일부국가에서는 단체교섭구조도 기업별 교섭 중심에서 산업별 교섭 중심으로 전환시켜 정부의 정책 침투력을 강화시켰다.

③ 노동시장구조

노동시장의 구조와 상태는 노동정책의 성격을 결정하는 직접적 조건이다. 이에 대하여는 다양한 설명이 가능하지만 여기서는 두 가지의 실례만 들기로 한다.

첫째는 고용상태에 관한 것이다. 도시에 유휴인력이 많고 농촌에 잠재적 실업자가 많은 개발도상국에서는 집단적 노사관계에 관한 정책보다 고용정책에 역점을 둔다. 이러한 나라에서는 조직 가능한 노동자의 범위가 넓지 않고 조직의 기능 또한 미미하기 때문에 노동조합정책은 사실 그다지 의미가 없다. 이에 비하여 고용사정이 좋은 선진산업사회에서는 고용정책 못지않게 노동조합의 유지, 관리가 노동정책 중에서 중요한 비중을 차지하고 있다.

둘째는 노동력의 성격, 즉 교육수준, 연령수준, 사회적 신분, 사용자에 대한 태도 등도 노동정책에 중요한 고려요인이 된다는 것이다. 교육, 연령수준이 낮은 경우 근로조건의 내용을 개선하는 직접적 보호정책이 중요하지만 반대의 경우 노사관계의 의사교환 절차와 공정한 게임의 룰(rule)을 마련하는 것이 효과적 정책이 된다. 또한 프랑스, 이탈리아, 라틴아메리카와 같이 계층구조가 엄격하거나 인도와 같이 카스트제도를 가진 나라, 그리고 남미와 같이 인종차별을 하고 있는 나라들에서는 다른 나라의 노동정책에서는 볼 수 없는 산업사회의 안정장치가 별도로 필요하다.

④ 경제정책

노동정책은 경제정책과 수평적 위치에 있는 독자적 정책부문이기보다는 오히려 경제정책의 일부 또는 차위정책으로 인식되는 것이 일반적이다. 따라서 경제정책의 목표와 논리가 노동정책에 그대로 반영되거나 그 기본정신이 투사되는 경우가 많다. 몇 가지 예를 들어 보자.

뉴딜정책 이후의 미국은 자유주의 성숙과 더불어 수정자본주의 경향이 경제정책을 강하게 지배하였다. 이와 같은 경향은 한편은 시장지향적 노동조합주의를 지향하면서 다른 한편은 노사의 세력균형을 유지시키고자 하는 적극적 입법정책을 낳게 하였는데 '와그너 법'(Wanger Act)과 '하틀리 법'(Taft Hartley Act)이 그러한 정책의 대표적인 것이다.

2차 세계대전 이후 일본은 고도성장정책이 유교적 전통과 상승작용을 일으켜 종신고용제, 연공임금제, 기업별 노조주의로 구성되는 일본 특유의 노사관계시스템을 형성하게 하였다. 그리고 독일, 프랑스, 이탈리아 등 피폐된 경제를 부흥시키고자 차는 경제정책이 산업별 교섭에 의한 임금결정방식에 기업별 노사협의제틀 부가시키는 노동정책을 선택하도록 하였다.

03 노동정책의 구성과 전개

그러면 위와 같은 환경변수들에 의해 영향을 받는 정부의 노동정책의 주된 구성내용은 어떤 것인가? 이는 정부가 노동문제를 보는 시각에 따라 달라질 수 있겠으나 여기서는 김영종의 분류에 따라 고용정책, 근로조건정책, 노사관계정책,근로복지정책의 네 가지로 구분하고자 한다.[14)]

이들 네 가지 노동정책의 내용과 성격을 간략히 정리하면 다음과 같다.

첫째, 노동정책으로서의 고용정책은 대개 인력개발과 직업안정제도를 중심으로 수립, 시행된다. 직업훈련과 고용정보의 제공 및 취업알선 등이 근간이 되고 있는 이와 같은 정책에 소요되는 재원은 사업주의 부담금 또는 정부의 일반회계예산에서 충당된다. 따라서 대부분 알몬드(G. Almond)와 포웰(G.B. Powell)의 배분정책에 해당하나,[15)] 때로는 정당한 사유없이 해고를 하지 못하게 하거나 일정한 규모 이상의 사업체로 하여금 직업훈련실시 의무를 부과하는 점에서 규제정책적 성격을 띠는 경우도 있다.[16)]

둘째, 근로조건정책은 임금이나 근로시간 등 근로조건의 기준을 국가가 법령으로 규정하고 사용자가 이를 준수토록 함으로써 근로자의 소득과 생활을 보호하고자 한다. 사용자에 대한 직접적 규제로부터 근로자는 반사적 이익을 향유하기 때문에 사용자가 법령을 준수하도록 제도적 장치가 강구되는데 행정상의 근로감독관제도와 법 위반시의 사법상 제재가 이

표 9-2 노동정책의 구성

정책유형	정책내용	정책성격
고용정책	인력개발, 고용보장	분배정책, 규제정책
근로조건	임금, 근로시간, 작업환경 기준설정	규제 정책
노사관계정책	노동조합의 설립, 활동방법규정	규제 정책, 상징 정책
근로복지정책	복지제도운영 , 복지기준설정	재분배정책 , 규제정책

자료 : 김영종(1992), 노동정책론, 형설출판사, p.25.

에 속한다.

셋째, 노사관계정책은 노동조합의 설립절차, 단체교섭 및 단체행동의 요건과 절차 등에 대한 기준을 설정하여 노사 간의 대립과 갈등을 원만하게 조정하고 노사관계안정을 도모하는데 목표를 두고 있다. 따라서 노사의 활동과 관계형성이 레드포드(E.S. Redford)의 정부가 설정한 활동표준(priscrption standards)[17]에 의존하고 있어 규제정책의 성격을 띠는 경우가 대부분이지만 '노사협조', '산업평화' 등의 슬로건을 내걸고 교육홍보에 주력하는 경우도 있는데, 이는 일종의 상징정책에 가깝다.

넷째, 근로복지정책은 사회보장제도와 기업 또는 노동조합이 주체가 되는 복지사업으로 전개되는 경우가 많다. 근로자의 생활보장과 근로환경개선을 주목적으로 하는 이 정책이 정부에 의하여 직접 관리될 경우는 분배정책 내지 재분배정책에 해당되지만 법령에 의하여 사용자가 복지내용을 부담하게 한다면 규제정책에 해당된다.

이상 논의한 노동정책의 유형별 내용과 성격을 간략하게 정리하면 〈표 9-2〉와 같다.

04 한국 노동정책의 전개과정

본 절에서는 앞에서 본 노동정책의 구성내용(근로조건, 노사관계, 고용 및 인력개발, 근로복지정책)에 따라 해방 이후 정치체제의 변화에 따른 정부의 노동정책 전개과정에 대해 간략히 살펴보고자 한다(표 9-3 참조).

4.1 제1공화국의 노동정책

이승만 정권하에서 헌법상의 민주적 기본질서는 노동부문에도 충실히 반영이 되었다. 제17조와 제18조에 노동기본권을 규정하고 1953년에는 이의 구체적 보장을 위하여 근로기준법과 노동조합법, 노동쟁의조정법 등 이른바 노동 3법을 제정하기에 이르렀다. 이들 법률은 대개 미 · 일 등 선진산업사회의 개별적 기본권보장과 집단적 노사관계의 제도적 메커니즘을 크게 모방하고 있어 형식적으로는 상당히 근대적 노동정책이 전개될 수 있는 것같이 보였다. 그러나 정치적 불안정과 사회경제적 기반이 미약하여 이상적인 정책의도가 전혀 실현되지 않거나 왜곡되는 경우가 적지 않았다. 이를 부문별로 좀 더 자세히 살펴보면 다음과 같다.

(1) 노동조건 보호의 체계적 제도화와 비현실성

근로조건의 기준을 법률로 정하도록 한 헌법의 취지에 따라 제정된 근로기준법에는 임금의 보호, 산업재해보상, 근로시간 및 해고제한 등 선진산업국가들의 제도와 비교해도 손색없는 보호제도가 규정되어 있었으며 이의 합법적 이행을 위하여 근로감독관을 두도록 하였다.

그러나 이러한 법적제도의 적용대상이 그리 많지 않고 적용대상업체들의 재정능력이 영세한 수준을 면치 못하였기 때문에,[18] 나아가 법적기준이 현실에 비하여 너무나 높은 데다 법적 지식을 제대로 갖춘 노사 당사자도 많지 않고 근로감독에 종사하는 행정공무원도 절대적으로 부족하여 법규의 내용이 준수되는 것이 오히려 이상할 정도로 제도와 현실의 괴리가 격심하였다. 말하자면 생계비에 미달하는 임금지급과 체불임금의 발생, 그리고 장시간노동 및 사용자에 의한 일방적 채용과 고용이 일반적 상황이었으나 정부로서는 현실적 여건의 미성숙 때문에 법적제도의 강제적용을 위한 사법적, 행정적 수단을 강구할 능력도 의사도 갖고 있지 않았다.

(2) 정부개입적 노사관계의 제도화와 노동운동의 정치화

근로자들의 자주적인 단결권과 단체교섭권을 보장하는 노동조합법을 제정함으로써 자율적인 집단적 노사관계의 기틀을 마련하였다. 그러나 동법에는 노조결의취소권(제19조), 노조

표 9-3 한국노동정책의 전개과정

시대적 구분	근로조건	노사관계	고용 및 인력개발	근로복지정책
제1 공화국 제도와 현실의 격심한 괴리 현상	근로기준법 제정 · 임금의 보호 · 산업재해보상 · 근로시간 및 해고 제한 · 근로감독관제도 등이 실효성이 없었음	노동조합법 제정 · 노동쟁의조정법 제정(노동운동에 대하여는 권위주의적 통제)	기능훈련 등의 보호를 규정하였으나 기업의 재정기반이 취약하여 기대할 수 없었던 상황	영세민 위주의 실업대책과 근로복지정책 · PL480호에 의한 미국의 긴급구호 양곡의 원조에 의존한 일시적인 고용기회 창출과 생활원조
제2 공화국 정책 방향의 뚜렷한 전환이나 제도적 변화 없음		많은 노동쟁의 발생		
제3 공화국 · 외자도입에 의한 정부주도적 수출확대 전략 · 소비재와 경공업 중심	근로조건에 대한 제도 현실화와 실질적 보호 미흡 ◈ 근로기준법개정 (1963) · 퇴직금제도의 개정 · 월차유급휴가의 적치 규정 개정 · 근로시간과 휴식시간에 대한 예외규정 신설 (현실과의 괴리를 좁히는 데 주안점)	노사관계의 규제강화 ◈ 노동조합법 개정 (1963) · 노조설립시 신고주의 · 노조정치활동금지 강화 · 노사협의회설치에 관한 규정 신설 ◈ 노동쟁의조정법 개정 (1963) · 공공사업의 긴급조정권 신설 · 노조지도자 임면에의 개입 (경제개발계획을 저해할 우려가 있는 대립투쟁의 속성을 최대한 억제)	고용증대와 인력개발 ◈ 직업안정법 제정 (1961) · 국립직업안정소 : 고용정보의 제공, 취업알선과 인력의 수요조절기능 · 유료직업소개제도의 도입 ◈ 직업훈련법 제정 (1967) · 사업내직업훈련 · 공공훈련 · 인정훈련 · 해외인력진출추진 · 독일광부파견 · 독일간호사파견 · 월남대량인력진출	근대적 근로복지제도의 도입 ◈ 산업재해보상보험법 제정(1963) · 500인 이상 기업에 적용
제4 공화국 · 국가안보우선과 중화학공업의 건설 · 중간재와 자본재부문중심 ─ 산업구조의 고도화 촉진 ─ 외채의 증대 ─ 부의 편재 현상	법적근로조건보호기준의 확대강화 · 임금채권우선변제 · 노동기준법 위반에 대한 처벌강화 · 적용범위 상시 5인 이상으로 확대	정부주도적 노사관계의 강화 ◈ 노동조합법 개정 (1973) · 기업별 노조체제 ◈ 노동쟁의조정법 개정 · 노동쟁의 적법여부 심사권과 알선권을 행정관청으로 이관	인력개발과 해외인력진출의 확대 ◈ 직업훈련에 관한 특별조치법(1974) · 사업내훈련실시제도 도입 ◈ 중동지역해외진출 확대 · 건설사업참여	근로복지제도의 확대·정착 ◈ 산재보상보험제도 확대 · 1967년 100인 이상 · 1972년 30인 이상 · 1974년 16인 이상 · 장애급여와 유족급여의 연금제도 · 임금변동순응률제도도입

시대적 구분	근로조건	노사관계	고용 및 인력개발	근로복지정책
	(일반근로자의 생활수준은 크게 개선 안됨)	◈ 노사협의제 도입권고 (정부의 규제로 인하여 안정적이기는 하나 비합리적인 노동운동은 폭발)		· 최조보상제도의 실시 ◈ 근로복지공사 설치 (1974) ◈ 의료보험제도 정착 · 1977. 7. 1. 500인 이상 · 1979. 7. 1. 300인 이상 문화, 오락, 체육, 식당시설 및 기업체부설학교와 장학제도 등의 비법정근로복지 발전
제5 공화국 경제사회의 균형개발정책 · 실제로는 위의 정책의지가 구현되지 않음 · 사회비리 확대 · 자원의 비합리적 배분 및 집행과정상의 낭비 · 부동산과 증권투기 현상	근로조건보호의 합리화와 임금안정 ◈ 근로기준법개정 (1980) · 변경근로시간 제도 · 도급인의 임금지불 연대책임 · 퇴직금차등제금지 · 임금채권의 우선순위 상향 ◈ 임금인상억제 정책 ◈ 최저임금법 제정 (1986)	협조적노사관계의 제도화와 노사분규폭발 ◈ 노동조합법 개정 (1980) · 기업별 노조체제 ◈ 노동쟁의조정법 (1980) · 제3자의 노사관계개입방지 ◈ 노사협의회법 제정 (1980) · 종래의 노동조합법에 의한 노사협의회를 실질화 (위의 법개정은 노사관계의 안정에도 불구하고 노동조합과 단체교섭기능의 무력화 초래로 저항적 노동운동을 유발)	인력관리체제의 확립 ◈ 국립직업안정소 신설 (1979) · 광역취업알선체제 구축 ◈ 한국직업훈련공사 설립(1981) · 전국의 공공직업 훈련원을 일원적으로 통일 ◈ 인력형성과 배분의 상호연계는 미흡한 수준 ◈ 실업률은 낮았으나 산업구조와 노동시장의 구조변동으로 인한 부문별 실업과 마찰적 실업 발생 · 생산기능직 부족 · 대졸고급인력 남아돔 · 기계화, 자동화에 의한 실직근로자 발생, 노동부의 전직 훈련 프로그램 미흡	복지제도의 적용확대와 복지요구 폭증 ◈ 법정복지의 확대 · 의료보험 적용인구 확대 · 산재보상보험제도 5인 이상 ◈ 임의복지수준 미흡 · 1987년 집단적 노사분규시에 복지요구 분출

시대적 구분	근로조건	노사관계	고용 및 인력개발	근로복지정책
제6 공화국 초기 분배구조개선 정책 · 초기에는 성장 위주정책에서 안정과 복지정책으로 선회 · 1989년 이후 수출경쟁력약화로 복지지향적 정책 수정	근로조건의 상향 조정 ◈ 근로기준법개정 (1987) · 임금채권의 우선 순위조정 · 변형근로시간제 폐지 · 주당근로시간축소 44시간제 ◈ 최저임금법 시행 (1988) ◈ 임금수준의 괄목할 만한 상승	노사관계의 자율조정기능 강화 ◈ 노동조합법 개정 (1987) · 노조설립요건완화 · 노조임원자격제한, 노조해산명령, 임원개선명령제도 폐지 · 단체협약유효기간을 2년으로 단축 · 유니온숍제도 인정 ◈ 노동쟁의조정법 개정 (1987) · 공익사업의 범위 축소 · 국공영기업체, 방위산업체 등 쟁의금지 대상도 부분적으로 축소 · 냉각기간단축, 알선기능을 노동위원회로 이관하고 임의조정제도 도입 ◈ 노사관계에 대하여 자율화조치를 취한 반면에, 총액임금제의 실시로 임금인상은 억제하고, 불법노동운동에 대하여는 단호하게 처벌하는 등 규제강화	열위근로자의 고용 정책 ◈ 남녀고용평등법 제정 시행 ◈ 신체장애자직업 훈련원 설립, 운영 (산업구조조정에 따른 첨단기술인력의 부족과 대졸실업자의 취업난에 대하여는 효율적인 장단기 대책을 제시하지 못하고 있음)	근로복지제도의 확충 ◈ 국민연금제도 시행 · 퇴직금제도보완, 의료보험제도와 산재보상보험제도 영세업체까지 확대적용 ◈ 휴업보상을 상향조정 · 100분의 70 ◈ 산업안전보건정책 강화 ◈ 사내근로복지기금 제도설치권장 및 법제정 ◈ 주택 200만호 건설 및 근로자 아파트 공급

자료 : 김영종(1992), 노동정책론, 형설출판사, pp.345~370에서 요약 · 정리.

운영조사권(제30조), 노조해산권(제32조) 등 노조운영에 정부가 개입 · 간섭할 수 있는 여지를 폭넓게 규정하고 있었으며 나아가 노동쟁의조정법에서는 조정의 첫 단계인 알선을 행정관청에서 관장(제15조)하게 함으로써 자율적 노사관계의 형성은 집단적 노사관계 제도화의 초기부터 한계를 지니게 되었다.

제도뿐만 아니라 실제에 있어서도 기업별노조주의에 의한 조직구조적 통제와 노조지도자 임면에 대한 규제를 통하여 콜리어(R. Collier)의 이른바 권위주의적 통제가 적지 않게 이루어짐으로써[19] 노사관계의 자율성 확보는커녕 노총이 자유당의 기간단체로 어용화하고 노동운동이 정치적 색채를 강하게 띠는 편향성을 면치 못하게 되었다. 그러나 이와 같은 통제주의적 노동정책 아래에서도 노동운동에 대한 길이 제도적으로 열려 있었기 때문에 많지는 않지만 노동조건의 개선을 위한 노동쟁의가 발생하기도 하였다.[20] 다만 이와 같은 경제적 욕구의 해결을 위한 노동운동은 자유당 정권의 성쇠와 함께 4 · 19를 계기로 와해된 대한노총의 주도권 쟁탈을 위한 분쟁과 정권에 대한 지지활동에 비하면 실로 보잘 것 없는 것이었다.

(3) 영세민 위주의 실업대책과 근로복지

제1공화국에서는 대부분 국민의 생활이 어려웠지만 해외귀환동포와 북한으로부터 남하한 난민들의 정착이 보다 큰 사회적 문제로 등장하였다. 따라서 정부는 이들을 중심으로 하는 영세실업자들의 자활을 돕기 위하여 황무지, 임야, 수로 등의 개척사업을 전개하였다. 이와 같은 일시적인 고용기회의 창출과 생활원조사업은 PL480호에 의한 미국의 긴급구호양곡의 원조에 크게 의존하였다.

이 때 실제 반입된 구호양곡은 총 7만 5천톤으로써 무려 200만명이 농경지개량, 도로, 하천 등의 작업장에서 일하면서 생계지원을 받았다.[21] 그러나 원조물자에 의한 실업대책은 임시방편에 지나지 않았을 뿐만 아니라 이러한 사업을 경제적이고 능률적으로 시행할 조직체계도 확립되지 않아 자원의 낭비도 적지 아니하였다. 그 외 근로자에 대하여는 근로기준법에 의하여 기능훈련, 재해보상, 산업안전보건 등의 보호를 하도록 규정되어 있었으나 워낙 기업의 재정기반이 허약하여 이와 같은 기업복지를 기대하기는 어려운 실정이었다.

4.2 전환기의 사회불안

제2공화국은 워낙 단기에 끝나버렸기 때문에 정치 · 사회적 민주화와 경제활성화라는 기본정책을 부문별로 구체화시킬 수가 없었다. 따라서 노동부문에서도 정책방향의 뚜렷한 전환이나 제도적 변화를 찾아보기 힘들다. 다만 이러한 가운데서도 각계각층의 민주화요구의 물결에 편승하여 자발적인 노동이념의 조직과 단체행동이 활발하게 전개되는 양상을 띠기는 하였는데 이는 한편으로 종래의 노동통제의 끈이 느슨해지면서 그 동안 형식적인 장식물로 존재했던 노동기본권의 실현을 근로자가 요구하기 시작하였기 때문이며 또 한편으로는 근로자의 이와 같은 요구와 주장을 지식인들이 사회적 형평을 실현하자는 차원에서 선도하였기 때문으로 지적된다.

이와 관련하여 4 · 19 직후 8월 14일까지 여기저기서 적지 않은 노동쟁의가 발생하였는데 여기서 주장된 근로자들의 요구는 당시의 험악한 정치 · 사회적 분위기로 인하여 거의 전부 관철되고 있어[22] 조직적 통제기에는 집단적 요구 자체도 하기 힘들었던 사실과 비교해 볼 때 매우 특이하다.

4.3 제3공화국의 노동정책

(1) 근로조건에 대한 제도 현실화와 실질적 보호 미흡

1963년 경제개발계획의 본격적 추진과 관련하여 노동관계제법에 대한 전반적 개정이 이루어졌다. 근로조건을 규정하는 근로기준법은 1953년 법제정과정에서 지나치게 비현실적이라고 판단되는 규정을 개정하였는데 이는 근로조건의 보호라는 차원보다는 현실과의 괴리를 좁히는 데 그 주안점이 있었다. 퇴직금제도의 개정(제28조), 월차유급휴가의 적치규정개정(제47조의 2), 근로시간과 휴식시간에 대한 새로운 예외규정의 신설(제47조의 2) 등이 그러한 예에 해당한다.

1963년 8월 31일 보건사회부 노동국을 노동청으로 개편하면서 근로감독을 위한 행정기능이 강화되고 근로기준법 위반에 대한 처벌도 강화되면서 근로조건의 개선과 보호를 위한 체제적 정비로 법정근로조건의 유지를 위한 노력이 기울여진 것은 사실이지만 실제 임금 등 근로조건의 개선이 이 시기에 크게 이루어지지는 않았다. 이는 1960년대의 명목임금의 연평균상승률 16.0%는 같은 시기의 전도시 소비자 물가지수 13.3%를 약간 상회하는 것에 지나지 않으며 결과적으로 생산성상승률 12.0%의 극히 일부만 임금인상에 반영되고 있다는 사실을 잘 알 수 있다.

(2) 노사관계의 규제강화

대부분의 사회관계가 그러하였듯이 제3공화국의 노사관계의 기본질서는 경제개발계획을 효과적으로 추진하는 데 유리한 방향으로 재편되었다. 여기서 정부가 생각하는 것은 경제개발계획을 저해할 우려가 있는 대립투쟁의 속성을 노사관계에서 최대한 억제하자는 것이다. 이를 위하여 1963년 4월 노동조합법을 개정하여 노조의 자유설립주의를 신고주의로 바꾸고, 노조의 정치활동금지를 강화하여 노조에 대한 행정감독권을 강화하는 대신 노사협의회의 설치에 관한 규정을 신설하였다.

또한 노동쟁의조정법의 개정을 통하여 공공사업의 범위를 넓히고 긴급조정권을 신설함으로써 쟁의조정에 있어서의 정부의 개입규제를 강화하기도 하였다. 이러한 법개정이 경제발전을 위한 효율적 노동행정에 도움이 되는 것이 사실이지만 노동자의 노동기본권을 보장하는 헌법정신에 배치된다는 비난을 받는 경우도 없지 않았다.

이와 더불어 노사관계에 대한 정부의 개입통제수단으로서 무시할 수 없었던 것은 노조지도자의 임면에 대한 영향이었다. 노조지도자에 대한 대거 개입이나 그들의 활동에 대한 선택적 개입은 고도의 불확실성을 통하여 노사관계의 가장 효율적인 통제형태인 자기검열로 나아가게 하는데[23] 정부는 5·16혁명 이후 노조지도자의 대폭적 교체 이후 지속적으로 이러한 통제수단을 활용하였다. 이와 같은 정부의 노사관계에 대한 엄격한 통제결과 1964년 노사분규가 126건 발생한 이후 10년 동안 이보다 많은 노사분규가 발생하는 해가 없어 외형상으로는 일단 안정적 노사관계가 뿌리를 내린 것 같았다.

(3) 고용증대와 인력개발

1960년대에 가장 현저한 변화를 보인 노동정책부문은 고용과 인력개발부문이었다 이는 초기의 경제개발계획이 고용흡수율이 높은 노동집약적 산업을 확대시키는 데 중점을 두고 있음에 비추어 보면 당연한 결과이다.

정부는 노동자의 능력에 적합한 취업의 기회를 부여하고 산업에 필요한 노동력을 충족하기 위하여 근대적인 직업안정제도의 도입이 필요함을 인식하고 1961년 직업안정법을 제정하고 제도의 효율적 운영을 위하여 종래 지방자치단체에서 운영하던 직업안정소를 1968년 10월까지 노동청장 소속하의 25개 국립직업안정소로 개편하여 고용정보의 제공, 취업알선과 인력의 수요조절기능을 맡도록 하였다.[24] 그러나 이후 10년 동안에 두 차례의 법개정을 통하여 유료직업소개제도의 도입 등 제도적 보완이 따르기도 했지만 노동시장의 중요성에 대한 인식부족과 연고채용 등의 고용관행 때문에 좀처럼 그 운영이 활성화되지 못하였다.

반면에 인력개발과 해외인력진출확대를 위한 발판은 이 시기에 상당히 구체적으로 구축되었다. 제1차 경제개발계획의 성공적 수행으로 급속히 산업이 발전하게 되자 전반적 인력은 과잉상태이면서도 기능인력은 부족함을 인식하게 되었다. 이에 따라 1966년 노동청에 직업훈련과를 신설하고 1967년 1월 16일에 직업훈련법을 제정 공포하였다. 이 법에 의하여 제2차 경제개발 5개년 계획기간 중 사업내훈련, 공공훈련, 인정훈련 등을 통하여 11만 4,300

명의 기술, 기능공을 양성, 배출하게 되었다.

한편, 정부는 국내노동시장의 고용흡수능력이 한계가 있음을 자각하고 해외인력진출을 꾀하여 1963년 독일정부와 광부파견에 관한 각서를 교환하고 이에 의거 1차로 247명의 광부를 파견하였다. 그 후 1965년부터는 민간알선으로 간호사가 독일에 진출하기도 하였으며 같은 해 11월에는 월남의 외국인회사에 한국인 근로자를 취업시켜 한국기업의 월남진출과 이에 따른 대량의 인력진출의 문을 열게 하였다. 이와 같은 해외인력진출의 확대를 효율적으로 지원하기 위하여 1965년에는 한국해외개발공사를 설립하고 동시에 노동청에 해외고용과를 신설하여 정부의 해외인력 진출업무를 일원화시켰다.

(4) 근대적 근로복지제도의 도입

허약한 재정과 미비된 시설 아래서 성장과 발전을 모토로 매진하는 산업사회의 현장에서 기업은 물론 정부도 노동자의 복지에 제대로 신경쓸 틈이 있을 리 없었다. 그러나 그와 같은 와중에도 근대적 근로복지제도의 하나라고 할 수 있는 사회보험제도로서의 산업재해보상보험제도가 1963년 11월 5일 제정, 공포된 것은 근로복지사에 있어서 획기적인 일이라 하지 않을 수 없다. 종래에는 산업재해에 대하여 근로기준법상 사용자의 보상을 규정하고 있었지만 이것이 제대로 이행되지 않을 뿐만 아니라 보상이 이루어지는 경우도 적정보상이 이루어지지 않는 경우가 대부분이었다. 이를 시정하기 위하여 산재보험법에서는 사용자가 보험료를 부담케 하고 노동청이 이를 관리함으로써 신속 · 공정한 보상이 이루어지도록 하였다. 동법의 적용범위는 원칙적으로 근로기준법의 적용을 받는 사업으로 하여 대부분의 근로자가 복지혜택을 받도록 하되 초년도에는 500인 이상의 근로자를 사용하는 광업, 제조업만 적용시키고 연차적으로 이를 확대 적용시켜 기업재정 부담능력의 현실성을 고려토록 하였다.

4.4 제4공화국의 노동정책

(1) 법정 근로조건보호기준의 확대 · 강화

1973년 제1차 석유파동 이후 불황을 맞이하여 여러 사업장에서 근로기준법 위반사건이 빈발하게 되자 정부는 1974년 1월 14일 국민생활안정을 위한 대통령긴급조치 제3호를 공포하였다. 동조치 제4장은 노동자의 생활을 보호하기 위한 것으로 임금채권의 우선변제, 근로기준법위반에 대한 처벌강화, 단체협약 준수불이행 및 불법노동행위를 한 자에 대한 처벌을 규정하고 있었다. 그해 연말에는 이러한 긴급조치를 해제하는 대신 근로기준법 및 동법시행령의 개정에 이러한 내용을 반영하여 법정노동조건의 보호기준을 강화시키고 아울러 법의 적용법위를 당시 5인 이상의 근로자를 사용하는 사업 또는 사업장으로 확대시켜 법규상의 보호대상을 더욱 확대시켰다.[25] 또한 근로자보호를 위한 노동행정을 보다 전문적이고 합리적으로 수행토록 하기 위하여 종래 보건사회부장관에게 속하던 근로기준법상의 정부권한을 모두 노동청장에게 이관하였다.

그러나 이와 같은 법규상 및 제도상의 근로자생활보호대책이 확대 · 강화되었음에도 실제 일반노동자의 생활수준이 경제성장에 비례하여 크게 개선되지는 못하였는데, 이는 1970년부터 1981년까지의 광고업 및 전기업의 노동생산성 연평균증가율은 10.5%인데 비하여 실질임금증가율은 7.7%에 그친 것을 보아도 잘 알 수 있다. 다만 극히 낮은 저임금에 대하여는 이를 해소하기 위하여 1974년 1만원 이하의 저임금을 없애기 위하여 근로감독을 강화하고 일부 사업주를 구속하는 등 강력한 의지를 표명하고 그 이후 수년간 이러한 시책을 계속하였으나 이것도 경제성장에 걸맞는 임금상승을 가져다 주는 데는 그다지 영향을 주지 못하였다.

(2) 정부주도적 노사관계의 강화

유신헌법 제29조 3항은 '국가방위에 관한 특별조치법' 제9조 2항을 그대로 수용하여 비상사태 하의 단체행동권제약을 평시의 헌법에 편입시켰다. 이러한 정신은 이듬해 집단적 노사관계의 개정에도 그대로 반영되어 노조체제를 산업별제 중심에서 기업체조직을 가능케 하도록 노동조합법을 개정하였다. 또한 노동쟁의 적법여부심사권과 알선권을 노동위원회에서 행정관청으로 이관하였다. 이와 같은 법개정은 노동운동의 상대적 약화와 노사갈등의 감소를 바라는 정부의 바람과 노사분쟁의 신속한 해결을 공정한 해결보다는 우위에 두려는 정부의 선택이라고 볼 수 있다.

이와 같은 맥락에서 대립보다는 협조, 갈등보다는 화합이 바람직한 노사관계의 기본정신이라는 점에서 1973년 노동조합법의 개정에서 노사합동의 경영참가시스템이라 할 수 있는 노사협의제를 도입하고 점차 이를 구체화시켜 나갔다. 이로써 노사관계에서의 주요문제는 단체교섭과 노사협의제라는 양대 메커니즘에 의하여 해결되게 되었다.

정부의 법적, 행정적 규제로 인해 1970년대의 노사관계는 일단 전반적으로 안정된 상태를 유지한 것으로 보이는데, 이는 1970년 조합원 수가 273,259명에서 1979년에는 백만명을 돌파하였는데도[26] 노사분규는 그다지 증가되지 않는 것을 통하여 알 수 있다. 그러나 정부의 노동통제로 인하여 한국노총을 비롯한 노동조합이 노동자의 권익을 제대로 대변하지 못하게 되자 지식인 및 학계에서 노동운동에 관심을 보이기도 하였으며,[27] 간헐적으로 노동운동이 폭발하기도 하였다. 전자의 예로는 1970년 11월 20일 서울대를 비롯한 몇몇 대학생이 노동문제를 이슈로 하는 시위를 벌인 것, 1974년 동아, 한국일보 기자의 언론노조결성움직임, 1973년부터 시작된 도시산업선교회의 노동운동참여를 들 수 있다. 그리고 후자의 예로는 1970년 11월 13일 평화시장의 전태일 분신자살사건, 1974년 9월 19일 현대조선소 폭동사태, 1977년의 YH무역의 노사분규 등을 들 수 있는데 특히 YH무역근로자의 신민당사 농성사건은 정치체계의 일대변화를 가져오는 원인이 되었다.[28]

(3) 인력개발과 외자인력진출의 확대

제4공화국에 있어서도 직업안정제도가 운영되고 경기에 따라 취로사업을 통한 실업대책이 간간이 시행되기는 하였지만 산업사회의 발전에 부응하는 정책적 변화는 크게 변함이 없었다. 반면에 인력개발을 위한 직업훈련은 제도의 꾸준한 개선을 통하여 괄목할 만한 성과를 거두었다. 정부는 1960년대 제정된 직업훈련법에 의한 직업훈련이 급속히 발전하는 산업사회의 인력수요에 충분히 대응하지 못한다고 판단하여 1974년 직업훈련에 관한 특별조치법을 제정하여 일정규모 이상의 사업주의 사업내훈련실시제도를 채택케 하고 그 적용범위를 연차적으로 확대시켜 나갔다. 민간주도적 인력개발체제로의 이행을 의미하는 이러한 제도적 개편[29]을 통하여 많은 기능인력을 양성, 배출하게 되었다. 이를테면 1972년부터 1981년까지의 제3,4차 경제개발 5개년 계획기간 중 모두 804,860명의 기능공이 양성되었는데 사업내 직업훈련수료자가 60% 이상을 차지하고 있다.

인력개발과 더불어 제4공화국 시기에 괄목할 만한 성공을 보인 것은 중동붐을 탄 해외인력진출의 현저한 증가라고 할 수 있다. 사우디아라비아를 비롯한 중동 각국에서 오일달러를 재원으로 대대적인 건설사업이 시작되자 한국은 이러한 건설시장에 적극 참여하였고 그 결과 국내외 업체에 매년 막대한 노동력이 비교적 양호한 조건으로 취업할 수 있게 되었다. 일례로 1981년에는 약 20만명이 해외취업을 한 것으로 추정되는데 이 중 약 16만명이 중동에 취업한 것으로 나타났다. 이와 같은 해외 취업확대는 고용문제 해결을 위한 좋은 돌파구였지만 한때 기능인력의 부족과 이로 인한 인건비의 폭등을 초래하는 원인이 되기도 하였다.

(4) 근로복지제도의 확대 · 정착

근로복지제도로서 가장 먼저 시행된 산재보험제도는 기업의 경제적 능력이 조금씩 향상됨에 따라 1970년대에는 그 적용범위를 단계적으로 확대시켜 나갔다. 1967년에 원칙적으로 100인 이상의 근로자를 적용하는 사업장에 적용시켰던 것을 1972년에는 30인 이상으로, 1974년에는 다시 16인 이상의 사업장으로 확대 적용시키게 되었는데, 이로써 산재근로자의 법정복지수혜대상이 크게 증가될 수 있었다. 그 외 1970년대에는 장애급여와 유족급여의 연금제도, 임금변동순응률제도의 도입,[30] 최저보상제도의 실시 등으로 산재보험제도는 명실공히 근로복지제도의 선두주자로서 확고한 위치를 차지하게 되었다. 이와 아울러 산재근로자의 복지대책을 효과적으로 추진하기 위하여 1971년에 산업재활원, 그리고 1974년에는 근로복지공사를 설치한 것도 획기적인 복지정책의 발전이라고 할 수 있다.

1963년에 제정되어 사문화되어 있던 의료보험제도는[31] 오랫동안 그 시행이 지지부진하다가 1976년 12월 22일 강제사회보험제도로 의료보험법을 전면 개정하면서 국민복지제도의 하나로 정착할 수 있는 틀을 마련하였다. 특히, 근로자에게는 1977년 7월 1일부터 500인 이상, 1979년 7월 1일부터는 300인 이상 근로자고용사업장에 이를 당연 적용하게 되었다.[32]

그 외 1970년대 후기부터는 정부의 행정지도를 통하여 문화, 오락, 체육, 식당시설 및 기업체 부설학교와 장학제도 등의 비법정근로복지도 대기업을 중심으로 점차 발전하기 시작하였다. 특히, 이 시기에는 기업체부설학교 또는 야간특별학급을 통하여 근로청소년교육이 중요한 시책으로 각광을 받기 시작하였는데 1978년의 경우 22,820명이 이러한 복지시설의 혜택을 받게 되었다.[33]

4.5 제5공화국의 노동정책

(1) 근로조건보호의 합리화와 임금안정

1980년 10월 22일 국민투표에 의하여 제5공화국 헌법이 개정되면서 동년 12월 30일에는 국가보위입법회의에서 노동 4법을 대폭 개정하고 노사협의회법을 제정, 통과시킴으로써 노동정책의 일대전환을 시도하였다.

노동조건의 보호에 있어서는 1일 8시간 근로제가 비현실적이라 하여 주 48시간 단위로 변형하여 운영할 수 있도록 하고[34] 하도급인의 체불임금에 대하여 직상도급인에게 연대책임을 부과하여 실제 근로자임금지급이 보장될 수 있도록 하였다. 그 이외에도 한 사업장 내의 퇴직금 차등이 근로자의 갈등 요인이 된다고 하여 이를 금지하고 임금채권의 우선순위를 질권, 저당권 다음으로 높였다.

그러나 이와 같은 법정임금보호제도의 현실화, 합리화와는 달리 물가안정을 위하여 직접 · 간접적인 임금인상 규제를 단행하였기 때문에 실제임금상승률은 이 기간 중에도 여전히 노동생산성 상승률을 밑돌게 되었다. 그 결과 상대적인 임금의 저율인상이 노동자로 하여금 성장과실의 배분과정에서 소외되었다는 인식을 불러일으켜 1987년 여름 대대적인 집단노사분규를 발생케 하는 중요한 요인의 하나가 되기도 하였다 .이와 관련하여 임금인상이 생산성 상승보다 밑돌게 된 배경에는 임금정책이 아직 경제정책 일변도에서 벗어나지 못하였기 때문으로 볼 수도 있는데, 이러한 경향은 노동부가 1981년 4월 정책결정부처로 승격되었지만 중요정책의 결정, 시행과정에서 경제기획원 등 경제부처의 압력에 밀렸기 때문이라고 해석할 수 있다.[35] 1986년 최저임금법을 제정하여 최저임금제도를 도입케 한 것은 제5공화국이 시도한 근로자보호정책 중 가장 획기적인 것이라 하겠다.

(2) 협조적 노사관계의 제도화와 노사분규 폭발

노사대립은 노사 양자는 물론 사회적으로도 무익하다는 전제 아래 노사협조와 공존을 지원할 수 있는 노사관계제도를 구축하고자 하였는데 여기에는 사회 · 경제적 불안정과 갈수록 치열해져 가는 경제성장이 적지 않은 영향을 미친 것 같다.

노사관계안정을 위하여 1980년 연말의 법개정에서 제3자의 노사관계개입을 방지하고 노동조합은 기업단위노조체제로 전환하도록 노동조합법을 제정하는 대신 노사협의회를 생산성 향상 등 노사문제해결의 핵심적 제도로 도입하기 위하여 노사협의회법을 제정하였다. 노사협의회법을 새로이 제정한 것은 종래의 노동조합법에 의한 노사협의회가 유명무실하였다는 평가에 토대를 두고 이를 명실공히 노사협조의 실질적인 매개체로 활용하자는 의도에서 생긴 것이라 볼 수 있다.

그러나 이상과 같은 정책전환은 당분간 외형적으로 노사관계의 안정을 가져왔지만 동시에 노동조합과 단체교섭기능의 무력화를 초래하였고, 그 결과 분배과정에서 근로자가 상대적으로 불리한 상태를 가져왔다. 이 때문에 노조, 학생, 재야단체의 저항적 노동운동이 간헐적으로 발생하고 노동법의 개정을 요구하는 소리가 끊임없이 지속되었다. 결국 1987년에는 정치체제에 도전하는 학생 · 시민들의 시위에 연이어 초여름에는 미증유의 대형 집단 노사분규가 동시 폭발하게 되었고 이에 따라 제6공화국으로 하여금 노사관계제도의 새로운 손질을 불가피하게 만들었다.

(3) 인력관리체제의 확립

1979년 국립직업안정소를 신설하여 전국지방사무소 직업안정과의 고용정보를 총괄적으로 관리하여 광역취업알선체제를 구축한데 이어 1981년에는 한국직업훈련공단을 설립하여 전국의 공공직업훈련원을 일원적으로 통할하도록 하였다. 이로써 직업안정과 인력개발의 효율적인 자원관리시스템이 확립되기는 하였으나 두 가지 시스템의 연계체제, 즉 인력형성과 배분의 상호연계는 제대로 이루어지지 아니하였다.

그 결과 전반적인 경기의 회복으로 1981년부터 1986년까지 실업률은 4.5% 내지 8%로 비교적 낮은 수준에 머물러 있었으나[36] 산업구조와 노동시장의 구조변동으로 인한 부문별 실업과 마찰적 실업은 적지 않게 존재하게 되었다. 일례로 생산기능직은 경기회복으로 인하여 1970년대 후반과 같이 부족현상을 나타내는데 대졸의 고급인력은 상당수 남아도는 것을 쉽게 볼 수 있으며 기계화, 자동화에 밀려난 실직근로자도 많지는 않지만 각 부문에서 발생하고 있다. 노동부는 이에 대하여 전직훈련 프로그램으로 대응하고 있으나 특수한 업종에 국한되어 있을 뿐이다. 그 외 고급인력을 위한 취업정보센터, 신체장애자, 여성을 위한 직업훈련소 등이 시행 또는 계획 중에 있었으나 효과는 미지수이며 인구의 연령구조의 변동에 따른 노령인구에 대한 취업문제가 중요한 고용정책과제로 대두되었다.

(4) 복지제도의 적용확대와 복지요구 폭증

정부의 복지증진시책의 일환으로 양대 복지제도, 즉 의료보험제도와 산재보험제도가 크게 확대되었다. 의료보험에 있어서는 피용자보험의 적용인구가 1985년에 이미 12,215천명에 이르게 되었고[37] 산재보험도 행정상의 어려움을 무릅쓰고 그 적용범위를 5인 이상 근로자 고용업체에까지 널리 확대하였다. 이로써 대부분의 한국근로자는 질병과 재해로부터는 상당한 보호를 받게 되었다.

그러나 법정복지 이외의 기업복지는 기업과 경제의 발전 정도에 비하면 괄목할 만한 진전을 보이지 못하였고 이러한 상황은 중소기업의 경우 더욱 그러하였다. 1980년대 전반기의 기업복지의 답보상태는 기업 내의 경제적 여건의 어려움도 있겠지만 사용자와 정부주도적 노사관계가 지배적이었기 때문이라고 볼 수 있다. 이는 그 동안 침묵을 지켜왔던 근로자들의 복지욕구가 1987년 집단적 노사분규의 기회를 틈타서 한꺼번에 쏟아져 나온 것을 보아도 어느 정도 짐작이 간다. 예컨대 한국경영자총협회가 분규기업을 대상으로 근로자의 요구사항을 조사한 것을 보면 임금인상에 관한 것 외에도 식당밥 개선, 간식제공, 미혼근로자 복지시설개선, 작업환경개선, 영양사고용, 하계휴가비의 지급요구, 자녀장학금 지급 등 근로복지의 개선을 요구하는 것이 적지 않다.[38] 다만 정확한 조사자료는 없지만 이와 같은 기업의 근로복지실태는 업종별, 기업규모별로 적지 않은 차이를 지니고 있는 것으로 보인다.

4.6 제6공화국의 노동정책

(1) 근로조건의 상향조정

제6공화국 초기의 뚜렷한 산업사회 변화 중의 하나는 근로조건의 현저한 개선이다. 이는 한편으로는 정부의 관련법규의 개정 또는 재정지원을 통하여 이루어졌고 다른 한편은 확대강화된 노동조합의 교섭력의 뒷받침을 받아 가능하게 되었다. 우선 경제적 잠재력과 국민소득의 증가에 부응하여 정부가 제도적으로 근로조건을 개선시킨 것으로는 다음 몇 가지를 들 수 있다.

첫째, 1987년말의 노동법 전면 개정시의 근로기준법 개정에서는 임금채권의 우선순위를 최종 3개월분에 한하여 조세, 공과금은 물론 질권, 저당권보다도 최우선순위로 변제받을 수 있게 하여(근로기준법 제30조 2) 경영도산이나 사용자도피에 따른 임금채권의 확보를 확실하게 하였다.

둘째, 수출제일주의 경제정책을 추진하는 동안 수출선적기간 등 업무의 특수성으로 부득이 연장 근로가 필요한 경우를 위하여 당사자 합의를 전제로 기준근로시간인 1일 8시간, 주 48시간을 초과근로할 수 있는 변형근로시간제를 도입하여 운영하였으나 기업주가 노사합의를 이유로 부당하게 장시간근로를 시행하여 근로자의 건강을 저해하는 경우가 많아 이를 폐지하였다(근로기준법 제42조).

셋째, 1988년부터는 최저임금법을 제정 · 시행함으로써 저임금근로자의 해소를 위한 제도적 장치를 마련하였다. 다만 노 · 사 · 공익대표로 구성되는 최저임금심의위원회는 매년 최저임금기준을 설정함에 있어 노사대표의 견해가 엇갈려 심한 마찰을 빚고 있다.

넷째, 오랫동안 시행하여 오던 주당 48시간 근로제를 44시간제로 단축하여 근로자의 여가시간을 늘임으로써 다소 여유 있는 생활을 가능하게 하였다.

6공화국 이후 괄목할만한 것은 문민정부 출범 첫해인 1993년 12월 노동계의 오랜 숙원이던 고용보험법이 제정되었다는 점이다. 그러나 예산상의 문제로 인하여 시행이 연기되다가 1996년 7월 1일자로 시행에 들어갔다. 이 법 시행령에서 실업급여는 30인 이상 근로자를 고용하는 기업체에 적용되고, 고용안정사업, 능력개발사업 등은 70인 이상 근로자를 고용하는 사업체에 한하여 적용되도록 하였으며, 1998년부터는 10인 이상 사업장에 적용하도록 하였다. 또한 1995년에는 사회보장의 이념 및 기본 원칙, 그리고 사회보장의 범위 등을 규율하여 사회보장입법의 지침으로 기능하게 하려는 목적으로 사회보장기본법이 제정되었다. 사회보장기본법은 사회보장 급여를 받을 권리를 보장하여 사회보장 급여를 국가의 은혜적인 급여가 아니라는 점을 명확히 하였다. 즉, 모든 국민에게 건강하고 문화적인 최저한의 생활을 보장할 과제를 국가에게 부과하고 있다. 이와 관련하여 국가는 매년 최저생계비를 공표하도록 하였다. 이로써 헌법상의 국가의 과제인 최저생활보호의 내용이 객관화되고, 바로 이러한 하위 실정법을 통한 조치로 헌법의 추상적인 내용을 구체화할 수 있게 되었다. 아쉽게도 사회보장기본법이 헌법상의 사회보장에 관한 권리를 효과적으로 실현하기 위한 매체로 기능하는 데에는 한계가 있었다. 이는 무엇보다도 사회보장기본법이 기존의 실정법을 개선하는 직접적인 효과를 가질 수는 없기 때문이다. 그러나 이 시기에 사회보장 제도개선이 노동정치의 전면에 나타났다는 사실 자체가 평가를 받아야 할 것은 물론이다.

(2) 노사관계의 자율조정기능 강화

정부주도적 경제체제가 민간주도적 경제체제로 전환됨에 따라 노사관계에 대한 정부의 개입과 규제도 줄여나가는 것이 바람직하게 되었다. 그리하여 1987년 말의 집단적 노사관계에 관한 법률을 개정하면서 노동조합의 조직, 단체교섭 및 쟁의조정의 자율성을 상당히 확대시키도록 하였는데 구체적 사항으로 다음 몇 가지를 들 수 있다.

첫째, 노조설립요건과 노조형태를 근로자의 자율적 의사에 맡기도록 하였으며 설립신고절차도 크게 간소화시켰다. 이러한 방침은 이전의 기업별 노조를 원칙으로 하고 근로자 30인 이상 등의 구체적 설립요건을 생각할 때 자유설립주의에 크게 가까워진 것이다(노동조합법 제13조,제15조). 1990년까지의 지속적인 노조의 현저한 증가는 이와 같은 절차 간소화에 힘입은 바도 크다.

둘째, 노동조합의 자주성을 보장하고 노조의 운영에 대한 행정관청의 관여를 배제하기 위하여 노조임원자격제한, 노조해산명령, 임원개선명령제도를 폐지하고 행정관청의 업무검사제도를 완화하였다.

셋째, 단체교섭권 위임절차를 간소화하고 단체협약의 유효기간을 2년으로 단축하여 급변하는 사회경제적 환경에 적합하게 하였다.

넷째, 노조의 단결력을 강화하여 노사 간 세력균형을 유지토록 함으로써 노조의 대표성을 높이도록 '유니온숍 제도'를 인정하였다.

다섯째, 쟁의행위의 제한을 완화시키기 위하여 공익사업의 범위를 축소하고 국공영기업체, 방위산업체 등 쟁의금지대상도 부분적으로 축소시켰다.

여섯째, 냉각기간을 단축하고 알선기능을 행정관청에서 노동위원회로 이관하였으며 임의조정제도를 도입하는 등의 조치를 통하여 노사분쟁의 조정이 공정하고 전문적으로 되도록 하였다.

이상과 같은 노사관계의 민주화, 자율화 조치는 정치적 권위주의의 붕괴와 상승작용을 일으킴으로써 1987년 하반기 이후 극심한 노사분규를 이 땅에 가져왔으나 1990년에 접어들면서 경기침체, 자율적 노사관계의 정착경향 때문에 점차 안정을 찾게 되었다. 그러나 그 동안의 지나친 임금인상이 국제경쟁력을 약화시키는 중요한 요인이며 단체교섭을 둘러싼 노사 간 대립과 갈등이 사회불안의 원인이 됨에 따라 정부는 다시 총액임금제의 실시 등으로 임금인상을 억제하고 불법노동운동을 단호하게 처벌하는 식으로 노사관계에 대한 규제를 강화하는 움직임을 보이기 시작하였다.

(3) 열위근로자의 고용정책

우리나라는 1988년 이후의 상대적인 경기둔화에도 불구하고 1989년 실업률은 2.6%로 고용사정이 전반적으로 양호하였다. 이에 따라 일부업종에서의 단순인력부족을 해결하고 열위근로자의 고용기회를 촉진하기 위하여 남녀고용평등법을 제정,[39] 시행하고 신체장애자직업훈련원을 설립, 운영하게 되었다. 그러나 산업구조조정에 따른 첨단기술 인력의 부족과 대졸실업자의 취업난에 대하여는 전혀 대책이 없는 것은 아니나 효율적인 장단기 대책을 제시하지 못하고 있거나 노동시장의 구조적 문제가 미해결의 정책과제로 남아 있다.[40]

(4) 근로복지제도의 확충

정부의 재정기반과 기업의 경제력이 개선되면서 노동자에 대한 복지제도를 조금씩 확충시켜 나갔다. 우선 국민복지연금제도를 시행하여 퇴직금제도에만 의존하는 퇴직 후의 노후

정책을 보완하였고 의료보험과 산재보험도 영세업체의 근로자에게까지 그 적용을 확대시키도록 하였다. 그리고 산재보험은 그 기금이 해마다 여유가 있음을 감안하여 휴업보상을 임금의 100분의 60에서 100분의 70으로 상향 조정하는 등 수혜기준을 상향 조정하였다. 그리고 근로자의 건강과 안전을 위하여 정부의 재정에서 산업재해예방시설 설치비를 융자하여 주거나 영세사업장에 대하여는 국고에서의 경비로 안전보건진단을 실시키로 하였다.[41)]

(5) IMF 외환위기 이후의 노동시장 유연화정책

제6공화국 2기 정권인 김영상정부에서는 IMF 외환위기가 터지던 해인 1997년 2월에 그 동안 노개위에서 다루어오던 노동법 개정안을 우여곡절 끝에 통과시켰는바 그것이 소위 말하는 3금(禁)의 해제와 3제(制)의 도입이었다. 3금의 해제란 그 동안 노동계에서 줄기차게 주장해왔던 노동조합 정치활동 금지, 3자개입 금지, 복수노조 금지 조항 등의 폐지를 의미하며, 3제의 도입이란 3금 조항을 해제하는 대신 사용자 측에 주어진 수혜성 조항으로 정리해고제, 변형근로제, 파견근로제 등의 도입을 의미한다. 물론 이들 조항들의 전면적인 실시는 아직도 일부 유보되고 있으나 이 때의 법개정과, IMF 사태발생 직후인 1998년 3월 6공화국 제3기 정권인 김대중정부에 의해 본격적으로 도입된 정리해고법은 우리 노동시장의 양적 유연성을 증대시키는 데 크게 기여하게 되지만 반대로 비정규직의 양산이라는 새로운 과제를 던져주고 있다.

이 외에도 산별 이상 수준의 복수노조 허용으로 한국노총 이외의 제2노총인 민노총이 합법적인 활동을 전개하게 되었고, 노조의 정치활동 허용은 민주노동당의 원내진출이라는 정치지형상의 커다란 변화를 가져왔다.

Readings in IR

노동 · 노사관계에 있어서의 정부의 역할

"한국사회 선진화를 위한 노동정책의 전개방향", 최종태에서 발췌, 2012. 11.

1. Tripartite와 정부의 역할

오늘날 노동 · 노사관계에 있어서 정부의 역할은 대단히 중요하다. 앞에서도 언급한 바 있듯이 현대 노동 · 노사관계는 노사 양 당사자만의 관계(Bipartite)가 아니고, 노 · 사 · 정 3당사자간의 관계(Tripartite)이다. 때문에 노사관계의 한 당사자인 정부는 노사관계 전반에 적용되는 제도적인 체제를 만들어 내고 또한 국민경제의 운영이나 사회질서를 유지하는 입장에서 고용문제, 최저임금결정, 노동쟁의 등 일상적으로 발생하는 노동문제에 대하여 정책적인 유도나 직접적인 압력을 통해 영향력을 행사한다.

이 경우 정부는 노사관계의 당사자뿐만 아니라 다른 근로자 계층이나 소비자대중의 이해 조정, 국민경제의 보호와 신장 등을 고려하여 적극적으로 관여한다. 이와 같은 역할을 위해 정부는 다양한 정책을 실시한다. 또 이러한 정책은 기본적으로 질서확립을 위한 규제와 노동 · 노사관계 발전을 위한 지원 및 촉진이라는 양 날개를 사용한다. 정부의 공권력 개입이나 중재역할은 기본적으로 질서확립을 위한 규제정책을 근간으로 하고 있으며, 노동시장정책이나 복지정책은 지원 · 촉진정책을 그 기반으로 하고 있다고 볼 수 있다.

2. 질서확립 역할

Tripartite 관계에 있어서 정부의 가장 주요한 역할은 산업평화 유지와 국가발전을 위한 법과 규칙을 지키는 노사관계가 되도록 질서를 확립하는 역할이다. 우리나라 노동과 노사관계는 법과 질서를 존중하지 않는 노동 · 노사관계로 국제사회에서 주목을 받고 있다.

외국기업인들이 보는 한국노사관계의 가장 큰 문제점으로 그리고 꼭 개선되어야 할 사항으로서 이구동성으로 지적하고 있는 것이 '법과 질서를 지키지 않는 노사관계'를 손꼽았다. 또 그 이면에는 노사관계에서 당사자들이 지켜야 할 룰과 그에 따른 의무 및 책임은 무시하고 권리, 권한만 강하게 주장하는 경향이 있다고 한다. 여기에는 정부가 해야 할 의무와 책임도 포함되어 있다.

한국에 와 있는 외국기업인들의 말을 빌릴 필요도 없이 오늘날 우리의 노사관계는 점차적으로 향상되고

표 1 정부의 역할

	질서확립 역할	지원 · 촉진 역할
대 상	노사당자자의 행위와 역할	인프라스트럭처 및 분위기 형성
목 적	산업질서 유지(현 시스템 상태 유지)	환경적응 및 창출을 위한 변신 (새로운 시스템 상태로 변화)
수 단	노동입법 + (노동행정)	노동행정 + (노동입법)

있다. 그러나 아직도 노사상호 인정의 룰을 지키지 않고 서로가 수행해야 할 의무와 책임을 회피함으로써 노사쌍방은 물론 국민경제에 미치는 악영향은 지대한 실정이다. 특히 불법 파업이나 투쟁적 쟁의행위, 생산성을 무시한 임금 및 근로조건 개선, 구조조정의 적극적인 반대, 책임을 도외시한 일방적인 경영참여 주장으로 인한 경영권의 침해행위 등은 외국인 투자를 막을 뿐만 아니라 국가경쟁력을 떨어뜨리는 주요 원인 중의 하나라는 이들의 지적은 부정할 수 없다. 물론 우리의 노동이 모두 다 그렇다는 것은 아니다. 그러나 이러한 현상이 비록 사용자 입장의 외국 기업인들의 한쪽으로 치우친 견해라고 주장할지 모르겠으나, 외국 기업가들의 눈에 비친 공통된 견해라는 것을 우리는 겸허하게 받아들여야 될 줄로 안다.

법과 질서를 지키지 않는 노사관계의 책임은 비단 노동측에서 만이 아니다. 사용자와 정부도 마찬가지다. 부당노동행위, 절차와 분배의 불공정성, 투명성의 결여, 노동참여의 무시 등은 노사관계의 질서를 약화시키고 무너뜨리며, 더욱이 정부의 불법행위에 대한 처벌해태 행위나 관용은 법을 지키지 않는 노사관행을 유발시키기도 한다. 무릇 법과 질서를 지키기 위해선 반드시 이를 원활히 수행할 수 있는 국가적인 투자와 노력이 뒤따라야 한다. 노사관계에서도 마찬가지다. 유능한 노동지도자의 양성, 국민노동교육, 노사관계 중재자 및 판결자의 양성, 공정하고 신속한 분쟁해결 시스템의 구축, 노동시장 및 사회안전망의 충실한 구축 등 노사관계의 하부구조를 반드시 구축하여야 하며, 이는 정부가 앞장서서 수행할 의무와 책임이 있는 국가의 몫인 것이다. 충분한 공적자금 투자를 통한 노사관계의 인프라 구축은 외면하면서 법과 질서를 지키는 성숙된 노사관계를 기대하는 것은 마치 '나무를 가꾸지도 않고 열매를 기대하는 것'과 마찬가지다.

하지만 법과 질서를 지키는 노사관계를 비록 노사관계의 인프라가 부족하더라도 반드시 노사당사자들 스스로가 이를 지키도록 최선을 다하여야만 비로소 생산적 노사관계가 형성될 수 있는 것이다. 우리보다 앞선 산업민주화를 성공적으로 이룩한 나라들은 한결같이 당사자 스스로가 모든 여건이 좋지 않았음에도 불구하고 노사관계의 룰과 질서를 지키는데 총력을 다함으로써 산업평화 유지와 더불어 경쟁력있는 노사관계를 구축하게 되었다는 사실은 역사가 잘 말해주고 있다.

질서확립을 위한 규제는 바람직한 경제사회질서의 구현을 위해 정부가 시장에 개입하여 기업과 개인의 행위를 제약하는 것을 의미한다. 규제는 부(−)의 강화(negative incentives and rewards) 다. 따라서 규제가 지나치게 남용되는 것은 바람직스럽지 못한 일이지만, 사회적 행위자의 행위가 바람직하지 못한 방향으로 나아가고 있다고 판단될 때, 이것에 일정한 방향을 설정하기 위해서도 규제는 불가피해 진다. 다만 정부의 규제정책은 최소한의 인격보호적 차원에서 인간존중, 노동의 인간화를 위한 기본바탕을 만드는데 주어져야 한다. 흔히 규제는 시장경제의 불완전성, 즉 시장실패를 그 근거로 제시한다. 자유시장경제하에서 시장은 현실적으로 어떤 균형점에 자동적으로 도달할 수 있는 성질을 가지고 있으나, 시장의 기능을 방해하는 외부불경제가 발생하여 시장의 균형달성을 방해할 때 정부가 적극적으로 개입하여 규제활동을 수행하게 되는 것이다. 이러한 맥락에서 정부는 노사문제에 있어 노사자율적 교섭을 최대한 존중하면서도 불공정거래관계가 나타나지 않도록 규제하는 역할을 수행하게 된다. 사용자는 생산수단을 독점하고 있고, 노동조합은 노동력을 독점함에 따라 노동조합운동 또는 노사관계가 노동시장의 자동적 균형달성을 방해하여 시장실패를 가져올 가능성이 항상 존재한다. 따라서 정부는 노사문제의 국민경제적 파급효과의 중요성을 인식하고 제3자로서 적극적으로 관여하는 당사자로서의 역할과 기능을 가지게 되는 것이다.

이중 가장 대표적인 것이 국가권력의 권위에 바탕을 둔 정부의 조정, 중재자로서의 역할수행이다. 정부의 조정 및 중재역할이 공정하고 합리적일 때에는 노사관계가 안정화될 수 있다. 정부는 노사문제 해결을 위해 합리적인 룰 및 정책대안을 제시함으로써 노사간의 이해상충과 불신에 따른 엄청난 사회의 갈등비용을 줄일 수 있게 될 것이다.

3. 지원 · 촉진 역할

노사관계의 당사자로서 정부의 또 다른 주요 역할로 노동 · 노사관계 발전을 위한 지원?촉진 역할을 들 수 있다. 오늘날 노동과 노사관계 갈등야기의 주요 이슈의 이면에는 노사당사자들의 힘만으로는 도저히 해결할 수 없는 과제들이 많이 존재하고 있다. 예컨대 노동시장, 주택, 교육, 교통, 복지, 물가, 세제, 금융 등이 그것이다. 이를 국가적인 차원에서 구축하고 지원해야 할 책무를 정부가 지니고 있다. 오늘날 정부의 지원역할의 비중이 급속도로 가중되고 있는 실정이다. 그러므로 노동 · 노사관계에 대한 정부의 역할 또한 규제중심의 역할에서 지원중심의 역할로 조속히 전환되어야 한다.

정부의 지원적 역할은 배분정책 또는 유인정책(positive incentives and rewards)이라고 할 수 있다. 유인전략은 바람직한 활동 또는 재화에 대하여 가격기구와 유사한 메커니즘을 만들어 냄으로써 대상집단이 자신의 이익을 가장 잘 충족시키는 선택을 하도록 하는 것이다. 이는 기본적으로 노동시장메커니즘을 활성화 시키는 것이다. 노동시장은 경제활동에 따른 거래비용을 최소화하여 바람직한 행동에 대한 사회적 주체의 자발적 선택을 촉진함으로써 생산성 향상과 근로생활의 질 향상이라는 정책목표를 효과적으로 달성하는데 그 목적이 있다.

이처럼 정부는 노사관계의 이해당사자일 뿐만 아니라 지원?협력자이다. 사회적으로 바람직한 노사관계는 규제만으로는 달성될 수 없다. 즉 바람직한 노사관계의 형성을 위해서는 노사관계의 당사자인 행동주체들이 사회적으로 요구되는 노사관계를 형성할 수 있도록 기반을 마련해 주고, 그러한 노력이 나타났을 때 그에 상응하는 보상이 주어져야 한다. 특히 국제경쟁에서 살아남기 위해 국가경쟁력을 강화하기 위한 지원역할을 전개하여야 한다.

실로 오늘날 정부는 산업사회의 변동에 따른 노동환경 변화에 능동적으로 대처할 것이 요구되고 있다. 현 시기 한국의 노동 · 노사관계 환경변화의 의의는 다음과 같이 요약된다.

첫째, 세계경제의 개방화와 글로벌화의 진전에 따라 국제경쟁이 치열해지고 있다. 이에 따라 오늘날 모든 국가는 경쟁력이 있는 생산성 수준의 달성여부에 국가의 생존이 좌우되는 국제적인 환경에 살고 있다. 1995년 이후 정부주도의 고도성장이 끝나고 1997년 말 이후 IMF 관리체제를 거치면서 한국사회의 세계화 추세는 이제 돌이킬 수 없는 역사적 전환점을 지나버렸다. 이러한 세계화의 변혁기에 대처할 행동중심(action center)은 개발시기의 정부를 대신하여 기업임은 물론이다. 이제 기업이 주축을 이루어서 경쟁력 향상을 이루어야 하고 이를 바탕으로 국가경쟁력을 제고시키는 것이 현 시기의 역사적 과제이다. 기업경쟁력을 향상시키기 위해서는 노사관계의 안정이 필수적이며 이를 바탕으로 기업경쟁력 향상을 위한 노사 당사자의 일치된 노력이 가능해질 것이다.

둘째는 정치적 민주화와 다원사회의 전개이다. 우리사회의 민주화는 〈도표 1〉의 2차 변혁기인 1987년부터 꾸준히 진행되었다. 이러한 변화의 축적이 이제 새로운 세계화 전환기를 맞아 근로생활의 질 향상이라는 과제의 형태로 더욱 분명한 위상을 보여주고 있다. 이제 근로생활의 질 향상 없이는 세계화의 과제도 선진화의 과제도 제대로 이룰 수 없음이 분명해졌다. 이는 다른 말로 표현한다면 민주화의 과제이기도 하며, 이를 위해서는 사회 민주화뿐만 아니라 사회구성원의 자기규제(self-regulation)와 자율적인 노력이 더욱 요구됨은 물론이다. 권위주의적으로 노동통제를 잘 조직화해낼 수 있는 기업이 성공할 수 있는 시대가 아니고 근로자들의 참여와 창의, 자발적 기술혁신 노력 및 품질개선 노력을 보다 잘 조직화해낼 수 있는 기업이 성공하는 시대인 것이다.

한편 이러한 환경변화에 대응하기 위한 정부의 지원 · 촉진 활동 및 기능으로는 복지정책지원 활동, 고용창출 및 인력개발 활동, 노동입법 정비 활동 등의 사회적 인프라 기반(social infrastructure)을 구축하는 노력을 들 수 있다.

① 복지정책지원 활동 : 정부의 노사관계 안정화를 위해서는 근로자의 실질소득을 보장하고 재산형성이 가능하도록 정부의 적극적인 지원이 요청된다. 사실 단순히 임금인상만으로는 근로자의 실질소득을 향상시킬 수 없다. 근로자의 재산형성이 가능하려면 성과배분에 대한 근로자 참가를 적극 확대하여, 경영에 대한 근로자의 주체적인 역할과 기여가 가능하도록 해야 한다.

이를 위해 정부는 물가, 금융지원은 물론, 소비자물가의 안정, 근로소득세의 경감, 근로자 재산형성을 위한 금융 및 세제지원의 확대 등의 정책수행을 통해서 근로자 재산형성의 사회제도적 기반을 확충해야 한다. 그 가운데서도 중요한 것으로는 주거생활의 안정을 위한 정책적 지원과 근로자의 성과배분 참가에 대한 세제지원 등 제도개선의 과제가 있다.

② 고용창출 및 인력개발활동 : 급변하는 환경변화에 능동적으로 대응하기 위한 고용기회의 창출과 인력개발활동은 정부의 뒷받침을 바탕으로 노사정의 공동노력이 요청되는 과제이다. 이를 위해서 인적자원 개발을 위한 교육훈련제도를 정비하여야 한다. 교육훈련은 그 외부효과(externality) 때문에 정부의 투자 없이는 사회의 인적자원의 질 향상을 기대할 수 없는 대표적인 영역이다.

③ 노동입법 정비활동 : 정부는 노동 관련 법률제도를 정비함으로써 노사관계의 안정에 기여할 수 있다. 우리나라에서도 1990년대 중반에 노 · 사 · 정과 학계의 협의를 거쳐 대대적인 노동관계법 개정활동을 전개한 바 있으나, 국민경제 및 사회발전의 과제에 대한 사회적 합의에 도달하는데는 성공하지 못하였다. 특히 이해관계자 간의 파워게임과 인기 영합주의적 정부 태도 때문에 소기의 성과를 내는데 실패한 것으로 평가받고 있으며, 이와 관련된 이해관계자 간의 갈등은 지금도 계속되고 있다. 한편 1998년에 출범한 노사정위원회는 중요한 이슈들에 대한 국가 차원의 마스터플랜의 합의도출에 한계

를 드러냈고, 개별 기업 노사분규에 개입주의적 편향을 보임으로써 노 · 사간의 자율적인 협상에 부정적인 영향을 미치기도 했다.

향후 기대되는 노 · 사 · 정 협의기구는 국가경제 및 사회발전을 위한 이념과 목표, 전략을 분명히 설정함으로써 노동관계 제도의 현실성과 실행의 효율성을 높일 수 있어야 할 것이다.

◈ 연습문제

1. 노사관계에 대한 정부의 시각과 그에 기초한 정부의 노사관계상의 목표설정에 대해 논하시오.
2. 다원주의, 사회적 코포라티즘과 국가 코포라티즘과의 차이를 설명하고 그에 기초하여 각 정권별 노동정책을 평가해보시오.
3. 노동정책의 목표와 구성요소에 대해 설명해보시오.
4. 정부의 노동정책형성에 영향을 미치는 정치경제체제의 유형에 대해 설명해보시오.
5. 정부의 노동정책형성에 영향을 미치는 경제적 환경에 대해 설명해보시오.
6. 노동정책의 형성에 영향을 미치는 정치경제체제를 유형화하고 그에 기초하여 한국의 노동정책을 평가해보시오.
7. 경제발전에 대한 수렴이론과 확산이론이 노사관계의 전개에 주는 함의에 대해 토의해보시오.
8. 각 공화국별 주요 노동정책의 특징과 문제점, 그리고 노사의 대응에 대해 토의해보시오.
9. 한국 노사관계의 바람직한 전개에 있어 공급중심의 코포라티즘과 중층적 · 분권적 코포라티즘이 주는 함의에 대해 토의해보시오.
10. 노사관계에 있어서 정부의 역할에 대해 논의해보시오.

제4부 행위주체들의 상호작용

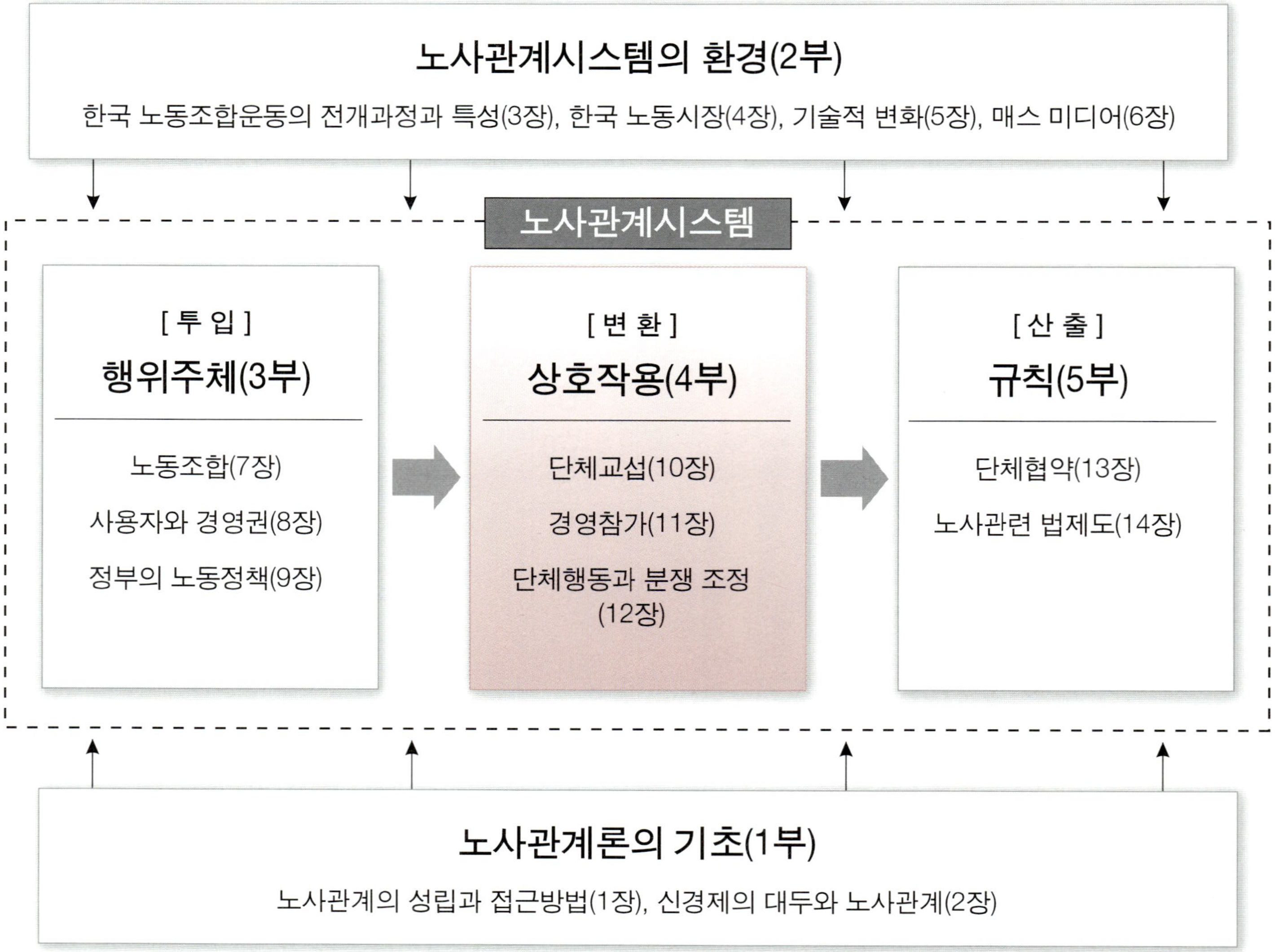
노사관계시스템의 환경(2부)
한국 노동조합운동의 전개과정과 특성(3장), 한국 노동시장(4장), 기술적 변화(5장), 매스 미디어(6장)
노사관계시스템
[투 입]
행위주체(3부)
노동조합(7장)
사용자와 경영권(8장)
정부의 노동정책(9장)
[변 환]
상호작용(4부)
단체교섭(10장)
경영참가(11장)
단체행동과 분쟁 조정
(12장)
[산 출]
규칙(5부)
단체협약(13장)
노사관련 법제도(14장)
노사관계론의 기초(1부)
노사관계의 성립과 접근방법(1장), 신경제의 대두와 노사관계(2장)

제10장 단체교섭의 구조와 생산적 교섭의 전개

복수노조하의 교섭창구단일화 절차도

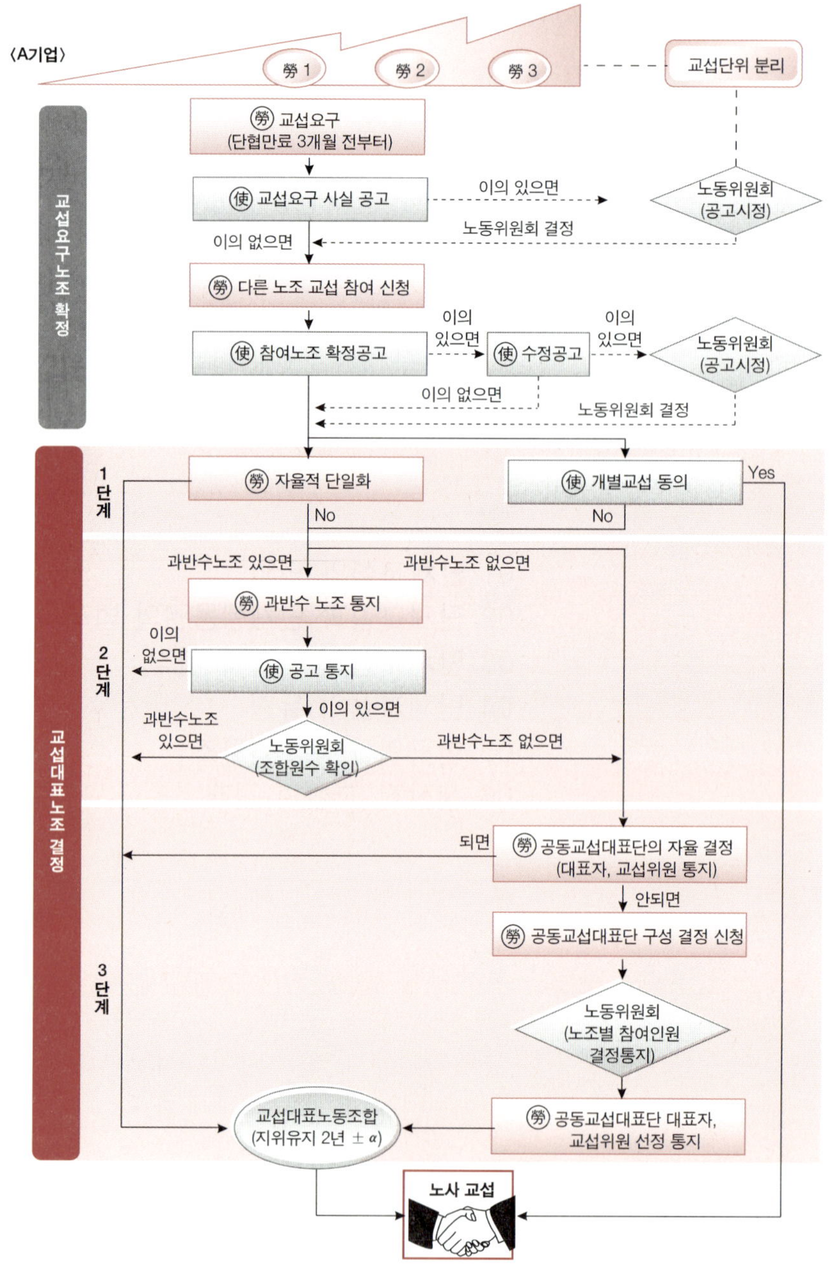

■ 고용노동부 복수노조제도 업무메뉴얼(2010.12.)

학습목표

단체교섭의 기능, 노사의 교섭목표와 시각, 단체교섭의 유형, 결합적 교섭, 예측적 교섭, 협약적용률, 기업별 교섭의 장단점, 산업별 교섭의 장단점, 한국 산별 교섭의 현황과 과제, 조정된 분권화, 생산적 교섭, 국민적 교섭, win-win 교섭, 사회적 협의와 사회협약

01 단체교섭의 의의

노사관계에 있어서 노동자 측과 사용자 측의 관계는 두 가지로 구분된다. 하나는 노사대립을 전제로 한 단체교섭제도와 다른 하나는 노사협력을 전제로 한 노사협의제 및 경영참가제로 볼 수 있다. 후자는 넓은 의미에서 경영자의 권리라고 생각되어 온 '경영권(right to manage)' 또는 '경영전권(management prerogatives)'에 대하여 종업원 또는 종업원대표들이 발언권을 갖거나 노사가 협의하는 형태이다. 이에 반하여 단체교섭제도는 노동력을 하나의 상품으로 인식하여 노사가 이에 대한 흥정(negotiation)을 벌인다는 대립적 입장에서 출발하였다. 노동력이라는 상품에 대하여 노사가 벌이는 가격흥정 또는 협상대상은 임금이 되겠지만 오늘날과 같이 복잡하고 분업화된 산업사회에서는 복지후생 및 기타 근로조건, 인사상의 문제에 이르기까지 다양하고 복잡하다.

단체교섭(collective bargaining)이란 노동자 단체인 노동조합과 사용자 또는 사용자단체가 임금, 노동시간 그 밖의 근로조건에 관한 단체협약(collective agreement)의 체결을 위하여 대표자를 통해 집단적 타협을 모색하고 또 협약을 관리하는 절차를 말한다. 노동자는 경제적으로 사용자에 대하여 약자의 입장에 있으므로 이를 개선하기 위해 단결권의 보장이라는 법적 배경 하에 노동조합을 조직하게 되고, 노동조합은 단체교섭권을 바탕으로 사용자와 교섭을 벌임으로써 단체협약을 체결하게 된다. 노동조합은 가급적 유리한 조건을 내용으로 하는 단체협약을 체결하고자 노동기본권의 하나인 단체행동권을 행사하게 된다. 이 단체행동권은 사용자에게 압력을 가하여 노동조합의 요구조건을 관철하려는 실력행위로써 상대방인 사용자는 물론 일반 공익에까지 영향을 미치는 경우가 많다. 그러므로 일단 노동분쟁이 발생하게 되면 최후의 쟁의행위를 행하기 전에 그 분쟁을 해결할 수 있도록 양 당사자의 협력을 기대하게 되며, 한편 행정당국도 조정에 노력하게 된다.[1]

단체교섭의 본질적 특징은 노동자들이 자기 자신을 스스로 대표하지 않고 대표를 통하여 단체로 협상하는 점이다. 그러므로 단체교섭은 다음과 같은 조건하에서 이루어진다.[2]

① 노동자들은 목적의 공통점을 확인하고 단체를 조직, 단체적 행동을 할 준비가 되어 있어야 하며,

② 경영자들은 노동자들의 조직을 인정하고 노동자들과의 고용계약을 개별적으로 협상할 수 있는 능력이 제약된다는 점을 받아들여야 한다.

이러한 조건이 성립되었을 때 단체교섭의 과정은 경영자와 노동자들 간의 상충되는 이해관계를 조정할 수 있는 공식적인 통로가 되는 것이다. 이처럼 단체교섭은 사용자들로 하여금 작업현장에서의 행위양태에 대하여 보다 안정적인 예측과 계획을 세울 수 있는 수단을 제공해 주는 한편 노동자 측에게는 개별고용계약의 체결 및 계약갱신에 따른 약자적 입장을 집단적으로 방어할 수 있게 해줄 뿐 아니라 최저생활의 보장 및 일정기간 동안 고용의 안정을 기하고 노동자들 간의 경쟁을 배제할 수 있는 도구의 역할을 제공하고 있다. 따라서 단체교섭은 기업에 노동력을 제공하는 노동자 단체인 노동조합이 그의 조직을 토대로 단결권, 단체행동권, 쟁의권을 통해 노동력을 고용하는 사용자와 노동력의 거래조건, 즉 근로조건을 일괄하여 결정하는 과정으로 볼 수 있다.이러한 단체교섭은 현대와 같이 변화가 극심하고 기술진보 및 사회구조가 급격하게 변모하는 시기일수록 그 중요성을 더해가고 있다. 즉, 단체교섭은 사회적 변화에 대응하여 노동관계 당사자의 잠재적인 불만요소를 해소하며 이해집단 간의 요구를 수용하고 해결토록 모색하는 안전장치(safety valve)의 역할을 담당하고 있다.

단체교섭은 다음과 같은 몇 가지 중요한 기능을 가지고 있는데 각각의 기능들은 단체교섭 과정에 있어서의 단계별 특징을 강조해 주고 있다.[3]

① 시장기능

시장기능이란 어떤 조건하에서 현재나 미래의 노동자가 공급될 것인가에 대한 결정이다. 사용자가 그러한 조건을 준수하도록 하기 위한 단체협약은 공식적인 계약기능을 하는 것이며 고충처리절차는 법적 수단 이외의 수단으로 간주될 수 있다.

② 지배기능

지배기능이란 이해관계자 간에 상호의존적 성격과 상호거부권을 행사할 수 있는 권력을 가지고 있다는 점에서 정치적인 속성을 가진다. 이러한 관점에서 보면 단체협약이란 "입법과정을 거친 법률"이며 단체협약의 이행은 "행정권이 주어진 정부"의 역할을 맡고 있는 사용자인 것이다. 고충처리절차를 통해서도 관계 당사자들은 입법과정에 참여하기도 하고 또 그 집행과정에 간여할 수도 있다. 따라서 단체교섭의 전 과정이 이러한 권력과 권한의 분배

과정과 유사한 기능을 가지는 것이다.

③ 의사결정기능

의사결정기능은 "노동자들이 노조대표를 통해 노동생활을 지도하고 규제하는 정책결정에 참여하도록 하는" 기능이다. 실제로 단체협약은 노사쌍방이 도달한 결론의 공식적 요약이며 경영자들이 일방적으로 행동할 수 있는 자유재량의 한계이다. 고충처리절차는 노사 간의 공동 결정과정 중의 중요한 일부분이며 권리와 이해관계의 조화를 이루기 위한 수단이다. 단체교섭의 기조에 깔려 있는 '공동(mutuality)' 개념은 합의에 의해 공통 관심영역을 규율하는 의사결정기능이 단체교섭에 있음을 보여 주는 것이다.

단체교섭을 보는 이러한 서로 다른 견해는 상호배타적인 것이 아니며 대부분의 협상은 세 가지 기능적인 요소를 모두 포함한다. 단체교섭의 일반적 기능은 실질적 및 절차적인 면에서 공통규칙을 합의에 의하여 도출하는 것이지만, 그 과정에서는 해당 노사관계시스템이 놓여 있는 상황의 특수성이 반드시 고려되어야만 한다.

02 단체교섭과 단체행동권의 법리

단체교섭권은 헌법에 보장되어 있으며 노동조합법에서도 구체적으로 적시되어 있다. 즉, 단체교섭을 위한 정당한 행위는 형사상 면책이 되며(노동조합 및 노동관계조정법 제4조) 사용자의 단체교섭 거부를 부당노동행위로 규정하고 있다(노동조합 및 노동관계조정법 제81조 제3호). 더욱이 원활한 단체교섭이 가능하도록 하기 위하여 노동자가 노동시간 중에 사용자와 협의하고 그에 대하여 임금을 지급받더라도 그것은 경비원조에 해당되지 않는 것으로 되어 있다(노동조합 및 노동관계조정법 제81조 제4호).

노동조합 및 노동관계조정법 제29조에서는 노동조합의 대표자 또는 교섭대표 노동조합은 그 노동조합 또는 교섭을 요구한 모든 노동조합의 조합원을 위하여 사용자나 사용자 단체와 단체협약의 체결, 기타 사항에 관하여 교섭할 권한이 있다고 규정하고 있다. 이에 따라 노동조합과 조합원을 위한 어떤 사항이 구체적으로 단체교섭의 대상이 되는 가는 분명하지 않다. 다만 집단적 성격을 띤 근로조건 전반에 대하여는 교섭하여야 할 의무가 있다고 보며 기타 노조활동, 노조보호제도, 후생 등에 관한 사항은 노사 간 협의에 따라 정할 수 있다.

법에서는 단체교섭의 절차, 방법 등에 관하여 폭력과 파괴행위만을 금지할 뿐(노동조합 및 노동관계조정법 제4조, 제37조 1항) 그 밖의 사항은 노사 간의 자치에 맡기고 있다. 이에 따라 일반적으로 단체교섭의 방법은 단체협약에서 정하게 된다. 대부분 서면으로 교섭희망, 일시, 장소, 주된 의제 및 대표자 명단을 사전에 통보하고 상호 합의한 방법에 의하여 교섭을 하게 된다.

노사쌍방은 성의를 가지고 교섭에 임하여야 할 의무를 가진다. 일방적인 주장만을 하고 상대방의 의견은 듣지 않거나, 자신의 대안은 내지 않고 시간을 지연시키는 행위, 교섭대표가 아닌 자가 회의장에 참석하여 소란을 피우는 행위, 일방적으로 단체교섭의 중단을 선언하는 사용자의 행위는 단체교섭의 거부로 볼 수 있으며 부당노동행위로 간주되는 등 법의 보호를 받지 못한다. 노동조합의 비합리적인 행위는 사용자에게 단체교섭을 거부하게 하는 정당한 이유를 제공하는 것으로 보아 부당노동행위가 성립되지 않는 것으로 본다.

단체교섭에서 합의가 이루어지지 못한 경우 노동쟁의에 이르게 되며, 이후에는 노동쟁의 조정절차를 따르게 된다. 다만 조정이나 중재 도중에도 상호교섭은 가능하다.

단체행동권이란 쟁의권이라고도 하는데 쟁의권이라 함은 노동자가 사용자에 대해서 근로조건에 관한 자기 측의 주장을 관철하기 위하여 단결력을 배경으로 각종 쟁의행위를 할 수 있는 권리를 말한다. 이것은 경제적으로 우위에 서 있는 사용자와 열세에 있는 노동자를 대등한 입장으로 유지하도록 하기 위해서 인정된 것으로, 헌법 제33조 제1항은 '단체행동권을 가진다'고 명백히 쟁의권을 보장하고 있다.

03 단체교섭의 목표와 시각

3.1 노사 당사자의 교섭목표

(1) 사용자 측의 교섭목표

후술할 노조의 목표에 비했을 때 사용자의 단체교섭목표는 비교적 단순하고 분명하다. 사용자 측의 단체교섭 목표는 주주나 기업주에게 투자한 데 대한 충분한 보상이 돌아오도록 교섭을 추진하는 일이다. 그러므로 주주나 기업주들이 투자한 대가로 충분한 보상이 돌아오도록 하기 위해서는 노동조합 측과 교섭을 통해서 노무비의 절감, 노동생산성의 향상, 이윤의 보장, 파업이나 태업으로 인한 손실의 최소화, 다른 기업과의 사이에 경쟁력을 유지하는 것 등이 가장 큰 목표가 된다. 따라서 사용자 측에서는 단체교섭을 통해서 노동조건에 관한 사항, 노사관계에 관한 사항, 노사 간에 자주적으로 결정할 수 있는 사항에 대하여 교섭을 할 때, 가장 합리적이고 적절한 선에서 협상이 이루어지도록 함으로써 기업의 지속적인 성장이 가능하도록 노력하게 된다.

(2) 노조의 교섭목표

노동조합의 교섭목표는 노동자의 사회 · 경제적 지위를 향상시키고, 노동조건을 노동자에게 유리하도록 교섭 결정하는 데 있다. 따라서 노동조건에 관한 교섭에 있어서, 특히 임금 · 노동시간 등에서 노동자에게 좋은 조건으로 결정되도록 하는 것이 그 목적이다. 다만 노동조합의 형태나 유형, 즉 직능별 노조, 산업별 노조 또는 기업별 노조 등의 유형에 따라서 약간의 차이가 있을 수 있다. 예컨대, 직능별 노조일 때에는 어떻게 하면 숙련공 노조원들의 기능의 질을 고도로 유지하고 또 그 직종의 직무보유권을 보호할 것인가, 즉 기득권보호를 통해 배타적 · 지배적인 입장에서 노동력 공급을 제한함으로써 돌아오는 몫을 크게 하려 한다. 또 산업별 노조일 때에는 보다 나은 연금과 보상을 조합원들에게 주고, 징계 등을 받을 경우에 어떻게 조합원을 보호할 것인가 하는 직무안정에 관한 사항이 중요한 목표가 될 수 있다.

3.2 단체교섭에 대한 시각

경영층과 노동자 사이의 이해관계의 마찰이 노사관계의 중요한 측면이지만, 단체교섭 관계자체는 상호의존성을 기반으로 하지 않으면 안 된다. 노사 양측은 자신들의 필요에 의해서 상호간의 입장 차이에 대한 합의나 해결에 도달할 필요가 있다. 합의에 도달하지 않아도 되는 경우는 쌍방이 다른 어떤 대안을 가지고 있을 때만 존재한다. 만일 어느 한쪽에만 그러한 대안이 존재한다면, 다른 쪽은 합의에 도달해야만 하는 필연성 때문에 전혀 교섭력을 갖지 못하며 어떤 조건이 제시되건 동의해야 한다.

현대 산업사회에서 노사 어느 쪽도 그와 같은 선택가능한 다른 대안을 가지고 있지 않다는 주장도 있다. 즉, 하나의 집단으로서 노동자는 고용관계를 청산하고 새로운 일을 찾기가 용이하지 않고 그러한 의지도 없으며, 또한 사용자도 신속하고 용이하게 노동력의 일부를 대체할 수 없다는 것이다. 그러나 그들은 상호의존하고 있는 정도에 대하여 서로 다른 인식을 하는 경우가 많다. 예를 들면, 기존 노동자에게 의존하고 있는 정도에 대하여 경영자들의 인식은 실업률이 높을 때 낮아진다. 그럼에도 불구하고, 경영층과 노동자들의 단체교섭의 의도는 그들의 이해관계에 대한 만족할 만한 해결에 도달하여 고용관계를 계속해서 유지하는 것이다.[4]

어떤 형태의 합의에 도달함으로써 기존의 고용관계와 조직활동을 유지하려는 이러한 절대적 요구 때문에 챔벌린과 쿤(N.W. Chamberlain, and J.W. Kuhn)은 "노사 양측이 상호 강제의 결과로써 조건에 합의하고 서로가 서로에게 필수 불가결하다는 이유만으로 휴전에 도달하는" 상황을 지칭하여 결합적 교섭(conjunctive bargaining)이라는 용어를 사용하였다.[5] 강제력을 사용하거나 사용하겠다고 위협하는 것은 그와 같은 교섭의 주요한 특성이며 그 결과인 협약의 조건은 양측의 상대적 교섭력에 따라 달라진다.

노사 양측이 상대방의 희생 하에서 어느 쪽도 추가적 이익을 볼 수 없다는 것을 받아들이게 되면, 단체교섭은 챔벌린과 쿤의 협조적 교섭(co-operative bargaining)이라고 부르는 단계로 넘어가게 된다. 이러한 단체교섭의 주요한 특징은 양측이 양보를 하지 않으면 도달할 수 없는 목적을 달성하기 위해서 양보를 한다는 점이다. 예를 들어, 생산성 교섭은 경영층에게는 생산성과 능률을 향상시키게 하고, 노동자들에게는 보다 높은 보수와 안정성이 강화된 직업을 얻도록 한다. 이렇게 협조적 교섭은 해결해야 한 문제에 대해 인식하고 수용하는 과정에서 노사 쌍방이 서로 양보해서 얻을 수 있는 더욱 큰 공통성이 있다는 것을 반영한다. 노사가 협조에 의해 문제해결식으로 접근했을 때 양자간에 분배될 자원을 증가시킬 수 있고 총합이 변동하는 게임을 만들어 낼 수 있는 것이다.

맥카시와 엘리스(W.S.J. McCarthy and N.D. Ellis) 는 교섭관계에 있어 협조적 접근법이 바람직하며 그 공동 의사결정기능이 강화되어야 함을 강력히 주장하고 있다. 그들의 견해에 의하면, 모든 조직의 경영층은 끊임없이 두 가지 도전에 직면한다.[6]

① 화폐적, 관리적 측면에서 노동자의 기대상승으로부터 파생되는 조직 내부로부터의 도전

② 주로 시장경쟁과 기술개발의 필요성을 포함하는 조직 외부로부터 파생되는 다양한 도전

그들의 견해로는, 경영층이 외부조직으로부터의 도전에 대응하기 위하여 조직 내부의 도전을 억압해서는 안 된다. 그보다 경영자는 의사결정권한의 공유를 통해 노조가 어느 영역

에서건 경영정책에 영향을 미칠 수 있는 권리를 갖는 접근법을 추구해야 한다. 이러한 접근법의 효과는 단체교섭의 강조점을 과거에 대한 상호비방에서 미래에 대한 설계로 변화시키는 데 있다. 단체교섭의 내용은 노사 쌍방간에 발생하는 요구, 분쟁, 고충처리에서 탈피하여 미래의 노사관계에 영향을 미칠 요소들을 미리 예측하여 처리하는 예측적 교섭(predictive bargaining)으로 전환되는 것이 가장 바람직하다는 것이다.

그러나 결합적 교섭에서 협조적 교섭으로의 이행은 노사 양측으로 하여금 위험을 느끼게 할 수 있기 때문에 그렇게 쉬운 일이 아니다. 그 이유는 첫째로 협조적 교섭은 경영층으로 하여금 단체교섭의 범위를 기존에 그들이 지녔던 특권 중 포기하기 힘든 영역까지 확대시킬 것을 요구하고, 노동조합에 대해서도 경영층에 도전하기 위하여 조합의 권리로 보존하려고 원했던 영역에까지 경영층과 단체교섭을 할 것을 요구하기 때문이다. 둘째로 노조의 교섭대표가 경영층의 옹호자 내지 부속물로 인식된다면, 이는 노동자와 그들 사이를 크게 이간시키는 것이 된다. 또한 경영층이 노동자의 이해를 잘 알게 되고 이에 동조적이 되면서 그것이 결과적으로 조직내 노조활동의 위축을 가져올 수도 있다. 셋째로 협조적 교섭은 결국 결합적 교섭으로 인식될 것이기 때문에 그것이 항구적으로 유지될 수 없다고 주장되기도 한다. 협조적 분위기를 유지하기 위해서 결합적 교섭의 가장 중요한 요소인 강압을 사용하게 되는 경우가 많기 때문에 협조적 교섭이 장기간 유지되기 힘들다는 것이다.

그러므로, 협조적인 접근방법만이 바람직하고 결합적 교섭은 바람직하지 않다는 시각으로 구별하여 보기보다는 어떠한 협상에도 두 가지 측면이 상호보완적으로 있다고 보는 것이 바람직할 것이다.

04 단체교섭의 유형

단체교섭은 노사 간의 교섭력을 배경으로 하는 거래와 협상의 관계이다. 단체교섭의 방법 또는 형태는 노동운동의 성격과 노동조합의 조직형태, 그 나라의 산업구조, 노동시장의 구조, 노동시장의 조직형태, 사용자단체의 성격과 노사관계 태도 등에 따라 여러 가지 상이한 양상을 띠고 있다. 즉, 노동조합이 전국적 또는 지역적인 규모의 산업별 또는 직업별 조직에 의하여 결성되어 있는 경우와 그 조직이 기업별로 되어 있는 경우에는 단체교섭 방식도 자연 달라지게 된다. 단체교섭의 유형은 단체교섭이 이루어지는 수준과 교섭에 참가하는 당사자에 따라 다음과 같이 나누어 볼 수 있다.

4.1 기업별 교섭

특정기업 또는 사업장단위로 조직된 독립된 노동조합이 단체교섭의 당사자가 되어 당해 기업주 또는 사업주와 교섭하는 방식을 말한다. 기업별 노조체제를 강제하고 있었던 시기의 우리나라의 단체교섭 유형은 전형적으로 이에 해당하며, 일본에서도 또한 많이 볼 수 있는 현상인 바, 그 이유는 노동조합의 조직형태가 기업별이기 때문이다. 기업별 교섭에 있어서는 교섭의 양 당사자는 고용관계, 즉 사용주와 종업원이라는 종속관계로 말미암아 실질적으로 대등한 입장에서 교섭하기 곤란하다는 것이 단점이며, 반대로 회사사정에 익숙하여 무리한 요구나 이에 따르는 노사분규를 방지할 수 있다는 것이 장점으로 지적되고 있다.

4.2 통일교섭

전국적 또는 지역적인 산업별 · 직업별의 노동조합과 이에 대응하는 전국적 또는 지역적인 사용자단체와의 교섭방식을 말한다. 이 교섭방식은 복수사용자 교섭(multi employer bargaining)이라고도 하며, 미국 영국을 비롯하여 유럽 각국에서 가장 많이 채용되고 있다.[7] 원래 통일교섭이 등장하게 된 것은 노동조합이 단체교섭에 있어 각 기업을 개별적으로 상대하여 각개격파하는 전략을 채용함에 따라 기업이 단합하여 공동으로 이에 대항하자는 데서 나온 것이다. 한편, 독일의 단체교섭방식은 산업별 노조와 산업별 사용자단체와의 교섭방식을 취하고 있고 기업수준에서의 기업과 조합과의 단체교섭은 전혀 이루어지지 않으며, 오직 협력적인 공동의사결정을 위한 메커니즘만 있을 뿐이다.[8]

우리나라에서는 공무원노동조합인 전국통신노조, 전국철도노조 및 전국 담배 · 인삼노조, 전국보건의료산업노조, 전국금속노동조합 등이 주로 통일교섭의 방식을 채용하고 있으며, 과거 전국금융노조와 금융기관의 연합단체인 금융단과의 단체교섭에서 이 방식을 볼 수 있었다.

4.3 대각선교섭

산업별 노동조합이 개별기업과 개별적으로 교섭하는 경우를 말한다. 이것은 산업별 노동조합에 대응할 만한 사용자단체가 없거나 또는 이러한 사용자단체가 있더라도 각 기업에 특수한 사정이 있을 때에 이 방식이 사용된다. 미국에서 General Motors, U.S. Steel 등 대규모 회사의 경우에 볼 수 있는데, 그것은 단독의 힘만으로도 전국노조와 대결할 수 있다고 믿기 때문이다.[9] 한편, 우리나라와 같이 기업별 조합이 주류를 이루는 상황에서도 그가 소속하는 상부단체가 각 기업별 조합에 대응하는 개별기업과 개별적으로 교섭하는 대각선교섭의 방식을 취할 수도 있다(노동조합 및 노동관계조정법(이하 노조 및 조정법) 제29조 ③ ④항).

4.4 공동교섭

노동조합이 기업별 노조로 구성되어 있는 경우 또는 사업별 및 직업별 노조로 되어 있는 경우 기업단위의 지부가 당해기업과 단체교섭을 할 때 상급단체인 지역 또는 전국 단위노동조합이 이에 참가하는 것을 말한다. 다시 말하면 상부조합과 지부가 공동으로 사용자와 교섭하는 방식이며, 이를 연명교섭이라고도 한다. 이 방식은 기업별 노조에서는 기업별 교섭이 갖는 약점을 어느 정도 보완해 줄 수도 있을 것이다. 한편, 산업별 또는 직업별 조합의 경우에도 지부에 대한 인력 및 재정적 지원을 줄 수 있을 것이며, 노동조건에 대한 전국적 표준을 정하여 특정지부가 기업에 지나친 양보를 하지 못하게 하는 장점도 있다. 한편 노동조합은 대각선교섭 또는 공동교섭의 경우에 유형교섭(pattern bargaining)이라는 교섭전략을 활용하려고 하는 경향이 있다. 이는 일종의 각개 격파작전으로서 노동조합에 가장 좋다고 생각되는 특정기업과 우선 단체협약을 체결하고 이 협약모형을 타기업에 강요하는 전략인 것이다.[10]

우리나라에서는 현행법상 산업별 연합단체와 단위노동조합 산하의 지부도 교섭권 위임이라는 절차에 의해 단체교섭 당사자가 될 수 있으므로 단위노동조합이 참여하는 공동교섭이 가능하다.

4.5 집단교섭

수 개의 노동조합 지부가 공동으로 이에 대응하는 수 개의 기업집단과 집단적으로 교섭하는 형태를 말한다. 이 방식은 노동조합 측이나 사용자 측이 산업별로 연합전선을 형성하여 교섭하는 것이므로, 이를 연합교섭이라고도 하며, 유럽 각국에서 많이 볼 수 있는 형태이다.[11)]

한편, 미국에서는 한 기업에 수 개의 노동조합이 결성되어 있는 경우 종래 사용자는 각 조합과 개별적으로 단체교섭을 함으로써 조합의 경쟁과 분열을 조장하여 자신에게 유리한 방향으로 유도해 가고 있었다. 이에 대응하여 군소노조들은 서로 단합하여 사용자와 단체교섭을 진행하는 새로운 교섭방식을 제시하였는바 이를 조정교섭(coordinated bargaining) 또는 위원회 교섭(council bargaining)이라 한다. 이 교섭방식은 1969년 General Electric과의 단체교섭에서 문제가 되고, 회사 측의 단체교섭 거부와 3개월간에 걸친 파업으로 전개되었으나 법원은 이러한 교섭방식을 합법적인 것으로 인정하였다.

우리나라의 경우 현행법상 사용자단체와의 단체교섭에서도 산업별 연합단체는 교섭권한을 가질 수 있으므로, 산업별 연합단체 중 특정분야에 대하여 사용자단체와 단체교섭을 하거나 혹은 기업별 단위노동조합의 대표자들이 연명으로 사용자단체와 단체교섭을 하는 경우, 노조법 제29조의 2 제4, 5항에 따라 조합원 비율에 따라 공동 교섭단을 구성하는 경우에도 이를 집단교섭으로 볼 수 있다.

05 한국의 단체교섭구조

우리나라의 단체교섭은 1990년대 중반 이후 빈번해진 노동조합의 산업(업종)별 임금교섭 요구에 따라 다양한 교섭방식이 이루어지고 있지만, 여전히 기업별 교섭이 가장 중요한 지위를 차지하고 있다.

노조의 조직형태와 단체교섭구조는 한 국가 내에서도 산업별로 큰 차이를 보일 수 있다. 〈표 10-1〉은 바로 산업에 따라 분류된 노조 조직률과 초기업단위 교섭실태를 보여준다. 조사된 사업체 중 운수업 및 공공행정, 그리고 교육서비스업과 금융 및 보험업에 속한 사업체의 유노조사업장 비중은 50% 이상으로 상당히 높은 편이었으나, 제조업과 건설업, 보건복지업과 기타서비스업의 경우 10%대에 머물고 있었다. 또한 유노조사업장 비중이 40% 이상인

표 10-1 산업별 산별노조 조직률 및 초기업단위 교섭실태

	유노조사업장 비중(%)	노동조합 조직형태			초기업단위 교섭특성		
		기업별(%)	산 별(%)	지역별(%)	비 중(%)	평균종업원수(명) (기업교섭 (명))	다수 상급단체[1]
제조업	20.78	70.5	21.6	7.8	25.0	149.7 (333.9)	한국노총
건설업	16.1	80.3	19.7	-	30.1	131.7 (400.5)	-
운수업	87.2	40.0	41.7	18.2	43.8	135.3 (170.7)	한국노총
금융및보험업	41.5	47.0	53.0	-	44.8	2952.3 (1757.6)	민주노총
보건복지업	15.9	20.6	79.4	-	56.3	576.7 (427.3)	민주노총
교육서비스업	58.7	7.0	64.8	28.2	17.3	183.5 (166.9)	민주노총
기타서비스업	18.7	63.2	34.3	2.5	26.4	218.7 (319.4)	민주노총
공공및행정	65.3	73.6	26.4	-	20.6	302.6 (513.5)	민주노총

주: 1) 산별노조를 택한 기업의 과반수 이상이 소속된 노총을 표시.

곳에서 노동조합이 산별 조직형태를 취하는 경향도 발견되었다. 사업체의 대부분이 조직되어 있는 운수업의 경우 41.7%가, 58.7%가 조직된 교육서비스업은 64.8%가, 그리고 41.5%가 조직된 금융 및 보험업은 53%가 산별노조로, 기업별노조보다 더 큰 비중으로 조직되어 있었다. 조직률이 15.9%이면서 79.4%의 산별 조직률을 보이는 보건복지업만이 주요한 예외이다. 이는 산별노조의 존재가 해당 산업 내 유노조사업장의 비중을 높일 수 있음도 시사한다.

이러한 추세에 따라 산별교섭과 지역별 교섭을 모두 포괄하는 초기업단위 교섭의 비중도 20~50%로 상당히 증가한 것으로 드러났다. 대체로 초기업단위 조직형태를 취하는 비율보다 초기업단위 교섭에 참여하는 비율이 낮았으나 유일하게 건설업의 경우에는 이러한 추세가 역전되어 나타난다. 19.7%만이 산별 차원에서 조직되어 있다고 응답하였으나 초기업단위 교섭에 참여한다는 응답은 30.1%로 이를 상회하였다.

산업별로 기업별 교섭과 초기업 교섭에 참여하는 사업체 규모에 상당한 차이가 있었다. 제조업과 건설업, 그리고 운수업과 공공행정부문의 경우 초기업 교섭에 참여하는 사업체 규모가 기업별 교섭에 참여하는 사업체보다 작은 규모였던 반면, 금융 및 보험업과 보건복지업에서는 오히려 반대로 초기업 교섭에 참여하는 사업체가 더 큰 규모인 것으로 나타났다. 제조업과 운수업, 그리고 공공 및 행정부문에서는 한국노총이, 그리고 금융 및 보험업, 보건복지업, 교육서비스업, 그리고 기타서비스업에서는 민주노총이 산별노조가 가입한 다수 상급단체로 나타났다. 건설업의 경우 한국노총 소속 산별노조의 비중이 38.7%, 민주노총 소속 산별노조의 비중이 37%로, 어느 노총도 다수 지위를 얻지 못한 상태이다. 산별 노동조합의 실질적 영향력을 측정하는 지표는 크게 두 가지로 구분된다. 첫째는 각 산업 내에서 얼마나 많은 기업이 초기업 교섭에 참여하고 있는가 하는 양적인 지표이며, 둘째는 어느 정도 내부적으로 조율과 조정 능력을 확립했는가와 같은 질적인 차원의 지표이다. 초기업단위 교섭에 많은 기업이 참가한다 하더라도, 상급 노조의 결정을 교섭과 활동에 반영하는 정도가 낮다면 그 초기업단위 노조의 영향력을 높게 평가하기 어렵다.

[그림 10-1]은 이러한 초기업단위 교섭에의 참가율과 초기업단위 교섭에 참여하는 노동조합에 미치는 상급단체의 영향도를 비교하고 있다. 초기업 교섭에의 참가율과 상급단체의 영향도는 대체로 비례하는 경향을 보여주었으나, 상급노조 및 단체의 결정을 노조의 일상활동, 임금 및 단체교섭, 그리고 연대와 관련된 다양한 활동에 반영하는 비율은 60% 전후로, 그다지 높은 편은 아니었다. 이는 한국의 산별노조가 조직률은 물론, 내부적인 조정기제와

그림 10-1 산업 · 업종별 초기업단위 교섭률[1]과 상급단체의 영향도[2]

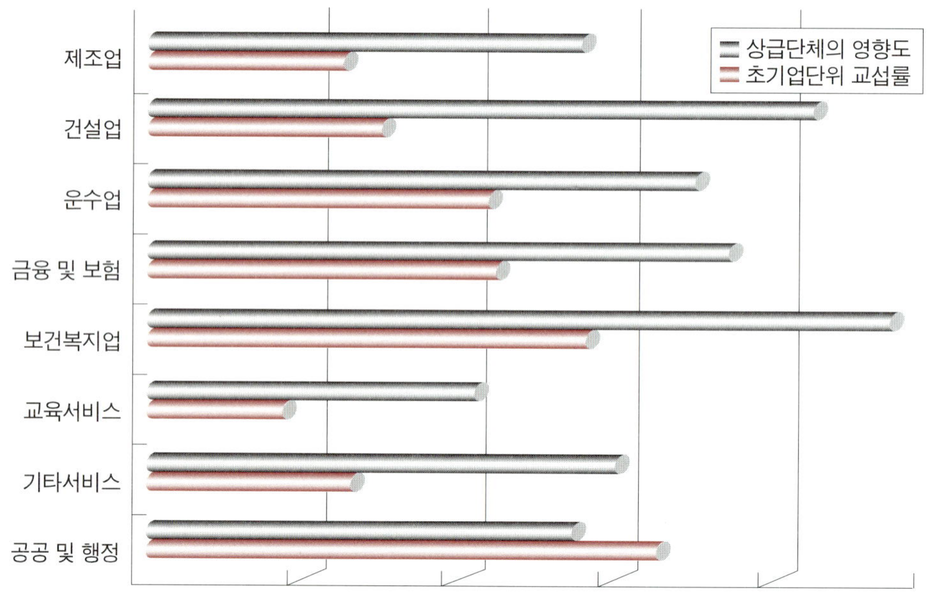

주: 1) 총 유노조 기업 중 초기업단위 교섭을 하는 기업의 비중을 뜻함.
2) 상급단체의 영향도는 초기업단위 교섭을 하는 기업의 노동조합 대표가 "총연맹, 산업별 연맹, 산업별 노동조합, 지역본부 등을 지칭하는 상급단체의 의견 반영 정도"에 대해 "반영하는 편이다" 혹은 "매우 반영한다"고 대답한 응답률을 합산한 것을 의미함. 이러한 내용은 "일상활동과 관련된 의사결정", 그리고 "임금단체교섭과 관련된 의사결정", 그리고 "연대 및 기타활동과 관련된 의사결정"에 대해 각각 질문되었으며, 따라서 그림에 표시된 응답률은 해당 세 문항의 평균을 구한 것임. 긍정적 응답률이 높을수록 상급단체의 영향도가 높다고 판단할 수 있음.

조율 능력 역시 함께 제고해야 함을 보여준다. 주목할 만한 산업별 사례는 건설업과 공공 및 행정 부문이다. 건설업의 경우 초기업단위 교섭률은 낮았으나 이들이 상급노조의 결정과 지시를 따르는 경향은 여타 산업에 비해 매우 높은 것으로 드러난 반면, 공공 및 행정부문의 경우 50%를 훨씬 넘는 높은 초기업단위 교섭률에도 불구하고 그러한 교섭에 참여하는 단위조직이 중앙단위 상급노조 및 단체의 결정을 따르는 비율은 오히려 그보다 더 낮았다.

우리나라의 단체협약 적용률은 유럽 12개국의 경우에 비해 매우 낮다. 〈표 10-2〉와 〈표 10-3〉에서 보는 것처럼 2000년을 기준으로 했을 경우 우리나라의 노조조직률은 비교 가능한 OECD 30개 국가 중에서 29위, 그리고 단체협약 적용률은 비교 가능한 OECD 25개 국가 중에서 가장 낮다(OECD 2004). 이러한 적용률은 노조조직률보다 밑도는 것으로 앞에서 비교한 유럽 12개국의 경우와 비교할 때 매우 독특한 현상이다.

유럽 12개국 가운데 노조조직률보다 낮은 협약적용률을 가지는 경우는 한 곳도 없다.[12)]

우리나라 특유의 극히 낮은 협약적용률은 무엇보다 노동조합원만을 대상으로 협약이 적용되기 때문에 발생한다. 많이 개선되고 변화하고 있지만 우리나라 기업별 노동조합은 기업

표 10-2 우리나라와 OECD 국가의 노조조직률(1970~2002년)

	노조조직률							
	1970		1980		1990		2000	
	%	순위	%	순위	%	순위	%	순위
한 국	13	20	15	23	17	27	11	29
OECD 평균	42	–	47(47)	–	42(42)	–	34(36)	–

주 : 순위는 30개국을 기준
자료 : OECD(2004).

표 10-3 우리나라와 OECD 국가의 단체협약 적용률

	단체협약 적용률					
	1980		1990		2000	
	%	순위	%	순위	%	순위
한 국	15+	20	20+	18	10+	25
OECD 평균	67	-	66(66)	-	60(64)	-

주 : 순위는 25개국을 기준.
자료 : OECD(2004).

의 모든 종업원을 상대로 조직되기보다는 정규직 종업원 가운데 일부 집단을 대상으로 한다. 예로 제조업종의 노동조합일 경우 사무직이나 관리직 종업원 및 제조공장의 비정규직 종업원은 조합원의 지위를 가지지 않는 경우가 많다. 이러한 소집단을 상대로 배타적으로 조직된 기업별 노동조합이 단체협약을 체결할 경우 대부분 확대적용 조항을 삽입하지 않는다. 이러한 상황이 나타난 데는 사용자의 저항 여부도 하나의 요인이 되지만, 노동조합 스스로 비조직 집단을 상대로 협약을 확대 적용하는 데 큰 관심을 가지고 있지 않기 때문이다. 이러한 경향성은 노사가 산별협약을 체결하여도 그대로 관철되어 산별협약은 조합원만을 대상으로 적용된다.

한국의 노동운동이 1987년 체제 이후 맞이한 가장 큰 변화는 고용의 위기와 그에 따른 단체교섭 의제의 확대이다. 특히 1990년대 말 외환위기 이후에는 그 이전까지 노동운동의 주요 목표였던 임금 및 근로조건 개선보다 고용안정이 주된 교섭의 이슈로 등장하기 시작하였다. 무엇보다도 기업의 해외 이전과 구조조정으로 인한 일자리 자체의 소멸은 노동운동의 위기의식을 심화시켰고, 그에 따라 산업공동화에 대한 대책 마련, 법정 근로시간 및 실근로시간의 단축을 통한 일자리 나누기 등이 교섭의 핵심 의제로 등장하게 되었다.

일정한 고용을 유지하고, 더 나아가 고용을 확대하기 위해 필요한 이러한 조치들은 개별 기업별 교섭에서 성취하기 어려운 사안들이다. 따라서 산업 전체의 고용량 결정 및 고용안정과 관련된 포괄적 요구들은 금속노조와 보건의료노조 등 산별노조의 초기업 교섭에서 보다 빈번히 등장하게 된다. 일자리의 유지 및 확대와 더불어 기존 기업별 노조의 유지를 어렵게 만든 또 다른 차원의 고용문제는 일자리의 질 저하, 즉 비정규직의 확대이다. 노동조합의 보호를 전혀 받지 못하는 비정규직이 점점 증가하는 반면 법과 조직의 보호하에 있다 하더라도 분리직군제를 통한 차별이나 무기계약 전환과 같이 저임금과 낮은 근로조건에 이들이 고착화되는 현상 역시 점차 확산되고 있다(이주희, 2007).

따라서 비정규직 문제는 노동운동에 다음과 같은 두 가지 과제를 해결할 것을 요구하였다. 첫째는 단체교섭의 효력에 적용되는 노동인구를 증가시키는 것이며, 둘째, 노동인구 내 차별 해소의 방안을 마련하는 것이다. 기업별노조는 일부 규약에 비정규직 가입을 허가하지 않는 조항을 포함하고 있을 뿐 아니라, 비정규직이 조직되었다 하더라도 고용조정을 위한 완충망으로서 기능하기를 기대하는 정규직 조합원의 이해와 상치되는 입장에 있기 때문에 효과적인 보호를 제공하기 힘들다. 결국 이 문제 역시 비정규직의 조직화가 상대적으로 용이하고, 개별 기업에서의 즉각적인 노노 이해갈등에서 벗어나 좀 더 거시적인 대책 마련이

표 10-4 노동조합 조직형태별 비정규직 비율, 활용추세, 그리고 임금인상률 (단위 : %)

	기업별노조	산업별노조	지역별노조
비정규직 비율(표준편차)	20.5 (38.2)	17.5 (25.5)	21.3 (54.3)
	초기업 교섭	기업 교섭	
2005년 직접고용 비정규직 임금인상률	6.3	6.1	
2005년 간접고용 비정규직 임금인상률	7.5	4.7	

가능한 산별 교섭을 통해 점진적으로 해결해야 할 필요성이 커지고 있다.

이미 앞에서 여타 변수들을 통제한 상태에서 기업 내 비정규 비율과 초기업 노동조직 간에는 미약하나마 부(-)의 상관관계가 존재함을 살펴본 바 있다. 이는 〈표 10-4〉의 기술통계치에서도 다시 확인된다. 산업별 노조 소속 사업장의 경우 비정규 비율이 기업별 노조 소속 사업장에 비해 2.5% 가량 낮았다. 지역별노조의 비정규 비율이 가장 높은 이유는 바로 영세 사업장과 비정규 노동자를 주요 조직 대상으로 하는 지역노조의 특성을 반영한다. 좀 더 긍정적인 사실은 단체교섭에서 비정규직의 임금인상을 결정하는 경우 초기업 교섭에서 기업별 교섭보다는 비정규직을 위한 임금인상률이 높게 결정되는 경향이 있었다는 점이다. 특히 간접고용 비정규직의 임금인상률은 초기업 교섭에서 기업 교섭보다 3% 이상 높았다. 이러한 수치는 산별노조와 같은 초기업 노동조합 조직이 비정규직 문제에 어느 정도 기여할 수 있음을 시사하고 있으나, 적확한 판단을 위해서는 아직 좀 더 시계열적인 추세를 관찰할 필요가 있다.

유럽과 달리 우리나라에서 법적으로나 행정적으로 특정요건을 갖추지 못하는 경우에도 단체협약을 확대 적용하는 기제는 마련되어 있지 않다. 즉, 유럽의 많은 나라에서 사용되듯이 노사단체 가운데 어느 한쪽의 요청이나 양쪽의 합의가 있을 경우 노동부나 노동위원회 등과 같은 노사관계 기관이 협약을 확대 적용할 수 있도록 한 조항이 마련되어 있지 않다. 다만 노조법 제35조에 의해 하나의 사업 또는 사업장에서 상시 사용되는 동종의 근로자 과반수 이상이 하나의 단체협약을 적용받거나, 동법 제36조에 의해 하나의 지역에 있어서 종업하는 동종의 근로자 3분의 2 이상이 하나의 단체협약을 적용받는 경우 예외적으로 단체협약을 확대 적용할 수 있도록 하고 있다. 산업별 협약의 최저임금 결정에 있어서도 한 산업 혹은 지역에서 일정수준의 최저임금이 합의되어도 자동적으로 국가수준에서 최저임금이 확대 적용되지 않는다. 우리나라와 같이 노조조직률이 낮거나 사용자단체 조직률에 비해 훨씬 낮은 경우라 할지라도, 유럽은 협약확장기제를 만들어 더 많은 기업이나 노동자가 협약의 혜택을 받도록 한다. 전자의 대표적인 경우는 프랑스로 노조조직률이 10%에도 미치지 못하지만 협약적용률은 90%를 상회한다. 후자는 주로 라인란드나 라틴계 국가에서 나타난다. 이러한 협약적용률의 확대는 단순히 노동시장 경직성을 증가시켜 기업에게 애로를 발생시키는 역할을 하지 않는다. 라인란드나 라틴계 국가의 사용자단체가 협약적용 확장기제를 수용하고 유지한다는 사실은 이러한 점을 반증하는 것이다.

기업별 교섭이 기업별로 분산되어 진행되고 중소영세기업의 노동자나 비정규직 노동자 실업자가 조직되어 있지 않기 때문에 매우 낮은 협약적용률의 문제는 구조화되기 쉽다. 방대한 비조직부문의 존재는 노동시장에서의 조직부문의 노동조건을 인하하는 힘으로 작용한다. 그리고 독과점기업의 경우 독점력을 기반으로 가격전가가 용이해 일반적으로 고율의 임금인상이 이루어질 수 있지만 그 효과는 그 기업의 정규직 노동자에 한정된다. 뿐만 아니라 생산물시장에서의 과점적 경쟁이 치열할 경우 그 인상폭이 한정되는 면이 있다. 우리나라 경제가 세계경제에 편입될수록 경쟁 압력은 더욱 강화될 것이어서 정규직 노동자에게 돌아갈 임금인상은 제한될 수밖에 없다.

기업별 교섭은 노사로 하여금 기업의 수준을 넘어서는 산업차원이나 국가수준의 경제 · 사회적 문제에 대해 효율적으로 대응하기 어렵게 한다. 개별 노사가 정책개발 역량을 갖추기는 극히 어렵다. 특히 노동조합을 대변할 수 있는 정당이 국회 입법과정에서 주도적인 역할을 하기가 어려워 전체 노동자의 이익을 법제화하기란 매우 어려운 실정이다.

기업별 교섭의 장점은 기업 특유의 상황이 반영되어 유연성을 확보할 수 있다는 점이다. 그러나 우리나라의 기업별 교섭은 이러한 장점이 최대화되지 못하고 도리어 유연성이 잠식되는 경향이 강하다. 예로, 기업별로 임금교섭이 이루어지면서 임금체계가 각 기업별로 고유하게 정해진다. 기업별 교섭에서 노사가 산업별 · 직종별 · 숙련도별 표준임금률 내지 최저임금률을 제시하기는 어렵다. 이러한 한계는 임금이나 근로조건이 기업별로 보다 차별화되도록 한다. 그러나 기업수준에서 노사합의로 경직된 임금체계가 도입되고 내부노동시장 운영이 경직적으로 운영될 경우 기업의 유연성이 확대되기는커녕 경직성이 더욱 강화된다. 유럽의 경우가 보여주듯이 기업의 유연성을 제고하기 위해서도 기업 외부의 노동시장이나 근로조건이 일정 수준에서 마련되어야 하지만, 우리나라의 경우 외부에서 기준이 설정되지도 않고 내부의 유연성도 확보되지 않아 경직성의 문제가 심각해지고 있는 형편이다.

기업별 교섭이 가진 제반문제를 극복하기 위해 1990년대 중반 이래 산별교섭이 지속적으로 시도되고 있다. 〈표 10-5〉는 2003년 기준 산업별 교섭을 정리한 것이다. 산별 노조가 교섭에 전혀 참가하지 않은 채 기업별 교섭을 하고 있는 노조는 네 개이며, 나머지 대다수의 경우는 산별 노조가 단독으로 또는 하부조직과 공동으로 교섭에 임하고 있다. 2004년 현재 산업별 중앙교섭으로까지 진전된 교섭형태를 취하고 있는 경우는 금융, 보건, 금속노조 세 개이다. 이를 제외하면 대부분 전국 통일교섭 없이 대각선교섭이나 집단교섭의 형태를 취하고 있다.[13)]

기업별 교섭을 근간으로 하는 우리나라 교섭체계는 여러 가지 문제점을 가지고 있는 것으로 평가된다. 노동생산성을 상회하는 임금인상, 기업규모별 임금격차의 확대, 높은 교섭비용 등이 지적되고 있다[14)]. 그러나 일본의 경험에 비추어 보면 그 어느 것도 기업별 교섭체제에 내재하는 고유한 문제는 아니다. 일본에서는 시기에 따라 달리 나타나지만 대체로 임금

표 10-5 주요 산별노조의 교섭구조와 단체협약

구 분	금 융	보건의료	금 속
1. 교섭당사자 (사용자)	사용자단체 구성 추진	사용자협의회 구성	사용자단체 결성
2. 교섭구조	2원화 (중앙교섭과 지부교섭)	2원화 (중앙교섭과 지부교섭)	3원화 (중앙교섭, 지부교섭, 지회교섭)
3. 교섭권 위임	지부에 위임 가능	지부에 위임 가능	지회에 교섭권 위임 불가
4. 협약 상호관계	산별협약과 보충협약이 동일 효력	산별협약이 지부협약에 우선	하부 협약사항 상회시 그에 따름
5. 산별협약의 종류	임금협약, 일반협약, 고용안정 협약 등 별도 체결	기본협약, 임금협약, 보건의료 협약, 고용협약, 노동과정협약이 1개의 산별협약을 구성	기본협약 외 상황별 필요 내용 담은 합의서 체결
6. 산별협약의 체계성	체계성 높음	체계성 높음	체계성 미약
7. 산별협약 내용 비중	인사 및 근로조건 사항이 전체 조문의 68.9% 차지	임금 및 근로조건 사항이 전체 조문의 45.8%	–
8. 산별협약상 개방 (보충교섭) 조항	119개 조문 중 46개(38.7%)	24개 조문 중 3개(12.5%)	–
9. 임금협약	산별협약이 일정 %± α 결정, α는 지부교섭에서 결정	산별협약이 병원특성별 인상률 특정	산별협약이 최저임금 결정
10. 비정규직 관련 산별협약	비정규직규모 축소율, 임금인상률 및 기타 근로조건 기준 제시	임금인상률 추상적 가이드라인 제시	고용기간 제한, 인원보충시 우선채용 등 규정

자료 : 노동부, 산업별노동조합과 단체교섭,2007. 12. p.62.

인상률은 노동생산성 증가율을 하회하는 수준에 머무르고 있고, 적어도 조직부문에서는 임금평준화기능이 있으며, 기업규모별 임금격차도 그다지 크게 확대되지는 않았다. 파업률이 극히 낮으며, 기업 중심의 산별 차원의 조정을 통해 통일요구안이 작성되기 때문에 교섭비용 또한 적다.

이와 같이 일본과 우리나라에서 기업별 교섭이 핵심적인 방식으로 채택되어 사용되고 있으나 양국의 성과는 분명한 차이를 가지고 있다. 이러한 차이는 임금교섭의 전국적 산업별 조정체계의 유무, 기업별 조합의 리더십의 성격, 기업의 인사노무관리제도(특히 현장 직제)에의 종업원 통합 정도의 차이 때문에 초래된 것이지 기업별 노조나 기업별 교섭 고유의 문제라고 하기는 어렵다. 특히 일본은 춘투라는 임금조정 메커니즘을 정비해 높은 수준의 조정력으로 보완하고 있는 데 반해 우리나라의 임금교섭은 매우 파편화되어 있다. 교섭이 기업수준에서만 이루어져 완전히 분권화되어 있는 데다 교섭단위 간의 수평적 · 수직적 조정이 미흡하고 협약이 확대 적용되지 못하고 있다.

유럽의 경우 사용자단체는 임금교섭의 조정에 있어서 중요한 역할을 한다. 노동조합 조직률이 낮고 점차 하강하는 추세임에도 불구하고 사용자단체가 산별교섭 체제를 유지하고 국

표 10-6 중앙사용자 단체 임금교섭 대응

	임금가이드라인 제시 여부 및 수준	임금교섭구조 관련 사용자 대상 설문조사	자 료
경 총	· 1987년부터 임금가이드라인 발표 · 1996년 4.8%, 2003년 4.3% · 2004년 대기업(300인 이상) 전년 수준에서 동결, 중소기업 3.8%	2004년 노사관계 전망조사	· 경총, 사업보고서 각년도 · 경총 노사대책팀, 경제조사팀 문의
전경련	미제시	없음	
중기협	미제시	없음	· 중기협 기획예산팀, 조사통계팀
대한상의	미제시 ※단, 연초 노동부 당국자를 초청하여 노동부의 임금교섭지침 설명회 개최	없음	· 대한상의 상업환경팀 문의
무역협회	미제시	없음	· 한국무역 경영팀, 동향분석팀
경단협	미제시	없음	

재료 : 임상훈(2006), 한국형 노사관계모델(II), 한국노동연구원, p.104.

가 – 산업 – 기업수준에서 발생하는 상반된 이해를 조정하며 협약의 확대적용을 촉진하기도 한다. 일본의 경우 사용자단체가 국가 전반에 걸친 이해 조정을 주도한다는 점은 여러 문헌에서 강조되고 있다.[15)]

우리나라 사용자단체의 조정역할은 〈표 10-6〉에서 보는 것처럼 매우 미비하다. 중앙사용자단체는 노동조합과 국가수준에서 임금교섭을 하지 않는다. 특정 산업(업종)단체가 산별교섭을 적극적으로 주도하면서 나라 전반의 교섭에 패턴을 만들어내지도 않을 뿐만 아니라 개별 대기업이나 공공기관 사용자가 이러한 역할을 수행하고 있지도 않다. 그러나 이러한 가시적 조정은 행하지 않지만 제한적인 수준에서 암묵적인 조정에는 나서고 있는 것으로 보인다. 우리나라 사용자단체 내부의 조정은 중앙사용자단체와 산업(업종) 사용자단체 사이에 이루어지는 것이 아니라 중앙사용자단체 사이에 발생한다. 〈표 10-6〉에서 나타나는 것처럼 경총을 제외한 4개 중앙사용자단체는 임금가이드라인을 제시하지 않는다. 이들 중앙사용자단체 사이의 임금인상률 결정과정을 보면 경총 회장단회의에서 임금가이드라인 잠정안 마련 → 경제5단체장 회의 및 경제단체협의회에 보고 · 공유(경총 노사대책 팀이 경제단체협의회 사무국을 겸임) → 경제5단체장 임금 인상가이드라인 합의의 과정을 거치는 것을 알 수 있다. 이렇게 마련한 임금가이드라인은 지침으로 발표되지만 회원 기업들이 수용하여야 할 강제적 조항은 마련되어 있지 않아 개별기업들은 참고사항으로 삼을 뿐이다.

사용자 측의 제한적이고 암묵적인 조정방식과 유사하게 우리나라 노동조합의 조정방식은 암묵적으로 이루어진다. 즉, 국가수준 교섭이나 대표적 산별교섭 또는 개별 대기업의 패턴세팅 없이 내부적 논의과정에서 노조 사이의 이해가 조정되는 것이다. 이러한 암묵적인 조정은 1987년 노동자대투쟁 이후 신규 독립노조들이 기업별 교섭의 한계를 극복하기 위해 비합법 연대를 바탕으로 진행하였던 '동시교섭 동시투쟁'이라는 조정방식을 1990년대 민주노총 설립 이후 제도화하지 못하면서 나타난 결과이다. 한국노총과 민주노총은 내부 논의 구조를 통해 국가 – 산업 – 기업 수준의 상이한 이해를 조정하게 되는데, 산업과 기업 수준 개별교섭들 각자의 독립적인 역할을 인정하여 임금가이드라인 제시 이외의 조정기제를 구축하지 못하고 있다. 그럼에도 불구하고 우리나라 노사분쟁은 6월에서 9월 사이에 집중한 '하투'의 특성을 드러내고 있는 데서 알 수 있듯이 암묵적인 조정이 일정 역할을 하고 있다고 평가된다. 다만, '하투'가 일본의 '춘투'정도의 조정기제로 역할하고 있다고 보기는 어렵다. 이러한 평가는 2005년 한국노총과 민주노총이 임금가이드라인의 하나로 정규직보다 높은 비정규직 노동자 임금인상률을 제시하였으나 정규직과 비정규직 사이의 임금격차가 보다 확대되는 현상이 나타나는 데서도 확인된다(노동부, 2005.10).

현재 우리나라 노동조합은 산별노조와 산별교섭을 유력한 조정기제로 삼고 있다. 이들을 통해 산별 내부의 기업간 임금격차나 정규직과 비정규직 임금격차를 해소하고자 한다. 이러한 움직임은 표면상 유럽의 최근 변화와 상반된 것처럼 보인다. 유럽의 주요 국가에서는 산별노조와 기업활동의 접점을 제도적으로 구축하기 위해 산별노조의 기업지부와 기업교섭을 공인화하는 분권화를 추진하고 있기 때문이다.[16] 그러나 우리나라와 유럽의 경우를 보다 자세히 들여다보면 산별교섭과 기업교섭 사이의 유연한 조정('조정된 분권화')을 도모한다는 점에서 공통점을 가지고 있다. 우리나라 노동조합은 산업별 교섭과 기업별 교섭 사이의 관계를 환경변화에 맞게 정립해야 하는 과제를 안고 있다. 분명한 점은 그 방향이 현재의 기업조직과 교섭의 역할을 대폭 약화시키고 노동조합과 노사협의회 사이의 분업관계를 명확히 해야 한다는 점이다. 지금처럼 노사협의회의 단체교섭화로는 생산력의 확보가 보장되지 않는다. 우리의 노사관계 현실에서 이것은 기업별 노조 관행으로부터의 철저한 탈피를 필요로 한다.

노조전임자 및 임금지급 관행, 그리고 사업장에서의 지나친 노조활동의 관행 등은 산업별 노조의 기준에 맞추어 자율적으로 시급히 시정되지 않으면 안 된다.

단체교섭체계는 노사의 전략적 선택 및 실천에 의해서 주요하게 결정될 것이다. 그러나 정부로서도 환경변화에 따라 탄력적인 입장을 가지고 노사의 전략적 선택을 지원할 필요가 있다. 특히 정부는 노동시장의 유동화가 급진전하고 있는 상황에 유의할 필요가 있으며, 유럽의 실험 속에서 나타난 바람직한 원리를 배우고 우리 실정에 적합하게 적용할 수 있도록 노력하여야 할 것이다. 유럽의 실험에서 유연하고 집중화된 교섭체계가 노동시장의 양극화를 제어하는 데 훨씬 유리한 기능을 한다는 점은 명백하게 드러나고 있다.[17]

06 생산적 교섭의 전개[18]

6.1 생산적 교섭의 개념

일반적으로 단체교섭이란 근로자의 근로조건의 유지 또는 개선과 경제적 · 사회적 지위향상을 도모하기 위하여 노동조합이 단체행동권을 배경으로 사용자와 임금이나 근로시간 및 기타 근로조건을 일괄하여 결정하는 과정을 말한다. 즉, 노사의 대표자가 근로자의 근로조건에 관한 협정 체결을 위해 평화적으로 타협을 모색하는 절차라고 할 수 있다.

이러한 단체교섭은 동일한 직장 내의 근로자들에게 근로조건을 통일적으로 형성하는 기능을 하며, 내재되어 있던 근로자의 욕구나 불만을 표출하게 하고 이를 조정하는 기능도 한다. 또한 경영의 여러 분야를 압박 · 자극함으로써 경영자들에게 새로운 충격을 가하기도 하며, 노사 간의 이해의 폭을 넓히는 기회를 제공함으로써 상호간 협력적 관계를 도모하기도 한다. 반면에 단체교섭에서 노사 간 의견이 조율되지 못하면 파업이나 노동쟁의행위 등이 동반되어 단체교섭의 평화적 측면은 투쟁적 측면으로 변모하기도 한다.

결국, 단체교섭을 진행하는 과정에서 보여주는 노동조합과 사용자 측의 태도와 행동에 따라 '생산적 교섭'이 될 수 있고, '소모적 · 대립적 교섭'이 될 수 있는 것이다. 여기서 '생산적 교섭'이란 노사 간 단체교섭이 신속하고도 평화적으로 타결되는 것을 의미하며, 나아가 한정된 희소가치를 노사 간에 어떻게 분배할 것이냐 하는 분배적 측면만을 협상하는 것이 아니라 노사 공동의 이익창출 방안에 대한 협상도 함께 행하는 교섭을 의미한다.

우리나라의 경우를 보면, 노동조합과 사용자 또는 사용자단체가 상호 대등한 입장에서 행하는 의사결정과정이어야 하는 단체교섭이, 1987년 '6 · 29선언' 이전의 시기에는 정부의 노동운동 규제와 사용자의 전근대적인 노사관계관 등으로 인하여 제대로 이루어지지 못하였다. 따라서 진정한 의미에서의 단체교섭 역사가 짧기 때문에 우리나라 노사는 단체교섭을 평화적이며 합리적으로 이끌어갈 노하우가 아직은 충분하지 못한 상태라고 할 수 있다. 이하에서는 생산적 교섭을 위해 노사 당사자가 가져야할 자세를 먼저 지적하고, 생산적 교섭이 이루어지도록 하기 위한 단체교섭 절차를 단계별로 정리한다.

6.2 생산적 교섭을 위한 경영 측의 선결과제

(1) 경영자의 전향적인 자세

우리나라의 헌법에서 보장된 노동조합의 단체교섭권은 현대 복지국가가 지향하는 근로자의 생존권을 보장하기 위한 기본적인 권리이므로, 국가나 사용자는 물론 어느 누구도 근로자의 자주적 단체교섭을 제약할 수 없는 것이다. 따라서 근로자들이 노동조합을 조직하고 단체교섭을 요구해 올 경우 과민한 반응을 보이거나 두려워하지 말고, 가능한 한 마음을 열고 이들의 의견을 듣는다는 자세를 가질 필요가 있다.

만일 경영자들이 노동조합을 자신들에 대한 견제 세력이나 집단으로 인식하면 노사 간의 대화는 경직되어 서로 간 과잉반응을 보이게 되며, 노사 간 갈등을 증폭시켜 결국에는 교섭의 장기화를 초래하게 된다. 하지만 교섭기간의 지나친 장기화는 개별근로자, 노동조합 그리고 기업 모두에게 시간적 낭비를 가져오게 되고 이는 기업경쟁력과 근로자 삶의 질 저하로 이어지게 된다.

생산적 단체교섭을 이끌어내기 위해서는 최고경영자를 비롯한 경영 측의 인식의 전환이 무엇보다도 중요하다. 21세기 지식기반사회에는 인적자원이야말로 기업경쟁력 제고를 위한 유일한 핵심원천이라는 점을 깊이 인식하여, 근로자들을 비용이 아닌 기업가치를 창출하는 자산으로 여겨 인간존중의 경영을 펼쳐야 한다. 최고경영자를 비롯하여 경영자들이 먼저 이러한 모습을 보여줄 때 비로소 노동조합이나 근로자들은 회사의 발전을 위해 협력적인 자세를 갖게 되는 것이다.

LG전자의 경우는 경영진의 전향적 자세가 노사관계를 대립에서 협력으로 탈바꿈시킨 전형적인 사례라 할 수 있다. 낮에는 고속도로 점거와 밤에는 철야농성으로 이어졌던 1989년 구미공장의 파업은 6천억원 이상의 경제적 손실을 가져왔고, 백색가전 부문에서 경쟁사인 삼성전자에 시장점유율 1위 자리를 내주는 뼈아픈 결과를 가져왔다. 상황이 이렇게 되자 최고경영자가 농성장에서 '우리가 잘못한 것이 있으면 사과한다'고 언급하면서 '3년 내에 경쟁사와 동일한 임금과 복지수준으로 올리겠다'는 약속을 하였다. 이후 회사 측은 경영상황에 대한 철저한 공개와 함께 공정분배 실천을 위해 최선의 노력을 경주하였고, 노동조합측은 '품질과 생산은 우리가 책임지겠다'는 화답을 하였다. 노동조합과 근로자들을 경영의 파트너로 인식하여 이들과 함께 경영을 해 나간다는 모습을 경영 측이 보여준다면, 근로자들은 회사의 발전을 위해 최선을 다하는 자세를 보이게 되는 것이다.

(2) 경영정보 공개

노동조합이나 근로자에게 경영정보를 공개하는 만큼 회사 측의 교섭력은 저하될 것이라는 생각은 버려야 한다. 또한 경영의 어려움만을 강조하는 편향적인 경영정보 공개는 오히려 노사 간 신뢰를 해치는 부작용을 동반할 가능성만 키울 뿐이라는 점도 인식해야 한다. 평소에 기업에 대한 경영정보가 충실히 공개된다면 노사 상호간 경영상태에 대한 이해의 폭이 넓어지게 되고, 결국 단체교섭기간의 단축과 합리적인 협약안이 도출되는데 크게 기여하게 된다. 뿐만 아니라 경영정보 공개는 노사 간 신뢰를 증진시켜 공동체의식을 함양함으로써 노사관계의 안정화에 기여하고, 기업경영에 대한 근로자의 인지도와 이해도를 높여 근로자들을 동기부여 시킴으로써 조직성과와 조직에 대한 애착심을 제고시키게 된다.

한편, 경영정보 공개의 효과를 극대화하기 위해서는 경영정보를 접하게 되는 노동조합 간부를 비롯하여 근로자들이 경영정보를 이해할 수 있는 능력이 배양되어야 한다. 이를 위해 최근에 많은 기업에서 근로자들을 대상으로 하는 경영관련 교육을 실시하고 있다. 광케이블을 생산하고 있는 희성전선의 경우에는 전체 근로자 139명을 대상으로 경영용어와 회계단어 등에 대한 기초지식 함양을 위해 '경영분석 향상 능력과정' 교육을 실시하였다. 또한 실리콘웨이퍼를 생산하는 MEMC코리아는 공개되는 경영정보를 올바르게 해석하고 경영에 대한 이해도를 높이기 위해 전체 근로자 798명 모두가 'Management Game'과정을 이수하도록 하였다.

(3) 현장 중심의 노사관계 관리

회사 내 노사관계와 관련된 업무는 모두 인사노무관리 부서에서 담당해야 하는 것으로 인식하기 쉬운데, 이것은 잘못된 생각이다. 회사 내 노사관계 관리는 현장의 관리자들이 담당해야 한다. 최고경영자가 아무리 합리적인 노사관계 철학이나 정책을 가지고 있어도, 현장 관리자들이 이를 작업현장에서 실천하지 않으면 무용지물이 되고 말기 때문이다. 또한, 인사노무관리 부서 혼자서는 회사 내 각 부서에서 어떠한 문제가 내재되어 있거나 발생되는지를 제대로 파악하기 어려울 뿐만 아니라, 문제 해결에 대한 조치가 적시에 이루어지기 힘들기 때문이기도 하다.

생산적 교섭이 가능하려면 평소에 노사관계가 원만해야 하는데, 회사 전체의 노사관계는 생산현장이나 각 부서의 노사 간 또는 구성원 간의 관계가 모여서 형성된다. 따라서 현장관리자들은 자신이 관리하고 있는 부서 내의 노사관계를 현장에서 관리하기 위해서는 노사관계의 중요성에 대한 현장관리자들의 인식이 제고되어야 할 것이며, 이에 대한 전문성도 함께 배양해야 할 필요성이 있다. 동국제강에서는 노사관계와 관련된 문제는 생산부서 내에서 해결한다는 원칙을 고수하고 있다. 노사 간에 발생되는 모든 문제는 생산부의 관리자와 해당 노조 대표자 간에 토의하여 결정하고 있다. 인사노무관리부서는 이들의 결정을 이행하는데 필요한 행정적인 처리를 해주는 지원부서 역할만을 담당하고 있는 것이다.

6.3 생산적 교섭을 위한 노동 측의 선결과제

(1) 노조 간부의 합리적 노동운동 이념

노동조합이 경영자들과 함께 책임 있는 경영의 주체로서 근로자 삶의 질 개선을 도모하기 위해서는 변화하는 경영환경에 적합한 노동운동을 전개해야만 한다. 최근 선진국의 노동조합은 소위 '국민적 조합주의'를 채택하고 있다. 국민적 조합주의는 노사관계를 기본적으로 이해대립의 관계라기 보다는 이해공통의 관계로 보는 것으로, 이해대립의 존재를 부정하는 것은 아니나 이해대립의 극복을 통한 공통 이해관계의 창출이 가능하다는 것이다. 즉, 기본적으로 노동의 목표인 임금인상과 기업의 목표인 생산성 향상을 무모순(無矛盾)의 관계로 본다. 따라서 노사는 공동협력자 혹은 동일 목적을 가진 사회적 동반자로 파악되기 때문에 노동조합운동의 목표 속에는 노동자의 지위향상 뿐만 아니라 경영의 합리화, 생산의 과학화, 작업환경의 인간화 등 민주화와 성장의 문제가 당연히 포함된다. 나아가 노조운동의 발전을 국민경제의 발전과 조화시키려는 노력도 중요한 노동운동원칙으로 채택하고 있다.

이러한 측면에서 노조가 시대에 적합한 노동운동 이념을 채택하지 못하여 환경변화와는 동떨어진 정책만을 추구할 경우에는 조합원들이 원하는 삶의 질 향상이 실현되기 어렵게 되어 노조에 대한 신뢰도가 떨어질 뿐만 아니라, 노사관계 또한 어렵게 만드는 주된 요인이 된다는 점을 인식해야 한다.

일본의 닛산자동차 노동조합연맹이 작성한 노동조합 소개 책자에서는 노사관계를 바라보는 노조의 기본입장을 다음과 같이 기술하고 있다. "조합과 경영자는 대등의 관계이고, 노사간에는 이해가 일치하는 문제도 있고 대립하는 문제도 있으나, 노사 양 당사자의 공통의 이익을 위해서는 생산성을 높이고, 기업수익을 증가시켜 회사를 발전시키는 데 노사가 협력해야 한다. 임금을 얼마나 올려야 하는가 하는 노사의 이해대립 문제는 노사가 서로의 주장을 충분히 설명하고, 단체교섭이라는 회사와의 대화의 장에서 해결점을 찾아야 한다. 우리들은 어디까지나 대화를 중요시한다. 스트라이크는 법률로 인정되어 있는 해결수단이나 스트라이크를 하면 회사도 마이너스가 되고 근로자들도 임금이 커트되어 희생이 발생하기 때문에 스트라이크는 최후의 수단이고 대화로 문제를 풀어야 한다. 회사가 말하는 대로하거나 혹은 역으로 경영자를 적으로 보는 노동조합은 진정으로 근로자를 위한 노동조합이 아니다."

(2) 노조 간부의 전문성 강화

생산적 교섭이 이루어지려면 노동조합 간부들이 경영 및 회계와 관련된 전문지식을 갖추고 있어야 하고, 경영 전반에 대한 충분한 이해가 전제되어야만 한다. 한 마디로 모르면 우기게 되고, 교섭은 소모적이며 투쟁적으로 변모하게 되는 것이다. 노조 간부의 경영에 대한 전문지식이 함양되어야 하는 이유는 또 있다.

최근 우리나라 노사 간에는 '열린경영'과 '경영참여' 등이 강조되고 있는 실정이다. 열린경영의 실천으로 경영정보가 회사 내 구성원 모두에게 공유되고, 노동조합과 근로자들이 의사결정과정에 참여할 수 있어야만 진정한 노사 간 파트너십 관계가 보다 굳건하게 구축될 수 있기 때문에 강조되고 있는 것이다. 여기서 열린경영이란 기업의 재무 및 각종 경영관련 정보를 개별 근로자 또는 노동조합이나 노사협의회 등과 같은 근로자 대표조직들과 공유하는 것을 의미한다. 한편 경영참여란 기업경영상 각종 문제의 결정과 운영에 근로자 및 노동조합이 참여하여 그들의 의견을 반영하는 것이다. 결국 이와 같은 열린경영과 경영참여가 제대로 실천되어 소기의 효과를 거두려면 노조 간부들의 경영지식이 크게 함양되어야 하는 것이다.

하지만 현실에서는 그렇지 못한 경우가 많다. 50인 미만의 소규모 노동조합이 전체 노조의 절반 가까이 차지하고 있고, 노동조합 간부의 잦은 교체, 그리고 전문지식을 갖추어야 한다는 인식의 부재 등의 요인이 겹쳐 우리나라 노동조합 간부들의 전문성은 확보되지 못하고 있는 실정이다. 그 결과 단체교섭에서 자사의 실정과는 동떨어진 요구안을 제시하거나 상급단체의 지침만을 추종함으로써 소모적이고 투쟁 의존적인 단체교섭으로 전락하게 되고, 노사관계를 파국으로 몰아가게 되는 상황이 발생되는 것이다. 따라서 노조 간부들은 각종 교육 · 훈련 기회에 적극적으로 참여하여 경영일반, 노사관계, 재무 · 회계분석 등의 분야에 대한 전문지식을 갖추어야만 할 것이다.

6.4 생산적 교섭을 위한 단계별 실천방안

단체교섭을 시작하여 단체협약이 체결되기까지를 교섭준비단계, 예비교섭단계, 본 교섭단계, 그리고 교섭타결단계 등 네 단계로 구분할 수 있다. 교섭준비단계에서는 교섭항목을 선정하고 이에 대한 관련자료를 수집하여 교섭안을 작성한다. 예비교섭단계에서는 본 교섭을 보다 원활하게 진행시키기 위해 교섭개최 일시 및 기간, 교섭장소, 교섭위원 수, 교섭 진행규칙, 미 합의사항의 처리방법, 교섭안 교환 등을 한다. 본 교섭에서는 상견례를 시작으로 실무교섭과 대표교섭을 통해 교섭안에 대한 타결을 이끌어 낸다. 마지막으로 교섭타결 단계에서는 단체협약서를 작성하여 노사 대표자가 서명 · 날인함으로써 단체교섭이 종결된다.

이하에서는 교섭 단계별로 생산적인 단체교섭을 이끌어내기 위해 노사가 취해야 할 실천방안들을 제시한다.

(1) 제1단계: 교섭 준비

단체교섭에 임하는 노사 대표자들은 기업 내부뿐만 아니라 외부적 환경요인까지도 고려하여 쌍방의 요구사항에 대한 수용여부를 결정해야 하기 때문에 상식이나 감정보다는 전문적 지식과 이성적 판단 그리고 세부적이며 정확한 분석결과를 바탕으로 교섭을 해야 한다. 따라서 단체교섭에 임하는 노사 대표자들은 각자 협상을 위한 치밀한 사전준비와 확고한 전략을 수립하고 그에 따라 교섭을 진행하는 것이 필수적이다.

① 교섭항목의 선정

노사 양측이 교섭항목을 선정함에 있어서는 해당 항목이 단체교섭의 대상이 될 수 있는지의 여부를 미리 확인하여 노사 간 다툼의 소지를 미연에 예방하는 것이 바람직하다. 단체교섭의 대상이란 법률의 규정 또는 노사 당사자 간의 합의에 의해 단체교섭의 주제나 목적으로 부의된 사항을 뜻한다. 이에 대한 일반적인 판단기준으로는 사용자가 처리 또는 처분할 수 있고, 집단적 성격을 띠어야 하며 근로자의 근로조건 등과 관련이 있는 사항이어야 한다고 요약 될 수 있다.

한편, 인사 · 경영권과 관련된 사항은 기본적으로 사용자의 권한으로 인정되어 교섭대상이 될 수 없다. 하지만 인사 · 경영권에 속하는 사항이라 할지라도 근로조건과 밀접한 관련을 가지는 경우에는 그 한도 내에서 교섭대상으로 인정된다. 인사권에 관한 사항으로는 근로자의 채용, 배치, 전보, 인사고과, 승진, 징계, 휴직, 해고 등의 사항을 들 수 있다. 경영권으로는 인사권에 해당되는 사항을 포함하여 회사 조직변경, 사업확장, 기업의 합병 · 분할 · 양도, 공장이전, 하도급 · 용역전환, 휴 · 폐업, 신기술 도입, 생산계획의 결정 등이 있다.

학설상으로는 근로조건 관련사항 이외에 노동조합활동에 관한 사항도 교섭 대상에 포함된다고 보는데, 판례상으로는 근로조건 관련사항만 의무교섭대상으로 본다(대법 1996.2.23, 94누9177).

한편, 교섭항목을 선정함에 있어 임금이나 기타 근로조건에 해당하는 사안에만 치중하지 말고, 생산성 향상, 품질 개선, 불량률 감소, 비용 절감 등을 어떻게 이룰 수 있을 것이며, 이를 통해 발생되는 부가적 이익을 어떻게 분배할 것인지에 대한 사안들도 교섭항목으로 채택하는 것이 바람직하다. 즉, 이미 확정된 경영실적을 놓고 노사 간에 어떻게 분배할 것인지에 대한 교섭은 노사 양측이 취할 수 있는 분배의 몫이 한정되어 있어 교섭의 장기화와 대립적인 교섭 형태를 띠기 쉽다. 하지만, 분배의 몫을 어떻게 키울 것인지와 어떻게 분배할 것인지에 대한 교섭은 노사 모두에게 좀 더 큰 분배의 몫을 가져다 줄 수 있기 때문에 단체교섭은 보다 협력적이며 생산적으로 이루어 질 수 있다.

또한, 교섭 안건을 임금과 기타 근로조건으로 양분하지 말고, 모든 안건을 동시에 다룸으로써 교섭의 유연성을 키움과 동시에 노사 양측 모두에게 시간적, 경제적 비용을 절감케 하는 방안도 적극 고려해 볼 필요가 있다.

한편, 교섭항목을 선정함에 있어 임금이나 기타 근로조건에 해당하는 사안에만 치중하지 말고, 생산성 향상, 품질 개선, 불량률 감소, 비용 절감 등을 어떻게 이룰 수 있을 것이며, 이를 통해 발생되는 부가적 이익을 어떻게 분배할 것인지에 대한 사안들도 교섭항목으로 채택하는 것이 바람직하다. 즉, 이미 확정된 경영실적을 놓고 노사 간에 어떻게 분배할 것인지에 대한 교섭은 노사 양측이 취할 수 있는 분배의 몫이 한정되어 있어 교섭의 장기화와 대립적인 교섭 형태를 띠기 쉽다. 하지만, 분배의 몫을 어떻게 키울 것인지와 어떻게 분배할 것인지에 대한 교섭은 노사 모두에게 좀 더 큰 분배의 몫을 가져다 줄 수 있기 때문에 단체교섭은 보다 협력적이며 생산적으로 이루어 질 수 있다.

또한, 교섭 안건을 임금과 기타 근로조건으로 양분하지 말고, 모든 안건을 동시에 다룸으로써 교섭의 유연성을 키움과 동시에 노사 양측 모두에게 시간적, 경제적 비용을 절감케 하는 방안도 적극 고려해 볼 필요가 있다.

② 관련자료 수집

교섭에 제안될 항목이 선정되고 나면 노사 양측은 각자가 원하는 목적에 부합되는 요구내용을 작성하는 데 활용될 관련자료를 수집한다. 특히 이러한 관련자료는 본 교섭에서 상대방을 이해 · 설득하는 근거자료로도 사용하게 되므로 노사 양측이 모두 신뢰할 수 있어야 한다.

우선 회사 외부자료로는 경제성장률, 물가상승률, 실업률, 임금상승률, 최저생계비, 노동생산성 증가율, 노동분배율, 수출입 및 경기변동 상황, 정부의 재정 · 금융정책 및 노동정책 방향, 노사 각 상급단체의 교섭지침, 동종업체 또는 동일지역 사업장의 근로조건 등이 있다.

한편, 내부자료로는 경영관련 사항으로 경영실적, 임금 및 기타 근로조건 실태, 경영계획, 기업경영의 전망, 종전의 교섭기록 등을 대표적으로 들 수 있다. 특히 노동조합의 경우는 필요에 따라 임금 및 근로조건에 관한 조합원들의 요구 및 불만사항에 대한 조사를 실시한다.

회사 외부자료는 국가기관이나 공신력 있는 민간기관에서 발표한 자료를 선택하는 것이 바람직하다. 내부자료는 노동조합이 사용자 측에게 정식으로 자료를 요청하여 수집하거나, 노사협의회를 통해 축적된 자료를 활용할 수도 있다. 한편 사용자 측은 회사 내 경영정보를 여러 경로를 통해 공개함으로써 정확한 정보의 전달과 전체 근로자의 이해를 제고하도록 노력한다. 특히 단체교섭 직전에 또는 노동조합의 요구가 있을 경우에 한해서만 공개하기보다는 체계적이고 정기적으로 공개하는 것이 공개된 정보의 신뢰성을 제고할 수 있다. 또한 타사의 근로조건이나 생계비 산출을 위한 현장방문 등에 있어서 노사가 함께 하면 수집된 자료에 대한 노사 간의 신뢰성을 제고 할 수 있다.

③ 요구안 작성

노사 양측의 교섭요구안은 기업의 경영사정, 동종업체 및 동일 지역의 수준, 상급단체의 지침, 조합원의 요구내용, 기타 국가 경제적 여건 등을 종합적으로 고려하여 작성하며, 요구내용과 그 수준을 제시하게 된 논리적 배경과 객관적인 근거자료를 함께 제시한다. 노사 양측은 요구안을 작성함에 있어 요구내용이 실현될 가능성이 있는지와 상대편에서 수용할 가능성이 있는지를 면밀하게 검토하여야 한다. 단체교섭은 일회성 행사가 아니기 때문에 상대편을 자극할 만한 내용의 요구안은 작성단계에서부터 신중을 기해야 한다. 일단 제시된 요구안을 철회하기란 용이하지도 않으며, 그 후유증 또한 크기 때문이다.

특히, 노사 양측의 상급단체에서 발행하는 교섭지침 내용을 수정 없이 그대로 교섭요구안으로 작성하는 데는 신중을 기해야 한다. 왜냐하면, 전국의 수많은 기업을 대상으로 배포되는 상급단체의 교섭지침은 개별기업의 특수한 사정을 감안하지 못한 경우가 있기 때문이다. 또한, 노동조합 측 요구안은 미리 조합원 총회나 대의원회에 보고 하여 노동조합의 공식적인 의견으로 확정하는 것이 바람직하다.

(2) 제2단계: 예비교섭

예비교섭은 교섭의 정식 개시에 앞서서 노사 실무자간에 교섭 일정, 교섭위원에 관한 사항, 교섭장소, 교섭진행 절차, 협약서의 작성절차 등을 논의하는 것이다. 별도의 예비교섭

없이 상견례 또는 본 교섭에 곧바로 들어가는 경우도 있지만 교섭의 원활한 진행을 위해서는 사전 예비교섭을 갖는 것이 바람직하다. 특히 예비교섭을 통해 노사 양측이 교섭에서 지켜야 할 기본적인 자세나 의사진행과정, 회의록 녹취 및 작성방법 등 교섭과 관련된 규칙을 사전에 정해 놓는다면 보다 생산적인 교섭이 될 수 있다.

① 교섭의 개최일시 및 기간 결정

단체교섭 개최일자는 노사 양측이 교섭안건에 대해 충분한 토의할 수 있는 준비를 갖춘 후에 교섭에 임할 수 있도록 하기 위하여 시간적 여유를 두고 정한다. 대체로 1~2주의 예고기간을 두고 단체교섭을 개최하는 것이 일반적이다. 단체교섭 개최시간은 근무시간 중 또는 근무시간 외에 하는 방안 모두 고려될 수 있다. 회사의 사정에 따라서는 '00시부터 00시까지는 교섭하지 않는다'라는 식으로 교섭 금지시간을 정해 놓을 수도 있으며, 1회 교섭진행시간의 최대 한도를 정할 수도 있다.

한편, 단체교섭 기간은 반드시 정해 놓아야 할 사항은 아니다. 하지만 기간적 제한을 두면 노사 양측에게 심리적 압박을 가하는 효과가 있어 교섭에 좀더 적극적으로 임하게 함으로써 교섭기간이 단축될 수도 있다.

② 교섭 장소 결정

교섭장소는 노사가 원하는 어느 장소라도 무방하지만, 교섭이 원활하고 효율적으로 진행될 수 있는 장소를 선택하여야 한다. 따라서 자료의 수집과 교환이 불편한 장소, 교섭위원들이 회사 또는 노동조합에 연락하기 어려운 장소, 정숙한 교섭분위기를 해칠 수 있는 장소, 교섭위원들의 신변에 위협이 느껴지는 장소 등은 피해야 한다.

③ 교섭위원 수 결정

교섭위원의 수는 노사가 협의하여 결정하면 된다. 반드시 노사 양측의 교섭위원 수가 동일할 필요는 없으나, 대체로 회사의 규모에 따라 3~10인 범위 내에서 노사 동수로 구성한다. 단, 너무 많은 위원들이 교섭에 참여하면 교섭타결에 지장을 초래할 수도 있다.

한편, 생산적 단체교섭을 이끌어내기 위해서는 교섭위원의 선정에 신중을 기해야 한다. 노사 양측 교섭위원들은 협의된 교섭내용에 대한 최종 결정권을 행사할 수 있는 자로 구성되는 것이 바람직하며, 특히 사용자 측의 경우에는 평소에 근로자 측의 신임이 두터운 자로 구성하는 것도 필요하다. 또한 단체교섭 권한은 제3자에게 위임이 가능하다. 하지만 노사 양 당사자가 직접적으로 교섭에 참여하여 서로의 견해를 제시하고, 경청하며, 이해시켜 나가는 과정에서 상호간의 신뢰와 인간관계가 형성될 뿐만 아니라 합의사항에 대한 이행에도 적극적인 태도를 보이게 된다는 점을 감안하여 위임 여부를 결정해야 한다.

④ 교섭진행에 관한 규칙 결정

교섭이 효율적으로 이루어지기 위해서는 무엇보다 교섭원칙과 절차에 관한 노사 간의 합의가 전제되어야 한다. 예를 들어 교섭의 사회자를 선정할 것인지에 대한 논의도 이루어 질 필요가 있다. 사회자를 선정할 경우 노사 양측 중 어느 편에서 사회를 볼 것인지, 번갈아 가며 볼 것인지, 외부인에게 의뢰할 것인지 등을 결정한다. 사회자를 선임하게 되면 교섭이 좀 더 질서 있게 진행될 수 있으며, 감정의 통제에도 도움이 된다.

또한 교섭회의를 공개적으로 할 것인지, 공개할 경우 방청객의 수는 얼마로 제한할 것인지에 대해서도 결정한다. 교섭회의를 공개할 경우 교섭진행 속도가 그렇지 않을 경우보다는 느려질 수 있으므로 유의하여야 한다. 회의록을 작성할 것인지, 그리고 누가 작성할 것인지에 대해서도 합의를 한다. 회의록 작성은 교섭종료 후 단체협약서 작성과정에서 발생할 수 있는 논란을 방지할 수 있는 중요한 자료가 되므로 가급적 작성하는 것이 좋다.

⑤ 미 합의사항의 처리방법 결정

교섭을 하다보면 노사 간에 이견이 생길 수밖에 없는데, 이견이 발생될 때마다 파업이나 직장폐쇄 등과 같은 극단적인 방식으로 대응하는 것은 노사 모두에게 이익이 되지 못한다. 따라서 교섭이 타결되기 어려울 때를 대비하여 조정이나 중재절차 등 노사가 거쳐야 할 절차를 미리 정해 놓는다면 교섭을 보다 생산적으로 마칠 수 있다. 필요하다면 교섭원칙과 절차를 정하는 별도의 교섭을 할 수도 있다. 이렇게 되면 노조집행부가 바뀌더라도 교섭원칙과 절차가 있기 때문에 보다 생산적인 교섭을 이끌어 낼 수 있게 된다.

나아가 임금교섭의 경우 인상액을 결정할 때에 고려되는 최소한의 몇 가지 요인을 노사가 미리 정해 놓을 수 있다. 예를 들면, 임금교섭에 영향을 주는 기본적인 요인인 경영성과나 지불능력, 동일 업종이나 동일지역 내의 임금수준, 물가수준 등에 관한 정보 등을 들 수 있다. 이러한 정보를 공유하는 원칙이 노사 간에 확립된다면 상대방에게 제시하는 최초 요구안이 현실성을 가지게 되어 교섭기간을 단축시킬 수 있다.

⑥ 교섭대상 항목의 교환

노사 양측이 본 교섭에서 제안할 교섭안건 내용을 예비교섭에서 교환하는 것은 교섭요구 내용의 수준과 사안의 경중에 대해 사전적 조율을 기할 수 있기 때문에 매우 필요하다. 경우에 따라서는 본 교섭에서 다룰 안건의 교섭순서를 미리 결정하는 것도 바람직하다.

(3) 제3단계: 본 교섭

예비교섭을 통해 본 교섭의 진행에 관한 합의가 이루어지고 상호 교환된 상대측의 요구안과 정보를 분석하고 이에 대한 대응안을 설득력 있게 준비한 후 본 교섭에 들어간다. 본 교섭에서의 진행은 노사 간 합의나 분위기에 따라 매우 다양한 형태를 띠지만, 내용상으로 보면 상견례, 실무교섭, 그리고 대표교섭 순으로 진행된다.

① 상견례

단체교섭에서의 첫 번째 교섭회의를 상견례라고 부르는데, 노사 양측의 교섭위원들을 소개하고, 제안된 항목에 관한 배경설명과 이해증진을 위한 질의 교환을 통해 교섭분위기를 조성하는 단계이다. 특히 첫 번째 교섭회의는 향후 전개될 단체교섭 전반에 커다란 영향을 미치게 되므로, 노사 양측 모두 교섭대표자가 반드시 참석하여 교섭에 적극적으로 임하는 자세를 보여야 한다.

이때 노동조합 측은 근거자료 등을 통하여 요구안을 제출하게 된 배경이나 전반적인 요구안의 내용 등을 설득력 있게 설명하고, 사용자 측은 기업경영의 성과와 현황, 경제여건과 기업경영의 전망 등을 충분히 설명하여야 한다. 이러한 과정을 통해 노사 양측은 각각 교섭의 총체적인 분위기를 비교적 정확하게 파악할 수 있고, 또한 상대방의 진정한 요구내용도 이해할 수 있게 된다.

② 실무교섭

상견례를 통하여 교섭 분위기가 조성되면, 노사 양측의 요구안에 대해 소수의 노사 양측 실무자들이 참여하는 실무교섭에 들어간다. 실무교섭은 노사 양측의 모든 교섭위원들이 참석하는 번거로움을 해소시킬 수 있을 뿐만 아니라 보다 신속하고 구체적이며 개방적인 교섭이 이루어 질 수 있도록 하는 효과가 있다.

실무교섭에서는 예비교섭에 합의된 안건 교섭순서에 따라 각각의 요구안별로 구체적인 배경 및 내용설명을 하고, 상대 측은 이에 대한 의견과 대안을 제시한다. 경우에 따라서는 요구사항을 일괄적으로 설명하고 타결을 모색하기도 한다. 예를 들어 생산성 향상, 임금제도의 개선, 능력개발에 관한 안건 등과 같이 전문성을 요하거나 장시간의 논의가 필요한 경우에는 실무회의, 축소회의, 소위원회, 분과위원회 등을 구성하여 노사 간에 심도 있는 교섭을 벌인 후에 전체 교섭회의에 그 결과를 부의하여 최종적으로 타결을 기하는 방법도 바람직하다.

또한 이러한 안건들에 대해서는 기본적인 원칙만을 타결한 뒤, 세부적인 사항과 구체적인 이행방법은 노사협의회를 활용하거나 별도의 대화창구를 개설하여 노사가 지속적으로 협의해 나간다면 교섭기간을 단축시킬 수 있다. 실제로 우리나라의 경우 단체교섭 안건에 대하여 노사협의회에서 예비적으로 다루거나, 세부이행사항 등에 대해 협의하고 있는 사업장 비율이 49.8%에 이르고 있는 것으로 나타났다.[19)]

③ 대표교섭

대표교섭은 실무교섭의 결과가 소기의 목적을 달성하였다고 판단된 경우 노사 양측의 교섭대표가 참여하여 양측의 교섭요구안을 최종적으로 타결하는 단계이다. 이 단계에서는 타결을 이끌어내기 위해 교섭대표로부터 위임받은 자 간의 막후교섭이 벌어지기도 한다.

(4) 제4단계: 교섭 타결

교섭을 통해 노사 간에 합의가 이루어지면 교섭은 종결되며, 노사 양 대표자가 단체협약서를 서면으로 작성하여 서명 · 날인한다. 이 조인식에는 단체교섭에 참여해 왔던 노사 양측 교섭위원들이 모두 참석하는 것이 바람직하다. 그리고 이 자리에서 그 동안 교섭진행과정에서 나타났던 노사 간의 문제점과 과제들을 분석 · 정리하여 향후의 노사관계에 참고하는 것이 필요하며, 교섭과정에서 양측 교섭위원 간에 내재되어 있는 감정도 해소시키는 것이 좋다.

단체협약서의 문구와 내용은 향후 단체협약 내용의 해석분쟁을 예방하기 위하여 간단하고 명확하게 표현해야 한다. 가급적 단체협약 내용의 해석상 분쟁이 발생될 경우를 대비하여 그 중재방법도 미리 규정해 두는 것도 바람직하다.

한편, 체결된 단체협약이 주어진 여건에서는 최선의 선택이었음을 조합원들에게 자세히 설명하고, 교섭위원들은 교섭과 관련하여 알게된 기업경영정보 등은 비밀을 유지하여야 한다. 단체교섭 결과에 대해 전체 조합원의 인준을 받는 찬반투표를 실시하는 사례도 있는데 이는 반드시 거쳐야 할 절차는 아니다. 오히려 노사 양측의 교섭위원이 협약 체결권을 소유하고 있는 것이 교섭의 공전을 막을 수 있을 뿐만 아니라 보다 책임 있는 교섭이 이루어 질 수 있다.

6.5 생산적 교섭을 위한 고려 사항

① 교섭회의 개최 시마다 국기에 대한 경례 등 적절한 국민의례를 거행함으로써 보다 진지한 교섭분위기를 조성한다.

② 교섭안건의 수가 많은 경우에는 합의가 가능한 사안부터 우선적으로 논의하여 교섭의 진행 속도를 가속화한다.

③ 교섭장에서는 정중한 언어사용과 예의를 갖추어야 한다. 상하관계를 강조하거나 권위적인 태도는 금물이며, 고성, 욕설, 반말, 인신공격, 위압적인 행동 등은 삼가야 한다. 정장이나 근무복 차림으로 교섭장에 참석하고, 가급적 머리띠 착용이나 삭발 등은 자제한다.

④ 회의 개최시간, 발언순서 등 회의규정은 엄수한다.

⑤ 자기주장은 명료하게 설명하고, 상대방의 주장은 진지하게 경청한다. 교섭을 부당하게 지연 또는 회피하지 말아야 하며, 자기의 입장만을 고집하기보다는 객관적인 근거에 입각하여 합리적인 대안을 제시한다.

⑥ 상대방의 요구나 주장에 대해 신속하고 성의 있게 검토하여 수용여부를 밝혀야 하며, 수용할 수 없는 경우에는 그 근거와 대안을 제시한다.

⑦ 교섭과정에서 노사 양측은 인내를 갖고 교섭을 진행하여야 하며, 전부가 아니면 전무라는 식의 극단적인 자세를 버려야 한다. 즉, 미 합의사항을 지나치게 강조하여 교섭 전체의 타결 가능성을 없애지 말아야 한다.

⑧ 교섭진행 중에 조합원들에게 교섭과정이나 진척상황 등을 정확하게 알려줄 필요가 있다. 이를 위해 교섭 시 매 교섭회의별 회의록과 홍보자료 등을 노사가 함께 작성한다. 다만 발표내용은 노사 양측이 사전에 협의함으로써 불필요한 오해와 분쟁의 소지를 예방하여야 한다. 또한, 조합원들의 의견을 수시로 반영하며 요구내용에 변경이 있을 경우에는 충분한 설명을 한다.

Tips for Actors in IR System

Win-Win 단체교섭

김동원(1996), 종업원 참여제도의 이론과 실제, 한국노동연구원.

합리적인 단체교섭의 전개와 관련하여 최근 단체교섭을 제로섬게임(zero-sum game, win -lose)이 아닌 상호이익게임(positive-sum game, win-win game)으로 풀어보고자 하는 시각이 제기되고 있다. 이하에서는 김동원이 정리한 내용을 중심으로 Win-Win 교섭의 대두배경과 특징 등에 대해 간략히 소개하고자 한다.

1. Win-Win 단체교섭

Win-Win 단체교섭은 노사 양측을 함께 만족시키는 합의안을 이끌어 내는 것을 목표로 하는 노사교섭 기법으로서, 협상에 임함에 있어서 양측의 실제 관심사항을 고려하고 창조적인 대안을 공동개발하여 노사 양측을 위한 최선의 대안을 선택하는 기법이라고 정의할 수 있다. Win-Win 단체교섭은 통합적 교섭(integrative bargaining), 원칙교섭(principled bargaining), 협력적 교섭(collaborative bargaining), 최선의 교섭(best practices bargaining), 상호이익 교섭(mutual gains bargaining) 등 여러 가지 명칭으로 불리워지고 있다.

Win-Win 단체교섭의 이론이 처음 개발된 것은 1965년 미국의 노사관계 학자인 왈톤과 맥커시(Walton-McKersie)에 의해서이다. 그러나 1960년대와 1970년대에는 Win-Win단체교섭의 이론이 노사교섭에 실제 적용되기보다는 오히려 회사간의 분쟁, 법률분쟁, 국가간의 외교분쟁 등에 적용되면서 그 이론의 확장 및 발전이 이루어졌다. 1980년대 초에 들어서, 피셔와 유리(Fisher-Ury)가 Win-Win 단체교섭의 이론을 쉽게 서술한 Getting to Yes를 발간하면서 이 이론이 일반대중에게도 널리 전파되는 계기가 되었다.

2. Win-Win 교섭기법의 특징

1) Win-Win 단체교섭기법의 이론적 배경

Win-Win 단체교섭은 이중이해관계모형(dual concerns model)에 그 이론적인 근거를 두고 있다. [그림 1]에서 보듯이 이중이해관계 모형은 갈등해소의 여러 유형을 독단성(자신의 이익을 중시)과 협조성(상대방의 이익을 중시)의 정도에 의거하여 경쟁, 회피, 양보, 타협, 협력의 다섯 가지로 구분하고 있다. Win-Win 단체교섭은 이 중 협력을 통한 갈등해소 양식을 채택하고 있는 것으로 볼 수 있다.

2) Win-Win 단체교섭기법과 대립적 교섭기법

Win-Win 단체교섭의 특징은 대립적 교섭기법과의 차이를 통해 보다 용이하게 파악될 수 있다. 대립적 교섭기법에서는 노사 양측에 배분가능한 자원이 한정된 것으로 묵시적으로 가정한 상태에서 협상이 시작된다. 대립적인 교섭에서는 노사협상의 쟁점에 대하여 논쟁을 통하여 노사 양측이 각자의 입장을 주장하고 노사 양측이 갖는 힘(즉, 교섭력)에 의하여 교섭이 끝나게 된다. 즉 사안에 대하여 미리 정해둔 서로의 입장을 고집하는 경향이 있고 상대방 주장의 틀린 점을 발견하여 이를 비판하며, 상대방을 불신하고 상대방에 대하여 정보를 은폐하게 된다. 또한 교섭 중 상대방에 대한 공격을 하게 되고 그 결과 서로간의 인간적인 유대가 훼손되는 경우도 있다. 교섭의 결과 협상의 승자와 패자가 뚜렷이 구분되어 나타나는 경우가 많다.

반면, Win-Win 단체교섭에서는 노사 양측에 배분 가능한 자원이 당사자들의 노력 여하에 따라서 팽창 가능한 것으로 가정하여 협상이 진행된다. 즉 노사 협상의 쟁점에 대하여 양측의 입장을 주장하기보다는 실제 관심사항이 무엇인지를 파악하고, 양측의 관심사항을 함께 충족시킬 수 있는 창조적인 대안들을 함께 개발하며, 객관적인 기준으로 각 대안들을 평가 선택하는 과정을 밟게 된다. 따라서, 교섭의 결과 협상의 승자와 패자가 구분되지 않고 노사 양측이 모두 협상을 통하여 긍정적인 결실을 거둘 수 있게 하는 것이 그 목적이다.

Win-Win 단체교섭에 있어서 특이할 만한 것은 노사 간에 배분할 수 있는 자원이 팽창 가능한 것으로 가정한다는 점이다. Win-Win 단체교섭을 주창하는 학자들에 의하면, 조직의 자원은 아래의 방법으로 팽창가능하다고 한다.

첫째, 노사 양측이 가진 정보를 서로 교환하고 노사 양측이 협조하여 경영성과를 향상시키거나, 둘째, 창조적 대안개발기법을 통하여 사측에서 생각하지 못했던 경영성과 향상방안을 작업현장의 상황에 익숙한 노조와 조합원이 제안할 수도 있고, 셋째, 개개 사안에 대하여 노사 양측이 갖는 가치가 서로 다른 점에 착안하여, 노조측이 가치를 두는 사안에 대하여는 회사 측에서 이를 적극 수용하고, 사측에 중요한 사안은 노조측에서 이를 제공하는 방법을 사용함으로써 한정된 자원의 효용가치를 증가시킬 수 있다.

또한, Win-Win 단체교섭을 행함에 있어서 쌍방의 협상태도는 대립적인 교섭기법의 경우와는 현저히 다른 양상을 보인다. 즉 노사협상에서 Win-Win 단체교섭기법을 사용한다면 노사 양측이 모두 협상의 승자가 될 수 있으며, 그러기 위하여는 노사 양측이 교섭에 임하여 서로 상대방이 승자가 될 수 있도록 도와

그림 1 Win-Win 단체교섭의 이론적 근거: 이중이해관계모형

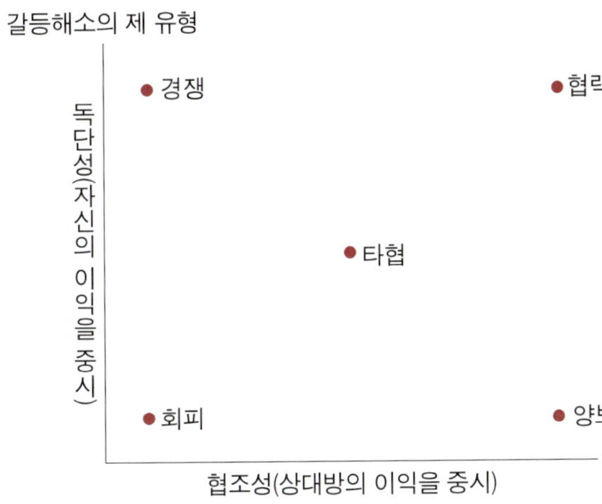

주어야 한다는 태도를 취하는 것이다. 또한, 교섭에 있어서 노사 간의 솔직한 의견교환은 더 많은 공통적 이해관계를 찾는 데에 도움이 되며 창조적인 대안개발에 도움이 된다고 보고 있다. 무엇보다도 Win-Win 단체교섭기법에 있어서는 양측이 객관적이고 공정한 대안선택기준에 의하여 해결책을 선택함으로써 대립적인 교섭에서와는 달리 힘(교섭력)에 의한 협상을 지양한다는 것이다. Win-Win 단체교섭기법의 특징을 인간관계 중시형 교섭 및 결과 중시형 교섭 스타일과 비교하여 살펴보면 다음 〈표 1〉과 같이 정리할 수 있다.

표 1　Win-Win 단체교섭과 인간관계 중시형 및 결과 중시형 교섭 스타일의 비교

인간관계 중시형	결과 중시형	Win-Win 교섭의 경우
교섭 상대방을 친구로 생각	교섭 상대방은 적이다.	교섭 당사자는 문제를 해결 하는 사람이다.
교섭의 목표는 합의다.	교섭의 목표는 승리다	교섭목표는 최선의 대안이다.
상대방과의 관계를 향상시키기 위해 교섭에서는 양보한다.	상대방과의 관계를 미끼로 상대방의 양보를 요구한다.	사람과 교섭사안을 분리하여 생각한다.
상대방과 협상의 사안에 대해 부드럽게 대한다.	상대방과 교섭의 사안에 대하여 모두 엄격히 다룬다.	상대방은 부드럽게 대하고, 사안은 엄격히 다룬다.
상대방을 신뢰한다.	상대방을 불신한다.	신뢰와는 상관없이 집행한다.
나의 주장을 쉽게 거두어 들인다.	나의 주장을 고수한다.	주장보다는 이해에 중점을 둔다.
상대방이 받아들일 수 있는 안을 제시한다.	교섭을 위해서 위협성 발언을 한다.	대안을 찾기 이전에 사안에 대한 서로의 이해관계를 파악한다.
내가 어느 선까지 양보할 수 있는지를 상대에게 알려 준다.	내가 어느 선까지 양보할 수 있는지에 대하여 연막전술을 쓴다.	양보 가능한 선을 정하지 않는다.
합의를 위해 일방적인 양보를 한다.	합의를 위해서는 일방적인 이득이 있어야 한다.	양측에서 이득을 줄 수 있는 대안을 개발한다.
상대방이 받아들일 수 있는 한 가지 대안을 찾는다.	내가 받아들일 수 있는 한 가지 대안을 찾는다.	양측이 모두 받아들일 수 있는 대안을 가능한 많이 개발한다.
합의할 것을 요구한다.	나의 주장을 받아들일 것을 요구한다.	객관적 기준에 의해 판단한다.
서로의 의지가 충돌하는 것을 피한다.	나의 의지가 관철되기 위해 충돌도 불사한다.	서로의 의지와는 상관없이 객관적 기준에 의해 결정을 내린다.
압력을 피한다.	압력을 행사한다.	압력과는 상관없이 원칙에 따라 결정한다.

◈ 연습문제

1. 단체교섭의 유형과 그 특징에 대해 설명하시오.
2. 한국의 단체협약 적용률의 현황과 문제점 및 대안에 대해 논의해보시오.
3. 한국과 일본의 기업별 교섭의 질적 차이를 비교 · 평가해보시오.
4. 한국 산별교섭의 현황과 과제 및 대안에 대해 토의해보시오.
5. 단체교섭에 있어 산별교섭과 기업별 교섭 사이의 유연한 조정(조정된 분권화)에 대해 설명해보시오.
6. 생산적 교섭의 필요성과 이를 위한 노사의 바람직한 태도에 대해 토의해보시오.
7. Win-Win 교섭의 특징에 대해 설명해보시오.
8. 한국노사관계의 단체교섭 특징과 문제점 및 대안을 논하시오.

제11장 노동자의 경영참가

01 노동자 경영참가의 의의와 유형
02 광의의 경영참가
03 노사협의제

노사협의회 현황 실태조사 결과: 2005년

2005년 자료를 기준으로 노사협의회 운영에 대한 결과를 보면 첫째, 사측의 82.1%와 근로자 측의 78.4%가 '노사협의회가 잘 운영되고 있다'고 평가하고 있어서 대체로 긍정적으로 평가함을 알 수 있다. 긍정적인 평가는 노조가 결성된 경우 상대적으로 높았고 규모별로는 대규모가 상대적으로 높았다. 둘째, '노사협의회가 목표를 달성하고 있는가'에 대한 설문에 대해서는 5점 척도를 기준으로 사용자 측은 3.54, 근로자 측은 3.42를 보여 비교적 긍정적이었다. 셋째, '노사협의회에서 합의한 내용을 준수하는가'에 대한 설문에는 사측의 77.0%, 근로자 측의 65.3%가 긍정적으로 평가하고 있었으며 부정적인 평가의 비율은 각기 2.2%, 3.2%로 상당히 낮았다.

향후 노사협의회의 활용방향에 대해서는 사용자 측은 '노사 간 마찰 사전예방, 의사소통 활성화, 생산성 향상, 그리고 근로조건 향상' 등이었으며 근로자 측도 같은 내용으로 응답하고 있었다. 노사협의회가 성공적으로 운영되는 이유에 대해서는 노사 양측은 '노사 양측의 상호신뢰와 적극 참여, 사용자 측의 적극적 관심 및 근로자 측의 적극적인 협조' 등을 들었다. 성공적이지 못한 이유로는 노사 양측이 공히 '노사 양측의 무관심과 형식적인 운영'을 이유로 들었다. 상대적으로 '노사 간의 불신'은 이유로 크게 대두되지 않았다. 마지막으로 정부의 역할에서는 노조 결성 유무와 상관없이 사용자 측은 '자율성 확대'를 가장 중시하였으며 일부는 적극적인 행정지도를 원했다.

다음으로 시간적으로 15년의 차이가 있는 1990년과 2005년의 두 실태조사 결과를 비교해 보자. 첫째, 근로자위원의 선출방식을 보면 전체적으로 중소규모의 사업장을 중심으로 직접선거의 비율이 약간 하락함을 보였다. 둘째, 합의내용의 문서화는 약간 낮아졌으며 최고경영진의 참여도도 '거의 참가'에서 '자주 참가'로 낮아졌다. 셋째, 합의사항의 이행여부를 보면 무노조 사업장은 낮아진 반면에 유노조 사업장에서는 조금 높아진 경향을 보였다. 넷째, 협의사항에 대한 참여수준도 '협의' 수준에서 '의견청취' 수준으로 낮아지고 있는 경향을 보이고 있다. 이러한 결과는 대체로 노사 간에 노사협의회에 대한 관심이 하락하고 있음을 보인다고 하겠다.

다음으로 노사협의회 운영에 대한 평가를 보면 무노조 사업장은 낮아지고 유노조 사업장은 약간 향상됨을 보인다. 노사협의회 활성화 이유와 비활성화이유는 크게 변화가 없는데 특히 비활성화 이유로 아직도 '무관심, 운영기법 부족, 형식적 운영' 등이 거론되고 있음에 유의할 필요가 있다. 정부의 역할에 대해서는 자율적 운영에 대한 요구가 증가하였으며 정부의 지도를 '적극 권장한다' 는 비율은 낮아짐을 보이고 있다.

■ 동국대학교 산학협력단, 노사협의회 운영실태 조사 및 개선방안 연구, 2007년 11월, 노동부

학습목표

노동자 경영참가의 형태, 경영참가와 산업민주주의의 관련성, 경영참가의 정치적 의의, 경영전권(management prerogatives), 성과참가, 의사결정참가, 종업원지주제도, 스캔론플랜, 럭커플랜, 노동자이사제, 노사협의제의 발달과정, 린생산방식, 다변화된 품질지향 생산방식, 사회기술체계론, 미국식 인적자원 경영모델, 참여적 조직혁신 모델

01 노동자 경영참가의 의의와 유형

1.1 경영참가의 개념과 의의

(1) 경영참가의 개념과 경영상의 의의

노동자 경영참가의 의미는 사람에 따라 서로 다르게 해석될 수 있다.노동자의 경영참가란 일반적으로 종업원들이 기업의 여러 계층의 의사결정에 참가하여 영향력을 행사하는 과정을 뜻한다. 살라몬(Salamon)에 의하면 노동자의 경영참가는 조직의 의사결정에 종업원이 경영층과 같이 참여하고자 하는 종업원의 개인적 혹은 집단적 필요성과 권리를 인식하는 조직관리의 철학이나 유형으로 볼 수 있다.[1] 국제노동기구(ILO)의 한 보고서에서는 노동자의 경영참가는 임금과 근로조건, 고용과 해고, 직업훈련, 기술적인 변경과 생산기구의 조직 및 사회적 귀결, 투자 및 계획 등의 문제에 관하여 기업수준에서 여러 가지 결정을 하거나 이를 준비하고 준수하는 데 있어서 노동자들이 영향력을 행사하는 것이라고 규정하고 있다.[2]

노동자의 경영참가는 노사관계에서 조직의 여러 수준에서의 다양한 문제에 대해 공동으로 참여하고 해결하기 위한 것이다. 그러나 경영참가를 넓은 의미로 해석하면 종업원들이 조직의 의사결정에 영향력을 행사하는 것뿐만이 아니라 종업원 지주제도와 같은 자사주식의 소유를 통한 자본참가, 스캔론 플랜(Scanlon Plan), 럭커 플랜(Rucker Plan)과 같이 기업의 경영성과에 참여하는 성과참가도 포함될 수 있다.[3]

노동자의 경영참가 개념과 산업민주화(industrial democracy)의 개념과는 구별된다. 산업민주화는 광범위한 사회적 목표를 가지며, 산업계층의 사용자의 권리를 축소, 제약하는 반면에 노동자 권리의 확대를 모색하는 것이다. 노동자의 경영참가 개념은 주로 기업 내에서의 종업원의 경영참가를 다루는 협의적인 의미를 갖는다.[4]

기업의 의사결정은 대개 회사수준(corporate level), 공장 및 부서수준(plant and department

그림 11-1 결과참가와 과정참가의 모형

자료 : 최종태, "근로자참가 어떻게 할 것인가", 노사관계개혁을 위한 워크숍 자료, 1996. 6. 19.

level), 작업장 수준(shop floor level)의 세 가지 수준에서 발생한다고 볼 수 있다.

노동자의 경영참가에 대한 경영자의 관점은 경영참가가 노사관계를 안정화시키고 협조를 도모하며 생산성을 증진시키기 위한 것으로 본다 .즉 조직의 화합, 효율성, 생산성을 향상시키기 위한 수단으로 인식한다. 그러나 노동조합에서는 노동자의 경영참가를 노사 간에 힘을 공유하고 조직의 의사결정에 종업원들의 영향력을 증가시키기 위한 것으로 본다.

경영자는 종업원의 경영참가를 작업장에서 노사 간의 협력을 증진시킴으로써 생산성과 능률을 증가시키고 노사 간의 관계를 안정시키는 수단으로 인식하는 반면에 노조는 종업원의 경영참가를 기업의 조직성과를 증진시키는 수단이라기보다는 노조와 사용자 간의 새로운 힘의 균형관계의 설립이라는 의미로 생각한다. 이와 같이 노조와 사용자는 종업원의 경영참가에 대해 서로 다른 견해를 갖고 있다.

종업원의 경영참가에 대한 논쟁의 중심적인 문제 중의 하나가 경영전권(management prerogatives)에 관한 것이며, 한때 경영층에게만 독점되어 있던 부문들에서 종업원과 노조로부터의 경영참가 압력이 증가되었다. 경영자 입장에서는 종업원의 경영참가가 경영자의 경영권을 침해하는 수단으로 인식될 수 있다. 그러나 경영참가를 통해 종업원의 경험과 지식으로 작업효율이 증진되고 노사 간의 연대의식이 향상될 수 있으므로 종업원의 경영참여를 어느 정도 인정하는 것은 경영권의 침해가 아니라 경영의 효율성을 증진시키는 방법이 될 수 있다. 그러나 기업의 최종 책임은 경영자에게 있으므로 종업원이나 노조가 적절한 한계를 넘어 경영에 참여하려 하는 것은 경영참가의 범위를 넘어 경영을 쟁취하기 위한 것으로 볼 수 있으며 이것은 노조의 목적에도 부합되지 않는 것이다.

노동자의 경영참가는 종업원 자신이 주인이라는 의식을 고취시키고 작업으로부터의 소외감에서 벗어나게 함으로써 종업원의 근로의욕을 증진시키고 근로생활의 보람을 느끼도록 할 수 있다. 경영참가는 종업원의 자주성과 창의성의 존중으로 산업사회의 문제점인 작업으로부터의 소외감, 작업의 비인간화를 극복하는 수단이 될 수 있다.

경영참가제도는 경영자가 가졌던 기존의 경영권에 대한 잠식이라기보다는 노사 간의 협력과 화합을 통한 공생을 도모한다는 데 기본적인 초점을 두어야 한다. 리피트(G. Lippit)에 의하면 종업원들에 대한 의식조사 결과 과거에 중시되었던 재정적 안정성, 승진기회, 조직목표와의 동일시 대신에 인간으로서의 존엄성, 임금, 흥미있고 도전할 만한 업무기회, 자기 업무의 중요성 인정감, 업무의 자율성, 업무와 관련된 계획 및 의사결정에의 참여 등과 같은 욕구가 중요시되는 것으로 나타났다.[5)] 경영참가는 종업원의 이러한 욕구를 충족시키는 수단이 될 수 있으며, 경영참가 특히 직접참가 노력은 근로생활의 보람(QWL) 수준을 향상시키는 데 기여할 수 있다.

(2) 경영참가의 정치적 의의

노동자와 그들의 대표조직인 노조의 입장에서 볼 때 경영참가는 노조운동의 궁극적 이상의 하나라 할 수 있다.[6)] 노동자들은 자신들의 일상적 삶을 지배하는 작업 현장에서 더 많은 참여와 자율성, 그리고 생산과정에 대한 더 많은 지식과 통제력을 가짐으로써 노동현장에서의 소외를 극복하는 것과 아울러 노동인간화에 기초한 민주적 조직을 갖기를 원한다. 노동자들의 이와 같은 열망을 실현하는 유력한 수단들 중의 하나는 조직의 모든 수준에서 경험과 지식, 그리고 자원의 공유를 실현하는 것, 즉 참여경영의 구현이라 할 수 있다.

그런데 참여경영의 이상은 노동자들의 입장에서만 소중한 것은 결코 아니다. 보다 넓은 관점에서 볼 때 노동자들이 경영과정에 참여하는 것은 민주주의의 실질적 토대를 공고화한다는 점에서도 대단히 중요한 역사적 의미를 지니고 있다. “민주주의는 공장 문앞에서 멈춘다"는 마르크스의 주장은 자본주의 사회에서 참여경영의 실현이 얼마나 지난 한 역사적 실험인가를 잘 표현하고 있다. 사실 노동자들의 경영과정에 대한 참여는 모든 나라에서 노동운동 뿐 아니라 경제민주주의의 구현과 사회의 실질적 민주화, 그리고 이를 바탕으로 한 참여민주사회의 구현에 있어서 궁극적인 목표들 중의 하나로 간주되어 왔었다.[7] 그러한 점에서 참여경영을 통한 노동세계의 민주화는 실질적 민주주의의 구현이라는 원대한 역사적 프로그램의 핵심적 위치를 점하게 되는 것이다.

또한 경영참가를 위한 노력은 보다 "민주적이고 참여적으로 운용되는 조직이 더욱 효율적으로 작동할 수 있다"는 규범적 가정에서 출발한다. 이런 점에서 우리 사회에서 참여경영의 실현이 갖는 역사적 의미 또한 간과되어서는 안될 것이다. 즉 여기서 다루는 참여경영은 경영의 효율성과 경쟁력이라는 문제의식 외에 보다 근본적으로는 참여경영을 통해 한국의 기업 현장에서 한국사회의 실질적 민주화의 뿌리를 확대해 갈 수 있다는 측면이다. 참여경영에 대한 기존의 논의들은 참여경영의 문제를 지나치게 기술적, 기법적 차원에서만 소개하고 다루어 옴으로써 이것이 내포하고 있는 보다 근본적이고 역사적인 의미, 즉 '민주적 가치를 조직이론에 도입한다'는 규범적 목표를 소홀히 해 온 것이 사실이다. 여기에서 우리는 참여경영의 실현이 민주화의 내용을 거시적 정치공간 뿐 아니라 미시적, 국지적, 일상적 조직현장에서 실천에 옮긴다는 의미에서 대단히 중요한 역사적 의미를 지니고 있다는 점을 간과해서는 안될 것이다.[8]

1.2 경영참가 진전의 배경

노동자의 경영참가는 서구에서 19세기 후반부터 논의되기 시작하였으며 1960년대에 노사관계에서 중요한 문제의 하나로 부각되었다. 그 배경을 보면 경제적인 번영과 고용의 안정화, 교육과 대중매체를 통한 지식의 증진, 기존의 가치에 대한 회의 등의 현상이 발생하였고, 사회적으로 여러 면에서 그 이전의 권위에 대한 태도의 변화가 일어나게 되었다.[9] 이러한 사회적 환경 변화에 따라 산업 내에서 물질적 보상뿐만이 아니라 조직의 경영참가에 대해서도 종업원들의 관심이 증대되었다. 동시에 산업조직이 대규모화 되고 복잡화 되어 종업원들이 그들의 일로부터 소외감을 느끼게 되었다. 조직에서 주요 의사결정은 대개 종업원 다수로부터 멀리 떨어져 있는 소수의 상위경영자들에게 집중되어 있었고, 작업의 효율성과 생산성을 증진시키기 위한 노동의 분업화와 특화의 진전으로 종업원들의 소외감이 커지게 되었다.

이러한 현상으로 노사 간의 관계에서 법적, 경제적 측면뿐만이 아니라 종업원과 그의 작업환경에서의 심리적이고 사회적인 측면의 중요성이 커지게 되었다. 산업조직은 상품과 서비스를 효율적으로 제공하는 경제적 기능뿐만이 아니라 이러한 상품과 서비스를 생산하는 종업원들에게 의미있고 만족스러운 작업환경을 조성하는 사회적 기능을 갖고 있다는 인식이 더 널리 수용되었다. 종업원의 경영참여는 기업에서 변화를 시도하고 생산성을 향상시키는 과정에서 매우 중요한 요소로 되었다. 조직 내에서 변화를 시도하는 경우 경영자가 혼자 의사결정을 하고 종업원들의 부정적인 반응에도 불구하고 이를 시행하려는 것에 비하여, 관련된 종업원들이 적극적으로 참여하는 경우 보다 효율적이고 신속하게 이를 수행할 수 있다. 의사결정에 종업원이 참여하는 것은 종업원의 지식과 경험으로 작업효율이 증진되고, 조직문제에 대한 공동분석과 해결로 종업원의 보다 능동적인 작업자세 등을 형성할 수 있다.

1.3 경영참가의 유형

노동자의 경영참가의 형태는 의사결정에의 참가방식, 참가의 조직 내의 수준, 참가의 정도 등에 따라 분류할 수 있다.[10] 노동자의 경영참가는 의사결정에의 참가방식에 따라 직접참가와 간접참가로 구분할 수 있다. 직접참가(direct forms of participation)는 종업원들이 그들의 작업 및 환경과 관련된 의사결정에 직접 참여하는 경영참가 형태이며, 간접참가(indirect forms of participation)는 종업원들이 그들의 대표나 대리인을 통해 의사결정에 참여하는 경영참가의 형태이다.

노동자의 경영참가는 조직체계 내의 여러 수준에서 이루어질 수 있으며, 경영참가는 주로 직접적 작업 수행 상황에 중점을 두는 작업중심적(task centered) 참가와 경영의 의사결정이 이루어지는 전체적인 구조와 환경을 결정하는 보다 근본적인 권한 및 의사결정과 관련된 권력중심적(power centered) 참가로 나눌 수 있다.

경영참가에서 참가의 정도는 종업원이나 그들의 대표가 의사결정에 영향을 미치는 정도를 의미하며, 경영참가의 존재의의는 종업원들이 얼마나 경영층의 사고에 영향을 줄 수 있으며 의사결정에 얼마나 참여할 수 있느냐에 달려 있다. 경영참가에서 노사 간 상호작용의 과정은 단순히 경영층이 정보를 제공하는 것으로부터 자문하는 것, 협의하는 것, 공동으로

의사결정을 하는 것 등으로 나누어질 수 있다.

직접참가는 종업원의 직접적 작업현장 상황에 초점을 두고 있다. 직접참가는 대개 경영층에 의해 주도되며, 제한된 범위에서 작업수행과 관련된 의사결정에 대한 권한과 책임을 종업원에게 줄 수 있다. 직접참가는 종업원의 직무만족(job satisfaction)을 높이고 조직의 목적이나 결정에 대한 종업원의 일체감을 증진시킴으로써 직접적으로 종업원의 동기를 유발하여 통합하기 위한 것이다. 직접참가 방식에는 직무확대, 직무충실화, 직무순환, 자율적 작업집단 등이 있다.

간접참가는 조직의 의사결정 과정에서 노사 간의 힘의 균형과 경영전권(management prerogatives)의 행사 등에 초점을 두고 있다. 간접참가는 조직의 넓은 범위의 의사결정에 종업원들의 집단적인 영향을 확대함으로써 종업원들의 이익을 보호하려 하며 종업원들이나 노동조합에 의해 주도된다. 간접참가는 이전에는 경영층의 전제적 권한이었던 주요정책과 주요조직계획 등에 종업원들의 영향력을 증대시키려는 것이다. 간접참가의 형태에는 단체교섭, 노사협의회, 노동자이사(worker directors)의 선임 등이 있다.

노동자의 경영참가는 참가수준별로 볼 때 단체교섭, 노사협의제, 노동자이사제, 작업장 수준에서의 참여 등 크게 네 가지로 구분할 수 있다. 단체교섭은 노조의 정식대표를 통한 노동자의 참가를 수반하며, 임금, 작업조건 및 그 밖의 결정사항은 경영층과 노동자 대표 사이의 협상에 의해 이루어진다.

노사협의제는 경영과 관련된 의사결정에 대해 노사 간의 상호협의를 통하여 종업원의 의견을 수렴하는 경영참가의 한 형태로써, 노사협의제의 목적은 노사 간의 이해와 협력으로 상호이익을 증진하고 협조적 노사관계를 이루기 위한 것이라 할 수 있다.

노동자이사제는 종업원 대표가 중역회의에 참여하는 경영참가 방식으로 경영의사결정에 미치는 종업원의 영향력은 중역회의에 참가하는 종업원 대표의 수 및 조직 내에서의 중역회의의 역할 등에 달려 있다.

종업원은 작업장 수준에서 의사결정에 영향을 미칠 수 있다. 종업원은 작업장에서 관리층이나 기술전문가와 함께 생산문제의 분석에 참여하며 작업방법 및 작업조건의 개선이나 새로운 직무설계에 대한 제안을 할 수 있다. 조직의 모든 계층에서 수행되는 의사결정의 본질 및 이러한 계층과 관련된 참가절차의 예는 〈표 11-1〉에 나타나 있다.

표 11-1 참가와 조직 의사결정

조직의 계층	수행되는 의사결정의 본질	참가절차
기업수준(장기적)	· 전략적 의사결정 · 목표와 목적설정, 제품의 선정과 지리적 위치, 가격책정과 마케팅 정책, 주요자본지출, 다각화, 합병, 인수, 자본증가, 이익처분	· 간접적 – 노동자이사
공장 및 부서별 수준(단기적) 공장 : 1년 또는 2년 부서별(주–일별)	· 관리적 의사결정 · 회사수준에서 정해진 목표 달성의 목적과 함께 공장수준에서 자원의 조직화와 통제화, 생산배치, 생산라인, 임용, 해고, 사원의 승진, 부서별 수준, 원가 및 품질관리, 자원의 할당, 목표량과 할당량의 달성, 생산활동의 계획과 조정	· 간접적 – 종업원위원회, 부서별, 공장수준의 노사협의회
작업장 수준(일별)	· 업무적 의사결정 · 작업의 일정계획, 안전규칙, 작업 방법, 작업 장소의 배열, 산출량, 품질관리, 종업원 훈련 등	· 직접적 – 직무충실화, 직무순환, 직무재설계 및 반자율적 작업집단의 재구성

02 광의의 경영참가

넓은 의미의 경영참가는 자본참가, 성과참가, 의사결정참가(협의의 경영참가)를 포함한다. 자본참가는 종업원들이 자기회사의 주식을 소유함으로써 자본에 참가하는 것이다. 자본참가의 주요 형태로는 종업원 지주제도와 노동주 제도가 있다.[11]

종업원 지주제도는 종업원에게 자사주식을 취득, 보유하도록 권장하는 제도를 말하며, 우리나라 기업들에서도 종업원 지주제도가 실시되고 있다. 종업원들이 자기회사의 주주가 됨으로써 기업에 대한 일체감, 애사심을 조성하여 노사 상호이익을 도모하는 효과가 있을 수 있다. 그러나 종업원 지주제도는 종업원의 보유주식 비율이 매우 낮을 때에는 발언권의 영향력이 미약하며, 주가가 크게 하락하는 경우에는 종업원들에게 경제적 손해를 가져오고 사기를 저하시킬 수 있고, 조합어용화의 가능성 등의 문제점을 나타낼 수도 있다.

노동주 제도는 종업원이 기업에 노동을 제공하는 것을 일종의 출자로 보고 종업원들에게 주식을 제공하는 제도를 의미한다.[12] 노동주는 자본을 출자하지 않고 받은 주식이므로 일반주식과는 구별된다. 그러나 노동주 제도는 현실적으로 효과가 별로없어 현재는 거의 실시되지 않고 있는 상태이다.

성과참가는 기업의 경영성과에 따라 기업의 이윤의 일부를 임금 이외의 다른 형태로 종업원들에게 분배하는 것이다. 성과참가제도는 종업원들에게 성취동기를 유발하고 종업원들의 경제적 안정을 도모하며 종업원의 동참의식을 고취시키는 등 중요한 기능을 할 수 있다. 성과참가제도의 대표적인 예로는 미국의 스캔론 플랜(Scanlon Plan)과 럭커 플랜(Rucker Plan)을 들 수 있다. 스캔론 플랜에서는 생산제품의 판매가치를 성과를 측정하는 기준으로 하며 럭커 플랜에서는 부가가치가 성과를 측정하는 기준이 된다.

의사결정참가는 종업원 혹은 노동조합이 기업경영과 관련된 의사결정에 참여하는 것을 말하며, 노사협의제, 노동자 이사제 및 작업장 수준에서의 참가 등이 이에 포함된다.

2.1 자본참가로서의 종업원 지주제도

(1) 종업원 지주제도의 개요

종업원 지주제도(employee stock ownership plan) 는 종업원의 자본참가의 대표적인 형태로서 회사의 경영방침으로 종업원이 자사주식을 취득, 소유하는 것을 추진하는 제도이다. 종업원 지주제도는 협조적인 노사관계를 도모하며 종업원의 재산형성을 촉진시키고 종업원의 소외감을 부분적으로 해소시키는 방안으로 사용되고 있다.

종업원 지주제도는 18세기 말에 영국의 광산회사에서 진정한 의미의 종업원 지주제도는 아니었지만 종업원 이익참가제를 실시함으로써 처음 도입되었으며, 그 이후 서독과 미국에서 발전하였고 제2차 세계대전 이후 본격적으로 발전하여 세계 여러 나라에서 종업원 지주제도를 실시하고 있다.

(2) 종업원 지주제도의 중요성과 문제점

자본참가는 종업원이 자사의 주식을 소유하여 종업원에게 주주의 지위를 부여함으로써 기업과 종업원의 공동체의식을 도모하고 노사협력을 촉진시킬 수 있다. 회사의 경영성과가 자기의 이익과 연결됨으로써 근로의욕이 증진되고 생산성이 향상되는 효과를 가져올 수 있으며 종업원의 애사심을 증진하고 이직을 방지할 수 있다. 그리고 종업원 지주제도는 종업원의 재산형성을 촉진시킬 수 있다. 종업원의 자사주식 취득에 회사에서 여러 가지 편의를 제공함으로써 종업원의 재산형성을 도모하고 분배문제의 해결에 도움이 될 수 있다. 종업원 지주제도 하에서 종업원이 자사주식을 구입하는 경우 구입자금의 융자 및 세제상의 혜택 등 경제적인 지원과 혜택을 받아 유리한 조건으로 구입할 수 있다.

이외에 종업원주주는 장기안정주주의 성격을 갖고 있으므로 외부자본으로부터의 경영지배를 방지하고 경영권의 안정성을 향상시킬 수 있다. 그리고 종업원 지주제도는 기업 측면에서 자본조달의 수단 역할을 할 수 있다. 그러나 자사주식의 가격이 하락하는 경우에는 종업원의 재산형성에 역효과를 가져올 수 있으며 종업원의 사기를 하락시킬 수 있다. 그리고 회사내의 자사주식 소유종업원과 비소유종업원 사이에 갈등, 분열이 생길 수 있어 생산성 향상에 부정적 영향을 미칠 수 있다.

(3) 종업원 지주제도의 형태

종업원 지주제도는 주식취득재원, 주식구입방식, 관리방식에 따라 다음과 같이 분류될 수 있다.

1) 주식취득재원에 따른 구분

① 직접구입 방식

종업원이 자기 자금으로 자사주식을 구입하는 것으로 회사에서는 종업원이 유리한 조건으로 구입할 수 있도록 편의를 제공하며, 우리나라에서는 이 방식이 주로 활용되고 있다. 이 방식은 실시하기가 용이하고 운영비용이 적게 드는 이점이 있으나 종업원의 자금력이 제한되어 있어서 실제로 큰 효과를 얻기 어려운 단점이 있다.

② 저축촉진방식

종업원이 급여액의 일부나 기타의 방법으로 회사에 저축을 하고 이것을 자사주식에 투자하는 것이다. 이 방식은 종업원의 재산형성에 도움이 되며 회사와 종업원 간의 공동투자형태가 되므로 노사협조를 촉진시킬 수 있으나 회사 측에서 높은 운영비용이 발생한다는 단점이 있다.

③ 성과분배방식

회사에서 이익의 일부분을 종업원에게 분배하고 이를 적립하여 자사주식에 투자하는 것이다. 이 방식은 종업원의 자금부담을 필요로 하지 않으며 종업원의 애사심을 고취시키고 노사 간의 협조를 도모할 수 있으나, 회사 측에서는 기업의 이익을 분배하는 것이므로 수익의 안정성에 부담이 될 수 있다.

2) 주식 구입방식에 따른 구분

① 개별적 참가방식

종업원 각자가 개별적으로 자사주식을 취득, 보유하는 것으로 대개 양도에 대한 제한이 없어 환금이 용이하나 공동참가의 경우에 비하여 연대의식이 약화될 수 있다.

② 집단적 참가방식

종업원이 공동출자하여 자사주를 구입하는 것으로 종업원의 연대의식이 높아질 수 있으나 종업원의 이동이 많을 때에는 계산이 어려운 단점이 있다.

3) 관리방식에 따른 구분

① 회사 관리방식

회사 관리방식은 종업원 소유주식을 회사가 보관, 관리하는 것으로 절차가 단순하고 비용이 절감되는 이점이 있으나, 종업원 소유주식이 회사의 경영활동에 이용될 가능성이 있다.

② 종업원 조직 관리방식

종업원 조직 관리방식은 우리사주조합과 같이 종업원이 만든 단체가 종업원들의 소유주식을 관리하는 것이다. 이 방식의 경우 회사로부터 독립적일 수 있으나 비용이 많이 드는 단점이 있다.

③ 외부기관 관리방식

종업원 소유주식 관리업무를 외부의 금융기관에 위탁하여 운영하는 것이다.

(4) 우리나라의 종업원 지주제도 : 우리사주조합제도

1) 조 직

우리나라에서 종업원 지주제도를 실시하기 위해서는 우선 종업원의 자율적 기구인 우리사주조합을 결성하여야 한다. 우리사주조합이라 함은 공개법인이든 비공개법인이든간에 전 종업원을 대상으로 하는 자사주투자조합으로서 회사와는 대등한 입장에서 종업원 지주제도의 운영에 관한 사항을 약정하고 조합원의 입회 및 탈퇴, 주식의 매매 및 지분관리 등 종업원의 소유주식을 조직적으로 관리 · 운영하는 주체가 되는 기구이다. 우리사주조합은 별도의 기구로 결성할 수도 있으며 사우회, 공제회, 노동조합 등 기존의 기구를 활용할 수 있다.

우리사주조합에 대한 법적 근거로는 소득세법 제4조 제4항에 규정되어 있는데 동 조항에서는 내국법인으로서 대통령이 정하는 요건을 갖춘 종업원 단체라 규정하고 있다. 또한 조합원의 자격은 원칙적으로 당해법인의 모든 종업원을 대상으로 하고 있다. 그러나 임원과 그 법인에 계속적으로 고용되지 아니하고 일급이나 시간급을 받는 종업원은 제외시키고 있다. 또한 우리사주조합에의 입회는 강제적인 것이 아니기 때문에 종업원은 의무적으로 이 조합에 가입해야 하는 것은 아니며 입회하고자 하는 조합원은 조합장에게 서면으로 신고함으로써 가입할 수 있다

2) 조합원의 주식취득

우리사주조합원의 자사주취득방법은 유상증자시 우선배정, 상여금대체지급, 기업공개시 우선배정 등이 있다. 가장 통상적인 방법은 유상증자에 의한 신주인수권의 우선배정이다. 공개법인 또는 상장법인의 유상증자시 그 법인의 종업원은 신규발행주식과 기발행주식의 총수에 대하여 전종업원이 소유하는 주식이 100분의 20을 초과하지 아니하는 범위내에서 신주를 우선 배정받을 수 있는 권리가 있다. 이 경우 종업원에게 배정하는 신주는 균등하게 배정하여야 한다. 또한 상장법인 또는 공개법인이 유상증자하는 경우 종업원의 청약이 있을 경우에는 전종업원의 소유주식 비율이 100분의 20에 달할 때까지는 이를 배정하여야 하며 이 경우에는 종업원이 청약한 주식의 수에 따라 안분하여 배정하도록 하고 있다.

또한 기업공개를 지정받은 법인이 공개를 하는 경우 그 법인종업원의 청약이 있을 때에는 공개하는 주식총수의 100분의 20까지 우선 배정하여 조합원이 주식을 취득할 수 있다. 그리고 우리사주조합원이 조합을 통하여 취득한 자사주는 한국증권금융㈜에 예탁하여야 하며 예탁한 주식에 한하여 세제상 각종 혜택을 부여하고 있는데 이는 자사주를 장기간 보유하게 함으로써 우리사주의 본래 목적을 달성하고자 함에서이다.

3) 우리사주제도의 운영현황[13)]

① 우리사주제도 설립 현황

우리사주조합은 2011년 말 현재 2,921개소가 설립되어 있다. 상장법인 중 86.5%인 682개 기업에서, 코스닥법인 중 80.00%인 824개 기업에서, 비상장 · 비등록법인 중 0.32%인 1,415개 기업에서 우리사주조합이 설립되어 있다.

표 11-2 우리사주조합 설립 현황

2011년 12월 말 현재

구분		상장 법인	상장 법인	상장 법인	상장 법인
설립조합수(A)	개소	682	824	1,415	2,921
대상기업수(B)	사	788	1,030	438,696*	440,514
설립률(A/B)	%	86.55	80.00	0.32	0.66
조합원수	명	877,438	111,349	231,506	1,220,293

※대상기업수 중 기타법인은 국세청 "국세통계연보" 의 주식회사 수에서 기준일 현재 상장법인 및 코스닥법인 수를 차감하였음.

표 11-3 우리사주 주식 예탁 현황

2011년 12월 말 현재

구분		상장 법인	상장 법인	상장 법인	상장 법인
예탁조합수	개소	234	264	526	1,024
예탁조합원수	명	253,948	22,212	51,499	327,659
예탁주식수	백만주	287	54	94	435
예탁주식취득가	억원	50,474	3,740	5,492	59,706
예탁조합지분율	%	1.7	1.1	1.2	1.5

표 11-4 연도별 제도 운영 현황

연도말 기준

구분		2006	2007	2008	2009	2010	2011
설립조합수	개소	2,514	2,650	2,664	2,768	2,818	2,921
예탁조합수	개소	855	900	936	988	1,001	1,024
예탁주식수	백만주	316	443	371	401	388	435
주식취득가	억원	38,514	44,543	43,249	45,589	54,210	59,706

② 우리사주 보유 현황

2011년도 기준으로 우리사주조합 2,921개 중 35.05%인 1,024개 조합에서 우리사주를 보유하고 있다. 상장법인은 682개 우리사주조합 중 34.31%인 234개 조합이, 코스닥시장 등록법인은 824개 조합 중 32.03%인 264개 조합이, 기타 법인은 1,415개 조합 중 37.17%인 526개 조합이 각 우리사주를 보유하고 있다. 또한 우리사주조합의 지분율은 1.5%로 우리사주 보유 주식 수는 증가 추세를 나타내지만 지분율은 감소하는 추세를 보이고 있다.

③우리사주 재원별 취득 현황

2011년 12월 말 현재

구 분		2010. 1				2011. 1			
		상장법인	등록법인	기타법인	계	상장법인	등록법인	기타법인	계
조합원 출연	주식수	185,261	53,614	88,916	327,791	196,474	46,530	84,501	327,505
	취득금액	2,666,422	274,665	524,203	3,465,290	3,532,029	291,591	495,998	4,319,618
회사 출연	주식수	25,073	4,034	6,987	36,094	24,268	4,368	5,760	34,396
	취득금액	832,938	9,754	32,762	875,454	933,022	10,565	36,368	979,955
대주주 등 출연	주식수	1,245	1,314	2,067	4,626	1,343	1,087	3,824	6,254
	취득금액	23,563	2,065	15,755	41,383	28,303	2,074	17,167	47,544
조합 차입	주식수	2,342	800	10,752	13,894	2,765	883	4,756	8,404
	취득금액	42,963	15,349	12,882	71,194	43,374	16,323	13,636	73,333
제권리	주식수	2,212	1,952	6,624	10,788	2,239	3,007	5,073	10,319
	취득금액	18,447	100	373	18,920	15,566	99	372	16,037
계	주식수	216,133	61,714	115,346	393,193	227,089	55,875	103,914	386,878
	취득금액	3,584,333	301,933	585,975	4,472,241	4,552,294	320,652	563,541	5,436,487

※제권리는 무상증자, 주식배당 및 현금배당금으로 취득한 자사주임

④ 우리사주 보유기간 문제

(http://blog.naver.com/PostView.nhn?blogId=woorisaju&logNo=30010344950 에서 발췌정리)

우리사주 제도하에서 주식보유 기간에 대한 논의가 많다. 이에 대해 우리사주 제도의 목적을 생각한다면 대강 다음과 같이 논의해 볼 수 있다.

첫째, 종업원이 자사주를 조합이라는 단체를 통해 매입 및 보유하는 것이다. 세계 어떤 나라를 보아도 조합이 또는 위탁업체(trust)가 자사주를 구입하는 것뿐만 아니라 추가적으로 '보유'를 관리한다. 주식매입하면 당연히 보유하는 것임에도 '보유'가 문제가 되는 이유는 진정한 보유는 단기적인 보유가 아니라, 장기보유를 의미하기 때문이다.

둘째, 왜 종업원이 자사주를 보유해야 하는가? 이 물음에 대해서는 외국의 경험을 참고로 해 볼 때 우리사주제도의 두 가지 목적으로 나누어 언급해 볼 수 있다. 먼저 우리사주 제도의 목적을 순수하게 재산증식의 수단으로 생각하는 경우이다. 개인적으로는 재산증식이지만, 국가가 세제지원을 한다는 측면에서는 사회적인 어떤 효과가 있어야 한다. 미국에서는 그런 사회적인 면은 고령화 사회에 대비한 노후소득 안정화라는 사회적 장치와 연결되어 있

다. 바로 레이건 대통령 재임 때 재정고갈 상태에서 더 이상 국가가 국민연금을 감당할 수 없다는 우려에 따라 우리나라의 국민연금에 해당하는 Social Securty(국가연금)의 고갈에 대한 대안으로 확정기여형 퇴직연금제도를 장려하고자 ERISA(Employee Retirement Income Security Act, 1974), 401(k)(1980연대) 등의 제도를 마련하고 기업출연에 대한 세제혜택 및 종업원 출연에 대한 세제혜택 등을 주었다. 그 중 가장 활발한 401(k)는 미국 전체 퇴직연금 시장의 50% 이상을 점하고 있고, 그 자금 중 70% 가까이가 뮤추얼펀드 등 주식시장에 투입되고 있다. 1980년대부터 지금까지 미국의 주식시장이 계속 커가는 이면에는 종업원 여유자금의 퇴직연금화와 그 자금의 주식시장에 대한 투입이라는 거시적인 정책과 맞물려 있기 때문에 나타난 결과이다. 두 번째 목적은 소위 말하는 '주인의식'발현에 따른 생산성 증가, 기업통제권(산업민주주의 정착) 확보 등이다. 전형적인 일차적 이해관계자로서의 목적이자 효과와 관련된 것이고, 바로 기업 내의 문제로 한정된다.

위 두 가지 목적 어떤 것들도 기본적으로 주식의 장기보유로서 달성될 수 있다. 물론 우리나라의 제도도 초기에는 외국처럼 퇴직 시까지 의무 보유하는 것으로 해 두었다. 방향은 옳았지만 너무 성급했다. 주식가치가 떨어질 경우의 리스크에 대한 대비장치가 없었기 때문이다. 주식시장의 특성상 개인의 재산권이 너무 침해될 여지가 많았고 실제로 주식시장의 버블이 사라지자 쪽박을 차는 경우도 많았다. 그러나 제도가 틀린 것인 아니었다. 그랬음에도 불구하고 '관리'적 입장에서 위기극복에만 급급해 의무보유기간을 퇴직시-7년-3년 급기야 1년으로 줄여버렸다. 제도의 기본적인 취지를 살리는 가장 중요한 목적을 제거해 버렸다. 그런 결과로 지금은 1년이라는 의무보유기간을 채우면 대부분의 자사주를 인출해서 매각해 버린다. 평균 보유기간은 1년 6개월 정도다. 이것은 우리사주 제도가 아니다. 단기적인 재산증식에만 목적이 한정되고, 제도의 기본 취지는 상실되었다. 세계 어떤 나라도 1년 이라는 의무보유기간을 설정해 둔 나라는 없다. 특별한 일이 없으면 무조건 퇴직 시까지 보유하도록 설계되어 있다. 제도가 잘 정비되지 않았다는 일본에서 조차 3년 이내에 매각하는 경우 매수가격으로 매각해야 하고, 10%의 패널티가 과세된다.

장기보유가 되기 위해서는 조합원의 과도한 차입에 따른 주식취득은 바람직하지 않다. 그렇게 되면 반드시 매각을 할 수밖에 없다. 소위 1년 의무보유기간 이후 매각이라는 정책은 한국식 주택정책 중 '전매권'이라는 상품과 매우 유사하다. 물론 1년 정도만 보유하면 되므로 상장 등의 효과로 상당한 수익이 기대될 경우, 자기 연봉 총액을 상회하는 금액을 차입해서 주식을 취득하기도 한다. 그렇게 해서 성공하면 1년 뒤 매각하거나 1년이 경과하지 않더라도 자발적 퇴직을 해버린다. 회사나 경영진의 입장에서는 '우리사주제도'가 원수가 되는 순간이다.

지금이라도 정책을 담당하는 사람과 이 제도를 사용하는 경영자나 종업원 모두는 상식에 기초한 제도의 본질적인 의미를 되살려야 한다.

4) 우리사주제도의 문제점

① 우리사주 취득 기회 제한

근로자복지기본법 제정으로 우리나라에서도 우선배정 이외에 회사, 대주주 등의 무상출연 및 조합명의의 차입을 통한 우리사주 취득이 가능하도록 되어 취득기회가 크게 확대되었다. 그러나 우선배정을 통한 우리사주 취득비율이 다소 낮아지긴 하였으나 아직도 전체 취득 규모의 절반이상을 차지하고 있다.

우선배정은 기업공개나 유상증자시 신규발행주식의 20%를 우리사주조합원에게 우선적으로 배정하는 제도이다. 기업공개는 기업생존과정에서 단 한 차례 정도 있으며, 유상증자는 수년 또는 수십 년에 한번 정도 있게 된다. 이로 인해 우선배정을 통한 우리사주 취득기회는 극히 제한적일 수밖에 없으며, 더구나 유상증자는 주로 증시상황이 좋을 때 이루어져 조합원은 상대적으로 높은 가격에 주식을 매입하게 되고 이는 주가 등락에 따른 위험이 수반되어 근로자 재산형성이라는 제도의 취지를 달성하는 데 한계가 있다.

또한 우리사주조합이 금융기관 등으로부터 차입하여 우리사주를 취득하고 회사의 출연금 등으로 상환하는 차입형 우리사주제도가 상장등록법인 우리사주조합에서 활용할 수 없고, 조합 명의의 차입금에 대한 상환재원 등이 명확하게 규정되지 않아 차입형 제도가 조합원 차입인지, 조합 차입인지에 대한 혼란을 야기하고 있다. 아울러 현행법상 우리사주조합이 설립된 기업의 근로자만이 당해 우리사주조합에 가입 가능하다. 다만, 금융지주회사법에 의한 금융지주회사의 자손자회사 중 비상장 · 비등록법인 근로자는 금융지주회사의 우리사주조합에 가입할 수 있으나, 그 밖의 일반지주회사의 비상장 · 비등록 자손자회사 근로자는 지주회사 조합에 가입할 수 없어 우리사주제도를 활용하는게 사실상 불가능하다

② 장기보유 미흡

우리사주조합원이 취득한 우리사주를 장기보유 하도록 인출금의 50%를 비과세하는 등의 세제지원을 하고 있다. 인출주식 중 3년 이상 보유율이 증가 추세에 있긴 하나 1~3년 미만 보유율이 75%를 상회하는 등 장기보유가 여전히 미흡한 실정이다.

③ 제도의 관리 · 운영이 복잡

먼저 사업주 등의 무상출현시 주식의 배정방법이 복잡하다. 사업주 등이 출연한 주식 및 금품으로 취득한 주식은 조합계정에 머문채 조합원을 대상으로 가배정하게 되며, 가배정된 주식은 3~7년 이내에 규약의 정함에 따라 일시 또는 수년에 걸쳐 개인별 계정에 배정된다. 더구나 가배정 기간 중 무상증자 또는 현금배당이 있는 경우 다시 조합계정에 귀속되어 재차 가배정해야 하는 등 제도의 운영 · 관리가 비효율적이다.

이 밖에 우리사주조합의 해산절차가 비현실적이다. 우리사주조합은 기업의 파산, 사업의 폐지 등의 사유발생시 조합원의 총회 의결로 해산하도록 하고 있다.그러나 이러한 사유발생시 근로자 대부분이 퇴직하게 됨에 따라 조합원 총회가 사실상 불가능하다.

2.2 성과참가로서의 스캔론 플랜

(1) 스캔론 플랜의 개요

종업원 성과참가의 대표적인 형태로서 스캔론 플랜(Scanlon Plan)이 있다. 스캔론 플랜은 스캔론(Scanlon)에 의하여 제안된 성과분배제도로서, 스캔론은 종업원의 참가를 통한 협조적 노사관계의 형성과 이를 통한 생산성의 향상과 성과분배를 주장하였다. 스캔론 플랜은 종업원의 경험과 지식을 활용한 생산방법의 개선과 노사 간 커뮤니케이션의 향상을 위한 제안제도와, 생산성 향상에 따른 성과배분제도로서 상여금제도를 중심으로 하고 있다. 스캔론 플랜은 노사협력에 의한 생산성 향상을 도모하기 위한 것으로 제안제도를 통하여 종업원의 지식과 경험을 활용하고 참여의식을 고취시키며 매출액을 기준으로 기업의 이익을 상여금으로써 종업원에게 분배하는 성과배분제도이다.

스캔론 플랜은 제안제도와 상여금제도를 중심으로 운영되고 있다. 스캔론 플랜에서의 제안제도는 개인중심적인 것이 아니라 집단중심적이어서 집단의 협력이 강조되고 집단전체가 어떤 제안으로부터 발생한 이익을 공유한다. 스캔론 플랜은 노사관계의 협력 증진과 생산성의 향상 등 긍정적인 효과를 가져올 수 있으나, 이의 성공에는 경영자와 종업원의 의지가 중요하다. 스캔론 플랜은 종업원의 진정한 참여를 통하여 노사협력을 증진하고 분쟁을 예방할 수 있으며 합리적인 상여금 결정으로 노사협조를 통하여 생산성 향상을 이룰 수 있다.

(2) 제안제도

스캔론 플랜의 제안제도는 생산위원회(production committees)와 상위기구인 적격심사위원회(screening committee)를 중심으로 운영되고 있다. 스캔론 플랜의 제안제도는 집단중심적이어서 사내 경쟁보다는 협력을 도모하기 위한 것이다. 생산위원회는 경영자 측 대표와 종업원 측 대표들로 구성되며 기업에서 주요 부문에 생산위원회가 설치된다. 생산위원회는 종업원의 지식과 경험을 활용하기 위하여 종업원의 제안을 개발하고 심사한다.

적격심사위원회는 종업원대표, 노조간부, 경영자 등으로 구성되며, 적격심사위원회는 경영의 성과를 분석, 검토하고 상여금 결정에 대한 토의를 하며, 생산위원회에서 채택되지 않은 제안을 다시 심사하는 상급법원으로서의 기능을 한다. 그리고 이 위원회는 기업의 중요한 문제들을 토의한다.

(3) 상여금제도

스캔론 플랜에서는 생산제품의 판매가치(sales value of production)가 성과를 측정하기 위한 기준이 된다. 스캔론 플랜에서는 생산제품의 판매가치에 대한 노무비비율을 계산하여 경영성과의 측정기준이 되는 노무비비율을 노사합의로 정한다. 매월 생산제품의 판매가치를 산출하여 기준노무비 비율에 의한 기준노무비를 계산하고 이를 실제노무비와 비교하여 절약된 노무비를 계산한다. 절약된 노무비 중 일부는 실제노무비가 기준노무비를 초과하는 달을 위하여 적립금으로 유보하고, 나머지는 종업원과 회사에 일정비율로 배분한다.

2.3 의사결정참가로서의 노동자이사제

(1) 노동자이사제의 의의

노동자이사제는 종업원대표가 경영자와 같이 중역회의에 참석하여 기업의 경영관리에 관한 의사결정에 참여하는 제도로서, 중역회의에서 종업원대표인 노동자이사(workers directors)가 경영자와 공동으로 협의하고 의사결정을 한다.

경영층과 노조는 노동자이사의 역할에 대해 서로 다른 견해를 나타내는 경향이 있다. 경영층은 노동자이사제를 주로 노사 간의 화합을 이룬다는 관점에서 본다. 노동자이사는 그들의 경험과 지식으로 중역회의의 논의와 의사결정의 질을 향상시킬 수 있으며, 중역회의의 결정사항에 대해 종업원들의 참여를 확보할 수 있고, 종업원들에게 경영층이 직면하고 있는 문제나 제약들에 대해 이해하게 함으로써 노사 간의 갈등을 줄일 수 있다. 경영층은 중역회의에 종업원대표가 참가하는 것이 상호신뢰의 분위기를 조성하고 노사 간의 협력을 증진시킬 것으로 기대한다.

노동조합들은 노동자이사제의 중요성에 대해 서로 다른 견해를 갖고 있다. 일부 노조에서는 노동자이사제의 도입은 경영층에 대항하는 노조의 영향력을 감소시키고 노조의 기능을 약화시킨다고 본다. 그러나 일부 노조에서는 종업원들에게 영향을 미치는 조직의 모든 수준에서의 의사결정을 공동으로 관리하는 것을 추구하며, 중역회의 수준의 참여없이는 노조가 주요 의사결정에 영향을 미치기가 어렵다고 본다. 노동자이사의 기능은 경영층에게 단순히 그의 견해를 밝히는 것이 아니라 그의 기능은 종업원들을 위하여 그들을 대표하고 경영자와 공동으로 의사결정을 하는 것으로 본다.

노동자이사제는 종업원들이 회사의 사정을 보다 넓게 인식할 수 있게 하고, 경영자들이 종업원들의 의견을 파악할 수 있는 기회를 제공하여 노사 간에 불필요한 갈등을 감소시킬 수 있는 긍정적인 기능을 한다. 그러나 노동자이사제에 대해서는 종업원들에게 불리한 결정에 참여하며 공동결정의 책임만 분담하게 될 가능성이 있고, 노조의 기능이 약화될 수 있다는 비판이 있다.

(2) 노동자이사제의 형태

노동자이사제에 대한 논의 중의 하나는 종업원들의 대표가 참가하는 중역회의의 기능과 힘에 관한 것으로, 노동자이사제의 형태는 기존의 중역회의에 종업원대표가 참여하는 단일 중역회의 방식과 새로운 중역회의를 만들어 이중의 중역회의 구조를 설립하는 것으로 나눌 수 있다. 이것은 노동자이사가 조직의 일반관리에 관한 세부적 의사결정에 통합적인 역할을 할 것인가 혹은 노동자이사가 보다 장기적인 정책문제에만 관여할 것인가 하는 논의와 관련되어 있다. 이중의 중역회의 구조 하에서 노동자이사는 즉각적인 전략과 의사결정이 아닌 논쟁의 여지가 적은 장기 정책문제에만 참여함으로써 갈등의 가능성을 줄일 수 있다. 그러나 이중의 중역회의 구조는 조직 내에서 경영관리의 과정과 의사결정의 책임에 대해 혼란이 일어날 수 있으며, 두 중역회의 사이에 갈등을 초래할 수 있다. 그리고 이중의 중역회의 구조는 노동자이사제 도입이 성취하려고 했던 조직 의사결정에의 종업원의 참여를 무효화하는 것과 같은 결과를 초래할 수 있다.

03 노사협의제

3.1 노사협의제의 의의와 목적

노사협의제는 경영과 관련된 의사결정에 대해 종업원에게 발언권을 주고 종업원의 의견을 수렴하는 노동자 경영참가의 한 형태이다. 그러나 노사협의회는 협의, 자문의 기능을 가지나 주요의사결정 권한을 갖고 있지 못하다.

노사협의의 목적은 노사 간에 이해와 협조로 상호이익을 증진하고 산업평화를 유지하기 위한 것이라 할 수 있으며, 노사 간에 발생하는 문제를 노사 간 협의와 대화를 통하여 해결할 수 있는 협조적 노사관계로 발전시키는 데 있다고 볼 수 있다. 노사협의회의 목적은 다음과 같은 여러 요소들을 포함하고 있다.

① 노사협의회는 조직 내에서 효율성을 증진시키는 수단이 될 수 있으며, 노사협의회의 경영 측면의 목적은 조직의 효율적인 운영과 경영의사결정의 수행에 있어 모든 종업원의 협력을 구하기 위한 것으로 볼 수 있다.

② 노사협의과정을 통해 표출된 종업원들의 욕구와 이해가 경영자의 의사결정에 반영되었다고 인식되는 경우 노사 간 화합분위기가 조성될 수 있다.

③ 노사협의회는 조직 내의 산업민주화를 위한 수단이 될 수 있으며, 노사협의회의 이 같은 측면은 노동조합이나 종업원 대표들에게 가장 관심이 있는 부분이나 실질적으로 의사결정과정이 민주적 과정이라고 보기 어려운 점이 있다. 비록 노사 간의 동반자 관계에 근거해서 의사결정이 이루어진다는 것이 산업민주화의 저변에 깔린 생각이나 노사협의회의 특징은 경영자가 일방적으로 주요 의사결정을 할 수 있는 권한을 갖고 있다는 것이다. 따라서 노사협의회는 조직 내에서 산업민주화를 도모하는 데 제한적인 역할만을 수행한다.

④ 노사협의회는 공식적 협상에 적합하지 않은 종업원들의 개인적 불만이나 고충의 처리를 위해 활용될 수 있다. 공동이해와 갈등은 모두 노사관계에 내재된 요소이며 서로 다른 방법으로 처리될 필요가 있다는 개념이 노사협의와 단체교섭의 비교의 기본이 된다. 교섭은 서로 다른 이해를 조정하는 수단이며 협의는 뚜렷한 갈등이 없는 상황에서

바람직한 행동을 촉진시키는 수단이라 할 수 있다. 이런 점에서 단체교섭은 대립적 성격을 갖고 있으며 노사협의는 협조적 성격을 갖고 있다고 볼 수 있다.

3.2 노사협의제의 발달과정

우리나라에서는 1963년에 개정된 노동조합법 제6조에 사용자와 노동조합은 노사협조를 기하고 산업평화를 유지하기 위하여 노사협의회를 설립하여야 한다고 규정함으로써 노사협의제의 법적인 근거가 마련되었으나 개념적, 선언적으로만 규정되어 있었고 구체적인 내용이 포함되지 않았었다. 1973년에 노동조합법이 개정되어 제6조 1항과 2항으로 나누어졌으며, 2항에서 노사협의회는 단체협약 또는 취업규칙의 범위안에서 생산, 교육, 훈련, 작업환경, 불만처리, 협의회의 운영 등에 관하여 필요한 사항을 협의한다고 규정하여 노사협의회의 협의사항을 구체화하였다. 그리고 1974년에 노동조합법이 개정되어 제6조 2항에 노사협의회의 협의사항으로 노사분규의 예방이 추가되었다.

1980년에는 노사협의회법이 처음으로 제정되어 노사협의제도가 강화, 발전되었다. 1987년에는 노사협의회법이 개정되어 노사협의회의 자율성을 확대하고 기능을 활성화하기 위하여 위원의 결격사유, 관계공무원 의견진술서, 노사협의회 해산 및 위원개선명령권 등을 각각 삭제하고, 사용자에게 노동자위원의 선출 방해를 금지하였으며, 사용자가 노사협의회의 정기회의에서 보고, 설명하는 사항을 보완하였다. 1988년에는 노사협의회법 시행령이 개정되어 노사협의회를 의무적으로 설치하여야 하는 사업장의 범위가 확대되었고, 근로자위원의 선출방식을 간접선거 방식에서 직접선거방식으로 전환하고 사업의 특수성에 의하여 부득이한 경우에는 간접선거로 선출할 수 있도록 하였다.

이후 1997년 3월 노사협의회의 기능강화를 통해 근로자의 경영참가를 촉진하기 위해 기존 노사협의회법을 근로자참여 및 협력증진에 관한 법률로 개정하였다 이하에서는 그 중요한 특징을 구노사협의회법과 대비하여 살펴보고자 한다.

3.3 신노사협의제의 특징[14)]

신법(2007. 12. 27 개정)은 기존의 노사협의회법을 근로자참여 및 협력증진에 관한 법률(이하 「법」이라고 함)로 그 명칭을 변경하고, 노사협의회 의결사항을 신설하고 협의사항을 확대하며, 근로자위원의 선출방식을 합리적으로 개정하고 근로자위원에게 자료제출요구권을 부여하며, 협의회 운영상 분쟁에 대하여 임의중재 규정을 신설하고 중앙노사정협의회를 신설하여, 참여와 협력의 노사관계의 기반을 조성하고 있다.

(1) 노사협의회 설치기준

노사협의회는 근로조건의 결정권이 있는 사업 또는 사업장단위로 설치하여야 하는데, 상시 30인 이상의 근로자를 사용하는 사업이나 사업장에는 노사협의회 설치의무가 있다(법 제4조, 동법시행령 제2조). 구 노사협의회법상 노사협의회 설치의무가 있는 사업 또는 사업장은 상시 50인 이상의 근로자를 사용하는 사업 또는 사업장이고, 50인 이상의 사업이나 사업장이라 하더라도 일정한 업종에 대해서는 그 설치의무가 없던 점에 비추어 보면(구법 제4조, 동법 시행령 제2조), 노사협의회 설치의무 사업장의 범위가 상당 부분 확장되었다.

(2) 근로자위원 선출방식

종전에는 노동조합이 조직되어 있는 경우에는 근로자위원을 노동조합의 대표자와 그 노동조합이 위촉하는 자로 하여(구 노사협의회법 제6조 제2항), 노동조합이 당해 사업장 근로자를 대표하는지 여부에 상관없이 근로자위원을 맡도록 하여 불합리한 결과가 초래되기도 하였던바, 개정법에서는 이를 합리적으로 수정하였다.

법 제6조 제2항에서는 노사협의회 근로자위원의 선출과 관련하여, 근로자의 과반수로 조직된 노동조합이 있는 경우에는 노동조합의 대표자와 그 노동조합이 위촉하는 자가 근로자위원이 되지만 그렇지 아니한 경우에는 근로자위원을 근로자가 선출하도록 하고 그 선출방식은 대통령령으로 정하도록 하여(동법 시행령 제3조 참조), 근로자위원이 당해사업 내지 사업장 근로자대표로서의 대표성을 갖도록 정하였다.

(3) 의결사항 신설

개정법은 주요 노사 관심사항에 대한 노사협의회의 의결권을 부여함으로써 노사의 이해와 협조를 바탕으로 경쟁력과 생산성을 향상하고자 하고 있다.

의결사항으로는 근로자의 교육훈련 및 능력개발 기본계획의 수립, 복지시설의 설치와 관리, 사내근로복지기금의 설치, 고충처리위원회에서 의결되지 아니한 사항, 각종 노사 공동위원회의 설치가 규정되어 있다(법 제21조). 이러한 사항에 대해서는 노사협의회의 일반적인 의결정족수와 같이 근로자위원과 사용자위원 각 과반수의 출석과 출석위원 3분의 2 이상의 찬성으로 의결되며(법 제14조), 근로자와 사용자는 협의회에서 의결된 사항을 성실하게 이행하여야 하는데(법 제23조), 의결사항을 정당한 사유 없이 이행하지 아니하는 경우에는 1,000만원 이하의 벌금이 부과된다(법 제30조 제2호).

(4) 협의사항 확대

구법에서는 노사협의회 협의사항으로 생산성 향상 및 근로복지 향상에 관한 사항, 근로자 교육훈련에 관한 사항, 노사분규 예방에 관한 사항, 근로자의 고충처리에 관한 사항, 안전 · 보건 · 기타 작업환경 개선에 관한 사항, 인사 · 노무관리의 합리적 운영을 위한 제도개선에 관한 사항, 기타 노사협조에 관한 사항을 열거하고 있었다(구법 제20조).

개정법에서는 이러한 기존의 협의사항에 성과배분에 관한 사항, 근로자의 채용 · 배치에 관한 사항, 노동쟁의의 예방, 근로자의 건강증진, 경영상 또는 기술상의 사정으로 인한 인력의 배치전환 · 재훈련 · 해고 등 고용조정의 일반원칙, 작업 및 휴식시간의 운용, 임금의 지불방법 · 체계 · 구조 등의 제도개선, 신기계 · 기술의 도입 또는 작업공정의 개선, 작업수칙의 제정 또는 개정, 종업원지주제 기타 근로자의 재산형성에 관한 지원사항, 직무발명 등과 관련한 해당 근로자에 대한 보상에 관한 사항, 근로자의 복지증진, 사업장 내 근로자 감시설비의 설치, 여성근로자의 모성보호 및 일과 가정생활의 양립을 지원하기 위한 사항, 그 밖의 노사협조에 관한 사항 등을 추가하여 협의기능을 활성화하고자 하고 있다(법 제20조 제1항).

(5) 근로자위원 자료제출 요구권 신설

법 제22조 제1항에 의하면 사용자는 정기회의에 경영계획 전반 및 실적에 관한 사항, 분기별 생산계획과 실적에 관한 사항, 인력계획에 관한 사항, 기업의 경제적 · 재정적 상황을 성실하게 보고하여야 한다. 보고사항의 내용은 구법상의 규정(구법 제21조 제1항)과 같다. 그런데 개정법에서는 사용자가 이러한 사항에 대하여 보고 · 설명을 이행하지 아니하는 경우에는 근로자위원은 위 사항에 대한 자료의 제출을 요구할 수 있다고 규정하여, 근로자위원의 자료제출요구권을 신설하고 있다(법 제22조 제3항). 사용자는 이러한 요구에 성실히 응하여야 하며(법 제22조 제3항),사용자가 정당한 사유없이 이 자료제출 의무를 이행하지 아니한 때에는 500만원 이하의 벌금이 부과된다(법 제31조).

(6) 임의중재 규정 신설

개정법은 노사협의회에서 의결된 사항의 해석이나 이행방법 등에 관하여 의견의 불일치가 있는 경우 이를 해결할 수 있도록 임의중재제도를 신설하고 있다. 법 제25조 제1항은, 노사협의회는 의결사항에 관하여 협의회가 의결하지 못한 경우, 협의회에서 의결된 사항의 해석 또는 이행방법 등에 관하여 의견의 불일치가 있는 경우에는 근로자위원 및 사용자위원의 합의에 의하여 협의회에 중재기구를 두어 해결하거나 노동위원회 기타 제3자에 의한 중재를 받을 수 있다고 규정하고 있다.

이 규정에 의한 중재재정이 있는 경우에는 협의회의 의결을 거친 것으로 보며 사용자와 근로자는 이에 따라야 하고(법 제25조 제2항), 이러한 중재재정의 내용을 정당한 사유 없이 이행하지 아니한 자에 대하여는 1천만원 이하의 벌금이 과하여진다(법 제30조 제3호).

(7) 중앙노사정협의회 신설

개정법은 종전의 중앙노사협의회를 확대개편하여 중앙노사정협의회를 설치하여 국가의 주요 노동문제를 협의하도록 하였으나 이 조항은 2006년 12월 개정시 삭제되었다.

Status Quo in KIR

한국 노조의 경영참가 실태

노진귀(2006), 작업장 참여와 노동조합, 뉴패러다임센터, pp.31~38.

1. 유노조기업의 참여관행 도입실태 및 노조참여

근래의 유노조기업 참여관행 도입실태는 김정한(2002), 이주희 외(2005)에 의해 부분적 또는 전면적으로 파악되고 있다. 김정한(2002)은 제조업 상시고용 100인 이상 2,533개 업체 중 2001년도의 동종 설문조사에 응답한 1,033개 업체의 경영자와 근로자대표를 대상으로 서면우편 조사하여, 그 중 회수된 유효표본 경영자 235개, 근로자대표 207개를 대상으로 분석하였다. 이 중 2001년도 조사와의 시계열분석에 사용된 표본수는 219개이다. 이주희 외(2005)는 2004년도 노동연구원 '사업체패널조사'(인사담당자 2,004개 사업장, 노무담당자 2,007개 사업장, 근로자대표 1,068개 사업장에서 각각 응답)를 기초로 하였다. 김정한(2002)의 조사는 전반적인 참여실태에 대해 유노조, 무노조 기업 간 비교를 하고 있다.

〈표 1〉은 경영자를 대상으로 한 것이며 근로자대표를 대상으로 조사한 것보다 각 항목의 채택비율이 대

표 1 참여관행 도입의 유노조 · 무노조 간의 비교(경영자 대상)

항 목	유노조	무노조
종업원 간담회	62.1	73.1
정기적 근로자 설문조사	30.4	29.3
정기적 소식지	31.0	21.0
호프타임 등 비공식 미팅	36.2	29.3
집단성과 배분제	38.9	38.7
경영설명회(종업원 대상)	27.4	27.1
경영설명회(노사협 위원)	38.0	42.6
집단성과의 사전협의, 합의	70.2	67.2
생산직의 보전업무 담당[1]	30.6	41.9
품질책임[2]	21.6	21.5
로테이션(능력개발)	33.0	36.1
로테이션(작업부담 균등화)	46.4	47.0
로테이션(지루함 경감, 산업안전차원)	11.4	6.0
소집단활동[3]	41.1	34.5
제안제도	91.4	88.4
작업배분[4]	15.8	10.0
로테이션 결정[5]	5.9	6.9
작업시간 결정[6]	18.5	12.2
작업방법 결정[7]	15.8	12.2
작업속도 결정[8]	16.8	13.3
작업량 결정[9]	4.9	2.2
신입사원채용	0	0
훈련	0.9	1.1

주 : 1) : 생산직이 반 이상의 보전을 담당하는 경우

2) : 이전공정으로부터의 부품과 현공정의 재공품에 대한 품질책임을 초과하는 품질책임

3) : 생산직 50%이상이 참여하는 경우의 비율

4)~9) : 해당 팀원들이 결정하거나 팀원과 팀장 간의 공동 결정

자료 : 김정한(2002)

표 2 경영사안에 대한 근로자참여 범위

	경영계획	조직개편	경영혁신	생산성	신기계	작업조직	소집단
한국노총	2.7	2.7	2.7	3.3	2.6	3.0	2.9
민주노총	2.3	2.4	2.4	2.7	2.5	2.8	3.4
	인사노무	훈련	성과분배	복리후생	분사하청	고용조정	
한국노총	3.1	3.3	3.5	4.2	3.2	4.2	
민주노총	3.6	3.1	3.6	4.2	3.4	4.1	

주 : 정보제공 없음 1점 - 노사합의 6점.

자료 : 이주희 외(2005), p.21.

표 3 **근로자 경영참여가 필수적인 분야**

	한국노총	민주노총	무노조
재무참가	14.8	12.7	8.8
고용안정	40.1	54.4	27.3
근로시간단축 등 근무조건	28.2	13.9	42.3
인사정책	11.6	14.6	8.0
생산성 및 경쟁력 향상	5.4	3.8	13.4
기타	0	0.3	0.6
계	100.0	100.0	100.0

자료 : 이주희 외(2005), p.35.

체로 10% 정도 더 높게 나타나고 있다. 제안제도, 종업원간담회, 집단성과 사전협의 등의 도입비율이 높고, 커뮤니케이션 관련 사항은 30%대, 로테이션, 보전 및 품질책임 등도 30%대, 작업장사항의 반자율적 결정은 10%대, 노동인간화 목적의 로테이션도 10%대의 채택비율을 보이고 있다. 채용 및 훈련에의 참여는 거의 전무한 상태이다. 이 조사에서는 유노조, 무노조간 유의미한 차이가 발견되지 않는다. 노조가 반대는 하지 않지만 그렇다고 적극적으로 추동하지도 않는 것으로 보인다. 김정한(2002)도 표본수의 한계는 있지만 노조 유 · 무나 상급단체 변수가 노사관계혁신에 미치는 영향력은 줄어들었다고 평가하고 있다.

이주희 외(2005)의 분석한 바에 따르면 한국노총 조직이든 민주노총 조직이든 복리후생이나 고용조정을 제외하면 참여정도는 높지 않게 나타나고 있다. 금전적인 사항이나 고용안정에 관한 참여가 상대적으로 높은 것으로 나타났다. 의사결정에 참여하는 평균적인 수준은 '의견을 개진할 수 있다'는 정도임을 보여주고 있다. 김동배 외(2003)가 2003년도 '사업체 패널조사' 중 제조업 사업장 554개를 대상으로 분석한 결과에 있어서도 근로자 참여정도는 높지 않게 나타난다. 정보공유는 1점 만점에 0.53으로 상대적으로 높게 나타나지만 작업장 참가는 1점 만점에 0.39로 낮게 나타나고 있다. 노조는 성과분석을 제외하면 경영참여와 부(−)의 관계에 있는 것으로 분석하고 있다.

2. 노조태도 및 정책

기업단위 노조들의 참여에 대한 태도는 전술한 김정한(2002) 및 이주희 외(2005)에 의해 부분적으로 나타나고 있다.

이주희 외(2005)의 분석에 따르면 근로자경영참여가 반드시 필요한 분야로 양대 노총조직 모두 고용안정과 노동시간단축을 꼽았고, 생산성 및 경쟁력 향상은 5.4%와 3.8%에 불과하였다. 무노조의 경우도 고용안정 및 노동시간 단축을 가장 필요한 분야로 꼽았으나, 고용안정보다는 노동시간단축의 비율이 훨씬 더 높다. 또한 생산성 및 경쟁력향상을 꼽은 비율은 무노조가 13.4%로 노총조직에 비해 높다. 이것은 우선순위에 관한 조사이기 때문에 각 항목에 대한 절대평가는 달라질 수 있다.

김정한(2002)의 조사는 참여적 · 혁신적 노사관계시책에 대한 노동조합의 태도가 그다지 부정적이지 않은 것을 보여주고 있다. 표본의 근로자대표들은 참여적 · 혁신적 노사관계시책이 노동자와 노조에 초래할

표 4 **참여적 · 혁신적 노사관계시책에 대한 노조의 인식**

	고용불안 야기	노동강화	스트레스	개인주의	대 노조 관심저하	노조 영향력 저하	노조 정책과 상치	상급노조 정책과 상치
유노조	2.55	2.95	2.89	2.84	2.67	2.78	2.72	2.87
한국노총	2.54	2.92	2.87	2.87	2.69	2.79	2.71	2.88
민주노총	2.38	2.69	2.69	2.38	2.38	2.44	2.38	2.38
무노조	2.33	2.44	2.46	1.42	2.38	2.33	2.31	-

주 : 점수산정은 전혀 그렇지 않다 1점 - 매우 그렇다 5점을 주어 환산
자료 : 김정한(2002), p.5.

표 5 **참여적 · 혁신적 노사관계시책에 대한 노조의 자세**

	근로자 설득	경영진에 협조	부작용 감수	근로자 불만감수	상급단체 반대에도 추진
유노조	3.58	3.47	3.03	2.76	2.78
한국노총	3.56	3.47	3.03	2.77	2.79
민주노총	3.38	3.38	3.06	3.00	2.87
무노조	3.58	3.59	3.27	3.21	-

주 : 점수산정은 전혀 그렇지 않다 1점 - 매우 그렇다 5점을 주어 환산
자료 : 김정한(2002), p.55.

수 있는 부작용의 평가에 있어 약간의 부작용이 있다는 정도의 인식을 보여주고 있다. 또한 참여적 · 혁신적 노사관계시책에 대한 자세의 측면에 있어서는 훨씬 더 적극적인 태도를 보여주고 있다.

한편 참여관행 지지를 촉진할 것으로 보이는 조합원의 배경의식은 노조의 의식보다 더 앞서고 있는 것으로 보인다. 한국노총이 산하조합원 1,293명을 대상으로 행한 2001년도 의식조사와 1,193명을 대상으로 행한 2004년도 의식조사에 따르면 제조업의 경우 노사관계는 2001년도의 경우 협력적이다 64.0%, 그저 그렇다 28.0%, 대립적이다 8.0%이고, 2004년도의 경우 협력적이다 89.0%, 대립적이다 11.0%이다. 두 조사결과로 미루어볼 때 2001년도 조사의 '그저 그렇다'는 상당 정도 '협력적이다'라는 쪽으로 옮겨온 것으로 보인다. 2001년도 생산성향상에 대한 노조태도는 무조건 지지한다 55.5%, 보수 및 복지로 보상된다면 찬성한다 30.4%, 반대 7.1%이고, 2004년도 조사의 경우는 무조건 지지한다 47.9%, 보수 및 복지로 보상되는 경우 찬성한다 46.8%이며 반대한다 1.7%이다. 무조건 지지하는 비율은 낮아지고 보수 및 복지 연계시 찬성하는 비율이 높아지고 있다. 경제상황의 호전이나 청년층의 실리주의강화가 이러한 의식변화를 수반하는 것으로 추정된다. 그러나 생산성향상을 지지한다는 비율은 85.9%에서 94.7%로 높아지고 반대한다는 비율은 7.1%에서 1.7%로 낮아지고 있다. 2004년의 경우 경영상태가 양호하다 63.2%, 좋지않다 36.7%로 경제상태가 비교적 좋음에도 생산성향상비율이 높게 나타나고 있는 것이다. 단기적 경제상태와 관계없이 생산성지지의 이데올로기가 계속 강화되고 있는 것으로 보인다. 고용과 임금 중 고용을 중시하는 비율은 68.0%, 임금을 더 중시하는 비율은 32.0%로 고용을 중시하는 비율이 2/3를 넘고 있다(2004년 조사). 그렇다

고 기업수준의 고용불안도가 그만큼 높은 것은 아니다. 고용불안이 크다 33.5%, 별로 크지 않다 60.8%, 안정적이다 5.8%를 보여주고 있다. IMF경제위기를 거치면서 경제불안에 따라 언제든지 다시 고용위기에 직면할 수 있다는 일반적 위기감이 형성되고 그에 따라 노조운동에서 고용중시의 이데올로기가 강화되고 있는 것으로 보인다. 그러나 이러한 의식은 노조운동 일반에 있어서 참여관행 지지정책으로 모아지지는 않고 있다. 기업별 수준에서는 국지적으로 그러한 정책들이 나타나고 있으나 전국적 노동조직수준에서는 그러한 움직임이 별로 나타나지 않는 양상이다.

1987년 노동자 대투쟁 이후의 노조운동은 단체교섭을 통한 규제적(대립적) 참여에 중심을 두었기 때문에 경영참가도 산업민주화 차원에서 접근하고 있다. 가령 민주노총은 1996년에 '노동조합의 경영참가'라는 연구서를 발간하는데 그 서문은 "최근 들어 기업측의 경영합리화전략이 강화되면서 노조의 경영참가에 대한 관심이 점점 커지고 있다. 한편, 기업측이 '협력적 노사관계' 구축을 추진하는 가운데 다양한 형태의 생산성향상운동과 품질개선활동을 개발하여, 이를 '경영참가'라 부르며 노동자들의 경영참가에 대한 관심과 요구를 왜곡하고 있어 이에 대한 올바른 비판과 대응의 필요성이 제기되고 있다"고 분석하고 있다. 그리고 "경영참가가 노동조합의 기업별 분산화나 협력적 노사관계 구축에 이용될 수 있는 가능성을 갖고 있기 때문에 노동조합이 경영참가를 추진하는데 신중을 기하지 않으면 안 된다"고 하는 등 경계적 태도를 보여주고 있다. 민주노총은 현재까지 참여관행에 대한 입장변화가 있는 것으로 보이지 않는다.

이에 비해 한국노총은 일찍부터 보다 구체적인 입장을 제시하고 있다. 한국노총은 1991년도 정기대의원대회에서 '1990년대 한국노총의 운동기조와 활동방침'을 채택하는데 동 방침에서 '산업민주주의와 참가민주주의 확립'을 내걸었고 세부방침으로서 첫째 경영참가권의 확보, 둘째 이익균점권의 확보, 셋째 소유참가의 실현, 넷째 정부정책기구에의 참여와 경제사회심의회의 기구의 설치, 다섯째 기술혁신과 노동의 인간화 실현을 제시하고 있다. 그리고 노동의 인간화 실현과 관련하여 ① 인간다운 생활을 가능하게 하는 적정임금의 보장, ② 연금 및 유급휴가 등의 확대, ③ 인간다운 작업환경, 근로조건 및 산업안전의 확보, ④ 지속적이고 안정적인 고용의 보장, ⑤ 노동3권의 확고한 보장, ⑥ 노동자 개인의 성장과 발전을 촉진하는 인사체제의 확립, ⑦ 기업경영에의 노동자참여의 보장, ⑧ 직장에서 노동자의 민주적 제권리의 보장, ⑨ 노동시간의 단축, ⑩ 만족과 보람을 제공하는 노동 및 참가에의 욕구충족, ⑪ 직장 및 사회생활에 있어서의 노동자 인격의 보호 및 확대 등을 들고 있다(한국노총, 1991).

또한 2002년도 정기대의원대회에서 채택된 21세기 한국노총 운동기조에서는 노동자의 경영참가가 인정될 경우 생산성의 문제와 그것이 노동자에게 미치는 영향에 대해 노사가 협의하고 공동 결정하는 것은 가능하나 노동조합주의가 가능한 범위 내에서라는 제한을 두고 있다. 그리고 수량적 유연성에 대해 기능적 유연성강화를 대안으로 제시하고 있고 노동의 질을 높이는 문제에 대해 중점을 두고 있으며 작업장의 인간화를 도모해야 한다는 입장을 보여주고 있다(한국노총, 2002). '1991년대 운동기조'는 노동의 인간화차원에서 접근하고 있고 '21세기 운동기조'는 조건 충족시 파트너십으로 발전시킬 가능성을 부분적으로 내비치고 있다.

한국노총은 WTO체제 출범에 따라 1995년에도 비록 새로운 운동기조의 채택에는 이르지 않았지만 대립과 투쟁의 적대적인 관계를 청산하고 상호 신뢰하고 협력하는 동반자적인 관계로 바뀌어가는 것이 세계적 추세임을 지적하면서 "자율과 창의에 입각한 미시적 · 거시적 차원의 3자 협력체제의 구축을 통해 노사관계의 질적 개선을 도모"할 필요성을 제기하고 있다(한국노총, 1995, 275). 그러나 이러한 운동기조는 일상적인 활동으로 구체화되지는 않았다.

◈ 연습문제

1. 경영참가의 유형별 특징과 장단점에 대해 설명해보시오.
2. 지식경제하에서 노동자의 경영참가가 어떤 의미를 갖는지 그 필요성과 향후 전망에 대해 토의해보시오.
3. 경영참가와 산업민주주의의 상호관련성에 대해 설명해보시오.
4. 성과참가의 유형으로서의 스캔론 플랜과 럭커플랜, improshare 방식에 대해 설명하고 그 차이를 비교 · 평가해보시오.
5. 노동자이사제의 찬반논쟁의 논거를 비판하고 대안을 제시해보시오.
6. 근참협법(근로자참여와 협력증진에 관한 법률)의 도입배경에 대해 설명해보시오.
7. 한국 노동조합의 경영참여에 대한 태도와 문제점에 대해 토의해보시오.

제12장 단체행동과 분쟁의 조정

현대 · 기아차 노조, 파업 들어가나

노사 이견 크고 시간 촉박해 파업 불가피 관측

정성호 기자 = 현대 · 기아자동차 노동조합이 13일 파업을 가결함에 따라 이들 사업장의 파업이 사실상 '초읽기'에 들어갔다.

중앙노동위원회의 조정 기간인 19일 이전에 노사가 극적타결에 이른다면 파업을 피할 수 있지만 노사 간 이견이 큰 데다 물리적 시간이 촉박해 파업이 불가피할 것으로 업계는 보고 있다.

◇경과와 향후 절차는

현대차 노사는 5월 28일 노사 상견례를 가진 뒤 17차에 걸친 본교섭을 벌여왔다.

그러다 노조가 6일 여름휴가 후 가진 임단협에서 '협상 결렬'을 선언했다. 회사가 조합원이 납득할 만한 일괄 제시안을 내놓지 않았기 때문이라는 것이다. 노조는 7일 중노위에 노동쟁의 조정신청을 냈다.

사측은 '짜맞추기식 파업' 아니냐는 시각이다.

현대차 관계자는 "서로의 요구사항을 단 한 차례 밝히고 조율한 상황에서 최종안을 일괄 제시하라는 것은 무리한 요구"라고 말했다.

기아차 노사 역시 7월 2일 상견례 후 5차례의 본교섭과 5차례의 실무교섭을 진행한 상황에서 6일 '최종안 일괄 제시' 요구가 받아들여지지 않자 노조가 교섭 결렬을 선언했다.

중노위는 열흘간의 조정기간을 거친 뒤 19일 조정회의를 열어 조정 중지 또는 행정지도 가운데 한 가지 판단을 내린다.

조정 중지는 노사 간 교섭의 여지가 없다고 보고 합법적인 쟁의행위의 길을 터주는 결정이다. 행정지도가 나오면 노사 양측은 좀 더 성실교섭을 위한 노력을 기울여야 한다. 그러나 이때도

현대차노조 파업 투표 '가결' (울산=연합뉴스) 김근주 기자 = 김홍규 현대차 노조 수석부지부장이 14일 파업 찬반 투표결과, 전체 조합원 대비 찬성률 70.81%로 가결됐음을 선언하고 있다. 2013.8.14. ≪지방기사 참조≫ canto@yna.co.kr

한두 차례 교섭이 이뤄지면 다시 조정신청을 낼 수 있다.

자동차업계 관계자는 "최근 중노위가 행정지도를 내린 사례가 거의 없다"며 "대체로 합법적인 파업이 가능하도록 해주는 결정이 많다"고 말했다.

조정 중지 결정이 나오면 현대·기아차 노조는 20일부터 파업에 들어갈 수 있게 된다. 다만 실제 파업 돌입 시기는 파업 효과의 극대화 등을 감안해 다소 뒤로 늦춰질 수 있다.

◇향후 전망은

현대·기아차 모두 지난해에도 파업에 들어간 바 있어 이번에도 쟁의행위에 돌입할 개연성이 높다.

파업은 통상 '잔업 거부 → 부분 파업 → 전면 파업' 등 단계적으로 강도를 높이는 방식으로 전개된다. 초반부터 전면 파업에 들어가기보다 저강도 파업에서 점차 수위를 높여 사측을 압박하는 수순을 밟게 된다.

다만 올해 현대·기아차가 주간연속 2교대 제로근무 형태를 전환하면서 잔업 시간이 하루 4시간(주·야간 2시간씩)에서 1시간으로 줄어든 점은 노조에 부담이 될 수 있다는 관측도 업계에선 나온다.

잔업 거부만로는 생산 차질에 따른 타격이 크지 않다는 것이다.

파업에 들어가더라도 추석(9월 19일) 이전에는 임단협이 타결되지 않겠느냐는 것이 업계의 대체적인 관측이다. 장기 파업은 사측에도 부담이지만 노조 역시 임금을 받지 못하게 돼 경제적 타격이 커진다.

해외공장이 늘면서 파업으로 국내 공장 생산분이 줄더라도 해외에서 이를 만회할 수 있게 된 점은 또 다른 변수다. 사측으로선 그만큼 협상에서 유리해진 셈이기 때문이다.

실제 윤여철 현대차 노무담당 부회장은 "노조 파업은 국내 생산 물량을 해외로 내쫓는 결과만 초래할 것"이라며 "해외공장에 비해 생산성도 낮은 노조가 파업을 통해 무리한 요구를 하는 건 절대 받아들일 수 없다"고 말하기도 했다.

현대차그룹 관계자는 "생산 차질이 생기면 해외공장을 가동해서라도 부족분을 메워야 소송 등을 피할 수 있다"며 "윤 부회장 발언은 원칙적인 입장을 언급한 것"이라고 설명했다.

■ 연합뉴스, 2013. 8. 14

학습목표

정치파업의 합법성 여부, 동정파업, 합법적 스트라이커의 조건, 살쾡이 파업, 사보타주, 준법투쟁의 합법성 여부, 보이콧, 피케팅, 위법한 쟁의행위의 책임범위, 직장폐쇄의 의미와 효과, 이익분쟁, 권리분쟁, 임의조정제도, 조정전치주의, 필수공익사업, 냉각기간, 긴급조정제도, 부당노동행위의 유형, 부당노동행위의 구제절차, 필수공익사업의 필수유지업무제도

노동조합의 단체행동인 쟁의행위는 노동쟁의권의 행사로서 단체교섭의 진행과정에서 교섭의 당사자가 자신의 요구조건을 관철시키기 위해 상대방에게 압력을 가하여 경제적 손실을 초래하게 하는 것을 의미한다. 이에 관하여 헌법 제33조는 노동자의 단체행동권으로서 쟁의권을 보장하고 이에 근거하여 노동관계조정법이 제정되어 합법적인 쟁의행위의 정당성이 인정되고 있다.

쟁의행위의 정의에 관하여 현행 노동조합 및 노동관계조정법 제2조는 다음과 같이 규정하고 있다. "쟁의행위라 함은 파업, 태업, 직장폐쇄 기타 노동관계당사자가 그 주장을 관철할 목적으로 행하는 행위와 이에 대항하는 행위로서 업무의 정상적인 운영을 저해하는 것을 말한다." 따라서 이 법에 근거한 노동조합의 정당한 쟁의행위나 사용자의 대항행위에 대해서는 형사상의 책임이 면제되므로 쟁의에 참가한 이유로 처벌되지 않으며, 민사상 손해배상책임도 지지 않으므로 쟁의행위에 의하여 입은 손해에 관하여 조합 또는 조합원에게 책임을 물을 수 없다.그러나 이러한 형사상 및 민사상의 면책은 정당한 범위내에서 인정되는 것이므로 정당성의 판단이 중요한 의미를 갖는다.

쟁의행위의 형태에는 노동조합 측이 취하는 것과 경영자 측이 취하는 것으로 나눌 수 있다. 이하에서는 각 쟁의행위의 형태와 그 합법성에 관하여 금동신 교수의 논거를 중심으로 살펴보고자 한다.[1)]

01 노동조합의 쟁의행위 형태와 합법성

1.1 목적에 의한 형태

(1) 정치파업

1) 정치파업의 본질

파업이 행해지는 경우, 근로조건의 유지 · 개선 등 노동자의 경제적 지위 향상을 내용으로 하는 경제적 파업이 일반적이다. 그러나 국가의 입법활동이나 정치적 사항을 투쟁의 목적으로 하는 파업이 행해지는 경우를 볼 수 있으며, 이러한 파업을 정치파업이라고 한다. 파업의 목적을 경제적인 면과 정치적인 면으로 양분하는 것은 이론상으로는 어렵지 않으나 실제면에 있어서는 논의의 여지가 있다.

과거 많은 파업행위가 경제적인 요구를 주장하고 있으나 그 배후에는 정치적인 영향을 무시할 수 없으며 오히려 정치적인 문제의 해결이 실질적으로 경제적인 지위 향상을 가져오는 결과를 나타냄으로써 파업은 경제적인 투쟁인 동시에 정치적 투쟁의 양면성을 가지고 있음을 볼 수 있었다. 실질적인 임금의 개선이나 저물가정책 또는 세제의 개혁 등 노동자의 생존권 확보를 위한 사회보장제도의 확충 등은 항상 정치적인 문제해결이 선행되어야 가능하며, 이러한 요구는 경제적인 요구와 별다른 차이를 발견할 수가 없는 경우가 허다하다. 이러한 경제적 요구사항과 정치적 요구사항과의 상관성은 자본주의가 고도로 발달된 국가독점 자본주의 국가에 있어서는 더욱 밀접한 현상이다. 이러한 의미에서 노동자의 경제적 지위의 향상을 목적으로 하는 파업과 정치파업의 구분은 실정법상 무의미한 것이라는 견해가 대두되게 된 것이다.[2)]

학설은 다시 경제적 요구에 밀접한 관계를 갖는 정치적 문제를 포함하는 파업은 이른바 산업적 정치파업으로서 단순히 노동자의 경제적 지위 향상에 직접적 관계가 없는 순정치적 요구와 구분하여 경제적 파업과 동일시되어야 한다고 주장하고 있다. 이에 대하여 많은 학자는 경제파업과 정치파업은 동일시할 수 없으며, 어떠한 내용의 정치파업도 이를 인정할 수 없다고 주장하고 있다.

생각건대 전형적인 경제적 목적의 파업은 요구를 주장하는 노동조합 또는 노동자 집단의 상대방이 바로 사용자이다. 그러나 정치파업인 경우는 사용자가 아닌 정부기관 또는 지방자치단체이다. 따라서 노동법상의 노동관계의 당사자라고 할 수 없다. 더욱이 파업의 장소는 노동자의 근로장소이고, 행동양식은 노동력 제공의 거부, 즉 직장이탈행위이다. 그러므로 정치파업은 노동법에 있어서 대항구조상의 당사자인 사용자를 대상으로 하지 않고 대항구조 외의 정치권력을 대상으로 하는 투쟁행위라고 하는 점에 문제가 있는 것이다.

2) 정치파업의 합법성

정치파업의 합법성의 문제는 다음 두 가지 측면에서 문제가 될 수 있다. 먼저 파업 목적적 측면에서 국가기관의 의사결정을 파업에 의하여 강요할 수 있는 것인가, 더욱이 국회의 입법활동에 영향을 미친다고 하는 것은 의회주의 헌법원리에 위반되는 것이 아닌가 하는 것과, 파업구조적 측면에서 볼 때 노사 간의 단체교섭에 의하여 직접 또는 간접으로 처리되지 않는 정치파업의 결과를 사용자에게 강요할 수 있을 것인가의 문제이다.[3)]

이에 관하여는 이를 인정하는 입장을 취하는 전면적 합법설, 저항권설, 산업적 정치파업 합법설이 있으며, 이를 인정하지 않는 위법설이 있으나 통설의 입장은 정치파업에 대하여 위법론을 전개하고 있으며 그 이론적 근거의 핵심은 사용자가 처리 불가능한 사항을 내용으로 하는 쟁의라는 점에서 합법적이 아니라는 것이다. 실제에 있어 노동자의 요구 중에는 정치적 내용을 포함하고 있는 경우가 많으며 정치적 요구가 내포되었다고 하여 무조건 불법으로 단정하는 것은 부당하며 구체적인 사실에 의거하여 사용자의 입장에서 법률적 사실적으로 처리할 수 있는 사항인가에 의하여 판단되어야 할 것이다.

(2) 동정파업

동정파업이라 함은 어느 기업에서 사용자와 노동조합이 쟁의상태에 빠졌을 경우에 제3자적 입장에 있는 다른 노동조합이 자기 소속 기업에서는 노동관계의 의사불일치가 존재하지 않음에도 불구하고 쟁의상태에 있는 다른 조합을 지원하기 위하여 자기의 사용자에 대하여 행하는 파업이다.

동정파업은 노동조합 조직이 기업별 조직으로부터 산업별로 조직화됨에 따라 전국적 통일적인 경향을 나타내게 되고, 노동자의 계급적 연대의식이 작용되어 행해지는 파업의 형태이다. 따라서 동정파업에 대하여 가지는 각국의 태도도 상이하며 합법성에 대한 학설도 대립되고 있다.

영국이나 서독의 경우에는 비교적 관대한 입장에서 폭넓게 인정하고 있으나 미국과 프랑스의 경우에는 동정파업의 법적 평가에 있어서 판례, 입법, 모두 엄격히 부정적인 입장을 취하고 있다.

어쨌든 모든 쟁의는 항상 근로조건의 유지 · 향상이 기대되는 자기목적을 가져야 한다. 이런 점에서 근로계급의 일반적인 지위향상에 유익하다는 것만으로는 쟁의 목적의 정당성을 인정할 수 없다. 다만 종전부터 사용자에 대하여 요구하던 주장을 타기업의 파업 기회를 이용하여 전개하고자 하는 내용을 포함하여 다른 회사의 파업을 동정하기 위한 행위를 하는 경우에는 자기의 사용자에 대한 집단적 요구의 의미를 가지는 것으로 해석되는 경우에 한하여 합법성이 인정되어야 할 것이다.

(3) 항의파업

항의파업이라 함은 노동재해에 대하여 사용자에 대한 항의를 내용으로 하는 파업으로서 그것은 재해보상요구 또는 안보파업의 내용에 포함된다고 할 수 있을 것이나 항의파업은 다만 글자 그대로 '항의' 그 자체가 목적으로서 소위 '무요구의 스트라이크'라고 말할 수 있다. 항의파업은 노동자들의 안전을 수호하기 위한 보안투쟁의 일환으로 출발하였다.

항의파업은 일반적인 파업의 형태에서 볼 수 있는 바와 같이 국가기관을 상대로 항의하는 정치적 목적을 내포한 항의파업, 대기오염이나 공해 등 사회문제를 목적으로 하는 사회적 항의파업 등의 형태를 생각할 수 있으나 어느 것이든 사용자의 처리능력 범위를 일탈한 목적을 내용으로 하는 파업은 정당성이 인정될 수 없음은 전술한 바와 같다. 다만 공해요인이 존재하는 기업에 있어서 공해요인의 제거 또는 공해방지시설의 완비를 요구하는 일 등은 단체교섭의 내용으로서 정당한 행위이다.

(4) 보안파업

보안파업이 노동법상의 문제점으로 대두된 것은 극히 최근의 일이다. 따라서 보안파업의 법적 개념을 정립함에 있어서도 아직 명확을 기하기 어려운 점이 있다. 대체로 보안파업에 있어서의 형태는 보안불만 직장에서의 취로거부의 형태, 직장의 보안조건의 개선요구, 또는 노동재해 보상의 요구 또는 보상조건 개선요구 등을 예상할 수 있다. 또 전술한 바 있는 항의파업도 생각하기에 따라서는 광의의 보안파업의 한 형태라고 생각할 수 있다. 그러나 보안파업은 일반적인 노동자의 노동조건의 유지 개선의 요구를 목적으로 하는 파업과는 달리 보안의 확보를 목적으로 하는 쟁의라고 할 수 있다. 보안파업은 쟁의 목적상의 특수성에 기인하여 노동법상의 새로운 문제로 제기되고 있다.

문제는 보안확보를 목적으로 하는 쟁의가 쟁의행위로서의 정당성을 인정받을 수 있느냐 하는 것이다. 다시 말하면 헌법상 규정된 노동자의 단체행동권의 내용으로서 보호가치가 있는 법익성의 유무가 문제라 하겠다. 헌법상 노동자의 단체행동권은 자본주의 경제사회에 있어서 노동자의 종속적 관계에 기인한 경제적 열등입장을 옹호하고 생존권을 확보하기 위한 기본적 인권의 보장이라는 측면에서 볼 때 보안의 문제는 바로 노동자의 생명수호의 문제와 직결되고 그것은 다시 노동자의 노동환경조건에 관한 문제로서 노동자의 생존권 보장의 기본요소라고 할 수 있는 것이다.

노동환경 조건 향상의 문제는 실제에 있어서 그 한계성이 불분명한 경우가 많다. 근로계약 또는 취업규칙 등에 의하여 정해지는 것이 상례이나 노동자의 보호를 위하여 국가적인 규제(예컨대 근로기준법)가 필요하다. 따라서 그러한 규제범위 내의 보안 확보 요구는 노동자의 당연한 권리로서 법적 가치부여에 이론이 있을 수 없다.

1.2 수단에 의한 형태

노동쟁의는 노동조합과 사용자 간의 분쟁으로서 쟁의행위는 노사 간의 자기이익을 위하여 유리한 주장을 관철시키고자 상대방에게 압력을 가하는 실력 행사를 의미함은 전술한 바 있다. 쟁의행위는 자유의사의 원칙을 기간으로 하는 시민법 원리에 정면으로 위배됨은 말할 나위도 없다. 그러나 근대 헌법전은 노동자의 생존권을 보장하기 위하여 노동자에게 단결권, 단체교섭권, 단체행동권을 부여함으로써 노사 간의 실질적인 평등을 확보하고자 하였다. 따라서 쟁의행위는 합법적인 기반을 조성하고 법률상 면책의 특권을 향유하기에 이르렀다. 그러나 쟁의권의 행사는 상대방에 대한 노동력 제공의 거부로서 표현하기 때문에 상대방의 재산상 · 경제상 손실과 압박을 수반하게 된다. 그러므로 모든 쟁의행위를 합법적인 것이라고 하기는 어렵다. 그 목적과 수단에 따라서 법률적인 평가를 분명히 할 필요가 있다. 이미 목적에 의한 쟁의의 형태가 갖는 합법성에 대해 논술한 바 있으나 압력을 가하는 수단에 따라서 나타나게 될 형태는 더욱 많은 문제점을 내포하고 있다.

이하에서는 일반적으로 행해지고 있는 쟁의의 형태를 중심으로 법률적 책임의 한계를 살펴보고자 한다.

(1) 스트라이크

스트라이크(strike : 동맹파업)는 쟁의행위에 있어서 가장 널리 행해지고 있는 기본적인 형태로 노동조합 기타 노동자단체와 사용자 간에 있어 노동력에 대한 사용자의 지배로부터의 이탈,[4] 즉 노동력 제공의 정지를 내용으로 하는 쟁의행위이다.

헌법상의 기본권으로서 노동자의 단결, 단체교섭, 단체행동권을 보장하고 있다는 것은 노동자의 단결행위에 대한 간섭의 배제와 노동자의 단체교섭에 응하여야 하는 사용자의 의무부과, 그리고 노조에 의한 단체행동의 보장은 이에 참가하는 노동자 개개인에 대하여도 민사상 · 형사상의 면책을 인정하고 있다는 의미이다. 그러나 조합의 지시가 정당한 범위를 벗어나 있을 경우 또는 조합의 지시는 정당한 것이나 개개의 조합원이 특별한 의무 또는 책임을 맡고 있는 경우에는 다소 논의의 여지가 있다.

스트라이크의 수단은 일반적인 경우 조합원을 공장, 사업장 등의 시설물 밖으로 철수시키는 직장이탈(work out)의 방법을 취하고 있으나 부차적인 방법으로서 직장의 점거방법에 의하는 농성(sitdown strike), 수금액의 납입 기피, 생산품의 출하 저지 등의 방법이 있으며, 변형적인 형태로서 노동조합의 규약이나 본부통제에 위반하여 행하는 비조직파업(wildcat strike)이 있다.

스트라이크의 합법성에 대해서는 이론이 없으나 그 형태에 있어서 몇 가지 유의해야 할 점이 있다.

① 비록 스트라이크에 의한다 할지라도 폭력이나 파괴행위로서 이를 행할 수 없다(노조 및 조정법 제42조).

② 스트라이크의 행위가 공장, 사업장, 기타 직장에 대한 안전보호시설의 정상적인 유지 운영을 정지 · 폐지 또는 방해한 때에는 쟁의행위로서 허용되지 않는다. 따라서 민 · 형사상 책임을 면할 수 없다.

③ 노동관계조정법에 의하면 쟁의행위는 행정관청에 신고한 날로부터 일반사업은 10일, 공익사업은 15일을 경과하지 아니하면 이를 행할 수 없다(노조 및 조정법 제45조 2항)고 규정하고 10일 또는 15일간의 조정기간을 요구하고 있다. 여기서 문제인 것은 본 규정에 위반한 스트라이크가 사용자와의 사이에 있어서 노조 또는 노동자에게 책임이 발생할 것인가 하는 점이다. 통설은 부정적이나 일부 학설 및 판례는 다른 의견을 주장하고 있다. 통설의 입장은 쟁의행위의 예고기간은 제3자에 대한 예상하지 못한 손실을 방지

하기 위한 입법조치라는 전제에서 예고기간을 위반한 행위로 인하여 사용자의 대책 강구의 미비로 제3자에게 손해가 발생하였다면 스트라이크로 인하여 제3자에게 발생한 손해 중 예고기간을 가짐으로써 방지할 수 있었을 만큼의 이익은 노동조합이 책임을 져야 한다고 하겠다.[5)]

④ 조합 측의 스트라이크 전술로서 계획적으로 기업의 일부분에 한하여 취업을 거부시키는 경우(switch strike)에 있어서도 위법하다고 할 하등의 이유가 없다. 다만 사용자는 실질적으로 전 기업의 생산이 정지되는 사태가 초래되므로 전면적인 스트라이크의 경우와 같이 직장폐쇄로 이에 대항할 수 있다.

⑤ 조합 전체의 의사와 통제에 반해서 일부 조합원들이 무모하게 행하는 쟁의행위를 비조직파업이라 한다.

쟁의행위는 대체로 노동자의 통일적 단체적 행동으로서 노동조합의 규약에 의하여 조합 전체의 의사에 기초하여 행하여지는 것이다.

노동조합이 연합체인 경우, 그 연합체의 구성원으로서의 하부조직인 노조가 본부의 의사에 반하여 하는 행위나 조합규약에 정한 절차에 따르지 않고 조합원의 일부에 의하여 행하여지는 경우나 모두 조합규약에 위반되는 쟁의라는 점에서 공통된다. 그러나 쟁의행위가 합법적이냐의 문제는 그 행위가 민 · 형사상의 면책사유가 되느냐의 문제이다. 따라서 법적 가치를 부여받기 위해서는 쟁의행위의 주체가 명확한 '통일적, 조직적 존재'인가에 있다. 그러므로 연합체의 의사통제에 반한 하부조직의 쟁의행위는 하부조직으로서의 쟁의행위의 주체로 인정할 수 있으므로 대내적인 면에서 통제위반의 문제는 발생하나 독자적 쟁의행위가 위법이라고 할 수는 없다. 그러나 노동조합의 단위구성이 되지 못한 일부 조합원의 쟁의행위는 쟁의의 주체로서의 요건을 갖추지 못한 행위로서 합법성을 인정하기 어렵다. 노동조합 및 노동관계조정법도 노동조합의 쟁의행위는 그 조합원의 직접 · 비밀 · 무기명투표에 의한 조합원 과반수의 찬성으로 결정하지 아니하면 이를 행할 수 없고, 법 제29조의 2에 따라 교섭대표 노동조합이 결정된 경우에는 그 절차에 참여한 노동조합의 전체 조합원(해당 사업 또는 사업장 소속 조합원으로 한정한다)의 직접 · 비밀 · 무기명투표에 의한 과반수의 찬성으로 결정하지 아니하면 쟁의행위를 할 수 없다고 하여 비조직파업의 합법성을 인정하지 않고 있다(법 제41조 1항).

(2) 사보타주

사보타주(sabotage : 태업)는 쟁의행위의 일종으로 소극적으로 작업능률을 저하시키는 경우 외에 적극적으로 사용자에 대한 방해행위를 포함한다.[6] 사보타주는 소극적 사보타주(passive sabotage)와 적극적 사보타주(active sabotage)로 구분할 수 있으며, 일반적으로 태업이라 함은 소극적 사보타주를 지칭하고 있다.

적극적 사보타주에는 사업장에 대한 행위를 비롯하여 업무의 고의적인 방해, 기계류의 파괴 등의 잡다한 행위에 의하여 사용자의 업무를 적극적으로 방해하는 성질을 가지고 있다. 또 적극적 사보타주의 한 형태로서 태업 중 노동자가 노조의 지시에 의하여 불량품을 생산하는 경우가 있다. 양자의 경우 모두 외군의 점령 하에 있는 지하 저항군과 같은 특수한 경우를 제외하고는 상상도 할 수 없는 일이다. 실제로 이러한 사보타주에 대해 각국은 공히 불법행위로 취급하고 있으며, 노동조합 및 노동관계조정법에서도 이를 금지하고 있다(법 제4조 단서). 현재 쟁의행위로서의 태업이라 함은 노동자의 단결행위에 의하여 행하여지는 작업능률의 저하라는 점에 중점을 둔 소극적 사보타주를 의미한다.

태업은 노동자가 직장을 점거하고 있는 가운데 스트라이크 파괴의 방지, 조합의 단결유지 강화의 목적으로 작업능률을 저하시켜 업무의 정상적 운영을 방해하려는 쟁의행위이다. ① 협약에 의한 동맹파업에 대한 제약을 회피할 목적으로, ② 동맹파업이 주는 사회적인 여론이 불리할 경우, ③ 파업이 법으로 금지되던 시대에 이를 면탈할 목적으로, ④ 동맹파업을 할만한 실력을 갖추지 못한 노동조합인 경우에 즐겨 쓸 수 있는 쟁의방법이다. 따라서 태업의 형식적 성격은 노동자가 비정규, 불완전한 노동력을 제공하면서 실질적으로 사용자의 노무지휘권의 일부를 배제하여 이탈시킨다고 하는 점에서 노동력 제공의 전면적 이탈인 동맹파업과의 차이점을 발견할 수 있다. 따라서 동맹파업에서 논술한 바와 같은 근거에서 태업의 합법성은 인정되고 있다.

태업의 합법성에 대하여 판례의 입장은 태업이 적극적 사보타주가 아니고, 능률 저하를 확보하기 위한 범위를 넘어 사용자의 관리권, 점유권을 침해하지 않는 경우라면 합법성이 인정된다고 판시하고 있다.[7]

태업과 유사한 쟁의행위 중 준법투쟁이 있다. 준법투쟁은 종전의 관행을 부정하고 노동조합의 지령에 의하여 잔업 거부 또는 정시 출퇴근, 규칙 이행, 일제 휴가신청 등의 행위를 함으로써 업무의 정상적인 운영을 저해하는 행위를 말한다. 학자에 따라 준법투쟁은 원래 정상적인 운영, 즉 적법한 운영을 의미하므로 법규에 의한 행위(適法行爲)는 쟁의행위가 될 수 없다는 주장과 준법투쟁이 타의 요구실현을 목적으로 행하여진다면 쟁의행위가 된다는 학설이 대립되고 있다. 통설과 판례는 모두 관행적 사실로서 행해지고 있는 업무운영을 저해하는 것인 한 쟁의행위로서 그 합법성을 판단하고 있다.[8)]

(3) 보 이 콧

노동쟁의에 있어서 보이콧(boycott)의 초기 형태는 소비 보이콧이라고 할 수 있다. 소비 보이콧은 노동조합이 피용자 또는 일반 소비자에게 대하여 분쟁 기업의 생산품을 배척 불매토록 하는 불매동맹을 말하며, 기업이 제조업인 경우 생산 보이콧을 포함한다. 이것은 제1차 보이콧이라고 한다. 제2차 보이콧은 사용자의 제품을 판매, 취급하고 있는 제3자에게 사용자의 제품의 판매 또는 취급을 거부하도록 요구하며 또 이를 강요할 목적으로 그 제3자를 보이콧하는 행위이다. 보이콧의 기원은 사회적 추방 또는 공동절교의 정신에서 출발했다고 한다. 그러나 이 방법의 쟁의행위는 우리나라의 경우 드물게 보는 현상이나 미국에 있어서는 성행하는 형태이기도 하다. 미국에 있어서 보이콧이 성행하는 이유에 대하여는 한 마디로 단언할 수 없으나 대략 다음과 같은 법적, 사회적 의식구조를 지적할 수 있다.

첫째, 노동력에 대한 무형재산으로서의 가치평가이며, 둘째 노동자가 노동자인 동시에 상품의 유통과정에 있어서 소비자로서의 측면을 가지고 있으며, 셋째 불공평한 행위에 대한 공동방위의식을 가지고 있기 때문이라고 할 수 있다.

보이콧의 법적 평가에 있어서 보이콧의 형태가 구구각색인 것과 같이 그 평가도 일정하지 않다. 일반적으로 제1차 보이콧의 합법성에 대하여는 그것이 조합으로서의 행동의 자유에 속하거나 사용자와의 관계에 있어서의 대항수단으로 판단되는 한 이론이 없다. 그러나 제2차 보이콧인 경우에는 분쟁의 상대자 이외의 제3자에 대한 강력한 압력은 쟁의원인 없는 쟁의행위라는 점에서 위법한 행위라고 보고 있다. 다만 제3자가 노조의 호소에 자발적으로 호응해서 거래를 중단하는 것은 별개의 문제이다.

(4) 생산관리

생산관리는 노동조합이 사용자의 의사에 반하여 공장시설, 원자재 등을 노조의 점유 하에 두고 사용자의 지휘명령을 배제하고 노조에 의하여 기업을 경영하는 쟁의방법이다. 생산관리방식의 노동쟁의는 전후 일본에서 성행되던 쟁의방법으로서 2차 세계대전 후의 극도로 혼란했던 일본의 사회적 · 경제적 사정 하에서 노동자의 임금 확보방법으로 행해졌으나 현재에는 이러한 형태의 쟁의는 거의 찾아 볼 수 없다. 당시 많은 학자들은 여러 가지 이유로 생산관리의 합법성을 옹호하였다.

① 노동조합이 종래의 기업 경영방침에 의하여 경영을 행하고 사업수입으로 통상적인 경비와 임금을 지불하고 잔고는 기업주의 명의로 예금하는 소위 '이상적인 생산관리'는 합법적이라는 설
② 기업에 있어서 소유권과 경영은 분리될 수 있다는 전제에서 생산관리는 소유권의 침해가 아니며 다만 기업지휘권의 배제이므로 태업과 같은 이유에서 합법성이 인정되어야 한다는 설
③ 당시의 지배적인 사회적 규범의식에 기인하여 정당하다는 설
④ 생산관리가 일단 사용자의 소유권의 침해라 할지라도 일종의 긴급피난행위로서 위법성이 없다고 하는 설 등이 있었다.

현행 우리나라 법질서는 사유재산제도를 기반으로 구축되어 있다. 따라서 기업의 이익과 손실은 모두 자본가에게 귀착한다. 기업의 경영과 생산의 지휘명령은 자본가나 그의 대리인에 의하여 행사되어야 하며, 노동자가 기업의 사용 · 수익권이나 기업의 경영권을 장악할 수는 없다. 비록 노동자의 쟁의행위라 할지라도 사유재산제도의 근간을 침해하는 행위가 용납될 수 없음은 당연하다.

(5) 부수적 쟁의수단

노동쟁의가 노동자의 사회적 · 경제적 지위향상을 목적으로 하는 투쟁이라고 할 때, 노동자는 사용자에 대하여 목적 달성을 위한 여러 가지 방법의 쟁의수단을 강구하게 된다. 실제에 있어서 노동조합은 쟁의권행사와 병행하여 쟁의선언을 한다든지 문서의 배포, 부착, 현수막의 게시, 리본이나 완장의 부착, 구내 시위행위, 농성 등, 또 사용자의 대응방법에 따라 출하 저지, 물품 은닉, 피케팅 등 쟁의효과를 높이기 위한 여러 가지의 공격방법이 나타난다. 이러한 쟁의수단은 조합원 또는 사용자에 대한 설득이나 시위를 목적으로 하는 행동과 노무 제공의 거부를 내용으로 사용자의 업무수행을 방해하기 위한 실력 행사로 대별할 수 있다(노동조합 및 노동관계조정법 제38조 [노동조합의 지도와 책임] 참조).

이하 구체적인 수단에 대한 합법성 여부를 살펴보기로 하자.

① 문서의 배포, 부착, 현수막의 게시

노동조합은 조합원 간 단결을 강화하고, 조합 활동에 있어 조합원의 동의와 지지 등을 확보하기 위하여 사업장 내에서 다양한 선전 · 홍보활동을 전개하는 것이 일반적이다. 이러한 노동조합의 홍보활동은 원칙적으로 사용자의 시설관리권을 침해하지 않고, 타인의 신용이나 명예를 훼손하지 않는 범위에서 이루어져야 함에도 게시 · 부착 장소를 위반하고, 회사시설물에 손상을 초래하거나, 회사에 대한 근거 없는 비방이나 사용자의 명예를 훼손하는 사례 등이 발생하는 경우가 있다.

이에 대해 판례는 홍보물 부착장소가 정해져 있는 경우 지정장소 외의 곳에 임의로 벽보 등을 부착하는 것은 정당성이 없고, 철거요구에 불응 시 징계사유에 해당한다고 판결한 사례가 있고, 선전 · 홍보물이 사실왜곡 · 과장, 허위사실 적시 등으로 회사에 대한 불신감을 유발하고 직장질서를 문란케 할 위험이 있는 경우 정당성이 부인되는 것으로 판시한 사례가 있으며, 취업시간이 아닌 휴게시간 중의 유인물 배포행위는 근로자의 취업에 나쁜 영향을 미치거나 휴게시간의 자유로운 이용 등을 방해하지 않는 한 허가를 얻지 아니하였다는 이유만으로 정당성을 잃는 것은 아니라고 판결한 사례도 있다. 반면에 행정해석은 현수막 게시가 사용자의 승인범위를 벗어나 사업장 내 시설관리권을 침해하거나 근무시간 중의 정상적인 업무수행에 지장을 초래한 것이라면 사용자가 이를 제지하는 것은 부당노동행위가 아니라고 해석하고 있다.

한편, 사용자의 행위로서 연설 · 사내방송 · 서한 등을 통한 의견표명이 보복 · 위협 및 이익의 공여 등을 통해 조합 활동을 억압하거나 강제하는 경우 또는 사용자의 우월한 지위에 비추어 발언 당시 상황이나 내용 등 여러 사정을 종합하여 조합 활동을 방해할 위험이 있는 경우에는 부당노동행위가 될 수도 있으며, 이와 관련한 노조 활동의 정당성이 부인되는 경우 시설무단사용, 시설훼손 등의 사유로 인한 사내 징계책임과 허위사실 유포로 명예 · 신용 손상, 선전 · 홍보 활동 과정에서 시설물 훼손 등 불법행위 발생시 민법 750조에 따른 손해배상 책임, 허위사실 유포로 명예 · 신용 훼손시 형법 제307조에 의거 명예훼손죄(2년 이하의 징역 · 금고 또는 500만원 이하 벌금), 동법 제313조에 의거 신용훼손죄(5년 이하 징역 또는 1천 500만원 이하 벌금), 홍보물 무단부착 등으로 시설물 훼손 시 형법 제366조에 의거 재물손괴죄(3년 이하의 징역 또는 700만원 이하의 벌금) 등이 성립할 가능성이 있다.

② 리본, 완장, 머리띠, 어깨띠 등의 부착

쟁의에 돌입한 조합원들이 항의표시와 조합원의 단결을 고취하기 위하여 행하는 리본이나 완장의 부착 등은 선행수단인 파업에 부수하여 행하는 것이기 때문에 특별히 문제될 바 없다. 그리고 노조의 쟁의 개시 전에 정상적으로 노동력을 제공하면서 단체교섭에 압력을 가하기 위하여 하는 리본 등의 부착행위는 통상적인 경우 업무에 지장을 초래하는 것이 아니기 때문에 위법하다고 하기는 어렵다. 그러나 종사하는 업무의 성질에 따라 노동력의 불완전 제공이 될 경우에는 위법성이 고려될 수도 있다.[9)]

③ 출하저지, 물품은닉

노동쟁의가 개시되면 사용자는 기업의 생산활동을 계속하기 위하여 비조합원 또는 임시직원을 고용하고자 하는 경우가 많다. 또 쟁의가 장기화될 경우에는 제품의 출하에 대하여 고심하게 된다. 이럴 때 취하는 사품의 출하 저지 또는 물품의 은닉행위는 쟁의행위의 부수적 수단으로서 사용자의 정상업무를 방해하는 행위이므로 쟁의행위로서의 정당성이 인정된다. 다만 저지함에 있어서 어느 정도까지의 실력 행사를 적법한 것으로 인정해야 할 것이냐 하는 것은 논란의 여지가 있다.

출하저지 등의 행위에 합법성을 인정하는 근거는 노사 간의 균형유지에 있다고 볼때, 단순한 평화적 설득만으로는 부족하며 상당 정도의 실력행사를 인정해야 함은 마땅하다. 그러나 그 정도가 협박이나 폭행에 이르러서는 아니 된다. 저지행위의 정도에 대한 평가의 기준은 당해 쟁의의 구체적인 사정과 사용자의 태도, 그리고 이에 대항하는 저지행위의 강도 등을 종합적으로 분석하여 판단하여야 할 것이다.

④ 농 성

농성(sitdown strike)은 노동자가 요구를 실천하기 위하여 직장에 버티고 앉아 사용자로부터의 취업이나 퇴거요구를 거부하는 쟁의행위이다. 이를 직장점거라고도 한다. 동맹파업의 경우에 단순한 직장의 이탈만으로는 쟁의의 성과를 거두기 어렵기 때문에 대부분의 동맹파업에서 농성행위를 병행하고 있음을 볼 수 있다. 따라서 농성의 문제는 사용자의 대항행위인 직장폐쇄(lock out)와 관련하여 논의되어 왔다. 학설과 판례는 농성이 지닌 쟁의적 방어의 기능적 측면을 고려하며 합법성을 인정하고 있다. 다만 문제로 되는 것은 첫째, 기업소유권의 침해 여부의 문제, 둘째 취로를 희망하는 제3자의 취로 자유 침해에 대한 문제, 셋째 사용자의 직장폐쇄에 의하여 형사상 퇴거불응죄가 성립하느냐의 문제 등이다. 농성이 쟁의의 실효를 제고하기 위한 방어적 행위로서 소유권의 기능저해를 받는 정도의 침해나 폭력을 수반하지 않는 점거행위 등에 대하여는 위법성을 인정할 이유가 없다.

⑤ 피케팅

피케팅(picketing)이라 함은 동맹파업이나 보이콧 등의 노동쟁의에 있어서 쟁의의 실효를 제고하고 쟁의의 파괴를 방지하기 위한 부수적인 쟁의행위이다. 동맹파업이나 보이콧이 행해지는 이유는 사용자에게 미치는 타격에 본질적인 의의가 있는 것이므로 비조합원 또는 파업파괴자에 의하여 생산이 계속된다면 파업의 실효를 거둘 수 없다. 이에 대응하여 노동조합으로서는 파업의 보전을 위한 대책이 필요하게 된다. 이러한 요청에 의한 수단이 바로 피케팅이다. 피케팅은 문자 그대로 파업의 배반자를 감시하는 것이며 제3자에 대하여 파업에의 협력을 호소하는 평화적 설득을 기본으로 하고 있다. 그러나 파업파괴자 또는 비조합원 등이 호소를 외면하고 생산활동에 참가하려고 할 때에는 노동자의 단결을 유지하고 파업 목적을 달성하기 위하여 실력 행사를 하게 된다. 이러한 실력 행사는 경우에 따라서 스크럼 또는 바리케이드의 구축에서부터 폭행 협박행위에 이르기까지 다양하게 나타나며, 여기서 행위의 한계가 문제로 되는 것이다.

학설과 판례는 "구두 또는 문서에 의하여 평화적 방법으로 취로 중지를 요구하는 행위가 합법적인 것은 말할 것도 없으나 취로하려는 자에 대하여 폭행, 협박 또는 위력에 의하여 취업을 중지시키는 것은 일반적으로 위법이라고 아니할 수 없다. 그러나 취로를 중지시키는 행위가 위법이냐 아니냐 하는 문제는 합법적인 쟁의의 수행 중인 경우에는 특히 제반 사정을 고려하여 신중하게 판단하지 않으면 안 된다"[10]고 하고 있다.

이와 같은 학설과 판례의 입장에서 볼 때 피케팅의 정당성 한계는 '평화적 설득'에 한하여 적법하며 '폭행 · 협박 또는 위력행위'는 불법이라는 기준을 알 수 있다. 그러나 피케팅이 쟁의권 보장을 위한 보조적 쟁의수단이라고 할 때 단순한 평화적 설득만으로는 목적달성에 미흡하며 방어적 성격의 실력행사는 용인되어야 할 것으로 생각한다. 따라서 사용자의 파업 파괴의 기도에 대한 스크럼 등의 시위로써 대항하는 행위는 합법성이 인정되어야 할 것이다. 피케팅 합법성의 기준으로서 '폭행 · 협박'이 위법하다는 것은 이미 언급한 바이나 집단적 시위의 정당성 판단은 노무의 제공을 거절하고 사용자의 업무를 방해하는 자체를 정당시하는 쟁의행위의 본질적 입장에서 '구체적인 사정'에 의하여 결정되지 않으면 안 된다. 예컨대 사용자 측의 귀책사유로 인한 경우 – 쟁의협정 위반, 강력한 분열공작에 의한 단결권 침해 등 – 이에 대항하는 피케팅의 강도 등은 노사 간 형평의 원칙상 통상의 경우보다 강력한 방법의 실력 행사가 인정되어야 마땅하다.

1.3 위법쟁의행위의 책임

지금까지 노동쟁의행위의 형태와 이에 따른 합법성의 근거를 고찰한 바 있으나 노동자가 위법 또는 부당한 쟁의행위를 했을 때 '누가' '어떻게' 책임을 져야 하는가 하는 문제는 다시 요약해서 정리할 필요가 있다.

노동자가 법률로써 금지되어 있는 사항을 위반하여 쟁의행위를 행하였을 경우에는 정해진 법률에 의거하여 책임을 져야 함은 물론 노동협약에 위반된 쟁의행위인 경우에 있어서도 협약 당사자인 노동조합이 계약위반의 책임을 져야 하며, '살쾡이 스트라이크'의 경우에 있어서도 행위자가 조합 대내적인 문책을 당해야 함은 당연하다. 그러나 '살쾡이 스트라이크'의 행위자가 사용자로부터 책임 추궁을 받아야 하는가에 대하여는 학설이 나뉘어지고 있다. 그 외에 조합의 위법한 쟁의행위에 대하여는 행위에 참가한 조합원을 비롯하여 노조의 간부가 형사상의 처벌과 민사상 손해배상의 책임을 져야 함은 물론이며,[11] 비록 쟁의 자체는 합법적이라 할지라도 조합원이나 간부가 단체행동의 범위를 벗어나 폭행, 협박, 상해, 파괴 등의 행위를 하였을 때에는 각기 민 · 형사상의 책임을 져야 함은 당연한 일이다.

그러나 문제는 노동조합이 위법한 쟁의를 결의하고 이것을 실행했을 경우 노조의 간부가 사용자에 대하여 책임을 져야 하는가 하는 것이다. 소위 '간부책임의 문제'이다. 실제에 있어서 위법 쟁의행위에 대한 문책으로서 노조의 간부를 해고시키는 일이 행해지고 있으며, 판례도 이를 긍정하고 있는 실정이다. 간부책임을 인정하는 법적 근거에 대하여 많은 학설이 있으나 그 중 대표적인 학설은 ① 사회 통념상 책임으로서의 인책론, ② 비록 총회에서 위법 쟁의행위를 결의하였다 할지라도 집행기관인 간부는 집행기관으로서의 업무집행에 대한 책임을 져야 한다는 설, ③ 위법쟁의행위 저지 책임의 불이행론 등으로 요약할 수 있다. 그러나 대부분의 학설은 "쟁의행위는 노동조합의 행위로서 동시에 조합원 전원의 행위이며, 위법한 쟁의행위의 책임은 사실상 쟁의에 참가한 전원의 책임이라 하여야 한다"고 주장하고 있다.

쟁의행위가 비록 위법한 것이라 할지라도 조합의 행위인 한 노동조합원의 개별적인 책임이 추궁됨이 없이 간부라는 이유만으로 특별한 책임을 추궁받아야 한다는 것은 고려의 여지가 있다.

02 사용자의 쟁의행위 형태와 합법성

2.1 직장폐쇄의 의의

노동자에게 단결권과 단체교섭권, 쟁의권을 부여하여 노동자의 권익을 보호하고 있는 데 대한 사용자의 대항적 쟁의행위가 인정되어야 함은 당연하다. 직장폐쇄(lock out)는 사용자에 의하여 사용되는 전형적인 쟁의행위로서 널리 사용되어 오는 방법이다.

직장폐쇄는 사용자가 그의 주장을 관철시키기 위한 수단으로서 노동자를 직장으로부터, 집단적으로 차단하고 노동자가 제공하는 노무의 수령을 총괄적으로 거부하는 쟁의행위로서 직장폐쇄의 의의는 사용자의 임금 지불의무의 면탈과 쟁의중인 노조의 쟁의거점을 상실시키고자 하는 데 있는 것이다.

직장폐쇄는 일반적으로 조합원을 직장으로부터 차단시키는 방법에 의하여 행해지고 있다. 이것은 직장폐쇄가 쟁의방법의 하나이고 쟁의가 종식되면 다시 직장으로의 복귀를 전제하고 있는 것이기 때문에 직장폐쇄가 곧 해고를 의미하는 것은 아니고, 통설은 노동관계의 일시적 정지상태라고 하며, 그런 이유로 노동계약의 주된 권리의무인 노무제공의무와 임금지급의무가 정지될 뿐 나머지 노동계약관계는 존속하는 것이다.

2.2 직장폐쇄의 근거

직장폐쇄가 인정되는 근거 내지 권리성의 문제에 있어 학설 및 판례상 견해가 대립되어 있다. 많은 학설은 직장폐쇄행위에 대하여 권리성을 부정하는 경향을 보이고 있으나 통설과 판례의 입장은 노동자의 집단적 행동을 노동법상의 권리로서 보장하고 있는 한, 노사 간의 대등한 관계의 유지와 균형의 원칙상 사용자의 대항적 권리로서의 직장폐쇄가 인정되어야 한다는 것이다. 실정법에 있어서도 우리나라 노동조합 및 노동관계조정법은 사용자의 쟁의행위로서 직장폐쇄행위를 인정하고 있다(법 제46조 1항). 직장폐쇄의 구체적인 법률문제는 노동자에 대한 직장에의 출입금지 또는 퇴거의 요구와 취로를 거부당한 노동자의 임금지불청구에 관한 문제이다.

사용자의 직장폐쇄 통고를 받은 노동자가 불응하여 퇴거치 않을 경우 침해받은 사용자의 법익은 무엇인가에 대하여 학설은 구구하다. 그 법익은 소유권 또는 점유권으로 이에 대한 침해로서의 방해 배제 또는 점유보전 청구권이 발생한다고 생각하고 있다. 그러나 노동자의 기숙사나 노동조합의 사무실 등의 시설물은 비록 직장의 구내에 있다 할지라도 그 시설의 점유는 노동자 또는 노조에게 있으며, 사용자는 대주로서의 간접 점유자에 불과하므로 퇴거의 통고에 불응하여도 불법점유로 될 수는 없다. 다만 임차관계의 종료로 인한 명도청구권의 발생문제가 있을 뿐이다.

직장폐쇄에 수반하는 노동자의 임금청구의 문제는 파업 중인 노동자가 파업을 중지하고 취로를 제안했을 때 사용자가 이를 거부하는 경우와 사용자가 선제적 직장폐쇄를 단행하여 취로를 거부하는 경우에 있어서 결과를 달리하고 있다.

직장폐쇄 행위가 노동자의 파업에 대응하는 노사 간의 실질적 균형의 유지를 위하여 합법성이 인정된다면 사용자의 취로 거부행위가 명백한 권리의 남용이 아닌 한 임금 지불의무가 면제된다고 보아야 할 것이다(선제적 · 공격적 직장폐쇄에 대하여는 후술하는 "(2.4) 직장폐쇄의 정당성과 효과" 참조).

2.3 직장폐쇄의 성립

직장폐쇄가 성립하기 위해서는 단순한 의사표시(선언, 통고)만으로는 부족하며 현실적인 축출행위를 필요로 한다는 설(사실행위설)과 노무의 수령거부의 의사표시만으로서 성립한다는 설(선언설 또는 통고설)로 대별된다. 학설은 사실행위설의 입장에서 쟁의행위의 본질은 사실행위로서 물적 시설로부터의 실제적인 차단이 이루어져야 한다는 것이다. 이에 대하여 최근의 판례는 직장폐쇄의 본질은 노무의 수령 거부라고 하는 법률행위이기 때문에 직장폐쇄의 의사표시만으로 성립한다고 하고 있다.

직장폐쇄의 본질을 노무의 수령거부라고 할 때 수령거부의 의사표시는 통상적으로 선언 또는 통고에 의하여 명백하여진다. 그러나 선언과 실제와의 불일치의 경우를 예상할 수 있으며 선언 없는 취로거부도 예상할 수 있다. 따라서 선언이나 통고의 유무에 관계없이 쟁의라고 하는 노사의 사실적인 대항관계 속에서 사용자의 노무수령 거부의 의사를 명확하게 뒷받침하는 객관적인 상태가 나타났는가의 여부에 따라 결정하여야 한다.[12]

2.4 직장폐쇄의 정당성과 효과

직장폐쇄의 정당성의 일반적 기준으로서 판례는 ① 노동자의 단결권에 대한 침해나 부당노동행위에 해당되지 않아야 하며, ② 노동자의 쟁의행위에 대항하는 행위로서 대항성과 필요성의 한도를 넘지 않을 것을 기준으로 하고 있다. 직장폐쇄에 있어서 선제적 · 공격적 직장폐쇄 행위에 대한 합법성이 인정될 수 있을 것인가에 대하여는 문제점이 있다.

선제적 또는 수동적, 공격적 또는 방어적이라 함은 결국 결행의 시간적 요소의 차이를 말하는 것으로 직장폐쇄의 개시 시점이 언제인가가 합법성의 기준이 된다 함은 부당하다. 다만 상술한 바와 같이 노동자의 쟁의행위에 의하여 사용자가 받는 손실의 정도와 상태에 따라 대항성과 필요성의 한도를 넘지 않는 범위 내에서 허용되는 것으로 이해되어야 할 것이다. 이러한 입장에서 판례는 선제적 직장폐쇄를 위법이라고 판시하였다.[13)]

상술한 요건 이외에 실정법상의 형식적 요건으로서 직장폐쇄를 하고자 할 때 미리 행정관청과 노동위원회에 각각 신고를 하여야 한다(노동조합 및 노동관계조정법 제46조 2항).

직장폐쇄의 결과 사용자는 임금 지불의무로부터 면탈되며, 직장에의 노동자의 취로가 차단된다.

03 노사분쟁과 처리제도

3.1 노동쟁의의 의의

어떤 산업사회에서나 노사 간의 대립과 갈등은 있게 마련이고 때로는 노동자의 파업 기타 쟁의행위가 벌어지기 마련이다. 노동쟁의(labor disputes)는 노사 간에 존재하는 근로조건 등의 제 문제와 관련하여 발생하는 쟁의를 의미하고, 특히 구체적인 노사관계를 전제로 하여 사업장에서 발생한 노사 간의 분쟁을 말한다.[14)]

노동쟁의를 단체교섭과정에서 발생하는 노사 간의 분쟁으로 이해하는 경우에는 말할 것도 없이 그것은 단체교섭활동을 할 수 있는 노동조합의 존재를 전제로 한다. 노동조합이 결성되지 않은 사업장에서도 노사분쟁이 발생할 수 있지만, 이 분쟁은 설혹 조정이 가능한 성격의 것이라도 노동자 측의 의사를 대표할 수 있는 조직이나 기구가 존재하지 않기 때문에 조정이 불가능하며, 현실적으로는 쟁의신고를 할 수도 없다(노동조합 및 노동관계조정법 제7조).

노동자의 파업 기타 쟁의행위는 산업평화를 깨뜨리고 생산이 정지되기 때문에 이를 미리 예방하는 제도적 장치가 강구되어야 함은 물론이다. 그러나 이미 경험한 바와 같이 법률로 노동자의 파업을 금지하는 것은 파업예방에 아무런 도움을 주지 못한다. 오히려 파업 및 그로 인한 생산의 피해를 줄이는 효과적인 제도는 우선 파업과 같은 힘의 행사를 노동자 최후의 무기로써 합법화하여 노사 간 힘의 불균형을 시정하되 다소 그 힘의 남용을 억제하는 것이다.

노사분쟁의 당사자가 노동쟁의를 통하여 노사관계 자체를 변혁시키려는 것이 아니고, 기존의 노사관계를 전제로 하여 그 속에서 문제해결을 도모하려는 자세가 확립되어 있다면 노사분쟁은 긍정적인 결과를 가져 올 수도 있다. 노동쟁의의 결과로써 노동자의 근로조건이 개선되고, 노사관계가 안정적으로 정착되며, 노동의 생산성이 올라가게 된다면 이는 노동자와 사용자 모두에게 오히려 바람직한 결과이다. 따라서 노사분쟁에 대한 일방적인 부정적 견해로써 노사분쟁을 예방하거나 조정하는 제도적 장치를 강구하기보다는 긍정적이고 생산적인 노사관계를 유지 발전시킨다는 관점에서 노동쟁의를 볼 필요가 있다 하겠다.

3.2 노동쟁의 조정제도의 의의

노동쟁의 조정제도의 의의는 노사당사자의 자율적 해결을 존중하는 한편, 노사분쟁이 노사 쌍방에 큰 손실을 입히지 않도록 공정한 위치에 있는 제3자가 그 합리적 해결을 도모하기 위하여 조력하는 데 그 본래의 의의가 있다. 노동쟁의는 수많은 노동자의 생존권 문제가 달려 있는 것일 뿐만 아니라 노사가 속한 기업의 생산물이 다른 기업의 생산활동이나 국민 전체의 소비생활에 직접 영향을 주는 것일 때에는 노사분쟁은 사회적 · 국가적 문제인 것이며 국가의 개입에 의한 쟁의조정의 필요성은 더욱 커진다.

노동쟁의조정법은 바로 이러한 취지에서 만들어진 공적조정제도이다. 이 법률은 1953년 제정된 이래 1963년, 1973년, 1980년, 1986년 및 1987년 이렇게 여러 차례 개정되었으나, 1970년대에는 국가보위에 관한 특별조치법의 실시로 인하여 그 기능이 완전히 마비되어 있었으며, 1980년대에는 이 법률에 의한 노동쟁의의 처리건수가 거의 없었을 정도로 사실상 그 기능이 정지되어 있었다. 그러나 1987년의 개정이 정상적인 입법과정을 통하여 이루어졌고 그 동안 논란이 많았던 제도들도 상당부분 시정되었다고 할 수 있다. 이런 과정을 거쳐 1997년 3월 13일 기존의 노동쟁의조정법은 노동조합 및 노동관계조정법으로 통합제정되었다.

노사 간의 분쟁 대상이 되는 이익에 영향을 미치는 것에는 규범과 계약(예컨대, 법률, 취업규칙, 단체협약, 근로계약, 노사협정 등)이 있다. 여기서 임금의 인상이나 단체협약의 체결처럼 새로운 규범의 형성을 주장하면서 벌어지는 분쟁을 '이익분쟁' 또는, 규범결정분쟁이라 부르며 부당노동행위의 중지나 체불임금의 지급을 주장하는 것처럼 기존의 규범이나 계약의 적용, 이행, 또는 해석에 관한 노사 간의 분쟁을 '권리분쟁' 또는, 법률분쟁이라 부른다. 권리분쟁은 사법기관에 의한 재판의 대상이 될 수 있지만 이익분쟁은 그렇지 않다.

권리분쟁은 노사 간의 정당한 권리행사가 어디까지인가를 따져 그것을 명확하게 판가름할 수 있는 성질의 것인 반면 이익분쟁은 시시비비를 가리자는 다툼이 아니라 양보를 하라는 주장과 못하겠다는 주장의 대립이기 때문에 여기에는 누가 옳고 누가 그르다는 식의 판단이 게재될 수 있는 성질의 것이 아니라 다만 공정한 제3자의 조정이 가능할 뿐이다. 따라서 현행 노조 및 노동관계조정법이 그 적용대상인 노동쟁의의 개념에 관하여 "임금 · 근로시간 · 복지 · 해고 · 기타 대우 등 근로조건의 결정에 관한 노동관계 당사자 간의 주장의 불일치로 인한 분쟁상태"(법 제2조 5호)라고 규정할 뿐 권리분쟁이니 이익분쟁이니 하는 용어를 전혀 사용하고 있지는 않지만 앞서 말한 논리에 따른다면 현행 노동관계조정법의 적용대상은 이익분쟁에 한정된다고 보아야 할 것이다.

3.3 노동쟁의 조정제도의 구조

현행법상 조정의 방식에는 노사의 자주적 해결 원리에 의한 사적 조정방식과 노동조합 및 노동관계조정법의 규정에 의한 국가의 조정방식이 있다. 양자의 관계에 있어서는 사적 조정에 관한 노사당사자의 합의가 있는 경우에는 그 조정절차가 먼저 적용된다.

사적 조정에 있어서는 노동조합 및 노동관계조정법에 규정된 내용이나 절차와 다른 조정 또는 중재방법을 채택할 수 있다(노조 및 조정법 제52조 1항). 노사당사자는 조정 또는 중재의 모든 사적 조정절차를 함께 규정할 수도 있고, 그 중에서 하나의 절차만을 둘 수도 있다. 따라서 사적 조정절차는 각 사업장의 특성에 맞추어 여러 가지 형태로 구성될 수 있을 것이다. 예컨대 조정절차는 당사자 일방 또는 쌍방의 신청에 의하여, 또는 단체교섭이 결렬되었을 때에는 자동적으로 개시될 수 있도록 약정할 수 있다. 즉 노동조합 및 노동관계조정법 제45

조 1항의 규정에 의하여 당사자의 어느 일방이 노동쟁의의 발생을 상대방에게 통보한 때에, 사적 조정절차가 자동적으로 개시될 수 있도록 노사당사자가 미리 합의할 수도 있다. 또한 노동조합 및 노동관계조정법상의 조정절차가 개시된 이후에도 당사자는 사적조정에 관하여 합의할 수 있으며, 이러한 합의가 이루어진 때에는 사적 조정방식에 의한 조정절차의 개시를 막을 수 없다(노조 및 조정법 제52조 1항, 시행령 제23조). 이 경우에 당사자가 합의한 사적 조정절차가 노동조합 및 노동관계조정법상의 절차보다 우선하는 것으로 해석된다. 현행법은 사적 조정 우선의 원칙을 채택하고 있는 것으로 판단된다(노조 및 조정법 제47조 참조).

조정기관의 구성에 관해서는 단체협약 내에 약정해 놓을 수도 있고 조정절차의 개시와 더불어 노사당사자가 선임할 수도 있다. 조정기관의 권한에 관해서도 노사당사자가 구체적으로 정할 수 있다. 이에 따라 조정기관은 일정한 제안을 하거나 또는 구속력 있는 재정권한을 가질 수도 있다. 그러므로 각 조정절차의 기간 · 방법 · 담당기관 등은 노사당사자가 자유로이 정할 수 있다.

노사관계 당사자는 사적 조정절차에 의하여 노동쟁의를 해결하기로 한 때에는 이를 관할 노동위원회에 신고하여야 한다(노조 및 조정법 제52조 2항, 시행령 제23조 1항). 그리고 사적 조정절차에 의하여 노동쟁의를 해결하기로 한 때에도 그 조정을 개시한 날로부터 일반사업에서는 10일, 공익사업에서는 15일을 경과하지 아니하고는 쟁의행위를 할 수 없다(노조 및 조정법 제52조 3항), 사적 조정절차에 의하여 조정 또는 중재가 이루어진 경우에 그 내용은 단체협약과 동일한 효력을 갖는다(노조 및 조정법 제52조 4항).

사적 조정에 의하여도 노동쟁의가 해결되지 않은 경우 노사쌍방은 노동조합 및 노동관계조정법의 조정 · 중재에 따른 조정을 노동위원회에 신청할 수 있다(시행령 제23조 3항). 다만, 노동쟁의가 그 규모 또는 성질로 보아서 현저히 국민경제를 해하거나 또는 국민의 일상생활을 위태롭게 할 위험이 현존하는 경우에는 노동조합 및 노동관계조정법상의 긴급조정에 회부될 수 있다(노조 및 조정법 제76조).

당사자 사이에 사적 조정에 관한 합의가 없을 때에는 노동조합 및 노동관계조정법상의 소정의 조정절차가 적용된다. 이 법이 규정하고 있는 조정의 종류로는 조정 · 중재 및 긴급조정이 있다. 조정은 당사자 일방의 신청이 있는 경우에 노동위원회가 개시할 수 있으며 일반사업 · 공익사업의 구별없이 적용된다. 한편 조정과는 별도로 관계당사자 쌍방의 신청에 의하여 또는 단체협약의 정한 바에 따른 당사자 일방의 신청에 의하여 중재절차가 개시될 수 있다. 조정기간 내지 중재기간이 경과하면 조정 또는 중재가 진행중이더라도 당사자는 쟁의

행위를 할 수 있다(노조 및 조정법 제45조 2항). 노동위원회가 행하는 조정에서 조정안을 제시하긴 하지만 관계당사자가 이를 수락하지 않는 한, 법률상 아무 구속력을 가지지 않는다. 반면에 중재재정은 관계당사자의 수락 여부를 묻지 않고 구속력을 갖는다는 점을 고려할 때 국가에 의한 조정기관의 개입의 정도가 낮은 것이 조정이라고 할 수 있다.

이외에 쟁의행위가 공익사업에 관한 것이거나 그 규모가 크거나 그 성질이 특별한 것으로서 현저히 국민경제를 해하거나 국민의 일상생활을 위태롭게 할 위험이 현존하는 때에는 노동부장관이 중앙노동위원회 위원장의 의견을 들어 긴급조정이 개시되며, 이때에는 즉시 쟁의행위가 중지되어야 한다(노조 및 조정법 제76조, 제77조).

조정 및 중재의 어느 경우를 막론하고 이 절차에 의하여 분쟁이 해결되면 조정서 및 중재재정서가 작성되고 그 내용은 단체협약과 동일한 효력을 가진다(노조 및 조정법 제52조 4항, 제61조 2항, 제70조 1항). 노사의 집단적 분쟁은 평화적 단체교섭의 실패로 발생한 것이므로 이에 대한 해결이 단체협약의 성립으로 귀결되는 것은 이론상 당연한 일이다.

사적 조정절차에 있어서는 조정절차의 개시에 의하여(노조 및 조정법 제52조 3항), 노동조합 및 노동관계조정법상의 조정절차에 있어서는 당사자 일방의 신청이 있는 날부터(노조 및 조정법 제54조) 조정기간이 기산된다. 따라서 예컨대 사적 조정절차가 진행되고 있는 중에 조정기간이 경과하면 그때부터 관계당사자는 쟁의행위를 개시할 수 있다.

3.4 조정의 종류와 절차

(1) 조 정

조정(mediation)은 노동위원회 내의 조정위원회가 관계당사자의 의견을 들어 조정안을 작성하여 노사의 수락을 권고하는 형태를 취한다. 권고가 강제적이 아니라는 점에서 조정은 노사의 자주적 해결의 정신을 기초로 하고 있는 것이다.

① 조정의 요건과 개시

조정은 노동위원회가 노동조합 및 노동관계조정법 제53조의 규정에 따라 관계당사자의 일방이 노동쟁의의 조정을 신청한 때에 지체 없이 개시된다(노조 및 조정법 제53조). 이와 같이 현행 노동조합 및 노동관계조정법은 당사자들의 신청을 전제로 하는 임의개시에 의한 조정을 원칙으로 채택하고 있다. 이 경우에 노동위원회는 분쟁의 내용이 노동조합 및 노동관계조정법상의 조정대상이 아니라고 인정되는 때에는 그 사유와 다른 해결방법을 알려주어야 한다(시행령 제24조). 이외의 노동조합 및 노동관계조정법 제76조 1항의 규정에 의하여 노동부장관이 긴급조정의 결정을 한 때에도 조정절차는 자동적으로 개시된다(노조 및 조정법 제78조).

② 사적 조정 · 중재의 절차 및 효력

노동조합 및 노동관계조정법에서 사적 조정 · 중재절차를 허용하고 있으므로 노동관계 당사자는 조정 또는 중재 중 어느 하나 또는 그 전부에 의할 것인가 여부, 조정의 개시 사유, 조정기관, 조정절차 등에 관하여 임의로 정할 수 있다. 다만, 노동관계 당사자가 이와 같이 사적 조정 · 중재방법에 의하여 노동쟁의를 해결하기로 한 때에는 이른 노동위원회에 신고하여야 한다(동법 제52조 제2항). 이러한 사적 조정 · 중재에 관한 합의는 그 시기에 아무런 제한이 없으므로 법정 조정 · 중재절차가 진행 중이라고 하더라도 사적 조정 · 중재에 관한 합의에 따라 이를 진행시킬 수도 있다(동법시행령 제23조 제2항). 노동관계 당사자가 사적 조정에 의하여 노동쟁의를 해결하기로 한 때에는 그 사적 조정은 조정을 개시한 날부터 일반사업에 있어서는 10일, 공익사업에 있어서는 15일 이내에 종료하여야 한다. 다만, 위 기간은 관계당사자 간의 합의에 의하여 각각 10일, 15일 이내에서 연장할 수도 있다(동법 제52조 제3항 제1호, 제54조). 노동관계 당사자가 사적 중 재에 의하여 노동쟁의를 해결하기로 한 때에는 사적 조정의 개시에 의한 쟁의행위 금지기간과는 별도로, 사적 중재를 개시한 날로부터 15일 이내에 중재를 완료하여야 한다(동법 제52조 제3항 제2호, 제63조).

이러한 사적 조정 · 중재가 이루어 진 경우에 그 내용은 단체협약과 동일한 효력을 가진다(동법 제52조 제4항).

③ 조정기관

조정은 노동위원회 내에 구성된 조정위원회가 담당한다(노조 및 조정법 제55조 1항 시행령 제26조). 조정위원회는 조정위원 3인으로 구성되며(노조 및 조정법 제55조 2항), 이 위원들은 당해 노동위원회의 위원 중에서 사용자를 대표하는 자, 근로자를 대표하는 자 및 공익을 대표하는 자 각 1인을 당해 노동위원회의 위원장이 지명하되 근로자를 대표하는 조정위원은 사용자가, 사용자를 대표하는 조정위원은 노동조합이 각각 추천하는 노동위원회의 위원 중에서 지명하여야 한다(노조 및 조정법 제55조 3항). 다만 조정위원회의 3일 전까지 관계당사자가 추천하는 위원의 명단제출이 없을 때에는 당해 위원을 위원장이 따로 지명할 수 있다(노조 및 조정법 제55조 3항 단서), 이와 같이 조정위원회의 위원을 상대방 당사자가 추천하는 근로자위원과 사용자위원 중에서 위원장이 지명하도록 한 것은 조정위원회에 대한 노사 당사자의 신뢰를 높이고 보다 합리적이고 신속한 분쟁해결을 도모하기 위한 것이다. 그리고 조정위원회의 위원장은 공익을 대표하는 조정위원이 된다(노조 및 조정법 제56조 2항). 회의는 구성원 전원 출석으로 개의하고 의결은 출석위원 과반수의 찬성에 의한다(노위법 제17조 1항).

④ 단독조정

노동위원회는 관계당사자 쌍방의 신청이 있거나 관계당사자 쌍방의 동의를 얻은 경우에는 조정위원회에 갈음하여 단독조정인을 두어 조정을 행하게 할 수 있다(노조 및 조정법 제57조 1항). 단독조정인은 당해 노동위원회의 위원 중에서 관계당사자 쌍방의 합의로 선정된 자로서 관할 노동위원회의 위원장이 지명한다(노조 및 조정법 제57조 2항). 단독조정인의 활동 등은 조정위원회의 경우와 동일하다.

⑤ 조정활동

조정위원회 또는 단독조정인의 활동은 분쟁의 현황과 당사자들의 의견을 파악하기 위한 주장의 확인, 조정안의 작성, 수락된 조정안의 유권해석 등으로 크게 구분된다. 당사자의 주장의 확인을 위하여 조정위원회 또는 단독조정인은 기일을 정하여 관계당사자 쌍방을 출석하게 하여 주장의 요점을 확인하여야 한다(노조 및 조정법 제58조). 이 경우에 조정위원회의 위원장과 단독조정인은 업무상 또는 기타의 사정을 고려하여 관계당사자와 참고인 이외의 자의 회의출석을 금할 수 있다(노조 및 조정법 제59조). 조정활동 중에서 가장 중요한 것은 조정안을 작성하여 이를 관계당사자에게 제시하고 그 수락을 권고하는 것이다(노조 및 조정법 제60조 1항), 이때에 조정위원회는 조정안에 이유를 붙여 공표할 수 있으며, 필요한 경우에는 신문 또는 방송에 의한 협력을 요청할 수 있다(노조 및 조정법 제60조). 이것은 조정안 자체를 당사자들이 수락하지 않으면 법률상 아무 구속력이 없기 때문에 이를 여론에 호소하여 노동쟁의를 해결하기 위한 것이다. 조정위원회 또는 단독조정인은 관계당사자가 수락을 거부하여 더 이상 조정이 이루어질 여지가 없다고 판단되는 경우에는 조정의 종료를 결정하고 이를 관계당사자 쌍방에 통보하여야 한다(노조 및 조정법 제60조 2항).

조정안이 관계당사자의 쌍방에 의하여 수락된 후 그 구체적인 해석 또는 이행방법에 관하여 관계당사자 사이에 의견의 불일치가 있는 경우에도 조정안의 수락은 여전히 효력이 있는 것이므로, 관계당사자는 조정위원회 또는 단독조정인에 대하여 그 해석 또는 이행방법에 관하여 명확한 견해의 제시를 요청하여야 한다(노조 및 조정법 제60조 3항, 시행령 제27조). 조정위원회 또는 단독조정인은 그 요청을 받은 날로부터 7일 이내에 명확한 유권적 견해를 제시하여야 한다(노조 및 조정법 제60조).

조정절차가 진행되는 도중이라 하더라도 노동조합 및 노동관계조정법 제54조의 조정기간이 경과하면 관계당사자는 언제라도 쟁의행위를 할 수 있다. 그러나 조정서가 작성되어 단체협약과 동일한 효력을 갖게 되면(노조 및 조정법 제51조 2항) 그 때부터 단체협약당사자는 평화의무를 부담하기 때문에 쟁의행위의 행사는 위법이다.

⑥ 조정서의 효력

조정안이 관계당사자에 의하여 수락된 때에는 조정위원 전원 또는 단독조정인은 조정서를 작성하고 관계당사자와 함께 서명 · 날인하여야 한다(노조 및 조정법 제61조 1항). 이 조정서의 내용은 단체협약과 동일한 효력을 가진다(노조 및 조정법 제61조 2항), 그리고 노동조합 및 노동관계조정법 제60조 4항의 규정에 의하여 조정위원회가 제시한 유권해석과 이행방법에 관한 견해는 중재재정과 동일한 효력을 가지므로(노조 및 조정법 제61조 3항), 그러한 한도 내에서 조정서의 사실상의 내용은 확정된다. 왜냐하면 중재재정에 대한 불복은 그 재정이 '위법이거나 월권에 의한 것이라고 인정되는 경우에' 한하여 재심신청이나 행정소송의 제기가 가능하기 때문이다.

(2) 중 재

2006. 12. 30. 노동조합 및 노동관계조정법을 개정하면서 쟁의권 행사와 공익보호가 조화를 이룰 수 있도록 필수공익사업에 대한 직권중재제도를 폐지하는 대신 필수공익사업에 필수유지업무를 도입하고 대체근로를 허용하는 등 쟁의행위 관련 규정을 정비하면서 중재(arbitration)는 관계당사자의 신청이 있을 때 그 절차가 개시되는 임의중재를 두고 있으며, 임의중재는 일반사업과 공익사업에 다 같이 적용되나 어느 경우를 막론하고 중재재정은 관계당사자를 구속하는 법률상의 효력이 있다.

이와 같이 중재는 조정방법으로서는 가장 강력한 것이므로 노사 간의 분쟁을 빠른 시간안에 방지 내지 종결한다는 의미에서 그 의의가 인정될 수 있는 것이지만 임금인상과 같은 이익분쟁의 해결방법으로서는 반드시 적절한 것이라고 할 수는 없다.

① 중재의 요건과 개시

중재는 임의중재가 원칙이다. 그것은 일단 중재재정이 내려지면 당연히 관계당사자를 구속하기 때문이다. 그러나 노동조합 및 노동관계조정법은 일반사업과 공익사업에 대하여 다 같이 관계당사자의 쌍방이 함께 중재를 신청한 때 또는 관계당사자 일방이 단체협약에 의하여 중재를 신청한 때 중재절차를 개시할 수 있도록 규정하고 있다(노조 및 조정법 제62조). 그러므로 그 사업이 필수공익사업에 해당되더라도 관계당사자의 합의 없이는 중재가 행하여질 수 없다. 다만 노동부장관이 긴급조정을 결정하고, 중앙노동위원회의 위원장이 조정이 성립될 가망이 없다고 인정하여 공익위원의 의견을 들어 그 사건을 중재에 회부하는 경우에는 직권으로 중재가 성립될 수 있겠지만, 이는 그 노동쟁의가 국민생활을 중대하게 위협하거나 경제적 · 사회적 긴급사태를 가져올 수 있는 것(노조 및 조정법 제76조)이어야 한다고 생각된다.

중재를 하게 된 때에는 지체없이 이를 서면으로 관계당사자에게 각각 통지하여야 한다(노조 및 조정법시행령 제25조). 중재절차가 개시되면 노동조합 및 노동관계조정법 제53조 및 제54조의 규정에 의한 조정기간이 경과된 경우라도 그 날로부터 15일간은 쟁의행위를 할 수없다(노조 및 조정법 제63조).

② 중재의 기관과 활동

중재는 중재위원회가 담당한다. 중재위원회는 공익을 대표하는 노동위원회의 위원 중에서 관계당사자의 합의로 선정한 자에 대하여 당해 노동위원회의 위원장이 지명한 3인의 위원으로 구성된다(노조 및 조정법 제64조, 시행령 제28조). 다만 관계당사자의 합의가 이루어지지 않은 경우에는 노동위원회의 위원장이 이들 중에서 지명한다(제64조 3항 단서). 공익위원만으로 구성하게 한 것은 중재재정이 법률상 당사자들을 구속하기 때문에 이해관계의 중립을 지키기 위한 것으로 이해되며, 공익위원 중에서도 당사자의 합의에 의하여 선정된 자를 임명하는 것은 관계당사자의 의사를 최대한 반영하고자 하는 것이다. 그리고 관계당사자가 지명한 노사대표위원은 중재위원의 동의를 얻어 회의에 출석하여 의견을 진술할 수 있다(노조 및 조정법 제66조 2항). 중재위원회의 위원장은 중재위원 중에서 호선되며(노조 및 조정법 제65조 2항), 회의는 전원출석과 출석위원 과반수 찬성으로 의결한다(노위법 제17조).

중재절차가 개시된 때에는 조정의 단계를 이미 거친 후이기 때문에 사실 관계에 대해서는 분쟁해결을 위한 충분한 자료가 준비되어 있는 것이 보통이다(노조 및 조정법 제53조, 제 71조 2항 및 제58조 참조). 따라서 구 노동쟁의조정법은 관계당사자의 의견을 직접 청취하는 절차를 마련하지 않고, 간접적으로 관계당사자가 지명한 노동위원회의 노·사 대표위원을 통하여 의견을 진술할 수 있는 기회를 부여하고 있을 뿐이었다(구 노조법 제35조). 그러나 관계당사자가 수긍할 수 있는 공정한 중재재정을 내리기 위해서는 중재위원회가 직접 관계당사자의 의견과 자료를 제공받을 수 있는 기회가 입법적으로 마련되는 것이 타당하다고 생각된다. 현행법에서는 이 점을 감안하여 중재위원회는 기일을 정하여 관계당사자 쌍방 또는 일방을 중재위원회에 출석하게 하여 주장의 요점을 확인해야 한다는 규정을 신설하였다(노조 및 조정법 제66조 1항).

중재위원회의 위원장은 회의의 공정한 진행을 위하여 관계당사자와 참고인 이외의 자의 출석금지를 명할 수 있는 권한을 가진다(노조 및 조정법 제67조).

③ 중재재정의 효력

중재재정은 서면으로 작성되어야 하며, 그 서면에는 효력발생기일을 명시하여야 한다(노조 및 조정법 제68조 1항). 중재재정서는 지체없이 관계당사자에게 송달되어야 한다(노조 및 조정법시행령 제29조 1항).

중재재정은 중재재정서가 관계당사자에게 도달되면 단체협약과 동일한 효력을 가진다(노조 및 조정법 제70조 2항). 그러나 관계당사자는 중재재정이 위법이거나 월권에 의한 것이라고 인정되는 경우에 한하여 소정기일 내에 중앙노동위원회에 재심을 청구하거나 또는 행정소송을 제기할 수 있도록 하였다(노조 및 조정법 제69조). 재심신청이나 행정소송의 제기를 '위법이거나 월권에 의한 것이라고 인정'되는 경우에 한정한 것은 중재재정의 실질적 내용의 타당성에 대해서는 다시 문제삼지 못하도록 하여 분쟁을 조속히 종결하고자 하는 데 그 취지가 있다. 중새새정에 내해서 재심신청을 하거나 행정소송을 제기하더라도 재정의 효력에는 아무 영향이 없으므로 관계당사자는 여전히 구속된다. 중재재정이나 재심결정이 확정되면 관계당사자는 이에 따라야 하며(노조 및 조정법 제69조 4항), 이를 위반하면 처벌된다(노조 및 조정법 제90조).

중재재정의 효력기간에 관해서는 법에 아무 규정이 없으나 2년을 초과하여 정할 수 없으며 그 유효기간을 정하지 않은 때에는 2년으로 보아야 한다. 왜냐하면 중재재정서는 단체협약과 동일한 효력을 가지므로 단체협약의 유효기간에 관한 규정(노조 및 조정법 제32조)이 준용되기 때문이다.

3.5 공익사업에 있어서의 노동쟁의의 조정

(1) 공익사업과 노동쟁의의 조정

① 공익사업과 쟁의행위의 제한

노동조합 및 노동관계조정법 제71조는 공중의 일상생활과 밀접한 관련이 있거나 국민경제에 미치는 영향이 큰 사업으로서 정기노선여객운수사업, 수도, 전기, 가스, 석유정제 및 석유공급사업, 공중위생 및 의료사업, 은행 및 조폐사업, 방송 및 통신사업을 공익사업으로 규정하고 있으며(제71조 1항), 공익사업으로서 그 업무의 정지 또는 폐지가 공중의 일상생활을 현저히 위태롭게 하거나 국민경제를 현저히 저해하고 그 업무의 대체가 용이하지 아니한 철도사업, 도시철도사업 및 항공운수사업, 수도사업, 전기사업, 가스사업, 석유정제사업 및 석유공급사업, 병원사업 및 혈액공급사업, 한국은행사업, 통신사업은 이를 필수공익사업으로 규정하고 있다(제71조 2항). 이들 사업에 대해서는 노동조합 및 노동관계조정법상 특칙이 인정되어 쟁의행위가 제한된다(노조 및 조정법 제42조의 2, 제42조의 3, 제42조의 6, 제51조, 제54조, 제76조 1항).

원래 근로자에게 보장된 단체행동권은 무제한으로 행사될 수 있는 것은 아니다. 경우에 따라서는 쟁의행위가 공공복리 또는 국민의 일상생활에 직접 · 간접으로 영향을 미칠 수 있기 때문에, 쟁의권의 행사도 다른 제3자의 기본적인 권리의 내용과 본질적으로 모순되지 않는 범위 내에서 보장되어야 한다. 그러므로 특히 국민의 일상생활 및 국민경제에 밀접한 관계를 가지고 있는 사업을 공익사업으로 정하여 쟁의행위를 제약하는 것은 쟁의권 자체의 내재적 성격에서 오는 것이라고 할 수 있다.

그러나 이와 같은 제약이 근로 3권을 보장한 원래의 취지에 위배되어서는 아니 된다. 따라서 구법이 업무의 정지 또는 폐지로 공중의 일상생활 또는 국민경제를 현저히 위태롭게 하는 사업을 필수공익사업으로 규정하고 동 사업에 노동쟁의 발생 시 노동위원회가 중재를 통하여 분쟁을 해결하는 직권중재제도를 두었으나, 이러한 직권중재제도가 노동 3권의 과도한 제약이라는 측면에서 위헌 논란과 함께 국제노동기구(ILO) 등에서 지속적으로 개선권고를 받는 등의 문제가 있어 2006. 12. 30. 법 개정 시 문제가 된 직권중재제도를 폐지하되, 기존의 필수공익사업에 항공운수사업, 혈액공급사업을 추가하고, 필수공익사업의 업무 중 그 업무가 정지 또는 폐지되는 경우 공중의 생명 · 보건 또는 신체의 안전이나 공중의 일상생활을 현저히 위태롭게 하는 업무를 필수유지업무로 규정하며, 노사 당사자는 쟁의행위 기간 동안 필수유지업무의 정당한 유지 · 운영을 위하여 필수유지업무의 필요 최소한의 유지 · 운영수준, 대상 직무 및 필요인원 등을 정한 필수유지업무협정을 체결하도록 하였으며, 협정이 체결되지 아니하는 경우에는 당사자 일방 또는 쌍방이 노동위원회에 신청하여 필수유지업무의 필요 최소한의 유지 · 운영수준 등을 결정하도록 하였고, 노사 당사자가 노동위원회의 결정에 따라 쟁의행위를 한 경우에는 필수유지업무를 정당하게 유지하면서 쟁의행위를 한 것으로 보도록 하였고, 필수공익사업의 사용자가 쟁의행위기간 중에 대체인력을 채용하거나 도급 또는 하도급을 주는 경우 당해 사업 또는 사업장 파업참가자의 100분의 50을 초과하지 않도록 하는 것으로 개정하였으나, 노동계는 이러한 법 개정이 오히려 필수공익사업의 쟁의권을 무력화시키는 개악이라 주장하면서 반발하고 있는 실정이다.

② 공익사업에 대한 노동조합 및 노동관계조정법상의 특칙

공익사업에 대해서는 노동조합 및 노동관계조정법상 대체로 다음의 여섯 가지 특칙이 마련되어 있다.

첫째, 공익사업에 있어서는 관계당사자 일방에 의한 조정신청이 있는 때로부터 15일간 쟁의행위를 할 수 없으므로 일반사업에 있어서보다 조정기간이 5일 더 길다(노조 및 조정법 제54조 1항). 공익성을 참작하여 마련한 규정이다.

둘째, 공익사업에 관한 노동쟁의의 조정은 일반사업의 노동쟁의에 있어서보다 우선적으로 취급되고 신속히 처리되어야 한다(노조 및 조정법 제51조). 사건의 공익성에 비추어 당연한 일이며 이와 같은 요청은 공익사업에 있어서의 모든 종류의 조정절차에 해당된다.

그리고 공익사업의 노동쟁의에 관한 조정은 일반사업과는 달리 노동위원회 내의 특별조정위원회가 담당한다(노조 및 조정법 제72조 1항). 특별조정위원회는 특별조정위원 3인으로 구성되며(노조 및 조정법 제72조 2항), 특별조정위원의 선임은 관할 노동위원회의 공익을 대표하는 위원 중에서 노동조합과 사용자가 순차적으로 배제하고 남은 3인 내지 5인 중에서 노동위원회의 위원장이 지명하는 이른바 교차삭제법에 의한다. 다만, 관계당사자가 합의에 의하여 노동위원회의 공익위원이 아닌 외부인사를 추천하는 경우에는 노동위원회의 위원장은 그 추천된 자를 지명한다(노조 및 조정법 제72조 3항). 특별조정위원회의 위원장은 당해 노동위원회의 공익위원인 특별조정위원에서 호선하고, 외부인사만으로 구성된 경우에는 그 중에서 호선한다. 다만, 특별조정위원 중에 공익위원이 1인 포함되어 있는 경우에는 당해 위원이 위원장이 된다(노조 및 조정법 제73조). 공익사업에서의 조정기간은 15일이며, 당사자의 합의에 의하여 15일을 한도로 조정기간을 연장할 수 있다(노조 및 조정법 제54조).

셋째, 특별조정위원회에 의한 조정이 조정기간 내에 완료되지 못할 경우에는 원칙적으로 쟁의행위를 개시할 수 있다. 공익사업 중에서 필수공익사업(노조 및 조정법 제71조 2항 참조)에 대해서는 노동위원회위원장의 결정에 의한 강제중재가 허용(노조 및 조정법의 구법 제62조 3호)되어 있었으나 2006년 12월 국회에서 국제기준에 맞게 쟁의권 행사의 한계를 명확히 함으로써 쟁의권과 공익보호가 조화를 이룰 수 있도록 법 개정을 실시하였다.

즉 필수공익사업에 대한 직권중재제도를 폐지하는 대신 필수유지업무 도입 및 대체근로를 허용(안 제42조의 2 내지 제422조의 6, 제43조 3항 · 4항 신설, 현행 제62조 3호, 제74조 및 제75조 삭제)하는 방향으로 법 개정이 이루어졌다. 내용을 보면 현행법은 업무의 정지 또는 폐지로 공중의 일상생활 또는 국민경제를 현저히 위태롭게 하는 사업을 필수공익사업으로 규정하고 동 사업에 노동쟁의 발생시 노도위원회가 중재를 통하여 분쟁을 해결하는 직권중재제도를 두고 있으나, 노동 3권의 과도한 제약이라는 측면에서 위헌 논란과 함께 국제노동기구(ILO) 등에서 지속적으로 개선권고를 받아 왔다. 이에 대해 개정법에서는 직권중재제도를 폐지하되, 기존의 필수공익사업에 항공운수사업, 혈액공급사업을 추가하고 필수공익사업의 업무 중 그 업무가 정지 또는 폐지되는 경우 공중의 생명 · 보건 또는 신체의 안전이나 공중의 일상생활을 현저히 위태롭게 하는 업무를 필수유지업무로 규정하며, 필수공익사업에 대체근로를 허용하였다. 여기서 필수유지업무는 필수공익사업의 업무로서 그 업무의 정지 또는 폐지로 공중의 생명 · 보건 또는 신체의 안전이나 공중의 일상생활을 현저히 위태롭게 하는 업무로 규정하고 쟁의행위기간 중에도 적당한 유지 · 운영 의무를 부과하고 있다. 이에 따라 노사 당사자는 쟁의행위 기간 동안 필수유시업무의 정당한 유지 · 운영을 위하여 필수유지업무의 필요 최소한의 유지 · 운영수준, 대상 직무 및 필요인원 등을 정한 필수유지업무협정을 체결하도록 하되, 협정이 체결되지 아니하는 경우에는 당사자 일방 또는 쌍방이 노동위원회에 신청하여 필수유지업무의 필요 최소한의 유지 · 운영수준 등을 결정하도록 하였다. 또한 노사 당사자가 노동위원회의 결정에 따라 쟁의행위를 한 경우에는 필수유지업무를 정당하게 유지하면서 쟁의해위를 한 것으로 보도록 하였다. 다만 필수공익사업의 사용자가 쟁의행위기간 중에 대체인력을 채용하거나 도급 또는 하도급을 주는 경우 당해 사업 또는 사업장 파업참가자의 100분의 50을 초과하지 않도록 규정하고 있다.

넷째, 필수공익사업의 업무 중 그 업무가 정지 또는 폐지되는 경우 공중의 생명 · 보건 또는 신체의 안전이나 공중의 일상생활을 현저히 위태롭게 하는 업무를 필수유지업무로 규정하고, 노사 당사자는 쟁의행위 기간 동안 필수유지업무의 정당한 유지 · 운영을 위하여 필수유지업무의 필요 최소한의 유지 · 운영수준, 대상 직무 및 필요인원 등을 정한 필수유지업무 협정을 체결하도록 하였다.

다섯째, 필수공익사업의 사용자가 쟁의행위기간 중에 대체인력을 채용하거나 도급 또는 하도급을 주는 경우 당해 사업 또는 사업장 파업참가자의 100분의 50을 초과하지 않도록 하였다.

여섯째, 공익사업에 대해서는 긴급조정(노조 및 조정법 제76조 1항)이 인정되고 있다.

(2) 긴급조정

쟁의행위가 공익사업에서 행하여지거나 또는 그 규모와 성질이 특별한 것으로서 현저히 국민경제를 해하거나 국민의 일상생활을 위태롭게 할 위험이 있는 경우에는 긴급조정이 행하여질 수 있다. 이 절차는 쟁의당사자의 의견을 묻지 아니하고 노동부장관의 결정에 의하여 강제적으로 개시되는 것이므로 쟁의권에 대한 중대한 제한을 가져온다.

긴급조정제도의 입법이유는 '국민경제와 국민생활에 크게 영향을 미치는'(노조 및 조정법 제76조 1항) 쟁의행위의 장기화를 막기 위한 것이기 때문에 이 제도의 운영에 있어서는 모든 대규모의 쟁의행위가 다 금지되는 일이 없도록 법의 해석 및 적용을 엄격하게 하여야 한다.

① 긴급조정의 요건

실질적 요건으로는 쟁의행위가 공익사업에 관한 것이거나 또는 그 규모가 크거나 그 성질이 특별한 것이어야 하며, 그 이외에 이와 같은 쟁의행위에 의하여 국민경제를 해하거나 국민의 일상생활을 위태롭게 할 위험이 '현존'하여야 한다(노조 및 조정법 제76조 1항).

형식적 요건으로 노동부장관이 중앙노동위원회 위원장의 의견을 들은 다음 긴급조정의 결정을 내려야 한다(노조 및 조정법 제76조 1,2항). 이 때에 노동부장관이 중앙노동위원회의 의견을 듣는다 함은 법률적으로 중앙노동위원회의 의견에 구속된다는 것이 아니고 긴급조정을 담당하게 될 노동위원회의 의견을 충분히 존중한다는 의미로 해석된다. 그러므로 노동부장관은 사실상 긴급조정에 대한 결정권을 가진다.

그러나 현실적으로 긴급조정의 절차를 개시할 만한 실질적 요건이 구비되어 있지 않음에도 불구하고 노동부장관이 긴급조정의 결정을 내린 때에는 행정소송으로 이를 다툴 수 있다. 긴급조정의 결정이 위법인 경우에는 이 결정에 반하여 쟁의행위를 했더라도 법규위반(노조 및 조정법 제77조 참조)의 쟁의행위라고 할 수 없을 것이다.

② 긴급조정의 절차

노동부장관이 긴급조정의 결정을 한 때에는 지체없이 그 이유를 붙여 이를 공표함과 동시에 중앙노동위원회와 관계당사자에게 각각 통고하여야 한다(노조 및 조정법 제76조 3항). 그리고 긴급조정의 결정의 공표는 신문 · 라디오 또는 기타 공중이 신속히 알 수 있는 방법으로 행하여져야 한다(노조 및 조정법 시 제32조).

중앙노동위원회는 노동부장관의 통고를 받으면 지체없이 조정을 개시하여야 하며(노조 및 조정법 제78조), 조정이 성립할 가능성이 없다고 인정되는 경우에는 긴급조정 결정통고를 받은 날로부터 15일 이내에 중재에의 회부 여부를 결정하여야 한다(노조 및 조정법 제79조). 중앙노동위원회는 중재회부의 결정을 한 때에는 지체없이 중재를 행하여야 한다. 이 이외에 관계당사자의 쌍방이나 일방으로부터 중재신청이 있을 때에도 중재는 지체없이 개시되어야 한다(노조 및 조정법 제80조). 긴급조정은 공익사업에 관한 것이거나 그 규모가 크거나 그 성질이 특별한 것으로서 현저히 국민경제를 해치거나 국민생활을 위태롭게 할 위험이 있는 노동쟁의에 대하여 행하여지는 것이므로 우선적으로 취급되고 신속히 처리되어야 함은 물론이다(노조 및 조정법 제51조 참조).

③ 긴급조정과 쟁의행위의 금지

긴급조정의 결정이 공표된 때에는 관계당사자는 즉시 쟁의행위를 중지하여야 하며 공표일로부터 30일이 경과하지 않으면 쟁의행위를 재개할 수 없다(노조 및 조정법 제77조). 이를 위반하면 처벌된다(노조 및 조정법 제90조).

④ 긴급조정의 효과

긴급조정에 의하여 조정안이 관계당사자에 의하여 수락되거나 또는 중재재정이 내려지면 조정안과 중재재정은 단체협약과 동일한 효력을 가진다(노조 및 조정법 제61조 2항, 제70조 2항 참조).

04 부당노동행위

4.1 부당노동행위구제제도의 의의

부당노동행위구제제도는 노동3권을 구체적으로 보장하기 위한 행정적인 제도이다. 단결권, 단체교섭권, 단체행동권의 실질적인 보장은 사용자로부터의 침해를 배제함으로써 이루어질 수 있다. 급변하는 산업사회의 발전과정에서 노사관계도 복잡, 다기화되고 있어 어떠한 행위가 노동자의 권리를 침해하는가를 판단하기는 쉽지 않고 사용자의 행위에 대하여 시민법질서에 따라 사후적으로 손해배상을 청구하는 등의 권리구제는 시의를 상실하기 쉽다. 그리하여 1935년 미국의 와그너법(Wagner Act)에서 사업주의 부당노동행위가 규정된 이래 그러한 침해행위를 시정하여 정상적인 노사관계로 원상회복하게 하는 부당노동행위구제제도가 발전하였다.

4.2 부당노동행위의 유형

부당노동행위란 사업주가 행하는 모든 부당한 처사를 가리키는 것이 아니라 법 제81조에 규정된 다섯 가지 유형을 가리킨다.

(1) 반조합적인 불이익처분

노동자가 노동조합에 가입 또는 가입하려고 하였거나 노동조합을 조직하려고 하였거나 기타 노동조합의 의무를 위한 정당한 행위를 한 것을 이유로 그 노동자를 해고하거나 그에게 불이익을 주는 행위를 말한다.

① 인사상의 불이익처분

가장 전형적인 예로는 해고 및 이동, 배치전환, 출근정지 등이 있고, 또 휴직, 복직거부, 계약갱신거부, 고용거부, 강등, 승진중지 등 여러 가지 인사조치상의 불이익을 주는 것이다.

그림 12-1 구제신청절차

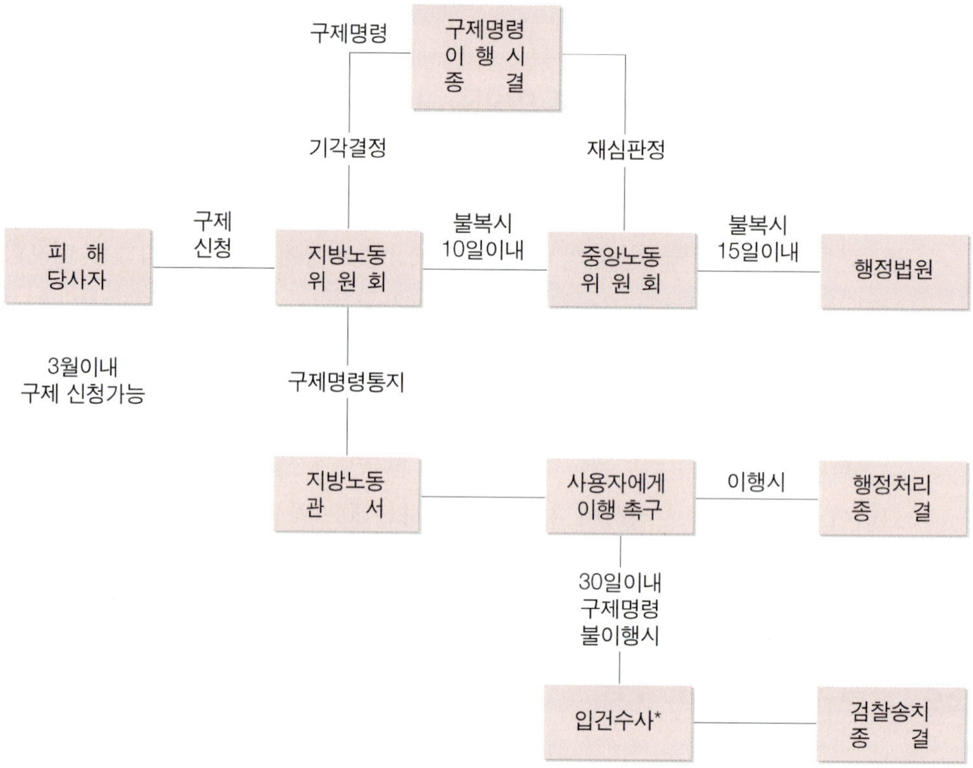

*이 경우 사용자가 행한 "부당노동행위 자체"를 처벌하는 것이며, 입건여부에 대해 검사의 수사지휘가 있는 경우에는 이에 따라야 함.

② 경제상의 불이익처분

감봉 및 차별승급, 쟁의기간의 무임금 등이 있으며 쟁의기간 내의 무임금에 관한 문제는 사용자 측의 무노동 무임금원칙에 의한 정당한 대응조치라는 주장이 있지만 이 문제에 대하여서는 노사 간에 상당한 논란이 있다.

③ 시설설비상의 불이익 처분

복지시설의 차별적 이용이나 선제적 공장폐쇄를 통하여 노동자의 작업을 중단시키는 행위이다.

(2) 비열계약

노동조합에 가입하지 아니할 것 또는 탈퇴할 것을 고용조건으로 하거나 특정노동조합의 조합원이 될 것을 고용조건으로 하는 행위이다. 다만 노동조합이 당해사업장에 종사하는 노동자의 3분의 2 이상을 대표하고 있을 때는 유니온숍 협정을 체결할 수 있다. 이 경우 사용자는 노동자가 그 노동조합에서 제명된 것 또는 그 노동조합을 탈퇴하여 새로 노동조합을 조직하거나 다른 노동조합에 가입한 것을 이유로 노동자에게 신분상 불이익한 행위를 할 수 없다.

(3) 단체교섭의 거부

노동조합의 대표자 또는, 노동조합으로부터 위임받은 자와의 단체협약체결 기타 단체교섭을 정당한 이유없이 거부하거나 해태하는 행위가 이에 해당된다.

(4) 지배 · 개입 및 경비원조

지배 · 개입이란 노동조합의 단결권활동에 사용자가 주도적인 영향을 끼침으로서 노동조합의 의사결정을 좌우한다거나 이를 방해하는 행위를 말하며, 또한 노동조합의 운영비를 원조하는 행위, 노동조합의 전임자에게 급여를 지원하거나 노동조합의 운영비를 원조하는 행위가 이에 해당한다. 다만, 근로자가 근로시간 중에 제24조 제4항에 따른 활동을 하는 것을 사용자가 허용함은 무방하며, 또한 근로자의 후생자금 또는 경제상의 불행 기타 재액의 방지와 구제 등을 위한 기금의 기부와 최소한의 규모의 노동조합사무소의 제공은 예외로 한다.

(5) 보복적인 불이익처분

노동자가 정당한 단체행동에 참가한 것을 이유로 하거나 또는 노동위원회에 대하여 기타 행정관청에 증거를 제공하는 것을 이유로 그 노동자를 해고하거나 그에게 불이익을 주는 행위가 해당된다.

4.3 부당노동행위의 설립요건

(1) 사용자의 행위이어야 함

부당노동행위는 사용자에 대하여 금지되는 행위이므로, 부당노동행위의 성립을 위해서는 그 행위가 사용자의 행위여야 한다. 여기서 부당노동행위의 주체로서 사용자는 법 제2조 제2호의 “사업주, 사업경영담당자, 근로자에 관한 사항에 대하여 사업주를 위하여 행동하는 자"를 말하고, 사업주를 위하여 행동하는 자는 근로자의 인사, 급여, 후생, 노무관리 등 근로조건의 결정 또는 업무상의 명령이나 지휘감독을 하는 등의 사항에 대하여 사업주로부터 일정한 권한과 책임을 부여받은 자를 의미한다. 이에 대해 대법원은 "이 법에서 사용자라 함은 사업주, 사업의 경영담당자 또는 그 사업의 근로자에 관한 사항에 대하여 사업주를 위하여 행동하는 자를 말한다"고 규정하고 있는 바, 여기서 근로자에 관한 사항에 대하여 사업주를 위하여 행동하는 자라 함은 근로자의 인사, 급여, 후생, 노무관리 등 근로조건의 결정 또는 업무상의 명령이나 지휘감독을 하는 등의 사항에 대하여 사업주로부터 일정한 권한과 책임을 부여받은 자를 말한다 할 것이므로 회사의 공작과 과장대리가 "근로자에 대한 사항에 대하여 사업주를 위하여 행동하는 자"에 해당하는지의 여부는 그가 근로자에 관한 어떤 사항에 대하여 사업주로부터 일정한 권한과 책임을 부여받고 있었는지의 여부에 따라 결정되는 것이라 할 것(1989.11.14 대법원 88누6924)이라고 하고 있다.

반면에 구제명령을 이행하여야 할 사용자는 부당노동행위의 행위주체와는 달리 노조법 제2조제2호의 사용자 중 사업주만이 해당되므로 개인기업의 경우 사업주 개인, 법인기업의 경우 법인 그 자체가 될 것이나, 법 제94조에 의해 법인 등과 함께 직접적인 행위자를 처벌토록 하고 있으므로 그 처벌의 한도 내에서 사업주 이외의 사용자도 구제명령을 받는 사용자가 될 수 있다고 보아야 한다.

(2) 노조법 제81조에 규정된 행위이어야 함

부당노동행위가 성립되기 위해서는 사용자의 행위가 노조법 제81조 각호에 해당되어야 하므로 앞에서 살펴본 바와 같이 법률이 정하는 유형인 ▲노동조합에 가입 또는 조직하려고 하였거나, 노동조합을 조직하려고 하였거나, 기타 노동조합 업무를 위한 정당한 행위를 한 것을 이유로 그 근로자를 해고하거나 불이익을 주는 행위 (불이익 취급행위), ▲근로자가 어느 노동조합에 가입하지 아니할 것 또는 탈퇴할 것을 고용조건으로 하거나 특정한 노동조합의 조합원이 될 것을 고용조건으로 하는 행위 (불공정 고용계약행위), ▲노동조합 대표자 또는 노동조합으로부터 위임을 받은 자와의 단체협약 체결 기타의 단체교섭을 정당한 이유없이 거부 · 해태하는 행위(단체교섭 거부 · 해태행위), ▲노동조합의 조직 · 운영을 지배 · 개입하거나 노동조합의 전임자에게 급여를 지원하거나 노동조의 운영비를 원조하는 행위(지배 · 개입행위), ▲근로자가 정당한 단체행위에 참가한 것을 이유로 하거나 노동위원회에 사용자의 부당노동행위를 신고 · 증언 · 자료제출을 이유로 그 근로자를 해고하거나 불이익을 주는 행위

(보복적 불이익행위)가 성립되어야 한다.

(3) 사용자의 부당노동행위 의사가 있어야 함

부당노동행위는 사용자의 의사에 기초를 둔 언동이라 할 것이므로 사용자의 반조합적 의도 내지는 동기라는 "부당노동행위 의사"를 필요로 하다는 것이 판례의 입장이다. 이때 부당노동행위 의사는 고의 · 과실의 차원이 아닌 객관적 · 외형적 사실로부터 추정되는 의사만으로 충분하며, 적극적인 목적이나 동기까지를 필요로 하는 것은 아니라고 하고 있고, 부당노동행위 의사를 필요로 하지만 이는 사용자의 내심의 의사에 속하므로 그와 같은 의사의 존재는 외부에 나타난 객관적 사실을 종합하여 추정할 수 있으면 족하다는 입장이다.

사용자의 부당노동행위 의사의 존재 여부는 ▲피해자의 노동조합에서의 지위, ▲노동조합활동 내용, ▲처분내용 · 사유 · 시기, ▲사용자가 주장하는 사유의 합리성, ▲종래 관행과의 균형 여부, ▲평소 사용자의 언동이나 태도, ▲처분 당시 노사관계, ▲처분후의 노동조합활동의 쇠퇴 여부 등을 종합하여 판단하여야 하고, 사용자의 부당노동행위 의사가 추정됨과 동시에 사용자가 주장하는 불이익 취급의 사유도 정당한 경우에 부당노동행위가 성립하는지에 대해 부당노동행위 제도가 사용자의 정당한 권한 행사나 지휘명령권의 행사까지 제한한다고 볼 수 없으므로, 근로자에게 복무위반 등의 귀책사유가 인정되어 그 불이익 취급이 정당한 경우에는 사용자에게 부당노동행위 의사가 추정되거나 근로자의 노동조합활동을 혐오한 사정이 엿보인다고 하더라도 부당노동행위로 단정하기는 어렵다고 하여 판례는 불이익 취급의 정당한 사유가 인정되면 비록 부당노동행위 의사가 추정되더라도 부당노동행위의 성립을 부정하고 있다.

또한, 불이익 취급의 정당한 사유가 없는 경우에 있어서도 부당노동행위의 성립에 당연히 영향을 미치는 것은 아니며, 단지 사용자의 부당노동행위 의사를 판단하는 하나의 자료가 될 수 있다는 입장(1993.1.15 대법원 92누13035)이다.

4.4 부당노동행위의 구제절차

사용자의 부당노동행위로 인하여 그 권리를 침해받은 노동자 또는 노동조합은 노동위원회에 부당노동행위가 있은 날(계속하는 행위는 그 종료일)로부터 3월 이내에 구제신청을 하여야 한다. 부당노동행위의 심사를 공정하고 신속하게 처리하기 위해 우리나라에서는 공익과 노사 3자를 대표하는 위원으로 구성되어 있는 노동위원회에서 부당노동행위구제제도를 다루고 있다. 부당노동행위의 심사는 원칙적으로 2심제이며 지방노동위원회 또는 특별노동위원회의 구제명령 또는 기각결정에 불복이 있는 당사자는 명령서의 송달을 받은 날로부터 10일 이내에 중앙노동위원회에 재심을 신청할 수 있으며 그 재심에 불복하는 자는 15일 이내에 행정소송을 제기할 수 있으나 그 기간내에 재심판정 또는, 행정소송을 제기하지 않으면 그 구제명령, 기각결정 또는, 재심판정은 확정된다.

노동위원회가 부당노동행위를 인정하고 구제명령을 한 경우에는 반드시 이에 따라야 하며 노동위원회의 구제명령, 기각결정은 중앙노동위원회에의 재심신청이나 행정소송의 제기에 의하여 그 효력이 정지되지 않는다. 지능적이고 상습적인 부당노동행위를 예방하기 위하여 피해자의 명시한 의사에 따라 부당노동행위자에게는 1년 이하의 징역 또는 1,500만원 이하의 벌금에 처하도록 하였다. 부당노동행위제도는 노동자와 노동조합을 보호할 뿐 아니라 노사관계 질서를 확립하여 산업사회의 발전에 이바지하도록 그 구제제도의 실효성이 높아져야 할 것이다.

New Rules in IR

필수공익사업 직권중재제도 폐지 및 "필수유지업무" 도입

노동부 : 선진화 입법 종합설명자료, 2007.1.3.

□ **개정배경**

- 현행법은 노동위원회가 직권으로 중재에 회부하여 분쟁을 해결할 수 있는 직권중재제도를 운영
  ※연도별 직권중재건수 : '02년 22건→'03년 1건→'04년 5건→'05년 3건
- 그러나 직권중재제도는 쟁의권의 과도한 제약이라는 비판과 함께 위헌 논란이 지속적으로 제기
  ※현행 직권중재에 대해 헌법재판소는 합헌결정('96년 합헌의견4,위헌의견5, '03년 합헌의견5, 위헌의견4) 내렸으나 위헌 논란 계속
- 또한 ILO는 생명 · 신체의 안전이나 건강과 직접 관련 없는 "철도 · 지하철, 석유사업" 등을 필수공익사업 직권중재대상에서 제외할 것을 지속 권고
  ※국제기준 및 외국입법례 : 외국의 경우 공익보호를 위해 대체근로 허용, 최소서비스 유지, 긴급조정으로 대응, 강제중재 입법례 많지 않음, (ILO) 생명, 안전, 건강을 위태롭게 할 수 있는 분야에는 파업권 제한 가능

□ **개정내용**

① 직권중재 폐지(제62조제3호, 제74조 및 제75조)
  - 국제기준과 그간의 위헌 논란 등을 감안하여 직권중재제도를 폐지

② 필수공익사업에 일부사업을 추가(제71조제1항및제2항)
- 현행 필수공익사업에 그간 필수공익사업 포함 필요성이 제기된 사업 중 생명, 신체의 안전 등과 관련된 사업 추가
  ※현행 필수공익사업 : 철도(도시철도), 수도 · 전기 · 가스 및 석유정제 및 석유공급사업, 병원, 한국은행, 통신
  ※추가 대상 사업
  · 혈액공급사업 : 혈액공급이 중단될 경우 공중의 생명 등에 직접적 피해를 주므로 포함 필요(대한적십자에서 전국에 16개 혈액원 운영)
  · 항공운수사업 : 항공운수사업은 국민의 일상생활에 필수적인 요소이며 다른 운송수단으로 대체가 어려운 점을 감안(아시아나 항공, 대한항공 등이 해당되며 기타 항공관제 등 관련사업 포함)

③ 필수공익사업에 필수유지업무 노입(제42조의 2 내지 제42조의 6)

가. 쟁의행위 기간중 필수유지업무 수행 의무 부과
- 업무가 정지 또는 폐지되는 경우 공중의 생명 · 건강, 신체의 안전 또는 공중의 일상생활을 현저히 위태롭게 하는 업무를 "필수유지업무"로 규정: 쟁의행위 기간 중 필수유지업무의 정당한 유지 · 운영을

그림 1 **필수유지업무 프로세스**

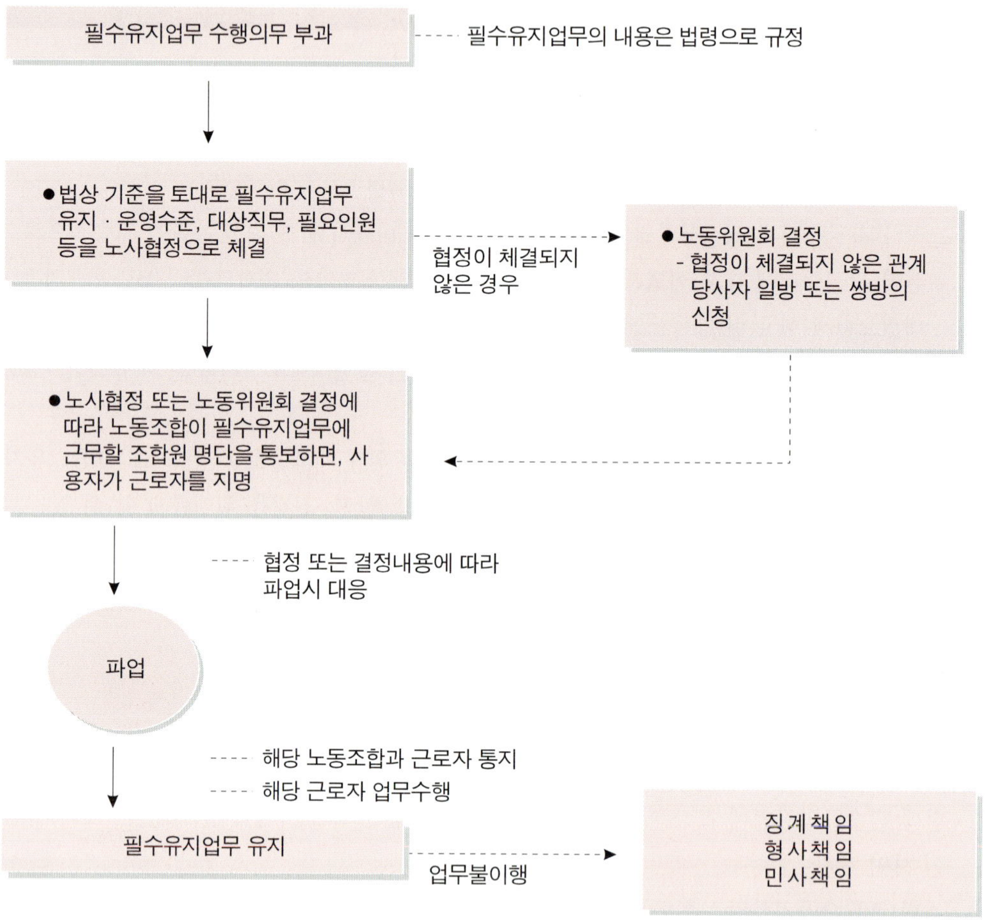

정지 · 폐지 또는 방해하는 행위에 대해 3년 이하, 3천만원 이하 벌금 부과

나. 필수유지업무 내용

- 법률에 규정된 필수유지업무의 기준(개념)을 토대로 대통령령에서 필수유지업무의 내용을 구체화

※대통령령에서 업무의 특성 등을 고려, 공익사업별 필수유지 업무 내용 규정

※대통령령(예) : 병원사업의 수술, 응급 · 중환자 치료 및 처치 등 업무 및 관련된 핵심지원 업무

다. 필수유지업무 협정 체결

- 노사는 법령에 제시된 기준을 토대로 필수유지업무의 필요 · 최소한의 유지 · 운영 수준, 대상 직무, 필요인원 등을 노사협정(필수유지업무 협정)으로 체결

※필수유지업무 협정 예(병원사업) : 응급실, 중환자실, 수술실 업무 및 이와 관련된 지원 업무를 △%

유지하기 위해 간호사 20명, 혈액검사 인력 3명, x-ray 촬영 인력 2명 근무 등

라. 노동위원회의 결정

- 노사 간에 협정이 체결되지 않을 경우, 관계 당사자 일방 또는 쌍방이 노동위원회에 신청, 노동위원회가 결정

※노동위원회가 결정한 내용에 반하는 노사협정은 효력을 상실

마. 노동위원회 결정에 따른 쟁의행위

- 노사 당사자가 노동위원회의 결정에 따라 쟁의행위를 한 경우 필수유지업무의 정당한 유지 · 운영을 하면서 쟁의행위를 한 것으로 봄

바. 사업장에서 필수유지 업무 수행

- 노동조합이 사용자에게 근무자를 통보, 사용자는 이에 따라 근로자를 지명하여 필수유지 업무를 수행토록 함

사. 시행시기(부칙 규정)

- 필수유지업무 제도가 새롭게 도입되는 점을 감안, 노사가 이에 대비 할 수 있도록 시행시기를 2008.1.1부터 규정, 다만 법 시행 전이라도 노사가 필수유지업무 협정을 체결, 법 시행에 대비 할 수 있는 근거 마련

□ 기대효과

- 필수공익사업에 있어 쟁의권과 공익보호의 조화를 통해 노사 간의 이익분쟁을 자율과 책임을 통해 결정

□ 법 개정 내용 관련 Q&A

Q. 필수공익사업 범위를 확대하는 것은 ILO 국제기준을 위반한 것 아닌가?

- ILO는 공익사업에 있어 쟁의권 행사를 제한 할수 있는 법제로서 필수서비스와 최소서비스를 언급
  - "필수서비스"(essential service)란 국가명의로 권한을 행사하는 공무원, 국민의 생명 · 신체의 안전이나 건강을 위태롭게 할 수 있는 사업으로 파업금지를 인정

    ※필수서비스 사업에 대하여 파업권의 일부 제한은 물론 일반적 금지도 가능하며, 일반적 금지의 경우 적절한 대상조치(조정 · 중재 등) 제공

    ※1996년 결사의 자유위원회는 의료, 전기공급, 수도공급, 전화서비스, 항공관제가 필수서비스에 속한다고 판단
  - "최소서비스"(minimum service)는 파업으로 국민의 정상적인 생활을 위태롭게 하는 사업으로서 공익보호 차원에서 파업중에도 유지되어야 할 최소한의 서비스를 의미

    ※1996년 결사의 자유위원회는 항만시설을 관리하는 기업의 하역서비스, 지하철서비스, 여객 및 상품의 운송서비스, 철도서비스, 우편서비스 등이 해당된다고 판단

• 개정안의 "필수유지업무"는 ILO기준으로 최소서비스 개념과 유사한 것으로
  - 필수유지대상 사업인 필수공익사업의 범위도 국제기준과 부합하며
  - 필수유지업무 결정 체계도 정부가 법상 기준을 제시하고, 노사가 협정을 통해 구체화하는 방식으로 설계되어, ILO의 기본원칙에 충실하다고 평가됨

Q. 필수공익사업 범위를 확대하는 이유는?

• 개정법안에서는 파업권과 공익보호의 조화를 위하여 직권중재제도를 폐지하는 대신
  - 필수공익사업을 대상으로 업무의 정지 · 폐지시 국민의 생명 · 건강 · 신체의 안전에 중대한 영향을 미치는 업무를 필수유지업무로 규정하고
  - 노사 간 자율적으로 필수유지업무협정을 체결함으로써, 파업권을 허용하되 필수업무가 유지되도록 보완하였음.

• 필수공익사업 범위를 확대한 것은 최근 산업구조 및 생활양식의 변화 등을 반영하여 공익보호 차원에서 노사정이 합의한 것으로
  - 항공운수사업의 경우 국민경제 및 공중일상생활에 미치는 영향이 매우 크고, 운송수단간 대체에 한계가 있음을 감안하여 필수공익사업에 포함
    ※ILO는 선박운송 사업, 여객 및 상품운송 사업의 경우 최소 서비스 대상으로 판단
  - 혈액공급사업은 헌혈자로부터 혈액을 채혈받아 검사 · 분리하여 의료기관에 공급하는 등 공중의 생명 및 건강과 밀접한 관련 있고, 대체가 불가능하므로 필수공익사업에 추가
    ※대한적십자사 산하 16개 혈액원, 보건의료노조가 각 혈액원 지부 설치(전체 직원 2,015명중 조합원은 1,170명으로 58.1% 조직율)

Q. 필수공익사업에 있어 필수유지업무 도입, 대체근로 허용과 함께 긴급조정제도를 존치함으로써 사실상 쟁의권을 3중으로 제약하는 것 아닌가?

• 우선 필수유지업무제도와 긴급조정제도는 구분할 필요가 있음
  - 필수유지업무제도는 필수공익사업에 있어 파업권을 사전적으로 제한하던 직권중재제도를 폐지하는 대신 공익보호를 위해 필요 최소한의 업무를 지속하기 위해 도입한 제도이나
  - 긴급조정은 쟁의행위로 인한 국민경제적 피해가 클 경우에 사후적으로 쟁의행위를 제한할 수 있는 제도임
    ※'03년 제도 도입이래 4차례 발동('69년 대한조선공사, '93년 현대자동차, '05년 아시아나 및 대한항공)
    ※참고로 미국의 경우 '36년이래 철도의 경우 238번, 항공의 경우 34회 발동

• 즉 필수유지업무제도는 기본적으로 필수공익사업에 있어서 쟁의권을 보장하려는 취지에서 도입된 것이며

- 긴급조정제도는 파업의 장기화 등으로 공중의 피해가 누적되어 심각한 공익침해가 발생하는 경우 이는 사회적으로 용인될 수 없으며 이 경우 공익보호를 위한 최후의 수단으로서 긴급조정을 통해 사후적으로 쟁의권을 제한하려는 것임

• 한편 현재 노조법상 긴급조정결정의 요건도 외국과 비교할 때 요건이 완화되어 있다고 보기는 어려움
  - 미국의 경우 파업이 주 간의 무역 · 통상 · 운송 · 통신산업 등의 전부 또는 일부분에 영향을 미쳐, 국민의 건강 · 안전을 위협하거나(Taft-Hartley법) 분쟁으로 인해 필수적인 운송서비스의 일부를 마비시켜 주 간 통상에 위협을 초래할 경우(철도노동법) 긴급조정을 결정
  - 일 본 : 국민경제의 운행을 현저히 저해하거나 또는 국민 일상생활을 현저히 위태롭게 할 우려가 있는 경우
  - 한 국 : 현저히 국민경제를 해하거나 국민의 일상생활을 위태롭게 할 위험이 현존하는 때

• 아울러 필수공익사업에 대한 대체근로 허용은 쟁의권을 무력화하는 것이 아니라 노사대등성 확보를 통해 파업시 공익보호를 위한 것이며
  - 아울러 최종 개정 법률에서는 대체근로시 파업참가자의 50%를 초과할 수 없도록 하였음

• 따라서 필수유지업무제도 도입과 대체근로 허용취지를 감안할 때 양 제도와 긴급조정제도를 쟁의권에 대한 중첩적인 제한으로 보는 것은 무리임

□ **참고자료: 필수유지업무 외국 사례**

• ILO
  - "필수서비스"(essential service)에 대해서는 파업을 금지하는 국내법제도의 정당성을 인정 : ▲국가 명의로 권한을 행사하는 공무원 ▲국민의 생명 · 신체의 안전이나 건강을 위태롭게 할 수 있는 사업분야
    ※필수서비스 사업에 대하여 파업권의 일부 제한은 물론 일반적 금지도 가능하며, 일반적 금지의 경우 적절한 대상조치(알선 · 조정 · 중재 등)가 제공
    ※1996년 결사의 자유위원회는 병원, 전기공급, 수도공급, 전화서비스, 항공관제가 필수서비스에 속한다고 판단
  - "최소서비스"(minimum service)란 파업으로 국민의 정상적인 생활을 위태롭게 하는 사업, 기본적으로 중요한 공공사업 분야 등에서 인정되며 파업중에도 유지되어야 할 최소한의 서비스를 의미, 최소서비스의 결정에는 정부 · 노사 당사자가 함께 참여할 수 있어야 함
    ※1996년 결사의 자유위원회는 항만시설을 관리하는 기업의 하역서비스, 지하철서비스, 여객 및 상품의 운송서비스, 철도서비스, 우편서비스 등이 해당된다고 판단

• 프랑스
  - 공공서비스를 담당하는 기관의 장이 파업시에도 최소한 유지하여야할 최소업무(일반적으로 규칙으로 정함)와 그 업무를 수행할 근로자를 지정하도록 허용(판례)

※사용자의 최소업무 규칙, 최소업무 수행 근로자 지정에 대해서는 행정법원의 심사를 통해 통제

※'80년대 제정된 방송사업 및 항공사업 관련 법령에서는 파업에 의해 정지되어서는 안될 필수업무를 설정, 파업권 행사를 제한

- 공공서비스의 파업은 5일전 예고토록 되어 있어 사전에 최소업무 유지에 대비토록 함

• 이탈리아 : 교통, 전기 · 가스 · 수도, 건강, 교육 등의 사업의 경우 필요한 최소한의 업무를 단체협약을 통해 유지토록 하되, 노사 간 합의가 되지 않는 경우 '보장위원회'에서 업무의 50%, 통상 인력의 1/3를 초과하지 않는 범위에서 유지수준 결정

• 독 일 : 학설 · 판례상 파업권의 내재적 한계, 기본권과의 조화 등을 논거로 제3자 및 일반공중의 생존급부를 위해 필요한 사업에서는 파업중에도 긴급작업이 제공되어야 함

※노사 간에 긴급 작업협정을 체결하거나 노조 규약에 보안작업 의무를 규정

• 영국 : 특정사업분야 또는 비상사태시에 국가가 대체인력을 투입할 수 있도록 하여 공익보호를 위한 업무 지속. 가스, 수도, 전기사업에서는 공급의 대부분을 고의로 중단시키는 근로계약 위반행위를 할 수 없도록 하여 파업 제한

• 일본 : 국 · 공영기업 종사자의 경우 쟁의행위가 금지되며, 그 대상조치로 노동위원회의 결의 또는 주무대신의 신청으로 노동위원회에서 중재가능

• 미국 : 상 · 하수도, 전력, 교통, 가스, 공항 등 공공부문을 담당하는 "공무원"은 파업권이 부인

필수공익사업 대체근로 허용

□ 개정배경

• 필수공익사업의 직권중재제도가 폐지됨에 따라 필수공익사업중 필수유지업무 대상이 아닌 업무의 경우 파업이 전면 허용되어 공익보호의 관점에서 보완 방안 마련 필요

※국제기준 및 외국사례

- 외국에서는 사용자의 영업의 자유 차원에서 쟁의행위 기간중의 대체인력 사용에 대해 일반적으로 제한을 두지 않음

- ILO는 대체근로와 관련하여 일관된 기준이 정립되어 있지는 않으나 업무중단에 의해 긴박한 위기가 초래될 수 있는 서비스 내지 산업에 한하여, 그 정상적 운영을 보장할 필요성이 있는 경우에만 허용될 수 있다는 입장과 입법가이드라인에서는 파업참가 근로자가 복귀할 수 있는 권리를 보장해야한다는 입장

□ 개정내용

• 필수공익사업 대체근로 허용(제43조제3항)

- 대체근로를 파업참가 근로자의 50/100 까지 허용, 노사대등성 확보와 파업시 공익보호 강화(시행시기는 필수유지업무제도와 연계 '08.1.1)

※근로자 파견업을 통한 대체근로는 현재와 같이 제한

- 대체근로는 쟁의행위 기간 중에 한하여 가능하다고 규정함으로써 파업을 이유로 한 영구적 대체근로는 허용되지 않음을 명시

□ **기대효과**

- 노사대등성 확보를 통해 필수공익사업의 파업시 공익보호를 강화

□ **참고자료: 대체근로 관련 외국사례 비교**

국가별	허용정도	제도 및 판례 등의 내용
ILO	특정 사업에 허용	○업무중단에 의해 긴박한 위기가 초래될 수 있는 서비스 내지 산업에 한하여, 그 정상적 운영을 보장할 필요성이 있는 경우에만 허용될 수 있다는 입장
미 국	전면허용	○대법원 판례로 파업권과 영업권의 균형차원에서 허용(일시적 · 영구적 대체 허용) ○다만, 부당노동행위 파업시에는 대체근로와 별개로 근로자의 복직권리를 인정
프랑스	일정한 제약하에 허용	○단기계약 근로자 및 파견근로자 대체 금지(법률) ○무기계약을 통한 신규채용, 무상의 협력자 이용, 외부기업과의 도급계약 등은 가능 ※신규채용의 경우 미국과 같은 영구대체는 아니며, 파업 참가 근로자가 복귀할 경우 신규채용 근로자 우선 해고 가능
독 일	일정한 제약하에 허용	○파업불참 근로자 대체, 외부근로자 신규채용, 제3자에게 도급 · 하도급을 주는 것을 허용 ○파견근로자로 신규 대체하는 것은 입법으로 금지, 파업불참 근로자 및 기존파견근로자는 본래 계약범주에 해당되지 않는 근무지시 거부 가능
일 본	전면허용	○노사관행으로 허용 ○다만, 대체근로자가 있다는 이유로 파업참가자를 해고할 수 없음(영구대체 불가, 한시적 대체 허용)

□ **법 개정 내용 관련 Q&A**

Q. 필수공익사업 대체근로 허용으로 사실상 노조의 쟁의권이 무력화되는 부작용은 없는지?

- 개정안에서는 사업의 정지 · 폐지시 공중의 생명 · 건강 및 신체의 안전 등에 중대한 영향을 미치는 필수공익사업에 한하여 파업참가자의 50% 이내에서 대체근로를 허용
- 대체근로가 남용됨으로써 근로자의 파업권이 무력하되는 것을 방지하기 위하여
  - 파견근로자를 통한 대체근로는 현행과 같이 계속 금지(파견법 제16조)하도록 하였고,
  - 정당한 쟁의행위에 대하여 업무복귀를 거부할 경우 부당노동행위 규정을 엄격히 적용할 계획임.

- 필수공익사업의 경우 고도의 숙련도 · 기술 및 경험 등이 요구되는 업무가 많으므로 대체가 쉽지 않고
  - 대체근로자 채용시 사용자 측에서도 인사노무 관리상 어려움이 있다는 점에서 남용 우려는 높지 않다고 보며
  - 더욱이 환노위 심사과정에서 파업참가자의 50% 수준으로 대체근로의 범위가 축소된 만큼 쟁의행위 무력화 문제는 상당부분 해결될 것으로 예상함

Q. 필수공익사업 대체근로 허용과 관련하여 파업참가자의 50%를 초과하지 않도록 할 경우, 노조의 파업 양태 등에 따라 법 적용 기준이 달라지는 등 문제가 있는 것 아닌가?

- 당초 정부입법안은 파업시 공익보호를 위해 필수공익사업의 경우 대체근로를 전부 허용하도록 하는 것이었으나
  - 환노위 법안 심사과정에서, 노조의 파업 무력화 등을 우려하여 여 · 야 합의로 파업참가자의 50%를 초과하지 않도록 한 것임
- 노조가 파업기간중 파업참가자 수를 달리하여 파업을 전개할 경우 법 적용에 어려움이 있을 수 있음
- 이에 따라 개정안에서는 이에 대한 보완 장치로 파업참가자 수의 산정기준 등은 대통령령에 정하도록 위임하였는바
  - 향후 노사 및 관련 전문가의 의견을 수렴하여, 법 적용상 논란을 최소화할 수 있는 합리적인 방안을 마련할 계획

◈ 연습문제

1. 정치파업의 합법성 여부에 대해 토의해보시오.
2. 합법적인 쟁의행위의 범위에 대해 설명하시오.
3. 준법투쟁의 합법성 여부에 대해 토의해보시오.
4. 불법파업의 책임범위에 대해 토의해보시오.
5. 직장폐쇄의 의미와 효과에 대해 설명해보시오.
6. 이익분쟁과 권리분쟁의 차이를 설명해보시오.
7. 필수공익사업에서 직권중재제도가 폐지되고 필수유지업무제도가 도입된 배경과 이에 대한 노사간의 쟁점에 대해 토의해보시오.
8. 사용자의 부당노동행위 유형을 들고 노동조합의 부당노동행위 제도의 도입에 대한 찬 · 반토의를 해보시오.
9. 한국의 노동쟁의조정제도를 개관하고 그 문제점과 대안에 대해 토의해보시오.

제5부 규칙의 산출

제13장 단체협약

제14장 노사관련 법제도

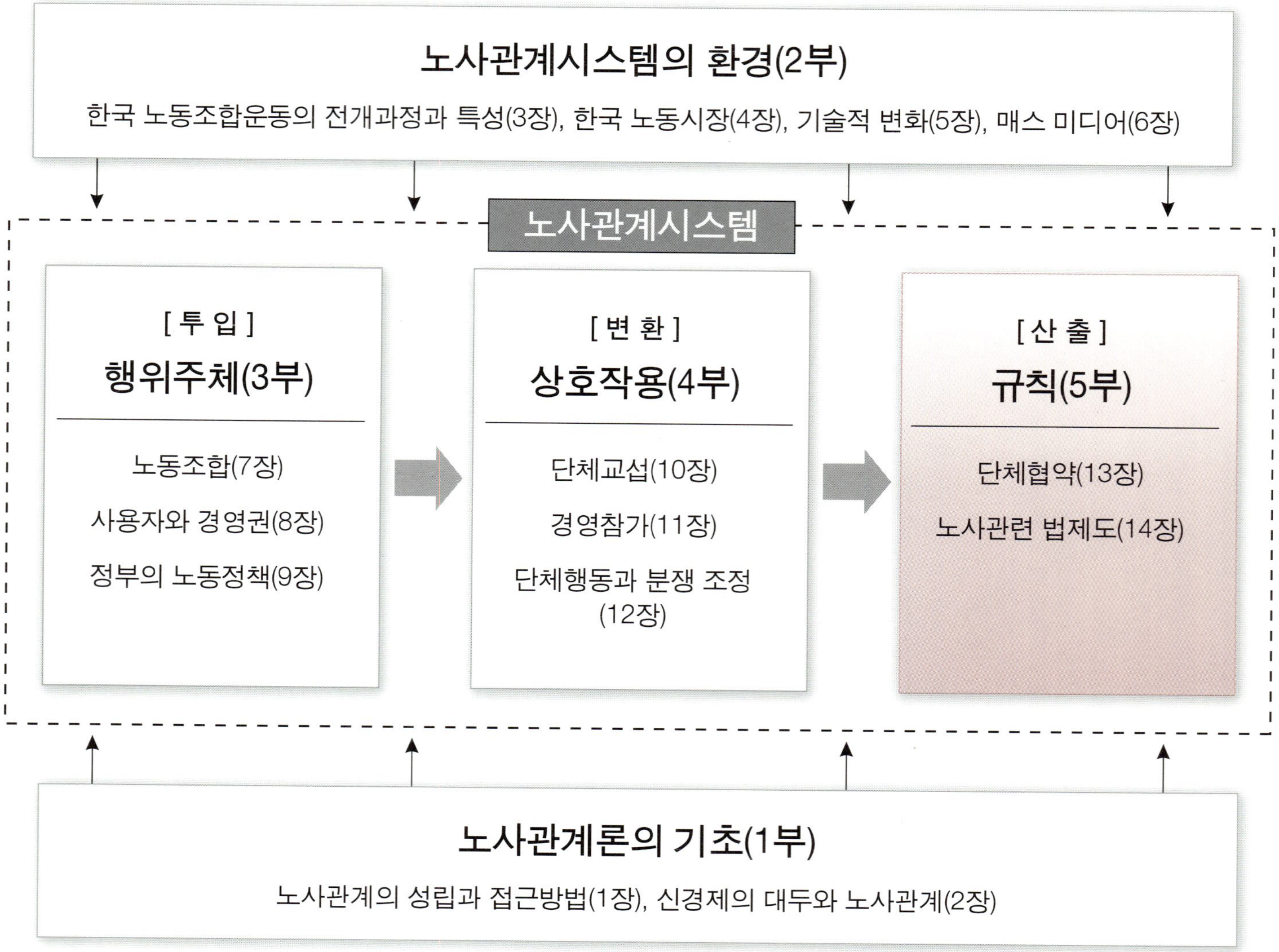
노사관계시스템의 환경(2부)
한국 노동조합운동의 전개과정과 특성(3장), 한국 노동시장(4장), 기술적 변화(5장), 매스 미디어(6장)
노사관계시스템
[투 입]
행위주체(3부)
노동조합(7장)
사용자와 경영권(8장)
정부의 노동정책(9장)
[변 환]
상호작용(4부)
단체교섭(10장)
경영참가(11장)
단체행동과 분쟁 조정 (12장)
[산 출]
규칙(5부)
단체협약(13장)
노사관련 법제도(14장)
노사관계론의 기초(1부)
노사관계의 성립과 접근방법(1장), 신경제의 대두와 노사관계(2장)

제13장 단체협약

[복수노조 2년, 38개 단체협약 분석해 보니]

유니언숍 · 유일교섭단체 후퇴 등 노조 영향력 약화노사협의회 · 고충처리위 등 각종 자리분배 놓고 노노갈등 양상도

사업 또는 사업장 단위 복수노조 제도가 시행된 지 곧 2년이다. 복수노조와 교섭창구 단일화는 노사관계와 노조 지형을 어떻게 바꿨을까. 제도시행 초기에 나타났던 갈등과 혼란 등의 결과가 집약되는 곳은 노사가 체결한 단체협약이다. 〈매일노동뉴스〉가 복수노조 허용 이후 새 노조가 생긴 사업장에서 창구단일화 과정을 거쳐 체결한 단체협약 38개를 분석해 봤다. 분석대상 단체협약은 국회 환경노동위원회 소속 은수미 민주당 의원이 고용노동부로부터 제출받은 것이다.

조합원수 4천여명으로 동종업계 최대 노조인 민주노총 소속 K노조. 회사 내 다른 노조를 대표해 이 노조가 지난해 4월 회사와 맺은 단체협약에는 유니언숍 조항이 있다. 이에 따라 직원들은 입사와 동시에 K노조 조합원이 돼야 한다. 단협에는 노조를 탈퇴한 조합원에 대해 "법률에 위배되지 않는 범위 내에서 불이익 처분한다"는 내용도 들어 있다.

표 1 유니언숍 및 유일교섭단체 조항 현황

shop 형태	유효비율
오픈숍	55.4%
유니언숍	35.5%
오픈숍+유니언숍	6.6%
클로즈드숍	1.2%
미확인	1.4%
계	100%

한국노동연구원 단협 분석(5,637개 단협/1999년 말)

shop 형태	단협수	유효비율
오픈숍	24	63%
유니언숍	10	26%
규정 없음	4	11%
계	38	100%

매일노동뉴스 복수노조 사업장 38개 단협 분석

표 2 타임오프 한도 관련 조항

사업장	내 용
Y제조업체	복수노조 조합전임자는 총 5명을 인정하고, 조합 간 인원수는 자율적으로 결정
G버스회사	조합 전체 근로시간 면제시간은 10,000시간으로 한다. 단 조하별 연간 한도와 면제에 관한 세부사항은 별도 합의한다.
A제조업체	1노조 : 670시간, 2노조 : 4,300시간, 3노조 : 30시간

매일노동뉴스 복수노조 사업장 38개 단협 분석

마찬가지로 유니언숍을 적용하고 있는 D증권사 노조의 단협에는 노조 탈퇴자에 대해 "차등을 둘 수 있다"고 명시돼 있다.

그런데 어디까지나 선언적 의미일 뿐이다. 2011년 7월부터 사업 또는 사업장 단위에 복수노조가 허용되면서 유니언숍을 적용받는 노조에서 조합원이 탈퇴했다는 이유로 신분상 불이익을 주는 것이 금지됐기 때문이다.

K노조 관계자는 "어차피 복수노조가 시행되기 전에도 탈퇴한 노조원에게 신분상 불이익을 주거나 임금이나 근로조건 등의 차별을 둔 적이 없다"고 말했다.

복수노조와 유니언숍 '동전의 양면'

복수노조가 시행되기 전 유니언숍 조항이 있는 사업장의 사용자는 노조 탈퇴자를 해고까지 할 수 있는 (의무가) 있었다. 하지만 노조탈퇴나 다른 노조 가입 · 설립을 이유로 사용자가 해고 등 징계하는 것은 부당노동행위로 간주되고 있다.

노동자가 회사에 입사할 경우 노동자 3분의 2 이상을 차지해 유니언숍을 적용받는 노조에 일단 가입해야 하지만 탈퇴는 마음대로 할 수 있다는 얘기다.

유니언숍이 보장된 사업장에서 노조 탈퇴를 이유로 실제 해고하거나 차별하는 사례는 찾기 힘들다. 그런데도 대다수 노조들이 설립과 동시에 유니언숍을 적용하기 위해 사용자와 교섭하

표 3 **노사협의회 근로자 위원 분배 조항**

사업장	내 용
D공기업	조합이 직원 과반수를 대표할 경우 조합 대표자가 근로자위원을 지명한다.
G버스회사	회사와 과반수 노조는 근참법에 의거 노사협의회를 설치하고, 그 구성과 운영의 세부사항은 근참법에 따른다.

매일노동뉴스 복수노조 사업장 38개 단협 분석

표 4 **산업안전보건위 · 고충처리위 · 징계위 조항**

<table>
<tr><th colspan="2">징계위</th><th colspan="2">산업보건위</th></tr>
<tr><td>S대학</td><td>대표노조가 추천하는 인사들
인사위 및 징계위 참여</td><td>Y제조업체</td><td>산업안전보건위원회는
노사협의회를 구성한다.</td></tr>
<tr><td rowspan="2">K버스회사</td><td rowspan="2">해당조합원이 소속된 노조가
위촉한 1인을 포함해 65명으로
구성</td><td>D공공기관</td><td>조합이 과반수를 대표할 경우
조합이 임명</td></tr>
<tr><td>T제조업체</td><td>조합측 대표지회장이 임명</td></tr>
</table>

*고충처리위원회(택시회사/조합장이 지명하는 3인)

매일노동뉴스 복수노조 사업장 38개 단협 분석

는 모습을 어렵지 않게 볼 수 있었다. 노조 입장에서 유니언숍은 조합원과 활동에 필요한 재정 확보하고, 사용자와의 교섭력을 결정하는 데에 중요한 역할을 했기 때문이다.

그런데 자유로운 노조활동과 노조 조직률 확대를 위해 도입된 복수노조 제도 때문에 유니언숍 조항이 단협에서 사라지는 아이러니한 상황이 발생하고 있는 것이다.

〈매일노동뉴스〉가 분석한 38개 노조의 단체협약 중 유니언숍 조항을 유지하고 있는 단협은 26%인 10개다. 단순 비교하기는 어렵지만 한국노동연구원의 단협분석(5천 637개 사업장) 결과 99년 기준으로 35.5%의 노조가 유니언숍을 도입했던 것과는 차이가 있다.〈표1 참조〉

노조 탈퇴자에게 아무런 제재조치를 할 수 없는데다, 다른 노조에게 조합원을 빼앗겨 노동자 3분의 2 이상을 확보하지 못하면 조항을 유지할 수 없다.

자취 감추는 유일교섭단체 조항

유니언숍 조항이 노조의 조직력 · 재정력 확대를 위한 것이라면 유일교섭단체 조항은 노조의 단체교섭권과 대표성을 인정받을 수 있는 수단이다.

2011년 7월 복수노조가 허용되기 전에도 직종별 차이나 인수합병 등으로 같은 사업장 안에 불가피하게 복수노조가 생기는 경우가 있었다. 또한 법원 판례에 따라 같은 사업장이라도 산별노조와 기업별노조의 공존이 가능했기 때문에 유일교섭단체 조항은 산별노조의 우월적 지위를 확보할 수 있는 방법이기도 하다.

한국노동연구원 분석결과 99년 12월 말 기준으로 거의 모든 노조인 96.7%가 유일교섭단체 조항을 채택했다. 〈매일노동뉴스〉 분석 결과 유일교섭단체 조항이 있는 사업장 9개 중 6개가 산별노조 소속이었다. 노조에게 유일교섭단체 지위가 주는 의미를 잘 보여준다.

하지만 이 조항은 복수노조가 허용되면서 그 자체가 위법한 것으로 간주되고 있다. 특정노조를 유일한 교섭단체로 인정하는 조항이 복수노조 간 교섭창구 단일화 절차를 거쳐야 하는 현행 노동조합 및 노동관계조정법(노조법)에 어긋난다는 것이다. 복수노조가 허용되기 이전부터 법원은 해당 조항이 위법하다는 판결을 내렸고, 복수노조가 시행된 이후 노동부는 단협시정명령을 내리기 시작했다.

한국노동연구원 조사에서 거의 모든 노조가 채택했던 유일교섭단체 조항이 복수노조 제도 시행 뒤에는 23.7%(매일노동뉴스 조사)로 떨어진 것은 복수노조 제도가 불러온 거대한 변화를 여실히 보여준다. 김형동 한국노총 중앙법률원 실장은 "모든 노조가 앞 다퉈 도입했던 유일교섭단체 조항이 복수노조 제도 도입 이후 의미가 없어졌다"고 말했다.

그럼에도 산별중앙교섭을 실시하고 있는 대규모 산별노조에게 유일교섭단체 조항은 지켜야 할 마지노선이 되고 있다. 최근 금속노사 산별중앙교섭에서는 사용자측이 유일교섭단체 조항 삭제를 요구하면서 갈등이 고조되고 있다. 복수노조가 들어선 현장에서는 교섭창구 단일화가 진행 중인 가운데 금속노조가 자존심을 지킬 수 있을지 주목된다.

불가분의 관계 '타임오프 배분'

복수노조 시행으로 사라지는 단협조항이 있는 반면 새롭게 생겨나는 것들도 있다.

근로시간면제(타임오프) 한도와 노사협의회 근로자위원 배분 등 복수노조 간 이해가 첨예하고 분쟁소지가 높은 것들이다. 하지만 분석대상인 38개 단협 중 관련된 조항을 구체적으로 명시하고 있는 단협은 많지 않았다.

복수노조 간 전임자나 타임오프 한도 분배와 관련한 규정이 있는 단협은 7.9%인 3개에 불과했다. 구체적으로 보면 한 자동차부품업체는 산별노조 소속 지회와 기업별노조 전임자 5명을 인정하고 노조 간 분배는 자율적으로 결정하도록 했다.

한 버스업체 단협에는 전체 근로시간 면제시간을 1만시간으로 정한 뒤, 노조별 타임오프 한도에 대해서는 노사가 별도로 합의하는 것으로 돼 있다.

한 전자업체의 경우 3개 노조의 타임오프 한도를 구체적으로 정해 놓았다. 규모가 작은 두 노조는 타임오프 한도가 일반적인 연간 소정근로시간 2천시간의 절반에도 못 미쳤는데, 회사가 형식적으로 복수노조를 인정하는 차원에서 타임오프 한도에 합의한 것으로 풀이된다.〈표2 참조〉

경남지역의 한 제조업체는 두 개의 노조가 개별교섭을 통해 각각 다른 타임오프 한도를 단협에 규정했다.

곽상신 워크인연구소 연구위원은 "타임오프 한도의 경우 복수노조 간 마찰 발생 가능성이 높기 때문에 노조별 전임자수나 근로시간 면제한도를 단협에 명시하는 것이 좋다"고 말했다.

노사협의회 위원 나누기 '뜨거운 감자'

노사협의회 근로자위원 분배에 대해 명시하는 것도 복수노조 시대 단협에 나타나기 시작한 현상이다. 역시 그 비율이 많지는 않다.

38개 단협 중 2개의 단협에서 노사협의회 근로자위원 선임을 규정했다. 공기업과 버스회사인데 모두 노동자 과반수를 대표하는 노조의 대표자가 지명하도록 했다. 〈표3 참조〉

복수노조가 시행되기 전에는 노동자 과반수가 노조에 가입돼 있는 경우 노사협의회 근로자위원은 노조가 지명했다. 때문에 대부분 사업장에서는 단협에도 이런 내용이 반영됐다.

하지만 복수노조가 허용되면서 근로자위원의 선임 문제도 단협에 구체적으로 명시하는 것이 필요하다는 지적이다. 근로자 과반수를 확보한 노조가 없어지면 노조 간 갈등이 불가피하다. 실제 사례도 있다. 전체 노동자 과반수를 확보하지 못한 서울도시철도공사의 두 개 노조는 근로자위원 분배에 합의하지 못해 현재 소송을 벌이고 있다.

과반수노조가 없을 경우 근로자 참여 및 협력증진에 관한 법률(근참법)에서는 투표를 하도록 돼 있는데, 투표과열 등 근로자위원 배정을 놓고 노조끼리 충돌할 수 있다.

두 개의 노조와 개별교섭을 한 경남지역 제조업체는 두 개의 단협 모두 "노사협의회 근로자위원은 노조가 선임한다"고 돼 있다. 근로자위원 분배를 놓고 두 노조가 이견을 보일 경우 해소할 방법이 마땅치 않은 것이다.

각종 위원회 관련 조항 보완 시급

노사협의회뿐 아니라 산업안전보건위원회나 고충처리위원회, 회사 징계위원회 관련 단협조항도 보완이 필요한 것으로 나타났다.

38개 단협 중 노사동수가 참여하는 산업안전보건위원회 근로자위원 배분에 대해 언급된 것은 3개뿐이었다. 노사협의회 위원들이 그대로 산안보건위 위원직을 수행하거나 교섭대표노조가 지명하는 방식이었다.〈표4 참조〉

고충처리위원회 임명 방식을 단협에 규정한 노조는 단 한 곳이었는데, 조합장이 지명한다고만 돼 있어 역시 분쟁소지가 크다.

회사 인사 · 징계위원회에 노조가 참여하는 사업장은 관련 조항에 대한 세밀한 장치가 필요하다. 예컨대 A노조 조합원이 징계대상인데 B노조측 관계자가 징계위원회에 참가해 동의권을 행사하는 일이 발생할 수 있기 때문이다.

〈매일노동뉴스〉가 분석한 단협 중에는 두 곳에 관련 조항이 있었다. 한 대학노조는 교섭대표노조가 징계위에 참석할 노조측 인사를 지명하도록 했다. 반면에 한 버스회사는 징계 대상 조합원이 속한 노조가 징계위 위원을 위촉하도록 했다.

곽상신 연구위원은 "복수노조 시대에 따라 세밀한 보완이나 제정이 필요한 단협 조항이 늘어날 것"이라며 "노조법 개정 추진 한편으로 노동자들의 피해를 최소화하고 이익을 극대화할 수 있는 단협 갱신작업에 주력해야 한다"고 지적했다.

■ 매일노동뉴스 2013.5.25 / 김학태

학습목표

단체협약의 개념과 기능, 단체협약의 당사자, 단체협약의 규범적 · 채무적 부분과 그 효력, 강행적 효력과 직접적 효력, 일반적 구속력과 지역적 구속력, 여후효설, 화체설, 기업별 단체협약의 주요 내용과 과제, 산별 단체협약의 주요 내용과 과제, 자동연장협정과 자동갱신협정, 서독의 교섭수준별 협정 내지 협약이 갖는 사회적 기능

01 단체협약의 개념

1.1 단체협약의 개념

단체협약(Collective Agreement)이란 노동조합 또는 그 연합체와 사용자 또는 사용자 단체 간에 체결되는 개별적 근로관계 및 당사자의 집단적 근로관계에 관해 문서로 체결된 협정을 말한다. 자본주의 경제체제 하에서는 사적자치를 기반으로 하는 계약의 자유가 그 원리적인 기초로 되어 있으나 개별노동자가 사용자와 대등한 입장에서 계약을 체결한다는 것은 기대할 수 없는 것이다. 그러므로 노동자들은 근로조건의 유지, 개선을 목적으로 단결하고 그 단결과 투쟁의 위력을 배경으로 하여 사용자와 단체교섭을 행하며 그 성과로서 근로조건의 기준이나 노동조합의 권리와 자유를 결정하게 되는데 그러한 집단적 교섭의 결과가 단체협약이라는 형태를 취하게 된다. 단체협약을 노동3권과 관련지어 본다면 단체협약은 단체교섭권 행사의 산물이며, 단결권과 단체행동권은 단체교섭권 행사를 위한 수단으로서의 의미를 지닌다고 볼 때 단체협약은 노동3권 행사의 결정체라 할 수 있다.[1)]

노동자의 근로조건이나 기타 노동자의 대우 등을 규율하는 규범에는 개별 노동자와 사용자 간에 체결하는 근로계약이나 사용자가 임의로 작성 · 변경하는 취업규칙과 기타 회사의 제반 규정들이 있지만 이러한 것들은 단체협약이 체결되면 모두 단체협약의 영향을 받게 된다. 따라서 단체협약에 반하는 근로계약이나 취업규칙 등은 그 부분에 관해서 무효로 되고 무효로 된 부분은 자동적으로 단체협약에 정한 기준이 적용된다(노동조합 및 노동관계조정법 제33조), 그러나 단체협약이 모든 노사관계규범을 대체할 수 있는 것은 물론 아니고 단체협약이 규율하는 노사관계영역이 확대되는 것만이 반드시 바람직한 것은 아니다. 단체협약에서 규율되는 적정한 범위는 개개 단체협약이 설정되는 사회경제적인 여건과 노사관계의 구조에 따라 달라진다 하겠다.

1.2 단체협약의 기능

단체협약의 기능을 근로조건의 개선과 아울러 산업평화의 유지에서 찾아볼 수 있다.[2)]

(1) 근로조건의 개선기능

단체협약은 노사관계에 여러 가지 기능을 하고 또한 이익을 가져다주고 있는 바, 그 하나가 노동자에 대한 노동조건의 개선기능이다. 즉, 단체협약은 노동자 한 사람 한 사람이 개별적으로 사용자와 교섭해서는 얻을 수 없는 보다 좋은 노동조건이 단체협약의 유효기간 중 확보된다는 것이다.

단체협약이란 노동조합의 단결이나 쟁의행위라는 투쟁력을 배경으로 하여 이루어진 것이므로, 협약에서 근로조건상의 기준은 개별노동자와 사용자 사이의 교섭에서는 기대할 수 없는 보다 좋은 근로조건을 확보하게 되는 것은 물론이다.

(2) 평화적 기능

단체협약이 성립되면 그 유효기간 중 노사 쌍방이 이를 존중하고 준수할 의무를 지게 되므로 그 기간 중에는 불필요한 분쟁을 피하고 산업평화를 유지시키는 기능을 하게 된다. 즉, 단체협약에 의해 일정기간 동안 근로조건 등에 관해 일정기준을 설정해 놓으면 그 기간내에는 무의미한 분쟁을 피할 수 있고 그 기준을 유지하기 위해 노사는 협약내용을 성실히 준수할 의무를 지는데 이를 단체협약의 평화적 기능이라 한다.

02 단체협약의 성립요건

2.1 단체협약의 당사자

단체협약을 체결할 수 있는 법률상의 능력 또는 지위를 협약능력이라 하며 이러한 능력을 가진 자를 단체협약의 당사자라 한다. 그런데 협약당사자의 쌍방 또는 일방이 이러한 능력을 갖지 못하고 있을 경우에는 근로조건 등에 관한 협정을 체결한다 하더라도 단체협약으로 인정될 수 없다.

(1) 노동조합 측의 당사자

먼저 협약능력을 갖는 노동단체는 전형적으로 노동조합 및 노동관계조정법 제2조 4호 본문의 요건을 갖춘 노동조합이다. 위 제2조 4호는 "노동자가 주체가 되어 자주적으로 단결하여 근로조건의 유지 · 개선과 기타 경제적 사회적 지위의 향상을 도모함을 목적으로 조직하는 단체 또는 그 연합단체"를 노동조합으로 정의하고 있다. 이상의 정의의 요건을 놓고 볼 때 다음의 세 가지 경우가 해석된다.

첫째, 사용자 측의 지배로부터 자주성 · 주체성을 상실하고 있는 노동조합은 노동조합으로서의 적극적인 요건을 갖추고 있지 못하기 때문에 원칙상 협약능력을 갖지 못한 것으로 볼 수 있다.

둘째, 노동조합의 연합단체는 노동조합 및 노동관계조정법 제2조 4호 본문의 요건을 갖추고 있는 한 단결권을 향유할 수 있으나 노동조합 및 노동관계조정법 제29조 2항 규정에 의하여 단위노조의 위임을 받아 권한을 행사할 수 있다. 그러나 이때 권한을 위임을 받은 연합단체는 단체교섭의 담당자로서의 지위를 갖는 것이지 협약능력을 갖는 당사자는 아니라고 해석된다.

셋째, 우리 나라의 경우 하나의 사업 또는 사업장에서 2개 이상의 노동조합이 있는 경우에 그 노동조합은 교섭대표노동조합을 정하여 사용자에게 교섭을 요구하도록 할 수 있고(법 제29조의2제1항), 노동조합 간 자율적으로 교섭대표노동조합을 정하고, 안될 경우 교섭창구 단일화 절차에 참여한 노동조합의 전체 조합원 과반수로 조직된 노동조합이 있는 경우에는 그 노동조합이, 없는 경우에는 공동교섭대표단이 교섭대표노동조합이 되도록 하며, 이렇게 결정된 교섭대표노동조합에게 당사자의 지위를 부여한다(법 제29조의2 제2항부터 제8항까지, 제29조의5, 제41조 후단, 제42조의6 제1항).

넷째, 쟁의권과 같이 노동자가 특정한 목적을 위하여 일시적으로 단결한 일시적 노동단체는 협약능력이 없는 것으로 해석된다. 따라서 쟁의단은 당초부터 협약을 체결할 수 없을 뿐만 아니라 협약을 체결하였더라도 단체협약으로서의 효력은 없다.

(2) 사용자 측의 당사자

사용자 또는 사용자단체는 협약의 당사자가 된다. 기업별 조합인 경우에는 개개인 사용자 또는 법인의 대표이사가 협약당사자가 되며, 산업별 또는 직종별 조합인 경우에는 사용자단체가 당사자가 되는 것이 일반적인 현상이다. 그러므로 개인기업의 경우에는 개인이, 법인 내지 회사형태의 기업의 경우에는 그 법인 내지 회사가 사용자로 된다. 그리고 사용자단체도 협약당사자가 될 수는 있으나, 일반적으로는 그 단체고유의 권한에 기초하여 노동조합과 단체교섭을 행하여 단체협약을 체결할 것을 목적으로 조직된 단체이거나 또는 단체교섭, 협약체결이라는 활동면에서 그 구성원에 대해 실질적인 통제력을 행사할 수 있는 조건을 갖춘 단체로 해석될 수 있겠다.

우리나라의 경우 당해 사업장의 사업주인 사용자가 당사자가 되는 것이 통례이며 사용자단체가 단체협약의 당사자가 되는 경우는 거의 없다.

2.2 단체협약체결

노동조합 및 노동관계조정법 제31조 제1항은 '단체협약은 서면으로 작성하고 이 작성된 서면에는 쌍방당사자가 서명 · 날인하여야 한다'고 규정하고 있다. 즉, 단체협약은 양 당사자가 서면으로 작성하여 서명 · 날인함으로써 효력을 발휘하게 된다. 그것은 단체협약이 갖는 중요성에 비추어 그 내용을 명확히 해 두어야 할 뿐만 아니라 합의의 내용이나 존재 등에 대해 후일 노사 간의 분쟁을 방지하기 위해서인 것이다. 특히, 단체협약의 기술은 가능한 한 간결하고 분명하게 하여 후일 그 해석을 둘러싼 분쟁거리를 남기지 않게 하는 것이 최선이라 하겠다. 그런데 이와 같은 요건을 갖추지 아니한 단체협약의 효력에 관해서는 학설상의 견해가 엇갈리고 있다.

① 당사자의 최종적인 의사를 확인하지 않았기 때문에 협약으로서의 효력을 갖지 못하며, 아무런 법률적 효력도 인정될 수 없다는 견해
② 협약으로서의 효력은 부정되지만 민법상의 계약으로서의 효력은 인정된다는 견해
③ 단체협약의 규범적 효력은 노동조합법에 의해 규정되는 것이 아니고 협약의 본질상 인정되는 것이기 때문에 합의가 입증되는 한 규범적 효력은 인정될 수 있다는 견해

현재 한국의 경우에 있어서는 일반적으로 노동조합 및 노동관계조정법 제31조가 정한 요

건을 갖추지 않은 단체협약은 아무런 효력을 갖지 않는 것으로 주장되고 있다. 단체협약의 방식과 관련하여 현행법은, 단체협약의 당사자는 단체협약 체결일로부터 15일 이내에 이를 행정관청(노동부장관 또는 지방노동관서)에 당사자 쌍방의 연명으로 신고하여야 하는 것으로 규정하고 있으며(노동조합 및 노동관계조정법 제31조 2항, 시행령 제15조 시행규칙 제11조), 또한 행정관청은 단체협약의 내용 중에 위법, 부당한 것이 있는 경우에는 노동위원회의 의결을 얻어 이의 시정을 명할 수 있는 것으로 정하고 있다(노동조합 및 노동관계조정법 제31조 3항). 이에 대해서는 행정관청에의 신고가 단체협약의 효력발생요건은 아니라는 것이며, 행정관청에 대해 시정명령권을 준다는 것은 별 의미가 없는 것으로 해석되고 있다.

03 단체협약의 내용구성과 효력

단체협약의 사항은 그 성격에 따라 사용자와 노동자의 개별적 노사관계를 직접적으로 규율하는 부분과 사용자와 노동조합의 집단적 노사관계와 관련되는 부분이나 사용자와 노동자 및 노동조합의 양자에 동시에 적용되는 부분 등으로 구분해 볼 수 있으며, 각각에 따른 효력 또한 다르다. 그 구성과 그에 따른 효력을 살펴보면 다음과 같다.

3.1 규범적 부분과 그 효력

단체협약 가운데 '근로조건 기타 노동자의 대우에 관한 기준'에 관하여 정한 부분을 규범적 부분이라고 한다. 즉 임금, 근로시간, 휴직, 퇴직금, 상여금, 승진, 승급, 배치전환, 정년, 재해보상, 위생 및 복리의 내용이 담겨져 있는 기준적 협약내용이다. 이러한 단체협약의 규범적 부분은 근로조건의 개선을 목적으로 하는 단체협약의 핵심적 기능을 실현하는 부분이기 때문에 규범적 부분이 없는 협약은 본래적 의미의 협약이라 할 수 없을 정도로 중요한 의미를 지니고 있다.

단체협약상의 규범적 부분에 대해서는 강제법규와 같이 노동자 개인의 근로조건을 규율하는 효력이 주어지고 있는데 이를 규범적 효력이라고 한다. 이러한 규범적 효력은 강행적 효력과 직접적 효력으로 나누어져 나타난다.[3)]

(1) 강행적 효력

이는 노동조합 및 노동관계조정법 제33조 제1항에 규정된 효력을 말하는데 단체협약에 정해진 기준을 위반하는 근로계약 또는 취업규칙을 무효로 하는 효력이다. 그러나 단체협약의 강행적 효력에 의하여 근로계약 또는 취업규칙의 일부가 무효로 되었다고 해서 그 근로계약 또는 취업규칙의 전부가 무효로 되는 것은 아니라고 하는 것이 지배적이다. 이와 같은 강행적 효력이 미치는 경우는 다음과 같다.

① 기존의 근로계약이나 취업규칙이 협약상의 규범적 부분에 위반될 때
② 근로계약이나 취업규칙이 협약상의 규범적 부분을 위반하고 새로이 성립할 때
③ 기존의 근로계약이나 취업규칙을 협약에 위반하여 변경할 때
④ 그 밖의 탈법행위 등에 의하여 협약의 기준에 위반하는 행위를 할 때

(2) 직접적 효력

노동조합 및 노동관계조정법 제33조 제2항에 규정된 효력으로 단체협약의 강행적 효력에 의하여 무효로 된 근로계약이나 취업규칙의 부분과 근로계약이나 취업규칙에 규정되어 있지 않는 사항에 대해서는 단체협약에 정한 바에 따른다는 효력을 말한다. 직접적 효력은 협약의 구속을 받는 노동자들의 이에 대한 개별적인 합의나 동의 또는 인식을 전제로 하지 않는다. 직접적 효력의 기간은 단체협약의 효력존속기간과 같으므로 단체협약성립 전부터 근로계약이 존속하고 있거나, 또는 단체협약종료 전에 근로계약이 체결되는 경우에 한하여 직접적 효력도 문제된다.

일반적으로, 직접적 효력과 강행적 효력은 근로계약관계에 대하여 동시에 발생하는 것이 보통이지만, 경우에 따라서는 그 중의 하나만이 발생하는 경우가 없지 않다. 예를 들면 개별적인 근로계약에 규범적 부분과 상충하는 규정이 전혀 없을 때에는 직접적 효력만이 생기게 된다. 이에 반하여 단체협약 내에 어떤 금지 규정만이 있고 그에 대치할 보충규정을 두고 있지 않는 한, 그 부분의 단체협약은 강제적 효력만을 가진다.

3.2 채무적 부분과 그 효력

채무적 부분은 단체협약의 내용 중 집단적 노사관계와 관련하여 협약당사자 간의 권리 · 의무에 관한 사항을 정한 부분을 말하며 일반적으로 숍(shop)조항, 조합가입 대상범위에 관한 조항, 조합활동에 관한 조항, 조합전임에 관한 조항, 단체교섭에 관한 조항, 평화의무조항, 평화조항, 노동쟁의에 관한 조항 등이 포함된다. 채무적 부분은 협약당사자인 노동조합과 사용자 또는 사용자단체에 대해서만 권리 · 의무가 발생하는 것인 만큼 개개 조합원에 대해서 직접적인 권리의무가 발생하는 것은 아니다. 채무적 부분과 그 효력에 관해서는 현행법에 아무런 규정이 없다.

이러한 채무적 부분이 지니는 효력은 협약의 계약적 성격에 따라 판단할 수밖에 없다. 즉, 채무적 부분은 협약당사자인 노동조합과 사용자 또는 사용자단체가 합의한 사항을 계약으로 이행하여야 할 의무가 있음을 전제로 하여 단체협약의 당사자가 상대방에 대하여 어떤 의무를 부담하는 채권법적 효력이 있다. 사용자는 노동조합에 대하여 채무적 부분의 내용을 이행하여야 하며 노동조합은 사용자가 채무의 내용을 불이행할 경우 청구할 권리가 있다. 노동조합은 채무적 부분에 관한 제반의무를 스스로 준수하여야 하며 조합원에 대하여도 채권적 부분의 내용을 지키도록 하여야 한다. 이 부분을 위반하면 채무불이행이 되어 이행강제, 손해배상 등의 민법상 구제절차가 적용된다. 그러나 단체협약의 성격상 일반 민법상 구제절차에만 의존하는 것은 문제가 있으므로 노동조합법은 협약위반에 대하여 일정한 형사상 처벌(1천만 원 이하의 벌금)을 할 수 있도록 하고 있다(노동조합 및 노동관계조정법 제 92조).

3.3 단체협약의 효력확장

단체협약은 사용자와 노동조합 간에 체결된 협정이므로 그 효력은 노동조합에 있어서는 조합의 구성원인 조합원에게만 미치게 되며 협약당사자인 노동조합의 구성원이 아닌 비조합원에게 효력을 미치지 않는다. 그러나 노동조합법은 단체협약의 효력상 다음의 두 가지 예외를 인정하고 있다.

(1) 일반적 구속력

단체협약의 규범적인 부분의 효력은 원래 협약당사자와 그 구성원에게만 효과가 미친다. 즉, 비조합원에게는 효력을 미치지 않는 것이다. 이러한 경우 노조원과 비노조원에 적용되는 근로조건 등이 다른 경우 문제가 발생할 수 있다. 이를 해결하기 위하여, 한 공장이나 사업장을 단위로 하여 동종의 노동자의 반수 이상이 하나의 단체협약의 적용을 받게 될 때에는 나머지 노동자에게도 자동적으로 적용되게 하는 것을 일반적 구속력이라 한다(노동조합 및 노동관계조정법 제35조).

(2) 지역적 구속력

이는 지역적 단위로 구속력을 확장하는 것을 말한다. 하나의 지역에서 종업하는 동종의 노동자 2/3 이상이 하나의 단체협약의 적용을 받게 될 때, 행정관청은 당해 단체협약 쌍방 또는 일방의 신청에 의하거나 그 직권으로 노동위원회의 의결을 얻어 당해지역에서 종업하는 다른 동종의 노동자와 그 사용자에 대해서도 당해 단체협약을 적용한다는 결정을 할 수 있다. 이 지역적 구속력은 협약에 관여하지 않은 사용자에게까지 그 구속력이 미친다는 점이 큰 특색이다(노동조합 및 노동관계조정법 제36조).

이러한 일반적 지역적 구속력은 노조 측에는 근로조건의 통일을 조직 외부로 확산할 수 있고 또 조직의 힘이 강화될 수 있도록 해주며, 기업 측에는 기업 간의 과다경쟁을 막을 수 있는 효과를 가지고 있다.

3.4 단체협약의 유효기간

현행 노동조합 및 노동관계조정법은 단체협약에 2년을 초과하는 유효기간을 정할 수 없으며(노동조합 및 노동관계조정법 제32조 1항) 또한 단체협약에 그 유효기간을 정하지 아니한 때 또는 제1항의 기간을 초과하는 유효기간을 정한 때는 그 유효기간을 2년으로 한다고 규정하고 있다(노동조합 및 노동관계조정법 제32조 2항). 그런데 단체협약의 유효기간이 만료될 경우 노사의 합의에 의해 향후 2년 이내의 기간에 협약을 갱신한다는 협정이나 또는 유효기간 만료전의 일정시기까지 개정 또는 파기 통보가 없으면 협약은 자동적으로 갱신된다는 규정은 노동조합 및 노동관계조정법 제32조의 취지에 어긋나지 않는 것으로 해석되고 있다.

또한 단체협약의 유효기간 만료 후에도 새로운 협약체결시까지는 종래의 협약효력을 연장한다는 규정, 즉 자동연장 규정도 노동조합 및 노동관계조정법의 제32조 제3항에 위반되지 않는 것으로 해석되고 있다. 다만, 단체협약의 유효기간이 만료한 후에도 새로운 단체협약이 체결되지 아니한 상황에서 당사자 일방이 이를 해지하고자 할 경우에는 해지하고자 하는 날의 6월 전까지 상대방에게 통고함으로써 종전의 단체협약을 해지할 수 있다.

04 단체협약의 내용

노사가 자율적인 교섭을 거쳐 합의에 이르게 되면 단체협약이 작성되는데, 이 단체협약의 체결이야말로 노사분규를 예방하는 가장 좋은 방법이다. 그러나 무엇을 어느 정도 얻어낼 것인가 혹은 양보할 것인가 하는 것이 어려운 문제일 뿐 아니라 무엇을 단체교섭의 대상으로 할 것인가를 둘러싸고 새로운 분규가 일어나기도 한다. 따라서 단체교섭의 대상과 범위를 정하는 것은 매우 중요한 과제이다. 그러나 일반적으로 단체협약의 내용은 주로 산업의 성격과 규모, 조합의 규모와 성격, 그리고 경영의 태도와 목적에 의하여 그 차이가 발생한다.

4.1 개별 단위기업 수준의 단체협약

한국기업의 단체협약을 분석한 김정한 외(2000, 2003)에 의하면 단체협약의 내용은 크게 총칙 및 조합활동에 관한 규정, 인사에 관한 규정, 근로조건에 관한 규정, 집단적 노사관계에 관한 규정으로 대별되고 있다. 이들 각 항목별 주요 내용을 보면 총칙에는 비조합원의 범위, 조합원의 범위, 해고효력을 다투는 자의 처우 등이 포함되고, 조합활동에는 조합전임형태, 전임자수, 전임자 대우, 근무시간 중 유급조합활동 내용, 근무시간 중 조합활동 절차(평조합원), 조합비 공제 등에 관한 내용이 들어 있다.

인사에 관한 규정에는 인사위원회 및 징계위원회의 협약상 구성 여부와, 인사에 관한 조합원 참여형태로서 인사위원회에의 노동조합 참여형태, 비정규직 채용시 노조 참여, 외국인 근로자 채용시 노조 참여, 명예퇴직시 노조 참여, 하도급시 노조참여, 합병, 사업양도, 회사명 변경시 고용승계규정(승계의무), 휴 · 폐업시 노조의 참여, 고용안정협약, 인원정리시 노조

표 13-1 단체협약의 주요 항목과 내용

대항목	소항목	내 용
총칙 및 조합활동	총칙	비조합원의 범위, 조합원의 범위, 해고효력을 다투는 자의 처우
	조합활동	조합전임형태, 전임자수, 전임자 대우, 근무시간중 유급조합활동 내용, 근무시간중 조합활동 절차(평조합원), 조합비 공제
인사규정	인사위원회 및 징계위원회	
	조합원 참여형태	인사위원회에의 노동조합 참여형태, 비정규직 채용시 노조 참여, 외국인 근로자 채용시 노조참여, 명예퇴직시 노조 참여, 하도급시 노조참여, 합병, 사업양도, 회사명 변경시 고용승계규정(승계의무), 휴·폐업시 노조의 참여, 고용안정협약, 인원정리시 노조 참여, 징계시 노동조합의 참여형태
	해고회피내용	
	우선채용규정	
	남녀고용평등	
	사회적 책무	
	정년	
근로조건	근로시간·휴일·휴가	기준근로시간(소정근로시간), 월 소정근로시간, 휴무제, 격주휴무제 실시시 주당근로시간 44시간을 초과할 경우 시간외수당 지급여부, 근로시간의 범위, 교대제 근무, 탄력적 근로시간제, 선택적 근로시간제, 간주근로시간제, 주휴제, 유급휴일 중복시 처우
	임금·퇴직금	임금체계의 변경 또는 개정시 노조의 참여형태, 임금의 구성, 임금결정방법(기관), 임금지급시기, 연봉제, 고정상여금, 특별상여금, 퇴직금
집단적 노사관계	단체협약의 성립	
	노동쟁의	평화의무조항과 쟁의조항
	노사협의회	노사협의회 근로자위원 선출방법, 노사협의회 협의사항, 노사협의회 의결사항, 노사협의회 보고사항, 의결사항의 해석 불일치시 중재규정, 노사협의회 결정사항의 효력
	단체협약의 관리	단체협약의 유효기간, 협약유효기간 중 재교섭, 협약유효기간 만료시 효력 연장, 협약갱신요청시기, 단체협약 자동갱신

참여, 징계시 노동조합의 참여형태 등에 대한 규정이 포함되어 있다. 그 외의 인사에 관한 규정으로 해고회피내용, 우선채용규정, 남녀고용평등, 사회적 책무, 정년에 관한 규정 등이 포함되어 있다.

근로조건에 관한 규정에서는 먼저 근로시간 · 휴일 · 휴가와 관련하여 기준근로시간(소정근로시간), 월 소정근로시간, 휴무제, 격주휴무제 실시시 주당 근로시간 44시간을 초과할 경우 시간외수당 지급 여부, 근로시간의 범위, 교대제 근무, 탄력적 근로시간제, 선택적 근로시간제, 간주근로시간제, 주휴제, 유급휴일 중복시 처우 등의 내용이 포함되어 있다.

다음 임금 · 퇴직금 규정에는 임금체계의 변경 또는 개정시 노조의 참여형태, 임금의 구성, 임금결정방법(기관), 임금지급시기, 연봉제, 고정상여금, 특별상여금, 퇴직금 등의 규정이 포함되어 있다.

집단적 노사관계와 관련해서는 단체협약의 성립에 관한 규정이 있고, 노동쟁의 항목에는 평화의무조항과 쟁의조항이 포함되어 있다.

노사협의회와 관련해서는 노사협의회 근로자위원 선출방법, 노사협의회 협의사항, 노사협의회 의결사항, 노사협의회 보고사항, 의결사항의 해석 불일치시 중재규정, 노사협의회 결정사항의 효력에 관한 내용이 담겨 있다.

단체협약의 관리와 관련해서는 단체협약의 유효기간, 협약유효기간 중 재교섭, 협약유효기간 만료시 효력 연장, 협약갱신요청시기, 단체협약 자동갱신 규정 등이 포함되어 있다(표 13-1 참조).

4.2 산별수준의 단체협약

(1) 산별노조 조직 현황

2009년말 현재 총 4,689개의 노동조합 중 62개의 산별노조가 설립되어 773,251명의 조합원이 여기에 가입 · 활동하고 있으며 산별노조 조합원수는 전체 조합원 1,640,334명의 47.1%에 해당한다.

조합원 수 3천명 이상의 주요 산별 노조를 보면 한국노총 산하의 전국금융산업, 전국체신, 전국전력노조를 들 수 있고, 민주노총 산하에서는 전국금속, 전국교직원, 전국보건의료산업노조를 들 수 있다.

표 13-2 2009년 전국중앙조직별 · 노조조직형태별 조직현황 (단위: 개소, 명, %)

총 연맹별	조직형태	노조 수	조합원 수
한국노총	기업별노조	2,369(94.3)	442,673(59.8)
	지역업종노조	107(4.3)	80,101(10.8)
	산별노조	16(0.6)	217,561(29.4)
	산별연맹	20(0.8)	0
	총연맹	1	0
	소계	2,513	740,335
민주노총	기업별노조	467(84.4)	114,577(19.5)
	지역업종노조	43(7.8)	8,218(1.4)
	산별노조	33(6.0)	465,599(79.1)
	산별연맹	9(1.6)	0
	총연맹	1(0.2)	0
	소계	553	588,394
미가맹	기업별노조	1,518(93.5)	214,617(68.9)
	지역업종노조	78(4.8)	6,897(2.2)
	산별노조	13(0.8)	90,091(28.9)
	산별연맹	14(0.9)	0
	소계	1,623	311,605
전체	기업별노조	4,354(92.9)	771,867(47.1)
	지역업종노조	228(4.9)	95,216(5.8)
	산별노조	62(1.3)	773,251(47.1)
	산별연맹	43(0.9)	0
	총연맹	2	0
	전체	4,689	1,640,334

※ 주1) 산별노조 : 노조명칭과 노조규약상 전국단위를 표방하는 노조
주2) ( ) 수치는 전체대비 구성비
자료 : 노동부(2010)

(2) 주요 산별노조의 교섭구조와 단체협약

한국노총 산하의 전국금융산업노조, 민주노총 산하의 전국보건의료산업노조와 전국금속노조 등 주요 산별노조의 교섭구조와 단체협약(2007년 현재)의 내용을 보면 〈표 13-4〉와 같다. 그 주요 내용을 보면 교섭구조는 중앙교섭과 지부교섭의 이중교섭이 인정되고 있으며, 금속의 경우 규모가 큰 노조에게는 지회교섭까지 인정하고 있으나 지휘에 대한 교섭권 위임은 금지하고 있다.

표 13-3 2009년 주요 산별노조

총연합단체	연맹별	노동조합명	조합원수	설립일
한국노총	한국노총 직할	전국금융산업	96,142	1961. 9
		전국체신	25,132	1961. 8
		전국전력	16,145	1961. 8
		전국담배인삼	5,326	1960. 8
		한국철도산업	4,014	2004. 1
		전국건설기계	11,753	2007.12
	해상노련	전국선박관리선원	5,800	1981. 2
	택시노련	전국택시산업	44,400	2000. 4
민주노총	민주노총 직할	전국금속	147,000	2001. 2
		전국교직원	71,291	1999. 7
		전국보건의료산업	40,025	1998. 2
		전국대학	7,531	1998.11
	언론노련	전국언론	13,384	2000.10
	사무금융노련	전국농업협동조합	8,442	1999.10
		전국손해보험	8,977	1999. 5
		전국민주금융	5,092	2006. 8
		전국증권산업	5,000	1999. 3
		전국생명보험산업	3,568	1998. 4
		전국축산업협동조합	3,000	1999. 4
	공공운수연맹	전국운수산업	51,000	2007. 1
		전국공공서비스	35,899	2006.11
		한국발전산업	6,026	2001. 7
		전국공공연구	5,000	2007. 3
	건설산업연맹	전국건설	25,000	2007. 3
		전국플랜트건설	4,200	2007. 8
	민주화학섬유연맹	전국화학섬유산업	12,920	2004.10
	미가맹	전국민주공무원	54,394	2007.10
		한국교원	9,875	1999. 7
		법원공무원노동조합	7,500	2007. 7
		전국여성	5,820	1999. 8
		전국기능직	4,560	2006. 2
		한국방송영화공연예술인	3,867	1998. 1

주1) : 조합원수 3,000인 이상 노조

자료 : 노동부(2010)

표 13-4 주요 산별노조의 교섭구조와 단체협약

구 분	금 융	보건의료	금 속
1. 교섭당사자 (사용자)	사용자 단체 구성 추진	사용자협의회 구성	사용자 단체 결성
2. 교섭구조	2원화 (중앙교섭과 지부교섭)	2원화 (중앙교섭과 지부교섭)	3원화 (중앙교섭, 지부교섭, 지회교섭)
3. 교섭권 위임	지부에 위임 가능	지부에 위임 가능	지회에 교섭권 위임 불가
4. 협약 상호관계	산별협약과 보충협약이 동일효력	산별협약이 지부협약에 우선	기하부협약사항 상회시 그에 따름
5. 산별협약의 종류	임금협약, 일반협약, 고용안정협약 등 별도 체결	기본협약, 임금협약, 보건의료협약, 고용협약, 노동과정협약이 1개의 산별협약을 구성	기본협약 외 상황별 필요 내용 담은 합의서 체결
6. 산별협약의 체계성	체계성 높음	체계성 높음	체계성 미약
7. 산별협약 내용 비중	인사 및 근로조건 사항이 전체 조문의 68.9% 차지	임금 및 근로조건 사항이 전체 조문의 45.8%	–
8. 산별협약상 개방 (보충교섭) 조항	119개 조문 중 46개(38.7%)	24개 조문 중 3개(12.5%)	–
9. 임금협약	산별협약이 일정 %± α 결정, α는 지부교섭에서 결정	산별협약이 병원특성별 인상률 특정	산별협약이 최저임금 결정
10. 비정규직 관련 산별협약	비정규직규모 축소율, 임금인상률 및 기타 근로조건 기준 제시	임금인상률 추상적 가이드라인 제시	고용기간 제한, 인원보충시 우선채용 등 규정

자료 : 노동부, 산업별노동조합과 단체교섭,2007. 12. p.62.

협약의 종류에는 기본협약, 임금협약, 고용(안정)협약 외 각 노조의 특성을 반영한 협약이 체결되고 있으며, 금속노조를 제외하면 산별협약의 체계성은 높은 것으로 나타났다. 산별수준의 주요 내용은 인사 및 근로조건 사항이 전체의 45% 이상 70% 수준에 육박하고 있음을 알 수 있다.

임금협약의 경우 노조별로 각기 다른 접근을 보여주고 있는데, 금융노조의 경우 산별수준에서 기준 인상률을 설정하고 단위 조직별 지부교섭에서 기부산별수준의 협약에서 $\pm\alpha$를 결정하도록 하고 있다. 보건의료노조의 경우에는 지부가 아닌 산별교섭에서 병원특성별 인상률을 결정하도록 하여 지부수준에서의 임금인상과 관련된 갈등을 예방하고자 하고 있음을 볼 수 있다. 금속노조의 경우 산별수준의 임금협약이 최저임금수준을 결정하도록 하여 단위노조인 지부의 임금교섭의 재량권을 상당부분 인정하고 잇는 것으로 보인다. 그리고 모든 노조에서 적극적이든 소극적이든 비정규직과 관련된 조항을 포함하고 있다.

이하에서는 2004년 이래로 지속되어온 산별교섭의 '결정적 전기'를 마련하였다고 해도 과언이 아닐 정도로 많은 진전을 보였다고 평가받고 있는 「2007년 보건의료 산별 중앙협약」의 사례를 간략히 정리해보기로 한다.[4)]

(3) 보건의료 산별교섭 및 단체협약

① 보건의료 산별교섭 진행경과

보건의료 산별교섭은 2007년 4월 23일부터 시작되었으나 사용자단체 구성이 난항을 겪으면서 실질적인 상견례는 5월 9일 이루어졌다. 그 이후 매주 본교섭이 개최되었지만 교섭이 번번이 결렬되면서 먹구름이 드리워졌고 급기야 6월 9일 노조의 쟁의조정신청이 있었다. 하지만 조정신청 직후부터 교섭이 집중적으로 이루어지면서 결국 7월 6일 잠정합의에 도달하였고 이 과정에서 노사의 자율적인 협상의지가 그 어느 때보다 돋보였다.

산별교섭 진행과정에서 특징적인 것은 첫째, 중앙노동위원회(이하 중노위)가 비정규직 문제해결을 주장한 노동조합의 손을 들어주는 조정안을 제시하고 이에 대해 사용자 측이 거부하자 중재회부 보류결정을 내려 2004년에 이어 다시 합법파업의 길을 터주었다는 사실이다(표 13-5 참조). 특히 비정규직 정규직화 혹은 차별해소와 관련하여 중노위가 조정안에 비정규직 문제해결 비용을 포함한 임금인상을 적시한 것은 노조측의 요구를 상당부분 수용하였을 뿐만 아니라 노사 양측의 실무교섭 및 본교섭의 가이드라인 역할을 하였다.

둘째, 합법적인 파업이 가능하였음에도 불구하고 노동조합이 파업을 실질적으로 포기하

표 13-5 2007년 보건의료 산별교섭 중앙노동위원회 조정안

1. 임금협약
   가. 사립대의료원(제일병원포함)의 경우 총액기준 5.3%(비정규직 문제해결비용 포함)를 인상한다.
   나. 민간중소병원의 경우 총액기준 4.3%(비정규직 문제해결비용 포함)를 인상한다.
   다. 지방의료원의 경우 2006.9.28 합의된 '2006년 지방의료원 중앙교섭합의서' 의 임금협약에 의한다.
   라. 국공립병원의 경우 2006년도 노사합의된 임금인상률(복지향상비용포함)을 감안하여 노사가 자율적으로 정하기로 한다.
   마. 대한적십자사는 노사가 자율적으로 정하기로 한다.
   바. 임금협약의 유효기간은 노사가 자율적으로 정하기로 한다.
   사. 임금협약과 관련한 기타 미합의 사항은 노사가 자율적으로 정하기로 한다.
2. 산별 5대협약 중 산별 기본협약, 보건의료협약, 고용협약 및 노동과정 관련한 미합의사항은 노사가 자율적으로 협의하여 정하기로 한다.

고 표적 타격(target strike)방식으로 전환하였다는 사실이다. 보건의료 노조는 6월 28일 조정이 결렬되자 파업투쟁 출정식을 가졌으나 파업 자체는 자제하고 이화의료원, 한양대의료원 등 일부 병원 로비에서 2시간 정도 농성을 하고 선전물을 배포하였으며 7월 3일과 4일 개최되는 전국지부장 회의 및 전임간부결의대회에서 향후 투쟁일정을 조율하기로 결정하였다. 그 결과 1단계는 산별교섭을 촉구하고 현장투쟁을 준비하면서 교섭을 지켜보고 교섭이 진전되지 않을 경우 2단계인 7월 11일부터 간부 중심의 부분파업 및 집중타격 투쟁을 수행할 것이라고 밝혔다. 하지만 2단계 돌입전에 산별교섭이 타결됨으로써 사실상 더 이상 갈등이 확대되지는 않았다.

셋째, 다른 시기에 비해 교섭기간이 짧아졌다. 네 차례에 걸친 산별교섭은 평균 3개월여의 기간이 소요된 반면 이번 산별교섭은 2개월 10일 정도로 한 달 가까이 짧아졌다. 또한 산별협약 체결직후 두 달 이내에 지부교섭이 타결되는 현상도 이전과 유사하다.

넷째, 노조 측의 교섭준비는 점점 더 충실해지는 반면 사용자 측의 교섭준비는 여전히 불충분하다. 보건의료 노조는 2007년 3월 8일 정기대의원대회에서 2007년 6대 핵심사업을 제기하면서 산별교섭에 대한 준비 정도를 드러냈다. 노조는 비정규직의 정규직화, 차별철폐, 고용안정, 기간제법 대응과 차별 시정 사업을 산별교섭의 1순위 요구로 내걸고 비정규직 없는 병원, 차별없는 병원을 만들어 갈 것을 결의하는 한편 병원협회와 의사협회 등 사용자 측 단체를 대상으로 산별교섭에 참여하지 않는 병 · 의원 노동자들의 근로조건 개선 및 고용안정을 이루어 나갈 것임을 밝혔다. 또한 4월 13일 임시대의원대회를 통해 2007년 산별 요구 및 공식일정을 확정할 것임을 분명히 하면서 3월 15일과 4월 2일 두 차례의 노사공동실무위원회를 통해 2006년 산별교섭 합의 사항인 사용자 단체구성과 의료노사정위원회 구성 등을 점검하겠다는 의지도 표명하였다. 반면 사용자 측의 준비 정도는 불충분하여 2월 28일에 이어 3월 15일 개최된 제2차 산별 노사공동실무위원회(이하 '노사공동실무위')에서 사용자 단체구성의 방향과 의지는 확고하지만 조직구성 및 운영방식, 재정문제 등 모든 것이 쟁점사항이며 검토 중이라고 하였고 산별교섭이 시작될 때까지도 사용자 단체구성이 100% 완결되지 못하여 산별교섭의 발목을 잡은 면이 있다.

② 2007년 산별교섭의 성과

2007년 산별교섭의 성과로는 교섭의제의 개선, 파업 없는 교섭타결, 교섭구조의 안정화, 임금인상률의 합리화 등을 들 수 있겠으나 그 중 가장 중요한 진전은 교섭의제의 측면에서 나타났는데 지금까지 산별교섭이 단지 기업별 교섭의 총합이 아니냐는 비판이 있었던 것과

표 13-6 2007년 산별 협약 주요내용

협 약	주요 합의사항
전 문	· 사측 대표를 '보건의료산업사용자협의회' 로 명시
산별 기본협약	· 산별 중앙노사운영협의회 설치
보건의료협약	· 의료봉사활동 노사공동추진, 1병원1촌운동, 헌혈운동 적극동참 · 의료노사정위원회 구성 및 실질적인 운영 · 환자에게 우리농산물 먹거리제공
고용협약	· 비정규직대책 노사특별위원회 구성 · 비정규직의 정규직화 노력 및 차별적 처우 개선
임금협약	· 임금세부 사항에 대해서는 지부노사가 합의하여 시행 · 임금인상률: 사립대의료원(제일병원포함)은 총액기준 5.3%(비정규직 문제해결비용 포함), 민간중소병원은 총액기준 4.3%(비정규직문제해결비용 포함, 관련비용은 1.3% 이내에서 사용), 지방의료원은 '2006년 지방의료원 중앙교섭합의서' 에 의거, 국립대병원: 총액기준 2.5%+1.5%(복리후생향상비용, 비정규직문제해결비용 포함), 한국원자력의학원은 총액기준 2.0%(복리후생향상비용과 비정규직 문제해결비용은 노사가 자율적으로 정함, 한국보훈복지의료공단, 대한적십자사는 비정규직 문제해결을 포함하여 노사가 자율적으로 정함)
노동과정협약	· 근무형태(교대근무)에 따른 추가지급, 육아휴직 등 합의
부 칙	1조: 합의사항 불이행으로 인한 책임은 당사자가 짐
부속합의서	산별 중앙노사운영협의회, 비정규직대책노사특별위원회, 의료노사정특별위원회 세부 운영안

비교하면 2007년 산별협약은 그 의미가 크다(표 13-6 참조).

첫째, 비정규직 문제해결을 합의하였다. 2007년 산별 5대협약안이 본격적으로 논의된 것은 노조의 조정신청 이후 이루어진 6월 22일 제 2차 실무교섭때 부터이다. 당시 노조는 총액대비 9.3% 인상 및 비정규직에게도 동일한 임금인상률 적용, 비정규직의 정규직화 등을 요구하였고 사(社)측은 비정규직의 정규직화 등 예산소요가 많다는 이유로 임금동결 혹은 1.6%를 제안하였으며 나머지 문제는 수용불가 입장을 표명하였다. 뒤이어 중노위에서 노사 양측에게 적절한 절충을 요구하자 노조는 6월 25일 특별조정위원회에서 임금인상 요구사항을 전향적으로 바꾸었다. "비정규직의 정규직화를 전제로 한 정규직의 임금인상의 유연한 적용"이라는 제안 아래 비정규직의 정규직화 비용을 포함한 3~6% 수준의 인상률을 언급한 것이다.

또한 중노위가 비정규직 문제해결 비용을 고려하여 정규직의 임금인상률을 낮게 적용한다는 조정안(사립대 총액기준 3.5%, 민간중소 총액기준 2.5% 등)을 제시하면서 노조 측의 손을 들어주고, 직권중재보류를 통해 사실상 합법파업을 허용하면서 교섭의 핵심의제가 비정규직 문제해결로 바뀌었다. 특히 사용자 측이 비정규직의 정규직화라는 문구를 삽입하는 것에 난색을 표명하면서 교섭이 결렬된 직후 개최된 6월 28일 중노위의 조정안에 대해 노조는 수용하고 사용자는 불가입장을 표명하면서 한때 교섭은 경색되는 것으로 보이기도 하였다. 하지만 7월 6일 "비정규직 문제해결 비용 포함"이라는 수준에서 사립대 5.3%, 민간중소 4.3%, 국립대 2.5%+1.5% 등이 합의되면서 2007년 산별협약이 타결되었다. 이외에도 노사 양측은 "비정규직대책노사특별위원회"를 구성, 운영할 것을 합의하였다.

사회적으로 중요한 쟁점으로 떠오른 '비정규직 문제'를 산별수준에서의 노사 자율합의를 통해 해결하여 사실상 300억원 규모의 비용을 마련한 것은 직접고용 5,500여명과 간접고용 5,150여명의 정규직화 및 처우개선에 청신호를 의미한다는 점에서 산별교섭의 가능성을 보여준 사건이라 하겠다. 사실 이전까지 비정규직 문제 해결이 매번 산별교섭의제로 제기되기는 했으나 주요하게 다루어지지는 않았다. 2004년에는 주로 직접고용 비정규직 문제가, 2005년 및 2006년에는 간접고용 비정규직까지 논의되었으나 사용자 측이 '노력한다'는 선에서 교섭이 진행되거나 타결되었다. 실질적으로 비정규직 고용안정이나 불합리한 차별개선을 위한 효과는 거의 없었던 것이다. 따라서 2007년 비정규직 문제해결을 합의한 산별협약은 획기적이라 할 것이다.

둘째, 보건의료노사정위원회 구성 및 실질적인 운영이 합의되었다. 의료노사정위원회 구성은 지난 시기 협약에서도 반복적으로 합의된 내용이지만 큰 진전이 없었다. 하지만 2007년에는 노사정 모두가 의료노사정위원회 구성의 필요성에 이전 보다 동의의 수준이 높아졌다. 물론 민주노총이 노사정위원회에 참여하지 않고 있을 뿐만 아니라 노사정위원회가 거의 유명무실화되었다는 평가가 있어 보건의료노사정위원회의 구성이 가능할지 또한 그것이 실질적으로 운영될지는 불투명하나 중층적, 사회적 협의의 가능성을 높인 것만은 확실하다.

셋째, 산별 중앙노사운영협의회가 설치됨으로써 산별교섭의 안정화를 위해 노사가 함께 노력할 수 있는 통로가 만들어졌다. 지금까지 산별교섭은 노조의 쟁의조정신청이 이루어진 후에야 본격적으로 교섭이 이루어졌고 줄다리기가 시작되면서 교섭의 효율성 및 안정성에 부정적이었다. 하지만 산별 중앙노사운영협의회라는 형식적인 틀이 만들어지면서 이곳을 통해 사전적인 조율의 여지가 생긴 것은 향후 교섭의 효율성 확보에 긍정적인 것으로 보인다.

05 단체협약의 관리[5)]

노사관계는 노동조합과 사용자가 단체교섭을 행하고 그 결과로서 단체협약을 체결하는 것으로 끝나는 것이 아니고, 그 이상의 것을 포함하고 있다. 사실 많은 경영자와 조합간부의 입장에서 보면, 효율적인 노사관계에 대한 진정한 테스트는 단체협약이 체결된 이후부터 시작된다고 할 수 있다.

우선 노동조합의 입장에서 보면 사용자 측이 합의문서를 통해서 부여한 종업원의 권리를 현실적으로 획득하지 않으면 안 된다. 즉, 노동조합은 협약내용을 현실적으로 적용 · 집행하려고 하지 않으면 안된다. 반면 경영자의 입장에서 가장 큰 관심사는 기업을 관리하고 계속 운영할 수 있는 권리를 확보하지 않으면 안 된다는 점이다.

단체협약의 용어는 일반적으로 포괄적이다. 그러나 협약의 집행은 기업의 일상운영에서 발생하는 수많은 세부적 · 구체적인 사항에 이를 적용해야 하는 문제를 안고 있다. 흔히 경영자는 단체교섭의 과정보다도 단체협약의 운용과정에서 더 많이 양보하는 경향이 있다. 그러나 이와 반대로 노동조합은 협상테이블에서 획득되었다고 생각하는 권리를 실제 적용면에서 상실하고 있다고 생각하는 경우가 많다. 이리하여 단체협약의 관리는 사용자 측과 노동조합 모두에게 있어서 중요한 관심사가 되고 있다. 단체협약의 관리에 있어서 근본적으로 문제가 되는 것은 단체협약에서 사용자가 확보하고 있다고 믿는 권리를 규정한 규정과 노동조합이 획득했다고 생각한 권리를 규정하고 있는 규정에 대한 해석 내지 집행에 있어서의 차이에서 나오는 분쟁이다.

이처럼 단체협약으로 정해진 근로조건의 이행과 관련한 분쟁을 권리분쟁(dispute over rights)이라 하여, 단체교섭에서 근로조건의 결정, 즉 이익으로 쟁취하려고 하는 이익분쟁(dispute over interests)과 구분하고 있다. 즉, 이익분쟁이란 임금, 근로시간 및 기타 근로조건에 관한 새로운 협약을 체결하기 위하여 노사가 단체교섭을 행하는 과정에서 합의에 도달하지 못함으로써 일어나는 분쟁을 말한다. 이에 반하여 권리분쟁은 협약체결 이후 근로계약의 이행이나 협약문구의 해석 및 집행과정에서 일어나는 분쟁을 말한다. 이에 대하여 노조법 제34조는 단체협약의 해석 또는 이행방법에 관하여 관계 당사자 간에 의견의 불일치가 있는 때에는 당사자 쌍방 또는 단체협약에 정하는 바에 의하여 어느 일방이 노동위원회에 해석 또는 이행방법에 관한 의견의 제시를 요청할 수 있는 절차를 신설하여, 단체협약의 불이행으로 인하여 발생하는 분쟁의 처리와 그 담당기관에 대한 그 동안의 논란을 입법적으로 해결하였다.

한편 단체협약을 체결한 노사 양 당사자가 단체협약의 이행의무를 위반한 경우에 대하여 종래 민사적인 강제에 국한되는 경우에는 그 이행을 담보함에 있어서 비효과적이라는 지적이 있어 왔던 점을 감안하여, 노조법은 제92조 제1호를 존치[6]하여 1,000만원 이하의 벌금에 처하도록 규정하고 있었다. 그러나 이 조항은 죄형법정주의의 기본적인 요청인 법률주의 및 명확성의 원칙에 위배됨을 이유로 헌법재판소가 헌법에 위반되는 것으로 결정[7]함으로써 그 효력을 상실하게 되었다. 따라서 입법적인 보완이 필요하게 되었는데 결국 단체협약 위반에 대해 종전과 마찬가지로 1,000만원 이하의 벌금에 처하되, 단체협약위반 사항을 6개 항목[8]으로 구체화하는 방식으로 협약의 실효성을 확보하게 되었다.[9]

06 단체협약의 종료[10]

6.1 단체협약의 종료사유

(1) 유효기간의 만료

단체협약은 유효기간, 즉 존속기간의 만료에 의하여 소멸된다. 그런데 노조법 제32조 제1항 및 제2항에서는 단체협약에서 2년을 초과하는 유효기간을 정할 수 없도록 규정하고 있다. 따라서 유효기간을 2년 미만으로 정하는 것은 무방하지만, 단체협약에 그 유효기간을 정하지 않거나 2년을 초과하는 유효기간을 정한 경우 그 유효기간은 2년으로 제한된다. 아울러 유효기간이 만료되기 전에 새로운 단체협약이 체결되고 '새로운 단체협약이 구 단체협약을 대체하여 즉각적인 효력을 갖는다'는 내용의 규정을 별도로 두지 않은 경우, 구 단체협약은 유효기간의 만료와 함께 소멸된다.[11] 그러나 단체협약의 유효기간 만료시를 전후하여 노동조합과 사용자 쌍방이 새로운 단체협약을 체결하기 위하여 단체교섭을 계속하였음에도 불구하고 단체협약이 체결되지 않은 경우, 별도의 약정이 없다면 종전 단체협약이 그 유효기간 만료일로부터 3개월까지 계속해서 효력을 갖는다(노조법 제32조 3항전단).[12]

이처럼 노동관계법이 단체협약의 유효기간을 제한하는 규정을 둔 것은 변동하는 산업사회의 사회적 · 경제적 여건의 적응, 당사자의 부당한 구속 방지, 적절한 근로조건의 유지 및 노사관계의 안정에 그 목적이 있다고 하겠다.[13)]

(2) 자동연장협정과 자동갱신협정

노조법 제32조 제3항 단서에 의하면 "단체협약의 유효기간이 경과한 후에도 새로운 단체협약이 체결되지 아니한 때에는 새로운 단체협약이 체결될 때까지 종전 단체협약의 효력을 존속시킨다"라는 취지의 별도의 약정이 있는 경우에는 그 효력을 인정하고 있다. 이와 같은 약정을 일반적으로 자동연장협정이라고 하는데, 이는 단체협약의 유효기간 만료로 인하여 발생하는 무협약(無協約) 상태, 즉 단체협약이 없는 상태(tarifloser zustand)에서 돌출할 수 있는 노사 간의 분쟁을 회피하기 위하여 체결되는 것이라고 하겠다. 따라서 협약당사자가 일정한 기간을 정하여 협약의 유효기간을 연장하는 경우에는 그 기간 동안 당해 협약의 효력이 연장된다. 그러나 협약당사자가 이러한 기간을 정하지 않고 막연히 '새로운 협약이 체결될 때까지'라고만 하여 구체적인 기간의 정함이 없이 협약의 효력을 연장하는 경우에는 노조법 제32조 제1항 및 제2항의 규정취지와 관련하여 문제가 발생할 수 있다.[14)] 따라서 이를 제한할 수 있는 여지를 설정하는 것이 동 조 제3항 단서 후단이라고 하겠다.

자동갱신협정이란 예컨대 협약의 유효기간이 2년인 경우 당해 협약안에 "협약의 유효기간 만료 30일 전까지 당사자의 일방이 단체협약 개폐의 의사표시 또는 변경안의 제시가 없는 경우에는 기간 만료일로부터 다시 2년간 유효한 것으로 본다"라고 하는 내용의 규정을 두는 경우, 이를 지칭하는 것이다. 이와 같이 노사가 단체협약 개폐의 의사표시 등을 행할 수 있음에도 불구하고 이를 하지 않는 것은 종전 단체협약의 계속적인 존속을 묵시적으로 인정하는 것으로 볼 수 있으므로, 구 협약의 유효기간 만료와 함께 동일한 내용의 신 협약을 채결하는 절차를 생략한 것이라고 하겠다.

이처럼 자동연장협정이 실정법적 근거에 의하여 효력을 인정받고 있는 것에 비해, 자동갱신협정은 당사자 일방의 이의제기로 그 효력을 저지하는 것이 가능하다는 점에서 그 효력을 인정하는 것이 학설 · 판례의 일반적 입장이다. 따라서 당사자가 단체협약 만료시에 협약의 연장이나 갱신협정을 체결하는 것은 종전 단체협약과 같은 내용의 단체협약을 다시 체결하는 것과 같은 것으로서 당연히 유효하고, 다만 그 새로운 유효기간은 노조법의 제한을 받는다.

(3) 취소 및 해지

단체협약은 노사 간의 의사표시에 의하여 성립하는 것이므로 민법상의 의사표시에 관한 규정[15]에 따라 비진의(非眞意)의사표시[16]나 통정허위(通情虛僞)의사표시[17]에 의하여 성립한 협약은 무효이고, 협약내용의 중요부분에 착오가 있거나 사기 · 강박에 의한 것인 경우에는 당사자 일방에 의하여 취소될 수 있다. 그러나 단체협약은 계속적인 채권관계인 근로관계에 적용되는 것이기 때문에 그 취소는 장래에 대해서만 효력을 미친다.[18] 아울러 하자 있는 의사표시에 의한 단체협약의 취소에 있어서는 단체교섭과 단체협약의 특수성을 고려할 필요가 있으며, 특히 강박과 관련하여 단체교섭이나 쟁의행위가 그 성질상 어느 정도의 집단적 위력을 배경으로 하여 이루어지는 점을 고려하여 민법규정의 적용여부를 결정하여야 할 것이다.[19]

유효기간 중이라 하더라도 협약당사자의 합의로 협약을 해지하는 것은 유효하지만, 상대방이 협약 중의 어느 한 조항을 위반 또는 불이행했다고 하여 어느 일방이 단체협약 전체를 해지하는 것은 문제가 있다. 노사관계를 사실상 규범적으로 규율하고 있는 단체협약에 대하여 계약해지에 관한 이론을 무비판적으로 적용한다면 노사관계 전체의 안정이 중대하게 침해될 수 있기 때문이다. 그러나 협약의 상대방이 평화의무를 위반한다든가 또는 단체협약에 의하여 성립된 근로조건의 기준을 계속 무시하는 등과 같이 단체협약의 존재의의를 상실시킬만한 중대한 위반행위를 한 때에는 다른 상대방은 협약을 해지하고 단체협약의 구속으로부터 벗어날 수 있다. 또한 단체협약은 일정한 경제적 · 사회적 상태를 협약존립의 이론적 전제로 삼고 있기 때문에 이러한 전제에 중대한 변화가 생긴 경우에는 이른바 사정변경의 원칙(clausula rebus sic stantibus)에 따라 협약당사자는 단체협약의 실효(失效)를 주장할 수 있다.[20]

한편 단체협약의 해지와 관련하여 노조법 제32조 제3항 단서 후단에서는 앞에서 언급한 자동연장협정의 효력을 인정함에도 불구하고, 단체협약의 당사자 일방이 단체협약을 해지하고자 하는 날의 6월 전까지 상대방에게 통고함으로써 종전의 단체협약을 해지할 수 있도록 규정하여 기간의 정함이 없는 효력연장에 따른 협약당사자의 부당한 구속을 방지하고 새로운 협약질서의 마련기회를 허용하고 있다.[21]

(4) 협약당사자의 변경 · 소멸

협약당사자의 쌍방 또는 일방의 법적 지위가 변경되거나 소멸된 경우에 단체협약은 종료된다. 그러나 형식적으로 당사자 일방의 주체가 변경되고 그 실체는 그대로 남아 있어서 실질적 동일성이 유지되는 경우에는 협약이 종료되지 않는다. 예를 들어, 사용자 측이 회사인 경우 단체협약은 회사의 해산 · 조직변경 · 합병 · 사업양도 · 개인사업주의 사망에 의하여 당연히 종료되지는 않는다. 그러나 회사가 해산한 때에는 청산종결의 시점 또는 청산절차 중에 전체 근로자를 해고함으로써 단체협약은 효력을 상실한다. 조직변경의 경우에는 인적 · 물적 요소의 유기적인 조직체인 회사의 동일성이 인정되는 한 단체협약은 그대로 존속한다. 그리고 합병의 경우에는 피합병회사 자체는 소멸하나 그 회사의 권리 · 의무관계는 포괄적으로 승계되기 때문에 단체협약은 합병회사와의 사이에 그대로 존속한다. 사업양도의 경우에는 견해의 대립이 있으나 사업의 동일성이 인정되는 한 단체협약은 그대로 존속한다고 보아야 한다는 것이 다수를 차지하고 있는 입장이다.[22] 개인기업의 경우 사용자가 사망하더라도 상속인이 사업주의 권리의무를 포괄적으로 승계하여 그 사업을 계속 유지하는 한 단체협약은 존속한다.

노동조합 측의 변경 · 소멸사유로는 해산 · 합병 · 분할 기타 조직형태 변경 등이 해당되지만, 협약의 존속 여부는 노동조합의 실질적 동일성 여부에 따라 결정된다. 예를 들어, 조합이 해산되는 경우에는 청산종료시점에서 협약당사자의 실체가 없어지기 때문에 단체협약은 효력을 상실한다. 해산 후 별개의 노동조합을 결성하더라도 해산된 노동조합이 체결한 단체협약은 효력을 가지지 않는다. 그러나 조합이 형식적으로만 해산하고 그 실질에 있어서 단순히 명의만을 변경한 경우라면 단체(社團)로서의 동일성이 계속되는 한 단체협약은 실효하지 않는다고 보아야 할 것이다.

한편 합병 · 분할 또는 조직변경으로 인하여 연합체가 단일조합으로 또는 단일조합이 연합체로 재조직되는 경우에도 조직상의 실질적 동일성이 인정되는 한 단체협약은 존속한다. 또한 노동조합에서 상당수의 조합원들이 탈퇴하더라도 기존 노동조합의 실체가 존속하는 한 단체협약의 효력은 계속된다. 그러나 기존의 노동조합이 분열하여 새로운 두 개의 노동조합으로 결성된 때에는 종래의 노동조합은 소멸되어 신구 노조 사이의 동일성이 인정되기 어렵기 때문에 단체협약도 당연히 소멸한다.[23]

6.2 단체협약 종료 후의 근로관계

단체협약은 유효기간의 만료 등에 의하여 그 효력을 상실하지만,[24] 일반적으로는 기존 단체협약이 효력을 상실하기 전에 새로운 협약의 체결을 위한 단체교섭이 진행되어 신 협약이 체결된다. 그러나 그렇지 못한 경우도 있을 수 있는데, 이에 대해 노조법 제32조 제3항 전단은 "단체협약의 유효기간이 만료되는 때를 전후하여 당사자 쌍방이 새로운 단체협약을 체결하고자 단체교섭을 계속하였음에도 불구하고 새로운 단체협약이 체결되지 아니한 경우에는 별도의 약정이 있는 경우를 제외하고는 종전의 단체협약은 그 효력만료일부터 3월까지 계속 효력을 갖는다"라고 규정하여 이를 입법적으로 해결하고 있다. 따라서 새로운 단체협약의 체결을 위하여 노력했음에도 불구하고 이에 실패했을 때에는 단체협약만료 후 3개월까지는 구 단체협약이 계속해서 효력을 가지게 되며, 이는 규범적 부분뿐 아니라 채무적 부분에 대해서도 마찬가지이다.

그러나 이 3개월의 기간이 만료되었음에도 불구하고 새로운 단체협약이 체결되지 않았을 때에는 무협약 상태가 발생한다. 이때 단체협약에 의하여 규율되었던 근로조건 기타 근로자의 대우에 관한 근로관계의 내용은 어떻게 처리되어야 할 것인가 하는 것이 문제이다.[25] 이 문제에 대해서는 단체협약이 실효되었다 하더라도 임금, 퇴직금이나 근로시간, 그 밖에 개별적인 근로조건에 관한 부분은 그 단체협약의 적용을 받고 있던 근로자의 근로계약의 내용이 되어 그것을 변경하는 새로운 단체협약이나 취업규칙이 체결 · 작성되거나 개별적인 근로자의 동의를 얻지 아니하는 한 개별적인 근로자의 근로계약의 내용으로서 여전히 남아 있어서 사용자와 근로자를 규율한다고 이해하는 것이 일반적이다.[26]

한편 단체협약이 없는 상태에서 사용자는 개별적인 근로자와의 교섭에 의하여 근로관계의 내용을 변경할 수도 있겠지만, 노동조합과 사용자에게는 평화의무가 없기 때문에 근로관계를 다시 집단적으로 규율할 수 있는 단체협약의 체결을 위하여 단체교섭 및 쟁의행위를 할 수 있다. 새로운 단체협약이 성립하면 그 협약 내의 새로운 규정이 근로계약관계를 규율하게 된다. 다만, 협약의 실효사유와 관련하여 노조의 탈퇴, 협약의 효력확장 요건 등의 흠결로 비조합원에 대해 협약상 기준의 존속여부가 문제되는 경우에는 차기 협약에 대한 단체교섭권의 침해가 문제될 여지가 없으므로 당사자와의 개별적인 합의로 협약상 기준을 변경할 수 있다. 그러나 유효기간의 만료 등으로 조합원에 대한 협약기준의 존속이 문제되는 경우에는 헌법상 보장된 단체교섭권의 취지에 따라 개별교섭금지의 원칙, 근로조건 일방결정 금지의 원칙에 의거하여 개별적인 합의로써 협약상 기준을 변경할 수는 없다고 보아야 할 것이다.[27)]

Readings in IR

서독의 교섭수준별 협약의 사회적 기능

정재훈(1988), 노사관계의 이해, 대영문화사, pp.260~271.

여기서는 서독의 노동협약체결교섭과 노사협의결정제도의 양 측면에 대한 고찰을 통해서 우리나라의 단체교섭과 노사협의제의 기능을 보다 명확하게 조명해 보고자 한다. 우리나라의 단체교섭과 노사협의제는 서독의 '노사협의결정제도'[1)]와 비교가 가능하며, 서독의 노동협약체결제도에 대해서는 그 비교대상이 없는 것으로 생각된다(그림 1 참조).

1. 교섭수준의 개념 도입

이러한 비교를 보다 명확히 하기 위해, 그리고 노사관계의 국제비교를 시도하기 위한 방안으로 岸田은 '노사관계의 좌표축'이라는 개념을 도입하여 거기에다 노사관계의 각 수준을 맞추어 도식화하는 방법을 제시하고 있다[2)](그림 2 참조).

[그림 2]에서 보는 바와 같은 좌표 축의 설정을 통해 각국의 국민경제 단위에서의 종합적인 노사관계모델을 제시할 수 있으며, 국제비교가 가능하다고 하고 있다.[3)] 결국 하나의 국민경제 단위에 있어서의 종합적인 노사관계는 노사관계에 관한 관계법규, 노동협약, 취업규칙, 고용계약 등을 노사관계의 좌표축에 올바르게 자리 잡아 놓음으로써 비로소 기본적인 구조를 해명할 수 있다고 본 것이다. 다시 말하면 일국의 노사관계는 국가나 사회수준에서의 법률, 산업수준에서의 준법률로서의 노동협약, 기업수준이나 사업소 수준의 노사 간 협정 및 개별종업원과의 고용계약관계 등 이들 모두의 수준에 따라서 각 협약이나 계약이 수행하는 사회적 기능이 현저히 다른 것이다.

1) 우리나라에서는 서독의 사업소종업원회(Betriebsrat)와 집행이사회 혹은 그 대리인으로서의 사업소장간의 노사협의결정제도를 통상 노사협의제, 경영가제도, 공동결정제도 등으로 부르고 있는데 서독에서는 이를 총칭하는 단어가 없기 때문에 필자는 이를 노사협의결정제도라 부르기로 한다. 결국 서독의 노사협의결정제도는 우리나라의 기업내 노사관계에 있어서의 단체교섭과 노사협의제를 합친 것에 상당하는 것으로 생각할 수 있다. 岸田尙友(1978), 經營參加の社會構造：西ドイツの勞使關係, 廣文社, p.104. 참조.

2) 위의 책, p.119.

3) 앞의 책, p.120.

그림 1 서독 노사교섭시스템의 도식

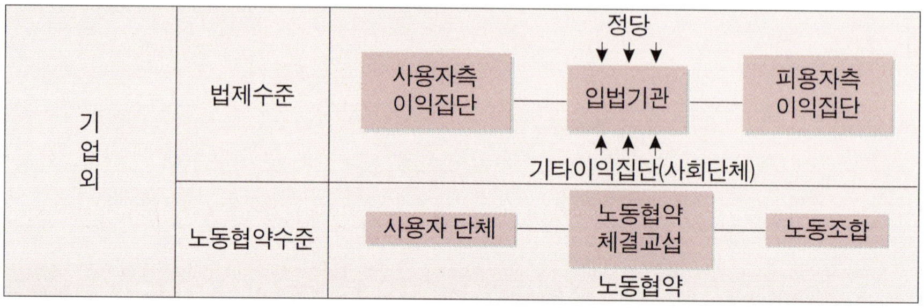

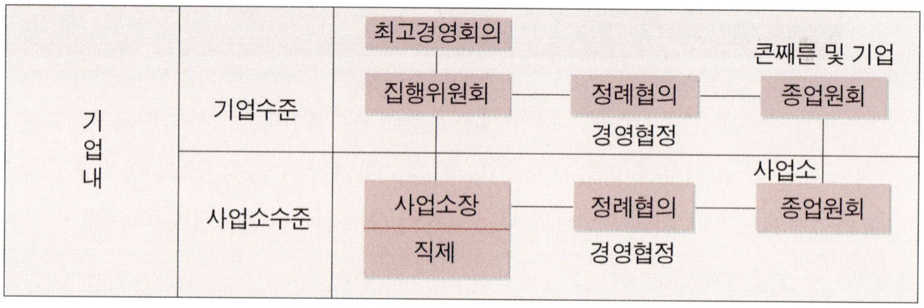

자료 : 岸田尙友(1978), 經營參加の社會構造, 廣文社, p.93.

그림 2 각국 노사관계의 구조도

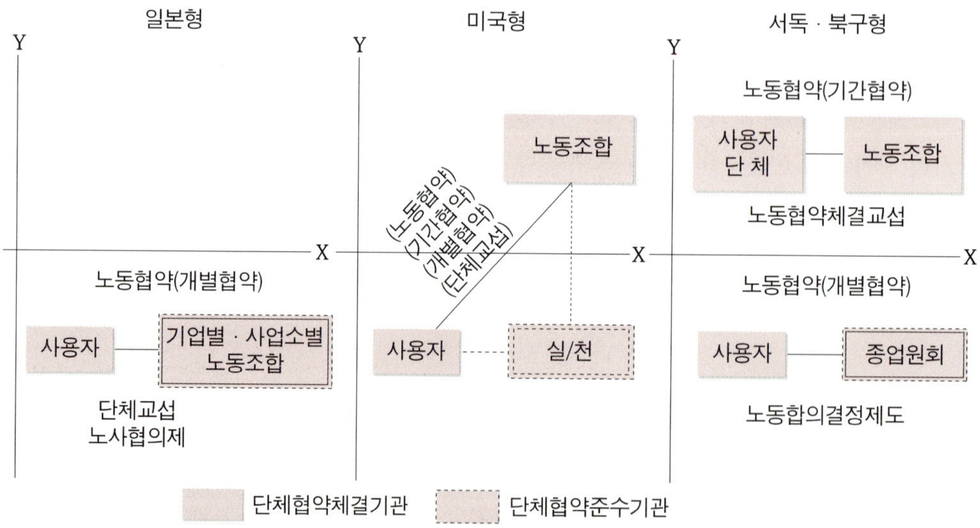

자료 : 岸田尙友(1978), 經營參加の社會構造, 廣文社, p.120.

여기서 우리는 노동협약이라고 부르고 있는 노사 간의 노동조건에 관한 계약은 그것이 기업 외에서 체결되는가, 아니면 기업 내에서 체결되는가에 따라서 그 사회적 기능이 전혀 달라진다는 사실을 직시해야만 한다. 다시 말하면 과거 우리나라에서 아무렇게나 사용되던 노동협약에는 사회적 기능면에서 볼 때 두 가지 다른 면이 있는 것이다. 그 하나는 서독 · 북구 및 미국에서와 같이 기업이나 사업소를 넘어서 어떤 일정한 범위에 취업하고 있는 모든 피용자에게 적용되는 이른바 기간협약(포괄적이며 기본적인 내용을 가진 것)이 있으며, 다른 하나는 우리나라와 일본처럼 기업이나 사업소 내에 한정된 특정한 조직 내에 취업하고 있는 피용자에게만 적용되는 개별협약이 있는데 이들의 사회적 기능은 전혀 다른 것이다. 결국 개별협약은 어디까지나 특정한 피용자들(종업원)의 특수한 이익을 대표하는 것이며, 항상 불공평한 분배를 요구하는 사회적 기능을 가지게 된다. 다시 말하면 개별협약은 노동조건의 특수화를 지향하고 있다. 여기에 반해 기간협약은 광범위한 피용자 일반의 표준적인 이익을 대표하는 것이며, 항상 공평한 분배를 요구하는 사회적 기능을 가진다. 결국 기간협약은 노동조건 평준화를 지향하고 있는 것이다.

2. 서독의 교섭수준별 협약의 사회적 기능

서독에서의 교섭수준별 협약, 협정 또는 계약이 갖는 사회적 기능을 알아보기 위해서 우선 [그림 3]과 같은 노사관계의 좌표축을 설정해 볼 수 있다.

좌표의 Y축에는 노사관계의 수준을, X축에는 역사적 연속성을 취하여 노사 간의 산업 및 노동조건에 관한 계약의 위치를 설정하였다.

그림 3 노사관계의 좌표축과 노사 간 계약의 위치 설정

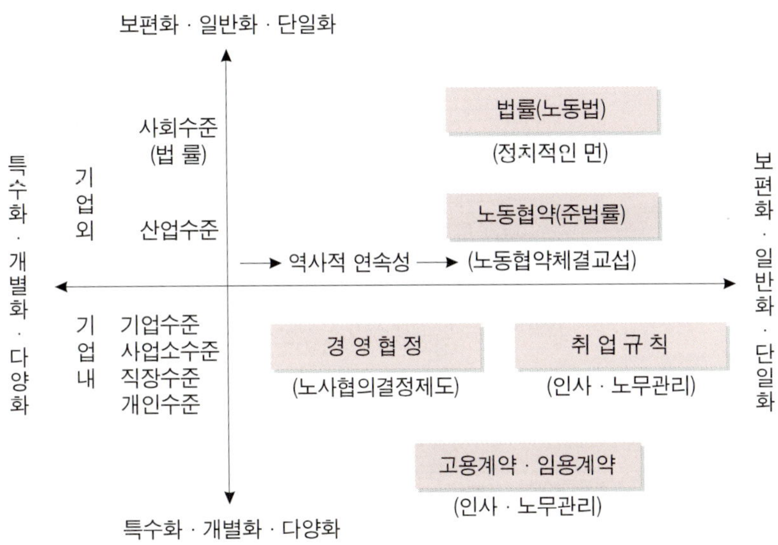

자료 : 岸田尙友(1978), 經營參加の社會構造, 廣文社, p.125.

Y축의 정의 영역은 기업 외의 산업수준 및 사회일반 수준에서의 노사 간의 각종 계약, 그리고 모든 피용자에게 적용되는 법률–주로 노동법–이 자리 잡고 있다. Y축의 부의 영역에는 개별기업 내의 기업 경영수준, 사업소수준 및 개인수준에서의 노사 간의 계약이 자리 잡고 있다.

X축의 정의 방향은 역사적 연속을 취하는 바, 이는 동일수준에서의 노사관의 계약이라 하더라도 통상 시간의 경과에 따라 그 적용범위가 점차 확대되어 가는 경향을 반영하고 있다. 예를 들면 [그림 3]에서는 단순히 노동협약으로 표시되어 있지만 노동협약이라고 부르는 것 중에도 여러 가지가 있다. 예를 들면 화학산업에서의 기본노동협약(Manteltarif)처럼 일반적인 노동조건을 규정한 것은 화학산업에 종사하는 모든 피용자에게 구속적으로 적용된다. 그러나 임금 기본노동협약은 전국 수준에서 협정되지만 그 적용에 있어서는 개별기업의 상태, 특히 생산 공정의 특성에 따라서 선택할 수 있도록 하고 있다. 더구나 업종에 따라서는 1사밖에 없는 경우도 있어 이럴 때는 이른바 기업단위노동협약(betriebsnaher Tarifvertrag)으로서 사실상 기업별 노동협약(Firmentarif)이 되고 있다. 또한 특수한 사정에 의해 처음부터 기업별 노동협약이 체결되는 기업도 있다.[4)]

이와 같이 노사관계의 각 수준에 있어서의 노동조건은 역사적 연속성하에 우선 동일수준에서 보편화, 일반화, 단일화의 과정을 거쳐서 노서관계의 한 단계 위 수준의 계약으로 이동해 간다(그림 4 참조).

이상의 설명을 요약하면 Y축 및 X축의 정의 방향은 노동조건의 보편화, 일반화 및 단일화의 성격이 강하며, Y축 및 X축의 부의 방향은 노동조건의 개별화, 특수화 및 다양화의 성격이 강하다. 여기서 중요한

그림 4 노동조건의 역사적 연속성의 설명

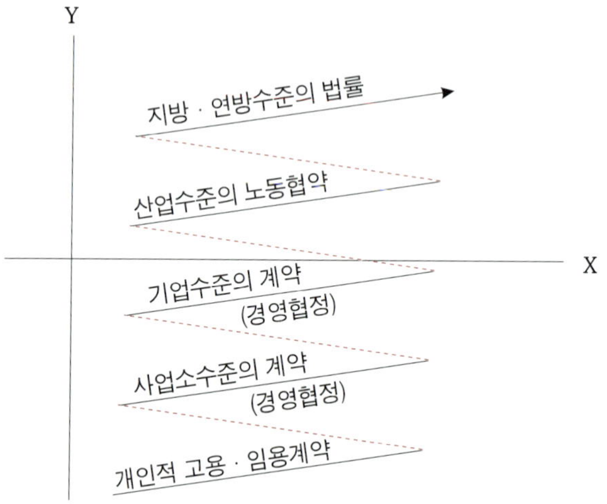

자료 : 岸田尚友(1978), 經營參加の社會構造, 廣文社, p.126.

4) 앞의 책, p.125.

것은 Y축의 정의 영역에서의 노동조건의 계약과 Y축의 부의 영역에서의 노동조건의 계약과는 그 사회적 기능이 전혀 다르다는 사실이다. 전자는 노동조건의 평준화(격차의 축소) 기능을 가진 데 대해 후자는 노동조건의 특수화(격차의 확대) 기능을 가지고 있다. 여기서 보편화, 일반화, 단일화 및 개별화, 특수화, 다양화의 의미는 [그림 5]를 통하여 잘 설명할 수 있다.

우선 [그림 5]에서 보는 바와 같이 노사관계의 어떤 수준에서 노사 간의 노동조건이 결정되는가에 따라 그 적용범위가 달라진다. 개인수준에서 계약한 것은 그 내용이 매우 특수한 것이며, 그 당사자에게만 적용되는 '개별적'인 것이다. 또한 개개인의 계약내용은 실로 갖가지여서 전체로서는 매우 '다양'한 내용을 이루고 있다. 계약수준이 상승해 가면 점차 그 계약의 내용이 '보편화'되고 적용범위가 '일반화'되어 가며, 계약의 종류도 수가 적게 되어 '단일화'되어 간다.

1사업소의 경영협정은 그 사업소의 종업원에게만 적용되지만 기업수준의 경영협정은 그 기업의 전종업원에게 적용된다. 또한 산업별 · 지역별 노동협약은 그 산업 및 지역의 전피용자에게 적용된다. 노사 간의 노동조건을 규정하는 가장 보편적인 것은 법률이며 [그림 5]에서 보는 바와 같이 전피용자에게 적용된다.

다음 각 수준에서의 노사 간의 계약이 상호 어떠한 관계에 있는가를 간단한 사례를 통해 살펴보면 다음과 같다.[5)]

예를 들어 경영조직법에 대해 보면 상용종업원이 5명 이상인 사업소에서는 종업원의 의사에 따라 사업소종업원회를 조직할 권리(전결권)가 인정되고 있다. 그러나 실제로 중소기업에서는 오랫동안 사업소종업원회가 조직되지 않았다. 이러한 사정은 우리나라 중소기업의 노동조합 조직상황과 거의 유사한 것으로

그림 5 노사 간의 계약수준과 적용범위

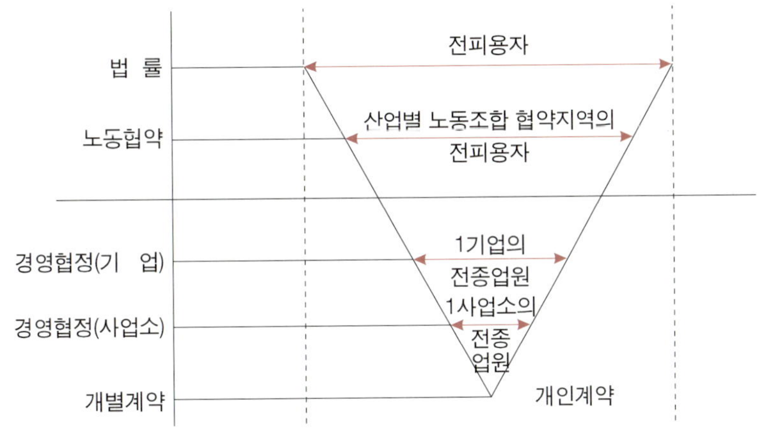

자료 : 岸田尚友(1978), 經營參加の社會構造, 廣文社, p.127.

5) 앞의 책, pp.128~133.

생각된다. 그러나 경영조직법에서의 '노동조합의 사업소종업원회에 대한 설치 원조'의 조문이 조금씩 사회적 기능을 다하기 시작함으로써 금속산업에 있어서의 사업소종업원회의 조직건수가 전금속산업에 속한 기업의 90%를 넘는 것으로 추산되기에 이르렀다. 어떻게 이러한 결과가 가능하게 되었을까? 노사관계 전체의 관점에서 보면 사업소종업원회는 기업 및 사업소 수준에 설치되어 있으며, 그 상위수준에 노동조합이 있기 때문에 노동조합은 자기조직의 운동을 보다 효과적으로 전개시키기 위해서는 사업소종업원회와의 협력관계가 필요하게 되었으며, 여기서 사업소종업원회의 조직화운동을 적극적으로 전개하게 되었다. 개개의 사업소종업원회의 사회적 기능은 사소한 것이지만 법률과 노동조합의 힘에 의해 사업소종업원회의 조직율이 높아짐에 따라 이제는 오히려 노종조합운동을 적극적으로 추진시키게끔 되었다. 결국 많은 경영협정에 의해 기초가 다져진 피용자의 기득권은 수월하게 노동협약에 의한 기득권에로 승격하게 됨으로써 보다 많은 피용자에게 적용하게끔 되기 때문이다.

이와 같은 각 교섭수준별 계약 간의 상호작용을 임금문제를 중심으로 살펴보면, 각 사업소종업원회는 협정임금의 상승을 꾀함에 있어 그 목표를 [그림 6]에서 보는 바와 같은 최고경영협정임금 혹은 조금이라도 향상된 협정임금을 획득하고자 노력하며, 산업수준에서 노동조합은 [그림 6]에서 보는 최저경영협정임금=협약임금이 되도록 협약임금의 수준을 상승시키고자 노력한다. 결국 노동협약은 최고경영협정임금과 최저경영협정임금의 격차를 축소시키는 기능을 다한다고 볼 수 있다.

노동협약과 경영협정의 상호작용을 [그림 7]을 통해 보다 구체적으로 파악해 보면 다음과 같다.

그림 6 동일산업 동일지구 내의 피용자의 기업별 임금격차

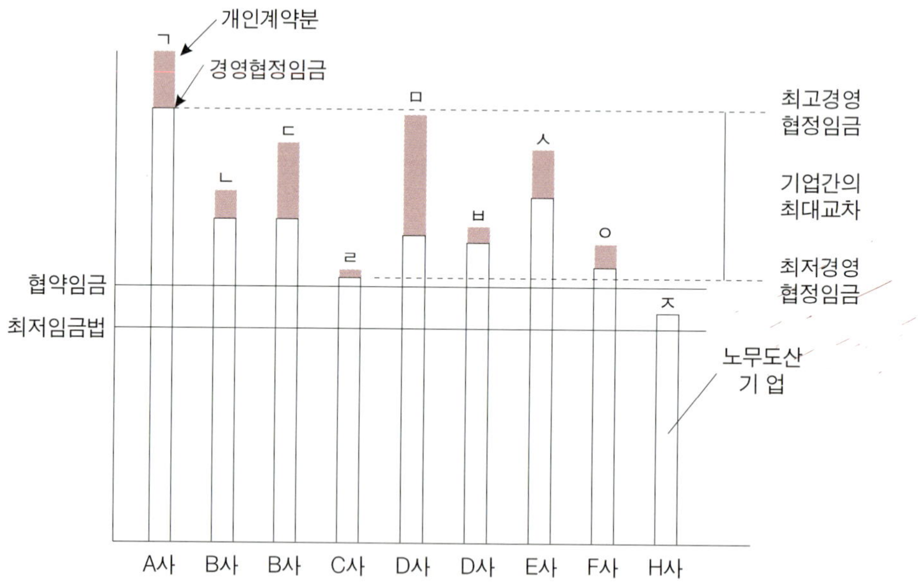

자료 : 岸田尚友(1978), 經營參加の社會構造, 廣文社, p.130.

그림 7 **노동조건의 전체적 상승 메커니즘**

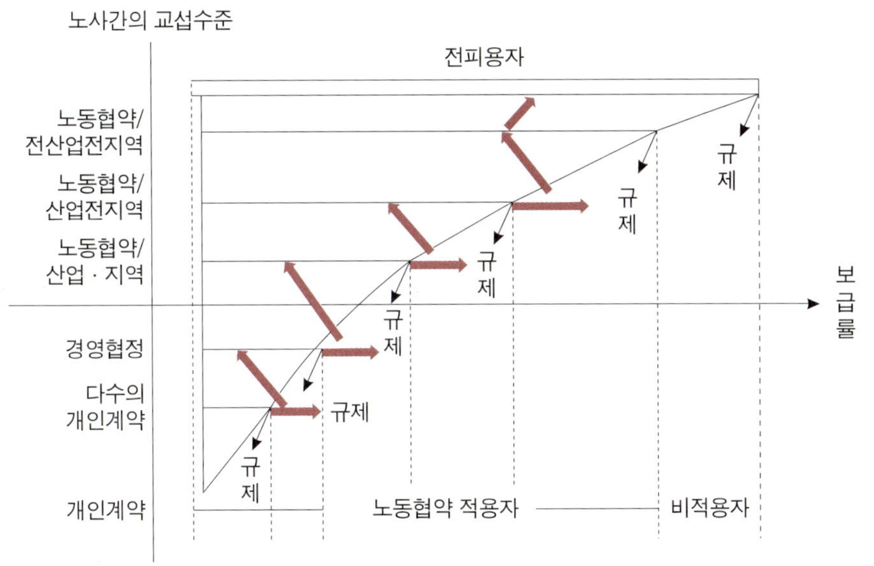

자료 : 岸田尙友(1978), 經營參加の社會構造, 廣文社, p.133.

개별기업이나 개별사업소의 사업소종업원회는 각기 업적에 맞는 임금을 요구한다. 그 결과 각 기업 내의 노사의 역관계와 기업의 업적에 따라서 경영협정의 협정임금은 상승한다. 또한 다른 기업이나 사업소의 협정임금의 상승 소식에 의해서도 각 협정임금의 상승운동은 자극을 받는다. 해당 산업, 해당 지역 내의 대다수의 기업협정임금이 상승하면 그것이 차기 노동협정 체결 교섭시 협약임금의 상승에 영향을 미친다.

협약임금이 상승하게 되면 해당 산업, 해당 지역 내의 모든 기업이나 사업소의 경영협정상의 협약임금을 상승시킨다. 동시에 1산업 1지역의 협약임금의 상승은 우선 해당 산업의 다른 지역의 협약임금의 상승에 영향을 줌으로서 그것이 산업 전체의 협약임금을 상승시킨다. 1산업 전체의 협약임금의 상승은 다른 산업의 협약임금의 상승에 영향을 주게 되어 결과적으로 전피용자의 임금 상승을 실현시킨다.

여기서 주목되는 것은 예를 들어 경영협정이 확대되어 가는 과정이 동시에 노사교섭 수준에 있어 한 단계 위 수준의 협정, 즉 노동협약에 영향을 주게 되며 한번 노동협약이 체결되면 그 내용은 이 경영협정을 체결한 사업소는 물론 그렇지 않은 사업소에도 강제력을 가지고 규제하게 된다는 점이다. 결국 하나의 노동조건이 보다 고차의 노사관계 수준에서 계약되면 같은 수준의 모든 범위에 구속력을 가지게 된다. 결국 파급효과는 규제력을 가지고 되돌아가는 메카니즘이 보다 나은 노동조건을 항상 보다 광범위한 사람들에게 적용시키게 하며 노동조건의 개선과 평준화의 양 기능을 동시에 다하게 한다.

그런데 여기서 한 가지 유의해야만 할 점은, 일반사회 수준 혹은 산업 수준에서의 협약은 피용자 전체의 최저 노동조건을 보장하고 노동조건의 평준화를 달성함으로써 그 결과 사회적 공정성을 상승시키고 있지만, 다른 한편으로는 피용자의 직접적인 이익과 결부되어 있지 못함으로 해서 일반적으로 피용자들이 불만을 가질 수 있다는 점이다. 서독에서는 1970년 무렵부터 피용자들이 산업수준에서의 노동조건의 체결 당사자인 산업별 노동조합으로부터 이탈되어가는 경향이 현저하게 나타나고 있으며, 노동조합에서는 사업소종업원회 조직화와 노동조합의 직장조직의 충실(구체적으로는 노동조합직장위원의 조직화정책)에 의해 기업 내 노동문제의 해결에 노동조합이 보다 적극적으로 개입함으로써 피용자의 일상적이고 직접적인 이익을 도모하는 길을 모색하기 시작하였다. 이것은 바로 노동조합의 기업위주의 정책으로서 기업내 수준의 노사관계제도를 더욱 정비 · 충실화시킴으로써 산업수준에서는 일반적 · 표준적인 노동조건의 유지 개선을 확보해가면서 다른 한편으로는 개별 상황에 맞는 현실적인 노동조건의 설정을 모색하는 메카니즘의 확립에 노력하고 있음을 보여주는 것이다.

이와 같은 서독의 경우와는 대조적으로 우리나라에서는 현재의 기업별 노동조합 형태에서는 물론이고 과거 산업별 노동조합 형태 하에서도 노사 간의 합의수준의 중심은 언제나 기업 내 수준이었다. 따라서 서독에서 보는 바와 같은 산업수준의 노동협약 체결이 갖는 사회적 공정성의 추구와 같은 기능은 우리나라의 노동조합활동에서는 전혀 찾아볼 수 없다고 해도 과언이 아닐 것이다.

◈ 연습문제

1. 단체협약의 개념과 기능에 대해 설명해보시오.
2. 단체협약의 규범적 · 채무적 부분과 그 효력에 대해 설명해보시오.
3. 단체협약의 강행적 효력과 직접적 효력에 대해 설명해보시오.
4. 단체협약의 일반적 구속력과 지역적 구속력에 대해 설명해보시오.
5. 여후효설과 그 논거가 되는 화체설에 대해 설명해보시오.
6. 한국의 기업별 단체협약의 주요 내용과 향후 과제에 대해 설명해보시오.
7. 한국의 산별 단체협약의 주요 내용과 향후 과제에 대해 설명해보시오.
8. 자동연장협정과 자동갱신협정의 차이를 설명해보시오.
9. 서독의 교섭수준별 협정 내지 협약이 갖는 사회적 기능을 설명하고 그것과 한국의 기업별 협약과의 차이점 및 과제에 대해 토의해보시오.

제14장 노사관련 법제도

01 개별적 근로관계법
02 집단적 노사관계법

유급근로시간 면제제도의 도입과 복수노조제도 시행 관련 주요 법 개정 내용

1. 전임자 급여지급 금지

□ **노조 전임자에 대한 사용자의 급여지급은 금지**

- 다만 유급근로시간 면제제도(time-off)를 통해 일정 범주의 활동에 대해 유급 처리하는 것은 인정

□ **유급근로시간 면제제도**

- 전제조건 : 단체협약 또는 사용자 동의
- 대상활동 : 노사교섭 · 협의, 고충처리, 산업안전활동 및 건전한 노사관계 발전을 위한 노조 유지 · 관리업무*

  * 12.4(2009) 노사정 합의시 "중소기업의 합리적 노조활동 유지" 취지에 맞게 여당 법안의 "통상적 노조관리업무"를 축소 조정
  * (예시)노조법상 인정된 총회 · 대의원회 등 필수적 노조유지 · 관리업무 중심

- 면제한도 : 노 · 사 · 정이 각 5명씩 추천한 「근로시간면제심의위원회」에서 결정 → 노동부장관 고시

  * 심의위원회에서 사실상 결정이 어려울 경우 정부추천 공익위원이 결정토록 부칙에 명시(국회 의견청취 절차 포함)

- 제한 : 전임자 급여지급 관련 노조의 쟁의행위 금지 및 이에 대한 처벌조항 신설(1천만원 이하 벌금 부과)

□ **시행시기 : 2010.7.1**

- 불필요한 노사갈등 축소를 위해 법 시행일('10.1.1) 당시 유효한 단체협약은 그 유효기간까지 효력 인정

2. 복수노조 설립규제 폐지

□ **사업장 단위 복수노조는 허용하되, 교섭창구는 단일화**

– 다만, 사용자가 동의하는 경우 개별교섭 가능

  * 대통령령이 정하는 일정기한 내에만 개별교섭 동의 가능

- 교섭창구 단일화 기본단위는 사업 또는 사업장

– 다만, 현격한 근로조건의 차이, 고용형태, 교섭관행 등을 고려하여 동일한 사업장내

교섭단위 분리 가능

□ **교섭창구 단일화 절차 등**

- 교섭창구 단일화 절차
  - 자율적 단일화 → 과반수 노조(위임 · 연합 등을 통해 과반수 되는 경우 포함) → 공동교섭 대표단(자율결정 또는 신청을 통한 노동위원회 결정)

    * 공동교섭 대표단에 참여할 수 있는 노조는 교섭창구 단일화 절차에 참여한 노조의 전체 조합원 중에서 차지하는 조합원이 100분의 10 이상인 노동조합으로 제한

- 공정대표 의무제도 도입
  - 교섭대표 노조에게 공정대표 의무를 부여, 소수 노조에 대한 불합리한 차별을 방지

□ **시행시기 : 복수노조 허용은 2011.7. 1**

- 다만, 2009. 12. 31 현재 기존 복수노조 사업장의 교섭창구 단일화는 2012. 7. 1부터 시행

■ 노동부, 2010.1

학습목표

노사단체의 정책참여 필요성, 정책참여의 유형, 노사단체의 정책참여의 실태와 문제점, 개별근로관계법, 근로기준법의 주요 내용, 비정규직 보호법, 집단적 노사관계법, 필수공익사업의 필수유지업무제도, 필수공익사업의 대체근로허용제도, 유급근로시간 면제제도, 교섭창구 단일화, 공정대표의무

노동법은 노사관계시스템의 운영주체들에게는 중요한 환경변수로 기능함과 동시에 이들 주체들의 상호작용을 통해서 동태적으로 형성되는 최상위의 규범이자 규칙이기도 하다. 달리 말하면 노동법은 일부 제한 사항이 없지 않지만 전국 수준에서 모든 조직과 모든 노동자들에게 획일적이고 일률적으로 적용되는 최상위의 규칙이다. 이 규칙은 한번 정해지면 영원히 계속되는 것이 아니고 단체협약처럼 1년 내지 2년마다 갱신되는 것처럼 잦지는 않지만 이해 당사자들의 욕구의 변화와 경제 · 기술적인 환경의 변화에 따라 동태적으로 변화되어 간다. 이러한 법률과 같은 규칙은 매우 정치적인 과정을 통해서 만들어지며 그 과정에서 노사정의 행위주체들은 자신들의 이해관계를 반영시키기 위해 많은 시간과 노력을 기울이고 있다.

노동법의 내용에 대한 본격적인 논의가 이 장의 목표는 아니다. 다만 이 장에서는 현재 한국의 노사관계시스템을 규율하는 최고의 규범인 노동관련법을 보통의 구분방식인 개별근로관계법과 집단노사관계법으로 나누어 그 중요한 내용을 간추려 정리해보고자 한다.

01 개별적 근로관계법

1.1 의 의

노동법이 종속근로관계를 규율하는 실체법이라고 할 때 "근로관계"란 피용자인 근로자와 고용주인 사용자와의 종속적 관계를 말한다. 이러한 근로관계에 있어서 1인의 근로자와 1인의 사용자가 개별적으로 근로계약을 체결하고 노무급부와 임금의 지급을 내용으로 하는 관계를 개별적 근로관계라고 하고, 이와 같은 개별적 노동관계를 규율하는 법을 개별적 근로관계법이라 한다.

1.2 종 류

개별적 근로관계법에 속하는 것으로는 근로기준법, 최저임금법, 선원법 및 산업재해보상보험법, 산업안전보건법, 남녀고용평등과 일 · 가정 양립 지원에 관한 법률, 고용보험법, 임금채권보장법, 근로자퇴직급여보장법, 파견근로자보호 등에 관한 법률, 기간제 및 단시간근로자 보호 등에 관한 법률(이른바 비정규직보호법) 등이 있다.

(1) 근로기준법(근로계약, 임금, 근로시간과 휴식 등)

근로기준법은 개별적 근로관계에 있어서의 근로자의 보호를 목적으로 하는 법으로서 종속근로관계(abhangige Arbeitaverhaltnis)의 합리적인 조정 및 근로자의 존엄성의 보장을 위하여 사용자에게 일정한 책임을 지우고 그 책임을 국가의 감독에 의하여 실현시키고자 하는 법이다(2008. 3. 28. 개정).

첫째, 근로기준법은 개별적 근로관계에 있어서의 개개의 근로자의 보호를 목적으로 하는 법이다. 이와 같은 개개의 근로자의 보호는 근로조건의 최저한도의 기준을 법정함으로써 개개의 근로계약의 내용을 법정의 최저기준 이상의 범위에 한정하는 방법에 의한다.

둘째, 근로기준법은 법정근로조건의 준수를 국가기관의 지도 · 감독과 법 위반에 대한 처벌이라는 방법에 의하여 이를 실현시키고자 하는 법이다. 사용자에 대하여 국가기관이 법의 준수를 지도 · 감독하는 동시에, 법 위반에 대하여는 벌칙에 의하여 단속함으로써 보호조건을 실현시키고자 한다. 이러한 근로기준법의 구성은 〈표 14-1〉과 같다.

2009년도 이후 근로기준법은 정부의 정책변화에 따라 일부개정이 이루어져 왔는데 그 중요한 개정내역은 다음과 같다.

① 일부개정 2010.5.25. 시행 2012.1.1 법률 제10319호,

사용자가 기숙사 생활의 자치에 필요한 임원 선거에 간섭할 경우 종전에는 500만원 이하의 벌금에 처하던 것을 500만원 이하의 과태료 부과로 전환하여 법 위반에 대한 처벌의 합리성을 높이고, 종전에는 포괄적으로 규정되어 있던 양벌 규정을 "사업주의 대리인, 사용인, 그 밖의 종업원이 해당 사업의 근로자에 관한 사항에 대하여 제107조, 제109조부터 제111조까지, 제113조 또는 제114조의 위반행위를 하면 그 행위자를 벌하는 외에 그 사업주에게도 해당 조문의 벌금형을 과(科)한다. 다만, 사업주가 그 위반행위를 방지하기 위하여 해당 업무

표 14-1 근로기준법의 구성

법률의 취지	관련 조항
근로기준법의 기본원칙	(1) 근로조건의 기준 · 결정 · 준수(§3, §4, §5) (2) 균등대우(§6) (3) 강제근로의 금지(§7) (4) 폭행의 금지(§8) (5) 중간착취의 배제(§9) (6) 공민권행사의 보장(§10)
적용범위	(1) 적용범위(§11, §12) (2) 근로자의 정의(§2-①-1) (3) 사용자의 정의(§2-①-2) (4) 근로의 정의(§2-①-3)
근로계약의 보호	(1) 근로계약의 정의(§2-①-4) (2) 단시간근로자의 근로계약 보호(§2-①-8, §18) (3) 법률위반에 근로계약, 근로계약위반에 대한구제(§15, §16) (4) 근로계약기간과 내용 명시(§16, §17) (5) 위약예정, 전차금상쇄, 강제저축금지(§20, §21, §22)
해고 등의 제한	(1) 해고 등의 제한(§23) (2) 경영상이유에 의한 해고의 제한(§24) (3) 우선재고용 등(§25) (4) 해고의 예고 및 적용제외(§26, §35) (5) 해고사유 등의 서면통지 (§27) (6) 부당한 해고등의 구제신청, 조사, 구제명령, 구제명령 등의 확정, 구제명령등의 효력, 이행강제금(§28에서 §33까지)
근로관계 종료의 법률관계	(1) 퇴직금(§34) (2) 금품청산 및 임금채권 우선변제(§36, §38) (3) 미지급임금에 대한 지연이자(§37) (4) 사용증명 및 서류보존 등(§39에서 §42까지)
임 금	(1) 임금 및 평균임금의 정의(§2-①-5, §2-①-6) (2) 임금지불원칙(§43) (3) 도급사업의 임금보호(§44) (4) 건설업에서의 임금 지급 연대책임 및 건설업의 공사도급에 있어서의 임금에 관한 특례(§44의2, §44의3) (5) 비상시 지급 및 휴업수당(§45, §46) (6) 임금대장 및 임금의 시효(§48, §49)
근로시간	(1) 근로시간(§50) (2) 탄력적, 선택적, 간주근로시간제(§51, §52, §58) (3) 연장근로의 제한(§53) (4) 연장, 야간 및 휴일근로에 대한 할증(§56) (5) 근로시간 및 휴게시간의 특례(§59)

법률의 취지	관련 조항
휴게 및 휴일	(1) 휴게(§54) (2) 휴일(§55)
휴 가	(1) 연차유급휴가(§60) (2) 생리휴가(§73) (3) 산 · 전후 휴가(§74) (4) 연차유급휴가의 사용촉진(§61) (5) 유급휴가의 대체(§62) (6) 적용제외(§63)
여성과 연소자에 대한 특별보호	(1) 여성 · 연소자의 공통한 보호 ① 유해 · 위험사업에의 사용금지(§65) ② 야간 · 휴일근로의 제한(§70) ③ 갱내근로의 제한(§72) (2) 여성에 대한 특별보호 ① 시간외 근로의 금지(§71) ② 생리휴가의 보장(§73) ③ 산전 · 산후휴가의 보장(§74) ④ 육아시간의 보장(§75) (3) 연소자에 대한 특별보호 ① 취업최저연령의 제한(§64) ② 연소자증명서의 비치(§66) ③ 미성년자의 근로계약보호(§67) ④ 미성년자의 독자적 임금청구권(§68) ⑤ 근로시간의 특례(§69)
기 타	(1) 기능습득 (2) 재해보상 (3) 취업규칙 (4) 기숙사 (5) 근로감독관 등 (6) 벌칙

에 관하여 상당한 주의와 감독을 게을리 하지 아니한 경우에는 그러하지 아니하다."라고 함으로서 양벌규정 적용대상을 명확히 하는 등 현행 벌칙 및 과태료 규정을 합리적으로 개선하거나 정비하였다.

② 일부개정 2010. 5.25, 시행 2012. 1. 1, 법률 제10319호

개정전 법은 근로계약을 체결할 때에 사용자로 하여금 근로조건에 관한 사항을 근로자에게 명시하도록 하고, 특히 임금의 구성항목 · 계산방법 · 지급방법, 소정근로시간, 휴일 및 휴가에 관한 근로조건은 서면으로 명시하되, 근로자의 요구가 있는 경우에는 이를 교부하도

록 하고 있으나, 근로계약 체결 시 뿐만 아니라 근로계약을 변경하는 경우에도 근로조건을 명시할 필요성이 있고, 사용종속적 지위에 있는 근로자가 적극적으로 근로조건을 명시한 근로계약서의 교부를 요구하지 못하는 경우가 많이 발생하고 있음을 감안하여 근로계약을 체결할 때뿐만 아니라, 이를 변경하는 경우에도 근로조건을 명시하도록 하고, 사용자의 서면으로 명시한 근로계약서 교부의무를 강화함으로써 근로자의 법적 지위를 강화하기 위하여 법 제17조를 개정하였다. 개정된 제17조의 구체적 내용을 살펴보면,

제17조(근로조건의 명시) ① 사용자는 근로계약을 체결할 때에 근로자에게 다음 각 호의 사항을 명시하여야 한다. 근로계약 체결 후 다음 각 호의 사항을 변경하는 경우에도 또한 같다.〈개정 2010.5.25〉

1. 임금
2. 소정근로시간
3. 제55조에 따른 휴일
4. 제60조에 따른 연차 유급휴가
5. 그 밖에 대통령령으로 정하는 근로조건

② 사용자는 제1항 제1호와 관련한 임금의 구성항목 · 계산방법 · 지급방법 및 제2호부터 제4호까지의 사항이 명시된 서면을 근로자에게 교부하여야 한다. 다만, 본문에 따른 사항이 단체협약 또는 취업규칙의 변경 등 대통령령으로 정하는 사유로 인하여 변경되는 경우에는 근로자의 요구가 있으면 그 근로자에게 교부하여야 한다.〈신설 2010.5.25〉

(2) 최저임금법

최저임금법은 근로자에 대하여 임금의 최저수준을 보장하여 근로자의 생활안정과 노동력의 질적 향상을 기함으로써 국민경제의 건전한 발전에 기여한다는 목적 하에 1986.12.31 제정되고, 2008.3.21 9차 개정에 이르렀다. 주요내용을 살펴보면, 법은 근로자를 사용하는 모든 사업 또는 사업장에 적용하되 동거친족만을 사용하는 사업, 가사사용인 및 선원법의 적용을 받는 선원과 선원을 사용하는 선박의 소유자에게는 적용하지 아니 한다(법 제3조).

최저임금 적용을 위한 산입임금은 근로기준법 제2조 규정에 의한 임금을 말하지만, ① 매월 1회 정기적으로 지급하는 임금 외의 임금, ② 소정의 근로시간 또는 소정의 근로일에 대

하여 지급하는 임금외의 임금, ③ 기타 최저임금액에 산입하는 것이 적당하지 아니한 임금 중 노동부장관이 정하는 것은 최저임금의 산입범위에서 제외하며, 택시근로자의 경우에는 임금체계의 특수성을 반영하여 최저임금에 산입하는 임금의 범위를 생산고에 따른 임금을 제외한 임금 중에서 대통령령으로 정한 임금으로 하되(제6조 제5항 신설), 그 시행일은 특별시 · 광역시는 2009년 7월 1일, 시(市) 지역은 2010년 7월 1일, 기타 지역은 2012년 7월 1일부터 적용한다.

최저임금의 결정은 노동부장관의 최저임금 심의요청에 따라 노 · 사 · 공익을 대표하는 각 9인으로 구성(총 27인)되어, 노동부장관의 제청에 의하여 대통령이 위촉한 최저임금위원회에서 노동부장관의 요청이 있은 후 90일 이내에 심의하여 심의안을 제출하면 노동부장관이 이를 고시하여 근로자 · 사용자 대표로부터 이의제기를 수렴하고, 필요시 재심을 요청할 수 있으며, 최종적으로 결정된 최저임금액을 노동부장관이 결정 및 고시(8.5까지, 적용기간 다음년도 1.1~12.31)한다.

이 최저임금은 1인 이상 근로자를 사용하는 모든 사업 · 사업장에 적용되나, 수습근로자에 대하여 3개월을 한도로 최저임금액에서 10%를 감액 적용할 수 있고, 감시 · 단속적 근로자로서 노동부장관의 승인을 받은 자는 최저임금액의 20%를 감액 적용(2011.12.31까지 한시적용)할 수 있으며, 정신 또는 신체의 장애로 근로능력이 현저히 낮은 자로서 노동부장관의 인가를 받은 자는 최저임금 적용을 제외할 수 있다.

최저임금 미달 여부에 대한 판단은 최저임금의 적용을 위한 임금에 산입하는 임금의 총액을 시간급으로 환산하여 고시된 최저임금액과 비교하여 법 위반 여부를 판단하고, 사용자는 최저임금 적용 근로자에게 최저임금액 이상의 임금을 지급하여야 하며, 이를 위반한 근로계약은 무효이고, 최저임금액과 동일한 금액을 지급하기로 한 것으로 보게 되며, 위반시 사용자는 3년 이하의 징역 또는 2천만원 이하의 벌금에 처하게 된다.

(3) 임금채권보장법

임금채권보장법은 경기변동과 산업구조 변화 등으로 사업을 계속하는 것이 불가능하거나 기업의 경영이 불안정하여, 임금 등을 지급받지 못하고 퇴직한 근로자에게 그 지급을 보장하는 조치를 마련함으로써 근로자의 생활안정에 이바지하는 것을 목적으로 1998.2.20. 제정되고 2007.12.27 12차에 걸쳐 개정되었다.

법의 주요내용을 보면 파산선고 등 재판상 도산 및 사실상 도산으로 인정된 기업에서 임금 · 휴업수당 또는 퇴직금을 받지 못하고 퇴직한 근로자가 일정한 기간 내에 미지급 임금 등에 대하여 지급을 청구하는 경우 국가가 사업주를 대신하여 일정범위의 미지급임금 등에 대하여 지급하고, 추후 사업주에게 근로자의 미지급 임금 등의 청구권을 대위행사하여 회수하는 제도로 여기서 재판상 도산이란 "채무자 회생 및 파산에 관한 법률"에 의한 ① 파산선고, ② 회생절차 개시결정이 있는 경우이고, 사실상 도산은 상시 근로자 300인 이하 사업주로서 관할 지방노동관서장으로부터 "도산 등 사실인정"을 받은 경우를 의미한다. 사실상 도산의 경우 관할지방 노동관서에서 도산 인정을 받아야 하는데 퇴직일 다음날부터 1년 이내 도산 등 사실인정을 신청하여야 하고, 지급대상 근로자는 파산 · 회생절차 신청일 또는 사실상 도산인정 신청일 이전 1년부터 3년 이내에 퇴직한 자이며, 지급범위는 최종 3월분 임금 · 휴업수당과 최종 3년분 퇴직금 중 미지급액을 지급(체당금)하되, 2008년 현재 1인당 최고 1,560만원(지급상한액)까지 지급한다.

체당금(替當金)이란 국가가 기업이 도산하여 임금 · 휴업수당 및 퇴직금을 지급받지 못하고 퇴직한 근로자에게 사업주를 대신하여 지급하는 임금 · 휴업수당 및 퇴직금을 의미하는 것으로 체당금의 월정 상한액은 퇴직당시 연령에 따라 노동부장관이 고시하게 되며, 소요재원은 매년 노동부장관이 고시하는 비율에 따라 사업주가 부담금 납부('07년의 경우 0.4/1,000, 법정 한도 2/1,000) 함으로서 조성되는 임금채권 보장기금에서 조달한다.

(4) 근로자퇴직급여보장법

고령화시대에 대비 근로자의 안정적인 노후소득 보장을 위해 퇴직연금제도 도입을 주요 골자로 근로자 퇴직급여제도의 설정 및 운영에 필요한 사항을 정함으로써 근로자의 안정적인 노후생활 보장에 이바지하는 것을 목적으로 2005.1.27 제정하고 2005.12.1부터 시행하였으며 2008.3.28까지 5차에 걸쳐 개정되었다.

근로자들의 퇴직금은 이 법이 제정되기 전까지는 근로기준법에 원칙적으로 일시금제도로 규정되어 적용하여 왔으나 근로기준법이 예정한 일시금 퇴직금제도는 사회경제적 여건의 변화(근속년수 단축, 연봉제 및 중간정산 등)로 근로자 노후소득보장이라는 본연의 기능을 수행하지 못하게 되어 퇴직연금제도의 도입으로 이를 해결하고자 한 것이다.

법의 주요내용을 살펴보면 법의 적용범위는 원칙적으로 근로자를 사용하는 모든 사업장에 적용하되, 계속근로기간 1년 미만, 초단시간 근로자(주당 15시간 미만자)에 대해서는 적용하지 아니하고, 또한 4인 이하 사업장은 법 부칙에 의해 2008년과 2010년 사이에 대통령령이 정하는 시기에 적용하되, 사용자 부담은 현행 50/100에서 단계적으로 상향하기로 하였다. 법의 적용을 받는 사용자는 퇴직급여제도〔퇴직금 및 퇴직연금제도(확정급여형 및 확정기여형) 중 하나 이상〕를 설정하여야 하며, 사용자가 퇴직급여제도의 종류 선택 및 변경시 근로자 과반수(과반수 노조)의 동의를 얻어야 한다. 퇴직연금제도에는 근로자의 연금급여가 사전에 확정되며, 사용자의 적립부담은 적립금 운용결과에 따라 변동되는 확정급여형(Defined Benefit)과 사용자의 부담금이 사전에 확정되고, 근로자의 연금급여는 적립금 운용결과에 따라 변동되는 확정기여형(Defined Contribution)이 있으며, 사용자가 퇴직연금제도를 설정하고자 할 경우 퇴직연금규약을 작성, 근로자 과반수 동의를 얻어 노동부에 신고해야 하며, 사용자가 작성하는 퇴직연금규약은 개별 사업장의 퇴직연금제도의 설계서에 해당하는 것으로 필수작성 항목 및 법정 최저기준을 충족해야 한다.

퇴직연금제 운영관련 업무(운용관리업무 및 자산관리업무)는 퇴직연금사업자(금융기관)에게 위탁하여야 하고, 퇴직연금을 취급하고자 하는 자는 일정한 요건을 갖추어 노동부장관(금융위에 위탁)에게 등록하여야 하는데 등록요건으로는 자산운용회사 · 보험회사 · 은행 · 증권회사 그 밖에 위에 준하는 자로서 대통령령이 정하는 재정건전성기준 · 인적 · 물적 요건을 갖춘 자이어야 하고, 근로자가 직장이동시 수령한 일시금을 개인퇴직계좌에 적립하는 경우 과세가 이연되고, 일정한 수급보장을 받을 수 있도록 하여야 한다.

(5) 산업재해보상보험법

산재보험은 공업화가 진전되면서 급격히 증가하는 산업재해 근로자를 보호하기 위하여 1964년에 도입된 우리나라 최초의 사회보험제도이다. 초기의 산업재해는 건설현장과 위험한 기계 기구를 설치, 사용하는 사업장에서 주로 발생하였으나 산업사회의 현대화, 고도화, 정보화 등으로 재해 발생 원인도 신종 직업병과 과로, 스트레스 등에 기인한 재해가 급격히 증가하고 있다. 산업재해로부터 근로자를 보호하기 위해서는 산업재해 자체를 예방하는 것이 가장 바람직할 것이나 이미 발생한 산업재해로 인하여 부상 또는 사망한 경우에 그 피재근로자나 가족을 보호 내지 보상해 주기 위한 산재보험이 중요한 의미를 지닌다 할 것이다. 산재보험은 산재근로자와 그 가족의 생활을 보장하기 위하여 국가가 책임을 지는 의무보험으로 원래 사용자의 근로기준법상 재해보상책임을 보장하기 위하여 국가가 사업주로부터 소정의 보험료를 징수하여 그 기금(재원)으로 사업주를 대신하여 산재근로자에게 보상을 해주는 제도이다.

표 14-2 산재보험의 특성

① 근로자의 업무상 재해에 대하여 사용자에게는 고의·과실의 유무를 불문하는 무과실 책임주의이다.
② 보험 사업에 소요되는 재원인 보험료는 원칙적으로 사업주가 전액 부담한다.
③ 산재보험급여는 재해발생에 따른 손해전체를 보상하는 것이 아니라 평균임금을 기초로 하는 정률 보상방식으로 행한다.
④ 자진신고 및 자진납부를 원칙으로 하고 있다.
⑤ 재해보상과 관련되는 이의신청을 신속히 하기 위하여 심사 및 재심사청구제도를 운영한다.
⑥ 타 사회보험과는 달리 산재보험은 사업장 중심의 관리가 이루어진다.

산업재해보상보험법 역시 정부의 노동정책의 변화에 따라 개정이 이루어져 왔고, 그 구체적 개정내용은 다음과 같다.

① 시행 2009. 1. 7. 법률 제9338호, 2009. 1. 7, 일부개정

현행 양벌규정은 문언 상 영업주가 종업원 등에 대한 관리·감독상 주의의무를 다하였는지 여부에 관계없이 영업주를 처벌하도록 하고 있어 책임주의 원칙에 위배될 소지가 있으므로, 사업주가 종업원 등에 대한 관리·감독상 주의의무를 다한 경우에는 처벌을 면하게 함으로써 양벌규정에도 책임주의 원칙이 관철되도록 하고자 하였다.

② 시행 2010. 4. 10. 법률 제9794호, 2009.10. 9, 일부개정

정부 내에 각종 위원회가 난립하여 의사결정의 속도를 떨어뜨리고 책임행정을 저해하는 한편 예산의 낭비를 초래하고 있어 보험에 관한 중요 사항을 심의하는 이 법 제8조의 산업재해보상보험심의위원회를 산업안전보건에 관한 기본계획 및 중앙행정기관과 관련되는 주요정책을 종합적으로 심의·조정하기 위한 산업안전보건법 제7조의 산업안전보건정책심의위원회와 통합하여, 그 명칭을 산업재해보상보험 및 예방심의위원회로 바꾸고, 산업재해의 예방과 보상체계를 종합적으로 심의할 수 있도록 하였다.

③ 시행 2010. 1. 27. 법률 제9988호, 2010. 1.27, 일부개정

근로복지공단의 산하 법인인 한국산재의료원을 근로복지공단에 통합하여 산재환자에 대한 요양 및 재활서비스를 종합적으로 제공함으로써 산업재해보상 보험업무의 효율성을 높이고, 산업재해보상보험의 징수업무를 국민건강보험공단에 위탁하여 수행하도록 함에 따라 산업재해보상보험 및 예방기금의 용도에 동 공단에의 출연 근거를 마련하고자 하였다.

④ 시행 2010. 11. 21. 법률 제10305호, 2010. 5. 20, 일부개정

업무상 질병인 진폐에 걸린 근로자 중 일부는 합병증 등의 치료를 이유로 장기간 요양을 하면서 그 기간 동안에 휴업급여와 상병보상연금도 함께 지급받게 되고 사후에는 진폐로 인한 사망으로 쉽게 인정되어 유족급여도 받게 됨으로써, 요양을 받지 않으면서 장해급여만을 받고 있는 다른 진폐근로자에 비하여 보상수준이 지나치게 커지는 문제가 있어서, 진폐근로자에게 휴업급여와 상병보상연금을 지급하지 않고 요양 여부와 관계없이 기초연금을 포함한 진폐보상연금을 지급하는 것으로 변경하여 진폐근로자 간 보상의 형평성을 높이고 진폐근로자의 생활안정에 기여하며, 진폐요양 의료기관을 등급화하여 관리하도록 하는 등 요양관리 합리화의 기반을 마련하는 한편, 산재보험 보험급여, 진료비 및 약제비를 부당하게 지급받은 자를 신고한 사람에 대한 포상금 지급 근거를 정하는 등 현행 제도의 운영상 나타난 일부 미비점을 개선·보완하였다.

(6) 산업안전보건법

이 법은 산업안전·보건에 관한 기준을 확립하고 그 책임의 소재를 명확하게 하여 안전하고 쾌적한 작업환경을 조성함으로써 근로자의 안전과 보건을 유지·증진하는 것을 목적으로 하는 법률이다(2007. 12. 14 개정).

산업안전보건법의 주요개정 연혁은 다음과 같다.

그림 14-1 산업안전보건법 체계

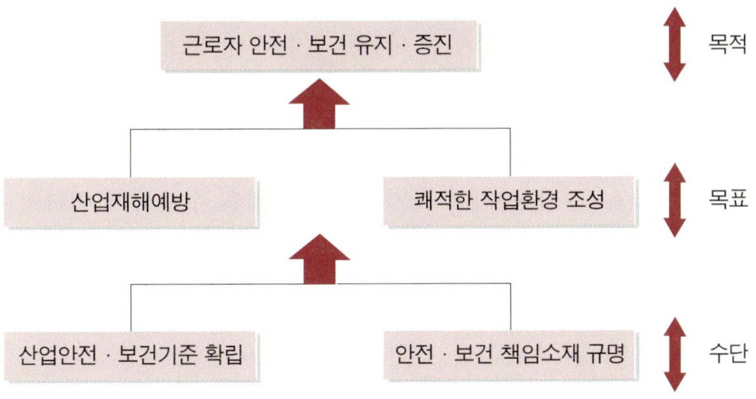

① 시행 2009. 8. 7. 법률 제9434호, 2009. 2. 6, 일부개정

석면이 함유된 건축물 등의 철거 및 해체 작업에 따른 근로자의 건강장해를 예방하기 위하여 석면 해체 · 제거 시의 안전보건조치를 정비하고, 특수건강진단기관의 검진능력을 종합적으로 평가하고 그 결과를 공표하는 등 근로자의 안전과 건강보호를 강화하는 한편, 어려운 용어를 쉬운 용어로 바꾸고, 길고 복잡한 문장의 체계 등을 정비하여 간결하게 하는 등 국민이 법 문장을 이해하기 쉽게 정비하며, 현행 제도의 운영상 나타난 일부 미비점을 개선 · 보완하고자 하였다.

② 시행 2010. 4. 10. 법률 제9796호, 2009.10. 9, 일부개정

부처 중심의 책임행정체제를 확립하고 의사결정의 신속성을 높이기 위하여 이 법의 산업안전보건정책심의위원회를 폐지하고 그 기능을 산업재해보상보험법상 산업재해보상심의위원회에서 통합하여 수행하도록 하며, 종전 자체검사만을 수행하여 자율적인 관리가 가능한 기계 · 기구 등에 대해서는 자율검사프로그램을 우선 시행하도록 하고 사업주 자율검사의 전면 시행에 따른 부실검사의 위험부담을 줄이면서, 동시에 건실한 민간 지정검사기관들도 육성할 수 있도록 사업주가 지정검사기관에 위탁하여 검사하는 경우는 개정법률이 공포되는 날부터 시행 가능하도록 시행시기를 합리적으로 개선하였다.

(7) 고용보험법

이 법은 고용보험의 시행을 통하여 실업의 예방, 고용의 촉진 및 근로자의 직업능력의 개발 · 향상을 도모하고, 국가의 직업지도 · 직업소개기능을 강화하며, 근로자가 실업한 경우에 생활에 필요한 급여를 실시함으로써, 근로자의 생활의 안정과 구직활동을 촉진하여 경제 · 사회발전에 이바지함을 목적으로 제정된 법률로서, 고용보험이란 실직근로자에게 실업급여를 지급하는 전통적 의미의 실업보험사업 외에 산업구조조정의 촉진, 실업예방, 고용촉진, 근로자의 생애 직업능력개발 등을 위한 고용안정 · 직업능력개발 사업을 상호 연계하여 실시하는 사회보장제도임과 동시에 국가가 고용정책을 수행하기 위하여 보험의 원리와 방식을 도입하여 법률에 의하여 보험의 가입과 보험료의 납부가 강제되고 실업이라는 보험사고에 대하여 근로자와 사업주를 지원하는 공적인 사회보험제도이자 사전적 적극적 차원의 종합적인 노동시장정책의 수단이라고 할 수 있다(2008. 3. 21 개정).

고용보험법의 주요 개정내용은 다음과 같다.

① 시행 2008. 12. 31. 법률 제9315호, 2008.12.31, 일부개정

노사가 함께 참여하여 고용보험법 등의 시행에 관한 주요 사항을 심의하기 위하여 노동부에 고용보험위원회를 신설하고, 고용안정사업지원금 등의 부정수급에 대한 제재 수준을 부정수급의 책임의 정도에 맞도록 합리적으로 개선하며, 직업능력 개발훈련을 받는 저소득 계층의 생계에 대한 부담을 완화하기 위하여 생계비 대부 제도를 신설하고, 고용안정 사업에 대한 부정수급 제재의 합리화(법 제35조)하여 이미 지급받은 지원금 등의 반환은 거짓이나 그 밖의 부정한 방법으로 지급받은 금액으로 그 범위를 한정하되, 추가로 징수하는 금액은 현행의 거짓이나 그 밖의 부정한 방법으로 지급받은 금액에서 앞으로는 그 금액의 5배까지로 하여 제재의 정도를 강화하였으며, 산전후휴가 급여 등에 대한 권리의 대위(법 제75조의2 신설)제도를 신설하여 출산 근로자의 생활안정을 위하여 사업주가 미리 노동부장관이 지급하는 산전후휴가 급여 등에 대체하여 금품을 지급한 경우에는 그 지급한 금품의 금액에 대하여 사업주가 근로자의 산전후휴가 급여 등 수급권을 대위할 수 있도록 하였다.

② 시행 2011. 1. 1. 법률 제9990호, 2010. 1.27, 일부개정

각기 상이한 보험료의 부과 · 징수체계로 인한 4대 사회보험(국민건강보험 · 국민연금 · 고용보험 및 산업재해보상보험) 가입자의 불편을 해소하고, 사회보험 업무처리의 효율성을 높이기 위하여 고용보험 및 산업재해보상보험의 보험료 산정기준을 임금에서 다른 사회보험과 같이 소득세 과세대상 근로소득으로 통일함에 따라 정의규정 중 임금을 소득세 과세대상 근로소득으로 변경하였다(법 제2조).

(8) 파견근로자 보호 등에 관한 법률

이 법은 근로자 파견사업의 적정한 운영을 기하고 파견근로자의 근로조건 등에 관한 기준을 확립함으로써 파견근로자의 고용안정과 복지증진에 이바지하고 인력수급을 원활하게 함을 목적으로 제정된 법으로서 비정규직 보호법안 중 하나이다. 파견근로는 근로계약을 체결하는 사업주와 직접 근로를 제공함으로서 지휘감독을 받는 사업주가 다르기 때문에 파견근로에 대해서는 특별한 보호가 요청되고 이를 위하여 법률은 파견근로자를 사용할 수 있는 직종을 제한적으로 명시 하고(제5조), 근로자 파견사업을 하고자 하는 경우 노동부장관의 허가를 받아서 행하도록 하며(제7조), 근로자 파견계약의 내용 등을 규율하고(제20조), 파견사업주와 사용사업주는 파견근로자가 사용사업주의 사업 내의 동일한 업무를 수행하는 동종근로자와 비교하여 부당하게 차별적 처우를 받지 아니하도록 할 의무(제21조), 근로기준법의

적용에 있어서 파견사업주와 사용사업주의 의무사항(제34조), 산업안전보건법의 적용에 있어 사용사업주와 파견사업주의 의무사항(제35조) 등을 정하고 있다(2008. 3. 21 개정).

파견근로자 보호 등에 관한 법률의 주요 개정내용은 파견사업주가 근로자 파견을 하려는 때에 미리 해당 파견근로자에게 파견 조건 등을 서면으로 알려주지 않은 경우, 종전에는 1년 이하의 징역 또는 1천만원 이하의 벌금에 처하던 것을 1천만원 이하의 과태료 부과로 전환하여 법 위반에 대한 처벌의 합리성을 높이고, 양벌규정에 대한 헌법재판소의 위헌 결정(헌재 2007. 11. 29. 2005헌가10) 취지에 맞게 사업주 등이 그 종업원 등에 대한 관리 · 감독상 주의의무를 다한 경우에는 처벌을 면하게 함으로써 양벌규정에도 책임주의 원칙이 관철되도록 하였다.(시행 2009. 8. 22. 법률 제9698호, 2009. 5. 21, 일부개정)

(9) 남녀고용평등과 일 · 가정 양립 지원에 관한 법률

남녀고용평등법은 헌법의 평등이념에 따라 고용에 있어서 남녀의 평등한 기회 및 대우를 보장하는 한편 모성을 보호하고 직장과 가정생활의 양립과 여성의 직업능력개발 및 고용촉진을 지원함으로써 남녀고용평등 실현을 목적하는 법률로서, 근로자의 모집 및 채용에 있어서 남녀의 차별을 금지시키고, 여성근로자를 모집 · 채용함에 있어서도 모집 · 채용하고자 하는 직무의 수행에 필요로 하지 아니하는 용모 · 키 · 체중 등의 신체적 조건, 미혼조건 등을 제시하거나 요구하지 못하도록 하며(제7조), 동일한 사업 내의 동일가치의 노동에 대하여는 동일한 임금을 지급하도록 하고(제8조), 임금 외에 근로자의 생활을 보조하기 위한 금품의 지급 또는 자금의 융자 등 복리후생에 있어서 남녀의 차별을 금지하며(제9조), 근로자의 교육 · 배치 및 승진에 있어서 남녀의 차별금지(제10조), 정년 · 퇴직 및 해고에 있어서 남녀 차별금지(제11조), 직장 내 성희롱의 금지(제12조), 여성의 직업능력개발 · 향상을 위하여 모든 직업능력개발훈련에 있어서 남녀에게 평등한 기회보장, 산전 후 휴가에 대한 지원(제18조), 육아휴직(제19조), 보육지원(제21조), 분쟁의 예방과 해결 등을 규정하고 있었다.

그러나 우리나라의 경제환경 및 노동환경이 변화되면서 '일 중심'에서 '가정과의 균형'을 중시하는 근로자들의 의식변화에 대응하고, 저출산 · 고령화시대에 여성 인력의 경제활동 참여를 늘리기 위하여 일 · 가정의 양립을 위한 정책을 강화할 필요성에 부응하기 위하여 2007. 12. 21 남녀고용평등법을 남녀고용평등과 일 · 가정 양립 지원에 관한 법률로 변경하는 한편, 노동부장관은 사업장의 남녀차별개선, 모성보호, 일 · 가정의 양립 실태를 파악하기 위하여 정기적인 실태조사를 하도록 하고(법 제6조의 3 신설), 고객 등에 의한 성희롱 방지를 위하여 사업주는 고객 등 업무와 밀접한 관련이 있는 자가 업무수행 과정에서 성적인 언동 등을 통하여 근로자에게 성적 굴욕감 또는 혐오감 등을 느끼게 하여, 근로자가 이로 인한 고충 해소를 요청한 경우에는 근무장소 변경, 배치전환 등 가능한 조치를 취하도록 노력하고, 성희롱 피해를 주장하거나 고객 등으로부터의 성적 요구 등에 불응한 것을 이유로 해고나 그 밖의 불이익한 조치를 하지 못하도록 하였으며(법 제14조의 2 신설), 근로자의 배우자가 출산한 날부터 30일이 지나지 않은 경우 근로자가 배우자의 출산을 이유로 휴가를 청구하는 경우에는 3일의 휴가를 주는 배우자 출산휴가를 신설하였다(법 제18조의 2 신설).

근로자가 현행 전일제 육아휴직 대신 주 15시간부터 30시간까지의 범위에서 근무하는 육아기 근로시간 단축을 신청할 경우 허용할 수 있도록 하며, 허용하지 않는 경우 서면으로 그 사유를 해당 근로자에게 알려주도록 하고, 육아기 근로시간 단축을 하는 근로자의 근로조건은 근로관계 당사자 간에 서면으로 정하도록 하는 육아기 근로시간 단축 제도를 신설(법 제19조의 2 및 제19조의 3 신설)하였다. 그리고 국가의 의무로서 노동부장관은 일 · 가정 양립프로그램의 도입 · 확산 등을 지원하기 위하여 조사 · 연구 및 홍보 등의 사업과 전문적인 상담 서비스 등을 사업주와 근로자에게 제공하여야 하며 이를 대통령령이 정하는 바에 따라 공공기관 또는 민간에 위탁할 수 있도록 (법 제22조의 3 신설) 규정하였다.

남녀고용평등과 일 · 가정 양립 지원에 관한 법률의 주요 개정내용을 살펴보면, 저출산 · 고령화 사회로 진입함에 따라 출산율을 제고하고, 여성 인력의 경제활동 참가를 유도하기 위하여 일과 가정의 양립을 지원할 수 있는 다각적인 정책 마련의 필요성에 따라, 육아휴직 요건을 생후 3년 미만의 자녀에서 만 6세 이하의 초등학교 취학 전 자녀로 완화하는 한편, 입양가정의 경우도 가족간의 심리적 · 정서적 애착관계를 형성하고 입양부모의 육아부담을 덜어주기 위하여 입양자녀도 포함되도록 명시하였으며, 지식정보화의 진전 등을 고려하여 법상 각종 증빙서류를 전자적 형태로도 보존할 수 있도록 하여 국민의 부담을 경감하고, 사업주가 종업원 등에 대한 관리 · 감독상 주의의무를 다한 경우 처벌을 면하도록 양벌규정을 정비하였다.(시행 2010. 2. 4. 법률 제9998호, 2010. 2. 4, 일부개정)

(10) 비정규직보호법

비정규직보호법은 비정규직의 남용과 불합리한 차별을 해소하기 위하여 제정된 법률로서 기간제 및 단시간 근로자 보호 등에 관한 법률, 파견근로자 보호 등에 관한 법률, 노동위원회법 등과 관련이 있다. 법안의 주요내용은 기업이 비정규직에 대하여 임금, 기타 근로조건을 불합리하게 차별하는 것을 방지하기 위하여 '차별금지제도'를 도입하여 ① 노동위원회에 차별시정위원회를 설치하여 근로자가 구제를 신청할 수 있고, ② 차별여부에 대한 입증책임을 사용자가 지며, ③ 기업이 노동위원회의 시정명령을 이행하지 않으면 1억원까지의 과태료가 부과되도록 함으로서 불합리한 차별을 시정함으로써 비정규직을 실질적으로 보호하고, 근로계약을 체결할 때 계약기간, 근로시간 등 중요한 근로조건을 서면으로 명시토록 하여, 근로조건 관련 분쟁을 예방하며, 기간제 근로자의 사용기간을 2년으로 제한하고, 2년을 초과하여 사용하면 '기간의 정함이 없는 근로자'로 간주하여 기간제 근로를 남용할 수 없도록 하였다.

또한 파견근로와 관련해서 '파견기간 초과', '대상업무 위반', '무허가 파견' 등 모든 불법파견의 경우에 사용사업주에게 직접 고용의무를 부과하였으며, 사용사업주에 대한 처벌을 1년 이하 징역에서 3년 이하 징역으로 강화하였고, 고용의무를 지키지 않으면 처벌과 함께 3천만원까지의 과태료를 부과할 수 있도록 하고, 파견대상업무는 기술진보, 업종의 다양화 등 노동시장의 변화를 반영하여 대상업무를 열거하는 방식(Positive list)은 유지하되, '업무의 성질'상 파견이 필요한 분야는 확대할 수 있는 근거를 두고 있다.

02 집단적 노사관계법

2.1 노동조합 및 노동관계조정법

이 법은 헌법에 의한 근로자의 단결권, 단체교섭권 및 단체행동권을 보장하여 근로조건의 유지 · 개선과 근로자의 경제적 · 사회적 지위의 향상을 도모하고, 노동관계를 공정하게 조정하여 노동쟁의를 예방 · 해결하기 위하여 제정된 법률이다(2008. 3. 28 개정).

(1) 노동조합의 조직 및 운영에 관한 규정

노동조합의 조직과 가입에 대한 규정과(제5조), 이 법에 의하여 설립된 노동조합이 아니면 노동위원회에 노동쟁의의 조정 및 부당노동행위의 구제를 신청할 수 없고, 이 법에 의하여 설립된 노동조합이 아니면 노동조합이라는 명칭을 사용할 수 없도록 한 노동조합의 보호요건(제7조), 노동조합의 설립신고(제10조), 규약의 기재사항(제11조), 노동조합 신고증의 교부

(제12조), 총회의 의결사항(제16조), 임시총회 등의 소집 및 소집권자 지명요구에 관한 사항(제18조), 회의의 소집절차(제19조), 노동조합의 규약이 노동관계법령에 위반한 경우 및 노동조합의 결의 또는 처분이 노동관계법령 또는 규약에 위반되는 경우 행정관청을 통한 시정요구(제21조), 노동조합의 조합원은 균등하게 그 노동조합의 모든 문제에 참여할 권리와 의무(제22조), 임원의 선거(제23조), 단체협약으로 정하거나 사용자의 동의가 있는 경우에는 근로계약 소정의 근로를 제공하지 아니하고 노동조합의 업무에만 종사할 수 있는 전임자(제24조), 6월에 1회 이상 당해 노동조합의 모든 재원 및 용도, 주요한 기부자의 성명, 현재의 경리 상황 등에 대한 회계감사의 실시와 그 내용 공개(제25조), 노동조합의 해산사유(제28조) 등이 있다.

(2) 단체교섭과 단체협약에 관한 규정

노동조합의 대표자는 그 노동조합 또는 조합원을 위하여 사용자나 사용자단체와 교섭하고 단체협약을 체결할 권한을 가지고, 신의에 따라 성실히 교섭하고 단체협약을 체결하여야 하며 그 권한을 남용하지 말아야 하며, 정당한 이유 없이 교섭 또는 단체협약의 체결을 거부하거나 해태하지 못하도록 하고(제29조, 제30조), 단체협약은 서면으로 작성하여 당사자 쌍방이 서명날인 하여야 하며(제31조), 단체협약에는 2년을 초과하는 유효기간을 정할 수 없으며, 유효기간이 만료되는 때를 전후하여 당사자 쌍방이 새로운 단체협약을 체결하고자 단체교섭을 계속하였음에도 불구하고 새로운 단체협약이 체결되지 아니한 경우에는 별도의 약정이 있는 경우를 제외하고는 종전의 단체협약은 그 효력만료일부터 3월까지 계속 효력을 갖는 여후효와 단체협약의 해지 절차(제32조), 단체협약에 정한 근로조건 기타 근로자의 대우에 관한 기준에 위반하는 취업규칙 또는 근로계약의 부분은 무효로 하고, 무효로 된 부분은 단체협약에 정한 기준에 의하는 단체협약의 강행적 효력(제33조), 단체협약의 해석 또는 이행방법에 관한 의견의 불일치가 있는 때, 해석 또는 이행방법에 관한 견해의 제시를 요청(제34조), 단체협약의 효력확장(제35조, 제36조) 등을 규정하고 있다.

(3) 쟁의행위에 관한 규정

쟁의행위는 그 목적 · 방법 및 절차에 있어서 법령 기타 사회질서를 준수하여야 하고, 조합원은 노동조합에 의하여 주도되지 아니한 쟁의행위를 할 수 없도록 하는 쟁의행위의 기본원칙(제37조), 쟁의행위는 그 쟁의행위와 관계없는 자 또는 근로를 제공하고자 하는 자의 출입 · 조업 기타 정상적인 업무를 방해하는 방법으로 행하여져서는 아니되며, 쟁의행위의 참가를 호소하거나 설득하는 행위로서 폭행 · 협박을 사용할 수 없으며, 작업시설의 손상이나 원료 · 제품의 변질 또는 부패를 방지하기 위한 작업은 쟁의행위 기간 중에도 정상적으로 수행되도록 하여야 하며, 노동조합이 쟁의행위가 적법하게 수행될 수 있도록 지도 · 관리 · 통제할 책임주체임을 명시한 노동조합의 지도와 책임(제38조), 근로자는 쟁의행위 기간 중에는 현행범 외에는 이 법 위반을 이유로 구속되지 아니한다는 구속제한(제39조), 쟁의행위는 조합원의 직접 · 비밀 · 무기명투표에 의한 조합원 과반수의 찬성으로 결정하여야 한다.

그리고 주요방위산업체에 종사하는 근로자의 쟁의행위 제한과 금지(제41조), 폭력이나 파괴행위, 생산 기타 주요업무에 관련되는 시설점거 행위, 안전보호시설에 대하여 정상적인 유지 · 운영을 정지 · 폐지 또는 방해하는 행위의 금지(제42조), 쟁의행위 기간 중 그 쟁의행위로 중단된 업무의 수행을 위하여 당해 사업과 관계없는 자를 채용 또는 대체할 수 없도록 하는 사용자의 채용제한(제43조), 쟁의행위에 참가하여 근로를 제공하지 아니한 근로자에 대한 임금지급 의무 부인(제44조), 조정절차를 거치지 아니하면 쟁의행위를 행할 수 없도록 한 조정전치(제45조), 직장폐쇄의 요건(제46조) 등이 규정되어 있다.

(4) 필수유지 업무 협정

업무의 정지 또는 폐지로 공중의 일상생활 또는 국민경제를 현저히 위태롭게 하는 사업을 필수공익사업으로 규정하고, 필수유지업무는 필수공익사업의 업무로서 그 업무의 정지 또는 폐지로 공중의 생명 · 보건 또는 신체의 안전이나 공중의 일상생활을 현저히 위태롭게 하는 업무로 규정하고 쟁의행위기간 중에도 정당한 유지 · 운영 의무를 부과하였고(제42조의 2), 노사 당사자는 쟁의행위 기간 동안 필수유지업무의 정당한 유지 · 운영을 위하여 필수유지업무의 필요 최소한의 유지 · 운영수준, 대상 직무 및 필요인원 등을 정한 필수유지업무협정을 체결하도록 하되, 협정이 체결되지 아니한 경우에는 당사자 일방 또는 쌍방이 노동위원회에 신청하여 필수유지업무의 필요 최소한의 유지 · 운영 수준 등을 결정하도록 하였다(제42조의 3, 제42조의 4).

노동조합은 필수유지업무협정이 체결되거나 필수유지업무에 대한 노동위원회의 결정이 있는 경우 사용자에게 필수유지업무에 근무하는 조합원 중 쟁의행위기간 동안 근무하여야 할 조합원을 통보하여야 하며, 사용자는 이에 따라 근로자를 지명하고 이를 노동조합과 그 근로자에게 통보하여야 하며, 노동조합이 쟁의행위 개시 전까지 이를 통보하지 아니한 경우에는 사용자가 필수유지업무에 근무하여야 할 근로자를 지명하고 이를 노동조합과 그 근로자에게 통보하도록 하였다(제42조의 6).

(5) 노동쟁의의 조정과 중재

노동관계 당사자의 노동쟁의에 대한 자주적 해결을 위한 노력의무(제48조), 국가 및 지방자치단체의 쟁의행위 예방의무 및 노동쟁의의 신속 · 공정한 해결에 노력할 의무와 조정사건의 신속한 처리의무(제49조, 제50조), 노동쟁의의 조정에 있어 공익사업 등의 우선적 취급(제51조), 사적 조정 · 중재(제52조), 조정의 개시와 조정의 신청이 있은 날부터 일반사업에 있어서는 10일, 공익사업에 있어서는 15일 이내에 종료하도록 한 조정기간(제53조, 제54조), 조정위원회의 구성과 운영(제55조~제60조), 조정서의 내용은 단체협약과 동일한 효력을 가진다는 조정의 효력(제61조), 중재의 개시요건(제62조), 중재의 효력과 중재위원회의 구성 및 운영(제63조~제68조), 중재재정 등의 확정 및 중재재정 등의 효력(제69조, 제70조), 공익사업 등의 조정에 관한 특칙(제71조~제75조), 노동부장관은 쟁의행위가 공익사업에 관한 것이거나 그 규모가 크거나 그 성질이 특별한 것으로서 현저히 국민경제를 해하거나 국민의 일상생활을 위태롭게 할 위험이 현존하는 때에는 긴급조정의 결정을 할 수 있다는 긴급조정의 결정(제76조), 긴급조정의 공표일부터 30일간 쟁의행위 금지(제77조) 등의 규정이 있다.

(6) 부당노동행위

근로자가 노동조합에 가입 또는 가입하려고 하였거나 노동조합을 조직하려고 하였거나 기타 노동조합의 업무를 위한 정당한 행위를 한 것을 이유로 그 근로자를 해고하거나 그 근로자에게 불이익을 주는 행위, 근로자가 어느 노동조합에 가입하지 아니할 것 또는 탈퇴할 것을 고용조건으로 하거나 특정한 노동조합의 조합원이 될 것을 고용조건으로 하는 행위, 노동조합의 대표자 또는 노동조합으로부터 위임을 받은 자와의 단체협약체결 기타의 단체교섭을 정당한 이유 없이 거부하거나 해태하는 행위, 근로자가 노동조합을 조직 또는 운영하는 것을 지배하거나 이에 개입하는 행위와 노동조합의 전임자에게 급여를 지원하거나 노동조합의 운영비를 원조하는 행위, 근로자가 정당한 단체행동에 참가한 것을 이유로, 혹은 노동위원회에 대하여 기타 행정관청에 증거를 제공하는 것을 이유로 그 근로자를 해고하거나 그에게 불이익을 주는 행위를 사용자의 부당노동행위로 규정하고(제81조), 사용자의 부당노동행위에 대한 구제절차(제82조~제83조), 구제명령과 구제명령의 확정, 구제명령 등의 효력(제84조~제86조) 등을 규정하고 있다.

(7) 근로시간면제 제도 및 복수노조 허용과 단체교섭 창구단일화

1997년 노동조합 및 노동관계조정법 제정 시 사업 또는 사업장 단위에서 노동조합의 설립의 자유를 보장하고 사용자가 노동조합 전임자에 대한 급여를 지급하는 것을 금지하는 내용을 규정하여 2002년 1월 1일부터 시행하기로 하였다. 그 후 노동조합 및 노동관계조정법을 2차례 더 개정(2001.3.28, 2006.12.30)하여 시행시기를 다시 정함에 따라 2010년 1월 1일부터 관련 제도가 시행될 예정이었다. 그러나 입법적인 보완 없이 2010년 1월 1일부터 시행될 경우 사업 또는 사업장 단위에서 근로조건 통일을 위한 교섭창구 단일화 절차에 대한 효력이 문제되고, 노동조합 전임자에 대한 급여지원을 금지함에 따라 중소규모 노동조합의 활동이 위축될 우려가 있어 이에 사업 또는 사업장 단위의 노동조합 설립 규제를 철폐하면서 교섭창구를 단일화하도록 하여 근로조건의 통일성 확보 및 교섭이 효율적으로 이루어질 수 있도록 하고, 노동조합의 전임자 급여의 사용자 지급 금지 원칙하에 예외적으로 임금의 손실없이 사용자와의 협의 · 교섭, 고충처리, 산업안전 활동 등과 건전한 노사관계 발전을 위한 노동조합의 유지 · 관리업무를 할 수 있도록 함으로써 합리적인 노사관계가 산업현장에 정착되도록 하기 위해 노동조합 및 노동관계조정법의 개정이 불가피하게 되어 2010. 1. 1.부로 법률 제9930호로 개정하였다.

개정법의 주요내용을 살펴보면, 우선 조합원 수 등을 고려하여 근로시간 면제심의위원회가 심의 · 의결한 대로 노동부장관이 고시하는 한도를 초과하지 아니하는 범위에서 근로자는 임금의 손실없이 사용자와의 교섭 · 협의, 고충처리, 산업안전 활동 등 이 법 또는 다른 법률에서 정하는 업무와 건전한 노사관계 발전을 위한 노동조합의 유지 · 관리업무를 할 수 있도록 하고, 이를 위반하여 급여지급을 요구하고 이를 관철할 목적으로 쟁의행위를 하여서는 안 되고(법 제24조 제3항 · 제4항 · 제5항, 제24조의2 신설, 법 제81조 제4호, 제92조), 두 번째로 하나의 사업 또는 사업장에서 2개 이상의 노동조합이 있는 경우에 그 노동조합은 교섭대표노동조합을 정하여 사용자에게 교섭을 요구하도록 하되, 사용자가 교섭창구 단일화를 거치지 아니하기로 동의하는 경우에는 그에 따르도록 하였으며(법 제29조의2 제1항 신설), 노동조합 간 자율적으로 교섭대표 노동조합을 정하고, 안될 경우 교섭창구 단일화 절차에 참여한 노동조합의 전체 조합원 과반수로 조직된 노동조합이 있는 경우에는 그 노동조합이, 없는 경우에는 공동교섭대표단이 교섭대표 노동조합이 되도록 하며, 교섭대표 노동조합에게 당사자의 지위를 부여하고(법 제29조의2 제2항부터 제8항까지, 제29조의5, 제41조 후단, 제42조의6 제1항 신설), 교섭단위는 하나의 사업 또는 사업장으로 하되, 현격한 근로조건의 차이, 고용형태, 교섭 관행 등을 고려하여 노동위원회 결정으로 교섭단위를 분리할 수 있도록 하였다(법 제29조의3 신설).

또한 교섭대표 노동조합이 아닌 노동조합과 조합원에 대한 불합리한 차별을 방지하기 위하여 교섭대표 노동조합과 사용자에게 공정대표 의무를 부과하고, 이를 위반할 경우 노동위원회를 통하여 구제를 받을 수 있도록 구제절차를 두었다(법 제29조의4 신설, 법 제89조 제2호).

2.2 근로자 참여 및 협력증진에 관한법

노동조합 및 노동관계조정법이 노사관계를 대립적 관계로 보는 전제하에 제정된 법률이라면 근로자 참여 및 협력증진에 관한 법률은 근로관계 당사자인 노사가 협력적 관계임을 전제로 하여 제정된 법률로서 근로자와 사용자 쌍방이 참여와 협력을 통하여 노사공동의 이익을 증진함으로써 산업평화를 도모하고 국민경제발전에 이바지함을 목적으로 하는 법률이다. 따라서 근로자 참여 및 협력증진에 관한 법률은 노사협의회를 근로조건의 결정권이 있는 사업 또는 사업장 단위로 설치하도록 하고(제4조), 노사협의회의 구성과 운영(제6조에서 제18조까지), 노사협의회의 임무로 협의사항과 의결사항, 보고사항(제20조에서 제22조까지), 사업장에서 근로자의 고충을 청취하고 이를 처리하는 고충처리위원의 임명과 처리절차(제26조에서 제28조까지) 등을 규정한다(2010. 6. 4 개정).

2.3 노동위원회법

이 법은 노동관계에 있어서 판정 및 조정업무의 신속 · 공정한 수행을 위하여 노사와 공익을 대표하는 위원들로 구성된 노동위원회를 설치하고 그 운영에 관한 사항을 규정함으로써 노동관계의 안정과 발전에 이바지함을 목적으로 제정된 법률이다(2007. 5. 17 개정).

원래 노사관계의 분쟁해결도 일반법원의 재판제도에 의존하고 있었으나, 노사관계의 집단적 · 계속적 특수성으로 인하여 생기는 문제를 처리하는 데 부적합한 경우가 많아 이를 보완하기 위하여 노동위원회제도가 등장하게 되었다. 독일 · 영국 등에는 전문적인 노동법원이 설치되어 있는데, 한국의 헌법상으로도 하급심으로 노동법원을 둘 수 있다. 노동위원회는 1953년 노동위원회법의 제정으로 설치된 노동분쟁처리기관이다. 현행 노동분쟁처리 제도를 개관하면, 개별적 권리분쟁은 근로조건위반으로 인한 손해배상청구, 부당해고에 대한 구제신청 등 일부 특수한 경우만 노동위원회가 담당하고, 그 밖의 권리분쟁은 민사재판절차에 의한다. 집단적 권리분쟁 역시 민사재판의 대상이 되기도 하고, 노동위원회의 행정적 심판대상(노동3권 침해와 관련된 부당노동행위)이 되기도 하며, 집단적 이익분쟁은 노동조합 및 노동관계조정법상 조정 · 중재의 대상으로서 노동위원회가 전속적으로 담당하고 있다. 또한 기간제 및 단시간근로자 보호 등에 관한 법률이 제정되고 파견근로자 보호 등에 관한 법률이 개정되어 기간제근로자, 단시간근로자 및 파견근로자에 대한 합리적인 이유 없는 차별에 대하여 노동위원회에 시정신청을 할 수 있게 됨에 따라 노동위원회의 부문별위원회로서 차별시정위원회를 신설하여 차별시정과 관련된 사항을 처리하고 있다.

노동위원회는 중앙노동위원회 · 지방노동위원회 및 특별노동위원회로 구분된다. 중앙노동위원회 및 지방노동위원회는 노동부장관 소속하에, 특별노동위원회는 특정사항의 처리를 위하여 필요한 경우 관할 중앙행정기관의 장 소속하에 두며, 지방노동위원회의 명칭 · 위치 및 관할구역은 대통령령으로 정한다(제2조). 노동위원회는 근로자를 대표하는 근로자위원과 사용자를 대표하는 사용자위원 및 공익을 대표하는 공익위원으로 구성하고(제6조①), 중앙노동위원회의 경우에는 대통령이, 지방노동위원회의 경우에는 중앙노동위원회위원장이 위촉하며, 공익위원인 경우 전문성을 확보하기 위하여 심판사건을 담당하는 심판담당공익위원과 조정사건을 담당하는 조정담당공익위원으로 구분하여 각각 위촉 한다(제6조). 그 외에 노동위원회의 회의, 권한, 보칙, 벌칙 등 전문 6장 32조와 부칙으로 구성되어 있다(2010. 6. 4 개정).

Hot Issues in IR

노조전임자 · 복수노조법 개정의 배경과 주요 내용

노동부(2010.1)

I. 법 개정의 의의

□ **노사정 합의를 기반으로 13년간 미루어 온 노동현안을 해결**

- 「12.4 노사정 합의」를 기반으로 노동계 · 경영계 및 정치권의 입장을 일정부분 모두 반영하여 전임자 · 복수노조 제도 개선
  - · 노사관계의 기본원칙을 유지하면서 노사자율을 최대한 보장하도록 개정안을 마련

    * time-off 운영방안, 창구단일화 방법 · 절차, 공정대표 의무, 교섭단위 등 구체적 시행방안과 시기까지 규정

□ **효과적인 법시행 연착륙 방안 마련**

- 근로시간 면제제도 도입 및 근로시간면제심의위원회 운영 ⇒ 객관적 · 합리적 수준의 노조활동 보장
- 교섭창구 단일화 및 공정대표 의무제도 ⇒ 교섭상 혼란 및 소수노조 차별 방지
- 근로시간 면제제도와 복수노조 제도의 순차적 시행 ⇒ 현장의 혼란 방지 및 제도의 연착륙 도모

□ **"경쟁과 책임"의 성숙된 노사관계로 진일보하는 轉機 마련**

- 그간의 불합리한 전임자 급여지급 관행이 개선되어, 올바른 노사관계 법 질서 확립 예상
- 노조 설립의 자유를 보장, 노조 간 건전한 경쟁관계가 조성되어, 노조의 서비스 기능 강화 등 조합원 중심의 노조활동 기대
- 기업 경영의 투명성과 효율성도 한층 제고될 것으로 전망

II. 법 개정 세부내용

1. 전임자 급여지급 금지 관련

가. 근로시간 면제제도 확립

□ **개정배경**

- 우리나라의 경우 전임자 급여는 당연히 사용자가 지급해야 한다는 불합리한 관행이 형성되어 있고, 유예기간 중 노사 자율로 전임자 수를 축소토록 하였으나, 13년간 개선되지 않고 오히려 전임자 수가 계속 증가

  * 전임자 1명당 평균 조합원수 : 183.4명('93년) → 154.5('05년) →149.2명('08년)
  - · 또한, 신설노조의 경우 전임자 인정 및 노조사무실 제공을 한결같이 요구하고 있으며, 노사분규의 원인으로 작용

*'09년 12월말 현재 전체 분규건수 121건 중 전임자 관련 분규건수는 24건으로 19.8%를 차지

· 건전한 노조활동을 보장하면서 잘못된 전임자 관행을 개선하기위해 근로시간 면제 제도를 확립

□ **개정내용**

- 노조 일만 하는 전임자는 단협이나 사용자가 동의할 경우 인정 가능
  · 그러나 임금은 반드시 노조 스스로 부담하여야 함
  · 사용자가 전임자 급여를 부담할 경우 부당노동행위로 처벌함
- 사용자의 전임자 급여지급 금지에도 불구하고 단체협약 또는 사용자 동의가 있는 경우 다음 활동과 업무는 근로시간 면제(time-off) 방식을 통해 유급 처리 허용(제24조 제4항)
  · 교섭 · 협의, 고충처리, 산업안전 등 노사공동의 이해관계에 속하는 활동
  · 건전한 노사관계발전을 위한 노동조합의 유지 · 관리업무를 할 경우
- 근로시간 면제한도는 사업장별 전체 조합원수 규모를 고려하여 근로시간 면제심의위원회가 결정하는 바에 따라 노동부장관이 고시하게 됨
- 한편, 사용자는 전임자의 정당한 노동조합 활동을 제한하여서는 아니됨(제24조 3항)
  · 전임활동을 이유로 불이익을 주는 행위는 부당노동행위에 해당(법 제81조 제1호)

나. 전임자 급여 및 time-off상한 초과 요구 쟁의행위 처벌

□ **개정배경**

- 전임자는 전임기간 동안 사용자로부터 어떠한 급여도 지급받아서도 안 되고, 조합활동은 근로시간면제 범위한도 내에서 행하여야 함
  · 그러나 노조가 사용자의 의사에 관계없이 파업 등 실력행사를 통해 전임자 급여지급을 요구하거나 time-off한도를 초과하여 급여를 지급받고자 하는 것에 대한 제재가 필요

□ **개정내용**

- 노동조합은 전임자에 대한 급여지급 및 근로시간 면제 한도를 초과한 조합활동을 요구하고 이를 관철할 목적으로 쟁의행위를 하여서는 아니됨(법 제24조 5항)
  · 이를 위반한 자는 1천만원 이하의 벌금에 처함(제92조 1호)
- 이때 전임자 급여지급요구가 파업 목적 중 하나이면 되고, 반드시 주된 목적이어야 하는 것은 아님

다. 근로시간 면제 심의위원회 설치

□ **개정배경**

- 근로시간 면제한도는 이해당사자 뿐만 아니라 공익위원이 참여, 논의하여 결정하는 것이 합리적

□ **개정내용**

- 근로시간 면제심의위원회는 노동계와 경영계가 추천하는 위원 각 5명, 정부가 추천하는 공익위원 5명으로 구성(제24조의2 제3항)
- 근로시간면제 한도는 위원회가 심의 · 의결한 바에 따라 노동부장관이 고시하되, 3년마다 그 적정성 여부를 재심의하여 결정할 수 있음(제24조의2 제2항)
- 근로시간면제심의위원회는 최초로 시행될 근로시간 면제 한도는 '10.4.30까지 심의 · 의결하여야 함(부칙 제2조 1항)
  - · 위 기한 내에 심의 · 의결하지 못한 때에는 국회의 의견을 들어 공익위원만으로 심의 · 의결할 수 있음(부칙 제2조 2항)

라. 단체협약 경과조치

□ **개정배경**

- 전임자 급여지급을 금지하는 개정법을 시행하더라도 노사자율 협약을 존중하고, 산업현장의 노사갈등을 방지하고 제도 연착륙을 위하여는 개정법 시행일(2010.1.1) 이전에 이미 체결되어 있는 단체협약의 효력을 일정기간 유지토록 할 필요

□ **개정내용**

- 부칙 제3조는 해당 단체협약의 본래 유효기간을 기준으로 그 적용여부를 판단해야 하며
  - · 단체협약 개시 일을 소급적용하거나, 여후 효, 자동연장 규정 등으로 단체협약 유효기간을 연장하는 경우에는 적용되지 않음

2. 복수노조 교섭창구 단일화 관련

□ **개정 배경**

- 1997년 「노동조합 및 노동관계조정법」 제정 시 사업 또는 사업장 단위에서 노동조합 설립의 자유를 보장하면서 같은 법 부칙 제5조 제3항에서 교섭창구 단일화를 위한 단체교섭의 방법 · 절차 등을 강구하도록 한 바 있음
- 사업장 단위에서 복수노조와의 교섭절차를 따로 정하지 않고 노사자율에 맡겨 둘 경우 단일화 여부를 둘러싼 노사갈등, 복수노조와의 중복 교섭에 따른 근로조건 통일성 원칙 훼손, 노동조합 간 과도한 경쟁 및 분열 등이 예상됨
- 따라서, 사업 또는 사업장 단위의 노동조합 설립 규제는 철폐하되, 교섭창구 단일화를 통해 복수노조 설립에 따라 발생할 수 있는 노사관계의 불안 요인을 최소화할 필요

* 외국에서의 교섭방식은 각 국가별로 차이가 있으나, 1사 1교섭을 통해 하나의 단체협약을 적용하는 것이 보편적임. 미국, 캐나다, 영국 등에서도 교섭창구를 단일화하고 있음

* ILO는 교섭대표 노조 선정에 있어 조합원의 의사를 반영하고 민주적 절차를 보장한다면, 교섭창구를 단일화 하더

라도 결사의 자유를 침해하지 않는다는 입장임

【ILO 입장】

- ILO는 배타적 교섭제에 대해 ① 독립기구에 의한 인준, ② 교섭단위내 과반수 투표로 대표조직 선출, ③ 투표의 과반수가 안된 노조에게 소정의 기간 경과후 새로운 투표 요구권 인정, ④ 일정기간 경과 후 인준된 노조 이외 노조의 투표실시 요구권 인정
- 한 기업에서 복수의 노조와 별도의 협상을 하는 것은 불합리하며, 노조 상호간 협의에 의한 합동 협상단을 통해 협상토록 하는 것은 가능

□ **개정 내용**

가. 사업(장) 단위 노조 설립의 자유 보장 및 교섭창구단일화

- '11.7.1부터 사업 또는 사업장 단위에서 근로자는 자유롭게 노동조합을 설립하거나 가입할 수 있으며 이 경우 교섭대표노동조합을 정하여 사용자와 교섭하여야 함
- ' 11.6.30까지는 기존 노동조합이 있는 경우 조직형태와 관계없이 그 노동조합과 조직대상을 같이 하는 새로운 노동조합의 설립은 금지되고, 행정관청은 설립하고자 하는 노동조합이 복수노조 금지에 해당하는 경우에는 설립신고서를 반려하여야 함
  - · 기존 『복수노조설립 · 단체교섭 관련지도 및 사건처리 방향(노사관계법제팀-4130, '07.12.28)』에 따라 처리

나. 교섭창구단일화의 원칙 및 예외적 허용

- 사용자와 교섭하고자 하는 노동조합에게 사업(장)에서 교섭대표노조를 정하여 교섭을 요구할 의무 부과(제29조의2 제1항)
  - · 하나의 사업(장) 내에 조직되어 있는 노조는 원칙적으로 조직대상의 중복 · 조직형태에 관계없이 교섭단일화(1社1交涉)
- 다만, 일정기한(자율적 교섭대표노조 결정기한)내에 사용자가 동의한 경우에는 노조별 개별교섭이 가능토록 허용(제1항)

  * 해당기간 내에 사용자의 명시적 동의가 없으면 과반수 대표노조가 교섭권을 갖는 다음단계로 자동 전환
  * 자율적 교섭대표노조 결정 기한은 시행령에서 정할 예정

다. 교섭대표노동조합의 결정

(1) 교섭창구 단일화 절차 참여 노조 확정

- 특정 노조의 교섭요구가 있을 때부터 사업장내 모든 노조가 참여하는 교섭창구 단일화 절차가 개시 되도록 함
  - · 교섭요구개시 시점, 특정 노조의 교섭요구 사실을 타 노조에 통지하는 방식 등 구체적인 내용은 시행령으로 정할 것임

* 대통령령으로 위임한 사항 : 노조의 교섭요구 · 참여방법, 교섭대표노조의 대표기간 등 교섭창구 단일화 절차 등

⇒ 단체협약 만료일 이전 일정기한 (예:3개월)내에 교섭을 요구할 수 있도록 하고, 교섭요구 사실을 사용자가 공고하여 다른 노조에게 교섭참여 기회를 부여한 후 교섭창구 단일화 절차 참여 노조를 확정토록 할 예정

(2) 자율적 교섭대표노조 결정

- 노조 간 자율결정의 기회를 부여하여 위헌 소지를 최소화하고, 사업장 특성을 반영하여 교섭대표노조를 선정할 수 있도록 대통령령으로 정하는 기한까지는 합의로 자율적으로 교섭대표노조를 정할 수 있도록 함(제29조의2 제2항)
- 교섭대표노조 결정사실 등을 명확히 하기 위해 모든 노조가 서명 또는 날인하고 대표자 등을 선정하여 사용자에게 통지하는 것이 바람직

(3) 과반수 노동조합의 교섭대표 노조 지위 인정

- 과반수 노조에게 교섭대표 노조 지위 인정
  - · 일정기간 내에 사용자의 자율교섭에 대한 동의가 없고, 노조 간 자율적 단일화에 실패한 경우 '과반수 노조'에게 교섭대표권 부여(제29조의2 제3항)
  - · 과반수 노조가 없더라도 2개 이상의 노동조합이 위임 또는 연합 등의 방법으로 과반수가 되는 경우에도 과반수노조로 인정, 교섭대표 노조의 지위를 인정

  * (위임의 경우)100인 규모의 사업장에서 A노조 40명, B노조 30명, C노조 20명인 경우 과반수노조가 없으나, C노조가 A노조에 교섭권을 위임할 경우 A노조와 C노조의 연합체의 조합원은 60명으로 전체 조합원 90명의 과반수가 되므로 A노조를 교섭대표노조로 인정
  * (연합의 경우)100인 규모의 사업장에서 A노조 40명, B노조 30명, C노조 20명인 경우 과반수 노조가 없으나, A노조와 B노조가 연합할 경우 A노조와 B노조 연합체의 조합원은 70명으로 과반수가 되므로 A노조와 B노조의 연합체를 교섭대표 노조로 인정

- 과반수 여부에 대한 이의제기
  - · 과반수 여부에 대한 이의가 있는 경우 대통령령에서 정하는 바에 따라 노동위원회에 조합원 수 확인 등을 요청하고, 노동위원회에서 관련 자료를 토대로 조합원 수를 조사 · 확인한 후 과반수 노조가 있는 경우 그 노조를 교섭대표 노조로 결정
  - · 조합원 수는 노동위원회가 조합원 명부, 근로자 명부, 체크오프, 조합비 납부 실적 등을 제출받아 확인

  * 2개 이상의 노조에 가입한 조합원에 대한 처리방법, 조합원수 확인방법에 대한 구체적인 방법은 시행령에서 규정

(4) 과반수가 없는 경우의 공동교섭대표단 구성

- 노조 간 자율적으로 공동교섭대표단 구성
  - · 공동교섭대표단에 참여할 수 있는 노조는 교섭창구 단일화에 참여한 모든 노조가 아니라 교섭창구 단일화 절차에 참여한 노조의 전체 조합원 중에서 차지하는 조합원이 100분의 10 이상인 노동조합으로 제한
  - · 공동교섭대표단 구성(교섭위원 수, 공동교섭대표단 대표자 등)은 노조간 자율적으로 결정

- 노동위원회의 공동교섭대표단 결정
  - · 노조 간 자율적으로 공동교섭대표단을 결정하지 못할 경우에는 해당 노동조합의 신청에 의해 노동위원회가 조합원 비율을 고려하여 공동교섭대표단을 결정
  - · 교섭위원 수, 대표자, 등 공동교섭대표단 구성과 관련한 사항은 대통령령에서 정할 예정

(5) 노동위원회 결정에 대한 불복 및 확정

- 노조의 교섭요구 사실, 조합원 수에 대하여 이의가 있거나, 노동위원회의 공동교섭대표단 결정에 대해 이의가 있는 경우 대통령령으로 정하는 바에 따라 이의 제기 가능

  * 이의제기 기한, 이의제기방법, 노동위원회 업무처리절차 등은 대통령령으로 정할 예정임

- 노동위원회 결정에 대한 불복절차 및 효력은 중재의 불복절차 및 효력에 관한 규정(제69조 및 제70조 제2항)을 준용
  - · 노동위원회 결정이 위법 · 월권인 경우에 한해 이의제기를 할 수 있고
  - · 중앙노동위원회에의 재심신청이나 행정소송의 제기에 의해 그 효력이 정지되지 않음

라. 노동위원회의 교섭단위 분리 결정

(1) 교섭단위의 의의

- 교섭단위란 교섭대표노동조합을 결정하여야 하는 단위로서, 하나의 사업 또는 사업장을 원칙으로 하고, 산별노조 · 직종별 노조(지부 · 분회) 등 조직형태에 관계없이 모든 노조를 단일화 대상에 포함
- 다만, 교섭단위를 분리할 필요가 있는 경우 노동위원회 결정으로 교섭단위 분리 인정하되, 현격한 근로조건의 차이, 고용형태, 교섭 관행 등을 종합적으로 고려하여 교섭단위 분리 여부 결정
- 노동위원회의 교섭단위 분리결정시 각 교섭단위 내에서 교섭창구 단일화 절차에 따라 교섭대표노조를 결정

(2) 교섭단위 분리 신청권자

- 노동관계 당사자의 양쪽 또는 어느 당사자가 신청할 수 있으므로 노동조합 뿐만 아니라 사용자도 교섭단위 분리 신청 가능

(3) 이의제기

- 노동위원회의 교섭단위 결정에 대한 불복 절차 및 효력은 중재재정의 불복 절차 및 효력에 관한 규정(제69조, 제70조 제2항)을 준용
  - · 노동위원회 결정이 위법 · 월권인 경우에 한해 이의제기를 할 수 있고
  - · 중앙노동위원회에의 재심신청이나 행정소송의 제기에 의해 그 효력이 정지되지 않음

마. 교섭대표노동조합 및 사용자의 공정대표의무

- 공정대표의무란 교섭단위 내 관련된 노동조합과 조합원 이익을 합리적 이유없이 차별하지 말고 공정하게 대표할 의무임
  - · 공정대표의무는 교섭과정 시 중요하므로 교섭하기 전 또는 교섭과정에서 소수노조의 의견을 청취하

여야 함

- 교섭대표노조는 근로조건 등 규범적 부분뿐만 아니라 채무적 부분을 모두 교섭하고 이에 대한 공정대표의무 부담

  * 채무적 부분에 대해 개별노조의 독자적 교섭권을 인정하는 경우 교섭상의 혼란 · 이중교섭의 부담 등 창구 단일화 취지와 배치

- 공정대표 의무를 위반할 경우 시정요구의 주체는 노동조합으로 한정되며
  - · 개별조합원은 해당 노조를 통해 그 위반을 시정할 수 있음
- 공정대표 의무 개념상 교섭대표노조가 공정대표의무를 부담
  - · 그러나, 교섭은 상대방이 있는 것이므로 사용자에게도 공정대표의무(공정성유지의무)를 부과
- 교섭대표노조는 공정대표의무의 내용으로 교섭 및 단체협약을 불편부당하게 체결하지 않을 의무를 부담
  - · 그 외 고충처리, 단체협약의 적용, 조합활동 등에 있어서도 합리적 이유 없이 차별해서는 안됨
  - · 따라서, 단체협약 뿐만 아니라 고충처리, 단체협약의 적용 등 모든 조합활동에 있어서 공정대표의무를 부담하여야 함

    * 다만, 합리적 이유가 있는 차별인 경우에는 그 효력을 인정

바. 공정대표 의무위반에 대한 구제 절차 등

- 불공정한 교섭과 협약 체결로 인한 권리 침해 뿐 아니라 합리적 이유 없이 차별을 받은 경우 등 공정대표 의무위반에 대해 노동조합은 노동위원회에 그 구제를 신청할 수 있음
  - · 다만, 분쟁상태를 조속히 해결하기 위하여 차별이 발생한 날 또는 단체협약 체결일부터 3개월 이내에 신청하여야 함
- 노동위원회는 공정대표의무에 위반된다고 인정하는 경우 관계 당사자에게 불합리한 차별을 시정하는데 필요한 조치를 명할 수 있고
  - · 구제명령 불복에 대해서는 부당노동행위 구제명령에 대한 불복절차 및 벌칙규정(제85조, 제86조, 제89조 제2호) 준용

사. 교섭대표노동조합의 지위 보장

(1) 교섭대표노동조합에게 당사자의 지위 부여

- 교섭대표노조의 대표자가 전체 노조 및 조합원을 위해 사용자와 교섭하고 단체협약을 체결할 권한을 가짐
  - · 즉, 교섭대표노조의 대표자가 서명 또는 날인함으로써 단체협약이 체결됨
- 또한, 교섭대표노조에게 당사자의 지위를 부여한 이상 교섭 · 쟁의 등은 교섭대표노조를 중심으로 이루어지도록 함

  * 제2조제5호 : 노동관계 당사자 정의
  * 제29조제3항 · 제4항 : 교섭권 위임 관련
  * 제30조 : 교섭 등의 원칙(성실교섭 등)

* 제37조제2항 : 노조가 쟁의행위 주도
* 제38조제3 : 노조의 쟁의행위 적법수행 지도의무
* 제42조의6 : 필수유지업무 근무 근로자 통보 주체
* 제44조제2항 : 쟁의기간 중 임금지급 목적 쟁의행위 금지
* 제46조제1항 : 노조의 쟁의행위 개시 이후 직장폐쇄 가능
* 제55조제3항 : 조정위원회 구성시 사용자위원에 대한 노조 추천권
* 제72조제3항 : 특별조정위원회 구성시 노조 참여권
* 제81조제3호 : 정당한 이유없는 교섭거부 관련 부당노동행위 구제신청 제기권

(2) 쟁의행위 찬반 투표 시 참여하는 조합원 및 정족수 산정방법

- 교섭창구 단일화에 참여한 전체 조합원의 과반수 찬성으로 의결하여야 함
- 교섭대표노조가 협약당사자이며, 교섭대표 선정 등에 참여한 각 노조는 독자적인 교섭권과 협약체결권을 갖는 것이 아니므로 쟁의행위 찬반투표는 전체 조합원 과반수의 찬성으로 결의하여야 함

(3) 필수유지업무 협정 · 결정 및 필수유지업무 근무 근로자 지정

- 교섭대표노조가 필수유지업무 협정을 체결하거나 노동위원회 결정을 받도록 하고, 필수유지업무에 종사하는 근로자가 소속된 노동조합이 2개 이상 있는 경우에는 각 노동조합의 해당 필수유지업무에 종사하는 조합원 비율을 고려하여 필수유지업무 근무 근로자를 통지하거나 지명하도록 함

◈ 연습문제

1. 연봉제 적용 근로자의 연장근로수당과 퇴직금 신청방법에 대해 생각해보시오.
2. 현재의 최저임금제도에 대한 노사의 입장 차이를 평가하고 그 개선방안에 대해 토의해보시오.
3. 파견근로자 보호법에 대한 노사 간의 쟁점에 대해 평가하고 파견근로에 대한 세계적인 추세변화에 기초하여 그 개선방안을 제시해보시오.
4. 노동위원회의 차별시정위원회 구성과 운영방식에 대해 설명해보시오.
5. 비정규직 보호법의 주요 내용을 설명하고 노사 간의 쟁점에 대해 평가해보시오.
6. 필수공익사업의 직권중재제도의 폐지와 필수유지업무 제도의 내용을 설명하고 제도도입에 따른 과제에 대해 토의해보시오.
7. 대체근로허용제도에 대한 노사 간의 쟁점에 대해 토의해보시오.
8. 대체근로허용제도에 대한 노사간의 쟁점에 대해 토의해보시오.
9. 노조 측은 유급근로시간면제(time-off) 제도가 노동조합 활동을 위축시킬 것이라며 법 개정을 주장하고 있다. 이 주장에 동의 혹은 동의하지 않는가? 그 이유는?
10. 노조 측에서는 교섭창구단일화 법이 소수 노조의 노동3권을 현저하게 침해한다며 이 법의 개정을 주장하고 있다. 이 주장에 동의 혹은 동의하지 않는가? 그 이유는?

각 주

제1장 노사관계의 성립과 접근방법

1) 노동문제의 성립과 전개에 대해서는 조용범 편(1983), 노동경제학, 불빛, pp.49~85에서 자본주의의 전개과정에 따른 노동문제의 성립과 전개를 상세히 다루고 있다.
2) 박현채(1985), "노동문제를 보는 시각," 박현채 · 김형기 외, 한국자본주의와 노동문제, 돌베개, p.13.
3) 위의 책, pp.13~14.
4) 위의 책, pp.16~19.
5) 이는 노동자계급의 자주적 운동과 저항의식이 아직 낮고 동시에 근대적인 노동보호법은 아직 제정되지 못했던 산업혁명기 및 그 직후에 나타난 특유의 노동관계로서, 자본이 아무런 구속도 없이 저임금 장시간 노동을 통해 노동자를 무한정 착취한 노동관계를 말한다.
6) 조용범, 앞의 책, p.16.
7) 中條 毅(1985), 노사관계의 사적과제, 중앙경제사, p.34.
8) 이 말은 노동조합이 없는 곳에서는 노사관계도 성립하지 않는다는 뜻은 결코 아니다. 노동조합 이외의 다른 노동자집단(예를 들면, 독일의 사업소종업원회 등)이 노동조합과 유사한 기능을 수행할 수 있다면 거기서도 노사관계는 성립한다.
9) 白井泰四朗(1983), 노사관계론, 일본노동협회, pp.4~5.
10) 關口功 외(1981), 노사관계론 강의, 청림서원신사, p.21.
11) Fox, A.(1966), "Industrial Sociology and industrial Relations," *Royal commission Research Paper*, No.3, HMSO, p.2.
12) Farnham, D. and Pimlott, J.(1988), *Understanding Industrial Relations*, 3rd ed., Cassell, p.4.
13) Fox, A.(1973), "Industrial Relations: A social critique of pluralist ideology," in Child, J.(ed.), *Man and Organization*, allen & Unwin, p.89.
14) Farnham, D. and Pimlott, J. *op.cit.*, p.5.
15) Fox, A(1973), *op.cit.*, p.188.
16) Fox, A.(1966), *op.cit.*, p.4.
17) Maitland, I.(1980), "Disorder in the British workplace: the limits ofconsensus," *British Journal of Industrial Relations*, Vol. XWII, p.361.
18) Fox, A.(1966), *op.cit.*, p.2.
19) Fox, A.(1974), *Man Mismanagment*, Hutchlnson, p.10.
20) Fox, A.(1973), *op.cit.*, p.193.
21) Kornhauser, A., Dubin, R. and Ross, A.M.(ed.), *Industrial Conflict*, McGraw-Hill, p.13.
22) Fox, A.(1966), *op.cit.*, p.4.
23) *Loc. cit.*
24) Fox, A.(1973), *op.cit.*, pp.195~196.

25) *Ibid.*, p.196.
26) *Ibid.*, p.199.
27) Clegg, H.A.(1975), "Pluralism in industrial relations," *British Journal of Industrial Relations*, Vol. XIII, p.309.
28) Fox, A.(1966), *op.cit.*, p.4.
29) Fox, A.(1973), *op.cif.*, p.193.
30) Fox, A.(1966), *op.cit.*, p.7.
31) *Ibid.*, pp.7~8.
32) Hyman, R.(1975), *Industrial Relations: A Marxist Introduction*, Macmillan, p.19.
33) Marchington, M.(1982), *Managing Industrial Relations*, McGraw–Hill, p.47.
34) Fox, A.(1973), *op.cit.*, p.210.
35) Marchington, M., *op.cit.*, p.48.
36) Clegg, H.A., *op.cit.*, p.24.
37) Hyman, R., *op.cit.*, p.24.
38) *Loc.* cit.
39) Margerison, C.J.(1969), "What do we mean by industrial relatlons? A behavloral approach," *British Journal of Industrial Relations*, Vol.VII, No.2, p.273.
40) Barbash, J.(1980), "Collective baragining and the theory of conflict," *British Journal of Industrial Relations*, Vol.XVIII, p.86.
41) *Ibid.*, p.87.
42) Fox, A.(1971), *A Sociology of Work in Industry*, Collier Macmillan, p.28.
43) Barbash, J., *op.cit.*, p.88.
44) Salamon, M., *op.cit.*, p.34.
45) Laffer, K.(1973), "Is industrial relations an academic discipllne?," *Australian Journal of Industrial Relations*, p.72.
46) Flanders, A.(1968), "Collective bargaining: A theoretical analysis," *British Journal of Industrial Relations*, Vol.VI, pp.1~26.
47) Lumley, R.(1979), "A modified rules approach to workplace industrial relations," *Industrial Relations Journal*, Vol.10, No.3, p.49.
48) Flanders, A.(1965), *Trade Unionism under Collective Bargaining*, Blackwell, p.10.
49) Clegg, H.A.(1976), *Trade Unionism under Collective Bargaining*, Blackwell, p.10.
50) Bain,G.S., and Clegg, H.(1974), "Strategy for industrial relations researchIn Great Britain," *British Journal of Industrial Relations*, Vol.VII, p.95.
51) Lumley, R., *op.cit.*, p.49.
52) Goodman, J.F.B. et al.(1975), "Rules in industrial relations theory: a discus–sion," *Industrial Relations*

Journal, vol.6, No.1, pp.14~30.

53) Salamon,M., *op.cit.*, p.36.

54) 노사관계시스템론에 대한 자세한 논의는 정재훈(1988), 노사관계의 이해, 대영문화사, pp.85 ~122를 참조할 것.

55) Dunlop, J.T.(1958), *Industrial Relations System*, Holt, pp.vi & ix.

56) Wood, S.J. et al.(1975), "The 'industrial relations system' concept as a basls for theory in industrial relations," *British Journal of Industrial Relations*, Vol.XIII, p.293.

57) 정재훈, 앞의 책, pp.101~119.

58) Banks, J.A.(1974), *Trade Unionism*, collier Macmillan.

59) Jackson, M.(1982), *Industrial Relations*, 2nd ed., Croom Helm, p.20.

60) Hyman, R., *op.cit.*, p.11.

61) Jackson, M., *op.cit.*, p.22.

62) Schienstock, G.(1983), "Towards a theory of industrial relations," *Brittsh Journal of Industrial Relations*, Vol.XX, p.104.

63) Eldrldge, J.E.T.(1968), *Industrial Disputes*, Routledge & Kegan Paul, p.22.

64) Winchester, D.(1983), "Industrial relations research in Britain," *British Journal of Industrial Relations*, Vol.XX, p.104.

65) Wood, S.(1978/1979), "Ideology In industrial relations theory," *Industrial Relations Journal*, Vol.9, No.4, p.45.

66) Wood, S. et al., *op.cit.*, pp.291~305.

67) Weber, M.(1896), Economy and Society, Vol.1, Bedminster press, p.4. in Farnham, D. and Pimlott, J., *op.cit.*, p.11.

68) Silverman, D.(1970), *The Theory of Organizations*, Heinemann, p.141.

69) Kirkbride, P.(1977), "Industrial relations theory and research," *Management decision*, Vol.17, No.4, p.333.

70) Silverman, D., *op.cit.*, p.137.

71) *Ibid.*, p.142.

72) Hyman, R.(1972), *Strikes*, 2nd ed., Fontana, p.72.

73) 이원덕(1995), 고능률생산체제와 신노사관계, 한국노동연구원, pp.10~23.

74) 위의 책, pp.58~66.

75) Kochan, T.A., Katz, H.C. and Mckersie, R.B.(1986), *The Transformation of American Industrial Relations*, Basic Books, pp.11~20.

76) Mills, D. Quinn and McCormick, Janice(1985), *Industrial Relations In Transition: Cases and Text*, John Wiley & Sons, Ch.1.

77) Farnham, D. and pimlott, J., *op.cit.*, p.167.

78) Clegg, H.A.(1975), *op.cit.*, p.316.

● 제2장 신경제의 대두와 노사관계의 새로운 전개

1) 정재훈(1995), 조정이론의 관점에서 본 일본적 노사관계의 특성, 노사관계연구, 서울대 노사관계연구소.
2) Boyer, R.(1989), レギュラシオン理論, 신평론.
3) 山田鋭夫(1991), レギュラシオン・アプロ・チ, 등원서점.
4) Boyer, R.(1989), *op. cit.*
5) Lipietz, A.(1990), 電氣ある選擇, 등원서점.
6) Boyer, R.(1989), *op. cit.*
7) Lipietz, A.(1990), *op. cit.*
8) 山田鋭夫(1991), 앞의 책.
9) Boyer, R.(1989), *op. cit.*
10) Lipietz, A.(1990), *op. cit.*
11) 坂本 清(1992), 日本的生産システム論の國際展開, 稲村 毅・仲田正機 편, 전환기의 경영학, 제11장, 중앙경제사.
12) 이하의 논의는 신봉호・조우현 외(2005), 이제는 사람이 경쟁력이다. pp.102~147 참조.
13) *Harvard Business Review*(1998), 위의 책, p.121.
14) Dertouzos et al.(1989), *Made in America: Reagining the productive Edge*, The MIT Press.
15) Womack, J.P. et al.(1990), *The Machine that Changed the World*, Rawson Associates.
16) *Ibid.*, p.98.
17) Hammer, M.(1990), *Reengineering the Corporation: A Manifesto for Business Revolution* , 안중호 옮김(1993), 리엔지니어링 기업혁명, 김영사.
18) Barker, J.R.(1993), "Tightening the Iron Cage: Convertive Control in Self-managed Organizations," *Administrative Science Quarterly*, Vol.38, pp.408~437.
19) 신유근(2005), 인간존중경영: 조직행위론적 접근, 다산출판사.
20) Pfeffer, J.(1998), *The Human Equation: Building Profits by Putting People First* , Harvard Business School Press; Preffer, J.(1994), *Competitive Advantage Through People: Unleashing the Power of the Work Force, Achieve Extraordinary Results With Ordinary People*, Harvard Business School Press.
21) *Ibid.*
22) 노동생산성 증가를 구하는 방법은 간단하다. 총산출량을 Y라 하고 총노동시간을 H로 표시하면, Y를 H로 나누면 시간당 노동생산성 즉 노동생산성이 된다. 이를 y로 표시하자. 즉 y=Y/H이다. 노동생산성이 시간이 지남에 따라 어떻게 증가하는지는 다음과 같이 표시 할 수 있다. 노동생산성(y)의 증가=총산출(Y)의 증가-노동시간(H)의 증가. 이 식에 의해 총산출과 노동시간에 대한 자료가 있으면 노동생산성 증가를 계산할 수 있다.
23) Solow, R.M.(1956), "A Contribution to the Theory of Economic Growth, " *Quarterly Journal of*

Economics, 70, No.1, Feb., pp.56~94; Solow, R.M.(1957), "Technical Change and the Aggregate production Function," *Review of Economics and Statistics*, 39, No.3, pp.313~330.

24) 〈식 2-2〉를 살펴보면 자본과 노동이라는 생산요소의 증대 없이도 산출량을 증대시킬 수 있다. 동일한 자본과 노동으로 보다 높은 산출량을 생산 할 수 있다. 기업, 경제, 사회의 전반적 효율과 생산성이 높아진다고 할 수 있으므로, 총요소생산성이란 이름을 붙이게 된 것이다.

25) Jorgenson, D.W. and Stiroh, K.J.(1999), "Information Technology and Growth," *American Ecnomic Review*, 89, No.2, May, pp.108~115; Jorgenson, D.W. and Stiroh, K.J.(2000), "Raising the Seed limit: U.S. Economic Growth in the Information Age," *Brookings Paper on Economic Activity*, No.1, pp.125~211.

26) Stiroh, K.J.(2001), "What Drives Productivity Growth?," *Economic Policy Review*, Federal reserve Bank of New York, March, pp.37~59.

27) Romer, P.(1986), "Increasing Returns and Long-Run Growth," *Journal of political Economy*, 94, No.5, October, pp.100~137.

28) Lucas, Robert E., Jr.(1988), "On the Mechanics of Economic Developmen," *Journal of Monetary Economics*, 22, No.1, pp.3~42.

29) Ferald and Ramnah(2004), "The Acceleration in the U.S. Total Factor productivity After 1995: The Role of Information Technology," *Economic Perspectives*, Federal Reserve Bank of Chicago, 1st Quarter, pp.52~67.

30) Black, S.E. and Lynch, L.M.(2004), "What's Driving the New Economy?: The Benefits of Workplace Information," *The Economic Journal*, 114, Feb., pp.97~116.

31) Drucker, P.F.(2002), 이재규 역(2002), Next Society, 한국경제신문.

32) Handy, C.(1992), "Balancing Corporate power: A New Federalist paper," *Harvard Business Review*, November~December, pp.59~72.

33) 김훈, 박준식(1999), 구조조정과 신노사관계, 한국노동연구원, pp.26~33.

34) Walton, R.E. & McKersie, Robert B.(1991), *A Behavioral Theory of Labor Negotiations: An Analysis of a Social Interation System*, Ithaca: Cornell Univ. Press.

35) Levine, D.I. and Tyson, L.D.(1990), "Participation, Productivity, and the Firm's Environment," in Blinder A.S.(ed.), *Paying for Productivity: A Look at the Evidence*, Washington, D.C.: Brookings Institution, pp.183~243.

36) Appelbaum, Eileen and Batt, Rosemary, *The New American Workplace: Transforming Work Systems in the United States*, Ithaca: ILR Press, 박준식 옮김(1996), 미국기업의 작업현장혁신, 한국노동연구원.

37) Levine, D.I. and Tyson, L.D.(1990), *op.cit.*

● 제3장 한국 노동조합운동의 전개과정과 특성

1) 예를 들면, 간추린 한국노동운동사(인간사, 1985) 등이 있다.

2) 예를 들면, 김윤환(1982), 한국노동운동사 I : 일제하 편, 青史 등이 있다.
3) 예를 들면, 김금수, 박현채(1995), 한국노동운동론 I, 미래사; 한국기독교 산업개발원(1988), 한국노동운동의 이념(정암사, 1988) 등이 있다.
4) 김금수(1986), 한국노동문제의 상황과 인식, 폴빛, pp.122~132.
5) 김억진(1988), "운동노선을 통해 본 한국의 노동운동(1)", 김금수 · 박현채, 한국노동운동론 I, 미래사, pp.81~82.
6) 한국노동조합총연맹(1979), 한국노동조합운동사, pp.140~141.
7) 김억진, 앞의 글, p.80.
8) '적색노동조합 인터내셔널'이라고도 한다. 1921년 7월 코민테른(제3인터내셔널)이 제2인터내셔널에 대항하여 모스크바에서 42개국의 혁명적 노동조합 대표로 구성한 국제적 노동조합 연맹체이다. 자본주의 국가의 혁명적 노동조합, 개량주의적 노동조합 내의 혁명적 반대파 및 식민지 · 종속국의 노동조합 등 공산당계의 세계 각국 노동조합 대표들로 결성되었다. 노동조합이 사회의 정치변혁과 사회혁명에 적극적으로 동참할 것을 주장하며, 노동자들의 생산관리를 경제투쟁의 중심임무로 제기하고 자본주의의 타도, 혁명에 의한 사회주의 실현, 프롤레타리아 독재의 수립을 궁극적 목표로 했다. 1921년 7월 3일 모스크바에서 개최된 창립대회부터 1935년 제7회 대회에 이르기까지, 8시간 노동제를 위한 투쟁과 파업전략 등 노동운동을 전개했으며, 제2인터내셔널 산하 노동조합과의 연대강화를 지속적으로 추진했다. 그러나 1930년 8월의 제5회 대회에서는 세계 경제의 대공황에 따른 세계정세의 변화를 혁명적인 상황으로 진단하고 좌편향적 노선을 더욱 강화했으며, 제2인터내셔널을 사회파시즘으로 규정하여 통일전선 결성을 포기하고 독자적 경제투쟁을 선언했다. 그 결과 프로핀테른은 노동자 대중과 화합하지 못한 채 고립되어갔다. 1935년 7월 제7차대회에서 파시즘에 대항하기 위한 인민전선방침을 채택했으며, 1936년 3월에는 제2인터내셔널 계열의 노동총동맹과 합동대회를 개최했으나, 프로핀테른의 노선이 고립되자, 노동조합의 통일행동과 조직통일을 실현하기 위해 산하조직을 잘라 버리고 1937년에 해산했다. 프로핀테른의 전통과 경험은, 제2차 세계대전 후인 1945년 10월에 결성된 세계노동조합연맹(World Federation of Trade Unions)에 계승되었다. 한국에서는 1927년 5월에 프로핀테른과 관련한 노동운동이 일부 독립운동가 사이에서 시작되었으며, 프로핀테른 제4회대회와 제5회대회에서 조선노동운동의 현상과 임무에 관한 결의가 채택되었다. 그러나 이 운동은 대표적 항일운동단체인 신간회를 민족개량주의 조직으로 규정하는 등 전체 민족정서에 이반되는 면이 있었다.
9) 위의 논문, pp.88~91.
10) 한국노총, 앞의 책, p.265.
11) 한국노총, 앞의 책, p.281.
12) 김금수, 한국노동조합운동의 현단계적 상황과 발전을 위한 과제, 한국기독교 산업개발원, 앞의 책, pp.155~156,
13) 김금수, 위의 논문, p.156.
14) 김광수, 위의 논문, p.151.
15) 김금수, 위의 논문, p.152.

16) 김금수, 위의 논문, pp.152~153.
17) 한국노총 연구보고서 88-1, 1987년도 노동쟁의, 1988, p.5.
18) 대한상공회의소, 1987년 노사분규백서, 1988, p.7.
19) 한국노총, 1987년도 사업보고, 1988.2, pp.33~40.
20) 한국노총, 위의 책, pp.38~39.
21) 1987년 이후의 노동운동의 전개는 최영기,김준,조효래,유범상(2001), 1987년 이후 한국의 노동운동, 한국노동연구원, pp.6~51에 기초하였다.

● 제4장 한국 노동시장의 현황과 변화

1) 노동시장의 노동력 수급동향과 관련해서는 김순원, 우리나라 노동시장 현황, 중앙고용정보원 홈피(http://www.work.go.kr)에 기초하였음.
2) 이 부분은 이원덕(2002), 노동시장의 구조변화와 정책과제, 제3차 연세경제포럼 발표원고(2002.03.26)에 기초하였음.

● 제6장 언론보도와 노사관계

1) 류한호(1999), "한국언론의 노사문제 보도-그 문제점과 개선방안," 사회과학연구, 9.
2) 백선기(1995), 보도의 기호학, 성균관대학교; 이원락(1989), "보도의 공정성," 전국언론노동조합 민주언론실천위원회 전국회의 발표문.
3) 김시우 기자, "포스코 점거농성, 건설노조원들이 말하는 것은," 2006년 8월 2일, 언론비평웹진 필화 홈피(http://www.pilhwa.com).
4) 곽상준 기자, "노동자 발목 잡는 것부터 풀어라," 2004년 6월 5일, 언론비평웹진 필화 홈피(http://www.pilhwa.com).
5) 유시성 기자, "고양이에게 맡겨진 생선, 엉터리 손실액 계산," 2001년 7월 13일, 언론비평웹진 필화 홉피(http://www.pilhwa.com).
6) 류한호(1999) 앞의 글.

● 제7장 노동조합의 이해

1) 김상곤, "노동조합주의와 노동운동의 이념 : 영국과 미국을 중심으로," 한국기독교 산업개발원 엮음, 한국노동운동의 이념, 정암사, 1958, p.10 참조. 그는 여기서 서방세계의 노동조합운동을 주도하는 미국과 영국 노동조합의 조합주의를 비교, 평가하고 있다.
2) Perlman, Mark(1958), Labor Union Theories in America: Background and Development, Peterson, R. and Polle, M.(1984), *Theories of Trade unionism(Revised ed.)*, Routledge & Kegan Paul, p.7에서 재인용.
3) Poole, M., Ibid., p.7.
4) Larson, S., and B. Nissen(1987), *Theories of the Labor Movement,* Wayne State university Press,

pp.4~7.

5) *Ibid.*, p.36.

6) *Ibid.*, p.4.

7) *Loc.* cit.

8) *Loc.* cit.

9) *Ibid.*, pp.211~213.

10) *Ibid.*, pp.214~224.

11) *Ibid.*, pp.225~235.

12) *Ibid.*, pp.236~240.

13) *Ibid.*, p.252.

14) *Ibid.*, p.284.

15) *Ibid.*, p.312.

16) *Ibid.*, p.25.

17) *Ibid.*, p.27.

18) *Ibid.*, pp.131~132.

19) *Ibid.*, p.186.

20) *Ibid.*, p.208.

21) *Ibid.*, p.252.

22) *Ibid.*, p.284.

23) *Ibid.*, p.312.

24) *Ibid.*, p.24.

25) *Ibid.*, p.132.

26) *Ibid.*, p.187

27) *Ibid.*, pp.208~210.

28) *Ibid.*, p.252.

29) *Ibid.*, p.284.

30) *Ibid.*, p.312.

31) Salamon, M.(1987), *Industrial Relations: Theory and practice*, Prentice–Hall, p.72.

32) Kochan, T.A., Mckersie, R.B. and Cappelli, p.(1984), "Strategic choice and industrial relations theory", *Industrial Relations*, 23, pp.16~39.

33) 최종태 · 박준성(1985), 노동조합의 활동전략: 금융노조의 위치와 활동전략에 관한 연구, 서울대학교출판부, pp.77~85.

34) Poole, M.(1985), *Industrial Relations: Origins and Patterns of National Diversity*, Routledge and Kegal Paul, pp.13~16. 여기서 풀은 사회적 행동지향성의 일반적인 범주에 대해 설명하고 있다.

35) 최종태 · 박준성, 앞의 책, pp.78~81.

36) Salamon, M., *op. cit.*, p.73.
37) Perlman, S.(1975), "Labour's 'home grown' philosophy," in McCarthy, W.E.(ed.), *Trade Unions*, Penguin, p.28.
38) Hyman, R.(1975), *Industrial Relations: A Marxist Introduction*, Macmillan, p.66.
39) Perlman, S., *op. cit.*, p.30.
40) Bain, G.S., and Price, R.(1980), *Profiles of Union Growth: A comparative Statistical Portrait of Eight Countries*, Blackwell.
41) Salamon, M., *op.cit.*, p,77.
42) *Loc.cit.*
43) *Loc.cit.*
44) *Loc.cit.*
45) Mulvey, C.(1976), *The Economic analysis of Trade Unions*, Martin RobertSon, p.35.
46) Salamon, M., *op.cit.*, p.79.
47) Ross, A.M.(1948), *Trade Union Wage policy*, University of California Press.
48) Mulvey, C., *op.cit.*, p.42.
49) Salamon, M., *op.cit.*, p.79.
50) 배무기(1984), 노동경제학, 경문사, pp.423~424.
51) 위의 책, p.425.
52) 박세일 · 장창원(1983), "노동조합이 임금 및 생산성에 미친 영향 분석－섬유, 금속전자, 화학산업을 중심으로－," 한국개발연구, 제5권 제2호, p.11; 배무기, 위의 책, pp.425~426.
53) Salamon, M., *op.cit.*, p.81.
54) Van de Vall, M.(1970), *Labor Organizations*, Cambridge University Press, p.54.
55) Jackson, M.(1982), *Trade Unions*, Longman, p.143.
56) Anderson, p.(1967), "The Limits and possibilities of trade union action," in Blackburn, R. and Cockburn, A.(eds.), *The Incompatibles*, Penguin, p.264.
57) Van de Vall, M., *op.cit.*, p,55.
58) Salamon, M., *op.cit.*, p.83.
59) Ramaswamy, E.A., and Ramaswamy, Uma(1981), *Industry and Labour: An Introduction*, Oxford Univ. Press, p.67.
60) Fisher, Poul, "Unions in the Less-Developed Countries: A Reappraisal of Their Economic Role", in Kassalow, E.M.(ed.), *National Labor Movements in the Postwar World*, Northwestern Univerity Press, p.107.
61) Hawkins, K.(1981), *Trade Unions*, Hutcsinson, p.87.
62) 최종태(1981), 현대노사관계론, 경문사, p.81.
63) Salamon, M., *op.cit.*, p.92.

64) *Loc.cit.*

65) *Ibid.*, p.93.

66) *Ibid.*, pp.93~94.

67) Amalgamated Society of Boilermakers, Shipwrights, Blacksmlths & Structural Workers.

68) Amalgamated Union of Engineering Workers.

69) Transport & General Workers Union; Association of Clerlcal,Technical & Supervisory Staffs.

70) Association of Scientific, Technical & Managerial Staffs; Associalion of Professional, Executive, Clerical & Computer Staff.

71) British Association of Colliery Management.

72) Bell, J.D.M.(1960), "Trade Unions," in Flanders, A. and Clegg, H.(eds.), *The system of Industrial Relations in Great Britain*, Blackwell, p.138.

73) Jackson, M.(1982), *Industrial Relations(2nd ed.)*, Croom Helm, p.49.

74) Confederation of Health Service Employees;Iron & Steel Trades Confederation; National Union of Mineworkers; National Union of Railwayman.

75) Salamon, M., *op.cit.*, pp.94~95.

76) Hughes, J.(1967), "Trade Union Structure and Government," Research Paper, 5(1), Royal Commission on Trade Unions and Employes' Associations, HMSO.

77) Salamon, M., *op.cit.*, p.95.

78) Hughes, J., *op.cit.*, p,4.

79) Farnham, D., and Pimlott, J.(1988), *Uniderstanding Industrial Relations(3rd ed.)*, Cassell, p.99.

80) General, Municipal, Boilermakers & Allied Trades Union.

81) Clegg, H.(1976), *Trade Unionism under Collective Bargaining*, Blackwell, p.39.

82) Jenkens, C., and Mortimer, J.E.(1965), *British Trade Unions Today*, Pergamon Press, p.1.

83) Hyman, R., *op.cit.*, p.41.

84) *Loc.cit.*

85) Turner, H.A.(1962), *Trade Unions Growth, Structure and Policy*, Allen & Uniwin.

86) 여기서의 부문별은 민간부분(private sector), 혹은 공적 부문(public sector)을 의미한다.

87) Hughes, J., *op.cit.*, p.5.

88) Salamon, M., *op.cit.*, p.92.

89) 민영식(1987), 민주노조운동의 새출발, 중원문화, p.89.

90) 최종태, 앞의 책, pp.229~230.

91) 위의 책, p. 230.

92) 위의 책, p. 230.

93) 위의 책, p. 231.

94) 위의 책, p. 234.

95) 위의 책, PP. 242~243.

96) Salamon, M., *op.cit.*, pp. 100~101.

97) *Ibid.*, p.101.

98) *Ibid.*, pp. 101~102.

99) Report of Royal Conmission on Trade Union and Employers' Associations(Donovan Commission), HMSO, 1965, p.180.

100) Salamon, M., *op.cit.*, p.103.

101) 강상호(1988), "노워크 노페이, 노조대표권 시비, 그리고 복수노조문제에 대하여," 새벽, 2호, pp.310~316. 한국노총은 복수노조의 설립허용을 반대하고 있지만 그 주장의 배경이 반드시 위의 강상호와 같은 논리는 아니다.

102) 주로 신규로 설립된 소위 민주노조로 불리는 쪽에서 많이 주장되고 있다.

103) Salamon, M., *op.cit.*, p.109.

104) *Loc. cit.*

105) *Loc. cit.*

106) Damel, W.W. and Millward, N.(1983), *Workplace Industrial Relations in Britain*, Heineman (PSI/SSRC), pp.45~47.

107) Salamon, M., *op.cit.*, p.110.

108) Hyman, R., *op.cit.*, p.59.

109) 노동부(2010), 2009년 노동조합 조직현황 분석.

110) 노동조합 및 노동관계조정법 제16조 1항.

111) 최종태 · 박준성, 앞의 책, pp.291~292.

112) 위의 책, p.291.

113) 위의 책, p.292.

114) 위의 책, p.293.

115) 위의 책, p.80,

116) 위의 책, pp.80~82

117) Salamon, M., *op.cit.*, pp.152~153.

118) 장명국(1988), "사무직 · 판매서비스직 · 전분기술직 노동운동의 방향과 과제," 새벽, 2호, pp.12~45.

119) Bain, G.S. Price, R.J.(1972), "Who is a white collar employee?," *British Journal of Industrial Relations*, Vol.X, pp.325~339.

120) Bain, G.S. and Price, R.J. *op.cit.*, p.338.

121) Price, R.(1983), "White-collar unions: growth, character and attitudes in the 1970s," in Hyman, R. and Price, R.(ed.), *The New Working Class? White-collar Workers and their Organizaitons*, Macmillan, p.163.

122) Salamon, M., *op.cit.*, p.124.

123) Prandy, K., Stewart, A. and Blackburn, R.M.(1983), *White–Collar Unionism*, Macmillan, p.2.

124) Salamon, M., *op.cit.*, p.126.

125) Blackburn, R.M.(1967), *Union Character and Social Class*, Batsford, p.18.

126) Prandy, K., et al., *op.cit.*, p.13.

127) Prandy, K., Stewart, A. and Blackhurn, R.M.(1982), *White–Collar Work*, Macmillan, p.153.

128) *Ibid*, p.171.

129) Baln, G.S., et al., *op.cit.*, pp.8~9.

130) Salamon, M., *op.cit.*, p.130.

131) Roberts, K., et al.(1977), *The Fragmentary Class Stucture*, Heinemann, p.134.

132) Mercer, D.E. and Weir, D.T.(1972), "Attitudes to work and trade unionism among White–collar worker," *Industrial Relations Jounal*, Vol.3 (Summer), p.57.

133) Salamon, M., *op.cit.*, p.130.

134) 이영희, 앞의 책, pp.107~108.

135) 위의 책, p.108.

● 제8장 사용자의 목표와 전략

1) 김수복(1991), 노무관리, 중앙경제사, p.139.

2) 이 추정방식은 이중의 오류가 작동한다. 즉, 통계청 조사방식이 본사와 지사를 구분하였다는 점에서 본사만 포함한 모집단 수치는 과소 평가되었다고 할 수 있다(특히 종업원수의 경우). 이에 반해 경총 소속 회원 기업으로 회비를 납부하는 정회원 외에 고용보험 납입업무를 대행하는 사업체가 포함되어 있어 과대 평가되었다. 그러나 분자는 과대 평가되고 분모는 과소 평가되어 결과적으로 보다 과대 평가가 되었다고 할 수 있다. 한편, 조사시점과 관련하여 불일치도 부정확성을 증가시킨다. 향후 보다 정확한 통계치 작성이 필요하다고 하겠다.

3) 경총 회원 기업수가 증가하였기 때문에 여기에 원래 조사된 전경련 회원사, 중소기업협동조합중앙회 내 소속 회사법인과 상의 소속 회사법인의 수를 더하면 우리나라 사용자단체의 조직률은 48%가 아니라 54%로 추정될 수 있다.

4) 조성재(2004), 유한킴벌리의 협력적 노사관계, 참여사회연구소주제발표를 참조바람.

5) 조성재(2004), 한국 자동차산업 노사관계의 현황과 과제, 한국노동연구원주최 자동차산업의 노사관계 현황과 발전방향에 관한 토론회 발제문 참조바람.

6) 그러나 질적 유연성과 양적 유연성은 그 범주가 크게 다르기 때문에 양자를 보완하는 것은 한계를 지닐 수밖에 없다. 결국 두가지 모두의 유연성을 함께 제고할 수 있는 노사의 지혜가 요망되고 있다.

7) 예를 들어 현대자동차의 경우 근속 19년이 되면 숙련에 대한 평가와 상관없이 자동적으로 기사 직급으로 승진할 수 있다.

8) 현대자동차의 경우 주말 야간 특근의 경우 임금률이 350%에 달한다.

9) B자동차 노동조합 간부는 이른 바 컨베이어 벨트를 타는 최종조립부서의 근로자들은 교육기회가 없다

는 점에 대해서 정확히 지적해 주었다. 상대적으로 교육인원 차출이 쉬운 간접부서만 기회가 많이 주어지고 있다는 것이다. 일반적으로 직간접 부서의 노동강도 및 직무내용 등과 관련하여 차별적 요소가 상존하고 있는데, 교육 영역에서도 최종조립부서가 보이지 않는 피해를 보고 있는 것으로 판단되며, 이는 다시 최종조립부서의 노사관계가 여타 부서보다 좋지 않은 결과로 이어지고 있다.

10) C자동차 노동조합 간부는 기술기능 교육 역시 구조조정에 대한 사전포석이 아닐까 하는 우려를 표명하기도 하였다. 즉 전환배치를 더 용이하게 하기 위한 정지작업일 수 있다는 점이다. 노사간 불신의 정도를 드러내는 단적인 사례였으나, 아직까지 정책적으로, 그리고 실천적으로 기술기능교육에 대한 반대는 조직화되어 있지 않다.

11) 조성재(2004), 유한킴벌리의 협력적 노사관계, 참여사회연구소 주제발표를 참조바람.

12) 당시 재판과정에서 노조 간부들도 회사측에 유리한 증언을 하였다고 한다. 참고로 유한킴벌리의 직능자격제도는 상대평가가 아닌 절대평가로 이루어지면서 많은 사람이 승진할 수 있는 길을 열어둔다고 한다.

13) 그럼에도 불구하고 이들은 희망퇴직을 선택하였으며, 약 100여명이 통상임금 3~10개월치의 추가 보상금을 받고 이직하였다(E씨와의 전화 면접). 이는 당시까지 이루어지던 3조 3교대제와 일상적인 잔업 특근 구조 하에서는 합리적인 선택이었을 수도 있을 것이다. 여하튼 다른 기업들과는 달리 유한킴벌리에서는 이를 회사측이 주도한 것이 아니라 노동조합이 조합원들의 의사를 대변하여 실시하였다는 점이다.

14) 조성재(2004), 한국 자동차산업 노사관계의 현황과 과제, 한국노동연구원주최 자동차산업의 노사관계 현황과 발전방향에 관한 토론회 발제문 참조바람.

15) 질적 유연성과 양적 유연성은 그 범주가 크게 다르기 때문에 양자를 보완하는 것은 한계를 지닐 수밖에 없다. 결국 두 가지 모두의 유연성을 함께 제고할 수 있는 노사의 지혜가 요망되고 있다.

16) 예를 들어 현대자동차의 경우 근속 19년이 되면 숙련에 대한 평가와 상관없이 자동적으로 기사 직급으로 승진할 수 있다.

17) 현대자동차의 경우 주말 야간 특근의 경우 임금률이 350%에 달한다.

18) B자동차 노동조합 간부는 이른 바 컨베이어 벨트를 타는 최종조립부서의 근로자들은 교육기회가 없다는 점에 대해서 정확히 지적해 주었다. 상대적으로 교육인원 차출이 쉬운 간접부서만 기회가 많이 주어지고 있다는 것이다. 일반적으로 직간접 부서의 노동강도 및 직무내용 등과 관련하여 차별적 요소가 상존하고 있는데, 교육 영역에서도 최종조립부서가 보이지 않는 피해를 보고 있는 것으로 판단되며, 이는 다시 최종조립부서의 노사관계가 여타 부서보다 좋지 않은 결과로 이어지고 있다.

19) C자동차 노동조합 간부는 기술기능 교육 역시 구조조정에 대한 사전포석이 아닐까 하는 우려를 표명하기도 하였다. 즉 전환배치를 더 용이하게 하기 위한 정지작업일 수 있다는 점이다. 노사 간 불신의 정도를 드러내는 단적인 사례였으나, 아직까지 정책적으로, 그리고 실천적으로 기술기능교육에 대한 반대는 조직화되어 있지 않다.

20) 민주노총 울산지역본부의 교재에 의하면 다물민족교육은 "민주노조운동에 대한 왜곡된 비판을 통해 현장 노동자의 의식을 교란하는 것이다." 다물은 신라의 화랑제도와 비교되는 고구려의 청년비밀결사

조직으로서, 다물교육은 민족주의 사학에 입각한 민족관을 현대적으로 재해석하면서 이를 노사관계의 재해석으로 연결시킨다. 교육내용은 한국 경제의 현좌표, 한국 경제를 후퇴시키는 몇가지 환경요인, 한국 경제와 기업경영을 위협하는 근본요인, 최근 한국 노사관계의 현실, 한국 노동운동 무엇이 문제인가, 노동운동 조직의 조직구도와 역량, 급진 노동운동의 뿌리와 발전방향, 투쟁전술, 향후 급진 노동운동권의 주요 전략전술, 한국기업의 원동력 회복방향, 우리의 진로와 자세 등이다. 다물교육 이후 많은 현장에서 다물단이라는 조직이 구성되어 자발적인 모임이라는 이름으로 회사측의 지원과 엄호 속에 활동하였다. 대우조선의 경우 90년 초부터 다물교육 이후 다물단에 가입한 노동자는 당시 조합원의 1/4에 해당하는 2,000명에 이르렀다고 한다. 민주노총 울산노동대학 교재 참조.

21) C자동차 노조 간부는 인터뷰 과정에서 이를 '놀자판 교육'으로 규정하면서 취미생활화 교육은 회사에게도 도움이 되지 않는 낭비적 성격을 지니며, 근로자들의 소비문화 활동 역시 왜곡시키는 결과를 가져온다고 비판하였다. 예를 들어 스포츠 레저활동에 대한 회사측의 지원과 교육이 활성화되면서 일부 근로자들이 수상스키 교육을 넣어달라고 노조에 요구하는 사례가 발생하는 등 '노동자 계급의식'이 약화되는 현상이 심화된다고 주장하였다.

22) 2개 회사 교육팀의 자체 설문조사는 이러한 경향을 보여준다. 예를 들어 B자동차회사의 공장 교육팀이 자체 조사한 바에 의하면 그동안 받았던 교육 중 가장 인상 깊었던 교육에 대하여 생산직 근로자들은 1순위로 속리산에서 이루어진 한마음교육을 들었다(30.9%). 그 교육은 90년대 초반에 노사갈등을 치유하기 위하여 전사원의 팀워을 다지기 위한 행사였다. 다음으로 가나안 농군학교 연수(6.4%), 새마을 연수원 교육(5.9%), 전산교육(5.5%) 등의 순이었다. 467명의 생산직 사원이 응답한 설문이었는데, 표본설계에서 감독자로 편중된 한계는 안고 있다. 그렇지만 같은 설문에서 노동조합 조합원교육을 선정한 근로자는 단 2명(0.8%)에 불과하였던 것은 흥미로운 결과이다.

23) 현대자동차에서 '98년 당시 관리감독자들은 해고자 명단을 작성해야 했기 때문에 당사자들로부터 폭행과 폭언을 당한 경우가 다반사였다. 더욱이 최종합의과정에서 폭행과 관련한 고소고발이 모두 취하되었기 때문에 회사의 방침에 대한 반발을 나타내기도 하였다. 한편 정리해고, 혹은 무급휴직을 경험한 근로자들은 2000년까지 현장에 모두 복귀하였는데, 자신을 내보낸 관리감독자들을 원망하면서 감정적 대립을 일으키는 경우가 많았다. 이러한 경험들이 누적되면서 특히 감독자들은 대립을 일으키기보다는 '회사 생활을 무난히 마무리하는 것'에 중점을 두는 경향을 보이게 된다.

24) C사의 경우 '93년에 새로운 집행부가 들어서면서 노무관리를 약화시키기 위하여 공격적으로 문제제기를 하였기 때문이다. 당시 현장활동가 성향보고서가 발견되면서 회사측이 궁지에 몰려 이를 수용하게 되었다. 현장 노무팀 해체의 또 다른 이유는 이 업무를 담당하던 관리사무직 직원들의 애매한 입지와도 관련이 있다. 이들은 한편으로는 노무담당 임원의 통제를 받으면서 다른 한편으로는 생산부서 담당 임원의 통제를 받기도 하는 존재였다. 이러한 이중적 지위로부터 일정한 스트레스를 받았다고 하며, 또 정보 수집 등의 업무 자체가 흥미롭지 못했던 것도 이들의 불만 요인이었다고 한다. 당시 현장 노무팀 활동을 했던 C사 P과장과의 인터뷰(2000. 4. 18). 한편 B사의 경우는 현장 노무팀이 활동가들과 유착관계를 형성하여 도덕적 문제가 발생하게 되자 당시 노무담당 임원이 이를 폐지하였다고 한다. B사 관리자와의 인터뷰, 2002. 일자미상.

25) 정재훈(1989), 경영권과 노조활동, 대영문화사.

● 제9장 정부의 목표와 시각 및 노동정책

1) Crouch, C.(1982), *The Politics of Industrial Relations*(2nd ed), Fontana, p.146.
2) Poole, M.(1986), *Industrial Relations: Origins and Patterns of national diversity*, Routledge & Kegan Paul, p.105.
3) Schmitter,p.C.(1981), "Interest intermediation and regime governability in contemporary Western Europe and North America," in Berges, S., Hirschman, A. and Maier, C.(eds.), *Organizing Interests in Western Europe*, Cambridge University Press, pp.287~327.
4) Poole, M., *op.cit.*, pp.105~109,
5) *Ibid.*, pp.109~112.
6) 김영종(1992), 노동정책론, 형설출판사, pp.32~34.
7) 임혁백(2005), "한국자본주의의 성격과 노사관계", 한국형 노사관계모델(Ⅰ), 한국노동연구원, pp.21~23.
8) 제3세계의 관료적 권위주의는 국가주도에 의한 발전모델, 즉 발전국가 모데렝 의거하여 산업화를 시도했고, 서구의 사회민주주의 국가들은 케인즈주의적 복지국가 모델을 채택하여 생산과 분배의 선순환을 도모하려 하였다.
9) Friedman, M.(1962), *Capitalism and Freedom*, University of Chicago Press.
10) Marx, Karl(1963), *The Eighteenth Brumaire of Louis Bonaparte*(1852), International Publishers.
11) Lindblom, C.(1982), "The Market as Prison," *Journal of Politics*, Vol.44.
12) Przeworski, A. and Wallerstein, M.(1988), "Structural Dependence of the State on Capital," *American Political Science Review*, Vol.82, No.1.
13) Lindblom, C.(1982), *op.cit.*
14) Soligen, E.(1993), "Between Market and the State: Scientists in Comparative perspective," *Comparative Politics*, Vol.26, No.1.
15) Poole, M., *op.cit.*, pp.112~115.
16) 김영종(1992), 앞의 책, p.29.
17) Nicholls, W.H.(1961), *Southern Tradition and Regional Progress*, University of North Carolina Press 참조; 김영종(1992), p.29.
18) 사공일(1981), "경제개발과 정부의 역할", 한국개발연구, 봄호, pp.6~8; 김영종(1992), p.30.
19) 김영종(1992), p.24.
20) 알몬드와 포웰은 정책의 유형을 ① 추출정책, ② 규제정책, ③ 상징정책, ④ 분배정책의 네 가지로 분류하였다. Almond, Gabriel and G. Bigham Powell, Jr.(1996), *Comparative Poltics: A Developmental Approach*, Little, Brown, pp.195~201; 김영종(1992), p.25.
21) Redford, E.S.(1965), *American Government and Economy*, Macmillan, pp.361~367; 김영종(1992),

p.25.

22) 1953년부터 1961년까지 국민총생산에 대한 광공업생산의 구성비는 평균 17.3%에 지나지 않았다. 한국은행(1970), 경제통계연감, p.16; 김영종(1992), p.328.

23) 조합주의통제의 세 측면 중 재정적 통제는 심하지 않았다. Collier, Ruth B. & David Collier(1979), "Inducements versus Constraints," *American Political Science Review*, Vol.73, No.4, Dec., p.968; 김영종(1992), p.349.

24) 노동쟁의발생건수는 1954년도 28건이었으나 1960년도에는 218건으로 다소 증가되었는데 이는 당시의 정치적 혼란 때문이다. 합동통신사(1961), 합동연감, p.349.

25) 이상륜(1983), "노동정책 35년의 문제," 한국경영자총협회, 노동경제편람, p.218; 김영종(1992), p.350.

26) 조선일보, 1961년 4월 14일자; 김영종(1992), p.351.

27) Mericle, Kenneth(1977), "Corporatist Control of the Working Class: AuthoriArian Brazil Since 1964," in Jane Malloy(ed.), *Authoritatianism and Coporatism in Latin America*, Pittsburgh Univ. press, p.310; 김영종(1992), p.354.

28) 경영기획원(1966), 제2차경제개발5개년계획자료, p.96; 김영종(1992), p.354.

29) 종전에는 근로기준법을 15인 이상의 근로자를 사용하는 사업장에만 작용하였다. 근로기준법 시행령 제2조.

30) 노동청(1980), 노동통계연감, p.32; 김영종(1992), p.358.

31) 김형배(1980), "한국노동법의 변천," 한국의 노동경제, 문학과 지성사; 김영종(1992), p.358.

32) 김형배(1981), "노사관계, 35년의 회고와 전망," 한국경영자총협회, 81노동경제연감, p.229; 김영종(1992), p.358.

33) 1977년에는 종전의 직업훈련법과 직업훈련에 고나한 특별조치법을 통폐합하여 직업훈련기본법을 제정하였다. 김영종(1992), p.359.

34) 임금변동순응률제란 휴업급여와 장해연금에 있어서 동종근로자의 통상임금이 일정률 이상 변동된 때에는 보상근로자의 평균임금을 같은 비율로 제정하여 급여를 산정지급하는 제도를 말한다. 산업재해보상보험법 시행령 제10조의2 참조. 김영종(1992), p.359.

35) 이러한 사문화는 경제성장지상주의자의 저책주도와 복지제도 시기상조론이 상당 기간 지배하였기 때문이다. 김영종(1988), 복지정책, 형성출판사, p.174; 김영종(1992), p.360.

36) 상공부(1978), 공장새마을운동의 주요현황, 한국무역협회, 공장새마을운동 추진실천비교연구, 1979, p.52; 김영종(1992), p.360.

37) 김영종(1992), p.361.

38) 이러한 변형근로시간제는 노동생활의 안정성과 계획성을 저해한다는 비판 때문에 1986년 12월 31일 개저에서 폐지되었다. 김영종(1986), 노동법, 일신사, p.86; 김치선(1988), 노동법 강의, 박영사, p.68; 김영종(1992), p.362.

39) 김영종(1985), "한국노동정책의 결정과정에 관한 연구," 동국대 박사학위논문, pp.212~220; 김영종

(1992), p.362.

40) 노동부(1996), 노동통계연감, p.16.

41) 이광린(1986), "사회보장 40년 회고," 한국경영자총협회, 노동경제연감, p.237; 김영종(1992), p.364.

● 제10장 단체교섭의 구조와 생산교섭의 전개

1) 김진목(1983), 노사관계론, 법문사, pp.220~211.

2) Salamon, M.(1978), *Industrial Relations*, Prentice-Hall, p.267.

3) Chamberlain, N.W. and Kuhn, J.W.(1985), *Collective Bargaining*, McGraw-Hill, pp.121~135.

4) Salamon, M., *op.cit.*, pp.273~276.

5) Chamberlain, N.W. and Kuhn, J.W., *op.cit.*, p.428.

6) McCarthy W.E.J. and Ellis, N.D(1973), *Management by Agreement*, Hutchinson, pp.96~97.

7) Reynolds, Lloyd G.(1982), *Labor Economics and Labor Relations*, 8th ed., Pretice-Hall, pp.306~307.

8) 최종태(1981), 현대노사관계론, 경문사, p.305.

9) Sloane, Arthur A. and Witey, F.(1977), *Labor Relations*, 3rd ed., Prentice-Hall, p.161.

10) Reynolds, Lloyd G. *op.cit.*, p.306.

11) 최종태(1981), 앞의 책, p.301.

12) 일본도 우리나라와 유사하게 노조조직률이 22%인 반면 협약적용률은 15%로 추정되고 있다(OECD, 2004).

13) 금속노조와 보건의료노조의 2004년도 산별중앙교섭의 구체적인 경과와 내용에 대해서는 이주희(2004b), 조성재(2004)가 매우 상세하게 분석하고 있다. 이하의 분석은 특별한 언급이 없는 한 이들 연구 성과와 연구에서 제시되고 있는 협약을 비롯한 1차 자료에 크게 의존한다. 그리고 2003년까지의 세 개 노조의 산별 교섭 추진의 구체적인 경과에 대해서는 김삼수 · 노용진(2002), 이주희(2004a) 등을 참조.

14) 김삼수 · 노용진(2002), 산업별 노조로의 전환에 따른 단체교섭구조의 현황과 정책과제, 국회환경노동위원회; 이주희(2004). 산별 교섭의 실태와 정책과제, 한국노동연구원.

15) Rhodes, M.(1997), Globalization, *Labor Market and Welfare States: A Future of 'Competitive Corporatism'*?, Florence: EUI; Hall, p. and Soskice, D.(eds.)(2001), *Varieties of Capitalism: The Institutional Foundations of Comparative Advantage*, Oxford: Oxford University Press.

16) 산업별 교섭의 존재 이유는 산업수준에서 표준적인 노동조건을 제시하는 데 있지만 최근 노조의 기업내 활동의 강화가 불가피한 변화를 보이고 있다. 변화의 핵심은 초기업적인 산별 노조와 기업활동을 제도적으로 구축하는 데 있다. 그러나 이러한 기업내 활동의 강화에도 불구하고 노조는 조직 내의 '협의 · 결정' 기구인 기업내 종업원대표조직과 분업관계하에서 노동시장에서의 '교섭 · 합의'의 주체 역할을 하고 있다. 노조의 기업 내 조직이나 기업교섭을 공공연히 제도화하고 있지는 않다(김삼수, 2005).

17) OECD(2004)조차 교섭구조와 거시경제적 성과(효율성) 사이에는 분명한 상관관계가 인정되지 않으나 형평성과 관련해서는 집중적인 교섭구조일수록 성과가 양호하다는 점을 인정하고 있다.
18) 허찬영 외(2003), 노사파트너십 종합매뉴얼 개발, 노동부.
19) 한국노동교육원(2002), 노사협의회 실태조사.

● 제11장 노동자의 경영참가

1) Salamon, M., Industrial Relations; Theory and Practice, Prentice-Hall,1987, p.296.
2) 김식현(1986), 한국적 경영참가제도의 모형개발, 한국경제연구센터, p.25.
3) 최종태(1988), 현대경영참가론, 경문사, pp.73~122.
4) Jain, H.C.(1980), Worker Participation, Praeger, pp.3 ~20; 정재훈(1989), 노사관계의 이해, 대영문화사, p.398.
5) Rosenthal, E.C.(1983), "Worker Participation in Management: A Guide for the Perplexed", in Skrovan, D.J.(ed.), Quality of Work Life, Addison-Wesley Publishing co., p.164
6) Rothschild, Joyce and Whitt, J.(1989), The Cooperative Workplace: Potentials and Dilemmas of Organizational Democracy and participation, Cambridge: Cambridge Univ. press.
7) Mason, Ronald M.(1982), Participatory and Workplace Democracy: A Theoretical Development in Critique of Liberalism, Southern Illinois University Press; Dahl, Robert A.(1995), A Preface to Economic Democracy, 안승국 옮김(1995), 로버트 다알의 경제민주주의, 인간사랑.
8) 참여경영과 노사관계의 개혁, http://ie.inchon.a.kr/labor/htmls/
9) 정재훈(1988), "QWL: 노동생활의 보람과 노무관리의 효율화", 최종태 · 정재훈 · 박준성 편, 노무관리의 문제점과 개선방안, 한국경제연구소, pp.47~51
10) 김식현, 앞의 책, pp.27~34.
11) 최종태, 앞의 책, p.50.
12) 위의 책, pp.142~159.
13) 최수홍(2004), "우리사주제도 운영 현황 및 개선방향," International Conference on Korean ESOP 2004.
14) 분기별 노동동향분석, 제11권 제3호, 한국노동연구원, 1997. 6, pp.100~103.

● 제12장 단체행동과 분쟁의 조정

1) 금동신(1976~1977), "노동쟁의행위의 형태와 합법성에 관한 연구," 단국대학교논문집, 제10집, pp.273~297.
2) 野付平爾(1970), 日本勞動法の形成過程と理論, 유비각, p.94.
3) 古木石門(1971), 政治スト, 新勞動法講座, 제4권, 유비각, P.86.
4) 심태식(1975), 노동법개론, 법문사.
5) 판례는 사용자와의 관계에서도 위법이라는 입장을 취하는 경우도 있다(동경지법 1972. 12. 11. 판결,

시사병원 쟁의사건). 五妻光俊(1990), 노동법, 유비각, p.280; 石井照久, 노동법, p.189.

6) 瀧川辛辰(1990), 형사법학사전, p.848.

7) 青木宗也 외(1970), 노동법판례, 유비각, p.11(광도고법 1959. 5. 30. 판결, 일본화약후좌작업소 사건).

8) 위의 책, p.111(동일사건).

9) 서비스업에 종사하는 자가 제3자에게 불유쾌한 인상을 줄 수 있는 부착물을 패용하고 근무하는 경우에 그 근무는 완전제공되었다고 할 수 없다. 정재훈(1989), 경영권과 노조활동, 대영문화사.

10) 일본최고재판소 파결(1956. 12. 11, 삼우탄광사건).

11) 石川吉石衛門(1970), 쟁의행위와 간부의 책임, 유비각, p.32.

12) 심태식, 앞의 책, p.288.

13) 青木宗也 외, 앞의 책, p.141(대판지법 1955. 12. 17. 판결)

14) 김태기(1998), 노동법, 박영사(10판), pp.698~700.

● 제13장 단체협약

1) 김형배(1989), 노동조합의 대표성과 제2노조의 문제, 노동법학, 제2호, pp.9~10, pp.21~22.

2) Kahn, Freund(1997), Labour and the Law, 2nd ed., p.122.

3) 김형배(1988), 노동법, 박영사, p.414.

4) 은수미 외(2007), 2007년도 노사관계 실태분석 및 평가, 노동부, pp.137~150에서 발췌 인용.

5) 김정한, 문무기, 윤문희(2003), 단체협약분석, 노동부, pp.14~16.

6) 동 규정은 1974. 1. 14. "국민생활의 안정을 위한 대통령긴급조치" 제21조의 내용 그대로를 구 노동조합법 제46조의 2(1974. 12. 24. 법률 제2706호)로 신설하는 형식으로 도입되어 1980. 12. 31. 법률 제3350,1986. 12. 31. 법률 제3925호의 각 개정 및 노조법(1996. 12. 31. 법률 제5244호, 1997. 3. 13. 법률 제5310호)의 제정에서도 그대로 존치되었다.

7) 헌법재판소 1998. 3. 26. 96헌가20 결정(한일이화사건)에서는 "노조법 제92조 제1항 소정의 단체협약 위반에 대한 형사처벌 조항은 범죄구성요건의 외피(外皮)만 구성하였을 뿐 실질적 내용을 법률에서 직접규정하지 아니하고 모두 단체협약에 위임하고 있어 죄형법정주의의 기본적 요청으로서의 법률주의에 위반되는 것이고, 그 구성요건도 지나치게 애매하고 광범위하여 죄형법정주의의 한 내용인 명확성의 원칙에서 위배된다"고 판시하였다.

8) 임금 · 복리후생비 · 퇴직금에 관한 사항, 근로 및 휴게시간 · 휴일 · 휴가에 관한 사항, 징계 및 해고의 사유와 중요한 절차에 관한 사항, 안전보건 및 재해부조에 관한 사항, 시설 · 편의제공 및 근무시간 중 회의참석에 관한 사항, 쟁의행위에 관한 사항 등이 포함되었다.

9) 노동계는 단체협약 위반행위를 부당노동행위 수준으로 처벌해야 한다는 입장을 보인 반면, 경영계는 처벌조항 자체의 삭제를 주장하였다. 그러나 2000년 12월 중순 노사정위원회에서 합의된 법개정 방안이 2001년 2월 말 국회 본회의를 통과함으로써 그 동안의 논란을 종식시키게 되었다.

10) 김정한, 문무기, 윤문희(2003), 단체협약분석, 노동부, pp.16~21.

11) 김형배, 전게서(a), 651쪽 참조.

12) 대법원 2000. 6. 9. 선고 98다13747 판결(한국전기통신공사사건)에서는 새로운 단체협약이 늦게 체결됨에 따라 근로자가 기존 단체협약의 임금에 관한 부분을 1년 넘게 적용받는 결과가 된다고 하여 임금에 관한 단체협약의 유효기간을 1년으로 정하고 있는 구 노동조합법 제35조에 위반된 것이라고 할 수 없다고 하였다.

13) 대법원 1993. 2. 9. 선고 92다27102 판결(안동의료재단사건) 참조.

14) 대법원 1992. 4. 14. 선고 91누8364 판결(하남종합개발사건)에서는 "사용자와 노동조합이단체협약의 공백상태가 발생하는 것을 방지하기 위하여 종전 단체협약의 효력이 일정한 기간 자동적으로 연장되도록 약정하는 것도 가능하다고 할 것이고, 이러한 약정이 구 노동조합법 제35조 제3항의 취지에 위반된다고 할 것은 아니며 위와 같은 단체협약의 자동연장에 관한 약정이 있으면 종전 단체협약은 당초의 유효기간 만료 후 위 법 조항에 규정된 3월까지에 한하여 유효하다고 볼 것은 아니다"라고 판시하여, 2년의 기간을 초과하지 않는 한 자동연장협정의 효력을 인정한 바 있다.

15) 민법 제107조 내지 제110조를 말한다.

16) 비진의(非眞意) 의사표시란 표의자가 진의와 모순됨을 알고 한 의사표시로 비진의표시는 표시한대로 효과를 내는 것을 원칙으로 하고 있다. 다만, 상대방이 표의자의 진의를 알고 있는 경우, 알지 못하여도 보통의 사람이라면 표의자의 진의를 알았을 것이라고 인정되는 경우는 상대방을 보호할 필요가 없으므로 무효가 된다(민법 제107조): 예컨대 사직의 의사없이 근로자들의 일괄사직서를 제출한 경우에는 그 의사표시는 진의가 아니므로 무효이다(대법원 1988. 5. 10. 선고, 88다카2578 판결 참조). 그러나 조직개편에 의하여 우선순위로 정리해고될 것을 예상하거나(서울행법, 2000. 11. 3. 선고 99구36217 판결 엘지산전(주) 사건) 향후 예상되는 인사상 불이익과 명예퇴직위로금 등 금전상 이익을 고려한(서울행법 11. 21.선고 99구15784 판결 현대전자산업(주) 사건) 경우에는 비진의 의사표시라고 볼 수 없다.

17) 상대방과 통정하여 진의와 다른 의사표시를 통정허위(通情虛僞)의사표시라 한다. 비진의의사표시가 단독허위표시인데 비하여 통정허위의사표시는 상대방과 통정하여야 한다.

18) Z · llner · Loritz, Arbeitsrecht, 5. Aufl., 1988, S. 377; S · llner, Grundriβ des Arbeitsrechts, 10. Aufl., 1990, S. 136(김형배, 전게서, 653쪽).

19) 김유성, 전게서, 201쪽 참조.

20) 김유성, 전게서, 201쪽; 김형배, 전게서(a), 653쪽 각 참조.

21) 이 규정은 자동연장협정에 의한 무원칙한 협약유효기간 연장을 제한하기 위해 1997년 법개정시 도입된 부분이지만, 사용자의 의도적인 무협약상태 시도의 근거로 악용될 소지도 없지 않다는 비판적 시각이 있다.

22) 판례에서는 사업양도로써 근로계약관계가 포괄적으로 승계된 경우에 근로자의 종전 근로계약상의 지위도 그대로 승계된다는 부분(대표적인 사례로서 대법원 1995. 12. 26. 선고 95다41659 판결(생산기술연구원사건) 참조)에 있어서는 일관된 입장을 보여주고 있지만, 단체협약의 승계에 대해서는 구체적인 언급이 없다. 다만 대법원 1989. 5. 23. 선고 88누4508 판결(대한중기공업사건)에서는 "일반적으로 근로자를 그대로 승계하는 영업양도의 경우에 있어서는 특별한 사정이 없는 한 종전의 단체협약도 잠정

적으로 승계되어 존속하는 것이라고 보아야"한다고 언급하고 있을 뿐이다.

23) 김유성, 전게서, 201~203쪽; 김형배, 전게서, 654쪽 각 참조.

24) 사용자와 노동조합간의 권리 · 의무는 원칙적으로 협약의 실효와 함께 종료되며, 평화의무나 조합활동 조항 등도 협약의 종료와 함께 효력을 상실하게 된다. 그러나 채무적 부분 전체가 일률적으로 실효한다고 볼 것은 아니고, 단체교섭 절차조항과 같이 당해 조항의 성질 및 내용에 따라 개별적 · 구체적으로 판단하여 협약실효 후에도 그대로 효력을 가지는 부분도 있다(김유성, 전게서, 206쪽 참조).

25) 이것은 이른바 단체협약의 계속효 내지 여후효(餘後效: Nachwirkung)의 문제로서 그 인정여부에 대하여 학설상의 대립(독일에서는 종전의 통설이었던 化體說과 외부규율설이 있다)이 있다. 그러나 단체협약이 그 전체로서 일단 소멸하면 존재론적으로 어떠한 효력도 미칠 수 없는 것이기 때문에 단체협약이 규율하고 있었던 개별적 근로관계의 내용이 협약 없는 상태에서 어떻게 처리되어야 할 것인가 하는 것은 단체협약 자체의 효력문제는 아니라고 보아야 할 것이다.

26) 국내 학설의 일반적인 입장이라고 할 수 있으며, 판례로서는 앞에서 소개한 한국전기통신공사사건에서의 대법원 판결이 대표적이다. 그러나 그 근거에 있어서는 단체협약의 규범적 부분이 협약의 성립과 함께 개별 근로관계의 내용으로 화체되어 효력을 지속한다는 이른바 화체설에 따르는 입장과, 계속적 근로관계를 규율하는 근로계약의 본질상 협약상의 근로조건기준은 근로계약의 내용으로서 효력을 지속하게 된다는 입장으로 나누어지고 있다.

27) 김유성, 전게서, 204~206쪽; 김형배, 전게서, 654~656쪽 각 참조.

참고문헌

● 제1장 : 노사관계의 성립과 접근방법

- 關口功 외(1981). 노사관계론 강의, 청림서원신사.
- 박현채(1985), "노동문제를 보는 시각," 박현채 · 김형기 외, 한국자본주의와 노동문제, 돌베개.
- 白井泰四朗(1983), 노사관계론, 일본노동협회.
- 이원덕(1995), 고능률생산체제와 신노사관계, 한국노동연구원.
- 정재훈(1988), 노사관계의 이해, 대영문화사.
- 조용범 편(1983), 노동경제학, 불빛.
- 中條 毅(1985), 노사관계의 사적 과제, 중앙경제사.
- Bain, G.S. and Clegg, H.A.(1974), "A Strategy for Industrial Relations Research in Great Britain," *British Journal of Industrial Relations*, Vol.12.
- Banks, J.A.(1974), Trade Unionism, London, Collier Macmillan.
- Barbash, J.(1980), "Collective Bargaining and the theory of conflict," *British Journal of Industrial Relations*, Vol.XVIII.
- Clegg, H.A.(1975), "Pluralism in industrial relations," *British Journal of Industrial Relations*, Vol.XIII.
- Clegg, H.A.(1976), *Trade Unionism under Collective Bargaining*, Blackwell.
- Dunlop, J.T.(1959), *Industrial Relations Systems*, New York, Holt.
- Eldridge, J.E.T.(1968), *Industrial Disputes*, Routledge & Kegan Paul.
- Farnham, D. and Pimlott, J.(1988), *Understanding Industrial Relations*, 3rd ed., Cassell.
- Flanders, A.(1965), *Industrial Relations–What's Wrong with the System?*, Faber.
- Flanders, A.(1968), "Collective bargaining: A Theoretical analysis," *British Journal of Industrial Relations*, Vol.XI.
- Fox, A.(1966), "Industrial Sociology and industrial Relations," *Royal Commission Research Paper*, No.3, HMSO.
- Fox, A(1973), "Industrial Relations: A Social critique of pluralist indeology," in Child, J.(ed.), *Man and Organization*, Allen & Urwin.
- Fox, A.(1974), *Man Mismanagement*, Hutchinson.
- Goodman, J.F.B. et al.(1975), "Rules in industrial relations theory: a discussion," *Industrial Relations Journal*, Vol.6, No.1.
- Hyman, R.(1975), *Industrial Relations: A Marxist Introduction*, Macmillan.
- Jackson, M.(1982), *Industrial Relations*, 2nd ed., Croom Helm.
- Kirkbride, P.(1977), "Industrial relations theory and research," *Management Decision*, Vol.17, No.4.
- Kochan, T.A., Katz, H.C. and mckersie, R.B.(1986), *The Transformation of American Industrial*

Relations, Basic Books.

- Kornhauser, A., Dubin, R. and Ross, A.M.(ed.)(1954), *Industrial Conflict*, McGraw-Hill.
- Laffer, K.(1973), "Is industrial relations and academic discipline?," *Australian journal of Industrial Relations.*
- Lumley, R.(1979), "A modified rules approach to workplace industrial relations," *Industrial Relations Journal*, Vol.X.
- Maitland, I.(1980), "Disorder in the British workplace: the limits of consensus," *British Journal of Industrial Relations*, Vol.XVIII.
- Marchington, M.(1982), *Managing Industrial Relations*, McGraw-Hill.
- Margerison, C.J.(1969), "What do we mean by industrial relations? A behavioral approach," *British Journal of Industrial Relations*, Vol.VII, No.2.
- Mills, D. Quinn and McCormick, J.(1985), *Industrial Relations In Transition: Cases and Text*, John Wiley & Sons.
- Schienstock, G.(1983), "Towards a theory of industrial relations," *British Journal of Industrial Relations*, Vol.XX.
- Silverman, D.(1970), *The Theory of organizations*, Heinemann.
- Winchester, D.(1983), "Industrial relatons research in Britain," *British Journal of Industrial Relations*, Vol.XX.
- Wood, S.F. et al(1975), "The 'Industrial Relations System' Concept as a Basis for Theory in Industrial Relations," *British Journal of Industrial Relations*, Vol.13.
- Wood, S.J.(1979), "Ideology in Industrial Relations Theory," *Industrial Relations Journal*, Vol.9, No.4.

● 제2장 신경제의 대두와 노사관계의 새로운 전개

- 김훈 · 박준식(1999), 구조조정과 신노사관계, 한국노동연구원.
- 노나카 이쿠지로 저, 나상억 옮김(1998), 노나카의 지식경영, 21세기북스.
- 山田鋭夫(1991), レギュラシオン・アプローチ, 등원서점.
- 삼성경제연구소(SERI)(1999), 지식경영과 한국의 미래, 삼성경제연구소.
- 신봉호 · 조우현 외(2005), 이제는 사람이 경쟁력이다. 한겨레신문사.
- 신유근(2005), 인간존중경영: 조직행위론적 접근, 다산출판사.
- 정재훈(1995), "조정이론의 관점에서 본 일본적 노사관계의 특성," 노사관계연구, 제6권, 서울대 노사관계연구소.
- 토플러(1990), 권력의 이동, 한국경제신문사.
- 坂本 清(1992), 日本的生産システム論の國際展開, 稲村 毅 · 仲田正機 編, 轉換期の經營學, 제11장, 중앙경제사.

- Appelbaum, Eileen and Batt Rosemary, *The New American Workplace: Transforming Work Systems in the United States*, Ithaca: ILR Press, 박준식 옮김(1996), 미국기업의 작업현장혁신, 한국노동연구원.
- Barker, J. R.(1993), "Tightening the Iron Cage: Convertive Control in Self-managed Organizations," *Administrative Science Quarterly*, Vol.38.
- Barney, J.(1991), "Firm Resources and Sustained Competitve Advantage", *Journal of Management*, Vol.17, No.1.
- Black, S.E. and Lynch, L.M.(2004), "What's Driving the New Economy?: The Benefits of Workplace Information," *The Economic Journal*, 114, Feb.
- Boyer, R.(1989), レギュラシオン理論, 신평론.
- Dertouzos, et al.(1989), *Made in America: Regaining the Productive Edge*, The MIT Press.
- Drucker, P.F.(1993), *Post-Capitalist Society*, New York: Harper Press.
- Drucker, P.F.(2002), 이재규 역(2002), Next Society, 한국경제신문.
- Ferald & Ramnah(2004), "The Acceleration in the U. S. Total Factor Productivity After 1995: The Role of Information Technology," *Economic Perspectives*, Federal Reserve Bank of Chicago, 1st Qnarter, 2004.
- Hammer, M.(1990), *Reengineering the Corporation: A Manifesto for Business Revolution*, 안중호 옮김(1993), 리엔지니어링 기업혁명, 김영사.
- Handy, C.(1992), "Balancing Corporate Power: A New Federalist Paper," *Harvard Business Review*, November~December.
- Jorgenson, D.W. and Stiroh, K.J.(1999), "Information Technology and Growth," *American Economic Review*, 89, No.2, May.
- ________(2000), "Raising the Seed Limit: U.S. Economic Growth in the Information Age," *Brookings Paper on Economic Activity*, No.1.
- Kaplan, R. and Norton, D.(2004), *Strategy Maps: Converting Intangible Assets into Tangible Outcomes*, Harvard Business School Press.
- Kochan, Thomas and Paul Osterman(1994), *The Mutual Gains Enterprise: Forging a Winning Partnership among Labor, Management and Government*, Boston: Harvard Business School Press.
- Levine, D.I. and Tyson, L.D.(1990), "Participation, Productivity, and the Firm's Environment," in Blinder A.S.(ed.), *Paying for Productivity: A Look at the Evidence*, Washington, D.C., Brookings Institution.
- Lipietz, A., 勇氣ある選擇, 동원서점, 1990.
- Lucas, Robert E., Jr.(1988), "On the Mechanics of Economic Development," *Journal of Monetary Economics 22*, No.1.

- O'Reilly III, C.A. and Pfeffer, J.(2000), *Hidden Value: How Great Companies Achieve Extraordinary Results with Ordinary People*, Harvard Business School Press.
- Pfeffer, J.(1994), *Competitive Advantage Through People: Unleashing the Power of the Work Force*, Harvard Business School Press.
- Pfeffer, J.(1998), *The Human Equation: Building Profits by Putting People First*, Harvard Business School Press.
- Romer, P.(1986), "Increasing Returns and Long-Run Growth," *Journal of Political Economy*, 94, No.5, October.
- Senge, P.(1990), *The Fifth Discipline: The Art and Practice the Learning Organization*, Random House.
- Solow, R.M.(1956), "A Contribution to the Theory of Economic Growth," *Quarterly Journal of Economic*, Vol.70, No.1, Feb.
- Solow, R.M.(1957), "Technical Change and the Aggregate Production Function," *Review of Economics and Statistics*, 39, No.3.
- Stiroh, K.J.(2001), "What Drives Productivity Growth?", *Economic Policy Review*, Federal reserve Bank of New York, March.
- Walton R.E. and McKersie, Robert B.(1991), *A Behavioral Theory of Labor Negotiations: An Analysis of a Social Interaction System*, Ithaca, Cornell Univ. Press.
- Womack, J.P. et al.(1990), *The Machine that Changed the World*, Rawson Associates.

● 제3장 한국 노동조합운동의 전개과정과 특성

- 김금수(1986), 한국노동문제의 상황과 인식, 불빛.
- 김금수 · 박현채(1995), 한국노동운동론 I, 미래사.
- 김상곤(1988), "노동조합주의와 노동운동의 이념: 영국과 미국을 중심으로," 한국기독교산업개발원 편, 한국노동운동의 이념, 정암사.
- 김억진(1988), "운동노선을 통해 본 한국의 노동운동(1)," 김금수 · 박현채, 한국노동운동론 I, 미래사.
- 김윤환(1982), 한국노동운동사 I: 일제하 편, 청사.
- 대한상공회의소(1988), 1987년 노사분규백서.
- 인간사편집부 편(1985), 간추린 한국노동운동사, 인간사.
- 최영기 · 김준 · 조효래 · 유범상(2001), 1987년 이후 한국의 노동운동, 한국노동연구원.
- 한국노동조합총연맹(1979), 한국노동조합운동사.
- 한국노총연구보고서 88-1, 1987년도 노동쟁의.

● 제4장 한국 노동시장의 현황과 변화

- 김유선(2004), "외환위기 이후 노동시장 구조변화", 아세아연구, 제47권 제1호, 고려대학교 아세아문제

연구소.
- 박태주(2004), 한국노동시장의 현황과 과제: 일자리 창출과 유연안정화를 중심으로, 산업연구원.
- 손민중(2005), SERI 경제포커스: 최근 고용불안의 원인과 시사점, 제43호, 삼성경제연구소.
- 안주엽(2004), "중장기 인력수급전망(2005~2020)", 노동리뷰, 통권 제6호, 한국노동연구원.
- 유경준 · 김동석 · 신석하(2004), 한국경제 구조변화와 고용창출, 한국개발연구원.
- 이동응(2004), "비정규직 근로자의 현황과 문제점: 비정규직, 고용유연성 확보를 위한 부득이한 결과", 경영계, 통권 308호, 한국경영자총협회.
- 이성균(2004), 경제위기와 노동시장 변동, 울산대학교출판부.
- 이원덕(2002), 노동시장의 구조변화와 정책과제, 제3차 연세경제포럼 발표원고(2002.3.26)
- 장홍근 · 전재식(2004), "청년실업의 현안과 정책과제", 직업과 인력개발, 제7권 1호, 한국직업능력개발원.
- 전광명 · 이해인(2004), "우리나라 노동시장의 이원화 실태분석", 조사통계월보, 제58권, 한국은행.
- 통계청(2005), KOSIS(http://www.nso.go.kr).
- 한국노동연구원(2003), 해외노동통계.
- 한국노동연구원(2004), 해외노동통계. 한국노동연구원.
- 황수경, 2003, "노동력 활용지표에 관한 소고: 여성 유휴인력 지표를 중심으로", 황인성 · 김범식 · 정영식 편(2005), SERI Economic Outlook: 2005년 경제전망, 삼성경제연구소.
- OECD(2005), *OECD Employment Outlook 2005*.
- UN(2005), *World Population Prospects: The 2004 Revision Population Database* (http://www.un.org).

제5장 기술변화와 노사관계

- 飯尾要 저, 김성호 옮김(1993), 변혁기의 사회와 기술, 한국경제신문사.
- 일본산업위생학회(1985), VDT작업에 관한 검토위원회보고서, 산업의학, 27(3).
- 하목성 외(1982), 직장부적응증에 관하여, 산업의학, 24(6).
- 하목성 외(1985), 직장부적응증에 관하여(2), 산업의학, 27(1).
- Adler, F. et al.(eds.)(1986), *Automation and Industrial Workers*, Ⅰ,Ⅱ, Pergamon.
- Cooley, M.(1987), *Architect or Bee?*, 里深文彦 譯(1989), 인간부흥의 테크놀로지, 오차노미즈서방.
- Cox, B.J.(1988), *Object-oriented Programming*, 前川守 譯(1988), 오브젝트지향의 프로그래밍, 토팡.
- Davis, E. and Lansbury, R.(eds.)(1987), *Democracy and Control in the Workplace*, Longman Chesire.
- Emery, F. and Thorsrud, E.(1976), *Democracy at Work*, Martinus Nijhoff.
- Geyer, R.F.(1976), "Individual Alienation and Information Processing," in Geyer et al.(eds.), *Theories of Alienation*, Martinus Nijhoff.
- Hedebro, G.(1979), *Communication and Social Change in Developing Nation*, EFI.
- ILO(1989), *New Forms of Work Organization*, Ⅰ,Ⅱ, ILO.
- Jain, H.C.(1990), "Work Participation in Canada," *Economic and Industrial Democracy*, Ⅱ, May.

- Martin, A.(1979), "From Joint-consultation to Joint Decision-Making," in Fry, J.A.(ed.), *Industrial Democracy and Labor Market Policy in Sweden*, University of Saskatchewan Canada.
- Mathews, J.(1989), "The Democratization of Capital," *Economic and Industrial Democracy*, 10(2), May.
- Mellor, M. et al.(1988), *Worker Cooperativesin Theory and Practice*, Open U.P.

● 제6장 언론보도와 노사관계

- 류한호(1999), "한국언론의 노사문제 보도-그 문제점과 개선방안-" 사회과학연구, 9, 광주대 인문사회과학연구소.
- 방정배(1996), 커뮤니케이션 변혁 · 사상 · 이론. 성균관대출판부.
- 백선기(1995), 보도의 기호학. 성균관대출판부.
- 어원락(1989), "보도의 공정성" 전국언론노동조합 민주언론실천위원회 전국회의 발표문.
- 이효성(1989), 정치언론, 이론과 실천.
- 이효성(1990), "언론민주화운동과 공정보도" 저널리즘비평, 3/4호, 한국언론학회.

● 제7장 노동조합의 이해

- 강상호(1988), "노워크 노페이, 노조대표권 시비, 그리고 복수노조문제에 대하여" 새벽, 제2호.
- 민영식(1987), 민주노조운동의 새출발, 중원문화.
- 박세일 · 장창원(1983), "노동조합이 임금 및 생산성에 미친 영향 분석-섬유, 금속전자, 화학산업을 중심으로-" 한국개발연구, 제5권 2호.
- 배무기(1984), 노동경제학, 경문사.
- 이영희(1988), 화이트칼라 노동조합론, 녹진.
- 임상훈(2006), 한국형 노사관계모델(II), 한국노동연구원.
- 장명국(1988), "사무직 · 판매서비스직 · 전문기술직 노동운동의 방향과 과제" 새벽, 제2호.
- 최종태(1981), 현대노사관계론, 경문사.
- 최종태 · 박준성(1985), 노동조합의 활동전략: 금융노조의 위치와 활동전략에 관한 연구, 서울대학교출판부.
- Anderson, P.(1967), "The Limits and possibilites of trade union action," in Blackburn, R. and Cockburn, A.(eds.), *The Incompatibles*, Penguin.
- Bain, G.S. and Price, R.J.(1972), "Who is a white collar employee?," *British Journal of Industrial Relations*, Vol.X.
- Bain, G.S.(1970), *The Growth of White Collar Unionism*, Clarendon Press.
- Bain, G.S., and Price, R.(1980), *Profiles of Union Growth: A Comparative Statistical Portrait of Eight Countries*, Blackwell.
- Bell, J.D.M.(1960), "Trade Unions," in Flanders, A. and Clegg, H.(eds.), *The systems of*

Industrial Relations in Great Britain, Blackwell.
- Buchman, R.(1981), "Merbers in British trade unions 1949–79," *Industrial Relations Journal*, Vol.12, No.3.
- Clegg, H.A.(1976), *Trade Unionism under Collective Bargaining*, Blackwell.
- Damel, W.W. and Millward, No.(1983), *Workplace Industrial Relations in Britain*, Heineman (PSI/SSRC).
- Farnham, D. and Pimlott, J.(1988), *Understanding Industrial Relations*, 3rd ed., Cassell.
- Fisher, Poul(1963), "Unions in the Less–Developed Countries: A Reappraisal of Their Economic Role," in Kassalow, E.M.(ed.), *National Labor Movements in Postwar World*, Northwestern Univ. Press.
- Fox, A.(1966), "Industrial Sociology and industrial Relations," *Royal Commission Research Paper*, No.3. HMSO.
- Hawkins, K.(1981), *Trade Unions*, Hutcsinson.
- Hughes, J.(1967), "Trade Union structure and Government," *Research Paper*, 5(1), Royal commission on Trade Unions and Employers' Associations, HMSO.
- Hyman, R.(1975), *Industrial Relations: A Marxist Introduction*, Macmillan.
- Jackson, M.(1982), *Industrial Relations*, Longman.
- Jenkens, C. and Mortimer, J.E.(1965), *British Trade Unions Today*, Pergamon Press.
- Kochan, T.A., McKersie R.B. and Cappelli, P.(1984), "Strategic Choice and industrial relations theory," *Industrial Relations*, 23.
- Larson, S. and Nisson, B.(1987), *Theory of Labor Movement*, Wayne State Univ. Press.
- Mashall, F.R., King, A.F. and Briggs, V.M., Jr.(1980), *Labor Economics: Wages, Employment and Trade Unionism*, 4rd ed., Richard D. Irwin.
- McCarthy, J.W.E.(1962), *The Future of the Union*, Fabian Society.
- Mercer, D.E. and Weir, D.T.(1972), "Attitudes to work and trade unionism among white–collar worker," *Industrial Relations Journal*, Vol.3(Summer).
- Mulvey, C.(1976), *The Economic Analysis of Trade Unions*, Martin Robertson.
- Perlman, S.(1972), "Labour's 'home grown' philosophy," in McCarthy, W.E.(ed.), *Trade Unions*, Pengin.
- Poole, M.(1984), *Theory of Trade Unionism*, Revised ed., Routledge & Kegan Paul.
- Poole, M.(1985), *Industrial Relations: Origins and Patterns of National Diversity*, Routledge & Kegal Paul.
- Prendy, K., Stewart, A. and Blachburn, R.M.(1972), *White–Collar Workers*, Macmillan.
- Price, R.(1983), "White–Collar unions: Growth, character and attitudes in the 1970s," in Hyman, R. and Price, R.(ed.), *The New Working Class? White–Collar Worker and Their Organizations*, Macmillan.

- Ramaswamy, E.A. and Ramaswamy, Uma(1981), *Industry and Labor: An Introduction*, Oxford Univ. Press.
- Reports of Royal Commission on Trade Union and Employer's Associatons(Donovan commission), HMSO, 1965.
- Roberts, K. et al.(1977), *The Fragmentary Class Structure*, Heinemann.
- Ross, A.M.(1948), *Trade Union Wage Policy*, California Univ. Press.
- Salamon, M.(1987), *Industrial Relations: Theory and Practice*, Prentice-Hall.
- Strauss, G.(1954), "White-Collar union are different," *Harvard Business Review*, Vol.32, Sept/Oct.
- Turner, H.A.(1962), *Trade Union Growth, Structure and Policy*, Allen & Unwin.
- Undy, R., Ellis, V., McCarthy, W.E.J. and Halmos, A.M.(1981), *Change in Trade Unions*, Hutchinson.
- Van de Vall, M.(1970), *Labor Organizations*, Cambridge Univ. Press.

● 제8장 사용자의 목표와 전략

- 김수복(1991), 노무관리, 중앙경제사.
- 노사저널 775호(2006.11.5), http://www.nosanews.com /Nosa_WebZine/
- 대한상공회의소, 사업보고, 각년호.
- 매일기업연감(1998, 1999, 2000), 매일경제신문.
- 이영희(1993), "기술체계와 작업조직의 발전유형에 관한 비교연구-현대, 도요타, 볼보자동차공장 사례를 중심으로-," 연세대 사회학 박사논문.
- 임상훈(2006), 한국형 노사관계모델(II), 한국노동연구원.
- 전국경제인연합회, 사업보고서, 각년도.
- 정부혁신지방분권위원회 Newsletter 22호(2005.8), www.innovation.go.kr
- 정재훈(1989), 경영권과 노조활동, 대영문화사.
- 조성재(1995), "내부노동시장의 형성 및 성격에 관한 연구-기아자동차 사례를 중심으로-", 서울대학교 경제학 석사학위논문.
- 조성재(2004), "유한킴벌리의 협력적 노사관계," 참여사회연구소 토론회 주제발표문.
- 중소기업협동조합중앙회, 사업보고서, 각년도.
- 한국경영자총연합회, 사업보고, 각년도.
- 沓月不二夫(1982), 경영권과 조합활동: 권리충돌을 둘러싼 판례중심으로, 중앙경제사.
- Fox, A.(1974), "Beyond Contract: Power, Work and Trust Relations, Faber," in Salamon, M.(1987), *Industrial Relations: Theory and Practice*, Prentice-Hall.
- Pool, M.(1990), "Management strategics and industrial relations," in Pool, M. and Mansfield, R.(eds.), *Managerial Roles in Industrial Relations*, Gower.
- Salamon, M.(1987), *Industrial Relations: Theory and practice*, Prentice-Hall.

● 제9장 정부의 목표와 시각 및 노동정책

- 경제기획원(1966), 제2차 경제개발5개년계획 자료집.
- 김영종(1985), "한국노동정책의 결정과정에 관한 연구," 동국대학교 박사학위논문.
- ______(1986), 노동법, 일신사.
- ______(1988), 복지정책, 형설출판사.
- ______(1992), 노동정책론, 형설출판사.
- 김치선(1988), 노동법강의, 박영사.
- 김형배(1980), "한국노동법의 변천," 한국의 노동경제, 문학과 지성사.
- ______(1981), "노사관계, 35년의 회고와 전망," 한국경영자총협회 편, 81노동경제연감.
- 노동부(1988), 노동백서.
- 노동부(1996), 노동통계연감.
- 노동청(1980), 노동통계연감.
- 박영범 외(1990), 아시아 주요국의 임금 및 근로조건 비교 연구, 한국노동연구원.
- 사공일(1981), "경제개발과 정부의 역할," 한국개발연구, 봄호.
- 이광린(1986), "사회보장 40년의 회고," 한국경영자총협회 편, 노동경제연감.
- 이상륜(1983), "노동정책 35년의 문제," 한국경영자총협회 편, 노동경제편람.
- 임혁백(2005), "한국자본주의의 성격과 노사관계", 한국형 노사관계모델(Ⅰ), 한국노동연구원.
- 조선일보, 1961년 4월 14일자.
- 한국경영자총협회(1987), 노사분규 조사보고서.
- 한국은행(1970), 경제통계연감.
- 합동통신사(1961), 합동연감.
- Crouch, C.(1982), *The Politics of Industrial Relations*, 2nd ed., Fontana.
- Friedman, M.(1962), *Capitalism and Freedom*, University of Chicago Press.
- Lindblom, C.(1982), "The Market as Prison," *Journal of Politics*, Vol.44.
- Marx, Karl(1963), *The Eighteenth Brumaire of Louis Bonaparte*, International Publishers.
- Poole, M.(1985), *Industrial Relations: Origins and patterns of national Diversity*, Routledge & Kegal Paul.
- Przeworski, A. and Wallerstein, M.(1988), "Structural Dependence of the State on Capital," *American Political Science Review*, Vol.82, No.1.
- Schmitter, P.C.(1981), "Interest intermediation and regime governability in contemporary Western Europe and North America," in Berger, S., Hirschman, A. and Maier, C.(eds.), *Organizing Interests in Western Europe*, Cambridge Univ. Press.
- Soligen, E.(1993), "Between Market and the State: Scientists in Comparative Perspective," *Comparative Politics*, Vol.26, No.1.

● 제10장 단체교섭의 구조와 생산적교섭의 전개

- 김삼수(2005), "노동조합 조직체계와 교섭구조의 변화", 임상훈 외, 한국형노사관계 모델(I), 한국노동연구원.
- 김삼수 · 노용진(2002), 산업별노조로의 전환에 따른 단체교섭구조의 현황과 정책과제, 국회환경노동위원회.
- 김훈 · 김성훈(2003), 금속노조 산별 교섭내용분석과 향후전망, 노동부.
- 노동부(2002), "전국노동조합 조직현황".
- 양운섭(1989), 신노사관계론, 법문사.
- 이주희(2004), 산별 교섭의 실태와 정책과제, 한국노동연구원.
- ______(2004), "병원산업의 산별 교섭 평가", 한국노동연구원 · 한국노사관계학회 편, 참여정부의 노사관계 평가와 향후과제.
- 이주희 · 이성균(2002), 비정규직 노사관계, 한국노동연구원.
- 임상훈(2006), 한국형 노사관계 모델(II), 한국노동연구원.
- 조성재(2004), "금속산업의 산별 교섭 평가", 한국노동연구원 · 한국노사관계학회, 참여정부의 노사관계 평가와 향후과제.
- 최종태(1981), 현대노사관계론, 경문사.
- 한국노동연구원(2002), 노사협의회운영실태조사.
- 한국노동연구원(2005), 2005년 임금교섭실태 연구.
- 허찬영 외(2003), 노사파트너십 종합매뉴얼 개발, 노동부.
- Chamberlain, N.W. and Kuhn, J.W.(1985), *Collective Bargaining*, McGraw-Hall.
- Hall, P. and Soskice, D.(eds.)(2001), *Varieties of Capitalism: The Institutional Foundations of Comparative Advantage*, Oxford University Press.
- McCarthy, W.E.J. and Ellis, N.D.(1973), *Management by Agreement*, Hutchinson.
- OECD(2004), *OECD Employment Outlook*.
- Reynolds, L.G.(1982), *Labor Economics and Labor Relatons*, 8th ed., Prentice-Hall.
- Rhodes, M.(1997), *Globalization, Labor Market and Welfare States: A Future of 'Competitive Corporatism'*, Florence: EUI.
- Salamon, M.(1987), *Industrial Relations: Theory and Practice*, Prentice-Hall.
- Sloane, Arthur A. and Witney, F.(1977), *Labor Relation*, 3rd ed., Prentice-Hall.

● 제11장 노동자의 경영참가

- 김식현(1986), 한국적 경영참가제도의 모형개발, 한국경제연구센터.
- 김정한(2002), 참여적 작업장혁신 실태조사, 노동부.
- 이주희외(2005), 경영참여의 실태와 과제, 한국노동연구원.
- 민주노총 · 한국노동사회연구소(1996), 노동조합의 경영참가, 민주노총.

- 정재훈(1988), "QWL: 노동생활의 보람과 노무관리의 효율화," 최종태 · 정재훈 · 박준성 편, 노무관리의 문제점과 개선방안, 한국경제연구소.
- 정재훈(1989), 노사관계의 이해, 대영문화사.
- 최수홍(2004), "우리사주제도 운영 현황 및 개선방향," International Conference on Korean ESOP 2004
- 최종태(1988), 현대경영참가론, 경문사.
- 한국노총(1991), 90년대 한국노총의 운동기조와 활동방침, 한국노총.
- 한국노총(2002), 힘 · 연대 · 정책 · 희망, 한국노총 홈피.
- Dahl, Robert A.(1995), *A Preface to Economic Democracy*, 안승국 옮김(1995), 로버트 다알의 경제민주주의, 인간사랑.
- Mason, Ronald M.. 1982. *Participatory and Workplace Democracy: A Throretical Development in Critique of Liberalism*, Southern Illinois University Press.
- Jain, H.C.(1980), *Worker participation*, Praeger.
- Mason, Ronald M.(1982), *Participatory and Workplace Democracy: A Theoretical Development in Critique of Liberalism*, Southern Illinois Univ. Press.
- Rosenthal, E.C.(1983), "Worker Patticipation on Management: A Guide of the Perplexed," in Skrovan, D.J.(ed.), *Quality of Work Life*, Addison-Wesley Publishing Co.
- Rothschild, Joyce and Whitt, J. Allen(1989), *The Cooperative Workplace: Potentials and Dilemmas of Organizational Democracy and Participation*, Cambridge Univ. Press.
- Salamon, M.(1987), *Industrial Relatons: Theory and practice*, Prentice-hall.

● 제12장 단체행동과 분쟁의 조정

- 瀧川辛辰(1990), 형사법학사전, 유비각.
- 금동신(1977), "노동쟁의행위의 형태와 합법성에 관한 연구," 단국대학교논문집, 제10집.
- 김태기 · 이영희(1989), 노동쟁의조정제도 연구, 한국 노동 연구원.
- 김태기(1998), 노동법(10판), 박영사.
- 김형배(1998), 노동법, 박영사(10판).
- 石川吉右衛門(1970), 쟁의행위와 간부의 책임, 유비각.
- 심태식(1975), 노동법개론, 법문사.
- 野村平爾(1970), 日本勞動法の形成過程と理論, 유비각.
- 五妻光俊(1990), 勞動法, 유비각.
- 青木宗也 외(1970), 勞動法判例, 유비각.

● 제13장 단체협약

- 김유성(1997), 노동법 II, 법문사.
- 김정한 · 문무기 · 윤문희(2003), 단체협약분석, 노동부.

- 김정한 · 문무기 · 전재식(2000), 단체협약분석, 노동부.
- 김태현(2002), 산별노조운동의 현단계, 한국노동연구원.
- 김형배(1989), "노동조합의 대표성과 제2노조의 문제," 노동법학, 제2호.
- 김형배(2003), 노동법, 박영사.
- 박원용(2003), "금속노조 산별 교섭 사례", 한국노동연구원 고위지도자과정 교제, 2003/2004.
- 이주희(2003), "산별 교섭의 평가와 과제", 매월노동동향, 통권 29호, 한국노동연구원.
- 이주희(2004), 산별 교섭의 실태와 정책과제, 한국노동연구원.

제14장 노사관련 법제도

- 김용하(2003), 사회보험 운영에의 가입자단체 참여방안 연구, 한국노총 중앙연구원.
- 김주섭 · 임상훈 · 황준욱(2003), 노사참여적 직업능력개발에 관한 연구, 한국노동연구원.
- 김태현(2003), 노사정책 참가의 실태와 과제, 미발표자료.
- 이병훈(2003), "정책집행에의 노사단체 참여", 한국형 노사관계 모델(Ⅰ), 한국노동연구원.
- 이병훈 · 유병상(1998), "한국노동정치의 새로운 실험: 노사관계개혁위원회와 노사정위원회의 비교평가", 산업노동연구, 제4권 제1호.

국문색인

ㄱ

ㅇ

ㅈ

ㅊ

영문색인

A

B

C

D

E

F, G

I

J

K, l

M

N

O

P

R

저 자 소 개

■ 정 재 훈

■ 영남대학교 상경대학 졸업
■ 서울대학교 대학원 경영학 석사
■ 서울대학교 대학원 경영학 박사
■ 영남대학교 전임강사대우
■ 일본 코베(神戶)대학 경영학부 초빙연구원
■ Canada Simon Fraser University 초빙교수
■ 인하대학교 부설 경영연구소장
■ 인하대학교 경영대학원 원장
■ 한국노사관계학회 회장
■ 한국인사관리학회, 한국인사조직학회 부회장
■ 인천광역시 지방노동위원회 공익위원(現)
■ 인하대학교 경영학부 교수(現)

〈저서 및 주요 논문〉

■ 경영학의 이해(2013), 북넷
■ 인적자원관리 3판(2013), 북넷
■ 신노사관계론(2009), 북넷
■ 인적자원관리(2008), 북넷
■ 한국의 노동, 어떻게 할 것인가? 共著(2007), 서강대학교 출판부
■ 雇用構造の變化と政勞使の課題, 共著(2005), 成文堂
■ 現代勞務管理の國際比較, 共著(2000), ミネルウア書房
■ 現代の韓國勞使關係, 共著(1998), 御茶の水書房
■ 전략적 인적자원관리(1998), 인하대학교
■ 5분미팅(1990), 도서출판 삶과 꿈
■ 노사관계의 이해(1989), 대영문화사
■ "중국 노사관계의 변화가 현지 한국 기업에 주는 시사점", 인사관리연구(2006.12)
■ "韓國における産學協力を通じた人材育成の展開", 東亞經濟研究(2005.3)
■ "인적자원관리의 효과성이 지식경영의 성과에 미치는 영향에 대한 실증적 연구", 산업경제연구(2004.6) 외 다수

3판 노사관계론

2009년 1월 15일 제1판 1쇄 발행
2011년 8월 20일 제2판 1쇄 발행
2014년 1월 10일 제3판 1쇄 발행
2015년 2월 27일 제3판 2쇄 발행

저 자 정 재 훈
발행인 류 재 식 · 류 재 원
발행처 도서출판 북 넷

서울시 용산구 효창동 5-3 대신빌딩 2층
등 록 2007. 11. 1 / 제203-90-00857
전 화 (02) 395-2341
팩 스 (02) 395-2303

정가 34,000원

ISBN 978-89-98581-10-7
e-mail : book2341@naver.com